PROTAGORAS — EUTHYDÈME — GORGIAS
MÉNEXÈNE — MÉNON — CRATYLE

*Du même auteur
dans la même collection*

PLATON

PROTAGORAS - EUTHYDÈME
GORGIAS - MÉNEXÈNE
MÉNON - CRATYLE

Traduction, notices et notes
par
Émile Chambry

GF-Flammarion

NOTICE

SUR LA VIE ET LES ŒUVRES DE PLATON

LA VIE

Platon naquit à Athènes en l'an ~428-~427 dans le dème de Collytos. D'après Diogène Laërce, son père Ariston descendait de Codros. Sa mère Périctionè, sœur de Charmide et cousine germaine de Critias, le tyran, descendait de Dropidès, que Diogène Laërce donne comme un frère de Solon. Platon avait deux frères aînés, Adimante et Glaucon, et une sœur, Potonè, qui fut la mère de Speusippe. Son père Ariston dut mourir de bonne heure; car sa mère se remaria avec son oncle Pyrilampe, dont elle eut un fils, Antiphon. Quand Platon mourut, il ne restait plus de la famille qu'un enfant, Adimante, qui était sans doute le petit-fils de son frère. Platon l'institua son héritier, et nous le retrouvons membre de l'Académie sous Xénocrate; la famille de Platon s'éteignit probablement avec lui; car on n'en entend plus parler.

La coutume voulait qu'un enfant portât le nom de son grand-père, et Platon aurait dû s'appeler comme lui Aristoclès. Pourquoi lui donna-t-on le nom de Platon, d'ailleurs commun à cette époque ? Diogène Laërce rapporte qu'il lui fut donné par son maître de gymnastique à cause de sa taille; mais d'autres l'expliquent par d'autres raisons. La famille possédait un domaine près de Képhisia, sur le Céphise, où l'enfant apprit sans doute à aimer le calme des champs, mais il dut passer la plus grande partie de son enfance à la ville pour les besoins de son éducation. Elle fut très soignée, comme il convenait à un enfant de haute naissance. Il apprit d'abord à honorer les dieux et à observer les rites de la religion, comme on le faisait dans toute bonne maison d'Athènes, mais sans mysticisme, ni superstition d'aucune sorte. Il gardera toute sa vie ce respect de la religion et l'imposera dans ses *Lois*. Outre la gymnastique et la musique, qui faisaient le fond de l'éducation athénienne, on prétend qu'il étudia aussi le dessin et la peinture. Il fut initié à la philosophie par

un disciple d'Héraclite, Cratyle, dont il a donné le nom
à un de ses traités. Il avait de grandes dispositions pour
la poésie. Témoin des succès d'Euripide et d'Agathon,
il composa lui aussi des tragédies, des poèmes lyriques
et des dithyrambes.

Vers l'âge de vingt ans, il rencontra Socrate. Il brûla,
dit-on, ses tragédies et s'attacha dès lors à la philosophie.
Socrate s'était dévoué à enseigner la vertu à ses concitoyens : c'est par la réforme des individus qu'il voulait
procurer le bonheur à la cité. Ce fut aussi le but que
s'assigna Platon, car, à l'exemple de son cousin Critias
et de son oncle Charmide, il songeait à se lancer dans la
carrière politique ; mais les excès des Trente lui firent
horreur. Quand Thrasybule eut rétabli la constitution
démocratique, il se sentit de nouveau, quoique plus
mollement, pressé de se mêler des affaires de l'État. La
condamnation de Socrate (~ 399) l'en dégoûta. Il attendit
en vain une amélioration des mœurs politiques ; enfin,
voyant que le mal était incurable, il renonça à prendre
part aux affaires ; mais le perfectionnement de la cité
n'en demeura pas moins sa grande préoccupation, et il
travailla plus que jamais à préparer par ses ouvrages un
état de choses où les philosophes, devenus les précepteurs
et les gouverneurs de l'humanité, mettraient fin aux
maux dont elle est accablée.

Il était malade lorsque Socrate but la ciguë, et il ne
put assister à ses derniers moments. Après la mort de
son maître, il se retira à Mégare, près d'Euclide et de
Terpsion, comme lui disciples de Socrate. Il dut ensuite
revenir à Athènes et servir, comme ses frères, dans la
cavalerie. Il prit, dit-on, part aux campagnes de ~ 395 et
de ~ 394, dans la guerre dite de Corinthe. Il n'a jamais parlé
de ses services militaires, mais il a toujours préconisé les
exercices militaires pour développer la vigueur.

Le désir de s'instruire le poussa à voyager. Vers ~ 390,
il se rendit en Egypte, emmenant une cargaison d'huile
pour payer son voyage. Il y vit des arts et des coutumes
qui n'avaient pas varié depuis des milliers d'années.
C'est peut-être au spectacle de cette civilisation fidèle
aux antiques traditions qu'il en vint à penser que les
hommes peuvent être heureux en demeurant attachés à
une forme immuable de vie, que la musique et la poésie
n'ont pas besoin de créations nouvelles, qu'il suffit de
trouver la meilleure constitution et qu'on peut forcer
les peuples à s'y tenir.

D'Egypte, il se rendit à Cyrène, où il se mit à l'école du mathématicien Théodore, dont il devait faire un des interlocuteurs du *Théétète*. De Cyrène, il passa en Italie, où il se lia d'amitié avec les Pythagoriciens Philolaos, Archytas et Timée. Il n'est pas sûr que ce soit à eux qu'il ait pris sa croyance à la migration des âmes; mais il leur doit l'idée de l'éternité de l'âme, qui devait devenir la pierre angulaire de sa philosophie, car elle lui fournit la solution du problème de la connaissance. Il approfondit aussi parmi eux ses connaissances en arithmétique, en astronomie et en musique.

D'Italie, il se rendit en Sicile. Il vit Catane et l'Etna. A Syracuse, il assista aux farces populaires et acheta le livre de Sophron, auteur de farces en prose. Il fut reçu à la cour de Denys comme un étranger de distinction et il gagna à la philosophie Dion, beau-frère du tyran. Mais il ne s'accorda pas longtemps avec Denys, qui le renvoya sur un vaisseau en partance pour Egine, alors ennemie d'Athènes. Si, comme on le rapporte, il le livra au Lacédémonien Pollis, c'était le livrer à l'ennemi. Heureusement il y avait alors à Egine un Cyrénéen, Annikéris, qui reconnut Platon et le racheta pour vingt mines. Platon revint à Athènes, vraisemblablement en ~388. Il avait quarante ans.

La guerre durait encore; mais elle allait se terminer l'année suivante par la paix d'Antalkidas. A ce moment, Euripide était mort et n'avait pas eu de successeur digne de lui. Aristophane venait de faire jouer son dernier drame, remanié, le *Ploutos*, et le théâtre comique ne devait retrouver son éclat qu'avec Ménandre. Mais si les grands poètes faisaient défaut, la prose jetait alors un vif éclat avec Lysias, qui écrivait des plaidoyers et en avait même composé un pour Socrate, et Isocrate, qui avait fondé une école de rhétorique. Deux disciples de Socrate, Eschine et Antisthène, qui tous deux avaient défendu le maître, tenaient école et publiaient des écrits goûtés du public. Platon, lui aussi, se mit à enseigner; mais au lieu de le faire en causant, comme son maître, en tous lieux et avec tout le monde, il fonda une sorte d'école à l'image des sociétés pythagoriciennes. Il acheta un petit terrain dans le voisinage du gymnase d'Académos, près de Colone, le village natal de Sophocle. De là le nom d'Académie qui fut donné à l'école de Platon. Ses disciples formaient une réunion d'amis, dont le président était choisi par les jeunes et dont les membres payaient sans doute une cotisation.

Nous ne savons rien des vingt années de la vie de Platon qui s'écoulèrent entre son retour à Athènes et son rappel en Sicile. On ne rencontre même dans ses œuvres aucune allusion aux événements contemporains, à la reconstitution de l'empire maritime d'Athènes, aux succès de Thèbes avec Epaminondas, à la décadence de Sparte. Denys l'Ancien étant mort en ~ 368, Dion, qui comptait gouverner l'esprit de son successeur, Denys le Jeune, appela Platon à son aide. Il rêvait de transformer la tyrannie en royauté constitutionnelle, où la loi et la liberté régneraient ensemble. Son appel surprit Platon en plein travail; mais le désir de jouer un rôle politique et d'appliquer son système l'entraîna. Il se mit en route en ~ 366, laissant à Eudoxe la direction de son école. Il gagna en passant l'amitié d'Archytas, mathématicien philosophe qui gouvernait Tarente. Mais quand il arriva à Syracuse, la situation avait changé. Il fut brillamment reçu par Denys, mais mal vu des partisans de la tyrannie et en particulier de Philistos, qui était rentré à Syracuse après la mort de Denys l'Ancien. En outre, Denys, s'étant aperçu que Dion voulait le tenir en tutelle, le bannit de Syracuse. Tandis que Dion s'en allait vivre à Athènes, Denys retenait Platon, sous prétexte de recevoir ses leçons, pendant tout l'hiver. Enfin quand la mer redevint navigable, au printemps de l'année ~ 365, il l'autorisa à partir sous promesse de revenir avec Dion. Ils se séparèrent amicalement, d'autant mieux que Platon avait ménagé à Denys l'alliance d'Archytas de Tarente.

De retour à Athènes, Platon y trouva Dion qui menait une vie fastueuse. Il reprit son enseignement. Cependant Denys avait pris goût à la philosophie. Il avait appelé à sa cour deux disciples de Socrate, Eschine et Aristippe de Cyrène, et il désirait revoir Platon. Au printemps de ~ 361, un vaisseau de guerre vint au Pirée. Il était commandé par un envoyé du tyran, porteur de lettres d'Archytas et de Denys, où Archytas lui garantissait sa sûreté personnelle, et Denys lui faisait entrevoir le rappel de Dion pour l'année suivante. Platon se rendit à leurs instantes prières et partit avec son neveu Speusippe. De nouveaux déboires l'attendaient : il ne put convaincre Denys de la nécessité de changer de vie. Denys mit l'embargo sur les biens de Dion. Platon voulut partir; le tyran le retint, et il fallut l'intervention d'Archytas pour qu'il pût quitter Syracuse, au printemps de ~ 360. Il se rencontra avec Dion à Olympie. On sait comment celui-ci, apprenant que Denys lui avait pris sa femme pour la donner à un autre, marcha contre lui en ~357, s'empara de Syracuse et fut tué en ~353. Platon lui survécut cinq ans. Il mourut en ~347-~346, au milieu d'un repas de noces, dit-on. Son neveu Speusippe lui succéda. Parmi les disciples de Platon, les plus illustres quittèrent l'école. Aristote et Xénocrate se rendirent chez Hermias d'Atarnée, Héraclide resta d'abord à Athènes, puis alla fonder une école dans sa patrie, Héraclée. Après la mort de Speusippe, Xénocrate prit la direction de l'Académie, qui devait subsister jusqu'en 529 de notre ère, année où Justinien la fit fermer.

LES ŒUVRES

La collection des œuvres de Platon comprend trente-cinq dialogues, plus un recueil de lettres, des définitions et six petits dialogues apocryphes : *Axiochos, de la Justice, de la Vertu, Démodocos, Sisyphe, Eryxias.* Au lieu de ranger les trente-cinq dialogues admis pour authentiques dans l'ordre où ils furent publiés, les Anciens les avaient classés artificiellement. Platon lui-même avait groupé exceptionnellement le *Théétète,* le *Sophiste* et le *Politique,* avec l'intention d'y adjoindre le *Philosophe,* qui est resté à l'état de projet, et aussi la *République,* le *Timée,* le *Critias* et un dialogue qu'il n'écrivit pas. C'est apparemment sur ces groupes de trois ou de quatre qu'on se fonda pour le classement des œuvres de Platon. Au dire de Diogène Laërce, Aristophane de Byzance avait établi les cinq trilogies suivantes : 1. *République, Timée, Critias ;* 2. *Sophiste, Politique, Cratyle ;* 3. *Lois, Minos, Epinomis ;* 4. *Théétète, Euthyphron, Apologie ;* 5. *Criton, Phédon, Lettres.* Il avait divisé le reste par livres et l'avait cité sans ordre. Derkylidas, au temps de César, et Thrasylle, contemporain de Tibère, adoptèrent au contraire le classement par tétralogies, qui rappelait à la fois les deux groupes de quatre qu'avait conçus Platon et les tétralogies tragiques (trois tragédies, plus un drame satirique). L'ordre de Thrasylle est celui que nous présentent nos manuscrits, et qu'ont reproduit les éditeurs jusqu'à nos jours.

La 1re tétralogie comprend : Euthyphron, Apologie, Criton, Phédon ;
la 2e : Cratyle, Théétète, Sophiste, Politique ;
la 3e : Parménide, Philèbe, Banquet, Phèdre ;
la 5e : Premier *et* second Alcibiade, Hipparque, Rivaux ;
la 4e : Théagès, Charmide, Lachès, Lysis ;

la 6ᵉ : Euthydème, Protagoras, Gorgias, Ménon ;
la 7ᵉ : Hippias mineur *et* Hippias majeur, Ion, Ménexène ;
la 8ᵉ : Clitophon, République, Timée, Critias ;
la 9ᵉ : Minos, Lois, Épinomis, Lettres.

On divisait aussi les dialogues d'une autre manière.
« Le dialogue a deux formes, nous dit Diogène Laërce ;
il est *diégétique* (sous forme d'exposition) ou *zététique*
(sous forme de recherche). La première se divise en deux
genres : *théorique* ou *pratique*. Le théorique se subdivise
à son tour en deux espèces : *métaphysique* ou *rationnelle ;*
le pratique aussi se subdivise en deux espèces : *morale*
et *politique*. Le dialogue *zététique* peut avoir, lui aussi,
deux formes différentes : il peut être *gymnique* (d'exercice)
et *agonistique* (de combat). Le genre gymnique se subdivise en *maïeutique* (qui accouche les esprits) et en
peirastique (qui éprouve, qui sonde). L'*agonistique* se subdivise également en deux espèces : l'*endictique* (démon-
strative) et l'*anatreptique* (réfutative). Nos manuscrits et
nos éditions ont conservé ces indications. Ils portent
aussi, avec le nom propre qui désigne le dialogue, un
sous-titre qui en indique le contenu. »
A l'ordre tout arbitraire des tétralogies on a essayé de
nos jours de substituer un ordre chronologique qui nous
permettrait de suivre l'évolution de la pensée de Platon.
La tâche est extrêmement délicate et difficile. Platon
semble ne s'intéresser qu'à la spéculation philosophique.
Il a vécu dans une période extrêmement troublée. On ne
s'en douterait guère à le lire, tant les allusions aux événements contemporains sont rares dans ses ouvrages et
nous aident peu à les dater. Les témoignages des contemporains nous font également défaut et ceux qui placent le
Lysis ou le *Phèdre* du vivant de Socrate sont plus que
suspects. Mais la difficulté n'a pas arrêté les chercheurs. Le
premier, Schleiermacher, a essayé d'ordonner les dialogues,
en commençant par des dialogues élémentaires, en continuant par des dialogues préparatoires et en terminant
par des dialogues constructifs. Après lui, K. Fr. Hermann,
se plaçant à un autre point de vue, a fondé son classement
sur les influences successives qu'aurait subies la pensée
de Platon. Mais ces méthodes subjectives ne pouvaient
donner de résultats certains. Dittenberger et Lutoslawski
ont cru obtenir des résultats plus sûrs en confrontant
le style, en particulier l'usage des particules, dans les
divers dialogues, avec celui des *Lois*, le dernier ouvrage
absolument authentique de Platon. Teichmüller s'est

efforcé de retrouver des allusions aux querelles littéraires et philosophiques du ∼ IVe siècle. Il a essayé de rattacher aussi les dialogues aux écrits d'Antisthène, de Xénophon et surtout d'Isocrate, qui sont les mieux datés. D'autres se sont attachés à suivre telle ou telle doctrine particulière à travers les dialogues et à les classer d'après le degré de clarté et d'achèvement où elle apparaissait. Cette méthode a donné des résultats fructueux. C'est en suivant le développement des idées métaphysiques de Platon que Campbell a démontré que le *Parménide*, le *Théétète*, le *Sophiste*, le *Politique*, le *Philèbe* et le *Timée* forment un groupe à part, nettement séparé du *Phédon*, du *Banquet*, du *Phèdre* et de la *République*. Appliquant le même principe aux autres dialogues que les six mis à part par Campbell, Mme Tarrant, dans son édition de l'*Hippias majeur* (1928), les a rangés dans l'ordre suivant : *Lachès*, *Lysis*, *Charmide*, *Criton*, *Euthyphron*, *Protagoras*, *Euthydème*, *Gorgias*, *Ménon*, *Phèdre*, *Banquet*, *Cratyle*, *République*, *Phédon*. Wilamowitz, dans son ouvrage sur Platon, les range dans un autre ordre. Il place au début *Ion*, *Hippias majeur* et *Protagoras*, qui furent peut-être, selon lui, écrits du vivant même de Platon, puis *Apologie*, *Criton*, *Lachès*, *Lysis*, *Charmide*, *Euthyphron*, 1er livre de la *République*, *Gorgias*, *Ménexène*, *Ménon*, *Cratyle*, *Euthydème*, *Phédon*, *Banquet*, *République*, *Phèdre*. Les directeurs de la Collection BUDÉ ont adopté l'ordre suivant :

Hippias mineur;	*Charmide;*	*Phèdre;*
Second Alcibiade;	*Lachès;*	*Ion;*
Apologie;	*Protagoras;*	*Ménexène;*
Euthyphron;	*Gorgias;*	*Euthydème;*
Criton;	*Ménon;*	*Cratyle;*
Grand Hippias;	*Phédon;*	*République.*
Lysis;	*Banquet;*	

Pour des raisons qui seront données à propos de chaque dialogue, j'ai cru devoir les ranger dans l'ordre suivant :

Second Alcibiade;	*Protagoras;*	*Parménide;*
Hippias mineur;	*Euthydème;*	*Sophiste;*
Premier Alcibiade;	*Gorgias;*	*Politique;*
Apologie;	*Ménexène;*	*Philèbe;*
Criton;	*Ménon;*	*Timée;*
Euthyphron;	*Cratyle;*	*Critias;*
Lachès;	*Phèdre;*	*Lois;*
Charmide;	*Banquet;*	*Epinomis;*
Lysis;	*République;*	*Lettres;*
Hippias majeur;	*Phédon;*	*Dialogues suspects;*
Ion;	*Théétète;*	*Dialogues apocryphes.*

Les modernes se sont demandé si les ouvrages attribués à Platon sont tous authentiques. Déjà quelques Anciens tenaient pour suspects le *second Alcibiade*, l'*Hippias mineur*, les *Rivaux*, l'*Epinomis*, sans parler des six dialogues apocryphes. Au XIXᵉ siècle une vague de scepticisme mise en branle par le savant allemand Ast s'est étendue à plus de la moitié des dialogues, et l'on a été jusqu'à rejeter l'*Euthydème*, le *Ménon*, le *Cratyle*, le *Philèbe* et tout le groupe formé du *Sophiste*, du *Politique* et du *Parménide*. Toutes ces athétèses sont parties d'un principe arbitraire, c'est-à-dire de l'idée que l'on se formait de Platon d'après certains dialogues jugés authentiques. On repoussait tout ce qui ne cadrait pas avec cette idée. Comme cette idée variait suivant l'esprit qui l'avait formée et suivant le point de vue où chacun se plaçait, les athétèses variaient aussi. Cette méthode toute subjective a fait son temps : l'on est revenu à des idées plus saines. On admet fort bien que Platon ait pu varier, que son génie ne soit pas éclos tout d'un coup, et qu'il ait pu avoir comme les autres ses défaillances et son déclin. On n'ose plus, comme on l'a fait par exemple pour l'*Hippias mineur*, passer par-dessus le témoignage irrécusable d'Aristote. On admet généralement comme authentiques presque tous les dialogues, sauf le *Théagès*, le *Minos* et le *Clitophon*. On regardait toutes les *Lettres* comme apocryphes : on fait exception aujourd'hui pour la 7ᵉ et la 8ᵉ. Quant aux *Définitions*, on y voit une compilation d'école, sans intérêt d'ailleurs.

LA PHILOSOPHIE DE PLATON — THÉORIE DES IDÉES

Dans ses premiers ouvrages, c'est-à-dire dans les dialogues dénommés socratiques, Platon, fidèle disciple de Socrate, s'attache comme lui à définir exactement les idées morales. Il recherche ce qu'est le courage, la sagesse, l'amitié, la pitié, la vertu. Socrate professait qu'il suffit de connaître le bien pour le pratiquer, que par conséquent la vertu est science et le vice ignorance. Platon restera fidèle toute sa vie à cette doctrine. Comme Socrate, il honorera les dieux et tiendra que la vertu consiste à leur ressembler, autant que le permet la faiblesse humaine. Comme lui, il croira que le bien est le but suprême de toute existence et que c'est dans le bien qu'il faut chercher l'explication de l'univers.

Mais, si docile aux leçons de Socrate que Platon nous apparaisse à ses débuts, il était trop avide de savoir pour se borner à l'enseignement purement moral de son maître. Avant de connaître Socrate, il avait reçu les leçons de Cratyle et s'était familiarisé avec la doctrine d'Héraclite. Il s'initia aussi à celle des Eléates. Il avait étudié Anaxagore et lu certainement les écrits d'Empédocle. Au cours de son voyage à Cyrène, il s'était perfectionné dans la géométrie et, en Italie, il s'était adonné aux études d'arithmétique, d'astronomie, de musique et même de médecine des Pythagoriciens. Peut-être aurait-il visité l'Ionie et les rivages de la mer Egée si la guerre avec la Perse ne l'en eût pas détourné. Il aurait fait à Abdère la connaissance de Démocrite et de l'atomisme, la plus géniale création de la philosophie grecque avant Platon. Qui sait si l'influence de Démocrite, s'il l'eût connu plus jeune, n'aurait pas modifié la tendance de son esprit, tourné exclusivement vers la morale et vers les sciences abstraites ?

Quoi qu'il en soit, le système de Platon est une synthèse de tout ce qu'on savait de son temps, mais surtout des doctrines de Socrate, d'Héraclite, de Parménide et des Pythagoriciens. Ce qui fait le fond et l'originalité de ce système est la théorie des Idées. Platon avait d'abord étudié la doctrine d'Héraclite, fondée sur l'écoulement universel des choses. « Tout s'écoule, disait Héraclite; rien ne demeure. Le même homme ne descend pas deux fois dans le même fleuve. » De cette idée, Platon tire la conséquence que des êtres qui sont en perpétuel devenir pour aboutir à la destruction méritent à peine le nom d'êtres et qu'on n'en peut former que des opinions confuses, incapables de se justifier elles-mêmes. Ils ne sauraient être l'objet d'une science véritable; car il n'y a pas de science de ce qui est perpétuellement mobile; il n'y a de science que de ce qui est fixe et immuable. Cependant, quand on observe ces êtres changeants, on s'aperçoit qu'ils reproduisent dans la même espèce des caractères constants. Ces caractères se transmettent d'individu à individu, de génération à génération. Ils sont des copies de modèles universels, immuables, éternels que Platon appelle les Formes ou les Idées. Dans le langage courant, on entend par idée une modification, un acte de l'esprit. Dans le langage de Platon, l'Idée exprime, non pas l'acte de l'esprit qui connaît, mais l'objet même qui est connu. Aussi l'Idée de l'homme est le type idéal que reproduisent plus ou moins parfaitement tous les hommes. Ce type est purement intelligible; il n'en est pas moins vivant; il est même seul vivant, car ses copies, toujours changeantes et périssables, méritent à peine le nom d'êtres, et, parce qu'il existe réellement, qu'il est éternel et immuable, il peut être connu et être objet de science.

Platon a illustré sa théorie des Idées dans la célèbre allégorie de la Caverne, où les hommes sont comparés à des prisonniers enchaînés qui ne peuvent tourner le cou et n'aperçoivent sur le fond de leur prison que des ombres projetées par des objets qui défilent derrière eux à la lumière d'un feu éloigné. « Il faut, dit Platon, assimiler le monde visible au séjour de la prison, et la lumière du feu dont elle est éclairée à l'effet du soleil. » Les objets qui passent sont ceux du monde intelligible, et le soleil qui les éclaire, c'est l'Idée du Bien, cause de toute science et de toute existence. On reconnaît ici la doctrine des Eléates, que le monde n'est qu'une apparence vaine, que la seule réalité consiste dans l'Unité. Mais tandis que chez Parménide l'Etre un et immuable est une abstraction vide, il est devenu chez Platon l'Etre par excellence, source de toute vie et de toute action.

L'Idée du Bien, dit Platon, est à la limite du monde intelligible : c'est la dernière et la plus haute; mais il y a toute une hiérarchie d'Idées. Platon semble même admettre au Xe livre de la *République* que tous les objets de la nature, et même les créations de l'homme, comme un lit ou une table, tirent leur existence d'une Idée et que les Idées sont innombrables. Mais il ne parle d'ordinaire que des idées du Beau, du Juste et du Bien.

La doctrine des Idées est étroitement liée à celle de la réminiscence et de l'immortalité de l'âme. Ces Idées, notre âme, qui a existé avant nous et passera dans d'autres corps après nous, les a aperçues plus ou moins vaguement dans un autre monde. Le mythe du *Phèdre* nous montre l'âme escaladant le ciel, à la suite du cortège des dieux, pour aller contempler les Idées de l'autre côté de la voûte céleste. Elle en rapporte et en conserve un souvenir obscur que la philosophie s'efforce d'éclaircir. Elle le fait en soumettant d'abord l'âme à un entraînement préalable destiné à éveiller la réflexion. Les sciences qui relèvent du pur raisonnement, l'arithmétique, la géométrie, l'astronomie, l'harmonie sont les plus propres à nous familiariser avec le monde de l'intelligible. C'est alors qu'intervient la dialectique. Platon part de la dia-

lectique socratique, sorte de conversation où l'on recherche
la définition d'une vertu. Ainsi dans le *Lachès*, les trois
interlocuteurs Lachès, Nicias et Socrate recherchent la
définition du courage. Lachès propose une première
définition : « L'homme courageux, dit-il, est celui qui tient
ferme contre l'ennemi. » Socrate la trouve trop étroite ;
car le courage trouve son application en mille autres circonstances. Lachès alors en propose une autre : « Le courage est une sorte de fermeté. » Mais, si cette fermeté
se fonde sur la folie et l'ignorance, répond Socrate, elle
ne peut être le courage. Nicias, consulté à son tour, dit
que le courage est la science de ce qui est à craindre
et de ce qui ne l'est pas. A cette définition, Socrate fait
une autre objection. Le courage, si c'est une science, dit-
il, doit être la science de tous les biens et de tous les maux ;
mais cette définition s'applique à la vertu en général.
Là-dessus, on se sépare, sans être arrivé à la définition
cherchée. Mais on voit le procédé qui, d'une proposition,
passe à une autre plus compréhensive, jusqu'à ce qu'on
arrive à l'idée générale qui comprendra tous les cas et
se distinguera nettement des idées voisines. Cette méthode
socratique, Platon l'étend au domaine des Idées, pour les
atteindre elles-mêmes et monter des Idées inférieures à
l'Idée du Bien. Il faut commencer par une hypothèse sur
l'objet étudié. On la vérifie par les conclusions auxquelles
elle conduit. Si ces conclusions sont intenables, l'hypothèse est rejetée. Une autre prend sa place, pour subir
le même sort, jusqu'à ce qu'on en trouve une qui résiste
à l'examen. Chaque hypothèse est un degré qui nous
hausse vers l'Idée. Quand nous aurons ainsi examiné
tous les objets de connaissance, nous aurons atteint tous
les principes (ἀρχαί) irréfragables, non seulement en eux-
mêmes, mais dans leur mutuelle dépendance et dans la
relation qu'ils ont avec le principe supérieur et absolu
qu'est l'Idée du Bien. Le *Parménide* nous donne un
exemple du procédé. Ce procédé exige une intelligence
supérieure et un travail infatigable, dont seul est capable
le philosophe né.

Mais la dialectique ne suffit pas à tout. Il est des secrets
impénétrables à la raison et dont les dieux se sont réservé
la possession. Ils peuvent, il est vrai, en laisser voir
quelque chose à certains hommes privilégiés. Ils font
connaître l'avenir aux devins et communiquent l'inspiration aux poètes ; ils ont favorisé Socrate d'avertissements
particuliers. Peut-être y a-t-il chez les poètes et dans les

croyances populaires des traces d'une révélation divine qui jetteraient quelque lueur sur nos origines et notre destinée après la mort. Les Egyptiens croyaient que les hommes sont jugés sur leurs actes après la mort et les Pythagoriciens que l'âme passe du corps d'un animal dans celui d'un autre. Platon n'a pas dédaigné de recueillir ces croyances, mais il se garde de les donner pour des certitudes. Ce sont pour lui des espérances ou des rêves qu'il expose dans des mythes d'une poésie sublime. Son imagination leur communique un éclat magique et lui suggère des détails si précis qu'on dirait qu'il a assisté, comme Er le Pamphylien, aux mystères de l'au-delà. Il y a vu des limbes, un purgatoire et un enfer éternel réservé aux âmes incorrigibles. Ces visions extraordinaires ont tellement frappé les esprits que les chrétiens, en les modifiant un peu, en ont fait des dogmes religieux.

LA PSYCHOLOGIE DE PLATON

La psychologie de Platon est marquée d'un caractère profondément spiritualiste. L'âme est éternelle. Avant d'être unie au corps, elle a contemplé les Idées et, grâce à la réminiscence, elle peut les reconnaître, quand elle est descendue dans un corps. Par sa cohabitation avec la matière, elle perd sa pureté, et l'on distingue en elles trois parties différentes : une partie supérieure, le νοῦς ou la raison, faculté contemplative, faite pour gouverner et maintenir l'harmonie entre elle et les parties inférieures. Ces parties sont le θυμός ou courage, faculté noble et généreuse qui comprend à la fois les désirs élevés de notre nature et la volonté, et l'ἐπιθυμητικόν, c'est-à-dire l'instinct et le désir qui tirent l'homme vers les objets sensibles et les désirs grossiers *. Le point faible de cette psychologie, c'est la part insuffisante faite à la volonté libre. Platon soutient avec Socrate que la connaissance du bien entraîne forcément l'adhésion de la volonté, ce qui est contraire à l'expérience. Platon a essayé d'établir la survivance de l'âme par une démonstration dialectique et il a exposé dans les trois mythes du *Gorgias*, de la *République* et du *Phédon* les migrations et les purifications

---

* Dans le Phèdre, *Platon représente l'âme comme un cocher (le* νοῦς) *qui conduit un attelage de deux chevaux, l'un (le* θυμός) *obéissant et généreux, l'autre (l'*ἐπιθυμητικόν) *indocile et rétif.*

auxquelles l'âme est soumise, avant de remonter sur
la terre et de rentrer dans un nouveau corps; mais le
détail des descriptions varie d'un mythe à l'autre.

LA POLITIQUE

La politique de Platon est modelée sur sa psychologie;
car les mœurs d'un Etat sont nécessairement modelées
sur celles des individus. L'assise fondamentale de l'Etat
est la justice, il ne peut durer sans elle. Platon entend
la justice dans un sens plus large qu'on ne l'entend communément. La justice consiste pour nous à rendre à
chacun le sien. Socrate rejette cette définition dans le
premier livre de la *République*. La justice, telle qu'il la
comprend, consiste, dans l'individu, à ce que chaque
partie de l'âme remplisse la fonction qui lui est propre;
que le désir soit soumis au courage et le courage et le désir
à la raison. Il en est de même dans la cité. Elle se compose
de trois classes de citoyens correspondant aux trois
parties de l'âme : des magistrats philosophes, qui représentent la raison; des guerriers, qui représentent le courage et qui sont chargés de protéger l'Etat contre les
ennemis du dehors et de réduire les citoyens à l'obéissance;
enfin, des laboureurs, des artisans et des marchands,
qui représentent l'instinct et le désir. Pour ces trois
classes de citoyens, la justice consiste, comme dans l'individu, à remplir sa fonction propre (τὰ ἑαυτοῦ πράττειν).
Les magistrats gouverneront, les guerriers obéiront aux
magistrats, et les autres obéiront aux deux ordres supérieurs, et ainsi la justice, c'est-à-dire l'harmonie, régnera
entre les trois ordres. Une éducation préalable, au moyen
de la gymnastique et de la musique, préparera les magistrats et les guerriers ou auxiliaires à leurs fonctions futures.
Elle sera donnée aux femmes comme aux hommes; car
elles ont les mêmes aptitudes que les hommes; elles rem-
pliront les mêmes charges et prendront comme eux part
à la guerre. Les magistrats seront choisis parmi les mieux
doués et ceux qui auront montré le plus grand dévoue-
ment au bien public. On les entraînera à la dialectique,
pour qu'ils puissent contempler les Idées et régler l'Etat
sur l'Idée du Bien. Au reste ces trois classes ne formeront
pas des castes fermées : les enfants seront rangés dans
l'une ou l'autre suivant leurs aptitudes.

Comme le plus grand danger dans un Etat est la division, tout d'abord l'Etat sera petit. Platon n'admet pas, comme Xénophon, de grands Etats à la manière de l'empire perse; il modèle le sien sur les petites cités entre lesquelles se partageait la Grèce. Un petit Etat n'est pas exposé à se démembrer comme un grand empire composé de peuples divers, et la surveillance des magistrats y est plus facile à exercer. Pour éviter la division, qui est le grand mal dont souffrent les villes grecques, on supprimera les deux ennemis les plus redoutables de l'unité, l'intérêt personnel et l'esprit de famille. On supprimera le premier par la communauté des biens, le second par la communauté des femmes et des enfants, lesquels seront élevés par l'Etat. Mais cette communauté des biens, des femmes et des enfants n'est pas à l'usage du peuple; elle ne sera de règle que dans les deux ordres supérieurs, seuls capables d'en comprendre la valeur et de s'y soumettre dans l'intérêt du bien public. Les mariages d'ailleurs ne seront pas laissés à l'arbitraire des jeunes gens : tout éphémères qu'ils sont, ils seront réglés solennellement par les magistrats.

Platon ne se faisait pas d'illusion sur la difficulté d'appliquer son système. Il savait que la doctrine des Idées sur laquelle il repose était inaccessible à la foule, que par conséquent sa constitution devait lui être imposée, qu'elle le voulût ou non, et qu'elle ne pouvait l'être que par un roi philosophe, et philosophe à la manière de Platon. Il espéra un moment le trouver dans la personne de Denys le Jeune et dans celle de son ami Dion. Son échec près du premier, et l'assassinat du second lui enlevèrent ses illusions. Mais la politique avait toujours été une de ses préoccupations dominantes. Il ne s'en détacha jamais. Il reprit la plume dans sa vieillesse pour tracer une autre constitution. C'est celle qu'il a exposée dans les *Lois*. Elle repose sur les mêmes principes; mais elle est plus pratique et renonce à la communauté des biens, des femmes et des enfants.

LA MORALE

La morale de Platon a un caractère à la fois ascétique et intellectuel. Platon reconnaît bien, comme Socrate, que le bonheur est la fin naturelle de la vie; mais il y a entre les plaisirs la même hiérarchie que dans l'âme. Les trois parties de l'âme nous procurent chacune un plaisir particulier; la raison le plaisir de connaître, le θυμός les satisfactions de l'ambition, et la partie concupiscible les jouissances grossières que Platon appelle le plaisir du gain (*République*, 580 d sqq.). Pour savoir quel est le meilleur de ces trois plaisirs, il faut consulter ceux qui en ont fait l'expérience. Or, l'artisan qui poursuit le gain est entièrement étranger aux deux autres plaisirs; l'ambitieux à son tour ne connaît pas le plaisir de la science; seul, le philosophe a fait l'expérience des trois sortes de plaisirs et peut donner un avis compétent. Or, à ses yeux, le plaisir à la fois le plus pur et le plus grand, c'est le plaisir de connaître. C'est donc vers celui-là que nous devons nous porter. Et comme le corps est une entrave pour l'âme, qu'il est comme une masse de plomb qui arrête son vol vers les régions supérieures de l'Idée, il faut le mortifier et affranchir l'âme, autant que possible, des grossiers besoins dont il est la cause. Ainsi, c'est dans la subordination des désirs inférieurs au désir de connaître que consiste la vertu. Une fois arrivé à la connaissance du bien, l'homme est naturellement vertueux; car on ne peut voir le bien sans le vouloir et le vice vient toujours de l'ignorance. Bien que l'ignorance se réduise à un mauvais calcul, Platon ne la considère pas moins comme un vice punissable. Le méchant, d'après lui, devrait s'offrir de lui-même à l'expiation. S'il y échappe en ce monde, il n'y échappera pas dans l'autre.

L'ESTHÉTIQUE

L'esthétique de Platon dépend aussi de la théorie des Idées et de la morale et de la politique qu'il en a tirées. Les Idées sont immuables et éternelles. Puisque nous devons nous régler sur elles, nos arts seront comme elles immuables et à jamais figés. Et Platon n'admet en effet aucune innovation, ni dans la poésie, ni dans les arts. L'idéal une fois atteint, il faudra s'y tenir ou se recopier sans cesse. L'art n'aura d'ailleurs d'autre liberté que de servir la morale et la politique. « Nous contraindrons les poètes, dit Platon (*République*, 401 b), à n'offrir dans leurs poèmes que des modèles de bonnes mœurs, et nous contrôlerons de même les autres artistes et les empêcherons d'imiter le vice, l'intempérance, la bassesse, l'indécence, soit dans la peinture des êtres vivants, soit dans tout autre genre d'image, ou s'ils ne peuvent faire

autrement, nous leur interdirons de travailler chez nous. »
En vertu de ces principes, Platon bannit tous les modes
musicaux autres que le dorien et le phrygien, dont la
gravité convient à des guerriers. Il bannit la tragédie
dont les accents plaintifs pourraient amollir leur cœur;
il bannit la bouffonnerie et même le rire qui sied mal à
la dignité qu'ils doivent conserver. Homère même, qu'il
aime, qu'il sait par cœur, qu'il cite sans cesse, ne trouve
pas grâce à ses yeux, parce qu'il a peint les dieux aussi
immoraux que les hommes, et il le renvoie de sa république,
après l'avoir couronné de fleurs. Mais ce sont les peintres
et sculpteurs dont il fait le moins de cas. Comme leurs
œuvres ne sont que des copies incomplètes des objets
sensibles, eux-mêmes copies des Idées, ils sont, dit-il,
éloignés de trois degrés de la vérité; ce sont donc des
ignorants, inférieurs aux fabricants d'objets réels. Qui
pourrait être Achille ne voudrait pas être Homère. En
poussant à bout le raisonnement de Platon, il serait
facile de lui faire dire que le cordonnier qui critiquait
Apelle était supérieur à ce grand peintre. Et voilà où
l'esprit de système a conduit celui qui fut lui-même un
des plus grands artistes de l'humanité.

LA PHYSIQUE ET LE DÉMIURGE

C'est dans le *Timée* qu'il faut chercher l'explication
que Platon a donnée de l'univers en général et de l'homme
en particulier. C'est là qu'il a rassemblé toutes les connaissances de son école concernant la nature.

Il y a un Dieu très bon qui a fait le monde à son image.
Il ne l'a pas créé de rien, comme le Dieu des Juifs et des
chrétiens; car il a toujours coexisté à côté de lui deux
substances, l'âme incorporelle et indivisible et l'autre
matérielle et divisible, et que la philosophie grecque
appelle l'*Un* ou le *Même*, et l'*Autre*. Le Démiurge a d'abord
créé le monde sensible. De la substance indivisible et de
la substance divisible il a composé entre les deux, en les
mélangeant, une troisième sorte de substance intermédiaire, comprenant la nature de l'Un et celle de l'Autre :
c'est l'âme du monde, lequel est formé de ces trois substances. Avec le monde est né le temps, que mesure la
marche des astres. Pour peupler le monde, le Démiurge
a d'abord créé les dieux (astres ou dieux mythologiques)
et les a chargés de créer les animaux, pour ne pas être

responsable de leurs imperfections. Les dieux ont formé le corps des êtres en vue du plus grand bien ; ils ont appliqué dans la formation de ces corps des lois géométriques très compliquées. Ils ont mis dans le corps de l'homme une âme qui, selon qu'il aura bien ou mal vécu, retournera après la mort dans l'astre d'où elle est descendue, ou passera dans d'autres corps jusqu'à ce qu'elle soit purifiée. C'est surtout à l'homme que Platon s'intéresse et même ce n'est qu'en vue de l'homme qu'il s'intéresse à l'univers. Aussi est-ce la physiologie et l'hygiène de l'homme qui sont le principal objet du *Timée* : la structure de son corps, ses organes, l'origine des impressions sensibles, les causes des maladies du corps et de l'âme, la génération, la métempsycose, Platon a traité tous ces sujets, en s'aidant des idées d'Empédocle et du médecin Alcméon et en y joignant toutes les découvertes faites en son école.

Le *Timée*, étant un des derniers ouvrages de Platon, n'est pas toujours d'accord avec les ouvrages précédents. Ce n'est pas ici le lieu de marquer ces différences. Bornons-nous à citer la plus importante. Le Dieu suprême du *Timée* semble bien être distinct du monde intelligible des Idées qui lui servent de modèles pour la formation du monde sensible. Dans la *République*, au contraire, c'est l'Idée du Bien qui est la source, non seulement de toute connaissance, mais encore de toute existence. C'est elle qui est Dieu. D'après Théophraste, Platon tendait à identifier l'Idée du Bien avec le Dieu suprême ; mais sans doute il n'est pas allé jusqu'au bout de sa tendance, et sa pensée sur le Dieu suprême est restée flottante.

INFLUENCE DU PLATONISME

La théorie essentielle sur laquelle se fonde la philosophie de Platon, la théorie des Idées, a été rejetée par son disciple Aristote ; le simple bon sens suffit d'ailleurs pour la réfuter. Elève des Eléates, pour qui l'Un seul existait, et des Pythagoriciens, qui voyaient dans le nombre le principe des choses, Platon a prêté une existence réelle à des conceptions abstraites qui n'existent que dans notre esprit. Formé aux raisonnements mathématiques, il les a intrépidement appliqués aux notions morales, à l'Un, à l'Etre, au bien, à la cause. Il a cru lier la réalité par ses raisonnements, alors qu'il ne liait que des abstractions. Mais si les Idées n'ont pas une existence indépendante, il suffit qu'elles soient dans notre esprit comme un idéal que nous devons nous proposer. C'est parce que Platon nous détache du monde sensible pour nous élever à l'idéal intelligible qu'il exerce encore aujourd'hui tant d'empire sur ses lecteurs. Nul n'a parlé du bien et du beau avec un enthousiasme plus communicatif. La vie qui vaut la peine d'être vécue, dit-il dans le *Banquet*, est celle de l'homme qui s'est élevé de l'amour des beaux corps à celui des belles âmes, de celui-ci à l'amour des belles actions, puis des belles sciences, jusqu'à la beauté absolue qui transporte les cœurs d'un ravissement inexprimable.

Une foule d'idées platoniciennes exercent encore sur le monde moderne une influence considérable. Platon est en effet l'auteur du spiritualisme. Il a fait de l'âme le tout de l'homme. Pour lui, l'homme doit tendre à rendre à son âme l'état de pureté que lui a fait perdre son union avec le corps. C'est de cet effort que dépend sa vie future. Aussi sa vie doit-elle être une préparation à la mort. L'existence d'une Providence qui gouverne le monde, la nécessité de l'expiation pour toute méchanceté commise, la récompense des bons, la punition des méchants dans l'autre monde et bien d'autres idées encore ont été incorporées dans la philosophie chrétienne et continuent par là à commander notre conduite. Et ainsi l'on peut dire qu'aucun autre philosophe n'a marqué d'une empreinte plus profonde la pensée soit des Anciens, soit des modernes.

L'ART CHEZ PLATON — LE DIALOGUE

Le penseur est doublé chez Platon d'un incomparable artiste que la Muse a doué de tous les dons, enthousiasme du beau, imagination puissante, faculté de sortir de lui-même et de créer des types de toute espèce, fantaisie ailée, ironie fine et légère. Il avait débuté par faire des tragédies. Il était en effet merveilleusement doué pour l'art dramatique et non seulement pour la tragédie, mais aussi pour la comédie et la satire des ridicules. Il n'est donc pas étonnant qu'il ait choisi pour exposer ses idées la forme du dialogue. Il imitait d'ailleurs en cela son maître Socrate, infatigable questionneur, qui ne pratiquait pas d'autre méthode que l'investigation par demandes et par réponses, et qui, jusque dans son procès, interroge Mélètos et le force à répondre. Platon n'a pas conçu d'autre méthode que la dialectique socratique, et il l'a gardée toute sa vie, même lorsque, semble-t-il, une exposition suivie, moins longue et plus claire, eût donné à ses démonstrations plus de force et de netteté.

Il commença par des dialogues très simples, à deux personnages. Tels sont les deux *Hippias*, les deux *Alcibiade*, le *Criton*, l'*Euthyphron*. Puis il y introduisit plusieurs répondants, dont chacun soutient un point de vue différent. C'est ce que nous voyons dans le *Lachès*, le *Charmide*, le *Lysis*, et enfin les interlocuteurs se multiplient comme dans le *Protagoras* et le *Gorgias* et le dialogue devient un drame considérable en plusieurs actes. Le fond en est toujours une question philosophique, et le but, la recherche d'une vérité au moyen de la dialectique. Cette dialectique est souvent subtile et demande pour être suivie une attention soutenue. Tel dialogue, le *Parménide* entre autres, est d'une lecture pénible et rebutante, et il n'est guère de dialogues où la discussion du problème mis en question n'exige un gros effort d'attention. Platon se joue avec aisance dans les abstractions; le lecteur ordinaire s'y sent moins à l'aise. Mais il est récompensé de sa peine par tous les agréments dont un poète à la fois lyrique, dramatique et satirique peut égayer son œuvre.

Quelquefois, comme dans le *Gorgias*, le dialogue s'engage entre les interlocuteurs sans aucune préparation. Mais généralement l'auteur expose les circonstances qui l'ont amené et décrit le lieu de la scène, et il le fait avec un naturel si parfait, avec des touches si justes qu'on croit voir les personnes et les lieux, qu'on en est charmé et qu'on se sent engagé d'avance à écouter les personnages pour lesquels l'auteur a si vivement éveillé notre sympathie ou notre curiosité. Quoi de plus gracieux et de plus délicat que le début du *Lachès*, du *Charmide* et du *Lysis*? Quoi de plus animé, de plus pittoresque, de plus convenable au sujet que les scènes et les descriptions par lesquelles s'ouvrent le *Protagoras*, le *Phèdre*, le *Banquet*, la *République*?

Vient ensuite la discussion du sujet. Elle est distribuée en plusieurs actes, séparés par des intermèdes, ou marquée, comme dans le *Lachès*, le *Charmide*, le *Gorgias*, par des changements d'interlocuteurs. Et ces intermèdes, outre le charme qu'ils ont en eux-mêmes, offrent encore l'avantage de reposer l'esprit d'un débat généralement aride, et de rafraîchir l'attention. Les citations de poètes, en particulier d'Homère, les discours des adversaires de Socrate, notamment des sophistes, toujours avides d'étaler leur éloquence, les discours de Socrate lui-même, les mythes où son imagination se donne carrière contribuent aussi à égayer la discussion. Elle est souvent lente et sinueuse, et ce n'est pas sans raison que ses longueurs impatientaient Montaigne. Nous l'aimerions, nous aussi, plus ramassée et plus courte; mais c'est notre goût, ce n'était pas celui des Grecs. D'ailleurs un dialogue ne suit pas la marche d'une exposition suivie. On y effleure en passant d'autres questions qui se rapportent plus ou moins étroitement au sujet principal, et Cousin a pu dire que chacun des grands dialogues de Platon contenait toute une philosophie. Aussi est-il parfois assez difficile de déterminer nettement l'objet de certains dialogues, dont l'unité n'a pas la rigueur qui nous paraît nécessaire à nous modernes. D'autres, et ils sont assez nombreux, restent sans conclusion. Ce n'est pas que la recherche qui en fait le sujet conduise au scepticisme; c'est que Platon a simplement voulu réfuter des opinions courantes et déblayer le terrain, se réservant de l'explorer à fond dans un autre ouvrage. C'est ainsi que le *Ménon* continue et achève le *Protagoras* et que le *Théétète* trouve sa conclusion dans le *Timée*.

LES CARACTÈRES

Ce qui distingue particulièrement les dialogues de Platon de ceux que son exemple a suscités, c'est la vie qu'il a su donner aux personnages qu'il met en scène. Dans les dialogues de ses imitateurs, hormis peut-être ceux de Lucien, les interlocuteurs ne se distinguent les uns des autres que par les thèses opposées qu'ils sont chargés de soutenir : on ne voit rien de leur figure réelle. Chez Platon, au contraire, il n'est pas de personnage, si mince que soit son rôle, qui n'ait son visage à lui. Les plus remarquables à ce point de vue sont les sophistes, notamment Protagoras, Gorgias, Hippias, Prodicos. Ils revivent dans le portrait qu'en a tracé Platon avec leur figure, leur allure, leur voix, leurs gestes, leurs tics même. On les revoit avec leur vanité, leur jactance, leur subtilité, et aussi avec leur talent, qui est réel et que Platon ne rabaisse pas. L'imitation est si parfaite qu'on a pu prendre le discours que Platon prête à Lysias pour le discours authentique de cet orateur. Et, sauf en quelques ouvrages de jeunesse, comme l'*Ion* ou l'*Hippias majeur*, il n'exagère pas et ne pousse pas le portrait jusqu'à la charge. Il fait rire à leurs dépens par le simple contraste qui paraît entre l'opinion qu'ils ont d'eux-mêmes et celle qu'ils donnent au public. C'est de la meilleure comédie, celle où les personnages se traduisent en ridicule sans qu'ils s'en doutent.

Aux sophistes avides de briller s'oppose le groupe des beaux éphèbes ingénus et modestes. Ce sont des fils de famille avides de s'instruire, qui s'attachent à Socrate pour profiter de ses leçons, qui rougissent à ses questions et y répondent avec une déférence pleine de grâce. Tels sont l'Hippocrate du *Protagoras*, qui ne peut contenir son impatience d'entendre l'illustre sophiste, Charmide, Lysis et le beau Phèdre. Taine a dépeint en termes exquis le charme de ces jeunes figures dans ses *Essais de critique et d'histoire*.

D'autres, plus âgés, sont des disciples tendrement attachés au maître qu'ils vénèrent, et pour qui rien n'est plus doux que de parler et d'entendre parler de lui. C'est Phédon qui se plaît ainsi à se souvenir de Socrate, c'est Apollodore qui sanglote à la vue de la ciguë qu'on apporte, c'est Chairéphon qui s'élance vers lui quand il revient de Potidée, c'est Criton, son ami d'enfance, Simmias et Cébès, Théétète, chacun avec un caractère distinctif qui le signale à notre sympathie.

Il faut faire une place à part à Alcibiade, dont les talents et le prestige avaient vivement frappé Platon en ses jeunes années. Alcibiade figure dans les deux dialogues qui portent son nom; mais ce n'est point là qu'il faut le considérer; il n'y est représenté que comme un écolier docile et sans personnalité. Il en a une, au contraire, et d'une originalité surprenante, dans le *Banquet*. Quand il entre dans la salle où Agathon a réuni ses amis, il est fortement pris de vin, ce qui excusera l'audace de certains aveux qu'on ne fait pas de sang-froid. A son allure tapageuse, à l'ascendant qu'il prend tout de suite sur la compagnie, on reconnaît l'enfant gâté des Athéniens, sûr qu'on lui pardonnera, qu'on applaudira même ses caprices. Mais cet enfant gâté, que la faveur populaire a perdu, a l'âme la plus généreuse et l'esprit le plus pénétrant. Un moment disciple de Socrate, il l'a quitté pour la politique; mais il ne peut l'entendre sans être remué jusqu'au fond de son âme et sans se reprocher l'inconséquence de sa conduite, et il fait de lui le plus magnifique éloge qu'on ait jamais fait d'un homme.

C'est grâce à lui que nous connaissons la puissance de
séduction des discours de Socrate, son endurance physique
incroyable, son courage et son sang-froid dans le danger,
la profondeur de sa réflexion qui lui fait oublier le boire
et le manger, la veille et la fatigue, sa continence invincible,
enfin toute l'originalité de cet être d'exception que fut
Socrate. Le portrait qu'Alcibiade fait de lui est d'ailleurs
incomplet. Il faut en chercher les traits qui manquent
dans tous les dialogues où Socrate est présent. Sous sa
figure de Silène on verra l'être extraordinaire qui entend
la voix d'un dieu et qui a reçu de lui la mission de conduire
ses concitoyens à la vérité et à la vertu. Il est un de ceux
que le ciel a favorisés de la θεία μοῖρα, le lot divin, qui
élève certains hommes au-dessus de l'humanité. Sa vie
et sa mort sont un exemple mémorable de ce que peut
faire la vertu unie au génie.

LE STYLE

Par le fait même que Platon est un poète dramatique,
il fait parler à chacun le langage qui lui convient. Quand
il met en scène des personnages réels, comme les sophistes,
comme Lysias, Agathon, Aristophane, il reproduit non
seulement leurs idées, mais leur style avec une telle fidélité
que ses pastiches donnent l'illusion du modèle.

Quand il est lui-même, son style est exactement approprié à la dialectique de ses dialogues. C'est dire qu'il se
maintient constamment dans le ton de la conversation.
L'art de Platon consiste ici à se cacher pour donner au
discours l'apparence d'une improvisation. C'est un art
tout contraire à celui d'Isocrate, qui balance des périodes
soigneusement étudiées, ou d'un Démosthène, qui ramasse
ses phrases pour les assener sur l'adversaire comme des
coups de bélier. Le style de Platon ne sent ni l'étude, ni
le travail; il n'a jamais rien d'affecté ni de tendu. La
phrase suit simplement la marche de la pensée. Si un nouveau détail se présente à l'esprit, il s'ajoute et s'ajuste
comme de lui-même à ceux qui le précèdent et la phrase
s'allonge naturellement, sans que jamais elle paraisse ni
surchargée ni lâchée. C'est le style de la conversation avec
ses négligences, ses anacoluthes, ses jeux de mots même,
mais de la conversation d'hommes supérieurs qui se trouvent à l'aise au milieu des plus hautes abstractions, comme
le commun des mortels dans une conversation banale.
Aussi, quand l'idée s'élève, le ton s'élève aussi, et, si elle

est importante et chère à l'auteur, il l'éclaire de magnifiques comparaisons. Telle est celle de l'aimant dans l'*Ion*, de la torpille dans le *Ménon*, du vaisseau de l'Etat gouverné par de faux pilotes dans la *République* et bien d'autres également célèbres. Quand Platon nous fait monter avec lui dans le monde des Idées ou nous ouvre des perspectives sur l'autre vie, c'est un monde d'une poésie sublime qu'il nous découvre, et nul poète n'a jamais composé de tableau si émouvant que la promenade des dieux et des âmes au séjour des Idées dans le *Phèdre* ou le ravissement de l'âme en présence du Beau absolu dans le *Banquet*.

Le vocabulaire de Platon est du plus pur attique. Denys d'Halicarnasse lui reproche d'employer des mots poétiques. Mais Denys d'Halicarnasse en juge d'après l'idéal oratoire qu'il s'est formé sur Démosthène. Les mots poétiques, qui seraient déplacés dans une harangue, sont parfaitement à leur place dans un dialogue philosophique, quand le sujet s'élève et qu'on se hausse jusqu'au monde intelligible. D'ailleurs Platon se sert d'ordinaire des mots les plus communs, même pour exposer les idées les plus neuves, et il n'y a guère que le mot *idée* auquel il ait attribué un sens nouveau. C'est une qualité de plus parmi toutes celles qui forment l'éminente supériorité de cet incomparable artiste.

NOTICE

LE PROTAGORAS

On pourrait appeler le *Protagoras* une comédie philo-sophique : la distribution du sujet en actes marqués par des intermèdes, la peinture des caractères, la touche exacte et pittoresque dans l'invention du détail, l'ironie fine et légère, la parodie et la caricature, en un mot toutes les ressources de l'art dramatique servent à égayer la gravité de la matière, et l'aisance avec laquelle Platon les emploie fait souvenir qu'avant de s'adonner à la philo-sophie il avait été séduit par le théâtre, et que l'admiration exclusive que lui inspira Socrate a peut-être coûté à la Grèce un grand poète comique. L'idée du *Protagoras* semble avoir été empruntée à la comédie d'Eupolis, *les Flatteurs*, qui remporta le prix sur *la Paix* d'Aristophane en 421 av. J.-C. Eupolis avait placé la scène de sa pièce dans la maison du riche Callias, fils d'Hipponicos, le vainqueur de Tanagra (en ~ 426), et les flatteurs désignés par le titre n'étaient autres que les sophistes, au nombre desquels figurait Socrate ; dans cette troupe de parasites qui aidaient Callias à dévorer son patrimoine, Protagoras tenait le premier rôle. C'est aussi chez Callias qu'a lieu le dialogue de Platon, et c'est aussi sur les sophistes, en particulier sur Protagoras, que tombent les traits de la satire; mais au lieu d'être confondu avec les sophistes, Socrate est ici dans son vrai rôle : c'est lui qui les combat et les perce de son ironie.

Le siècle qui vit naître les luttes mémorables de Socrate et des sophistes est une des époques les plus intéressantes de l'histoire de la philosophie. Or il semble que Platon ait voulu dans le *Protagoras* tracer pour la postérité le tableau de cette vie intellectuelle intense qui fut celle d'Athènes au temps de Périclès, et perpétuer le souvenir des controverses pour lesquelles la jeunesse athénienne se passionnait alors. Athènes était le « prytanée » intellec-tuel et le rendez-vous des hommes de talent du monde grec. Sans parler des philosophes Anaxagore, Archélaos, maître de Socrate, Diogène d'Apollonie, les sophistes

Protagoras d'Abdère, Gorgias de Léontium, Prodicos de Céos, Hippias d'Elis vinrent s'y établir ou y séjourner. Ils y apportaient des nouveautés propres à intéresser la jeunesse, surtout la jeunesse ambitieuse de jouer un rôle politique. On a dit que Socrate avait fait descendre la philosophie du ciel sur la terre : les sophistes l'avaient tenté avant lui. C'est à l'homme en effet et aux expressions diverses de sa vie spirituelle que les sophistes s'intéressaient avant tout : langue, poésie, dialectique, rhétorique, arts, politique et religion, voilà quels furent les objets essentiels de leur activité. Ils cherchaient à acquérir sur l'homme la plus grande somme de connaissances possible, dans le but d'apprendre, puis d'enseigner l'art de bien vivre. Ils furent des maîtres de sagesse ; c'est ce que veut dire leur nom même de sophistes. Leurs disciples préférés furent les jeunes gens riches que tentait la politique. Ils les dressaient au rôle d'hommes d'Etat par des exercices de rhétorique, de dialectique, de critique, où la lecture des poètes tenait une place importante. Comme la grande question pour un homme politique est de l'emporter sur son adversaire, il arriva que les sophistes insistèrent moins sur la justice et la vérité que sur la vraisemblance et sur les artifices de la rhétorique. C'était un abus que les poètes comiques relevèrent à l'envi, abus d'autant plus dangereux que les théories philosophiques de certains sophistes, Protagoras et Gorgias, semblaient les justifier. Outre ces cours de rhétorique, pour lesquels ils exigeaient des honoraires élevés (le taux ordinaire variait de 143 à 200 francs, mais monta parfois jusqu'à 4 990 francs), les sophistes donnaient des conférences populaires dans les maisons privées ou dans les gymnases à des prix plus accessibles au public (de 1/2 à 4 drachmes d'entrée). Là, ils prononçaient des discours soigneusement préparés ou se livraient à l'improvisation sur des sujets fournis par les assistants.

Tels étaient les hommes dont Socrate combattait les pratiques et les doctrines. Ils avaient un grand nom dans le monde grec, leur influence était considérable, et leurs disciples leur étaient très attachés. Le plus illustre peut-être était Protagoras d'Abdère (~485-~411). Il parcourut la Grèce, la Sicile et la Grande-Grèce, et séjourna longtemps à Athènes, où il gagna la confiance de Périclès. Accusé d'impiété pour un écrit qui commençait ainsi : « Pour les dieux, je ne sais s'ils sont ou s'ils ne sont pas », il se déroba par la fuite à une condamnation, mais il périt en mer. Disciple d'Héraclite, il professait que l'homme est la mesure de toute chose, théorie qui aboutit logiquement à la négation de toute vertu et de toute moralité ; mais dans la pratique Protagoras n'était pas conséquent avec lui-même ; il suivait dans son enseignement les idées traditionnelles sur la vertu et la piété. Esprit curieux et pénétrant, il fonda l'art grammatical, et fut un professeur d'éloquence fort goûté. Son influence fut si grande que Platon consacra deux dialogues à l'exposition et à la réfutation de ses doctrines; il attaqua sa théorie de la connaissance dans le *Théétète* et sa théorie de la vertu dans le *Protagoras*.

Protagoras avait un rival célèbre dans l'art de la rhétorique, c'était Gorgias de Léontium (~ 483-~ 375), maître de Thucydide et d'Isocrate; mais il ne figure pas dans notre dialogue. Platon le considérait sans doute comme un personnage trop important pour lui donner ici un rôle effacé, comme à Prodicos et à Hippias, et il lui a consacré un dialogue entier, le *Gorgias*.

Prodicos de Céos qui tint école à Athènes vers 430 av. J.-C. est surtout connu par sa doctrine sur les dieux, qui furent d'abord, selon lui, les objets qui nourrissent l'homme et lui sont utiles (soleil, lune, Nil), puis les inventeurs des arts et des cultures nourricières (Héphaistos, Déméter, Dionysos). Il est l'auteur du beau mythe d'Hercule entre le vice et la vertu. Enfin il est le premier en date des synonymistes, et Platon parodie fort ingénieusement sa manie d'insérer dans ses discours des synonymes qui lui donnent l'occasion d'étaler sa finesse.

Hippias d'Elis qui florissait vers ~ 460 avait une science étendue : astronomie, mathématiques, esthétique de la poésie et des arts, mythologie, littérature et histoire, tout était de sa compétence. Il avait rassemblé ses connaissances dans un livre intitulé « Somme ». Il professait en morale une sorte de retour à la nature; il opposait au sentiment étroit de la nationalité la parenté naturelle de tous les hommes, à l'orgueil de caste l'égalité sociale; enfin il recommandait aux hommes de s'affranchir des besoins du luxe et de se suffire à eux-mêmes. C'est un lointain précurseur de J.-J. Rousseau.

Le riche Callias, chez qui les sophistes trouvaient une large hospitalité, appartenait à la famille des « hérauts » qui remontait à Triptolème; il était par droit héréditaire porteur de torche à Eleusis et hôte de Lacédémone. Son père Hipponicos, qui avait vaincu les Béotiens à Tanagra en ~ 426, tomba deux ans plus tard au combat malheureux de Délion. Lui-même fut stratège dans la guerre de Corinthe en ~ 390. Sa mère avait épousé en secondes noces Périclès.

Une brillante société se presse chez lui pour entendre les sophistes. Ce sont d'abord ses frères utérins, les fils de Périclès, Paralos et Xanthippe; puis Charmide, l'oncle de Platon, grand amateur de philosophie, ce qui lui a valu l'honneur de donner son nom à un dialogue de son neveu; il fut l'un des Dix qui gouvernèrent Athènes après la victoire de Lysandre; puis Critias, « profane parmi les philosophes, philosophe parmi les profanes »; il fut un

des trente Tyrans et mourut avec Charmide à la bataille
de Munychie en ~ 404; il était aussi parent de Platon; puis
quatre personnages qui sont ici muets, mais qui tiennent
des rôles importants dans le *Banquet* : le médecin Eryximaque et son ami Phèdre, interlocuteur de Socrate dans le
Phèdre, Agathon et son inséparable ami Pausanias *.

La discussion porte sur l'enseignement des sophistes,
et particulièrement sur celui de Protagoras. Protagoras se
donne pour un professeur de vertu : est-il instruit de ce
qu'il enseigne, et pourrait-il définir ce qu'est en elle-même
la vertu ? L'occasion qui amène Socrate à lui poser ces
questions nous est rapportée dans une sorte d'introduction
dialoguée entre Socrate et son jeune ami Hippocrate. De
grand matin, Hippocrate était allé heurter à la porte de
Socrate : il avait appris la veille l'arrivée de Protagoras à
Athènes, et, sans savoir au juste en quoi consistait l'enseignement du sophiste, il ne tenait plus d'impatience de
l'entendre et de s'attacher à lui. Socrate consent à le
présenter à Protagoras, mais il se réserve d'interroger le
sophiste et de soumettre ses réponses à un examen rigou-
reux.

Ils se rendent donc chez Callias. En pénétrant dans le
vestibule, ils s'arrêtent un moment à contempler la scène
qui s'offre à eux. Sur le devant du portique Protagoras
se promenait, ayant d'un côté Callias, Paralos et Charmide,
de l'autre Xanthippe, Phidippide et Antimoiros de Mende,
qui tous marchaient en ligne avec lui, tandis qu'une foule
d'autres les suivaient en prêtant l'oreille. Au fond du portique, sur un siège élevé, Hippias d'Elis répondait aux
questions d'Eryximaque et de Phèdre et de quelques
autres; enfin on apercevait, couché dans une chambre,
Prodicos de Céos, et, près de son lit, ses disciples Pausanias, Agathon et d'autres. Alcibiade et Critias arrivent
quelques moments après.

Socrate présente à Protagoras le jeune Hippocrate et le
prie de s'expliquer sur son art. Protagoras, flatté de la
préférence qu'on lui donne, saisit l'occasion de montrer
à ses collègues en sophistique le cas qu'on fait de lui, et le
cas que lui-même fait de son art. Il propose en conséquence de s'expliquer devant toute la compagnie. Aussitôt
Hippias, Prodicos et leurs disciples se groupent autour
de lui. Socrate alors lui renouvelle sa question et lui
demande quels avantages Hippocrate doit retirer de son
commerce. — Je lui apprendrai, dit Protagoras, à gouverner ses affaires et celles de l'Etat. — C'est la politique
dont tu parles, répond Socrate. — Oui. — Jusqu'ici, dit
Socrate, j'avais cru que cette science ne pouvait être
enseignée, et cela pour deux raisons : la première, c'est
que dans les assemblées publiques on n'écoute que les

---

* Sur ces quatre personnages voyez la Notice sur *le Banquet*.

gens de métier en toute affaire qui exige des connaissances spéciales, et qu'on écoute tout le monde en matière politique, sans exiger qu'on ait fait aucune étude de la politique, et la deuxième, c'est que les grands hommes eux-mêmes sont incapables de communiquer leur vertu à leurs enfants.

Protagoras répond par une fable : Quand les dieux eurent façonné les êtres vivants, ils chargèrent Prométhée et Epiméthée de leur distribuer les qualités nécessaires à leur existence. Epiméthée, qui fit la distribution, oublia l'homme. Pour réparer cet oubli, Prométhée ravit à Minerve et à Vulcain le secret des arts et du feu; mais incapables de fonder une communauté politique, les hommes vivaient dispersés, à la merci des bêtes de proie, et ils auraient péri si Jupiter ne leur eût fait donner à tous la pudeur et la justice, fondements de la politique; et voilà pourquoi dans les assemblées de la cité on écoute indifféremment tout le monde quand il s'agit de politique. D'autre part, ce qui prouve que ces vertus peuvent être enseignées, c'est qu'on punit ceux qui ne les ont pas, tandis qu'on ne reproche à personne des défauts physiques, comme la laideur et la maladie. Or si l'on punit, c'est en vue d'améliorer le coupable et de détourner les autres de l'imiter, c'est-à-dire d'enseigner la vertu. C'est le but de toute l'éducation à Athènes : pères, mères, nourrices, précepteurs s'y emploient à l'envi; l'Etat lui-même par ses lois commande et enseigne la vertu. Si les fils des grands hommes sont moins vertueux que leurs pères, ce n'est pas qu'on néglige de les instruire, bien au contraire; c'est qu'ils sont doués de moindres aptitudes. Ils ne semblent d'ailleurs mauvais que par comparaison avec les meilleurs; confrontés à des sauvages sans culture, ils paraîtraient des modèles de vertu.

Socrate se déclare persuadé; mais pour enseigner la vertu, il faut savoir exactement en quoi elle consiste. Protagoras le sait-il ? Sait-il si la vertu est une en soi, ou comprend des parties distinctes ? Il déclare que la justice, la piété, la tempérance, la sagesse et le courage sont des parties de la vertu aussi distinctes que le sont les parties du visage, des parties qualitatives, comme nous dirions, et non quantitatives. Mais Socrate l'amène, en lui montrant que la justice ne saurait être quelque chose d'impie, ni la piété quelque chose d'injuste, à reconnaître, sinon qu'elles sont identiques, au moins qu'elles ont des rapports de ressemblance; puis, se fondant sur ce principe qu'un contraire n'a qu'un seul contraire, il essaie de prouver que la tempérance, σωφροσύνη, et la sagesse, σοφία, sont identiques, parce que tous deux sont, dans l'usage de la langue grecque, le contraire de la folie, ἀφροσύνη. Enfin il s'apprêtait à démontrer que la tempérance et la justice se confondent, en s'appuyant sur l'équivalence du

bien et de l'utile; mais Protagoras qui goûte peu cette
« maïeutique » se dérobe, et fait sur la relativité de l'utile
un discours peu pertinent qui impatiente Socrate.

Il n'entend rien, dit-il, aux longs discours, et si Protagoras ne veut pas se proportionner à la faiblesse de son
esprit et répondre brièvement, il rompra l'entretien. Il se
lève même pour se retirer; mais Callias le retient, et
Alcibiade et Critias interviennent pour amener Protagoras
et Socrate à composition. Prodicos et Hippias s'entre-
mettent aussi, et profitent de l'occasion pour étaler, le
premier, tout un choix de distinctions synonymiques, le
second, sa théorie favorite sur la tyrannie de la loi. Les
deux champions consentent enfin à renouer l'entretien.

Après cet intermède qui coupe agréablement une
discussion qui devenait ardue, Protagoras porte l'entretien
sur le terrain de la poésie, sous prétexte que l'explication
des poètes est une partie essentielle de l'éducation, et il
entreprend de démontrer que Simonide se contredit dans
une pièce adressée à Scopas, quand il dit lui-même qu'il
est difficile de devenir vertueux et qu'il blâme ensuite
Pittacos d'avoir dit qu'il est difficile d'être vertueux.
Pour résoudre la contradiction, Socrate suggère une interprétation insoutenable, qu'il fait malignement endosser
à Prodicos, c'est que le mot Χαλεπός, difficile, est employé
au sens de mauvais (κακός). Il la répudie d'ailleurs aussitôt
pour proposer sa propre interprétation : c'est que Simonide a voulu dire qu'il est difficile, mais possible de devenir
vertueux pour un temps, mais qu'il est non seulement
difficile, comme l'a dit Pittacos, mais impossible de l'être
toujours. Aussi faut-il, sans aspirer à un idéal au-dessus
de l'humanité, louer *volontairement* l'homme qui ne
commet pas le mal. En réalité, Simonide a écrit : Il faut
louer l'homme qui ne commet pas volontairement le mal.
Mais Socrate n'admet pas qu'on fasse le mal volontairement : c'est contraire à sa théorie que la vertu est la connaissance et le vice l'ignorance du bien. Aussi a-t-il donné
une entorse au texte de Simonide, pour y retrouver ses
propres idées. Il déclare d'ailleurs qu'il n'y a aucun profit
à tirer de l'étude des poètes, parce que chacun les interprète comme il l'entend, et il prie Protagoras de revenir
à la question de l'unité de la vertu. Protagoras y consent,
mais de mauvaise grâce.

Il reconnaît que quatre vertus, la justice, la tempérance, la sagesse et la piété, sont assez semblables entre
elles, mais il maintient que le courage est tout à fait différent. — Ne penses-tu pas, dit Socrate, que la vertu est
une chose belle de tout point ? — Si, répond Protagoras.
— Le courage n'est-il pas la hardiesse ? — Si. — Mais
une hardiesse déraisonnable, est-ce du courage ? — Non,
c'est de la folie. — Il faut donc, pour qu'il y ait courage,
qu'il y ait raison et connaissance, autrement le courage ne

serait pas une belle chose, mais une chose folle ? — Oui.
— Donc le courage se confond avec la sagesse. Mais
Protagoras rejette cette conclusion, et soutient que si la
hardiesse vient de la science, le courage est un don de la
nature.

Au lieu de réfuter l'objection, Socrate se place à un
autre point de vue. Il fait d'abord avouer à Protagoras
que la science est toute-puissante sur l'homme qui la
possède, puis, partant de ce principe qu'agréable et bon,
désagréable et mauvais ne font qu'un dans leur essence
et que personne ne choisit sciemment ce qui est désagréable et n'évite sciemment ce qui est agréable, il fait voir
que, quand un homme fait le mal, parce qu'il est, comme
on dit, vaincu par le plaisir, c'est qu'il s'est trompé dans
ses mesures des choses agréables et des choses désagréables, qu'il a péché faute de science. Or qu'est-ce que
la crainte, sinon l'attente d'un mal ? Donc, quand un
homme craint une chose, c'est qu'il la croit mauvaise, et
les lâches ne sont lâches que par l'ignorance où ils sont
des choses à craindre ; et, si le courage est le contraire
de la lâcheté, il faut qu'il soit la connaissance des choses
à craindre et de celles qui ne le sont point.

Ainsi toute vertu est science et par conséquent peut être
enseignée. C'est la conclusion où la dialectique a conduit
les deux interlocuteurs, conclusion contraire à l'opinion
que chacun d'eux professait avant la discussion. L'entretien se termine par des compliments de Protagoras à
Socrate : il lui prédit qu'il prendra place un jour parmi
les sages.

On s'est demandé souvent quel était l'objet essentiel
du *Protagoras*, et les critiques n'ont pas encore pu se
mettre d'accord. C'est qu'en effet l'œuvre est complexe.
L'accessoire scénique y occupe une telle place qu'on
pourrait croire que le but essentiel de l'auteur a été de
présenter un tableau du mouvement philosophique à
Athènes au temps où Socrate entamait la lutte avec les
sophistes. D'autre part la peinture de ces singuliers
maîtres de morale qui trafiquent de la vertu sans être
capables de la définir, et qui, au lieu de rechercher sincère-
ment la vérité, ne songent qu'à faire parade de leur vir-
tuosité et à éclipser leurs rivaux ou à se disputer les élèves
riches, a fait longtemps regarder ce dialogue comme une
critique de la méthode et de l'esprit des sophistes, auxquels
Platon oppose la méthode et l'esprit de Socrate, c'est-à-
dire la dialectique et la passion de la vérité pour elle-
même. Et c'est évidemment ce qu'a voulu faire Platon ;
mais ce n'est là qu'un côté de son œuvre. Une recherche
bien menée doit aboutir à des résultats positifs. Celle que
Socrate a poursuivie avec la collaboration de Protagoras
a démontré que la vertu est une, qu'elle n'est autre chose
que la science, et que par conséquent elle est susceptible

d'être enseignée. Outre ce résultat essentiel, Socrate a
établi aussi que le bon est l'utile ou plus exactement
l'agréable, mais l'agréable bien entendu, et que le bonheur
consiste dans le contentement durable que procure l'action
morale, le déplaisir ou le malheur dans les conséquences
inévitables d'une conduite immorale. L'ontologie de
Platon se dessine ainsi dans ce dialogue; elle aura sa
forme dernière dans la doctrine des Idées; mais quand
il appelle la justice πρᾶγμά τι (quelque chose de réel)
et les autres vertus χρήματα (des choses), et qu'il demande
s'il y a sous chaque nom de vertu une substance ou une
chose ayant sa force propre, c'est déjà une amorce de la
doctrine des Idées qu'il présente ici. Ainsi le dialogue
est un essai de morale indépendante : il fonde la morale
sur la science et aboutit par conséquent au déterminisme
intellectuel.

Il reste quelques mots à dire sur la date de l'entretien
entre Protagoras et Socrate, et sur la date de la composition.
L'entretien semble pouvoir se placer entre 432 et 430
avant J.-C., en tout cas avant l'année ~ 429, puisque c'est
en ~ 429 que moururent les deux fils de Périclès, présents
à la réunion. Il est vrai qu'il est question dans le dialogue
des *Sauvages*, pièce de Phérécrate qui fut jouée en ~ 421,
et que Callias a déjà hérité de son père qui ne mourra que
dix ans plus tard; mais Platon est coutumier de ces anachronismes; il vise à la vérité idéale plutôt qu'à la vérité
historique; or la pièce d'Eupolis *les Flatteurs* avait
imposé au public cette idée que la maison de Callias était
le rendez-vous des sophistes. Platon a fait comme les
poètes dramatiques qui préfèrent la légende populaire à la
vérité historique sans racine dans l'imagination des spectateurs : il a opté pour la tradition établie et lui a sacrifié
l'exactitude chronologique.

Divers indices nous font penser que le *Protagoras* est
un ouvrage de jeunesse. Il n'y a pas longtemps sans doute
que Platon a brûlé ses œuvres de théâtre; car il est aussi
préoccupé des effets dramatiques que de la recherche
philosophique. En outre il reconnaît ici parmi les vertus
la piété : c'est la doctrine de Socrate qu'il suit en ce point;
plus tard il ne reconnaîtra que quatre vertus, la justice,
la tempérance, la sagesse et le courage. Il suit encore
Socrate quand il ramène le bon à l'agréable, tandis que
plus tard il déterminera plus profondément l'idée de bien.
Toujours en conformité avec Socrate, il ne reconnaît que
la vertu consciente, tandis que plus tard il admettra dans
une certaine mesure la vertu naturelle qui repose sur
l'opinion vraie. Enfin la parenté des sujets pourrait faire
conjecturer que le *Protagoras* est du même temps que le
Lachès, le *Charmide* et le *Lysis*, qui traitent des vertus
isolées, du courage, de la sagesse et de l'amitié. Le *Protagoras*, qui établit que la vertu est une, semble avoir été

composé en manière de conclusion à ces trois ouvrages de jeunesse. On a même voulu, à cause de la gaieté qui pénètre tout le dialogue et de l'absence d'allusion à la mort de Socrate, placer la composition de cet ouvrage avant la mort de Socrate. Mais au point de vue artistique, par la composition, par la vérité et l'ampleur du développement, par le nombre des personnages et le dessin des caractères, par les tableaux brillants, les détails pittoresques et la grâce et le charme du style, le *Protagoras* est un progrès sur les ouvrages déjà si attrayants du *Lachès*, du *Charmide* et du *Lysis* et doit être vraisemblablement placé à leur suite.

PROTAGORAS

[ou **les Sophistes** ; *genre démonstratif*]

D'abord UN AMI DE SOCRATE ET SOCRATE
Ensuite HIPPOCRATE, PROTAGORAS, ALCIBIADE,
CRITIAS, PRODICOS, HIPPIAS

L'AMI DE SOCRATE

I. — D'où viens-tu, Socrate ? sans doute de la chasse,
de la chasse à la beauté d'Alcibiade ? A dire vrai, je l'ai
vu il n'y a pas longtemps, et je trouve que c'est toujours
un bel homme, mais un homme pourtant, soit dit entre
nous, Socrate, et déjà bien barbu.

SOCRATE

Eh bien! qu'est-ce que cela fait ? n'es-tu pas de l'avis
d'Homère qui a dit que l'âge le plus charmant était celui
du premier duvet [1], justement l'âge d'Alcibiade ?

L'AMI DE SOCRATE

Alors, à quel point en es-tu ? Viens-tu de le quitter ?
Comment le jeune homme est-il disposé à ton égard ?

SOCRATE

Bien, ce me semble, et aujourd'hui mieux que jamais;
car il a pris mon parti plus d'une fois, et je viens seulement de le quitter. Je vais cependant te dire une chose
qui te surprendra : c'est qu'en sa présence je n'ai pas fait
attention à lui, et que j'ai oublié souvent qu'il était là.

L'AMI DE SOCRATE

Qu'est-ce qui peut bien vous être arrivé de si grave
à tous deux ? tu n'as pourtant pas rencontré de plus beau
garçon que lui, du moins dans notre ville ?

SOCRATE

Si, beaucoup plus beau.

L'AMI DE SOCRATE

Que dis-tu ? Est-ce un Athénien ou un étranger ?

SOCRATE

Un étranger.

L'AMI DE SOCRATE

D'où est-il ?

SOCRATE

D'Abdère.

L'AMI DE SOCRATE

Et cet étranger t'a paru si beau qu'il surpasse à tes yeux le fils de Clinias ?

SOCRATE

Et comment, mon cher, le plus sage ne paraîtrait-il pas le plus beau ?

L'AMI DE SOCRATE

Ah! c'est un sage que tu as rencontré en venant ici ?

SOCRATE

Oui, et le plus sage sans contredit des hommes de ce temps, si tu crois que Protagoras mérite ce titre.

L'AMI DE SOCRATE

Oh! que dis-tu ? Protagoras est ici ?

SOCRATE

Depuis deux jours.

L'AMI DE SOCRATE

Et c'est avec lui que tu étais tout à l'heure ?

SOCRATE

Oui, et nous avons échangé force propos.

L'AMI DE SOCRATE

Raconte-moi vite cet entretien, si tu n'as rien de plus pressé; assieds-toi là, à la place de mon esclave [2].

SOCRATE

Très volontiers, et même je vous serai obligé de m'écouter.

L'AMI DE SOCRATE

Nous aussi, de t'entendre.

SOCRATE

L'obligation sera réciproque.

II. — Ecoutez donc. Ce matin, dans l'obscurité du petit jour, Hippocrate, fils d'Apollodore et frère de Phason, est venu frapper violemment à ma porte avec son bâton; aussitôt qu'on lui eut ouvert la porte, il est entré en coup de vent et m'a crié : « Socrate, es-tu éveillé ou dors-tu ? » J'ai reconnu sa voix. « C'est Hippocrate, ai-je dit. Tu as des nouvelles à m'annoncer ? — Rien que de bonnes. — Tant mieux; mais qu'y a-t-il, et pourquoi viens-tu à pareille heure ? — Protagoras est ici, me dit-il, en se plantant devant moi. — Depuis avant-hier, dis-je. Tu viens seulement de l'apprendre ? — Oui, par les dieux, hier au soir. » En même temps il tâtait mon lit et s'asseyait à mes pieds. « Oui, hier au soir, poursuivit-il, très tard, en revenant d'Œnoé[3]. Il faut te dire que mon esclave Satyros s'était enfui; j'étais sur le point de venir t'avertir que j'allais me mettre à sa poursuite, quand un incident me l'a fait oublier. A mon retour, nous avons dîné et nous allions nous coucher, quand mon frère me dit : Protagoras est ici. Tout d'abord je voulus encore accourir te le dire; puis je pensai que la nuit était trop avancée. Mais dès que le sommeil m'a eu remis de ma fatigue, je me suis levé et je suis venu ici comme tu vois. » En le voyant si décidé et si exalté, je lui ai dit : « Qu'est-ce que cela te fait ? Protagoras a-t-il quelque tort envers toi ? » Il m'a répondu en riant : « Oui, par les dieux, Socrate : il a le tort de garder sa science pour lui seul, sans m'en faire part. — Mais, par Zeus, tu n'as qu'à lui donner de l'argent et à le décider, il te rendra savant, toi aussi. — Si seulement, ô Zeus et tous les dieux, il ne tenait qu'à cela, je ne me laisserais rien à moi, ni à mes amis : c'est justement pour cela que je viens te trouver à présent, c'est pour que tu lui parles de moi; car je suis trop jeune et je n'ai jamais ni vu ni entendu Protagoras; j'étais encore enfant lors de son premier séjour ici. Mais tout le monde, Socrate, fait l'éloge du personnage, et on le donne pour le plus éloquent des hommes. Rendons-nous vite chez lui, afin de le trouver au logis; il est descendu, dit-on, chez Callias, fils d'Hipponicos; allons-y. — Pas encore, mon bon ami, c'est trop matin; restons ici, levons-nous et allons dans la cour pour nous promener et passer le temps jusqu'à ce qu'il fasse jour; nous irons alors. Protagoras ne sort guère; ainsi n'aie pas peur, nous le trouverons, selon toute vraisemblance, au logis. »

III. — Alors nous nous sommes levés et nous nous sommes promenés dans la cour. Pour éprouver la résolution d'Hippocrate je lui ai demandé en l'observant de l'œil : « Dis-moi, Hippocrate, te voilà prêt à aller trouver Protagoras et à lui donner de l'argent en retour des soins qu'il prendra de toi; mais sais-tu bien chez qui tu vas et ce que

tu veux devenir ? Si par exemple tu te proposais d'aller
chez ton homonyme, Hippocrate de Cos [4], de la famille
des Asclépiades, et de lui donner de l'argent pour s'occuper de toi, et qu'on te demandât : Dis-moi, Hippocrate,
tu vas payer un salaire à Hippocrate, mais sais-tu bien à
quel titre ? Que répondrais-tu ? — Je répondrais, dit-il :
à titre de médecin. — Et dans quel but ? — Dans le but
de devenir médecin. — Et si tu te proposais d'aller chez
Polyclète d'Argos ou Phidias d'Athènes [5] et de leur payer
un salaire pour s'occuper de toi, et qu'on te demandât :
En donnant cet argent à Polyclète et à Phidias, à quel
titre le leur donnes-tu ? Que répondrais-tu ? — Je répondrais : à titre de sculpteurs. — Et quel est ton but à toi ? —
Evidemment de devenir sculpteur. — Bien, lui dis-je.
A présent, c'est chez Protagoras que nous allons nous
rendre, toi et moi, prêts à lui donner de l'argent pour qu'il
s'occupe de toi, si notre fortune peut y suffire et si nous
pouvons le décider par là; sinon, nous y ajouterons celle
de nos amis. Si donc en nous voyant mettre tant d'ardeur
à ce projet, quelqu'un nous demandait : Dites-moi,
Socrate et Hippocrate, à quel titre avez-vous l'intention
d'offrir de l'argent à Protagoras ? Que lui répondrions-
nous ? Quel est le nom particulier dont on appelle Protagoras, comme on appelle Phidias sculpteur, Homère
poète ? Quel est le nom analogue qu'on donne à Protagoras ? — Celui de sophiste, Socrate : c'est ainsi qu'on le
désigne. — C'est donc à titre de sophiste que nous allons
lui payer cet argent ? — Oui. — Si on te posait encore
cette question : Mais toi, que veux-tu devenir, en allant
chez Protagoras ? » Il m'a répondu en rougissant, car il
faisait alors assez de jour pour qu'on pût bien le voir :
« S'il faut être conséquent, je veux évidemment devenir un
sophiste. — Au nom des dieux, lui ai-je dit, ne rougirais-tu
pas de te donner pour sophiste à la face des Grecs ? —
Si, par Zeus, Socrate, s'il faut dire ce que je pense. —
Mais peut-être, Hippocrate, penses-tu que tes études
chez Protagoras auront un autre but, comme celles que
tu as faites chez le maître d'école, le maître de cithare,
le maître de gymnastique; tu as reçu l'enseignement de
chacun de ces maîtres, non point en vue d'en faire métier
et profession, mais pour te cultiver, comme il convient
à un profane et à un homme libre. — Je suis tout à fait
de ton avis : c'est plutôt dans cet esprit que je suivrai
les leçons de Protagoras.

IV. — Mais sais-tu bien ce que tu vas faire maintenant,
ou cela t'échappe-t-il ? — A quel propos ? — Je veux dire
que tu vas confier le soin de ton âme à un homme qui est,
tu le reconnais, un sophiste; mais qu'est-ce que peut bien
être un sophiste, je serais surpris si tu le savais; or, si tu
l'ignores, tu ne sais pas non plus à qui tu remets ton âme,

si c'est pour ton bien ou pour ton mal. — Je crois le savoir.
— Alors dis-le; qu'est-ce qu'un sophiste, selon toi ? —
Selon moi, c'est, comme le nom l'indique, un maître en
savoir. — On peut en dire autant des peintres et des architectes : ce sont aussi des maîtres en savoir. Mais si l'on
nous demandait en quoi les peintres sont des maîtres en
savoir, nous répondrions sans doute que c'est dans l'exécution des portraits, et ainsi du reste. Mais si l'on nous
posait cette question : Le sophiste, en quoi est-il un maître
en savoir, que répondrions-nous ? en quel · art est-il
maître ? — Ce que nous répondrions, Socrate ? qu'il
est maître en l'art de rendre les hommes habiles à parler.
— La réponse serait peut-être juste, mais insuffisante;
car elle appelle une autre question : sur quoi le sophiste
rend-il habile à parler ? Ainsi le joueur de cithare rend
habile à parler sur la matière qu'il enseigne, l'art de jouer
de la cithare; n'est-ce pas vrai ? — Si. — Bien; mais le
sophiste, sur quoi rend-il habile à parler ? évidemment,
n'est-ce pas, sur la matière où il est lui-même savant ?
— Sans doute. — Mais quelle est la matière où le sophiste
est lui-même savant et rend savant son élève ? — Par Zeus,
je ne sais plus que te répondre.

V. — Quoi donc! repris-je, sais-tu à quel danger tu vas
soumettre ton âme ? S'il te fallait confier ton corps à
quelqu'un et courir le hasard de fortifier ou de gâter ta
santé, tu y regarderais à deux fois pour t'en remettre ou
non à ses soins, tu appellerais en consultation tes amis et
tes parents et tu réfléchirais plus d'un jour; et pour une
chose que tu mets bien au-dessus de ton corps, pour ton
âme, dont dépend tout ton sort, puisque tu seras heureux
ou malheureux selon que ton âme sera bonne ou mauvaise,
pour ton âme, dis-je, tu n'as consulté ni ton père, ni ton
frère, ni aucun de nous, tes amis, pour décider s'il fallait
la confier ou non à cet étranger qui vient d'arriver; c'est
d'hier soir que tu sais, dis-tu, son arrivée et tu t'en viens
dès la pointe du jour, sans prendre le temps de réfléchir
ni de consulter s'il faut ou non remettre ton âme entre
ses mains, tout prêt à dépenser ta fortune et celle de tes
amis; car tu as décidé tout de suite qu'il fallait absolument
t'attacher à Protagoras, que tu ne connais pas, dis-tu, à
qui tu n'as jamais parlé; tu l'appelles sophiste, mais il est
visible que tu ignores ce qu'est ce sophiste, à qui tu veux te
confier. »

Lui, là-dessus, m'a répondu : « Il semble bien, à t'entendre, que tu as raison. — Est-ce qu'un sophiste, Hippocrate, n'est pas une sorte de marchand et de trafiquant
des denrées dont l'âme se nourrit ? Il me paraît à moi que
c'est quelque chose comme cela — Mais l'âme, Socrate,
de quoi se nourrit-elle ? — De sciences, je suppose; aussi
faut-il craindre, ami, que le sophiste, en vantant sa mar-

chandise, ne nous trompe comme ceux qui trafiquent
des aliments du corps, marchands et détaillants; ceux-ci
en effet ignorent ce qui, dans les denrées qu'ils colportent,
est bon ou mauvais pour le corps; mais ils n'en vantent
pas moins toute leur marchandise, et leurs acheteurs ne
s'y connaissent pas mieux, à moins qu'il ne s'y trouve
quelque maître de gymnastique ou quelque médecin. Il
en est de même de ceux qui colportent les sciences de
ville en ville, qui les vendent et les détaillent; ils ne
manquent jamais de vanter aux amateurs tout ce qu'ils
vendent; mais il peut se faire, mon bon ami, qu'un certain
nombre d'entre eux ignorent ce qui dans leurs marchandises
est bon ou mauvais pour l'âme, et leurs acheteurs l'ignorent
aussi, à moins qu'il ne s'y trouve quelque médecin de
l'âme. Si donc tu sais ce qu'il y a dans ces marchandises
de bon ou de mauvais pour l'âme, tu peux sans danger
acheter les sciences et à Protagoras et à tout autre; sinon,
prends garde, bon jeune homme, de hasarder sur un coup
de dés ce que tu as de plus cher; car le danger est beaucoup
plus grand dans l'achat des sciences que dans l'achat des
aliments; si en effet on achète des vivres et des boissons à
un détaillant ou à un marchand, on peut les emporter
dans les vases appropriés, et, avant de les introduire
dans le corps en les buvant et en les mangeant, on peut
les déposer chez soi, consulter, et faire appel à quelqu'un
qui sait ce qu'il faut manger ou boire, et ce qu'il ne faut
pas, combien il faut en prendre, et à quel moment; de
sorte qu'on ne court pas grand danger à les acheter;
mais les sciences, on ne peut les emporter dans un autre
vase, il faut, le prix payé, loger dans son âme même la
science qu'on apprend et s'en aller, empoisonné ou
conforté. Examinons donc la question avec des gens plus
vieux que nous; car nous sommes encore jeunes pour
trancher une affaire si importante. Mais à présent, puisque
nous sommes en train, allons écouter cet homme, puis nous
communiquerons à d'autres ce que nous aurons entendu.
Aussi bien Protagoras n'est pas tout seul là-bas; nous
trouverons avec lui Hippias d'Élis et, je crois aussi,
Prodicos de Céos et plusieurs autres sages.

VI. — Cette résolution prise, nous partons. Arrivés
au vestibule, nous nous sommes arrêtés; nous étions en
train de discuter sur un sujet sur lequel nous étions
tombés chemin faisant; ne voulant pas rester au milieu
de notre discussion et entrer sans l'avoir épuisée, nous
l'avons continuée, debout, dans le vestibule, jusqu'à
ce que nous soyons tombés d'accord. Je crois bien que
le portier, un eunuque, nous entendait, et il semble qu'à
voir tant de sophistes il avait pris de l'humeur contre
les visiteurs; car à peine avons-nous frappé à la porte
et nous a-t-il ouvert, qu'en nous apercevant il s'écrie :

« Ah! des sophistes! mon maître n'a pas le temps »; et
en même temps de ses deux mains il nous ferme la porte
au nez avec tout l'entrain dont il était capable. Nous
frappons de nouveau. Il nous répond à travers la porte :
« Vous n'avez pas entendu ? Je vous ai dit que mon maître
n'avait pas le temps. — Mais, mon brave, ce n'est pas
Callias que nous demandons et nous ne sommes pas des
sophistes; rassure-toi. Nous sommes venus pour voir
Protagoras; va donc nous annoncer. » Alors enfin le gail-
lard nous a ouvert, mais à grand-peine encore.

VII. — En entrant, nous avons trouvé Protagoras
qui se promenait dans le portique, accompagné d'un
côté de Callias, fils d'Hipponicos, de son frère utérin,
Paralos [6], fils de Périclès, et de Charmide [7], fils de Glaucon;
de l'autre côté, de l'autre fils de Périclès, Xanthippe, de
Philippide [8], fils de Philomélos, d'Antimoiros de Mendè [9],
le plus renommé des disciples de Protagoras, qui étudie
pour faire le métier de sophiste; derrière eux, tendant
l'oreille pour écouter, marchait une troupe de gens où
dominaient évidemment les étrangers que Protagoras
amène de chacune des villes par où il passe : il les charme
de sa voix, comme Orphée, et, enchantés par cette voix
magique, ils s'attachent à ses pas; il y avait aussi des gens
d'ici dans le chœur. En voyant ce chœur [10], j'ai pris plaisir
à observer avec quelle déférence ils évitaient de gêner
Protagoras, en se trouvant devant lui; toutes les fois qu'il
se retournait avec sa compagnie, toute la suite des écou-
teurs s'écartait à droite et à gauche dans un ordre parfait,
et, se rangeant en cercle, se replaçait chaque fois derrière
lui avec un ensemble admirable.

« Après lui, j'avisai », pour me servir de l'expression
d'Homère [11], Hippias d'Elis [12], assis dans la galerie du
fond [13], sur un siège élevé; autour de lui, sur des bancs,
étaient assis Eryximaque [14], fils d'Acouménos, Phèdre
de Myrrhinunte, Andron [15], fils d'Androtion, des concitoyens d'Hippias et quelques autres étrangers; ils semblaient
questionner Hippias sur la nature et les phénomènes
astronomiques, et lui, du haut de son siège, tranchait et
débrouillait les difficultés que chacun lui soumettait.

« En ce moment mes yeux s'arrêtèrent aussi sur Tantale [16] » c'est-à-dire Prodicos de Céos; car il était bien
présent; il était dans une chambre qui auparavant servait
de cellier à Hipponicos, mais que Callias, vu l'affluence
des hôtes, avait débarrassée pour la mettre aussi à la disposition des étrangers. Prodicos était encore couché,
enfoui, à ce qu'il m'a semblé, sous les fourrures et les
couvertures entassées; auprès de lui, sur les lits voisins,
se trouvaient Pausanias [17] des Kéramées, et avec Pausanias
un jeune adolescent qui m'a paru d'un excellent naturel
et qui est à coup sûr d'une beauté parfaite. J'ai cru entendre

qu'il s'appelait Agathon, et je ne serais pas étonné qu'il
fût le mignon de Pausanias ; il y avait donc cet adolescent,
et les deux Adimantes, l'un [18] fils de Képis, et l'autre [19],
de Leucolophide, et quelques autres. Pour le sujet de leur
entretien, je n'ai pu, du dehors où j'étais, le saisir, malgré
mon vif désir d'entendre Prodicos, qui me paraît être un
sage accompli, un homme divin : sa voix de basse-taille,
résonnant dans la chambre, arrivait en sons indistincts.
A peine étions-nous entrés qu'entraient derrière nous Alcibiade le beau, comme tu dis, avec raison, selon moi, et
Critias [20], fils de Kallaischros.

VIII. — Pour nous, après avoir franchi la porte,
nous avons passé quelques instants à regarder ce tableau ;
puis nous nous sommes avancés vers Protagoras et je
lui ai dit : « C'est toi que nous cherchons, Protagoras,
Hippocrate que voici et moi.

— Voulez-vous me parler en particulier ou en présence
de tout le monde ?

— Cela nous est égal à nous, mais écoute ce qui nous
amène et vois toi-même.

— Qu'est-ce donc qui vous amène ?

— Hippocrate que voici est d'Athènes, fils d'Apollodore, d'une maison considérable et opulente ; personnellement il paraît aussi bien doué qu'aucun jeune homme
de son âge ; il aspire, je crois, à tenir un rang illustre dans
l'Etat, et il croit que le meilleur moyen d'y réussir est de
prendre tes leçons ; vois maintenant s'il te convient de
nous entretenir là-dessus en particulier ou devant les autres.

— C'est bien fait à toi, Socrate, de veiller avec cette
prévoyance à mes intérêts ; car un étranger qui vient dans
de grandes villes pour y persuader à l'élite des jeunes
gens de quitter toute autre société de parents et d'étrangers,
soit vieux, soit jeunes, pour s'attacher à lui, afin de devenir
meilleurs par son commerce, un étranger qui fait cela
doit user de circonspection ; car c'est un métier qui soulève
contre lui des jalousies, des haines et des embûches redoutables.
Pour moi, j'ose affirmer que la profession de sophiste
est ancienne ; mais ceux qui la pratiquaient dans les
premiers temps, craignant la défaveur qui s'y attache,
la pratiquaient sous le déguisement ou le voile de la poésie,
comme Homère, Hésiode, Simonide, ou des mystères et
des oracles, comme Orphée, Musée [21] et leurs disciples ;
j'ai remarqué que quelques-uns même l'abritaient
derrière la gymnastique, comme Ikkos [22] de Tarente et
cet Hérodicos de Sélymbrie [23], originaire de Mégare,
sophiste encore vivant, qui ne craint aucun rival ; c'est
sous le manteau de la musique que votre Agathoclès [24],
ce grand sophiste, s'est caché, ainsi que Pythoclidès [25]
de Céos et beaucoup d'autres. Tous ces gens-là, je le

répète, ont pris prétexte de ces arts pour se mettre à l'abri de l'envie. Pour moi, je ne partage pas leur avis sur ce point, persuadé que je suis qu'ils ont entièrement manqué leur but; car ceux qui détiennent le pouvoir dans les cités ne se laissent pas prendre à ces finesses imaginées pour eux; quant à la foule, elle ne s'aperçoit pour ainsi dire de rien, elle répète seulement ce que ceux-ci lui font dire. Vouloir se dérober, comme un esclave marron, alors qu'on n'y peut réussir et qu'on est forcément décou-vert, c'est folie même de l'entreprendre, et cela ne peut aboutir qu'à renforcer la malveillance; car c'est ajouter la fourberie aux autres griefs que le vulgaire a contre nous.

Aussi moi, je suis une voie toute différente : je confesse que je suis sophiste et que j'instruis les hommes, et je crois ma précaution meilleure que la leur, et qu'il vaut mieux avouer que nier. Outre cette précaution, j'en ai imaginé d'autres, de manière à éviter, avec l'aide de Dieu, les disgrâces que je pourrais encourir en me donnant pour sophiste. Il y a pourtant déjà bien des années que j'exerce cette profession, car le total de mes années est considé-rable, et il n'y en a pas un d'entre vous dont, par mon âge, je ne pusse être le père; aussi rien ne peut me faire autant de plaisir, si vous le voulez bien, que de traiter toutes ces questions devant toute la compagnie qui est ici. »

Alors moi qui me doutais bien qu'il voulait se faire valoir en montrant à Prodicos et à Hippias que nous étions venus pour l'amour de lui, je lui dis : « Alors, il faut vite appeler Prodicos et Hippias et ceux qui sont avec eux, pour qu'ils nous écoutent ? — Oui, dit Prota-goras. — Voulez-vous, dit Callias, que nous disposions des sièges pour une assemblée, afin que vous parliez assis ? » Ce fut l'avis général. Et tous, joyeux à la pensée d'entendre parler des savants, nous avons pris nous-mêmes les bancs et les lits pour les disposer près d'Hippias; car c'est là que se trouvaient déjà les bancs. A ce moment Callias et Alcibiade amenaient Prodicos qu'ils avaient fait lever de son lit, et les gens qui étaient avec lui.

IX. — Quand nous fûmes tous assis, Protagoras prit la parole : « A présent, Socrate, que la compagnie est là, tu peux reprendre le sujet dont tu m'as touché un mot tout à l'heure a propos de ce jeune homme. »

Je répondis : « Je commencerai, Protagoras, comme tout à l'heure, par le but de notre visite. Hippocrate que voici est piqué du désir de se mettre à ton école, et il dit qu'il aimerait savoir quels avantages il retirera de ton commerce. Voilà tout ce que nous avons à te dire. »

Protagoras reprit alors : « Jeune homme, l'avantage que tu retireras de mon commerce, c'est que, quand tu auras passé un jour avec moi, tu retourneras chez toi meilleur que tu n'étais, le lendemain de même, et chaque jour tu feras des progrès vers le mieux. »

Ayant entendu cette déclaration, je repris la parole : « Ce que tu dis, Progatoras, n'est pas extraordinaire, c'est naturel au contraire; car, si âgé et si savant que tu sois, si on t'enseignait ce que tu ne sais pas, tu deviendrais meilleur. Ce n'est pas cela que je te demande. Mais supposons par exemple que changeant tout d'un coup de fantaisie, Hippocrate ait envie de s'attacher à ce jeune homme qui vient d'arriver chez nous, Zeuxippos [26] d'Héraclée, qu'il aille le trouver comme il vient te trouver à présent, et qu'il s'entende dire, comme il vient de l'entendre de ta bouche, que chaque jour, grâce à son commerce, il deviendra meilleur et fera des progrès, et qu'enfin il lui demande : En quoi prétends-tu que je deviendrai meilleur, et en quoi ferai-je des progrès ? Zeuxippos lui répondrait que c'est en peinture. Supposons encore qu'il se soit attaché à Orthagoras [27] de Thèbes et que celui-ci fasse les mêmes promesses que toi; s'il lui demandait en outre en quoi il deviendrait chaque jour meilleur par sa fréquentation, Orthagoras répondrait que c'est dans l'art de jouer de la flûte. Réponds de même, toi aussi, à ce jeune homme et à moi qui te questionne pour lui. Hippocrate, en s'attachant à Protagoras, dès le jour qu'il aura passé en sa compagnie, s'en retournera meilleur, et chaque jour qui s'écoulera il progressera d'autant, mais en quoi, Protagoras, et sur quoi ? »

Après m'avoir entendu, Protagoras répliqua : « Tu t'entends à merveille à poser les questions, Socrate, et moi, de mon côté, j'ai plaisir à répondre aux questions bien posées. Hippocrate, en venant à moi, n'aura pas les ennuis qu'il aurait en s'attachant à tout autre sophiste; les autres sophistes traitent outrageusement les jeunes gens : ils ont beau avoir dit adieu aux arts, les sophistes les y ramènent malgré eux et les y replongent, leur enseignant le calcul, l'astronomie, la géométrie, la musique — et, ce disant, il regardait Hippias; au contraire, en venant à moi, il n'apprendra que la science pour laquelle il est venu; cette science est la prudence, qui, dans les affaires domestiques, lui enseignera la meilleure façon de gouverner sa maison, et, dans les affaires de la cité, le mettra le mieux en état d'agir et de parler pour elle.

— Ai-je bien suivi ta pensée ? demandai-je. Tu veux parler sans doute de l'art politique et tu te fais fort de former de bons citoyens.

— C'est cela même, Socrate, dit-il : voilà la science dont je fais profession.

X. — C'est à coup sûr une belle science que tu possèdes là, s'il est vrai que tu la possèdes, car je ne te cacherai pas ma façon de penser. Je ne croyais pas, Protagoras, qu'on pût enseigner cette science; mais puisque tu le dis, il faut bien que je te croie. Cependant il est juste que je te dise pourquoi je pense qu'elle ne saurait être enseignée ni transmise d'homme à homme. Je suis persuadé, avec tous les autres Grecs, que les Athéniens sont sages; or je vois que, dans nos assemblées publiques, s'il s'agit de délibérer sur une construction, on fait venir les architectes pour prendre leur avis sur les bâtiments à faire; s'il s'agit de construire des vaisseaux, on fait venir les constructeurs de navires et de même pour tout ce qu'on tient susceptible d'être appris et enseigné; mais si quelque autre se mêle de donner des conseils, sans être du métier, si beau, si riche, si noble qu'il soit, il n'en reçoit pas pour cela meilleur accueil; au contraire on le raille et on le siffle, ce donneur d'avis, jusqu'à ce qu'il se retire lui-même sous les huées ou que les archers [28] l'entraînent et l'enlèvent sur l'ordre des prytanes : voilà comment les Athéniens se comportent dans ce qui leur paraît toucher au métier. Si au contraire il faut délibérer sur le gouvernement de la cité, chacun se lève pour leur donner des avis, charpentier, forgeron, cordonnier, marchand, armateur, riche ou pauvre, noble ou roturier indifféremment, et personne ne leur reproche, comme aux précédents, de venir donner des conseils, alors qu'ils n'ont étudié nulle part et n'ont été à l'école d'aucun maître, preuve évidente qu'on ne croit pas que la politique puisse être enseignée. Et ce n'est pas seulement dans les affaires publiques qu'il en est ainsi, mais dans la vie privée, nos concitoyens les plus sages et les meilleurs sont incapables de transmettre à d'autres le talent qu'ils possèdent; ainsi Périclès, le père des jeunes gens que voilà, les a fait instruire à merveille de ce qui dépend des maîtres; mais pour sa propre sagesse, il ne la leur enseigne pas ni ne la leur fait enseigner par d'autres; mais il les laisse courir et paître en liberté, comme des animaux sacrés, pour voir si d'eux-mêmes ils tomberont sur la vertu. Veux-tu un autre exemple ? Ce même Périclès, chargé de la tutelle de Clinias [29], frère cadet d'Alcibiade ici présent, craignant qu'il ne fût gâté par le contact de son aîné, le sépara de lui et le mit chez Ariphron pour y être élevé; mais il ne s'était pas passé six mois qu'Ariphron le lui rendait, ne sachant que faire de lui. Je pourrais t'en citer bien d'autres qui, étant eux-mêmes pleins de mérite, n'ont jamais amélioré personne, ni de leurs parents, ni des étrangers. C'est la vue de ces exemples, Protagoras, qui me fait croire que la vertu ne saurait être enseignée. Pourtant, lorsque je t'entends parler comme tu fais, ma conviction fléchit, et je pense que tu pourrais bien avoir raison, parce que je dois avoir une vaste expérience et que tu dois avoir appris beaucoup d'autrui, beaucoup par tes propres réflexions. Si donc tu peux nous démontrer clairement qu'on peut enseigner la vertu, ne nous refuse pas cette faveur, démontre-le.

— J'y consens, Socrate, dit-il; mais dois-je faire ma démonstration en vous disant une fable, comme un vieillard fait un conte à des jeunes gens, ou en discutant pied à pied la question ? »

Beaucoup des assistants lui répondirent qu'il traitât le sujet comme il l'entendrait. — « M'est avis, dit-il, que vous aurez plus de plaisir à entendre une fable. »

XI. — Il fut jadis un temps où les dieux existaient, mais non les espèces mortelles. Quand le temps que le destin avait assigné à leur création fut venu, les dieux les façonnèrent dans les entrailles de la terre d'un mélange de terre et de feu et des éléments qui s'allient au feu et à la terre. Quand le moment de les amener à la lumière approcha, ils chargèrent Prométhée et Epiméthée [30] de les pourvoir et d'attribuer à chacun des qualités appropriées. Mais Epiméthée demanda à Prométhée de lui laisser faire seul le partage. «. Quand je l'aurai fini, dit-il, tu viendras l'examiner. » Sa demande accordée, il fit le partage, et, en le faisant, il attribua aux uns la force sans la vitesse, aux autres la vitesse sans la force; il donna des armes à ceux-ci, les refusa à ceux-là, mais il imagina pour eux d'autres moyens de conservation; car à ceux d'entre eux qu'il logeait dans un corps de petite taille, il donna des ailes pour fuir ou un refuge souterrain; pour ceux qui avaient l'avantage d'une grande taille, leur grandeur suffit à les conserver, et il appliqua ce procédé de compensation à tous les animaux. Ces mesures de précaution étaient destinées à prévenir la disparition des races. Mais quand il leur eut fourni les moyens d'échapper à une destruction mutuelle, il voulut les aider à supporter les saisons de Zeus [31]; il imagina pour cela de les revêtir de poils épais et de peaux serrées, suffisantes pour les garantir du froid, capables aussi de les protéger contre la chaleur et destinées enfin à servir, pour le temps du sommeil, de couvertures naturelles, propres à chacun d'eux; il leur donna en outre comme chaussures, soit des sabots de corne, soit des peaux calleuses et dépourvues de sang; ensuite il leur fournit des aliments variés suivant les espèces, aux uns l'herbe du sol, aux autres les fruits des arbres, aux autres des racines; à quelques-uns même il donna d'autres animaux à manger; mais il limita leur fécondité et multiplia celle de leurs victimes, pour assurer le salut de la race.

Cependant Epiméthée, qui n'était pas très réfléchi, avait, sans y prendre garde, dépensé pour les animaux toutes les facultés dont il disposait et il lui restait la race humaine à pourvoir, et il ne savait que faire. Dans cet embarras, Prométhée vient pour examiner le partage; il voit les animaux bien pourvus, mais l'homme nu, sans chaussures, ni couverture, ni armes, et le jour fixé approchait où il fallait l'amener du sein de la terre à la lumière. Alors Prométhée, ne sachant qu'imaginer pour donner à l'homme le moyen de se conserver, vole à Héphaistos et à Athéna la connaissance des arts avec le feu ; car, sans le feu, la connaissance des arts était impossible et inutile ; et il en fait présent à l'homme. L'homme eut ainsi la science propre à conserver sa vie ; mais il n'avait pas la science politique ; celle-ci se trouvait chez Zeus, et Prométhée n'avait plus le temps de pénétrer dans l'acropole que Zeus habite et où veillent d'ailleurs des gardes redoutables [32]. Il se glisse donc furtivement dans l'atelier commun où Athéna et Héphaistos cultivaient leur amour des arts, il y dérobe au dieu son art de manier le feu et à la déesse l'art qui lui est propre, et il en fait présent à l'homme, et c'est ainsi que l'homme peut se procurer des ressources pour vivre. Dans la suite, Prométhée fut, dit-on, puni du larcin qu'il avait commis par la faute d'Epiméthée.

XII. — Quand l'homme fut en possession de son lot divin, d'abord à cause de son affinité avec les dieux, il crut à leur existence, privilège qu'il a seul de tous les animaux, et il se mit à leur dresser des autels et des statues ; ensuite il eut bientôt fait, grâce à la science qu'il avait, d'articuler sa voix et de former les noms des choses, d'inventer les maisons, les habits, les chaussures, les lits, et de tirer les aliments du sol. Avec ces ressources, les hommes, à l'origine, vivaient isolés, et les villes n'existaient pas ; aussi périssaient-ils sous les coups des bêtes fauves, toujours plus fortes qu'eux ; les arts mécaniques suffisaient à les faire vivre ; mais ils étaient d'un secours insuffisant dans la guerre contre les bêtes ; car ils ne possédaient pas encore la science politique dont l'art militaire fait partie. En conséquence ils cherchaient à se rassembler et à se mettre en sûreté en fondant des villes ; mais quand ils s'étaient rassemblés, ils se faisaient du mal les uns aux autres, parce que la science politique leur manquait, en sorte qu'ils se séparaient de nouveau et périssaient.

Alors Zeus, craignant que notre race ne fût anéantie, envoya Hermès porter aux hommes la pudeur et la justice, pour servir de règles aux cités et unir les hommes par les liens de l'amitié. Hermès alors demanda à Zeus de quelle manière il devait donner aux hommes la justice et la pudeur. « Dois-je les partager, comme on a partagé les arts ? Or les arts ont été partagés de manière qu'un seul homme, expert en l'art médical, suffît pour un grand nombre de profanes, et les autres artisans de même. Dois-je répartir ainsi la justice et la pudeur parmi les hommes, ou les partager entre tous ? — Entre tous, répondit Zeus ; que tous y aient part, car les villes ne

sauraient exister, si ces vertus étaient, comme les arts,
le partage exclusif de quelques-uns; établis en outre en
mon nom cette loi, que tout homme incapable de pudeur
et de justice sera exterminé comme un fléau de la société.

Voilà comment, Socrate, et voilà pourquoi et les Athéniens et les autres, quand il s'agit d'architecture ou de
tout autre art professionnel, pensent qu'il n'appartient
qu'à un petit nombre de donner des conseils, et si quelque
autre, en dehors de ce petit nombre, se mêle de donner un
avis, ils ne le tolèrent pas, comme tu dis, et ils ont raison,
selon moi. Mais quand on délibère sur la politique, où tout
repose sur la justice et la tempérance, ils ont raison d'admettre tout le monde, parce qu'il faut que tout le monde
ait part à la vertu civile; autrement il n'y a pas de cité.
Voilà, Socrate, la raison de cette différence.

Mais pour que tu ne t'imagines pas que je t'abuse, en
te disant que tout le monde est réellement persuadé que
chacun a part à la justice et aux autres vertus civiles, je
vais t'en donner une nouvelle preuve. Pour les autres
qualités, c'est ton mot [33], si quelqu'un par exemple prétend
exceller sur la flûte ou en tout autre art, alors qu'il ne s'y
entend pas, on le raille, on le rebute et ses proches viennent
le chapitrer sur sa folie; mais en ce qui concerne la justice
et les autres vertus politiques, si l'on connaît quelqu'un
pour un homme injuste, et si, témoignant contre lui-
même, il avoue la vérité devant le public, cette confession
de la vérité qui passait tout à l'heure pour sagesse passe
ici pour folie, et l'on est convaincu qu'il faut que tous les
hommes se disent justes, qu'ils le soient ou qu'ils ne le
soient pas, et que c'est folie de ne pas simuler la justice;
car il est nécessaire que chacun sans exception ait quelque
part à la justice ou qu'il disparaisse du milieu des hommes.

XIII. — Qu'on ait raison d'admettre chacun à donner
son avis sur cette vertu, parce qu'on est persuadé qu'elle
est le partage de chacun, voilà ce que je viens d'établir;
qu'on le regarde, non pas comme un don de la nature
ou un effet du hasard, mais comme une chose qui peut
s'enseigner ou s'acquérir par l'exercice, voilà ce que je
vais essayer maintenant de te démontrer. Et en effet
pour les défauts naturels ou accidentels que l'on remarque
les uns chez les autres, personne ne se fâche contre ceux
qui en sont affligés, personne ne les reprend, ne leur fait
la leçon, ne les châtie, afin qu'ils cessent d'être ce qu'ils
sont : on a simplement pitié d'eux. Qui serait assez fou,
par exemple, pour infliger de tels traitements à des
personnes laides, petites ou débiles ? On sait bien, n'est-ce
pas, que c'est de la nature et du hasard que les hommes
tiennent ces qualités de beauté ou de laideur; mais pour
les qualités qu'on regarde comme un effet de l'application, de l'exercice et de l'étude, lorsqu'on ne les a pas

et qu'on a les vices contraires, c'est alors que l'indignation, les châtiments, les remontrances trouvent à s'appliquer. Au nombre de ces défauts sont l'injustice, l'impiété
et en général tout ce qui est contraire à la vertu politique;
ici chacun s'indigne et s'élève contre le vice, évidemment
parce qu'il est persuadé que cette vertu s'acquiert par
l'application et l'étude.

Si en effet, Socrate, tu veux bien faire réflexion sur le
sens de cette expression *punir les méchants*, cela suffira
pour te convaincre que les hommes regardent la vertu
comme une chose qu'on peut acquérir; personne en effet
ne punit un homme injuste par la simple considération
et le simple motif qu'il a commis une injustice, à moins
qu'il ne punisse à l'aveugle, comme une bête féroce;
mais celui qui veut punir judicieusement ne punit pas à
cause de l'injustice, qui est chose passée, car il ne saurait
faire que ce qui est fait ne soit pas fait; mais il punit en vue
de l'avenir, afin que le coupable ne retombe plus dans
l'injustice et que son châtiment retienne ceux qui en sont
les témoins [34]. Penser ainsi, c'est penser que la vertu peut
être enseignée, puisque le châtiment a pour but de détourner du vice. Telle est l'opinion de tous ceux qui punissent
en leur nom et au nom de l'Etat. Or tous les hommes
punissent et châtient ceux qu'ils regardent comme injustes,
et les Athéniens, tes concitoyens, aussi bien que les
autres, de sorte que, suivant ce raisonnement, les Athéniens sont de ceux qui pensent que la vertu s'acquiert et
s'enseigne. Ainsi, que tes concitoyens aient raison d'accueil-
lir les conseils du forgeron et du cordonnier en matière
politique, et qu'ils soient convaincus que la vertu s'enseigne et s'acquiert, voilà, Socrate, qui est suffisamment
démontré, si je ne m'abuse.

XIV. — Reste la difficulté que tu as soulevée à propos
des hommes vertueux. Tu demandais pourquoi les hommes
vertueux font apprendre à leurs enfants tout ce qui s'enseigne dans les écoles et réussissent à les rendre savants,
tandis que, dans la vertu où ils excellent, ils ne peuvent
les rendre supérieurs à personne. Pour traiter cette question, Socrate, au lieu de recourir à la fable, j'emploierai
le raisonnement. Arrête ta réflexion sur ceci. Y a-t-il, oui
ou non, une chose unique à laquelle il faut que tous les
citoyens participent, si l'on veut qu'un Etat subsiste ?
C'est ici que nous trouverons la solution de la difficulté
qui t'arrête, ou nous ne la trouverons nulle part. Car, si
cette chose existe, et si cette chose unique n'est pas l'art
de l'architecte, ni du forgeron, ni du potier, mais la justice,
la tempérance, la sainteté, et, pour exprimer d'un seul mot
une chose unique, la vertu; si c'est une chose à laquelle il
faut que tous les hommes aient part, à laquelle tout homme
qui veut apprendre ou faire quelque chose doit conformer

sa conduite, sinon, renoncer à son dessein ; si c'est une
chose telle qu'il faut instruire et punir tout homme qui en
est dénué, enfant, homme, femme, jusqu'à ce qu'il s'améliore par le châtiment, et, s'il ne se rend point malgré les
châtiments et les remontrances, le chasser des cités et le
mettre à mort comme incurable ; s'il en est ainsi, et si
malgré cela les hommes vertueux font instruire leurs fils
en toutes choses et non en celle-ci, vois quelle conduite
étonnante est la leur. Ils sont en effet convaincus, nous
l'avons démontré, que la vertu peut être l'objet d'un
enseignement public et privé, et avec cette conviction
qu'elle est susceptible d'être enseignée et cultivée, ils
feraient apprendre à leurs fils toutes les choses dont l'ignorance n'est point punie de mort, et celle qui expose leurs
enfants, s'ils ne l'ont pas apprise et n'ont pas été formés
à la vertu, à la peine de mort, à l'exil, et, outre la mort, à
la confiscation, et, pour le dire en un mot, à la ruine de
leurs maisons, ils ne la leur feraient pas apprendre, ils
n'y mettraient pas toute leur application ! C'est une chose
impossible à admettre, Socrate.

XV. — Cet enseignement, cette éducation commence à
l'âge tendre, et les pères la poursuivent jusqu'à leur mort.
Dès que l'enfant comprend ce qu'on lui dit, nourrice,
mère, gouverneur, sans parler du père lui-même, s'éver-
tuent à le perfectionner ; chaque action, chaque parole
sert de texte à un enseignement direct : « Telle chose est
juste, lui dit-on, telle autre injuste ; ceci est beau, cela est
honteux ; ceci est saint, cela impie ; fais ceci, ne fais pas
cela. » Il se peut que l'enfant obéisse volontairement ;
il se peut qu'il soit indocile ; alors, comme on fait d'un bois
courbé et gauchi, on le redresse par les menaces et les
coups. Puis on envoie les enfants à l'école et on recommande beaucoup plus aux maîtres de veiller à leurs mœurs
que de leur apprendre les lettres et la cithare. Les maîtres
y veillent en effet, et quand leurs élèves savent lire et sont
à même de comprendre ce qui est écrit, comme ils com-
prenaient les leçons orales, on leur donne à lire sur leurs
bancs les œuvres des grands poètes et on les leur fait
apprendre par cœur. Ils y trouvent quantité de préceptes,
quantité de récits à la louange et à la gloire des héros
d'autrefois : on veut que l'enfant, pris d'émulation, les
imite et s'efforce de leur ressembler.

Les maîtres de cithare font de même : ils s'appliquent
à rendre les jeunes gens tempérants et veillent à ce qu'ils
ne fassent rien de mal ; puis, quand ils leur ont appris
à jouer de la cithare, ils leur font étudier les œuvres d'autres
grands poètes, les poètes lyriques, en les faisant exécuter
sur l'instrument ; ils forcent ainsi les âmes des enfants à
s'approprier les rythmes et les accords, pour qu'ils se
rendent plus doux et que, devenus mieux rythmés et plus

harmonieux, ils soient bien préparés pour la parole et pour l'action; car toute la vie de l'homme a besoin de nombre et d'harmonie.

Après cela, on les envoie encore chez le maître de gymnastique, afin qu'ils aient un corps plus sain à mettre au service d'un esprit vertueux et ne soient pas des trembleurs à la guerre et ailleurs, par la faiblesse de leur constitution. Voilà ce qu'on fait pour l'éducation des enfants. Plus on le peut, plus on la soigne, et on le peut d'autant plus qu'on est plus riche, et ce sont les enfants des riches qui commencent le plus tôt à fréquenter l'école et qui la quittent le plus tard.

Quand ils sortent des mains des maîtres, la cité à son tour leur fait apprendre ses lois et régler leur conduite sur elles, comme sur un modèle, au lieu de les laisser faire à leur tête et suivre leur fantaisie. Tout comme les maîtres d'école tracent des lignes avec leur stylet pour les enfants qui ne savent pas encore écrire, puis leur mettent en main les tablettes et les font écrire en suivant ces lignes, ainsi la cité a tracé les lois inventées jadis par de vertueux législateurs, et elle exige qu'on gouverne et qu'on se laisse gouverner par ces lois, et punit ceux qui les transgressent; et cette punition s'appelle chez vous et en beaucoup d'autres endroits *redressement*, parce que le but du châtiment est de redresser. Après tant de soins donnés à la vertu, en particulier comme en public, peux-tu bien t'étonner, Socrate, et douter que la vertu puisse être enseignée ? Loin de le trouver surprenant, il faudrait bien plutôt s'étonner du contraire.

XVI. — D'où vient donc que des hommes de mérite ont souvent des fils médiocres ? Apprends-en la raison. Il n'y a là rien de naturel, s'il est vrai, comme je l'ai dit tout à l'heure, qu'il faut, pour que la cité subsiste, que tout le monde soit instruit dans cette science qu'est la vertu. Si donc ce que je dis est vrai, et il n'y a rien de plus vrai, considère parmi les autres occupations et les autres sciences celle qu'il te plaira. Supposons, par exemple, que la cité ne puisse exister qu'à la condition que nous soyons tous joueurs de flûte, chacun dans la mesure de nos moyens; que dès lors chacun enseigne la flûte aux autres et en particulier et en public, réprimande celui qui joue mal, et fasse part de son talent, comme on fait part de sa connaissance de la justice et des lois, sans en faire mystère, comme on le fait dans les autres arts, nous trouvons en effet, j'imagine, notre avantage dans la pratique mutuelle de la justice et de la vertu, et c'est pour cela que chacun est porté à dire et à enseigner aux autres ce qui est juste et légal, supposons, dis-je, que nous ayons le même empressement sans réserve à nous enseigner mutuellement la flûte, penses-tu, Socrate, me dit-il,

que les fils des bons joueurs de flûte deviendraient plus
habiles que les fils des mauvais ? Je suis convaincu que
non ; ce serait l'enfant le mieux doué pour la flûte, quel
que fût son père, qui grandirait en renommée, et l'enfant
mal doué qui resterait obscur, et souvent le fils d'un bon
joueur de flûte resterait mauvais, et le fils d'un mauvais
deviendrait bon ; cependant tous les citoyens seraient des
joueurs de flûte passables, comparés aux ignorants, complètement étrangers à l'art de la flûte.

Tiens de même pour certain, dans le cas qui nous
occupe, qu'un homme qui te paraît le plus injuste dans
une société soumise à des lois, est juste et savant en
justice, si on le compare à des hommes qui n'auraient ni
éducation, ni tribunaux, ni lois, ni rien qui les contraigne
jamais à cultiver la vertu, espèce de sauvages semblables à
ceux que le poète Phérécrate [35] a fait représenter l'an passé
au Lénæon [36]. A coup sûr, si tu te trouvais parmi de tels
hommes, comme les misanthropes parmi les sauvages
qui forment le chœur de la pièce, tu t'estimerais heureux
de tomber sur un Eurybate ou un Phrynondas [37], et tu
gémirais et tu regretterais la méchanceté des gens d'ici.
Mais maintenant tu te prévaux, Socrate, parce que tout
le monde enseigne la vertu, dans la mesure de ses moyens,
et qu'ainsi personne ne te paraît l'enseigner. C'est comme
si tu cherchais quel maître nous apprend à parler grec :
tu n'en trouverais pas. Et si tu cherchais de même un
homme qui pût apprendre aux fils des artisans l'art même
que leurs pères leur ont enseigné avec toute la capacité
qui leur est propre à eux-mêmes et à ceux de leur profession, et qui pût les pousser plus loin encore, un tel maître,
Socrate, serait, je crois, difficile à trouver, tandis qu'il
serait fort aisé d'en trouver un pour des ignorants ; et la
même chose peut se dire de la vertu et de tout le reste.
Mais s'il y a des gens qui l'emportent tant soit peu sur
les autres pour faire avancer dans la vertu, c'est déjà
un joli privilège.

Or je crois être un de ceux-là ; je crois que je suis supérieur aux autres pour aider à devenir vertueux, que je
mérite le salaire que j'exige, et même un plus grand, de
l'aveu même de mes élèves. Aussi voici comment je procède
pour me faire payer mes honoraires. Quand quelqu'un a
reçu mes leçons, il me paye, s'il veut, la somme que je
lui demande ; sinon, il entre dans un temple ; il y déclare
sous la foi du serment le prix que vaut à ses yeux mon
enseignement, et il y dépose juste la somme.

Voilà, Socrate, et la fable et les raisons par lesquelles je
voulais te prouver que la vertu est matière d'enseignement, que c'est l'opinion des Athéniens et qu'il n'y a rien
d'étonnant à ce que les fils de pères distingués soient sans
mérite et les fils de pères sans mérite soient distingués,
témoin les fils de Polyclète, jeunes gens de l'âge de Paralos

et de Xanthippe ici présents, qui ne sont rien à côté de leur père, et d'autres fils d'artistes qui sont dans le même cas. Quant à ceux-ci, il ne faudrait pas déjà les mettre en cause : leur jeunesse laisse encore à espérer. »

XVII. — Après avoir étalé cette longue et belle pièce d'éloquence, Protagoras se tut; et moi, toujours sous le charme, je continuais à le regarder, comme s'il allait poursuivre, car je désirais l'entendre encore. Mais quand je me fus rendu compte qu'il avait réellement fini, je me ressaisis non sans peine, et, me tournant vers Hippocrate, je dis : « O fils d'Apollodore, combien je te suis obligé de m'avoir engagé à venir ici! je ne donnerais pas pour beaucoup le plaisir d'avoir entendu ce que je viens d'entendre de Protagoras. Jusqu'à présent en effet je croyais qu'il n'y avait pas d'industrie humaine capable de faire des gens de bien; maintenant je suis persuadé; il n'y a qu'une petite difficulté qui m'arrête; mais sans doute Protagoras l'éclaircira facilement, lui qui vient de jeter à profusion la lumière sur ces questions.

Si on s'entretenait sur ces mêmes sujets avec un de nos orateurs politiques, peut-être entendrait-on aussi des discours aussi beaux de la bouche d'un Périclès ou de quelque autre habile parleur; mais qu'on leur pose des questions sur un point, ils sont comme les livres, ils ne savent ni répondre, ni interroger eux-mêmes; mais si on leur demande le plus mince éclaircissement sur le sujet traité, comme des vases d'airain qu'on a choqués résonnent et continuent à résonner, tant qu'on ne met pas la main dessus, ainsi nos orateurs, à propos des moindres questions, font un discours à perte de vue. Protagoras au contraire est capable de tenir de longs et beaux discours, comme il vient de le montrer; mais il est capable aussi, si on l'interroge, de répondre brièvement, et, s'il interroge, d'attendre et de recevoir la réponse, talent qui n'appartient qu'à peu de gens. Maintenant donc, Protagoras, il n'y a qu'un détail qui me tient en peine; je serais pleinement satisfait, si tu voulais y répondre.

Tu dis que la vertu s'enseigne; s'il y a quelqu'un au monde qui puisse m'en persuader, c'est toi; mais il y a quelque chose qui m'a surpris dans ton discours et sur quoi je voudrais avoir l'esprit satisfait : tu as dit que Zeus avait envoyé la justice et la pudeur aux hommes; d'autre part en plusieurs endroits de ton discours, tu as parlé de la justice, de la tempérance, de la sainteté, comme si tout cela n'était en somme qu'une seule chose, la vertu. Explique-moi donc nettement si la vertu est une, et si la justice, la tempérance, la sainteté n'en sont que des parties, ou si toutes ces qualités ne sont, comme je le disais tout à l'heure, que les noms d'une seule et même chose. Voilà ce que je désire encore de toi.

XVIII. — A cette question, Socrate, répondit Protagoras, la réponse est facile : la vertu est une, et les qualités dont tu parles en sont des parties.

— En sont-elles, dis-je, des parties au même titre que la bouche, le nez, les yeux, les oreilles sont des parties du visage, ou sont-elles comme les parties de l'or, qui ne diffèrent les unes des autres et du tout que sous le rapport de la grandeur et de la petitesse ?

— Elles sont comme les premières, ce me semble, Socrate, c'est-à-dire comme les parties du visage à l'égard du visage entier.

— Les hommes, continuai-je, ont-ils part, les uns à telle des parties de la vertu, les autres à telle autre, ou faut-il nécessairement, quand on en possède une, qu'on les ait toutes ?

— Pas du tout, dit-il, puisque l'on voit souvent des hommes courageux qui sont injustes ou des hommes justes qui ne sont pas sages.

— Ce sont donc aussi, dis-je, des parties de la vertu, la sagesse et le courage ?

— Rien n'est plus certain, répliqua-t-il, et la sagesse est la plus importante de ces parties.

— Et chacune de ces parties, demandai-je, est différente de l'autre ?

— Oui.

— Est-ce que chacune d'elles a aussi sa propriété, comme les parties du visage ? L'œil n'est pas tel que l'oreille et n'a pas la même propriété, et aucune autre partie n'est pareille à une autre ni pour la propriété ni pour tout le reste. En est-il donc de même des parties de la vertu ? ne sont-elles pas, elles aussi, différentes l'une de l'autre et en elles-mêmes et dans leur propriété ? N'est-il pas évident qu'elles le sont, s'il faut suivre jusqu'au bout la comparaison ?

— C'est vrai, Socrate, dit-il.

— Alors, dis-je, parmi les parties de la vertu, il n'y en a pas une qui soit pareille à la science, à la justice, ni au courage, ni à la tempérance, ni à la sainteté ?

— Non, dit-il.

— Eh bien, alors, repris-je, examinons ensemble ce qu'est chacune d'elles. Commençons par la justice : est-elle quelque chose de réel, ou n'est-elle rien ? Pour moi, je trouve que c'est quelque chose de réel. Et toi ?

— Moi aussi, dit-il.

— Eh bien, si quelqu'un nous disait à tous deux : Dites-moi, Protagoras et Socrate, ce que vous avez nommé tout à l'heure la justice est-elle en soi juste ou injuste ? moi je lui répondrais qu'elle est juste. Et toi, ajouterais-tu ton suffrage au mien, ou es-tu d'un autre avis ?

— Je suis de ton avis, dit-il.

— Alors, la justice est la même chose qu'être juste ?
Oui, répondrais-je à mon questionneur. Ne répondrais-tu
pas de même ?

— Si, dit-il.

— S'il nous demandait ensuite : Ne dites-vous pas
qu'il y a aussi une sainteté ? nous répondrions oui, je
suppose ?

— Sans doute, répondit-il.

— Ne dites-vous pas que cette sainteté aussi est
quelque chose ? Nous le reconnaîtrions, n'est-ce pas ? »
Il en tomba d'accord aussi.

— « Mais à votre avis, cette sainteté est-elle en soi la
même chose qu'être impie ou qu'être saint ? Je me
fâcherais, moi, d'une telle question, et je répondrais :
Parle mieux, l'ami. Il n'y aurait vraiment plus rien de
saint, si la sainteté même n'était pas sainte. Et toi, ne
répondrais-tu pas comme moi ?

— Absolument comme toi, dit-il.

XIX. — Si, continuant ses questions, il nous disait :
Comment disiez-vous donc tout à l'heure ? Vous ai-je
mal entendus ? Vous disiez, si je ne me trompe, que les
parties de la vertu ont entre elles des rapports tels qu'aucune ne ressemble aux autres ; je lui répondrais pour ma
part : Pour ce qui a été dit, tu l'as bien entendu ; mais
quant à croire que c'est moi qui l'ai dit, tu as mal entendu.
C'est Protagoras qui a fait cette réponse ; moi, je ne faisais
qu'interroger. S'il reprenait : Socrate dit-il la vérité,
Protagoras ? est-ce toi qui affirmes qu'aucune des parties
de la vertu ne ressemble aux autres ? est-ce bien cela que
tu soutiens ? que lui répondrais-tu ?

— Force me serait d'avouer, Socrate, dit-il.

— Et que pourrions-nous bien lui répondre, après
cet aveu, Protagoras, s'il nous posait encore cette question :
La sainteté n'est donc pas susceptible d'être une chose
juste, ni la justice d'être une chose sainte, mais la justice
susceptible de n'être pas sainte, et la sainteté de n'être
pas juste, c'est-à-dire que la sainteté peut être injuste, et
la justice impie [38] ? que lui répondrions-nous ? Pour mon
compte personnel, je répondrais que la justice est sainte
et la sainteté juste ; et pour ton compte aussi, avec ta
permission, je répondrais de même qu'assurément la
justice est la même chose que la sainteté ou qu'elle s'en
rapproche aussi près que possible, que très certainement
la justice est pareille à la sainteté et la sainteté à la justice ;
mais vois si tu t'opposes à ce que je réponde ainsi, ou si
tu partages mon opinion.

— La chose ne me paraît pas si simple, Socrate, répliqua-t-il, que je puisse t'accorder que la justice est sainte
et la sainteté juste ; il me semble qu'il y a quelque diffé-

rence entre elles ; mais qu'importe ? admettons, si tu veux,
que la justice est sainte et la sainteté juste.

— Non point, dis-je. Pas de *si tu veux*, ni de *s'il te plaît* ;
ce ne sont pas des suppositions qu'il faut examiner, c'est
toi et moi qu'il faut persuader, c'est toi et moi qui sommes
en cause, et je pense que la meilleure manière de discuter
est de supprimer ce *si*.

— Je reconnais, dit-il, que la justice a quelque ressemblance avec la sainteté ; car une chose quelconque ressemble toujours à une autre en quelque manière ; il y a
quelque rapport de ressemblance entre le blanc et le
noir, entre le dur et le mou et entre les choses qui paraissent
le plus opposées les unes aux autres ; et ces parties mêmes
dont nous disions tout à l'heure qu'elles avaient des
propriétés différentes, que l'une n'était pas pareille à
l'autre, je veux dire les parties du visage, ces parties se
ressemblent et sont pareilles les unes aux autres par certains côtés, en sorte que tu pourrais prouver de cette façon,
si tu voulais, que toutes ces parties se ressemblent entre
elles ; mais il n'est pas juste, à mon avis, d'appeler semblables des choses qui ont quelque rapport de ressemblance, ni dissemblables des choses qui ont quelque rapport de différence, quelque mince que soit ce rapport ».
Etonné d'une telle réponse, je lui dis : « Le juste et le
saint sont-ils donc vis-à-vis l'un de l'autre au point de
n'avoir qu'un mince rapport de ressemblance ?

— Ce n'est pas tout à fait cela, dit-il, mais ce n'est
pas non plus ce que tu parais penser.

— Eh bien! dis-je, puisque ce débat ne semble pas de
ton goût, laissons-le ; examinons dans ton discours un
autre point, celui-ci par exemple.

XX. — La folie est quelque chose à tes yeux ?

— Oui.

— Cette chose n'a-t-elle pas exactement pour contraire
la sagesse ?

— C'est mon avis, répondit-il.

— Quand des hommes règlent leurs actes sur le bien
et l'utile, crois-tu qu'ils sont tempérants [39], en se condui-
sant ainsi, ou tout le contraire ?

— Ils sont tempérants, dit-il.

— N'est-ce point par la tempérance qu'ils sont tempérants ?

— Si, forcément.

— N'est-il pas vrai que ceux qui n'agissent pas bien
agissent follement [40], et ne sont pas tempérants en tant
qu'ils agissent ainsi ?

— C'est aussi mon avis, dit-il.

— Agir follement est donc le contraire d'agir avec
tempérance ?

— Oui.

— Ce qui est fait follement n'est-il pas fait par folie, et ce qui est fait avec tempérance, par tempérance ?

Il en convint.

— Ce qui est fait avec vigueur, n'est-il pas fait vigoureusement, et ce qui est fait avec faiblesse, faiblement ?

Il le reconnut.

— Et si quelque chose est fait avec vitesse, n'est-il pas fait vivement, avec lenteur, lentement ?

— Si.

— Et si quelque chose est fait de la même manière, n'est-il pas fait par le même principe, et d'une façon contraire, par un principe contraire ?

Il en demeura d'accord.

— Mais voyons, dis-je; existe-t-il quelque chose de beau ?

Il l'admit.

— Ce beau a-t-il un autre contraire que le laid [41] ?

— Non.

— Poursuivons; existe-t-il quelque chose de bon ?

— Oui.

— Ce bon a-t-il un autre contraire que le mauvais ?

— Non.

— De même, y a-t-il quelque chose d'aigu dans le son ?

— Oui.

— Cet aigu a-t-il un autre contraire que le grave ?

— Non.

— Chaque contraire n'a donc qu'un seul contraire, dis-je, et non plusieurs ?

Il en convint.

— Allons, maintenant, dis-je; récapitulons les choses dont nous sommes convenus. Nous sommes convenus que chaque contraire n'a qu'un seul contraire, et non plusieurs, n'est-ce pas ?

— Oui.

— Que ce qui est fait d'une manière contraire est fait par des principes contraires ?

— Oui.

— Nous sommes convenus que ce qui est fait follement est fait d'une manière contraire à ce qui est fait avec tempérance ?

— En effet.

— Que ce qui est fait avec tempérance est fait par tempérance, et ce qui est fait follement, par folie ?

Il en tomba d'accord.

— Donc si ces choses sont faites d'une manière contraire, elles sont faites par un principe contraire ?

— Oui.

— Or l'une est faite par tempérance, l'autre par la folie ?

— Oui.

— D'une manière contraire ?

— Sans doute.

— Donc par des principes contraires ?

— Oui.

— Dès lors la folie est contraire à la tempérance ?

— Il paraît.

— Eh bien; te rappelles-tu que tout à l'heure nous avons reconnu que la folie est le contraire de la sagesse ? Il le reconnut.

— Et qu'un contraire n'a qu'un seul contraire ?

— Oui.

— Alors, Protagoras, laquelle de ces deux assertions faut-il rétracter ? celle-ci, qu'un contraire n'a qu'un seul contraire, ou celle-là, que la sagesse est autre chose que la tempérance, qu'elles sont l'une et l'autre des parties de la vertu, et qu'elles sont seulement différentes, mais encore dissemblables et en elles-mêmes et dans leurs propriétés, comme les parties du visage; laquelle de ces deux assertions, dis-je, devons-nous rétracter ? car elles sont en dissonance, puisqu'elles ne s'accordent ni ne s'harmonisent entre elles. Comment en effet pourraient-elles s'accorder, s'il faut nécessairement qu'un contraire n'ait qu'un seul contraire, et non plusieurs, et s'il apparaît d'autre part que la folie qui est une a pour contraire la sagesse et la tempérance ? Est-ce bien cela, Protagoras ? qu'en penses-tu ?

Il se déclara d'accord avec moi, mais bien malgré lui.

— La tempérance et la sagesse seraient donc une même chose ? Or nous avons déjà vu que la justice et la sainteté sont à peu près la même chose, Allons, Protagoras, dis-je, ne nous rebutons pas, examinons le reste. L'homme qui fait une injustice est-il prudent [42] en tant qu'il fait une injustice ?

— Moi, Socrate, dit-il, je rougirais de l'admettre, mais beaucoup de gens le pensent.

— A qui m'adresserai-je alors, demandai-je, à eux ou à toi ?

— Si tu veux bien, répliqua-t-il, commence par discuter l'opinion de ces gens-là.

— Peu m'importe, pourvu que ce soit toi qui répondes, si c'est ou non ta manière de voir; car c'est la chose que j'examine avant tout, bien que par le fait nous nous trouvions peut-être nous-mêmes, et moi qui questionne et toi qui réponds, soumis aussi à l'examen.

Protagoras fit d'abord des façons, alléguant que la matière était épineuse, puis il consentit pourtant à répondre.

XXI. — « Allons, dis-je, reprenons la question au commencement. Penses-tu qu'il y ait des gens qui soient prudents en commettant l'injustice ?

— Je veux bien l'admettre, dit-il.

— Etre prudent, n'est-ce pas, selon toi, penser bien ?

— Si.

— Penser bien, n'est-ce pas prendre le bon parti en commettant l'injustice ?

— Admettons-le, répondit-il.

— Mais, dis-je, prend-on le bon parti quand on réussit en commettant l'injustice, ou quand on ne réussit pas ?

— Quand on réussit.

— Tu penses donc qu'il y a des choses bonnes ?

— Oui.

— Ces choses bonnes, repris-je, sont-elles celles qui sont utiles aux hommes ?

— Oui, par Zeus, répliqua-t-il ; mais j'appelle aussi bonnes des choses qui ne sont pas utiles aux hommes. »

Il me parut que Protagoras était à présent agacé, ennuyé et gêné de répondre. Le voyant en cet état, je le ménageai et l'interrogeai avec douceur : « Entends-tu par là, Protagoras, dis-je, des choses qui ne sont utiles à personne, ou des choses qui n'ont même pas d'utilité du tout ? Et accordes-tu aussi le nom de bonnes à des choses de cette sorte ?

— Pas du tout, dit-il ; mais je sais, moi, beaucoup de bonnes choses qui sont préjudiciables aux hommes, comme certains aliments, breuvages, drogues et quantité d'autres choses, d'autres qui leur sont utiles, et d'autres qui leur sont indifférentes, mais qui sont bonnes pour les chevaux. J'en sais qui sont utiles aux bœufs seulement, d'autres aux chiens. Telles qui ne sont utiles à aucun des animaux, le sont aux arbres ; et dans l'arbre, certaines sont bonnes aux racines, mauvaises aux jeunes pousses ; ainsi le fumier est bon à toutes les plantes, si on le met aux racines ; mais si on veut en couvrir les rejetons et les jeunes pousses, c'est pour gâter tout. De même l'huile est tout à fait pernicieuse à toutes les plantes, et c'est la grande ennemie des poils chez tous les animaux, sauf chez l'homme, où elle leur est salutaire, comme elle l'est à tout le corps. Le bon est quelque chose de si varié et de si divers que, même dans le corps de l'homme, l'huile n'est bonne que pour l'usage externe, et qu'elle est très mauvaise pour l'usage interne. Voilà pourquoi tous les médecins interdisent aux malades l'usage de l'huile ; ils ne leur en laissent absorber qu'à très petite dose, juste assez pour chasser l'impression désagréable que font les aliments et les viandes sur le sens de l'odorat [43]. »

XXII. — Ce discours fini, les assistants applaudirent à grand bruit à l'éloquence de Protagoras. Pour moi, je lui dis : « La nature, Protagoras, m'a donné peu de mémoire, et quand on me tient de longs discours, je perds de vue le sujet de la discussion. Si j'étais dur d'oreille, tu penserais qu'il faut, pour s'entretenir avec moi, parler plus haut

qu'avec les autres ; montre donc à présent la même complaisance, et puisque tu es tombé sur un homme oublieux,
resserre tes réponses et fais-les plus courtes, si tu veux
que je te suive.

— Comment désires-tu que j'abrège mes réponses ?
dois-je, dit-il, les faire plus courtes qu'il ne faut ?

— Pas du tout, répondis-je.

— Aussi courtes qu'il faut ? dit-il.

— Oui, dis-je.

— Mais cette juste mesure dans les réponses, est-ce
moi qui en serai juge, ou toi ?

— J'ai ouï dire, repris-je, que tu es capable — on dit
même que tu peux communiquer ce talent aux autres —
de traiter les mêmes matières, si tu le veux, avec une abondance telle que la parole ne te fait jamais défaut, ou avec
une brièveté telle que personne ne peut s'exprimer en
moins de mots. Si donc tu veux discuter avec moi, adopte
la seconde manière, la manière concise.

— J'ai dans ma vie, Socrate, me dit-il, engagé des
luttes de paroles avec bien des gens ; si j'avais fait ce que
tu me demandes, si j'avais réglé ma façon de discuter sur
les exigences de mes contradicteurs, je n'aurais jamais
éclipsé personne, et le nom de Protagoras ne serait pas
connu parmi les Grecs. »

Je compris qu'il n'était pas content des réponses qu'il
m'avait faites jusqu'alors, et qu'il ne consentirait pas
volontiers à continuer la discussion de cette manière.
Dès lors, pensant que je n'avais plus que faire de prendre
part à ces entretiens, je lui dis : « Moi non plus, Protagoras, je ne veux pas insister pour discuter avec toi suivant un procédé qui ne te plaît pas ; mais quand tu voudras
discuter en te mettant à ma portée, je suis ton homme ;
on dit en effet, et tu avoues toi-même que tu t'entends
aussi bien à resserrer qu'à amplifier une discussion, car tu
es un habile homme ; moi au contraire je n'entends rien
à ces longs développements, et je ne puis que regretter
mon incapacité. C'était à toi, qui es passé maître dans
l'une comme dans l'autre manière, de condescendre à ma
faiblesse, pour que l'entretien continuât ; mais puisque
tu ne veux pas, comme j'ai certaine affaire qui ne me
permettrait pas de rester pour entendre tes longues ampli-
fications — il faut en effet que je me rende quelque part —
je m'en vais, malgré le plaisir que j'aurais à t'entendre
sur le sujet qui nous occupe. »

En disant cela, je me levai pour partir. Mais comme je
me levais, Callias me prend la main de sa main droite,
et de la gauche saisit mon manteau, en me disant : « Nous
ne te laisserons pas partir, Socrate ; car, si tu pars, l'entretien n'ira plus de même. Je te prie donc de rester avec
nous ; car pour moi, rien au monde ne peut m'être aussi
agréable qu'une discussion entre toi et Protagoras ; fais-

nous donc ce plaisir à tous. » Je lui répondis, déjà debout pour sortir : « O fils d'Hipponicos, j'ai toujours admiré ton amour de la sagesse, et encore à présent je le loue et le prise; aussi je voudrais bien te faire plaisir, si tu me demandais des choses en mon pouvoir; mais c'est comme si tu me demandais de suivre le jeune coureur Crison d'Himère [44], ou de lutter de vitesse avec un champion du long stade ou un hémérodrome [45]. Je te répondrais que je désirerais moi-même beaucoup plus que toi de tenir pied à ces coureurs, mais que c'est chose impossible pour moi; si tu veux nous voir courir dans la même carrière, Crison et moi, prie-le de s'accommoder à ma faiblesse; car moi je suis incapable de courir vite, tandis que lui peut courir lentement. Si donc tu désires nous entendre, Protagoras et moi, prie-le de continuer à répondre juste à mes questions, en peu de mots, comme il l'a fait d'abord; sinon quelle sorte de conversation est-ce là ? Pour moi, j'ai toujours cru que causer en société et faire des harangues étaient deux choses différentes. — Cependant, tu le vois, Socrate, reprit Callias : Protagoras semble bien dans son droit, quand il demande qu'on lui permette de discuter à sa manière, comme toi à la tienne. »

XXIII. — Ici Alcibiade prit la parole et dit : « Tu n'es pas juste, Callias; car Socrate confesse qu'il n'a pas le don des longs discours et qu'il cède cet avantage à Protagoras; mais quant à mener une discussion et savoir présenter ou recevoir un argument, je serais bien surpris s'il était inférieur à qui que ce soit. Si donc Protagoras aussi confesse qu'il ne vaut pas Socrate dans la discussion, Socrate n'en demande pas davantage; mais s'il lui dispute la supériorité, qu'il accepte la discussion par demandes et par réponses, sans tirer ses discours en longueur à chaque question; qu'il cesse d'éluder les arguments, de refuser la réplique et de s'étendre jusqu'à faire oublier de quoi il est question à la plupart des auditeurs; car je garantis, moi, que Socrate n'oubliera rien, bien qu'il s'amuse à soutenir qu'il n'a pas de mémoire. Mon avis est donc que la prétention de Socrate est la mieux fondée, puisqu'il faut que chacun dise son sentiment. »

Après Alcibiade, ce fut Critias, si je ne me trompe, qui prit la parole : « Prodicos et Hippias, dit-il, il me semble que Callias est bien décidément pour Protagoras; quant à Alcibiade, il veut toujours avoir raison, quoi qu'il se mette en tête. Mais nous, nous ne devons en aucune façon prendre parti ni pour Socrate, ni pour Protagoras; prions-les plutôt tous les deux impartialement de ne pas laisser là l'entretien. »

Critias ayant ainsi parlé, Prodicos prit la parole : « Il me semble que tu as raison, Critias; il faut que ceux qui assistent à ces sortes de conversations écoutent les deux interlocuteurs impartialement, mais non également, car ce n'est pas la même chose; il faut prêter à l'un et à l'autre une oreille impartiale, mais non tenir la balance égale entre eux; il faut accorder davantage au plus habile et moins au plus ignorant. Moi aussi, Protagoras et Socrate, je vous en prie, mettez-y de la complaisance, et discutez ensemble sans vous quereller : discuter, tout en restant bienveillants, c'est le fait de gens amis; se quereller est le fait d'adversaires et d'ennemis. En m'écoutant, vous nous donneriez le spectacle de la plus belle discussion, et ce serait pour vous qui parlez le meilleur moyen d'obtenir de nous qui écoutons, je ne dirai pas la louange, mais l'approbation; car l'approbation réside dans les âmes des auditeurs et ne trompe pas; la louange, sur les lèvres de gens qui souvent mentent et déguisent leur opinion; et ce serait aussi pour nous, les auditeurs, le meilleur moyen d'en tirer, non du plaisir, mais de la joie; car la joie est la satisfaction de l'esprit seul qui apprend et qui acquiert la sagesse, et le plaisir est la satisfaction du corps seul, quand il mange ou éprouve quelque autre sensation agréable. »

Ce discours [46] de Prodicos reçut un bon accueil d'une bonne partie des assistants.

XXIV. — Après Prodicos, le savant Hippias tint ce discours : « Vous qui êtes ici présents, je vous regarde tous comme parents, alliés, concitoyens, non par la loi, mais par la nature [47]; car le semblable est naturellement parent du semblable; mais la loi, tyran des hommes, fait souvent violence à la nature. Aussi serait-ce une honte pour nous, qui connaissons la nature des choses, qui sommes les plus savants des Grecs et qui, à ce titre, avons pris, dans la Grèce, pour lieu de rendez-vous, le prytanée même de la sagesse, et dans cette ville, la maison la plus considérable et la plus opulente, de ne rien dire qui soit digne de notre réputation, et de nous quereller les uns avec les autres, comme les derniers des hommes. Je vous conjure donc et vous conseille, Protagoras et Socrate, de vous accommoder et de vous en rapporter à nous, comme à des arbitres qui vous engagent à prendre un milieu : toi, Socrate, ne sois pas trop exigeant sur la forme rigoureuse du dialogue à la manière concise, si elle ne plaît pas à Protagoras; mais détends et lâche les rênes à tes paroles, afin qu'elles nous apparaissent plus magnifiques et plus belles; et toi, de ton côté, Protagoras, ne mets pas toutes voiles dehors, et, te laissant emporter par le vent favorable, ne fuis pas vers la haute mer de l'éloquence jusqu'à perdre de vue la terre; mais prenez l'un et l'autre la route intermédiaire. Voilà ce que vous ferez, et vous choisirez, si vous m'en croyez, un juge, un président, un prytane qui veillera à la juste mesure de vos discours à tous deux. »

XXV. — Cette proposition plut à la compagnie et obtint tous les suffrages. Callias déclara qu'il ne me laisserait pas partir et on me pria de choisir un président. Je répondis qu'il serait humiliant pour nous de soumettre nos discours à un arbitre; si en effet on choisissait un homme qui fût inférieur à nous, il ne convenait pas que le pire fît la loi aux meilleurs; s'il était notre égal, cela ne convenait pas davantage; car un égal ferait tout comme nous et ainsi le choix en serait superflu. Mais, dira-t-on, vous choisirez un meilleur que vous. A dire vrai, je regarde comme impossible qu'on choisisse un plus habile homme que Protagoras. Si enfin vous choisissez quelqu'un qui ne vaille pas mieux que lui, mais que vous donniez pour supérieur à lui, c'est faire un affront à Protagoras que de lui imposer un surveillant comme à un homme de peu; pour ce qui me concerne, je n'y attache aucune importance. Mais voici ce que je veux bien faire pour satisfaire votre désir et continuer notre réunion et notre conversation. Si Protagoras ne veut pas répondre, qu'il interroge; moi, je répondrai et en même temps j'essaierai de lui montrer comment je pense qu'il faut répondre lorsqu'on est interrogé; puis, quand j'aurai répondu à toutes les questions qu'il lui plaira de me poser, qu'à son tour il me donne la réplique comme je la lui aurai donnée; si alors il montre peu d'empressement à répondre à la question même, vous et moi, nous lui ferons en commun la prière que vous m'avez faite, de ne point rompre la conversation. Il n'est aucunement besoin pour cela d'avoir un président : vous présiderez tous en commun. » Tout le monde approuva cette manière de faire. Elle n'était pas du tout du goût de Protagoras; mais il fut forcé d'accorder qu'il interrogerait, et qu'après avoir suffisamment interrogé, il répondrait à son tour en peu de mots. Il commença donc à interroger de cette manière.

XXVI. — « Je suis d'avis, Socrate, dit-il, que l'objet principal de l'éducation est la connaissance de la poésie, c'est-à-dire la capacité de discerner ce qui est bien et ce qui est mal dans les œuvres des poètes, et le talent de les analyser et de résoudre les questions qu'elles soulèvent. Et maintenant je vais te poser une question qui ne s'écartera pas du sujet, la vertu, dont nous disputions tout à l'heure, toi et moi, mais qui nous transportera dans le domaine de la poésie : ce sera toute la différence. Simonide dit quelque part à Scopas [48], fils de Créon le Thessalien :

« *C'est une chose difficile, je l'avoue, de devenir un véritable homme de bien, carré* [49] *des mains, des pieds et de l'esprit et fait sans reproche.* »

Connais-tu ce poème, ou te le réciterai-je en entier ?

— Ce n'est pas nécessaire, dis-je, je le connais, et justement je l'ai étudié avec soin.

— Tant mieux, dit-il. Et maintenant comment le trouves-tu ? beau et juste, ou non ?

— Tout à fait beau et juste, repartis-je.

— Mais trouves-tu qu'il soit beau, si le poète s'y contredit ?

— Non, dis-je.

— Eh bien! reprit-il, examine-le mieux.

— Mais, mon cher, je l'ai examiné suffisamment.

— Alors, tu sais, dit-il, que dans la suite du poème il dit :

« *Le mot de Pittacos* [50] *non plus ne me paraît pas juste, bien qu'il sorte de la bouche d'un sage, quand il prononce qu'il est difficile d'être homme de bien.* »

— Sais-tu bien que c'est le même homme qui dit ceci, et ce que j'ai cité tout à l'heure ?

— Je le sais, dis-je.

— Eh bien! reprit-il, trouves-tu que ces deux passages s'accordent ?

— Il me le semble. Tout en faisant cette réponse, j'appréhendais pourtant qu'il ne fût dans le vrai. Et toi, ajoutai-je, tu ne trouves pas qu'ils s'accordent ?

— Comment trouver qu'un homme s'accorde avec lui-même, quand il affirme ces deux choses à la fois; quand, après avoir posé lui-même en principe qu'il était difficile de devenir un véritable homme de bien, il l'oublie un peu plus loin, dans le même poème, et, citant Pittacos, qui a dit la même chose que lui, à savoir qu'il est difficile d'être vertueux, il le blâme et déclare qu'il ne l'approuve pas, quoique Pittacos parle exactement comme lui ? Or quand il blâme un homme qui tient le même langage que lui, il est évident qu'il se blâme lui-même et qu'il s'est trompé dans le premier passage ou dans le second. »

Ce discours souleva de bruyants applaudissements parmi beaucoup d'auditeurs. Et moi, tout d'abord, comme si j'avais été frappé par un habile boxeur, je fus étourdi et la tête me tourna sous le coup de ses paroles et des acclamations. Puis, à te parler franchement, je cherchai à gagner du temps pour approfondir la pensée du poète; c'est pourquoi je me tournai vers Prodicos et l'interpellant : « Prodicos, lui dis-je, Simonide est un compatriote à toi; il est juste que tu viennes à son secours; je crois donc devoir t'appeler à mon aide, comme chez Homère le Scamandre pressé par Achille appelle à lui le Simoïs, en lui disant :

« *Cher frère, unissons-nous pour arrêter ce puissant guerrier* [51]. »

Moi aussi, je t'appelle à moi dans la crainte que Protagoras ne renverse notre Simonide; pour le maintenir debout, il ne faut rien de moins que ta science, cette science qui te fait distinguer la volonté et le désir, comme deux choses différentes, et qui t'a fait dire tant de belles choses tout à l'heure. Mets-la encore en usage et vois si tu es du même avis que moi, qui ne trouve pas que Simonide se contredise. Déclare-nous donc d'abord ton sentiment, Prodicos : te semble-t-il que devenir et être soient choses identiques ou différentes ?

— Différentes, par Zeus, répondit Prodicos.

— N'est-il pas vrai, dis-je, que dans le premier passage Simonide nous a révélé lui-même sa pensée, qu'il est difficile de devenir un véritable homme de bien ?

— C'est vrai, répondit Prodicos.

— Et quand il blâme Pittacos, dis-je, ce n'est pas, comme le pense Protagoras, d'avoir dit la même chose que lui, mais une chose différente; car Pittacos n'a pas dit, comme Simonide, que la difficulté était de devenir vertueux, mais d'être vertueux, et ce n'est pas la même chose, Protagoras, Prodicos te l'affirme, qu'être et devenir et, si être et devenir sont deux, Simonide ne s'est pas contredit. Prodicos et bien d'autres pourraient peut-être dire avec Hésiode qu'il est difficile de devenir homme de bien, parce que « *devant la vertu les dieux ont mis la sueur ; mais que, lorsqu'on est arrivé au sommet, elle devient facile à garder, quoique difficile à atteindre* [52] ».

XXVII. — Prodicos, ayant entendu ces paroles, me donna son approbation; mais Protagoras répliqua : « Ton interprétation, Socrate, ne fait qu'aggraver la faute du texte. »

Je lui répondis : « Alors, j'ai fait de mauvaise besogne, selon toi, Protagoras, et je suis un plaisant médecin : en voulant guérir le mal, je l'aggrave.

— Mais oui, c'est ainsi, dit-il.

— Comment cela ? dis-je.

— Le poète aurait bien peu d'expérience, dit-il, de prétendre, comme tu le fais, que l'acquisition de la vertu est une chose facile, alors qu'au jugement de tout le monde, c'est la plus difficile de toutes.

— Par Zeus, m'écriai-je, c'est une chance que Prodicos soit présent à notre discussion; car la science de Prodicos, Protagoras, semble bien être une science divine et ancienne, qui remonte à Simonide ou même à un passé plus reculé. Mais cette science, il paraît bien que tu l'ignores, toi qui sais tant de choses; tandis que moi, j'y suis versé, étant l'élève de Prodicos. Ainsi, dans le cas présent, il me semble que tu ne te rends pas compte que peut-être Simonide n'a pas pris le mot *difficile* [53] dans l'acception que tu lui donnes; tu fais comme moi pour le mot *terrible*, à propos duquel Prodicos me reprend toujours, quand pour te louer, toi ou un autre, je dis : Protagoras est un savant et terrible homme; il me demande

si je n'ai pas honte d'appeler terribles les choses qui sont
bonnes ; car terrible, selon lui, désigne quelque chose de
mauvais ; en effet on ne dit jamais terrible richesse, terrible
paix, terrible santé ; mais on dit : terrible maladie, terrible
guerre, terrible pauvreté, attendu que ce qui est terrible
est mauvais. Il se pourrait de même que le mot difficile
désignât pour les gens de Céos et pour Simonide une chose
mauvaise en quelque autre chose que tu ne devines pas.
Demandons-le à Prodicos : c'est à lui qu'il faut s'adresser
pour expliquer la langue de Simonide. Dis-nous, Prodicos,
que voulait dire Simonide par le mot difficile ?

— Mauvais, répondit-il.

— Voilà donc pourquoi, Prodicos, repris-je, Simonide
blâme Pittacos de prétendre qu'il est difficile d'être vertueux, comme s'il lui avait entendu dire qu'il est mauvais
d'être vertueux.

— Crois-tu, Socrate, répondit-il, que Simonide veuille
faire entendre ici et reprocher à Pittacos autre chose que
son ignorance de la propriété des termes, Pittacos étant
de Lesbos et habitué à parler un dialecte barbare [54] ?

— Entends-tu, dis-je, Protagoras, ce que dit Prodicos ?
n'y trouves-tu rien à redire ?

— Tu es bien loin de la vérité, Prodicos, répondit
Protagoras, et je suis bien assuré que Simonide lui-même
donnait au mot difficile le sens que nous lui donnons
tous, non pas de mauvais, mais de malaisé, de pénible
à faire.

— C'est aussi mon avis, Protagoras, dis-je ; c'est bien
cela que Simonide a voulu dire, et Prodicos le sait fort
bien ; mais il s'amusait et voulait te mettre à l'épreuve,
pour voir si tu serais de force à soutenir ton opinion [55].
Que d'ailleurs Simonide ne donne pas à difficile le sens de
mauvais, j'en vois une preuve irréfutable dans la phrase
qui suit immédiatement et que voici :

« Un dieu seul peut jouir de ce privilège. »

Est-il possible que Simonide soutienne qu'il est mauvais
d'être vertueux, pour affirmer aussitôt après qu'un dieu
seul peut l'être et pour attribuer ce privilège à la seule
divinité ? En ce cas Prodicos ferait de Simonide un impie,
indigne d'être de Céos [56]. Mais quel était le dessein de
Simonide en composant ce poème ? Je vais t'en dire mon
avis, pour peu que tu sois curieux de mettre mon savoir à
l'épreuve, dans ce que tu appelles la lecture des poètes,
ou, si tu le préfères, je te cède la parole. »

A ma proposition, Protagoras répondit : « Comme tu
voudras, Socrate. » De leur côté Prodicos et Hippias me
pressèrent vivement de parler, et les autres aussi.

XXVIII. — Je vais donc essayer, dis-je, de vous
expliquer ce que je pense de ce poème. La Crète et Lacé-

démone sont les pays de la Grèce où la philosophie a été
le plus anciennement et le plus parfaitement cultivée,
et les sophistes y ont été plus nombreux qu'en aucun lieu
du monde : mais ces peuples se défendent de l'être, et
feignent l'ignorance, comme les sophistes dont parle
Protagoras; car ils ne veulent pas laisser voir qu'ils sur-
passent les Grecs en sagesse; ils veulent seulement paraître
supérieurs dans l'art des combats et par le courage, persuadés que, si l'on savait ce qui fait leur supériorité,
tout le monde voudrait s'appliquer à la sagesse. Or, en
cachant ainsi leur talent, ils ont induit en erreur ceux qui
laconisent dans les différents Etats et qui, par esprit
d'imitation, s'abîment les oreilles [57], s'enveloppent les
mains de lanières de cuir, s'éprennent de gymnastique
et portent des manteaux courts, dans l'idée que c'est par là
que les Lacédémoniens sont supérieurs aux Grecs; mais
lorsque les Lacédémoniens veulent s'entretenir sans gêne
avec leurs sophistes et qu'ils en ont assez des entretiens
secrets, ils chassent les étrangers qui séjournent chez eux,
aussi bien leurs imitateurs que les autres, et ils s'entretiennent avec les sophistes à l'insu des étrangers; en outre
ils ne permettent pas aux jeunes gens — et en cela les
Crétois font comme eux — de sortir de leur pays pour
aller dans d'autres Etats, de peur qu'ils ne désapprennent
ce qu'on leur a enseigné chez eux. Et il y a dans ces deux
Etats non seulement des hommes, mais encore des femmes
qui se piquent hautement d'être instruites.

Vous pouvez juger que je dis la vérité et que les Lacédémoniens sont supérieurement entraînés aux entretiens
philosophiques par le fait que voici. Entretenez-vous avec
le dernier des Lacédémoniens; pendant presque tout
l'entretien, vous le trouverez insignifiant; mais à la
première occasion, il jette au milieu de la conversation
un mot plein de sens, bref et serré, comme un trait lancé
d'une main habile, en sorte que son interlocuteur a l'air
d'un enfant à côté de lui. Aussi a-t-on remarqué de nos
jours, comme certains l'avaient déjà fait autrefois, que
l'institution lacédémonienne repose beaucoup plus sur
le goût de la philosophie que sur le goût de la gymnastique, parce que le talent de trouver des traits pareils
n'appartient qu'à des gens d'une éducation parfaite.
De ce nombre étaient Thalès de Milet, Pittacos de Mytilène, Bias de Priène, notre Solon, Cléobule de Lindos,
Mison de Khéné [58] et Chilon de Lacédémone qui passait
pour être le septième de ces sages. Tous furent des émules,
des partisans et des sectateurs de l'éducation lacédémonienne, et il est facile de voir que leur sagesse ressem-
blait à celle des Lacédémoniens par les sentences concises
et dignes de mémoire attribuées à chacun d'eux. Ces sages
s'étant rassemblés offrirent en commun à Apollon les
prémices de leur sagesse et firent graver sur le temple de

Delphes ces maximes qui sont dans toutes les bouches : *Connais-toi toi-même* et *Rien de trop*.

Mais pourquoi rapporté-je tout ceci ? C'est pour vous faire voir que la manière des anciens sages était caractérisée par une sorte de concision laconique. Or de Pittacos en particulier on répétait ce mot vanté par les sages : « *Il est difficile d'être homme de bien* ». Simonide donc, qui aspirait à la gloire de passer pour un sage, comprit que, s'il jetait à terre cette maxime, comme on terrasse un athlète célèbre, et s'il en triomphait, lui-même se ferait un nom parmi les hommes de son temps ; c'est donc contre cette maxime qu'il voulait abattre et dans le but que je viens de dire que Simonide a composé tout son poème, du moins il me le semble.

XXIX. — Examinons-le donc tous ensemble, et voyons si j'ai raison. Tout d'abord le commencement du poème paraîtrait extravagant si, voulant dire qu'il est difficile d'être vertueux, Simonide insérait dans sa phrase ce *je l'avoue*, car ce *je l'avoue* est une addition absolument sans but, si l'on ne suppose pas que Simonide fait le procès au mot de Pittacos, et que, quand Pittacos dit : « Il est difficile d'être vertueux », Simonide le lui conteste en disant : « Non, mais, je l'avoue, Pittacos, devenir vertueux est difficile véritablement. » Il ne dit pas véritablement vertueux [59], ce n'est pas sur vertueux que porte le mot véritablement, comme si, parmi les gens vertueux, les uns étaient vertueux véritablement, les autres vertueux, sans l'être véritablement, ce serait une absurdité, indigne de Simonide ; mais il faut admettre qu'il y a hyperbate du mot véritablement, et, prenant pour texte le mot de Pittacos, supposer entre Pittacos et Simonide un dialogue où le premier dit : « Mes amis, il est difficile d'être vertueux », à quoi le second répond : « Tu te trompes, Pittacos, ce n'est pas d'être, c'est de devenir vertueux, carré des mains, des pieds et de l'esprit et fait sans reproche, c'est cela, je l'avoue, qui est difficile véritablement. » De cette manière on voit que l'insertion de *je l'avoue* est fondée en raison, et que la place exacte de *véritablement* est à la fin. Tout ce qui suit rend témoignage de la valeur assignée à ces deux mots. Il y a dans le poème beaucoup de détails dont on pourrait montrer la convenance, car il réunit par excellence la grâce et l'exactitude ; mais il serait trop long de l'étudier ainsi par le menu. Je me contenterai d'expliquer le caractère général et le dessein du poème et de montrer que d'un bout à l'autre il a pour objet essentiel de réfuter le mot de Pittacos.

XXX. — En effet, que dit Simonide un peu plus loin ? Le voici, traduit en prose : il est, je l'avoue, véritable-

ment difficile de devenir homme de bien; néanmoins
on peut le devenir pour un temps; mais, après qu'on l'est
devenu, persévérer dans cette disposition, et être un
homme de bien à la manière que tu dis, Pittacos, c'est
impossible et au-dessus des forces de l'homme; c'est
un privilège qui appartient à Dieu seul : « *Mais pour
l'homme il est impossible qu'il ne devienne pas méchant,
quand un malheur insurmontable l'abat.* »

Mais quel est celui qu'un malheur insurmontable
abat, dans le gouvernement d'un vaisseau par exemple ?
Evidemment ce n'est pas l'ignorant; car l'ignorant est
toujours abattu. De même qu'on ne peut terrasser un
homme couché, mais qu'on peut terrasser et coucher un
homme debout, mais un homme couché, non pas; ainsi
un malheur insurmontable peut abattre un homme de
ressources, mais un homme qui en a toujours été dénué,
non pas. C'est ainsi qu'une violente tempête qui se
déchaîne peut déconcerter le pilote, que la venue d'une
saison mauvaise peut déconcerter le laboureur, et un
accident du même genre le médecin. Il est en effet possible que le bon devienne mauvais, comme en témoigne
un autre poète qui a dit :

« *L'homme de bien est tantôt méchant, tantôt bon* [60]. »

Mais il n'est pas possible que l'homme méchant devienne
méchant : il l'est nécessairement toujours. Ainsi quand
un homme industrieux, sage et bon est abattu par un
malheur insurmontable, il n'est pas possible qu'il ne soit
pas méchant. Toi, Pittacos, tu soutiens qu'il est difficile
d'être vertueux; en réalité il est difficile, quoique possible,
de devenir vertueux; l'être, est impossible;

« *Car tout homme est bon, quand il fait bien, méchant,
quand il fait mal* [61]. »

. Qu'est-ce donc que bien faire par rapport aux lettres,
et qu'est-ce qui rend un homme bon dans les lettres ?
Il est évident que c'est d'apprendre les lettres. Quelle
est la bonne manière de faire pour faire un bon médecin ?
Il est évident que c'est d'apprendre à soigner les malades
et que celui qui les soigne mal est un mauvais médecin.
Mais qui peut devenir mauvais médecin ? Il est évident
que la condition préalable pour cela est d'être d'abord
médecin, puis bon médecin; on peut alors devenir mauvais
médecin; mais nous qui ignorons la médecine, nous ne
saurions, en faisant mal, devenir médecins, non plus que
charpentiers, ni artisans d'aucune espèce [62]. Or quiconque
ne saurait devenir médecin, en faisant mal, ne saurait
évidemment non plus devenir mauvais médecin. Ainsi
l'homme de bien peut devenir méchant par l'effet de
l'âge, ou du travail, ou de la maladie, ou de quelque
autre accident; car la seule manière de mal faire, c'est

d'être privé de la science ; mais le méchant ne saurait devenir méchant, puisqu'il l'est toujours, et pour qu'il pût devenir méchant, il faudrait qu'il eût été bon d'abord. Ainsi cette partie du poème aussi tend à prouver qu'il n'est pas possible d'être homme de bien d'une manière durable, mais que le même homme peut devenir bon et devenir méchant, et que ceux-là sont le plus longtemps et le plus vertueux qui sont aimés des dieux.

XXXI. — Donc tout cela est dirigé contre Pittacos, et la suite du poème le fait mieux voir encore, car il y est dit :

« *Voilà pourquoi je ne chercherai point une chose impossible à trouver, et je ne risquerai pas inutilement la part d'existence qui m'est assignée dans l'irréalisable espoir de découvrir un homme tout à fait sans reproche parmi nous qui cueillons les fruits de la vaste terre ; mais si je le trouve, je viendrai vous le dire.* »

C'est avec cette force qu'il attaque dans tout le cours du poème le mot de Pittacos :

« *J'approuve et j'aime volontairement tout homme qui ne fait rien de honteux ; mais contre la nécessité la lutte est impossible, même aux dieux.* »

Ceci aussi vise au même but ; car Simonide n'était pas assez mal instruit pour dire qu'il louait un homme qui ne fait aucun mal volontairement [63], comme s'il y avait des gens pour faire le mal volontairement.

Pour moi, je suis à peu près persuadé que, parmi les philosophes, il n'y en a pas un qui pense qu'un homme pèche volontairement et fasse volontairement des actions honteuses et mauvaises ; ils savent tous au contraire que tous ceux qui font des actions honteuses et mauvaises les font involontairement, et Simonide ne dit pas qu'il loue l'homme qui ne commet pas volontairement le mal ; mais c'est à lui-même qu'il rapporte le mot volontairement ; car il pensait qu'un homme de bien se force souvent à témoigner à autrui de l'amitié et de l'estime. Par exemple, on est parfois en butte à d'étranges procédés de la part d'une mère, d'un père, de sa patrie, d'autres hommes qui nous touchent aussi de près. En ce cas, les méchants regardent la malignité de leurs parents ou de leur patrie avec une sorte de joie, l'étalent avec malveillance ou en font des plaintes, afin de se mettre à couvert des reproches et des outrages que mérite leur négligence ; ils en arrivent ainsi à exagérer leurs sujets de plainte, et à grossir de haines volontaires leurs inimitiés forcées. Les gens de bien au contraire jettent un voile sur les torts des leurs et se forcent à en dire du bien ; et si l'injustice de leurs parents ou de leur patrie suscite en eux quelque accès de colère, ils s'apaisent eux-mêmes et se réconcilient avec eux, en se contraignant à les aimer et à en dire du bien.

Plus d'une fois sans doute Simonide s'est rendu compte qu'il avait lui-même fait l'éloge ou le panégyrique d'un tyran ou de quelque autre personnage semblable, non point de son plein gré, mais par contrainte [64]. Voici donc le langage qu'il tient à Pittacos :

Pour moi, Pittacos, si je te critique, ce n'est pas que j'aime la chicane; car

« Il me suffit qu'un homme ne soit pas méchant, ni trop lâche, qu'il connaisse la justice, sauvegarde des Etats, et qu'il soit sensé. Pour un tel homme, je n'aurai point de blâme, car je n'aime pas à blâmer ; la race des sots est en effet innombrable »; tellement que, si l'on prend plaisir à les reprendre, on trouve à critiquer à satiété.

« Il faut tenir pour honnête tout acte qui n'est point entaché de honte. »

Quand il parle ainsi, ce n'est pas comme s'il disait : Il faut regarder comme blanc tout ce qui est sans mélange de noir; car cela serait ridicule à plus d'un égard; il veut dire qu'il se contente d'un juste milieu pour faire taire sa critique, *« et je ne cherche pas,* dit-il, *un homme tout à fait sans reproche parmi nous qui cueillons les fruits de la vaste terre ; mais si je le trouve, je viendrai vous le dire ».* Aussi, à ce titre, je n'aurai personne à louer; mais je me contente d'un homme moyen, qui ne fait rien de mal; car j'aime et je loue tout homme, — et il se sert ici du dialecte de Mytilène, parce qu'il parle à Pittacos [65], — je loue et j'aime volontairement (il faut séparer volontairement de ce qui suit par une pause dans la prononciation) tout homme qui ne fait rien de honteux; tandis que c'est malgré moi que je loue et que j'aime certaines personnes. Si donc toi, Pittacos, tu avais dit des choses d'une justesse et d'une vérité moyennes, jamais je ne t'aurais repris; mais tu avances au contraire de graves erreurs sur des questions capitales, et tu t'imagines que tu dis la vérité : c'est pour cela que je te reprends.

Voilà, selon moi, Prodicos et Protagoras, quel a été le dessein de Simonide, quand il a composé ce poème. »

XXXII. — Là-dessus, Hippias dit : « Il me paraît, Socrate, que toi aussi, tu as fort bien interprété le poète; mais moi aussi, je puis en donner une bonne explication, et je vais, si vous voulez, vous la soumettre. »

Alors Alcibiade : « Nous voulons bien, Hippias, dit-il, mais une autre fois; pour le moment, il est juste que Protagoras et Socrate tiennent le traité qu'ils ont fait, et que Protagoras, s'il le veut, interroge et que Socrate réponde, ou, s'il préfère donner la réplique, que Socrate fasse les questions.

— Pour moi, dis-je, je m'en remets à Protagoras; qu'il

prenne le rôle qui lui plaira davantage; mais, s'il m'en croit, nous laisserons là les poèmes et les vers, et nous reprendrons le sujet sur lequel je t'ai questionné d'abord, Protagoras : j'aurais plaisir à mener cette recherche à bonne fin, en l'approfondissant avec toi. A mon avis, ces conversations sur la poésie ressemblent fort aux banquets des gens médiocres et communs. Incapables, à cause de leur ignorance, de faire les frais de la conversation d'un banquet avec leur propre voix et leurs propres discours, ils font renchérir les joueuses de flûte en louant bien cher une voix étrangère, la voix des flûtes, et c'est par la voix des flûtes qu'ils conversent ensemble; mais dans les banquets de gens distingués et cultivés, on ne voit ni joueuses de flûte, ni danseuses, ni joueuses de luth; les convives, ayant assez de ressources en eux-mêmes pour s'entretenir ensemble sans ces bagatelles et ces amusements avec leur propre voix, parlent et écoutent tour à tour dans un ordre réglé, lors même qu'ils ont pris beaucoup de vin. Pareillement les assemblées comme celles-ci, quand elles sont formées de gens tels que la plupart d'entre nous se piquent d'être, n'ont besoin ni de voix étrangères, ni de poètes qu'il est impossible de questionner sur ce qu'ils ont voulu dire et auxquels la plupart des interlocuteurs prêtent, en les citant, les uns, telle pensée, les autres telle autre, sans pouvoir emporter la conviction sur le point discuté; mais les habiles gens renoncent à ces conversations et s'entretiennent eux-mêmes les uns avec les autres avec leurs propres moyens, prenant et donnant mutuellement la mesure de leur sagesse dans leurs propres discours. Voilà, selon moi, les gens que toi et moi, nous devons imiter de préférence; laissons donc les poètes et entretenons-nous ensemble avec nos propres moyens, mettant à l'épreuve la vérité et nous-mêmes. Si tu veux continuer à interroger, je suis à ta disposition pour donner la réplique; sinon, mets-toi à la mienne pour mener à bonne fin la discussion que nous avons laissée interrompue. »

Malgré ces paroles et d'autres du même genre, Protagoras ne s'expliquait point sur ce qu'il entendait dire. Alors Alcibiade, se tournant vers Callias, lui dit : « Trouves-tu encore à présent, Callias, que Protagoras fait bien de ne pas vouloir déclarer s'il donnera, oui ou non, la réplique? Moi, non. Qu'il se prête à la discussion et qu'il avoue qu'il s'y refuse, afin que nous sachions à quoi nous en tenir sur son compte, et que Socrate discute avec quelque autre, ou tel autre qui voudra avec un autre partenaire. »

Alors Protagoras gêné, à ce qu'il m'a semblé, des paroles d'Alcibiade et des prières de Callias et de presque toute la compagnie, se décida, non sans peine, à renouer la discussion, et me dit de l'interroger, qu'il me répondrait.

XXXIII. — Je lui dis alors : « Ne crois pas, Protagoras, qu'en discutant avec toi, j'aie d'autre but que d'approfondir les questions qui m'embarrassent à l'occasion ; car je suis persuadé qu'Homère a eu grand raison de dire :

 « *Quand deux hommes vont ensemble, l'un remarque avant l'autre* [66]... »

car en nous associant, nous autres hommes, nous trouvons tous, en toute occasion, plus de ressources pour agir, parler et penser; « si un seul fait une observation », aussitôt il s'en va partout, cherchant à qui en faire part et par qui la confirmer, jusqu'à ce qu'il le rencontre. C'est pour cela que moi-même j'ai plaisir à m'entretenir avec toi, plutôt qu'avec tout autre, persuadé que je suis que tu es sans égal pour approfondir toutes les questions qu'un honnête homme doit examiner, et en particulier celle de la vertu. Et quel autre que toi pourrais-je consulter ? Tu ne prétends pas seulement être toi-même homme de bien, comme certains autres qui sont vertueux pour leur compte, mais incapables de rendre vertueux les autres; toi, tu es vertueux pour ton compte et tu es capable aussi de rendre les autres vertueux, et tu as une telle confiance en toi qu'au rebours des autres, qui déguisent leur profession, tu as ouvertement proclamé par toute la Grèce ce que tu es, que tu as revendiqué le nom de sophiste, que tu t'es donné pour un maître d'éducation et de vertu, et que, le premier, tu as cru devoir mettre un prix à tes leçons. Comment donc pourrait-on se dispenser de t'appeler à l'examen de ces questions, de t'interroger, de conférer avec toi ? Il n'y a pas moyen de ne pas le faire.

Aussi dans la question qui nous occupe à présent et sur laquelle je t'ai consulté d'abord, je voudrais que, reprenant les choses au début, tu rappelles les unes et approfondisses les autres avec moi. La question, si je ne me trompe, était celle-ci : La science, la tempérance, le courage, la justice et la sainteté sont-elles cinq noms appliqués à un seul objet, ou chacun de ces noms recèle-t-il une essence propre, une chose qui ait sa propriété particulière, une chose distincte et différente des autres ? Tu soutenais que ce n'étaient pas les noms d'un seul objet, mais que chacun de ces noms se rapportait à un objet propre, qu'ils désignaient autant de parties de la vertu, non point telles que les parties de l'or, qui sont semblables entre elles et au tout dont elles sont parties, mais telles que les parties du visage, qui diffèrent du tout dont elles sont parties et les unes des autres, et qui ont chacune leur propriété particulière. Si tu es toujours dans le même sentiment, dis-le; si tu en as changé, explique-moi en quoi; je ne te tiendrai pas rigueur, si tu penses un peu différemment maintenant;

car je ne serais pas étonné que tu n'aies parlé tantôt que pour m'éprouver.

XXXIV. — Eh bien! je te réponds, Socrate, dit-il, que toutes ces qualités sont des parties de la vertu et que quatre d'entre elles se ressemblent assez, mais que le courage est tout à fait différent des quatre autres, et voici par où tu reconnaîtras que je dis vrai : c'est que tu trouveras quantité de gens qui sont très injustes, très impies, très débauchés et très ignorants, et qui néanmoins sont remarquablement courageux.

— Halte-là, lui dis-je; il vaut la peine d'examiner ce que tu avances. Qu'entends-tu par hommes courageux ? Des hommes hardis ou autre chose ?

— Des hommes hardis, répondit-il, et qui vont résolument où le grand nombre craint d'aller.

— Mais voyons, considères-tu la vertu comme une belle chose, et, puisque tu fais profession de l'enseigner, l'enseignes-tu comme une belle chose ?

— Comme une très belle chose, répliqua-t-il; autrement j'aurais perdu l'esprit.

— Mais, repris-je, est-elle en partie laide, en partie belle, ou tout entière belle ?

— Elle est tout entière aussi belle que possible.

— Sais-tu qui sont ceux qui plongent hardiment dans les puits ?

— Oui, les plongeurs.

— Est-ce parce qu'ils savent plonger ou pour une autre raison ?

— C'est parce qu'ils savent plonger.

— Et qui sont ceux qui combattent hardiment à cheval ? sont-ce ceux qui savent ou ceux qui ne savent pas monter ?

— Ceux qui savent monter.

— Qui sont ceux qui portent hardiment le bouclier échancré ? ceux qui ont appris le métier de peltaste ou ceux qui ne l'ont pas appris ?

— Ceux qui l'ont appris; et pour tout le reste aussi, ajouta-t-il, si c'est là ce que tu cherches, ceux qui savent sont plus hardis que ceux qui ne savent pas, et ils sont eux-mêmes plus hardis après avoir appris qu'ils ne l'étaient avant d'avoir appris.

— Mais as-tu déjà vu, repris-je, des gens qui, sans être instruits de toutes ces choses, s'attaquent hardiment à chacune d'elles ?

— Oui, répliqua-t-il, et très hardiment.

— Est-ce que ces hommes hardis sont aussi courageux ?

— Ce serait alors, dit-il, une laide chose que le courage; car ce sont là des fous.

— Comment, dis-je, as-tu donc défini les hommes courageux ? N'as-tu pas dit qu'ils étaient hardis ?

— Je le dis encore, répondit-il.

— Alors, repris-je, ceux qui sont hardis, quoique ignorants, ne sont évidemment pas courageux, mais fous ; et ceux dont nous avons parlé tout à l'heure, ceux qui sont les plus instruits, sont aussi les plus hardis [67] et par là même les plus courageux, et, suivant ce raisonnement, la sagesse serait la même chose que le courage.

— Socrate, reprit Protagoras, tu ne te souviens pas bien de ce que j'ai dit en répondant à tes questions. Tu m'as demandé si les gens courageux étaient hardis ; j'ai dit que oui ; mais tu ne m'as pas demandé si les gens hardis étaient courageux ; car, si tu me l'avais demandé, j'aurais répondu qu'ils ne le sont pas tous. Quant à mon principe que les hommes courageux sont hardis, tu n'as nullement démontré que j'ai eu tort de l'admettre. Ensuite tu as fait voir que ceux qui savent deviennent plus hardis qu'ils n'étaient et qu'ils le sont plus que ceux qui ne savent pas, et c'est là-dessus que tu te fondes pour identifier le courage et la science. A ce compte, tu pourrais tout aussi bien identifier la force et la science ; tout d'abord, suivant cette marche, tu pourrais me demander si les hommes vigoureux sont forts [68] ; je dirais oui ; ensuite si ceux qui savent lutter sont plus forts que ceux qui ne savent pas, et plus forts après avoir appris qu'avant ; je dirais oui ; ces choses une fois accordées, tu pourrais, suivant la même méthode d'argumentation, affirmer que de mon aveu la science se confond avec la vigueur. Mais moi, je n'ai jamais accordé et je n'accorde point que les forts soient vigoureux, bien que je reconnaisse que les hommes vigoureux sont forts ; car la force et la vigueur ne sont pas la même chose, l'une, la force, venant de la science, de la fureur et de la colère ; la vigueur, au contraire, venant de la nature et de la bonne nourriture du corps. C'est ainsi que tout à l'heure j'ai pu dire que la hardiesse et le courage ne sont pas la même chose, et la conclusion qui s'impose, c'est que les hommes courageux sont hardis, mais que les hommes hardis ne sont pas tous courageux ; car la hardiesse vient aux hommes de l'art, de la colère et de la fureur, comme la force ; mais le courage vient de la nature et de la bonne nourriture de l'âme.

XXXV. — Conviens-tu, Protagoras, lui dis-je, que, parmi les hommes, les uns vivent bien, les autres mal ?

— Oui.

— Trouves-tu qu'un homme vit bien, quand il vit dans le chagrin et la souffrance ?

— Non.

— Mais s'il avait mené une vie agréable jusqu'à sa mort, ne trouverais-tu pas qu'il aurait bien vécu ?

— Si, dit-il.

— Alors mener une vie agréable est un bien, une vie désagréable, un mal ?

— A condition, répondit-il, de chercher l'agrément dans l'honnêteté.

— Quoi donc! Protagoras, partages-tu l'opinion commune, et considères-tu certaines choses agréables comme mauvaises, certaines choses désagréables comme bonnes ? Je veux dire : en tant qu'agréables, les choses agréables ne sont-elles pas bonnes, abstraction faite de toute conséquence, et pareillement les choses désagréables, en tant que désagréables, ne sont-elles pas mauvaises ?

— Je me demande, Socrate, dit-il, si je dois répondre à ta question aussi simplement que tu la poses, que les choses agréables sont toujours bonnes, et les choses désagréables mauvaises. Il me semble plus sûr, non seulement pour le cas présent, mais pour tous les cas que la vie peut m'offrir encore, de répondre que, parmi les choses agréables, il y en a qui ne sont pas bonnes, que pareillement, parmi les choses désagréables, il y en a qui ne sont pas mauvaises et d'autres qui le sont, et enfin qu'il y a une troisième espèce de choses, les choses indifférentes, qui ne sont ni bonnes, ni mauvaises.

— Mais à tes yeux, repris-je, les choses agréables ne sont-elles pas celles qui sont jointes au plaisir ou qui le produisent ?

— Sans doute, répondit-il.

— Or quand je demande si, en tant qu'agréables, les choses ne sont pas bonnes, c'est comme si je demandais si le plaisir en soi n'est pas bon.

— Comme tu le dis toujours, Socrate, répondit-il, examinons la question, et si le résultat de notre examen s'accorde avec la raison, et que l'agréable et le bon nous paraissent identiques, nous en tomberons d'accord; sinon, nous poursuivrons la discussion.

— Veux-tu, lui dis-je, conduire notre recherche ou dois-je la diriger moi-même ?

— Il est juste que tu la diriges, puisque c'est toi qui as provoqué la discussion.

— Voici peut-être, dis-je, un moyen d'éclairer le sujet. Supposons qu'on examine un homme sur son extérieur pour juger de sa santé ou de ses facultés physiques; après avoir vu le visage et les mains, on lui dirait : Allons, déshabille-toi et découvre-moi ta poitrine et ton dos, pour que je voie plus clairement ce qui en est. C'est une méthode semblable que je voudrais suivre dans cette recherche. Maintenant que je connais, d'après ce que tu as dit, ta manière de voir sur le bien et l'agréable, voici la demande que je voudrais te faire : Allons, Protagoras, découvre-moi un autre coin de ta pensée : quelle opinion as-tu de la science ? En juges-tu ici encore comme le peuple, ou autrement ? Or voici à peu près l'idée qu'il se

forme de la science. Il se figure qu'elle n'est ni forte, ni
capable de guider et de commander ; au lieu de lui reconnaître ces qualités, il est persuadé que souvent la science a
beau se trouver dans un homme, ce n'est point elle qui le
gouverne, mais quelque autre chose, tantôt la colère, tantôt
le plaisir, tantôt la douleur, quelquefois l'amour, souvent
la crainte. Il regarde tout bonnement la science comme
une esclave que toutes les autres choses traînent à leur
suite. T'en fais-tu la même idée, ou juges-tu qu'elle
est une belle chose, capable de commander à l'homme,
que lorsqu'un homme a la connaissance du bien et du
mal, rien ne peut le vaincre et le forcer à faire autre chose
que ce que la science lui ordonne, et que l'intelligence
est pour l'homme une ressource qui suffit à tout ? »

— Je pense de la science tout ce que tu en dis, Socrate,
répondit-il, et il serait honteux à moi plus qu'à tout autre
de ne pas reconnaître que la sagesse et la science sont ce
qu'il y a de plus fort parmi toutes les choses humaines.

— Ta réponse est belle et juste, lui dis-je ; mais tu
n'ignores pas que la plupart des hommes ne sont ni de
ton avis, ni du mien, et qu'ils prétendent qu'on a souvent
beau connaître ce qui est le meilleur, on ne veut pas le
faire, bien qu'on le puisse, et on fait tout autre chose.
Tous ceux à qui j'ai demandé la cause d'une telle conduite
répondent que ce qui fait qu'on agit de la sorte, c'est
qu'on cède au plaisir ou à la douleur ou à quelqu'une des
passions dont je parlais tout à l'heure, et qu'on se laisse
vaincre par elles.

— Vraiment, Socrate, dit-il, il y a bien d'autres choses
sur lesquelles les hommes n'ont pas des idées justes.

— Eh bien ! essaye avec moi de les détromper et de
leur apprendre ce qu'est réellement ce phénomène qui
consiste pour eux à être vaincus par le plaisir et par suite
à ne pas faire ce qui est le meilleur, bien qu'ils le
connaissent. Peut-être que, si nous leur disions : O hommes,
vous êtes à côté de la vérité, vous vous abusez, ils nous
demanderaient : Protagoras et Socrate, si ce n'est point
là être vaincu par le plaisir, qu'est-ce donc alors, et quelle
est votre opinion là-dessus ? dites-la-nous.

— Quoi ! Socrate, faut-il nous arrêter à examiner l'opinion de la foule, qui dit sans réflexion ce qui lui vient à
l'esprit ?

— Je pense, repris-je, que cela n'est pas sans importance pour découvrir le rapport du courage aux autres
parties de la vertu. Si donc tu crois devoir t'en tenir à
ce dont nous sommes convenus tout à l'heure et te laisser
guider dans la voie qui me paraît la meilleure pour arriver
à la lumière, suis-moi ; autrement, si tel est ton plaisir,
j'en resterai là.

— Tu as raison, dit-il, achève comme tu as commencé.

XXXVI. — Si donc, dis-je, reprenant leur question, ils nous demandaient : Qu'entendez-vous donc par ce que nous avons appelé jusqu'ici être vaincu par le plaisir ? voici comment je leur répondrais : Ecoutez, nous allons tâcher, Protagoras et moi, de vous l'expliquer. N'est-il pas vrai, mes amis, que cela vous arrive dans les cas suivants, par exemple dans le cas fréquent où vous vous laissez vaincre par le manger, le boire, l'amour, qui sont choses agréables ? Vous avez beau connaître que ces choses sont mauvaises, vous les faites quand même.

Ils en conviendraient.

Nous leur demanderions ensuite, toi et moi : Pourquoi tenez-vous ces choses pour mauvaises ? Est-ce parce qu'elles vous procurent ce plaisir du moment présent et parce que chacune d'elles est agréable, ou parce qu'elles ont pour suite dans l'avenir la maladie et la pauvreté et qu'elles causent beaucoup d'autres maux du même genre ? Si elles n'occasionnaient pour l'avenir aucun de ces maux et n'engendraient que du plaisir, quoi qu'on puisse penser de la cause et de la manière, seraient-elles encore mauvaises ? Pouvons-nous penser, Protagoras, qu'ils nous feraient une autre réponse que celle-ci :

Ce n'est pas à cause du plaisir même qu'elles procurent sur le moment qu'elles sont mauvaises, c'est à cause de leurs suites, maladies et autres maux ?

— C'est vraisemblablement, dit Protagoras, ce que répondrait la foule.

— Mais en causant des maladies, elles causent de la douleur, et en amenant la pauvreté, elles amènent du chagrin.

Ils en conviendraient, je crois.

Protagoras acquiesça.

— Il vous paraît donc, mes amis, comme nous le soutenons, Protagoras et moi, que ces choses ne sont mauvaises que parce qu'elles aboutissent à la douleur et vous privent d'autres plaisirs ? En conviendraient-ils ?

Ce fut notre avis à tous deux.

— Mais si, prenant la contrepartie, nous leur disions : En reconnaissant, amis, que certaines choses bonnes sont douloureuses, n'entendez-vous pas par là des choses comme les exercices physiques, les expéditions guerrières, les traitements médicaux par cautérisation, amputation, médication, abstinence; n'est-ce pas cela que vous appelez bon et en même temps douloureux ?

Ils en conviendraient.

Protagoras fut de cet avis.

— Les appelez-vous bonnes parce qu'elles causent sur le moment des douleurs et des peines d'une extrême acuité, ou parce qu'elles sont pour l'avenir la source de la santé, du bien-être physique, du salut des Etats, de la domination sur les autres et de la richesse ?

Ils diraient oui, je pense.

Protagoras fut de mon avis.

— Mais ces choses sont-elles bonnes pour une autre raison que parce qu'elles se terminent au plaisir et délivrent ou préservent de la douleur, ou avez-vous en vue quelque autre fin que le plaisir et la douleur pour les appeler bonnes ?

Ils répondraient non, n'est-ce pas ?

— C'est mon avis, dit Protagoras.

— Vous poursuivez donc le plaisir comme un bien, et vous fuyez la douleur comme un mal ?

Il en convient avec moi.

— C'est donc la douleur que vous regardez comme un mal, et le plaisir comme un bien, puisque le plaisir même est un mal à vos yeux, quand il vous prive de jouissances plus grandes qu'il n'en offre lui-même, ou occasionne des douleurs plus grandes que les jouissances qu'il contient; car, si, pour appeler ainsi le plaisir même un mal, vous aviez quelque autre motif ou considériez quelque autre fin, vous sauriez nous le dire; mais vous n'en trouverez point d'autre.

— Je ne le pense pas non plus, dit Protagoras.

— Ne faut-il pas en dire autant de la douleur en elle-même ? N'appelez-vous pas la douleur même un bien, quand elle vous délivre de douleurs plus grandes que celles qu'elle cause ou qu'elle amène des plaisirs plus grands que les souffrances qu'elle suscite ? car, si vous songiez à quelque autre fin que celle dont je parle, quand vous appelez la douleur même un bien, vous sauriez bien nous le dire; mais vous n'en trouverez pas d'autre.

— Cela est vrai, dit Protagoras.

— Que si de votre côté, ajoutai-je, vous me demandiez, amis, pourquoi je traite la question si longuement et si autant de formes : Pardonnez-moi, vous dirai-je; car tout d'abord ce n'est pas une chose aisée de montrer en quoi consiste ce que vous appelez être vaincu par le plaisir; ensuite c'est sur ce point que roule toute ma démonstration; mais il est encore temps de vous rétracter, si vous avez quelque raison de croire que le bien est autre chose que le plaisir et le mal autre chose que la douleur. Vous suffit-il au contraire de passer toute votre vie agréablement et sans chagrin ? Si cela vous suffit et si vous n'avez pas d'autre définition à donner du bien et du mal que celle qui les ramène au plaisir et à la douleur, écoutez la suite. En m'appuyant sur cette définition, je soutiens qu'il est ridicule de dire, comme vous le faites, que souvent un homme qui connaît le mal pour ce qu'il est, ne laisse pas de le commettre, bien qu'il ait la liberté d'agir autrement, parce qu'il est entraîné et subjugué par le plaisir, et pareillement qu'un homme qui connaît le bien se refuse à le faire, parce qu'il est vaincu par le plaisir du moment.

XXXVII. — Le ridicule de ces assertions apparaîtra, si
nous cessons d'employer plusieurs termes à la fois,
l'agréable et le désagréable, le bien et le mal. Puisque
nous avons fait voir que ces choses se ramènent à deux,
servons-nous aussi de deux termes pour les désigner :
appelons-les d'abord le bien et le mal ; nous les appellerons
ensuite l'agréable et le désagréable. Cela posé, disons
qu'un homme connaissant que le mal est le·mal ne laisse
pas de le faire. Si quelqu'un nous demande pourquoi :
Parce qu'il est vaincu, dirons-nous. Par quoi ? deman-
dera-t-il. Nous ne pouvons plus répondre : par le plaisir ; car nous avons donné au plaisir un autre nom, celui
de bien. Nous répondrons donc en disant qu'il est vaincu.
— Vaincu par quoi ? dira-t-il. — Par le bien. Telle sera,
par Zeus, notre réponse. Si notre questionneur aime la
moquerie, il nous rira au nez et dira : Il y a de quoi rire
à vous entendre affirmer que, lorsqu'un homme fait le
mal, quoiqu'il sache que c'est le mal et puisse s'empêcher
de le faire, il est vaincu par le bien. Est-ce qu'à vos yeux
le bien n'a pas assez de valeur pour vaincre le mal ou en
a-t-il assez ? — Nous répondrons évidemment : Il n'en a
pas assez ; autrement celui que nous disons être vaincu
par le plaisir n'aurait pas commis de faute. Mais qu'est-ce
qui fait, dira-t-il, que les biens n'ont pas assez de valeur
pour l'emporter sur les maux, ou les maux sur les biens ?
N'est-ce pas que les uns sont plus grands et les autres
plus petits, ou les uns plus nombreux et les autres moins
nombreux ? Nous ne trouverons pas d'autre raison que
celle-là. Il est donc évident, dira-t-il, que ce que vous
appelez être vaincu, c'est choisir des maux plus grands à
la place de bien plus petits. Voilà un point acquis.
    Changeons maintenant les termes, et, appliquant aux
mêmes choses ceux d'agréable et de désagréable, disons :
L'homme fait — nous disions tout à l'heure : le mal —
disons maintenant : des choses désagréables, sachant qu'elles
sont désagréables, parce qu'il est vaincu par les choses
agréables, qui évidemment n'ont pas assez de valeur pour
vaincre. Et quelle autre disproportion de valeur y a-t-il
entre les plaisirs et les douleurs, sinon l'excès et le défaut
des uns par rapport aux autres, les uns étant plus grands
ou plus petits, plus nombreux ou moins nombreux, plus
forts ou plus faibles que les autres ? Si l'on objecte : Mais,
Socrate, le plaisir présent diffère grandement du plaisir
ou de la douleur à venir.
    — Diffèrent-ils, répondrai-je, par autre chose que le
plaisir et la douleur ? Ils ne peuvent en effet différer que
par là [69]. Dès lors, comme un homme qui s'entend à peser,
mets d'un côté de la balance les choses agréables, de l'autre,
les choses désagréables, ajoutes-y d'un côté les choses qui
sont proches, de l'autre les choses qui sont éloignées, et

vois de quel côté est l'avantage; si en effet tu pèses des choses agréables avec des choses agréables, il faut toujours choisir les plus grandes et les plus nombreuses; si tu pèses des choses désagréables avec des choses désagréables, il faut prendre les moins nombreuses et les plus petites; si tu pèses des choses agréables avec des choses désagréables et que les plaisirs l'emportent sur les douleurs, les choses éloignées sur les choses prochaines ou les choses prochaines sur les choses éloignées, il faut faire l'action où l'on voit cet avantage; si au contraire les douleurs l'emportent sur les plaisirs, il faut s'abstenir; y a-t-il en cela, mes amis, dirais-je, un autre parti à prendre ? Je suis persuadé qu'ils ne sauraient en trouver d'autre.

Protagoras en jugea de même.

— Si donc il en est ainsi, je vous prierai de répondre à la question que voici : Les mêmes objets ne paraissent-ils pas à vos yeux plus grands, de près, plus petits, de loin ?

— Sans doute, diront-ils.

— N'en est-il pas de même pour la grosseur et pour le nombre ? et des sons égaux ne sont-ils pas plus forts, entendus de près, plus faibles, entendus de loin ?

— Ils en conviendraient.

— Si donc notre bonheur consistait à faire et à choisir ce qui est grand, à éviter et à ne pas faire ce qui est petit, où trouverions-nous le salut de notre vie ? dans l'art de mesurer ou dans la faculté de saisir les apparences ? N'avons-nous pas vu que celle-ci nous trompait, nous faisait souvent interpréter les mêmes choses de cent façons, et regretter nos actes et nos choix, relativement à la grandeur et à la petitesse, tandis que l'art de mesurer aurait enlevé toute autorité à cette illusion et, nous révélant la vérité, aurait assuré à notre âme une tranquillité fondée sur le vrai et sauvé ainsi le bonheur de notre vie? Nos gens reconnaîtraient-ils là que notre salut dépend de l'art de mesurer et non d'un autre ?

— De l'art de mesurer, convint Protagoras.

— Mais si notre salut dépendait du choix de l'impair ou du pair, et qu'il nous fallût choisir sans nous tromper le plus ou le moins, en les comparant chacun avec lui-même ou l'un avec l'autre, soit qu'ils fussent proches, soit qu'ils fussent éloignés, qu'est-ce qui pourrait assurer notre salut? Ne serait-ce pas une science ? ne serait-ce pas une science des mesures, puisqu'il s'agit ici de l'art de mesurer l'excès et le défaut des choses ? et comme cet art s'applique ici à l'impair et au pair, est-il autre que l'arithmétique ? Nos gens nous l'accorderaient-ils, oui ou non ?

Protagoras lui-même fut d'avis qu'ils nous l'accorderaient.

— Voilà qui est bien, mes amis. Mais puisqu'il nous a paru que le salut de notre vie dépend du juste choix des plaisirs et des douleurs, selon qu'ils sont plus nombreux ou moins nombreux, plus grands ou plus petits, plus éloignés ou plus rapprochés, n'est-il pas tout d'abord évident que l'examen de l'excès, du défaut et de l'égalité des uns par rapport aux autres suppose une méthode de mensuration ?

— Absolument évident.

— Si c'est une méthode de mensuration, il faut à coup sûr que ce soit un art et une science.

— Ils l'admettront.

— Ce qu'est cet art et cette science, nous l'examinerons une autre fois ; il nous suffit que ce soit une science pour la démonstration que Protagoras et moi devons vous faire sur la question que vous nous avez posée.

Rappelez-vous quelle était votre question. Nous venions de convenir, Protagoras et moi, qu'il n'y a rien de plus fort que la science et que, partout où elle se trouve, elle a toujours l'avantage sur le plaisir et sur toutes les autres passions ; alors vous, vous avez soutenu que le plaisir triomphe souvent même de l'homme qui a la science, et comme nous n'avons pas voulu vous accorder ce point, vous nous avez demandé : Protagoras et Socrate, si ce n'est pas là être vaincu par le plaisir, qu'est-ce alors et comment qualifiez-vous cela ? dites-le-nous. Si nous vous avions répondu tout de suite que c'est de l'ignorance, vous vous seriez moqués de nous, tandis qu'à présent, si vous vous moquez de nous, vous vous moquerez aussi de vous-mêmes ; car vous avez reconnu que, quand on pèche, on pèche faute de science dans le choix des plaisirs et des peines, c'est-à-dire des biens et des maux, et non faute de science simplement, mais faute de cette science que vous avez reconnue tout à l'heure être la science des mesures. Or, toute action fautive par défaut de science, vous le savez bien, est commise par ignorance, en sorte qu'être vaincu par le plaisir, c'est la pire des ignorances. Cette ignorance, Protagoras que voici, Prodicos et Hippias font profession de la guérir ; mais vous, qui croyez que c'est tout autre chose que l'ignorance, vous ne ·venez pas vous-mêmes et vous n'envoyez pas vos enfants chez les maîtres de vertu, je veux dire les sophistes que voici, parce que vous êtes persuadés que la vertu ne peut être enseignée ; vous préférez ménager votre argent et en refusant de le leur donner, vous faites mal vos affaires publiques et privées.

XXXVIII. — Voilà ce que nous aurions répondu au peuple ; et à présent, avec Protagoras, je vous le demande à vous, Hippias et Prodicos, afin que vous preniez part au débat, trouvez-vous que ce que j'ai dit est vrai ou faux ?

Ils furent tous d'avis que ce que j'avais dit était d'une merveilleuse vérité.

— Alors, vous reconnaissez, dis-je, que l'agréable est bon, le désagréable mauvais. Quant aux distinctions que Prodicos établit entre les mots, je le prie de s'en abstenir; que tu appelles ce bien agréable, charmant, réjouissant, ou de tout autre nom qu'il te plaira, excellent Prodicos, réponds au sens de ma question.

Prodicos me donna son assentiment en riant, et les autres aussi.

— Et maintenant, mes amis, dis-je, que pensez-vous de ceci ? Est-ce que toutes les actions qui ont pour fin une vie agréable et sans chagrin ne sont pas belles, et toute œuvre belle n'est-elle pas bonne et utile ?

Ils furent de cet avis.

— Si donc, repris-je, l'agréable est le bon, il n'est personne qui, sachant ou croyant qu'il y a des choses meilleures à faire que celles qu'il fait, et qu'il est en son pouvoir de les faire, fasse cependant les moins bonnes, alors qu'il dépend de lui de faire les meilleures; et être inférieur à soi-même n'est autre chose qu'ignorance, comme être supérieur à soi-même est sagesse.

Ils approuvèrent tous.

— Mais quoi ? qu'appelez-vous être ignorant ? n'est-ce pas avoir une opinion fausse et se tromper sur les choses de grande importance ?

Ils l'avouèrent également tous.

— N'est-il pas vrai, repris-je, que personne ne se porte volontairement au mal ou à ce qu'il prend pour le mal, qu'il ne paraît pas être dans la nature de l'homme de se résoudre à chercher ce qu'il croit mal plutôt que ce qui est bien, et que, quand on est forcé de choisir entre deux maux, il n'est personne qui choisisse le plus grand, s'il peut prendre le moindre ?

Sur tous ces points nous tombâmes d'accord.

— Mais voyons, dis-je, y a-t-il quelque chose que vous appelez crainte ou frayeur ? Entendez-vous par là la même chose que moi ? C'est à toi que je m'adresse, Prodicos. J'y vois l'attente d'un mal, qu'on appelle frayeur ou crainte.

Protagoras et Hippias convinrent que la crainte et la frayeur étaient bien cela; Prodicos l'admit pour la crainte, mais le nia pour la frayeur.

— Il n'importe, Prodicos, dis-je, mais voici ce que je demande : si ce qui a été dit précédemment est vrai, se trouvera-t-il un homme qui veuille courir à ce qu'il craint, quand il peut aller au-devant de ce qu'il ne craint pas ? n'est-ce pas impossible d'après les principes que nous avons reconnus ? nous avons en effet reconnu que, si l'on craint une chose, c'est qu'on la croit mauvaise, et que, lorsqu'on croit une chose mauvaise, on ne s'y porte pas et on ne la choisit pas volontairement.

Tout le monde tomba d'accord là-dessus aussi.

XXXIX. — Je repris : « Ceci posé, il faut maintenant, Prodicos et Hippias, que Protagoras défende les réponses qu'il a faites d'abord et nous en prouve la justesse; je ne parle pas de celles qu'il a faites tout à fait au début, quand il a soutenu que des cinq parties de la vertu il n'y en avait pas une qui fût semblable à l'autre et que chacune avait sa faculté propre; ce n'est pas de cela que j'entends parler, mais de ce qu'il a dit ensuite, à savoir qu'il y avait quatre parties assez semblables entre elles, et une tout à fait différente des autres, le courage; il a ajouté que je la reconnaîtrais à cette marque : Tu trouveras, en effet, Socrate, m'a-t-il dit, des hommes qui sont très impies, très injustes, très débauchés et très ignorants, mais très braves, et tu reconnaîtras par là que le courage est très différent des autres parties de la vertu. Tout d'abord j'ai été fort surpris de cette réponse; je l'ai été davantage encore, après avoir discuté ces questions avec vous. Je lui ai alors demandé s'il croyait que les hommes courageux étaient hardis.

— Hardis et résolus, m'a-t-il répondu.

— Te souviens-tu, dis-je, Protagoras, de m'avoir fait cette réponse ?

Il en convint.

— Eh bien! repris-je, dis-nous quelles sont, selon toi, les choses que les hommes courageux affrontent? Sont-ce les mêmes choses qu'affrontent les lâches ?

— Non, répondit-il.

— Ce sont donc des choses différentes?

— Oui, dit-il.

— Les lâches n'affrontent-ils pas des choses qui inspirent la confiance, et les courageux des choses qui inspirent la crainte ?

— C'est ce qu'on dit communément, Socrate.

— C'est vrai, répliquai-je; mais ce n'est pas là ce que je te demande, c'est ton opinion à toi : quelles sont, selon toi, les choses que les hommes courageux affrontent? affrontent-ils les choses qui inspirent la crainte, bien qu'ils les tiennent pour telles, ou celles qui ne l'inspirent pas ?

— Mais, répondit-il, il vient d'être démontré dans ce que tu as dit qu'affronter ce qui inspire la crainte était impossible.

— Cela est encore vrai, dis-je, de sorte que, si la démonstration est juste, il n'y a personne qui affronte ce qu'il juge terrible, puisque nous avons vu qu'être inférieur à soi-même était ignorance.

Il en convint.

— Mais alors c'est aux choses qui inspirent la confiance que tout le monde se porte, les braves comme les lâches, et il s'ensuit que les braves et les lâches se portent aux mêmes choses.

— On voit pourtant tout le contraire, Socrate, répliqua-t-il : les lâches et les braves se portent à des choses tout à fait différentes; ainsi, sans aller plus loin, les uns veulent aller à la guerre, les autres ne le veulent pas.

— Est-ce, repris-je, parce qu'aller à la guerre est une belle chose, ou une chose honteuse ?

— Parce que c'est une belle chose, répondit-il.

— Ne sommes-nous pas convenus précédemment que, si elle est belle, elle est bonne aussi ? Nous sommes convenus en effet que les belles actions sont toutes bonnes.

— C'est vrai, et je n'ai pas changé de sentiment.

— Fort bien, repartis-je. Mais quels sont ceux qui, selon toi, refusent d'aller à la guerre, quoiqu'elle soit une chose belle et bonne ?

— Les lâches, dit-il.

— Mais, repris-je, si elle est belle et bonne, n'est-elle pas agréable aussi ?

— C'est du moins une conséquence que nous avons admise, dit-il.

— Est-ce en connaissance de cause que les lâches refusent de se porter à ce qui est plus beau, meilleur et plus agréable ?

— Avouer cela, dit-il, serait renverser les principes que nous avons reconnus plus haut.

— Mais le brave ne se porte-t-il pas vers le plus beau, le meilleur et le plus agréable?

— Il faut en convenir, dit-il.

— N'est-il pas vrai en général que les braves n'ont pas de craintes honteuses, quand ils ont des craintes, ni de hardiesses honteuses, quand ils sont hardis?

— C'est vrai, dit-il.

— Mais si elles ne sont pas honteuses, ne sont-elles pas belles ?

Il en convint.

— Et, si elles sont belles, elles sont bonnes ?

— Oui.

— Donc et les lâches et les audacieux et les furieux ont au contraire des craintes honteuses et des hardiesses honteuses?

Il en convint.

— Mais, s'ils ont des hardiesses honteuses et mauvaises, quelle en peut être la cause, sinon le défaut de connaissance et l'ignorance ?

— C'est vrai, dit-il.

— Mais quoi! ce qui fait que les lâches sont lâches, l'appelles-tu lâcheté ou courage?

— Moi, je l'appelle lâcheté, dit-il.

— N'est-ce point par l'ignorance des choses à craindre qu'ils nous ont paru lâches ?

— Si, dit-il.

— C'est donc à cause de cette ignorance qu'ils sont lâches ?

Il en demeura d'accord.

— Mais ce qui fait qu'ils sont lâches, tu reconnais que c'est la lâcheté ?

Il en convint.

— Ainsi l'ignorance des choses qui sont à craindre et des choses qui ne le sont pas serait la lâcheté ?

Il fit signe que oui.

— Mais le courage, repris-je, est le contraire de la lâcheté ?

— Oui.

— La science des choses à craindre et de celles qui ne le sont pas n'est-elle pas le contraire de l'ignorance de ces mêmes choses ?

Ici encore il fit un signe d'assentiment.

— Et l'ignorance de ces choses est la lâcheté ?

Ici, c'est à grand-peine qu'il fit signe que oui.

— La science des choses à craindre et de celles qui ne le sont pas est donc le courage, qui est le contraire de l'ignorance de ces mêmes choses ?

Ici il ne voulut plus répondre ni par geste ni par mot.

— Je lui dis alors : Hé quoi! Protagoras, tu ne réponds ni oui ni non à mes questions.

— Conclus toi-même, dit-il.

— Je n'ai plus, dis-je, qu'une question à te poser : Crois-tu encore, comme tu le croyais d'abord, qu'il y a des hommes très ignorants qui cependant sont très braves.

Il répondit : Tu t'obstines, Socrate, ce me semble, à vouloir que ce soit moi qui réponde; je te ferai donc ce plaisir, et je t'avoue que, d'après les principes dont nous sommes convenus, cela me paraît impossible.

XL. — Je t'affirme, dis-je, que je n'ai d'autre but en te faisant toutes ces questions que d'examiner les problèmes relatifs à la vertu et ce qu'est la vertu en elle-même. Car je suis persuadé que ce point éclairci jetterait une vive lumière sur l'objet de la longue discussion que nous venons d'avoir ensemble, moi prétendant que la vertu ne saurait être enseignée, toi, qu'elle peut l'être. Et il me semble que la conclusion dernière de notre discussion s'élève contre nous, comme une personne, et se moque de nous, et que, si elle pouvait parler, elle nous dirait : Vous êtes bien inconséquents, Socrate et Protagoras : toi qui soutenais d'abord que la vertu ne saurait s'enseigner, tu t'empresses maintenant de te contredire en t'évertuant à démontrer que tout est science, et la justice, et la tempérance, et le courage, d'où il résulterait que la vertu peut fort bien s'enseigner. Si, en effet, la vertu était autre chose que la science, comme Protagoras a tâché de le prouver, il est clair qu'elle ne saurait être enseignée. Si au contraire elle se ramène exactement à la science, comme tu as à cœur de le prouver, Socrate, il serait bien extraordinaire qu'elle ne pût être enseignée. De son côté Protagoras, après avoir admis d'abord qu'elle pouvait s'enseigner, semble à présent au contraire prendre à tâche de démontrer que la vertu est pour ainsi dire tout plutôt que science, d'où il suivrait qu'elle est rebelle à tout enseignement.

Pour moi, Protagoras, en voyant l'étrange confusion et le trouble qui règnent en ces matières, je souhaite vivement de voir ces questions éclaircies, et je voudrais qu'après les avoir débattues, nous pussions en venir à la nature de la vertu et examiner de nouveau si elle peut, oui ou non, être enseignée. Car j'ai peur que ton Epiméthée ne nous ait encore fallacieusement fait glisser en quelque faux pas dans notre recherche, comme il nous a oubliés, disais-tu, dans sa distribution. Aussi préféré-je dans la fable Prométhée à Epiméthée : c'est en prenant Prométhée pour modèle et en appliquant sa prévoyance [70] à ma vie tout entière que j'étudie toutes ces questions, et, si tu y consentis, je serais bien aise, comme je te l'ai dit d'abord, de les examiner avec toi.

Protagoras me répondit : « Je loue, Socrate, ton ardeur et ta manière de traiter les questions. Car, sans parler des autres défauts dont je me flatte d'être exempt, je suis le moins envieux des hommes. Aussi ai-je dit souvent de toi que, de tous ceux que je rencontre, tu es celui que j'estime le plus, et que je te mets bien au-dessus de ceux de ton âge, j'ajoute que je ne serais pas étonné si tu te plaçais un jour au rang des sages illustres. Quant à ces questions, nous les traiterons, si tu veux, une autre fois, pour le moment, j'ai autre chose de pressé à faire.

— Va donc, dis-je, si tel est ton plaisir, aussi bien il y a longtemps que, moi aussi, je devrais être rendu où j'avais dessein d'aller, mais je suis resté pour faire plaisir au beau Callias. »

Après avoir ainsi parlé et écouté tour à tour, nous nous séparâmes.

NOTICE

L'EUTHYDÈME

L'*Euthydème* est un dialogue raconté. Il s'ouvre par une conversation entre Socrate et son vieil ami Criton. Criton a vu, la veille, au Lycée, Socrate engagé dans une discussion avec des étrangers. Il a essayé d'approcher pour l'entendre; mais il en a été empêché par la foule. Aussi demande-t-il à son ami qui étaient ces étrangers et quel était l'objet de la discussion. C'étaient, dit Socrate, deux sophistes originaires de Chios, Euthydème et son frère Dionysodore. J'étais assis dans le vestiaire, quand ils entrèrent, suivis de leurs admirateurs et de leurs disciples. Survint ensuite le beau Clinias, accompagné de ses adorateurs, en particulier du jeune Ctésippe. Je présentai les deux frères à ces jeunes gens, en vantant leur savoir dans les armes et dans les exercices du barreau. — Ce n'est plus de cela que nous nous occupons, dirent les deux hommes. A présent, nous enseignons la vertu, mieux que personne et en fort peu de temps. — Ah! m'écriai-je, si vous possédez une telle science, soyez-nous propices et persuadez au jeune Clinias que voici qu'il doit s'adonner à la philosophie et cultiver la vertu; engagez un entretien avec lui. Tel est le prologue : comme les prologues de la comédie antique, avec cet avantage sur eux qu'il est dialogué, il nous fait connaître les personnages et le sujet de la pièce.

L'*Euthydème* est en effet une véritable comédie, divisée en cinq actes nettement marqués. Nous voici au premier acte. Euthydème consent à montrer sa science à Clinias. Quels sont, Clinias, dit-il, les gens qui apprennent, les savants ou les ignorants ? — Les savants. — Tu as bien eu des maîtres, et lorsque tu apprenais, tu ne savais pas encore ce que tu apprenais. Tu n'étais donc pas savant, mais ignorant. Ce sont donc les ignorants qui apprennent. Aussitôt Dionysodore, sans laisser au jeune homme le temps de revenir de sa déconvenue, entreprend de lui prouver le contraire. Quand le maître dicte quelque chose, quels sont ceux qui l'apprennent, les savants ou les ignorants ? — Les savants. — Ce sont donc les savants, non les ignorants qui apprennent.

Euthydème reprend à son tour : Est-ce que ceux qui apprennent, apprennent ce qu'ils savent ou ce qu'ils ne savent pas ? — Ce qu'ils ne savent pas. — Tu sais toutes tes lettres, Clinias ? — Oui. — Or, quand on récite, n'est-ce pas des lettres qu'on récite ? Ainsi tu apprends ce que tu sais.

Et, sans lui laisser de répit, Dionysodore demande aussitôt au jeune garçon : Apprendre n'est-ce pas acquérir la science, et savoir n'est-ce pas posséder déjà la science ? — Si. — Or, ceux qui acquièrent sont ceux qui ne possèdent pas encore, et ceux qui apprennent ne possèdent pas encore la science : ils se rangent donc parmi ceux qui ne possèdent pas. Par conséquent ce sont ceux qui ne savent pas qui apprennent, et non ceux qui savent.

Cette joute inégale entre les deux sophistes et le jeune Clinias forme le premier acte (273 c - 277 c). Entre le premier et le second acte se place un intermède marqué par l'intervention de Socrate qui réconforte le jeune homme. Il lui remontre que les conclusions contradictoires où l'ont réduit les deux étrangers reposent sur un abus du double sens du mot μανθάνειν : *apprendre* et *comprendre*, que d'ailleurs cet interrogatoire n'est qu'un badinage et qu'ils vont ensuite faire voir le côté sérieux de leur savoir.

Ici commence le second acte, qui forme avec le premier un contraste frappant, tant pour la méthode que pour l'objet de la discussion. Pour mettre les sophistes sur la voie, Socrate engage avec Clinias un entretien sur le bonheur. Dis-moi, Clinias, ne voulons-nous pas tous être heureux ? — Si. — Ne le serons-nous pas si nous avons beaucoup de biens matériels : richesse, beauté, noblesse, crédit, honneurs, et moraux : tempérance, justice, courage, auxquels il faut ajouter la sagesse et le succès, qui d'ailleurs dépend de la sagesse ? Mais encore faut-il que ces biens soient utiles, donc qu'ils soient mis en usage, et à bon usage, et c'est la sagesse seule qui nous apprend à en faire un bon usage. C'est donc la sagesse qu'il faut rechercher, pourvu qu'elle puisse s'enseigner. — Je suis persuadé qu'elle le peut, dit Clinias. — Alors tu es disposé à la rechercher ? — Certainement. (278 c - 282 c).

Comme le premier, le second acte est suivi d'un intermède, où Socrate, après avoir exposé l'objet sur lequel il veut amener la discussion, et proposé un modèle de méthode, se retourne vers les deux sophistes et leur dit : Traitez vous-mêmes ce sujet avec votre art habituel, ou reprenez-le au point où je l'ai laissé, et montrez à ce garçon quelle est la science qu'il doit s'assimiler pour être heureux et vertueux.

Le troisième acte commence avec la rentrée en scène des sophistes. On pourrait croire qu'éclairés et guidés d'une façon si lumineuse ils vont au moins aborder le sujet qu'on leur propose. Ils se rejettent au contraire sur les questions captieuses. Désirez-vous vraiment, demande Euthydème à Socrate et aux amis de Clinias, que ce jeune homme devienne sage ? — Certainement. — Vous désirez donc qu'il devienne autre qu'il n'est, par conséquent qu'il ne soit plus ce qu'il est à présent, c'est-à-dire qu'il meure. Ces mots provoquent la colère du fougueux Ctésippe, qui le traite de menteur. Euthydème s'accroche aussitôt à ce mot de menteur pour démontrer que le mensonge est chose impossible. Celui qui ment dit ce qui n'est pas ; or ce qui n'est pas ne peut pas même être exprimé, d'où il suit que la possibilité de mentir n'existe pas. — Oui, dit Ctésippe, mais celui qui parle ainsi ne dit pas ce qui est. Sur quoi Euthydème reprend : Il est impossible d'agir sur les choses qui ne sont pas, de manière à faire qu'elles soient. Or parler, c'est agir, et agir, c'est faire et produire, et, nul ne pouvant agir sur ce qui n'est pas, on ne peut donc le faire ni le produire, ni par conséquent le dire. En d'autres termes, il est impossible de parler faux et, si Dionysodore parle, il dit la vérité et ce qui est. — Oui, dit Ctésippe, mais il le dit autrement qu'il n'est. — Y a-t-il donc des gens qui disent les choses comme elles sont ? demande Dionysodore. — Oui, dit Ctésippe, les honnêtes gens. — Ils parlent donc mal du mal ? — Oui, réplique Ctésippe, et ils parlent mal des méchants, et froidement des froids parleurs.

La discussion est sur le point de dégénérer en insultes, quand Socrate s'interpose pour calmer Ctésippe. Socrate est prêt pour sa part à se prêter à l'expérience des sophistes sur sa personne, pourvu qu'il en sorte plus sage. De son côté Ctésippe proteste qu'il n'est pas fâché et qu'il n'a fait que contredire Dionysodore. — Tu crois donc la contradiction possible ? demande Dionysodore. Si nous avons eu raison de dire qu'on ne peut parler d'une chose comme elle n'est pas, puisqu'on ne peut exprimer ce qui n'est pas, il faut qu'en parlant du même objet nous disions les mêmes choses. — Voilà, dit Socrate, une thèse qui vient de l'école de Protagoras, mais qui m'a toujours paru surprenante, attendu qu'elle se ruine elle-même en ruinant les autres. Si en effet on ne peut pas dire de choses fausses, on ne peut pas non plus en penser, et, s'il n'y a plus d'opinions fausses, il n'y a plus d'ignorance ni d'ignorants. Alors qu'êtes-vous venus faire ici, en vous donnant pour des professeurs de vertu ?

Le troisième acte finit sur cette question de Socrate (283 a - 288 d). Il est beaucoup plus animé que le premier, parce qu'au timide Clinias a succédé l'insolent Ctésippe, que Socrate lui-même prend part à la discussion, et qu'au

lieu de se laisser manœuvrer par les sophistes les deux
nouveaux interlocuteurs se rebellent et attaquent à leur
tour. Cependant le sujet proposé par Socrate n'a même pas
été effleuré par les sophistes. Ils n'ont fait, comme le leur
dit Ctésippe, que divaguer. Socrate affecte toujours de
croire qu'ils n'ont fait que badiner et qu'il faut par des
prières les contraindre, comme le fit Ménélas à l'égard de
Protée, à révéler leur savoir. Là-dessus il entreprend
encore une fois de leur montrer comment ils doivent s'y
prendre pour faire progresser le jeune Clinias dans la
vertu. Il reprend donc son entretien avec Clinias au point
où il l'avait laissé, c'est-à-dire à la nécessité de rechercher
la sagesse ou philosopher. Or philosopher, c'est acquérir
une science, mais quelle science ? Une science utile,
capable à la fois de produire et d'utiliser ce qu'elle produit.
Socrate passe en revue quelques arts ou sciences, en
particulier celle du logographe et celle du général d'armée.
Mais Clinias, qui a merveilleusement profité de ses leçons,
lui démontre qu'elles ne répondent pas aux deux conditions requises, et il le fait avec une aisance et une originalité
qui provoquent l'étonnement de Criton. Dès lors, tout en
rapportant le reste de son entretien avec Clinias, Socrate
y associe Criton et lui demande son avis sur la politique
ou art royal, qui est la dernière science qu'ils aient exa-
minée. Elle ne paraît pas non plus remplir les conditions
voulues, et Socrate arrête là son enquête, en se déclarant
impuissant à découvrir la nature de la science propre à
nous assurer le bonheur (288 d - 293 a).

Ici finit le quatrième acte, qui s'oppose au précédent,
comme le deuxième s'oppose au premier. Tandis que le
troisième est aussi frivole et aussi stérile que le premier,
le quatrième, modelé sur le deuxième, fait avancer vers
la solution du problème de la vertu. Nous y apprenons
que la vertu consiste dans la science. Il ne reste plus qu'à
savoir quelle est cette science. Socrate pourrait bien,
quoi qu'il en dise, la faire connaître. Mais s'il poussait
sa démonstration jusqu'au bout, les sophistes ne seraient
pas démasqués et confondus. Il faut que nous voyions
à plein le ridicule de leurs prétentions et l'inanité de
leur savoir. C'est ce que va nous montrer la cinquième
et dernière partie, où les deux sophistes, esquivant encore
une fois la question de Socrate, trop grave et trop difficile
pour leur capacité, se rabattent à nouveau sur des arguties
et des équivoques de plus en plus puériles ; mais ils vont
trouver leurs maîtres dans Socrate et dans Ctésippe, qui
vont retourner contre eux les faciles procédés qu'ils ont
appris d'eux.

Dans l'embarras où Socrate est soi-disant réduit, il
s'adresse donc aux sophistes pour la troisième fois, en les
conjurant de lui faire voir sérieusement la nature de cette
science qui doit rendre les hommes heureux. Aussitôt

Euthydème déclare sur un ton plein de superbe qu'il va faire voir que Socrate possède cette science qu'il recherche. Tu sais quelque chose ? lui demanda-t-il. — Oui. — Donc tu as la science, et si tu as la science, tu sais tout. — Non, dit Socrate, il y a beaucoup de choses que j'ignore. — Alors tu n'es pas savant, tu es ignorant. Tu es donc ce que tu es en même temps que tu ne l'es pas. — Mais vous autres, dit Socrate, parce que vous savez certaines choses, les savez-vous toutes ? » Sous peine de se contredire, les deux sophistes sont forcés de répondre qu'en effet ils savent tout et qu'il en est de même de tous les hommes. — Donnez-en une preuve, dit Ctésippe : que chacun de vous dise combien son frère a de dents.

Socrate, de son côté, leur demande s'ils savent faire la culbute sur des sabres ou tourner sur une roue. Ils répondent en affirmant toujours qu'ils savent tout, qu'ils l'ont toujours su, et Socrate aussi, et voici comment Euthydème le prouve : Ce que tu sais, Socrate, le sais-tu par le moyen de quelque chose et toujours par le même moyen ? — Oui. — Tu le sais donc toujours. Et pourrais-tu savoir tout en bloc, si tu ne savais toutes choses ? — Non, ce serait un prodige. — Tu avoues donc tout savoir, et tu as reconnu aussi que tu sais toujours, grâce à la cause de ton savoir ; car, de ton propre aveu, tu sais toujours et tout à la fois.

Socrate, qui a fait des réserves sur le raisonnement d'Euthydème, fait semblant d'acquiescer, mais il va l'attaquer d'une autre manière. Dis-moi, Euthydème, comment je sais que les honnêtes gens sont injustes ; où l'ai-je appris ? — Nulle part, réplique Dionysodore. — Voilà donc quelque chose que je ne sais pas, dit Socrate.

Sentant la discussion tourner à leur confusion, les deux sophistes s'accrochent à tous les mots sur lesquels ils peuvent équivoquer et faire montre de leur subtilité sophistique. Socrate ayant demandé à Euthydème s'il approuvait son frère : Suis-je donc frère d'Euthydème ? se hâte de dire Dionysodore. C'est en vain que Socrate voudrait d'abord avoir la réponse d'Euthydème. Dionysodore le presse de lui répondre à lui d'abord. Socrate alors se compare à Héraclès pris entre l'hydre et le crabe et secouru par son neveu Ioléos. Aussitôt Dionysodore, laissant de côté sa question, se rejette sur Ioléos. Ioléos, dit-il, était-il neveu d'Héraclès plutôt que le tien ? — C'était le neveu d'Héraclès, et non le mien ; car il n'était pas fils de Patroclès, mon frère. — Alors Patroclès est ton frère ? — Oui, mais pas du côté paternel, car son père était Khairédèmos, et le mien Sophronisque. Là-dessus, Dionysodore démontre que Khairédèmos, étant autre que le père qu'est Sophronisque, n'est pas père, et Euthydème démontre de même que Sophronisque, étant autre que le

père qu'est Khairédèmos, n'est pas père non plus, et que
par conséquent Socrate n'a pas de père.

Et votre père ? dit Ctésippe. — Il est père au même
titre que le tien, répond Euthydème, il est donc ton père.
— Est-il aussi celui des autres hommes et des animaux ?
— Oui. — Il l'est donc des hérissons de mer, des veaux,
des chiens, des cochons de lait, et tu as pour père un
chien. — Oui, répond Euthydème, et toi aussi.

Ces conclusions grotesques n'effraient pas Dionysodore.
Il s'enfonce au contraire dans le ridicule. Tu as un chien,
dit-il à Ctésippe. — Oui. — Et il a des petits. — Comme
il est père et qu'il est à toi, c'est donc ton père, conclut le
sophiste. — Bats-tu ce chien ? demande-t-il. — Oui,
faute de pouvoir te battre, toi, réplique Ctésippe. — Alors
tu bats ton père.

Désormais c'est par la moquerie que Ctésippe accueille
les fadaises des sophistes. Il a saisi leur méthode et la
retourne contre eux. Il leur demande si leur sagesse a valu
à leur père beaucoup de biens. Des biens nombreux
ne sont pas nécessaires, répond Euthydème. Si un malade
a besoin d'une potion, qui est un bien pour lui, doit-il en
prendre la plus grande quantité possible ? — Oui, dit
Ctésippe, pourvu qu'il ait la taille de la statue de Delphes.
— Et quand on va à la guerre, faut-il emporter le plus
d'armes possible, ou se contenter d'une seule, comme je
fais ? — Soit, pour toi, réplique Ctésippe ; mais il en faut
beaucoup à Géryon et à Briarée.

— Et l'or, reprend Dionysodore, puisque c'est un bien,
n'est-il pas bon d'en posséder le plus possible, et d'en
avoir trois talents dans le ventre, un dans le crâne et un
statère d'or dans chaque œil ? — On conte en effet, dit
Ctésippe, que les meilleurs d'entre les Scythes ont beaucoup d'or dans leurs crânes et qu'ils boivent dans leurs
crânes ornés d'or. Ici Ctésippe enchérit sur les équivoques usuelles aux sophistes, en jouant sur le sens du
mot *leurs* qui signifie *leurs propres crânes*, ou *ceux de leurs
ennemis, qui leur appartiennent*.

A cette équivoque, Euthydème réplique par une autre,
une construction à double sens. Les Scythes, dit-il, et
les autres hommes voient-ils ce qui est susceptible de vue
ou ce qui n'en est pas susceptible (δυνατὰ ὁρᾶν signifie à
la fois *choses capables de voir* et *susceptibles d'être vues*) ?
A quoi Ctésippe réplique en disant à Euthydème qu'il
parle pour ne rien dire.

Dionysodore relève le mot *dire* et demande s'il est
possible de joindre la parole au mutisme. La construction
qu'il emploie σιγῶντα λέγειν peut signifier : *dire en se
taisant* ou *dire des choses qui se taisent*. Cela n'est pas
possible, dit Ctésippe. — Quand tu dis *un morceau de fer*,
ne dis-tu pas une chose muette ? — Pas quand je passe
devant une forge ; car le fer y prend une voix et crie. Et

maintenant prouve-moi qu'il est possible de joindre le
mutisme à la parole. — Quand tu te tais, dit Euthydème,
ne tais-tu pas toutes choses ? — Si. — Tu tais donc aussi
celles qui parlent. — Comment ? dit Ctésippe, ne sont-elles
pas toutes silencieuses ? — Non. — Alors elles parlent
toutes ? — Du moins celles qui parlent. — Ce n'est pas
ce que je te demande, mais si toutes se taisent ou si elles
parlent. — Ni l'un ni l'autre, et tous les deux ensemble,
répond Dionysodore, croyant échapper par là aux sarcasmes de Ctésippe. Ctésippe éclate de rire, et Clinias
aussi.

Comment ? dit Socrate, oses-tu rire de si belles choses,
Clinias ? Dionysodore saisit au vol le mot *belles* et
demande à Socrate : As-tu déjà vu quelque belle chose ?
— Oui. — Différente du beau ? — Oui, mais avec une
certaine beauté. — Alors si un bœuf se trouve avec toi,
tu es bœuf; car comment une chose qui se trouve avec
une autre pourrait-elle être autre ? — Tu le demandes ?
dit Socrate. Le beau n'est-il pas le beau et le laid le laid;
et le même n'est-il pas le même et l'autre l'autre ? Ne
comprenez-vous pas cela, vous qui exécutez votre métier
de dialecticiens comme des artisans de premier ordre ?

Le mot d'*artisans* fournit à Dionysodore une nouvelle
occasion d'équivoquer. Tu sais donc ce qui convient
aux artisans ? dit-il. Eh bien, à qui convient-il de forger,
de mouler l'argile, d'écorcher et de faire cuire la viande ?
L'expression employée τίνα χαλκεύειν προσήκει signifie à
la fois *à qui il convient de forger ?* et *qui ou quelles choses
convient-il de forger ?* En partant du second sens, Dionysodore prouve qu'il convient de forger le forgeron, de
mouler le potier, de cuire le cuisinier. O Poséidon, s'écrie
Socrate, quelle admirable sagesse! Que ne m'appartient-
elle en propre ? — Qu'appelles-tu en propre ? demande
Dionysodore. N'est-ce pas ce tu peux disposer à ton
gré, pour le vendre ou l'immoler ? — Si. — Ne donnes-tu
pas le nom d'animal à ce qui a vie ? — Si. — Tu as reconnu
comme t'appartenant en propre les animaux dont tu peux
disposer ? — Oui. — Or les dieux qui te sont propres sont
des animaux : tu peux donc en faire ce que tu veux. »
Sur cette belle conclusion Ctésippe s'écrie : Héraclès!
bravo! ce qui lui attire cette dernière et absurde demande
de Dionysodore : Est-ce Héraclès qui est bravo, ou bravo
qui est Héraclès ?

Devant une telle ineptie, Ctésippe déclare qu'il quitte
la partie, tandis que les sectateurs des deux sophistes
éclatent en applaudissements. Socrate s'y associe ironiquement et loue le talent des deux sophistes, mais leur
conseille de ne jamais discuter qu'entre eux ou avec les
disciples qui les payent (293 a-304 b).

Après ce récit, Socrate engage Criton à prendre avec
lui les leçons des deux étrangers. Cela ne plaît pas à

Criton qui lui rapporte les paroles d'un faiseur de discours
qu'il a rencontré, lequel blâmait vivement Socrate d'écouter ces diseurs de balivernes, et n'avait pour la philosophie
qu'une estime très restreinte : Ah! dit Socrate, je vois
qui c'est : c'est un de ces gens qui sont sur les frontières
de la philosophie et de la politique. Inférieurs dans l'une
et dans l'autre, ils s'imaginent que les philosophes nuisent
à leur réputation, et ils les décrient pour avoir le premier
rang dans l'estime publique. Mais tu n'as pas, Criton, à
tenir compte de leur opinion. Considère seulement la
philosophie en elle-même, sans t'inquiéter de ceux qui se
donnent pour philosophes, et si elle te paraît bonne,
cultive-la, toi et tes enfants.

Il semble au premier abord que les calembredaines
d'Euthydème et de son frère ne méritaient pas que Platon
les recueillît et les réfutât, et c'est une des raisons pour
lesquelles Ast voyait dans l'*Euthydème* une œuvre apocryphe. Mais, si Platon a pris la peine de réfuter tous ces
faux raisonnements, c'est qu'ils trouvaient dans le public
trop de sots admirateurs. Aristote lui-même en a jugé ainsi
puisqu'il a écrit sur le même sujet tout un traité Περὶ
σοφιστικῶν ἐλέγχων, où l'on retrouve quelques-uns des
sophismes que Platon a prêtés aux deux étrangers. Depuis
que Protagoras avait par sa doctrine et par son exemple
enseigné à soutenir le pour et le contre sur le même sujet,
les discussions sophistiques, qui furent toujours en grande
faveur chez les Grecs, avaient dégénéré chez certains de
ses disciples en raisonnements captieux et en jeux d'esprit.
Les virtuoses en ce genre se faisaient écouter et applaudir
par les jeunes gens, toujours prêts à s'engouer pour ce qui
est nouveau, et les détournaient de la véritable philosophie.
Voilà pourquoi Platon se mit en tête de les fouailler dans
la personne des deux sophistes Euthydème et Dionysodore,
qui représentent en son ouvrage toute l'engeance éristique.
Mais, sous leur nom, d'autres adversaires sont visés, les
Eléates, qui soutenaient que le non-être ne peut être
objet de pensée, ni de parole, ni d'action (284 b, 286 a),
et les Mégariques qui disputaient de sujets importants,
mais en cherchant à surprendre leurs adversaires, et Antisthène, dont la doctrine avait de grandes analogies avec la
leur et qui niait la possibilité de la contradiction (286 a et
suiv.). L'*Euthydème* est donc avant tout une œuvre de
polémique dirigée contre les éristiques et incidemment
contre d'autres rivaux. A leurs vaines disputes, Platon
oppose la sage dialectique de Socrate, qui, au lieu de
s'attacher aux mots, va jusqu'au fond des choses, qui, au
lieu de disputer sur des riens, traite une question des plus
importantes pour l'homme, celle de l'éducation la plus
propre à le rendre vertueux et heureux. Il emploie pour la
résoudre cette méthode analytique, que Socrate appelait
sa maïeutique, qui procède par des questions appropriées

à l'intelligence de ses interlocuteurs, et dont chacune marque un pas vers la démonstration de la vérité. Combien cette méthode est supérieure à la méthode ou plutôt à l'absence de méthode des sophistes uniquement préoccupés de briller, c'est ce qui ressort des résultats avec une évidence éclatante. Ceux de l'éristique sont nuls ou ridicules : ceux de la maïeutique sont sérieux et considérables. Il est vrai que Socrate a arrêté son enquête avant d'avoir atteint le but; mais il en a dit assez pour faire reconnaître l'excellence de son enseignement opposé à celui des éristiques, et incidemment à celui des rhéteurs qui dénigrent les philosophes par jalousie.

L'*Euthydème* a donc au point de vue historique et philosophique une importance plus grande qu'il n'apparaît au premier abord; mais son principal mérite aux yeux d'un lecteur moderne, c'est d'être une comédie pleine de verve, conduite avec un art consommé. Les caractères en particulier y sont dessinés avec un talent égal à celui des grands dramaturges. Ce sont d'abord les deux sophistes, infatués de leur vaine science, pleins de superbe et de dédain à l'égard de leurs interlocuteurs. Habitués à être applaudis par la clique qui les suit, ils prennent pour argent comptant les éloges de Socrate, si exagérés qu'ils soient, et ils ne voient dans sa feinte déférence qu'un hommage qui leur est dû. Ils se ressemblent comme des frères; ils se distinguent pourtant par quelques traits. C'est Euthydème qui prime, quoiqu'il soit le plus jeune; c'est lui qui ouvre le feu, et Dionysodore le suit et le copie. Moins fin que son frère, il a une vanité plus puérile, et c'est lui qui, dès la première question de son frère à Clinias, dit à Socrate avec un large sourire : Je t'en préviens, Socrate, quoi que réponde le jeune homme, il sera réfuté. Euthydème, plus intelligent et plus fier, n'eût pas trahi son secret si naïvement. C'est aussi Dionysodore qui met le couronnement à toutes les fadaises qu'ils ont débitées par l'absurde question : « Est-ce Héraclès qui est bravo, ou bravo qui est Héraclès ? »

A ces deux disputeurs Platon a opposé trois interlocuteurs appropriés au rôle qu'il voulait leur faire jouer. C'est d'abord Clinias, fils d'Axiochos et cousin d'Alcibiade. C'est un jeune homme candide et droit, intelligent, mais jeune et novice dans l'art de la dispute. Aussi tombet-il dans les pièges que lui tendent les deux sophistes. Mais lorsque, interrogé amicalement par Socrate, il reprend son assurance, il s'assimile si vite et si complètement la dialectique du maître qu'il est capable de mener lui-même l'enquête jusque-là conduite par Socrate. Platon a voulu montrer par là quels résultats devaient naturellement produire sa méthode et celle des sophistes, l'une excitant et fécondant l'esprit, l'autre le déprimant et l'éteignant.

Mais tandis que les sophistes, enhardis par leur premier succès, reprennent avec confiance l'exhibition de leurs talents, ils vont rencontrer deux redoutables adversaires, Ctésippe et Socrate. Ctésippe, originaire du bourg de Paeania, figure dans le *Lysis*, où il est donné pour un cousin de Ménexène; mais il n'y a qu'un rôle effacé. C'est, dit Socrate, un jeune homme doué d'un beau naturel, à part une insolence qui est l'effet de sa jeunesse. Amant passionné de Clinias, il éclate contre Dionysodore, qui a osé avancer que vouloir faire de Clinias un sage, c'était le vouloir autre qu'il n'était et par conséquent désirer sa mort. La colère fait de lui un adversaire décidé et clairvoyant. Il répond d'abord aux sophismes des deux étrangers par des sarcasmes insultants; puis, calmé par Socrate, il se contente de rire de leurs raisonnements, il les accable de questions saugrenues, qui mettent en pleine lumière l'insanité de leurs conclusions; il les suit sur leur terrain, il enchérit sur leurs équivoques et les bat avec leurs propres armes; puis, sur une absurde question de Dionysodore, il quitte la partie en déclarant ironiquement les deux sophistes invincibles.

Mais celui qui domine toute la pièce est Socrate. C'est lui qui met l'action en branle, en priant les sophistes d'apprendre la vertu à ses jeunes amis. Lorsqu'elle est engagée, il intervient pour réconforter l'un, pour calmer l'autre. Quant à lui, il conserve un sang-froid imperturbable et ne répond à la morgue des sophistes que par une déférence sans bornes. Tout son rôle est un parfait exemplaire de cette fameuse ironie socratique qui, sous une apparence de bonhomie et d'ignorance, se joue des gens infatués de leur savoir et les couvre à la fin de ridicule et de confusion. Le procédé ressemble de fort près à celui de l'*Hippias majeur*, où les louanges prodiguées à Hippias sont exagérées jusqu'à la charge. Dans l'*Euthydème*, Socrate affecte de prendre les deux sophistes pour de vrais professeurs de sagesse, et les invoque presque comme des divinités et, quand il entreprend de leur montrer comment il désire que la discussion soit conduite, il s'excuse, lui profane, de vouloir les mettre sur la voie. Deux fois il n'a tiré d'eux que des calembredaines, et deux fois il feint de n'y voir qu'un badinage préliminaire. L'étalage de leurs billevesées ne lasse pas son admiration. Il la pousse si loin qu'on se demande comment ceux qui en sont l'objet n'en soupçonnent pas l'ironie. L'entretien fini, Socrate continue à feindre avec Criton et l'invite à se mettre avec lui à l'école des sophistes. Cette invitation surprend. Pourquoi feindre avec ce vieil ami de jeunesse, qui ne manque pas de bon sens ? Est-ce pour l'éprouver ? Est-ce simplement pour garder jusqu'à la fin l'attitude qu'il a prise au début ? Quoi qu'il en soit, le brave Criton a l'air de le prendre au sérieux et lui reproche par la

bouche du logographe, sans doute Isocrate, de s'arrêter à écouter des billevesées. Ce reproche ne touche
point Socrate, qui a pleinement atteint son but de ruiner
le crédit des éristiques en les couvrant de ridicule.

A quelle date faut-il placer l'entretien, nous n'avons
pour le déterminer que de faibles indices. En parlant de
l'impossibilité de contredire (286 c), Platon se sert de
l'imparfait ἐχρῶντο, ce qui semble indiquer que Protagoras était mort. Or il mourut entre ~ 411 et ~ 408. D'autre
part il est question d'Alcibiade comme s'il était encore
vivant (275 b), et il mourut en ~ 404. La date de l'entretien
est donc circonscrite entre ~ 410 ou ~ 407 et ~ 404. Il me
semble impossible de préciser davantage.

Celle de la composition n'est pas non plus facile à
fixer. Horn place l'*Euthydème* avant le *Protagoras*, Gom-
perz le recule jusqu'aux ouvrages didactiques de l'époque
postérieure, Méridier le met après le *Gorgias* dans le même
groupe que le *Ménon* et le *Cratyle*. Je l'ai placé avant le
Ménon. On ne voit poindre dans l'*Euthydème* aucune des
doctrines propres à Platon, tandis que le *Ménon*, avec la
doctrine de la réminiscence, ouvre l'ère des ouvrages
proprement platoniciens. D'autre part l'*Euthydème* traite
de l'enseignement de la vertu comme le *Protagoras ;* il
en est en quelque sorte le complément, puisqu'il attaque
les faux professeurs de vertu, comme le *Ménexène* complète
le *Gorgias*, en donnant la preuve que la rhétorique est un
art de flatterie facile à pratiquer. Voilà pourquoi, en
l'absence de preuves concrètes, j'ai cru devoir placer
l'*Euthydème* immédiatement après le *Protagoras*.

EUTHYDÈME

[ou l'**éristique,** *genre anatreptique*]

PERSONNAGES DU PROLOGUE

CRITON, SOCRATE

PERSONNAGES DU DIALOGUE

SOCRATE, EUTHYDÈME, DIONYSODORE, CLINIAS,
CTÉSIPPE

CRITON

I. — Quel était, Socrate, l'homme avec qui tu discutais
hier au Lycée [71] ? La presse était, ma foi, si grande autour
de vous que j'eus beau m'approcher dans l'espoir de vous
entendre, il me fut impossible de rien entendre distinc-
tement. En allongeant le cou, je parvins pourtant à voir,
et il me parut que c'était un étranger avec qui tu discutais.
Qui était-ce ?

SOCRATE

Duquel des deux veux-tu parler, Criton ? car il n'y en
avait pas un, mais deux.

CRITON

Celui dont je parle était assis à ta droite, le troisième
en partant de toi; entre vous il y avait un jeune garçon,
le fils d'Axiochos, et il m'a semblé qu'il avait beaucoup
grandi et qu'il avait à peu près l'âge de notre Critobule.
Mais mon fils est fluet, tandis que ce garçon est fort et de
belle et bonne mine.

SOCRATE

C'est Euthydème, Socrate, celui dont tu me demandes
le nom. Celui qui était assis près de moi, à ma gauche,
était son frère Dionysodore. Il prend part, lui aussi,
aux entretiens.

CRITON

Je ne connais ni l'un ni l'autre, Socrate. Ce sont, à ce qu'il paraît, de nouveaux sophistes. De quel pays sont-ils et quelle est la science qu'ils professent ?

SOCRATE

Ils sont, je crois, originaires de là-bas, de quelque endroit de Chios, et ils avaient émigré à Thurium [72]; mais ils en ont été exilés et séjournent par ici depuis plusieurs années déjà. Quant à ce que tu demandes de leur science, elle est merveilleuse, Criton. Ils sont tout bonnement universels et je ne savais pas jusqu'ici ce qu'étaient les pancratiastes [73]. Ces deux hommes sont absolument prêts à toutes sortes de luttes ; mais ils ne sont pas comme les pancratiastes que sont les deux fameux frères acarnaniens [74], qui ne sont capables de lutter qu'avec leur corps. Ces deux-ci sont tout d'abord très habiles aux exercices physiques et triomphent, en se battant, de tous les adversaires ; car ils sont eux-mêmes très adroits à combattre tout armés et sont capables de communiquer leur adresse à qui les paye ; ensuite ils sont passés maîtres pour soutenir la lutte devant les tribunaux et pour enseigner aux autres à parler et à composer des discours propres aux tribunaux. Jusqu'ici, c'est à cela que se bornait leur habileté ; mais aujourd'hui ils ont mis le couronnement à l'art du pancrace. Il ne restait qu'un genre de combat qu'ils n'avaient pas essayé : ils l'ont aujourd'hui pratiqué à tel point qu'il n'y a pas un homme en état ne fût-ce que de lever la main contre eux, tellement ils sont devenus habiles à lutter en paroles et à réfuter tout ce qu'on dit, le vrai comme le faux indistinctement. Pour moi, Criton, j'ai l'intention de me remettre aux mains de ces deux hommes ; car ils affirment qu'ils peuvent en peu de temps communiquer leur habileté à n'importe qui.

CRITON

Comment, Socrate ? à ton âge ? Tu ne crains pas d'être trop vieux ?

SOCRATE

Pas du tout, Criton, J'ai un précédent qui suffit à me rassurer et à m'encourager : c'est que ces deux hommes eux-mêmes étaient pour ainsi dire des vieillards quand ils se sont mis à cette science que j'envie, l'éristique [75]; il y a un an ou deux ils ne la connaissaient pas encore. Ma seule crainte à moi, c'est de faire honte à ces deux étrangers, comme à Connos [76], fils de Métrobios, le cithariste, qui, encore à présent, me donne des leçons de cithare. En me voyant, les enfants qui fréquentent son école avec moi se moquent de moi et appellent Connos un maître pour vieux. Aussi j'ai peur qu'on ne fasse le même affront aux deux étrangers : il se pourrait qu'eux-mêmes, pris de la même crainte, ne consentent pas à me recevoir. Mais moi, Criton, j'ai décidé d'autres personnes, des vieillards, à venir là-bas apprendre la musique avec moi et j'essayerai d'en amener d'autres ici. Toi-même, pourquoi ne viendrais-tu pas à leur école avec moi ? Pour les amorcer, nous aurons tes fils : pour les avoir, je suis sûr qu'ils consentiront à nous instruire, nous aussi.

CRITON

Je n'y vois pas d'obstacle, Socrate, si tu le trouves bon ; mais explique-moi d'abord en quoi consiste la science de ces deux hommes, afin que je sache aussi ce qu'ils nous apprendront.

SOCRATE

II. — Tu vas l'entendre tout de suite ; car je ne saurais dire que je n'ai pas fait attention à leurs propos ; j'y ai au contraire prêté une attention extrême et je m'en souviens parfaitement. Je vais donc essayer de te rapporter depuis le commencement tout ce qu'ils ont dit. Par un hasard providentiel, je me trouvais assis à l'endroit où tu m'as vu. J'étais seul dans le vestiaire et déjà je songeais à me lever, et je me levais en effet quand le signe divin qui m'est habituel [77] se manifesta. Je me rassis donc, et un instant après entrèrent ces deux hommes, Euthydème et Dionysodore, et avec eux une foule d'autres, leurs disciples, à ce qu'il me parut. Lorsqu'ils furent entrés, ils se promenèrent dans le portique couvert, et ils n'avaient pas encore fait deux ou trois tours que Clinias entra, celui que tu trouves bien grandi, et avec raison. Il était suivi d'une foule d'amants, parmi lesquels Ctésippe, un tout jeune homme de Paeania [78], d'un naturel très beau et très bon, à part une insolence, qui est l'effet de sa jeunesse. En m'apercevant de l'entrée assis tout seul, Clinias vint droit à moi et s'assit à ma droite, comme tu l'as remarqué. Dionysodore et Euthydème, l'ayant vu, s'arrêtèrent d'abord et se parlèrent l'un à l'autre, en jetant de temps à autre les yeux sur nous — je les observais avec la plus grande attention ; puis ils vinrent s'asseoir, l'un, Euthydème, auprès du jeune garçon, l'autre, auprès de moi, à gauche. Les autres prirent place au hasard.

III. — Je les saluai, comme des gens que je n'avais pas vus depuis longtemps [79], puis je dis à Clinias : « Voici, Clinias, deux hommes, Euthydème et Dionysodore, qui sont, je te l'affirme, savants, non dans les petites choses, mais dans les grandes ; ils connaissent en effet tout ce qui concerne la guerre, tout ce qui est nécessaire à qui veut devenir un bon général, la tactique, la stratégie et toutes les formations de bataille qu'il faut apprendre. Ils peuvent encore rendre quelqu'un capable de se défendre lui-même devant les tribunaux, s'il est victime d'une injustice. »

Ils eurent grand-pitié de m'entendre parler ainsi et ils se mirent à rire tous deux en se regardant, et Euthydème répondit : « Ce n'est plus de cela, Socrate, que nous nous occupons; ce n'est plus pour nous que l'accessoire. »

Et moi, tout étonné, je lui dis : « Il faut que vous soyez occupés à quelque chose de bien beau, si des objets de cette importance ne sont pour vous qu'accessoires. Au nom des dieux, dites-moi quelle est cette belle chose.

— La vertu, Socrate, répondit-il. Nous nous croyons capables de l'enseigner mieux que personne au monde, et cela très rapidement.

— O Zeus, m'écriai-je, que dites-vous là ? Où avez-vous fait cette heureuse trouvaille ? Pour moi, l'idée que j'avais toujours de vous, c'est, comme je le disais tout à l'heure, que vous étiez surtout habiles dans le combat en armes, et c'est ce que je disais de vous; car, lorsque vous êtes venus chez nous pour la première fois, c'était, je m'en souviens, de cette science que vous faisiez profession. Mais si aujourd'hui vous possédez vraiment la science dont vous parlez, soyez-moi propices, car je vous salue tout bonnement comme deux dieux et je vous demande pardon de ce que j'ai dit de vous auparavant. Mais voyez bien, Euthydème et Dionysodore, si ce que vous dites est vrai; car, à vous entendre faire une si grande promesse, il n'y a rien d'étonnant qu'on se défie.

— N'en doute pas, Socrate, dirent-ils ensemble : il en est ainsi.

— En ce cas, je vous tiens beaucoup plus heureux de votre acquisition que le Grand Roi de son empire. Mais dites-moi seulement : avez-vous dessein d'exposer publiquement votre science ? Qu'avez-vous décidé ensemble ?

— C'est pour cela même que nous sommes ici, Socrate : c'est pour en faire montre et l'enseigner à qui voudra l'apprendre.

— Ce sera le désir de tous ceux qui ne le possèdent pas, je vous le garantis, de moi tout le premier, puis de Clinias que vous voyez et, en outre, de Ctésippe que voici et de tous ces autres jeunes gens », dis-je, en lui montrant les amoureux de Clinias, qui déjà faisaient cercle autour de nous. Car Ctésippe s'était trouvé assis loin de Clinias, à ce qu'il me sembla; mais, comme Euthydème, en causant avec moi, penchait la tête en avant, il masquait à Ctésippe la vue de Clinias, qui était entre nous deux. Désireux de contempler ses amours et en même temps de nous entendre, Ctésippe avait sauté sur ses pieds et s'était approché le premier juste en face de nous. C'est ainsi que les autres, en le voyant, avaient fait cercle autour de nous, les amoureux de Clinias, comme les compagnons d'Euthydème et de Dionysodore. Je dis donc à Euthydème, en les lui montrant, qu'ils étaient tout prêts à apprendre. Ctésippe acquiesça avec un vif empressement, les autres aussi, et tous ensemble ils prièrent les deux frères de montrer le pouvoir de leur science.

IV. — Je repris alors : « Euthydème et Dionysodore, il faut absolument, d'une manière ou d'une autre, que vous fassiez plaisir à ces jeunes gens et que pour l'amour de moi vous donniez une séance. Pour le gros de votre science, il est évident que ce ne serait pas une petite affaire de l'exposer, mais dites-moi une chose : n'y a-t-il que l'homme déjà convaincu de la nécessité de prendre vos leçons que vous puissiez rendre vertueux, ou le pouvez-vous aussi pour celui qui n'est pas encore persuadé, faute de croire en général que la vertu peut s'enseigner ou que vous êtes bien tous deux des maîtres de vertu ? Voyons, à qui pense de la sorte, est-ce le même art qui se charge de le persuader que la vertu s'enseigne et que vous êtes ceux qui peuvent le mieux l'en instruire, ou est-ce un autre art ?

— C'est ce même art, Socrate, répondit Dionysodore.

— Alors, Dionysodore, repris-je il n'y a aujourd'hui personne au monde qui puisse aussi bien que vous porter les hommes à la philosophie et à la pratique de la vertu ?

— Nous le croyons du moins, Socrate.

— Eh bien, pour le reste remettez l'audition à une autre fois, et faites-nous voir exclusivement ceci : persuadez à ce jeune garçon qu'il faut s'adonner à la philosophie et cultiver la vertu; vous nous ferez plaisir, à moi et à toute la compagnie. Car tel est le cas de ce garçon : moi-même et tous ces jeunes gens, nous désirons qu'il devienne aussi parfait que possible. Il a pour père Axiochos, fils d'Alcibiade l'ancien et cousin germain de l'Alcibiade aujourd'hui vivant; son nom est Clinias. Il est jeune et nous craignons pour lui, comme il est naturel, quand il s'agit d'un jeune homme; nous avons peur que quelqu'un ne nous prévienne en tournant son esprit vers quelque autre occupation et qu'il ne le gâte. Vous ne pouviez donc arriver plus à propos. Si vous n'y voyez pas d'objection, mettez ce garçon à l'épreuve, et engagez un entretien devant nous. »

A ces mots, que j'ai rapportés à peu près exactement, Euthydème répondit bravement et hardiment : « Je n'y vois aucune objection, pourvu seulement que le jeune garçon consente à répondre.

— Justement, dis-je, il en a même déjà l'habitude; car ces jeunes gens viennent souvent lui poser des questions et discuter avec lui : aussi ne manque-t-il pas d'assurance pour répondre. »

V. — Et maintenant comment pourrais-je te rapporter fidèlement ce qui suivit ? Ce n'est pas une tâche facile de pouvoir ressaisir les détails de cette prodigieuse sagesse. Aussi, comme les poètes, j'ai besoin, en commençant mon récit, d'invoquer les Muses et Mnémosyne. Quoi qu'il en soit, voici à peu près, je crois, par où commença Euthydème :

« Quels sont, Clinias, les gens qui apprennent, les savants ou les ignorants [80] ? »

Le jeune homme, à cette question difficile, se mit à rougir et, embarrassé, tourna les yeux vers moi. Et moi, le voyant troublé : « Courage! Clinias, lui dis-je, réponds bravement ce qui te paraît juste; car il se peut fort bien qu'il te rende en ce moment le plus grand service. »

Cependant Dionysodore, se penchant un peu à mon oreille, le visage épanoui dans un sourire : « Je t'en préviens, Socrate, dit-il, quoi que réponde le jeune homme, il sera réfuté. »

Pendant qu'il me parlait ainsi, Clinias donnait justement sa réponse, de sorte que je ne pus même pas l'engager à prendre garde. Il avait répondu que c'étaient les savants qui apprenaient.

Alors Euthydème : « Y a-t-il des gens que tu appelles maîtres, demanda-t-il, ou n'y en a-t-il pas ?

Il en convint.

— Les maîtres ne sont-ils pas maîtres de ceux qui apprennent, comme le cithariste et le maître d'école ont été, n'est-ce pas ? tes maîtres et ceux des autres enfants, tandis que vous étiez leurs élèves ?

Il en tomba d'accord.

— N'est-il pas vrai que, lorsque vous appreniez, vous ne saviez pas encore ce que vous appreniez ?

— Non, dit-il, nous ne le savions pas.

— Etiez-vous donc savants, lorsque vous ne le saviez pas ?

— Non certes, dit-il.

— Donc, si vous n'étiez pas savants, vous étiez ignorants.

— C'est vrai.

— Donc, en apprenant ce que vous ne saviez pas, vous étiez ignorants quand vous l'appreniez.

Le jeune homme fit signe que oui.

— Ce sont donc les ignorants qui apprennent, Clinias, et non les savants, comme tu le crois. »

A ces mots, comme un chœur au signal du maître, tous ces gens qui suivaient Dionysodore et Euthydème éclatèrent en applaudissements mêlés d'éclats de rire. Le jeune garçon n'avait pas eu le temps de respirer à son aise que Dionysodore, saisissant la balle à son tour, lui posa cette question : « Dis-moi, Clinias, quand le maître

vous récitait quelque chose de vive voix, quels étaient les
enfants qui apprenaient la récitation, les savants ou les
ignorants ?

— Les savants, dit Clinias.

— Ce sont donc les savants qui apprennent, et non
les ignorants, et tu n'as pas bien répondu tout à l'heure
à Euthydème. »

VI. — Ce fut alors un redoublement de rires et d'applaudissements parmi les amis de ces deux hommes, dont la
science excitait leur admiration ; nous autres, nous étions
muets de saisissement. En voyant notre stupéfaction,
Euthydème voulut accroître encore notre admiration et,
au lieu de lâcher le jeune homme, il continua à l'interroger
et, comme les bons danseurs, il fit tourner ses questions
deux fois sur le même sujet :

« Est-ce que, demanda-t-il, ceux qui apprennent,
apprennent ce qu'ils savent ou ce qu'ils ne savent
pas ? »

Et de nouveau Dionysodore me chuchota légèrement :
« C'est encore un nouveau tour, Socrate, pareil au
premier.

— O Zeus, repartis-je, il n'y a pas à dire : le premier
nous avait déjà paru bien joli.

— Toutes nos questions, Socrate, reprit-il, sont de la
même force : on ne peut s'en démêler.

— Aussi, répliquai-je, vous me semblez être en haute
estime chez vos disciples. »

Pendant ce temps, Clinias avait répondu à Euthydème
que ceux qui apprennent apprennent ce qu'ils ne savent
pas. Celui-ci poursuivit ses interrogations dans le même
esprit qu'auparavant.

— Eh bien, dit-il, ne sais-tu pas tes lettres ?

— Si, dit-il.

— Ne les sais-tu pas toutes ?

Il en convint.

— Or quand on récite quoi que ce soit de vive voix,
n'est-ce pas des lettres que l'on récite ?

Il en convint.

— On récite donc, poursuivit-il, une partie de ce que
tu sais, s'il est vrai que tu les saches toutes ?

Il en convint encore.

— Eh bien, reprit-il, n'apprends-tu pas, toi, ce qu'on
récite, et est-ce celui qui ne sait pas ses lettres qui
apprend ?

— Non, dit le garçon, c'est moi qui apprends.

— Dès là, dit-il, n'apprends-tu pas ce que tu sais,
s'il est vrai que tu saches toutes les lettres ?

Il en convint.

— Tu n'as donc pas bien répondu », fit-il.

Euthydème n'avait pas encore achevé ces mots que

Dionysodore, rattrapant la parole comme une balle, visa de nouveau le jeune homme et dit :

« Euthydème te trompe, Clinias. Dis-moi, apprendre n'est-ce pas acquérir la science de ce qu'on apprend ?

Clinias l'accorda.

— Et savoir, demanda-t-il, n'est-ce pas déjà posséder cette science ?

Il en convint.

— Dès lors ne pas savoir c'est ne pas posséder encore la science ?

Il en convint avec lui.

— Alors ceux qui acquièrent quelque chose sont-ils ceux qui possèdent déjà ou ceux qui ne possèdent pas ?

— Ceux qui ne possèdent pas.

— N'as-tu pas avoué que ceux qui ne savent pas sont au nombre de ces derniers, c'est-à-dire de ceux qui ne possèdent pas ?

Il fit signe que oui.

— Ceux qui apprennent sont donc du nombre de ceux qui acquièrent, et non de ceux qui possèdent ?

Il en convint.

— Dès lors, dit-il, ce sont ceux qui ne savent pas qui apprennent, Clinias, et non ceux qui savent. »

VII. — Déjà Euthydème se disposait à rengager la lutte pour la troisième fois, pour terrasser le jeune homme. Et moi, voyant notre garçon perdre pied et voulant lui donner du relâche pour l'empêcher de perdre courage, je lui dis pour le rassurer : « Ne t'étonne pas, Clinias, si ces arguments te paraissent insolites. Peut-être ne te rends-tu pas compte de la conduite de ces deux étrangers à ton égard. Ils font exactement ce qui se pratique dans l'initiation des corybantes, lorsqu'ils intronisent [81] celui qu'ils vont initier. On y fait des rondes et des jeux, comme tu dois le savoir, si tu as jamais été initié. De même en ce moment, ces deux hommes ne font pas autre chose que de mener une ronde autour de toi et, pour ainsi dire, de danser en se jouant, pour t'initier ensuite. Figure-toi donc que tu assistes aux préludes des mystères sophistiques. Tout d'abord, comme le dit Prodicos, il faut apprendre la propriété des termes. C'est précisément cela que ces deux étrangers te montrent : tu ignorais qu'on emploie le mot apprendre en parlant d'un homme qui, ne connaissant d'abord rien d'une chose, en acquiert ensuite la connaissance, mais qu'on emploie aussi le même terme de l'homme qui, possédant déjà cette connaissance, s'en sert pour examiner cette même chose, soit dans la pratique, soit dans la théorie. Il est vrai qu'on appelle cela *comprendre* plutôt qu'apprendre, mais parfois aussi on l'appelle *apprendre*. Or toi, tu n'as pas vu ce que ces hommes démontrent, que le même mot s'applique à des gens qui sont dans des conditions opposées, à celui qui sait comme à celui qui ne sait pas. Il en est à peu près de même dans la seconde question qu'ils t'ont faite, si l'on apprend ce qu'on sait ou ce qu'on ne sait pas. Ces notions-là ne sont qu'un jeu et c'est pour cela que je prétends qu'ils jouent avec toi. Je dis bien : *un jeu,* parce qu'on aurait beau apprendre beaucoup de choses de ce genre ou même les apprendre toutes, on n'en connaîtrait pas davantage la nature des objets. On n'y gagnerait que la facilité de badiner avec les gens, en utilisant les diverses acceptions d'un mot pour leur donner des crocs-en-jambe et les renverser, comme ceux qui s'amusent à retirer leur chaise à ceux qui vont s'asseoir et rient de les voir étendus sur le dos. Dis-toi donc que tout cela n'a été qu'un jeu de leur part ; mais il est clair qu'après cela ils vont te montrer eux-mêmes le côté sérieux, et moi-même, je leur montrerai la voie, afin qu'ils me tiennent leurs promesses. Ils ont en effet déclaré qu'ils montreraient leur talent à exhorter ; mais en fait ils ont cru, je pense, devoir d'abord badiner avec toi. Maintenant, Euthydème et Dionysodore, arrêtez ce badinage : cela suffit, je pense. Ce que vous avez à faire désormais, c'est d'exhorter le jeune homme et de lui montrer comment il faut cultiver la science et la vertu. Mais auparavant je veux vous indiquer comment je conçois la chose et comment je désire l'entendre traiter. Si vous trouvez que je le fais en profane et d'une manière ridicule, ne vous moquez pas de moi ; car c'est mon empressement à entendre vos sages leçons qui m'enhardira à improviser devant vous. Ayez donc la patience de m'écouter sans rire, vous et vos disciples, et toi, fils d'Axiochos, réponds-moi. »

VIII. — « Ne voulons-nous pas tous, tant que nous sommes, être heureux [82] ? Mais n'est-ce pas une de ces questions ridicules que j'appréhendais tout à l'heure ? car le fait même de poser de telles questions est absurde, assurément. Qui, en effet, ne désire pas être heureux ?

— Il n'y a personne qui ne le désire, répondit Clinias.

— Bien, repris-je. Mais maintenant, puisque nous désirons être heureux, comment pouvons-nous le devenir ? Le serons-nous, si nous avons beaucoup de biens ? ou cette question est-elle encore plus naïve que la précédente ? car c'est aussi, je pense, une chose évidente ?

Il en tomba d'accord.

— Voyons donc. Parmi les choses, quelles sont celles qui sont des biens pour nous ? Cette question n'est pas difficile non plus, n'est-ce pas ? et il n'est nullement besoin d'un esprit supérieur pour en trouver la réponse. Tout le monde peut nous dire que la richesse est un bien, n'est-il pas vrai ?

— Tout à fait vrai, dit-il.

— Et de même la santé, la beauté et les autres qualités physiques, quand on en est bien pourvu ?

Il fut de cet avis.

— La noblesse aussi, la puissance et les honneurs dont on jouit dans sa patrie sont évidemment des biens.

Il en convint.

— Quels sont, repris-je, ceux des biens qui nous restent encore ? Que dirons-nous de la tempérance, de la justice, du courage ? Au nom de Zeus, Clinias, crois-tu que nous aurons raison de les ranger parmi les biens, ou de ne pas les y ranger ? On pourrait peut-être nous le contester. Mais toi, qu'en penses-tu ?

— Que ce sont des biens, dit Clinias.

— Bon, repris-je. Mais la science, quelle place lui donnerons-nous dans le chœur ? La placerons-nous parmi les biens ? qu'en dis-tu ?

— Parmi les biens.

— Vois si nous n'omettons pas quelque bien qui mérite aussi d'être mentionné.

— Il me semble que nous n'en oublions aucun », dit Clinias.

Alors il m'en revint un en mémoire et je lui dis : « Si, par Zeus, nous avons failli laisser de côté le plus grand des biens.

— Quel est ce bien ? demanda-t-il.

— Le succès, Clinias, que tous les hommes, même les plus médiocres, reconnaissent pour le plus grand des biens.

— C'est vrai », dit-il.

Et moi, me ravisant encore une fois, je lui dis : « Pour un peu, nous aurions prêté à rire aux étrangers, toi et moi, fils d'Axiochos.

— Comment cela ? demanda-t-il.

— C'est qu'après avoir placé le succès dans la liste précédente, nous revenons à présent sur le même sujet.

— Qu'est-ce que cela fait ?

— Il est assurément ridicule, quand on a mis déjà un point sur le tapis, de l'y remettre encore et de dire deux fois les mêmes choses.

— Que veux-tu dire par là ? demanda-t-il.

— Il faut reconnaître, dis-je, que la sagesse est le talent de réussir; un enfant même le comprendrait. »

Il s'en montra surpris, tant il est encore jeune et simple. Et moi, voyant son étonnement : « Ne sais-tu pas, Clinias, lui dis-je, qu'au jeu de la flûte ce sont les flûtistes qui réussissent le mieux ?

Il en convint.

— Et que, pour l'écriture et la lecture, ce sont les maîtres d'école ?

— Assurément.

— Et, devant les dangers de la mer, crois-tu qu'il y

ait des gens qui réussissent mieux que les pilotes habiles, en général ?

— Non certes.

— Et à la guerre, avec qui aimerais-tu mieux partager le péril et les hasards, avec un général habile ou avec un incapable ?

— Avec un habile.

— Et, si tu étais malade, avec qui aimerais-tu être en danger, avec un médecin savant ou avec un ignorant ?

— Avec un savant.

— N'est-ce pas, repris-je, parce que tu crois que tu réussirais mieux avec un savant qu'avec un ignorant ?

Il en convint.

IX. — C'est donc la sagesse qui, en toute occasion, fait réussir les hommes. On sait, en effet, que la sagesse ne commet jamais de faute et qu'elle agit forcément bien et atteint son but; autrement ce ne serait plus la sagesse. »

Finalement nous tombâmes d'accord je ne sais comment sur cette conclusion générale que, là où se trouve la sagesse, l'homme en qui elle se trouve n'a nul besoin de la réussite. Quand nous fûmes convenus de cela, je lui demandai de nouveau ce qu'il fallait penser de nos conclusions précédentes. « Nous sommes en effet convenus, dis-je, que si nous avions beaucoup de biens, nous serions heureux et prospères.

Il le reconnut.

— Serions-nous heureux avec ces biens, s'ils ne nous servaient à rien, ou s'ils nous servaient à quelque chose ?

— S'ils nous servaient à quelque chose, répondit-il.

— Mais nous serviraient-ils à quelque chose, si nous nous contentions de les avoir, sans nous en servir ? Par exemple si nous avions une grande abondance de vivres, mais que nous n'en mangions pas, ou des boissons, mais que nous n'en buvions pas, cela nous serait-il de quelque utilité ?

— Non assurément, dit-il.

— Supposons de même que tous les artisans aient à leur disposition tout ce qui est nécessaire à chacun pour son travail, mais qu'ils ne s'en servent point, réussiraient-ils grâce à cette possession, parce qu'ils auraient acquis tout ce qu'un artisan doit posséder ? Par exemple, un charpentier qui se serait pourvu de tous les outils et du bois nécessaire, mais sans rien fabriquer, pourrait-il retirer quelque avantage de son acquisition ?

— Aucun, répondit Clinias.

— Et si quelqu'un possédait les richesses et tous les biens dont nous parlions tout à l'heure, mais sans en faire usage, serait-il heureux par la possession de ces biens ?

— Non, assurément, Socrate.

— Il faut donc, à ce qu'il paraît, dis-je, non seulement

posséder les biens de ce genre pour être heureux, mais
encore en faire usage, sans quoi leur possession n'est
d'aucune utilité.

— Tu dis vrai.

— Mais suffit-il, Clinias, pour qu'un homme soit
heureux, qu'il possède ces biens et qu'il en fasse usage ?

— Il me semble.

— Le sera-t-il, dis-je, s'il en fait un bon usage, ou le
sera-t-il aussi, s'il en fait un mauvais ?

— S'il en fait un bon.

— C'est bien dit, repris-je ; car on se cause, je crois,
plus de préjudice à mal user d'une chose, quelle qu'elle
soit, qu'à la laisser de côté : l'un est mauvais, tandis que
l'autre n'est ni mauvais, ni bon. N'est-ce pas notre avis ?

Il en convint.

— Mais quoi ? dans le travail et l'emploi du bois, ce qui
fait qu'on s'en sert comme il faut, n'est-ce pas uniquement
la science du charpentier ?

— Si, assurément, dit-il.

— Sans doute aussi dans la fabrication des ustensiles,
c'est une science qui enseigne la vraie manière de s'y
prendre.

Il en tomba d'accord.

— En est-il de même, repris-je, de l'emploi des biens
dont nous avons parlé d'abord, de la richesse, de la santé,
de la beauté ? Etait-ce une science qui montrait à faire
un bon usage de toutes les choses de ce genre et qui en
dirigeait la pratique, ou était-ce autre chose ?

— C'était une science, dit-il.

— Ce n'est donc pas seulement le succès, c'est encore
le bon usage, paraît-il, que la science procure dans toute
acquisition et toute action.

Il en convint.

— Et maintenant, dis-je, au nom de Zeus, les autres
biens sont-ils de quelque utilité sans la raison et la sagesse ?
Un homme dépourvu de raison trouverait-il à posséder et
à faire beaucoup de choses plus de profit qu'à se borner
à un petit nombre ? Examine la question de ce biais. En
faisant moins de choses, ne commettrait-il pas moins de
fautes ; en commettant moins de fautes, ne subirait-il pas
moins d'échecs, et, en subissant moins d'échecs, ne
serait-il pas moins malheureux ?

— Certainement, dit-il.

— Eh bien, qui des deux fera le moins de choses, le
riche ou le pauvre ?

— Le pauvre, répondit Clinias.

— Le faible ou le fort ?

— Le faible.

— Celui qui est dans les honneurs ou celui qui n'y est
pas ?

— Celui qui n'y est pas.

— Est-ce l'homme brave et tempérant ou le lâche qui fera le moins de choses ?

— Le lâche.

— Et le paresseux n'agit-il pas moins que le laborieux ?

Il en convint.

— Et le lourdaud que l'homme agile, et celui qui a la vue faible et l'ouïe dure, que celui qui a les yeux perçants et l'oreille fine ? »

Sur tous les points de ce genre nous tombâmes d'accord.

— En somme, Clinias, lui dis-je, pour toutes les choses que nous avons au début appelées des biens, il me semble que la question n'est pas de savoir comment ils sont des biens par eux-mêmes : voici ce qu'il en est d'après nos prémisses. Si c'est l'ignorance qui les dirige, ils sont des maux pires que leurs contraires, d'autant qu'ils sont plus capables de servir leur mauvais guide; si, au contraire, c'est la raison et la sagesse, ils en prennent plus de valeur; mais, par eux-mêmes, ni les uns ni les autres n'en ont aucune.

— Il paraît bien, dit-il, d'après nos prémisses, qu'il en est comme tu dis.

— Quelle conclusion, devons-nous tirer de ce qui a été dit ? N'est-ce pas que, des autres choses, aucune n'est ni bonne ni mauvaise, mais que de ces deux-ci, l'une, la sagesse, est un bien, et l'autre, l'ignorance, un mal ?

Il en convint.

X. — Maintenant, repris-je, examinons le reste. Puisque nous aspirons tous à être heureux et que nous avons reconnu que pour le devenir il faut user des choses et en bien user; que d'autre part leur juste emploi et le succès viennent de la science, tout homme doit donc, semble-t-il, travailler de toute manière à devenir aussi savant que possible, n'est-ce pas ?

— Oui, dit-il.

— Et si l'on pense qu'il vaut beaucoup mieux recevoir la science que des richesses, soit d'un père, soit de tuteurs, soit d'amis, en particulier de ceux qui se donnent pour des amants, soit d'étrangers, soit de concitoyens, et si on les prie et les supplie de nous faire part de leur science, il n'y a rien de honteux, Clinias, rien de répréhensible à se faire dans ce but le serviteur et l'esclave d'un amant ou de n'importe quel homme et à être prêt à remplir n'importe quel service honorable par désir de devenir savant. N'est-ce pas ton avis ? lui dis-je.

— Mon avis, dit-il, c'est que tu as entièrement raison.

— Pourvu, Clinias, dis-je, que la sagesse puisse s'enseigner et n'arrive pas aux hommes par l'effet du hasard; car c'est un point que nous n'avons pas encore examiné et sur lequel nous ne nous sommes pas encore mis d'accord, toi et moi.

— Pour ma part, Socrate, dit-il, je crois qu'elle peut s'enseigner. »

Charmé de cette réponse, je repris : « Vraiment, c'est bien parler, ô le meilleur des hommes, et tu as bien fait de m'épargner une longue enquête sur ce point même de savoir si la sagesse peut ou ne peut pas s'enseigner. Et maintenant, puisque tu crois qu'elle peut s'enseigner et que c'est la seule chose au monde qui rende l'homme heureux et prospère, ne conviendras-tu pas qu'il est nécessaire de rechercher la sagesse et n'as-tu pas toi-même l'intention de le faire ?

— Certainement si, Socrate, autant que je pourrai. »

XI. — Je fus charmé de cette réponse. M'adressant ensuite à Dionysodore et à Euthydème : « Telle est, leur dis-je, le modèle des discours d'exhortation que je désire. Il est sans doute l'œuvre d'un profane, pénible et prolixe. Que l'un de vous, celui qui voudra, traite avec art le même sujet et nous expose ses vues. Si vous ne le voulez pas, prenez le sujet au point où je l'ai laissé, et continuez en montrant à ce garçon s'il faut qu'il apprenne toutes les sciences ou s'il y en a une qu'il doit s'assimiler pour être un homme heureux et vertueux, et quelle est cette science. Comme je le disais en commençant, nous attachons beaucoup d'importance à ce que ce jeune homme devienne sage et vertueux. »

Voilà ce que je leur dis, Criton. Puis je me mis à écouter avec la plus forte attention ce qui allait suivre et à observer de quelle manière ils entameraient le sujet et d'où ils partiraient pour exhorter le jeune homme à cultiver la sagesse et la vertu. Alors le plus âgé des deux, Dionysodore, prit le premier la parole, et nous avions tous les yeux fixés sur lui, comme des gens qui vont entendre des discours admirables. C'est justement ce qui nous arriva; admirable, voilà ce que fut en effet, Criton, le discours que notre homme entama. Il vaut la peine que tu l'entendes et que tu saches comme il était fait pour exhorter à la vertu.

« Dites-moi, Socrate et vous autres, dit-il, qui déclarez être désireux que ce jeune homme devienne sage, plaisantez-vous en disant cela, ou le désirez-vous vraiment et parlez-vous sérieusement ? »

Il me vint alors à l'esprit qu'ils avaient donc cru que nous plaisantions au début, quand nous les exhortions à s'entretenir eux-mêmes avec le jeune homme et que c'était pour cela qu'ils n'avaient fait que badiner, au lieu de parler sérieusement. Cette réflexion m'incita plus encore à déclarer que nous étions prodigieusement sérieux.

Alors Dionysodore : « Prends garde, Socrate, dit-il, d'avoir à nier ce que tu affirmes à présent.

— Je sais ce que je dis, répondis-je; soyez sans crainte, je ne le nierai pas.

— Eh bien, reprit-il, vous désirez, dites-vous, qu'il devienne sage ?

— Certainement.

— Et à présent, demanda-t-il, Clinias est-il sage ou non ?

— Il dit qu'il ne l'est pas encore, car il n'est pas vantard.

— Mais vous, dit-il, vous voulez qu'il devienne sage et non ignorant ?

Nous l'avouâmes.

— Vous voulez donc qu'il devienne ce qu'il n'est pas et qu'il ne soit plus ce qu'il est à présent. »

A ces mots, je me sentis troublé, et je l'étais encore quand il reprit : « Puisque vous voulez qu'il ne soit plus ce qu'il est à présent, c'est apparemment que vous désirez sa mort ? Ce serait vraiment des gens précieux que des amis et des amants capables de souhaiter par-dessus tout la mort de leur bien-aimé! »

XII. — En entendant ces mots, Ctésippe s'indigna pour son bien-aimé et s'écria : « Etranger de Thurium, si je ne craignais d'être impoli, je dirais : Malheur sur toi! qui profères contre moi et contre les autres un mensonge tel qu'à mon avis, on ne peut même pas le répéter sans impiété, que je voudrais la mort de ce garçon.

— Eh quoi, Ctésippe, répondit Euthydème, te semble-t-il qu'il soit possible de mentir ?

— Oui, par Zeus, répliqua-t-il, à moins que je ne sois fou.

— Est-ce en disant la chose dont il est question, ou en ne la disant pas ?

— En la disant, répondit Ctésippe.

— Si on la dit, on ne dit, des choses qui sont, que celle-là même dont on parle ?

— Naturellement, dit Ctésippe.

— Mais cette chose qu'on dit est une de celles qui sont, indépendamment des autres.

— Assurément.

— Donc celui qui la dit, poursuivit-il, dit ce qui est.

— Oui.

— Mais celui qui dit ce qui est et les choses qui sont dit la vérité. Par conséquent, si Dionysodore dit ce qui est, il dit la vérité et ne profère contre toi aucun mensonge.

— Oui, repartit Ctésippe, mais celui qui parle ainsi, Euthydème, ne dit pas ce qui est. »

Alors Euthydème : « Les choses qui ne sont pas, dit-il, n'ont pas d'existence, n'est-ce pas ?

— Elles n'en ont pas.

— Donc les choses qui ne sont pas n'existent nulle part ?
— Nulle part.
— Cela étant, est-il possible à qui que ce soit d'agir
à l'égard de ces choses qui ne sont pas, de manière à
faire que les choses qui ne sont nulle part existent ?
— Ce n'est pas mon avis, répondit Ctésippe.
— Maintenant, quand les orateurs parlent devant le
peuple, n'agissent-ils pas ?
— Ils agissent certainement, dit-il.
— Donc s'ils agissent, ils font aussi ?
— Oui.
— Ainsi donc parler est à la fois agir et faire.
Il en convint.
— Par conséquent, reprit Euthydème, personne ne
dit ce qui n'est pas; autrement il ferait alors quelque
chose. Or tu es convenu que, ce qui n'est pas, personne
ne peut le faire. Ainsi donc, de ton propre aveu, personne
ne dit de mensonges, et si Dionysodore parle, il dit la
vérité et ce qui est.
— Oui, par Zeus, Euthydème, répliqua Ctésippe; mais
ce qui est, il le dit d'une certaine manière, mais non pas comme
il est.
— Qu'entends-tu par là, Ctésippe ? reprit Dionysodore.
Y a-t-il donc des gens qui disent les choses comme elles
sont ?
— Oui, dit-il, il y en a : les honnêtes gens et ceux qui
disent la vérité.
— Voyons, dit Dionysodore : le bien n'est-il pas bon et
le mal mauvais ?
Il l'accorda.
— Et tu reconnais que les honnêtes gens disent les
choses comme elles sont ?
— Je le reconnais.
— Alors, Ctésippe, poursuivit-il, les honnêtes gens
parlent mal du mal, s'ils disent les choses comme elles
sont ?
— Oui, par Zeus, dit-il, et ils parlent fort mal au moins
des malhonnêtes gens, et toi, si tu m'en crois, tu prendras
garde d'en être, si tu veux que les honnêtes gens ne parlent
pas mal de toi. Car, sache-le, les honnêtes gens parlent
mal des méchants.
— Et des grands, dit Euthydème, en parlent-ils grandement, et des échauffés, chaudement ?
— Oui, sans doute, dit Ctésippe; en tout cas, des froids
parleurs, ils parlent froidement et disent que leurs entretiens sont froids.
— Toi, Ctésippe, tu insultes, dit Dionysodore, tu
insultes.
— Non, par Zeus, Dionysodore, répliqua Ctésippe; car
j'ai de l'amitié pour toi, mais je t'avertis en camarade et
je tâche de te persuader de ne jamais dire si brutalement

devant moi que je veux la mort de ceux dont je fais le
plus de cas. »

XIII. — Alors moi, les voyant trop acrimonieux l'un
contre l'autre, je me mis à plaisanter Ctésippe et lui dis :
« Il me semble, Ctésippe, que nous devons accepter des
étrangers ce qu'ils disent, s'ils veulent bien nous faire ce
présent et ne pas disputer sur un mot. Car s'ils savent
faire périr les gens de manière à les rendre bons et sensés
de méchants et insensés qu'ils étaient, soit qu'ils en aient
trouvé le secret par eux-mêmes, soit qu'ils aient appris
de quelque autre une manière de perdre et d'anéantir telle
qu'après avoir fait périr un méchant, ils le font reparaître
vertueux, s'ils savent cela, et il est évident qu'ils le savent
car ils ont affirmé qu'ils possédaient l'art, nouvellement
découvert, de rendre vertueux les méchants, faisons-leur
cette concession : qu'ils nous mettent à mort le jeune
garçon et le rendent raisonnable et nous tous avec lui.
Mais si vous, les jeunes, vous avez peur, que l'épreuve se
fasse sur moi, comme sur un Carien [83] ; je suis vieux ; aussi
suis-je prêt à courir le risque et je me livre à Dionysodore
que voici, comme à Médée de Colchide [84]. Qu'il me mette
à mort, et, s'il le veut, me fasse cuire, ou qu'il fasse ce qui
lui plaira, pourvu qu'il me rende vertueux. »
Alors Ctésippe : « Moi aussi, Socrate, dit-il, je suis
prêt à me remettre aux mains des étrangers, et même s'ils
veulent m'écorcher encore plus qu'ils ne le font en ce
moment, pourvu que ma peau ne finisse pas en outre [85],
comme celle de Marsyas, mais en vertu. Il est vrai que
Dionysodore que voici s'imagine que je suis fâché contre
lui. Je ne suis pas fâché du tout, je le contredis seulement
sur les points où il me paraît mal parler à mon égard. Ne
confonds donc pas, toi brave Dionysodore, contredire
avec injurier ; car injurier est autre chose. »

XIV. — Là-dessus, Dionysodore : « On croirait, dit-il,
à t'entendre raisonner, que la contradiction existe.
— Certainement elle existe, dit-il, j'en suis assuré. Et
toi, Dionysodore, crois-tu qu'elle n'existe pas ?
— Tu ne prouveras jamais, dit-il, que tu as entendu
quelqu'un en contredire un autre.
— Tu dis vrai, répliqua Ctésippe ; mais en ce moment
même je te prouve que j'entends Ctésippe contredire
Dionysodore.
— Pourrais-tu rendre raison de cette prétention ?
— Parfaitement, dit-il.
— Voyons, reprit-il : y a-t-il pour chaque chose des
façons d'en parler ?
— Certainement.
— Comme elle est ou comme elle n'est pas ?
— Comme elle est.

— Si en effet tu t'en souviens, Ctésippe, dit-il, nous
avons démontré tout à l'heure que personne n'en parle
comme n'étant pas; car ce qui n'est pas, nous avons vu
que personne ne le dit.

— Eh bien, qu'est-ce que cela fait ? dit Ctésippe.
Nous ne nous en contredisons pas moins, toi et moi,
n'est-ce pas ?

— Est-ce que, reprit-il, nous nous contredirions, en
parlant tous les deux du même objet ? En ce cas, ne dirions-
nous pas sûrement les mêmes choses ?

Il l'avoua.

— Mais, reprit-il, lorsque nous ne parlons ni l'un ni
l'autre de cet objet, pouvons-nous alors nous contredire ?
N'est-il pas vrai qu'en ce cas ni l'un ni l'autre nous ne
ferions même pas du tout mention de cet objet ?

Il l'accorda aussi.

— Mais quand je parle, moi, de l'objet, et que tu tiens
des propos différents sur un autre, est-ce alors que nous
nous contredisons, ou plutôt ne parlé-je pas, moi, de
l'objet, tandis que toi, tu n'en dis rien du tout ? Or, comment celui qui ne parle pas d'une chose pourrait-il contredire celui qui en parle ? »

XV. — Ctésippe resta muet; mais moi, étonné de ce
que j'entendais : « Que veux-tu dire, Dionysodore ?
demandai-je. Cette thèse-là, je l'ai entendue souvent dans
la bouche de bien des gens, et j'en suis toujours surpris.
Elle était fort en vogue à l'école de Protagoras, et chez
de plus anciens encore [86]. Pour moi, je la trouve toujours
surprenante; il me paraît qu'elle ruine les autres et se
ruine elle-même. Si elle est vraie, c'est toi, je pense, qui
m'en éclairciras le mieux. On ne peut pas dire de choses
fausses. C'est là le sens de ta proposition, n'est-ce pas ?
Mais il faut nécessairement, quand on parle, dire la vérité,
ou ne pas parler ?

Il en convint.

— Mais s'il est impossible de dire des choses fausses,
est-il pourtant possible d'en penser ?

— D'en penser, non plus, dit-il.

— Alors, repris-je, il n'y a pas non plus d'opinion
fausse, absolument pas ?

Il dit que non.

— Il n'y a donc pas non plus d'ignorance ni d'ignorants; ou bien ne serait-ce pas de l'ignorance, à supposer
qu'elle soit possible, que de se tromper sur les choses ?

— Assurément, dit-il.

— Mais c'est impossible, dis-je.

— Oui, dit-il.

— Est-ce pour parler, Dionysodore, que tu tiens ce
langage et pour nous étonner, ou crois-tu vraiment qu'il
n'y ait point d'ignorant au monde ?

— Mais c'est à toi, dit-il, de prouver le contraire.

— Est-il donc possible, d'après la thèse que tu soutiens, de réfuter une erreur, si personne ne se trompe ?

— Cela n'est pas possible, dit Euthydème.

— Alors, repris-je, tout à l'heure Dionysodore ne me demandait pas non plus de le réfuter ?

— Comment en effet pourrait-on demander ce qui n'est pas ? Toi, le demandes-tu ?

— C'est que, dis-je, Euthydème, ces finesses-là et ces belles choses ne sont pas très claires pour moi : j'ai l'esprit un peu épais. Aussi peut-être vais-je poser une question un peu niaise, mais pardonne-le-moi. Vois donc : s'il n'est pas possible de mentir, ni d'avoir des opinions fausses, ni d'être ignorant, n'est-il pas vrai qu'il n'est pas possible non plus de commettre une faute quand on fait quelque action ? car, en la faisant, il n'est pas possible de se tromper dans ce qu'on fait. N'est-ce pas ainsi que vous l'entendez ?

— Exactement ainsi, dit-il.

— Voici maintenant, repris-je, cette question niaise. Si nous ne nous trompons point ni dans nos actions, ni dans nos paroles, ni dans nos pensées, s'il en est bien ainsi, au nom de Zeus, qu'est-ce que vous êtes venus enseigner ? Ne déclariez-vous pas tout à l'heure que vous étiez les hommes les plus capables du monde d'enseigner la vertu à qui veut l'apprendre ?

XVI. — Alors, Socrate, dit Dionysodore prenant la parole, tu es retombé en enfance : tu te souviens à présent de ce que nous avons dit au début; tu vas te rappeler ce que j'ai pu dire l'an passé, et de ce que nous disons en ce moment tu ne sais que faire !

— C'est qu'aussi, dis-je, ce sont des choses tout à fait difficiles, comme il est naturel, puisque ce sont des savants qui les disent, et il est en effet singulièrement malaisé de tirer parti de ce que tu viens de dire en dernier lieu. Quand tu prétends que « je ne sais qu'en faire », que peux-tu bien entendre par là, Dionysodore ? N'est-il pas clair que je ne sais pas les réfuter ? Car dis-moi, quel autre sens peux-tu donner à cette phrase que « je ne sais que faire des arguments ? »

— N'est-ce pas plutôt de ce que tu dis toi-même qu'il est tout à fait difficile de tirer parti ? Réponds en effet,

— Avant que tu répondes toi-même, Dionysodore ?

— Tu ne réponds pas ? dit-il.

— Est-ce juste ?

— Oui, c'est juste, dit-il.

— Pour quelle raison ? demandai-je. Cette raison est évidente, n'est-ce pas ? c'est que tu t'es présenté à nous comme un maître consommé de la discussion et que tu sais quand il faut répondre et quand il ne le faut pas.

Ainsi en ce moment tu ne réponds mot, parce que tu comprends qu'il ne le faut pas.

— Tu bavardes, dit-il, sans te soucier de répondre. Allons, mon bon, fais ce que je te dis, réponds, puisque aussi bien tu avoues que je suis savant.

— Il faut donc me rendre, dis-je : il paraît que c'est indispensable; car c'est toi qui commandes. Alors questionne.

— Est-ce parce qu'ils sont animés que les êtres doués de sens ont du sens, ou les êtres inanimés en ont-ils aussi ?

— Ceux-là seulement qui sont animés.

— Cela étant, connais-tu quelque parole animée ?

— Non, par Zeus, je n'en connais pas.

— Alors pourquoi demandais-tu tout à l'heure quel sens avait ma phrase ?

— Pourquoi, dis-je, sinon parce que je me suis trompé, comme un lourdaud que je suis ? Mais peut-être ne me suis-je pas trompé et ai-je eu raison de dire que les phrases ont du sens. Qu'en dis-tu ? me suis-je trompé ou non ? Si je ne me suis pas trompé, tu ne pourras pas, toi non plus, me réfuter, tout savant que tu es, et tu ne sais que faire de mes paroles; si au contraire, je me suis trompé, en ce cas tu n'as pas non plus bien parlé en soutenant qu'il est impossible de se tromper. Et ce que je dis là ne vise pas ce que tu disais l'an passé. Mais il semble, Dionysodore et Euthydème, poursuivis-je, que ton argument reste toujours au même point et qu'aujourd'hui comme autrefois, il tombe après avoir abattu l'adversaire. Le moyen d'empêcher cela, votre art même ne l'a pas encore trouvé, si prodigieux qu'il soit pour la rigueur de la discussion. »

Alors Ctésippe s'écria : « C'est vraiment admirable de discuter comme vous faites, gens de Thurium ou de Chios, ou de tel lieu ou de tel nom qu'il vous plaise d'être appelés! Vous ne vous faites pas scrupule de déraisonner. »

Moi, craignant qu'on n'en vînt aux injures, j'essayai encore une fois de calmer Ctésippe, et je lui dis : « Ctésippe, ce que j'ai dit tout à l'heure à Clinias, je te le répète à toi aussi : tu ignores que ces étrangers possèdent une science admirable. Mais ils ne veulent pas nous en donner leçon sérieusement. Ils font comme Protée, le sophiste égyptien : ils nous trompent par des prestiges. Faisons donc, nous, comme Ménélas [87] : ne lâchons pas ces deux hommes qu'ils ne nous aient révélé l'objet sérieux de leur étude; car je suis persuadé que nous verrons d'eux quelque chose de merveilleusement beau, quand ils se mettront à être sérieux. Prions-les, exhortons-les, supplions-les de se révéler à nous. Pour moi, je crois bon de leur indiquer moi-même encore une fois sous quelle forme je les conjure de se montrer à moi. Je vais reprendre au point où je me suis arrêté plus haut et tâcher de leur exposer de mon mieux tout ce qui suit, afin qu'ils répondent à mon appel et que,

me prenant en pitié et compatissant à mes efforts et à mon
sérieux, ils soient sérieux de leur côté.

XVII. — Toi, Clinias, dis-je, rappelle-moi où nous en
sommes restés alors. Voici, je crois, à quel endroit. Nous
étions à la fin tombés d'accord qu'il faut s'adonner à la
philosophie, n'est-ce pas ?
— Oui, répondit-il.
— Mais philosopher, poursuivis-je, c'est acquérir une
science, n'est-il pas vrai ?
— Oui, dit-il.
— Mais quelle peut être la science qu'il est à propos
d'acquérir ? N'est-ce pas tout simplement celle qui nous
sera utile ?
— Assurément, dit-il.
— Dès lors, nous sera-t-il utile à quelque chose de
savoir reconnaître en parcourant la terre à quel endroit
il y a le plus d'or enfoui ?
— Peut-être, dit-il.
— Mais précédemment, repris-je, nous avons démontré
que nous n'avions rien à gagner, même si, sans tracas
de notre part et sans fouiller le sol, tout l'or du monde
tombait entre nos mains, en sorte que nous aurions beau
savoir transformer les rochers en or, notre science n'aurait aucune valeur. Car si nous ne savons pas aussi nous
servir de l'or, il n'a, nous l'avons prouvé, aucune utilité.
Ne t'en souviens-tu pas ? dis-je.
— Je m'en souviens parfaitement, dit-il.
— Des autres sciences non plus, semble-t-il, il n'y a
aucun profit à tirer, ni de la science de la finance, ni de la
médecine, ni d'aucune autre, qui sait produire quelque
chose, mais ne sait pas utiliser ce qu'elle a produit. N'est-
ce pas la vérité ?
Il en convint.
— Existât-il une science capable de rendre immortel,
si l'on ne sait pas user de l'immortalité, celle-là non
plus ne paraît avoir aucune utilité, s'il faut en juger d'après
ce que nous avons admis précédemment.
Nous sommes tombés d'accord sur tous ces points.
— Nous avons donc besoin, mon bel enfant, repris-je,
d'une science qui tout ensemble produise et sache user de
de ce qu'elle produit.
— Évidemment, dit-il.
— Il nous importe donc fort peu, semble-t-il, de nous
faire fabricants de lyres et d'acquérir une telle science [88];
car ici, l'art qui fabrique est séparé de celui qui utilise
et, tout en portant sur le même objet, ils sont distincts,
et l'art de fabriquer des lyres diffère considérablement de
l'art d'en jouer. N'est-ce pas vrai ?
Il en convint.
— L'art de faire des flûtes non plus ne nous est évidem-

ment pas nécessaire ; car c'est encore un art du même
genre.

Il fut de mon avis.

— Mais, au nom des dieux, dis-je, si nous apprenions
l'art de faire des discours, serait-ce celui-là qu'il nous
faudrait acquérir pour être heureux ?

— Je ne le crois pas pour ma part, repartit Clinias.

— Sur quelles preuves t'appuies-tu ? demandai-je.

— Je vois, répliqua-t-il, des faiseurs de discours qui
ne savent pas tirer parti de leurs propres discours, bien
qu'ils les composent eux-mêmes, pas plus que les fabricants de lyres de leurs lyres. Là encore, ce sont d'autres
qui ont le talent d'utiliser ce qu'ont fait les autres, incapables de composer eux-mêmes des discours [89]. Il est
donc clair qu'à l'égard des discours aussi, l'art de faire
est distinct de l'art d'utiliser.

— Il me paraît, repris-je, que tu viens fort bien de
prouver que l'art des faiseurs de discours n'est pas celui
dont l'acquisition pourrait nous rendre heureux. Et
pourtant je pensais, moi, que nous trouverions là la
science que nous cherchons depuis longtemps. Car quand
je me trouve avec ces gens-là, les auteurs de discours, ils
me paraissent, Clinias, supérieurement savants et leur
art même merveilleux et sublime. Et il n'y a rien d'étonnant à cela, puisqu'il fait partie de l'art des enchantements
et ne lui est inférieur que de peu. Celui des enchantements
consiste à charmer des serpents, des tarentules, des scor-
pions, les autres bêtes, et les maladies ; l'autre consiste
précisément à charmer et apaiser les juges, les membres
de l'assemblée et les autres foules. Et toi, dis-je, es-tu
d'un autre avis ?

— Non, dit-il ; il me paraît qu'il en est comme tu dis.

— Alors, où nous tourner encore ? dis-je ; vers quelle
sorte d'art ?

— Je ne le vois guère, pour ma part, dit-il.

— Eh bien, dis-je, moi, je crois avoir trouvé.

— Lequel ? demanda Clinias.

— L'art du général, répondis-je, me paraît être par
excellence celui dont l'acquisition fera notre bonheur.

— Ce n'est pas mon avis.

— Comment ? dis-je.

— Un tel art n'est qu'une sorte de chasse aux hommes.

— Et après ? dis-je.

— Aucune partie de la chasse proprement dite ne va
plus loin, dit-il, qu'à poursuivre et à capturer. Quand les
gens ont pris ce qu'ils poursuivent, ils sont incapables
d'en tirer parti : les uns, chasseurs ou pêcheurs, le remettent
aux cuisiniers ; les autres, géomètres, astronomes, arith-
méticiens font de même, étant chasseurs, eux aussi ; car
aucun d'eux ne crée les figures, mais ils découvrent celles
qui existent. Comme ils ne savent pas les utiliser, mais

seulement leur donner la chasse, tous ceux qui ne sont pas de purs nigauds ne manquent pas de les remettre aux dialecticiens, pour que ceux-ci les mettent en usage.

— Fort bien, très beau et très savant Clinias. En est-il réellement ainsi ?

— Certainement. Et il en est de même des généraux, ajouta-t-il. Quand ils ont capturé une ville ou une armée, ils la remettent aux hommes d'Etat; car eux-mêmes ne savent pas user de ce qu'ils ont pris à la chasse, pas plus que les chasseurs de cailles qui remettent leur gibier aux éleveurs. Si donc, poursuivit-il, nous cherchons un art qui sache utiliser lui-même ce qu'il aura acquis, soit en fabriquant, soit en chassant, et si un tel art doit nous rendre heureux, c'est un autre, dit-il, qu'il faut chercher au lieu de l'art général.

CRITON

XVIII. — Que dis-tu, Socrate ? C'est ce jeune garçon qui a tenu ce langage ?

SOCRATE

Tu ne le crois pas, Criton ?

CRITON

Non, par Zeus. M'est avis, à moi, que, s'il a parlé de la sorte, il n'a plus besoin ni d'Euthydème ni d'aucun autre pour l'instruire.

SOCRATE

Mais alors, au nom de Zeus, serait-ce Ctésippe qui aurait ainsi parlé et l'aurais-je oublié ?

CRITON

Cela ressemble bien à Ctésippe !

SOCRATE

Pourtant, je suis bien sûr que ce n'est ni Euthydème, ni Dionysodore qui a dit cela. Mais ne serait-ce pas, divin Criton, un être supérieur présent à l'entretien qui a prononcé ces paroles ? Car je les ai entendues, j'en suis sûr.

CRITON

Oui, par Zeus, Socrate ; c'était certainement, selon moi, un être supérieur, très supérieur même. Mais après cela avez-vous cherché encore un autre art ? et avez-vous trouvé, ou non, celui qui faisait l'objet de votre recherche ?

SOCRATE

Comment trouvé, bienheureux Criton ? Nous étions tout à fait risibles. Comme les enfants qui courent après les alouettes, nous pensions toujours mettre immédiatement la main sur telle ou telle science, et chaque fois elles nous échappaient. A quoi bon te rapporter ces nombreuses enquêtes ? Mais étant arrivés à l'art royal et recherchant si c'était celui-là qui produit le bonheur nous tombâmes alors dans une espèce de labyrinthe, et au moment où nous croyions enfin toucher le but, ayant fait le tour du labyrinthe, nous nous retrouvâmes pour ainsi dire au début de notre recherche, aussi en peine que nous l'étions en commençant notre enquête.

CRITON

Comment cela vous arriva-t-il, Socrate ?

SOCRATE

Je vais te le dire. La politique et l'art royal nous parurent être la même chose.

CRITON

Et après ?

SOCRATE

C'est à cet art, nous semble-t-il, que celui du général et les autres s'en remettent pour disposer des ouvrages dont ils sont eux-mêmes les artisans, comme au seul qui sache en faire usage. Aussi nous parut-il évident que c'était celui que nous cherchions, qui est la cause de la prospérité dans la cité et qui précisément, suivant le vers d'Eschyle [90], est seul assis au gouvernail de l'Etat, gouvernant tout, commandant à tout et rendant tout profitable.

CRITON

Eh bien, n'était-ce pas bien pensé, Socrate ?

SOCRATE

XIX. — Tu en jugeras, Criton, si tu veux écouter ce qui nous arriva ensuite [91]. Nous nous remîmes alors à examiner la question à peu près ainsi : Voyons, cet art royal qui commande à tout, produit-il pour nous quelque ouvrage, ou ne produit-il rien ? — Il est bien certain qu'il produit, nous dîmes-nous l'un à l'autre. Ne l'affirmerais-tu pas, toi aussi, Criton ?

CRITON

Si.

SOCRATE

Quelle œuvre dirais-tu donc qu'il produit ? Par exemple, si je te demandais : La médecine, qui commande à tout ce qui est sous sa direction, quelle œuvre produit-elle ? Ne dirais-tu pas la santé ?

CRITON

Si.

SOCRATE

Et votre art, l'agriculture, qui commande à tout ce qui est sous sa direction, quelle œuvre produit-il ? Ne répondrais-tu pas qu'il nous procure la nourriture qu'il tire du sol ?

CRITON

Si.

SOCRATE

Et l'art royal qui commande tout ce qui est sous sa direction, que produit-il ? Peut-être es-tu un peu embarrassé pour répondre.

CRITON

Oui, par Zeus, Socrate.

SOCRATE

Nous ne l'étions pas moins nous-mêmes, Criton. Mais tu sais du moins que, si c'est l'art que nous cherchons, il faut qu'il soit utile.

CRITON

Assurément.

SOCRATE

Il faut donc qu'il nous procure quelque bien ?

CRITON

Nécessairement, Socrate.

SOCRATE

Or nous étions tombés d'accord, Clinias et moi, que le bien n'était pas autre chose qu'une science.

CRITON

Oui, c'est ce que tu disais.

SOCRATE

Mais tous les effets qu'on peut attribuer à la politique — et ils sont sans doute nombreux — comme la richesse, la liberté, le bon accord entre les citoyens, tous ces effets nous parurent n'être ni des maux ni des biens, tandis que cet art devait nous rendre sage et nous communiquer la science pour être celui qui nous est utile et nous rend heureux.

CRITON

C'est cela; c'est en effet à cette conclusion que vous étiez arrivés, d'après ce que tu m'as rapporté de l'entretien.

SOCRATE

L'art royal rend-il donc les hommes savants et bons ?

CRITON

Qu'est-ce qui l'en empêcherait, Socrate ?

SOCRATE

Mais les rend-il tous bons et en tout ? Et toutes les sciences, celle du cordonnier, celle du charpentier et toutes les autres, est-ce lui qui nous les communique ?

CRITON

Je ne le crois pas pour ma part, Socrate.

SOCRATE

Mais quelle science nous communique-t-il enfin et quel parti pouvons-nous en tirer ? Il ne doit produire aucune des œuvres qui ne sont ni mauvaises ni bonnes, et il ne doit nous procurer aucune autre science que la sienne propre. Devons-nous maintenant dire en quoi consiste cette science et quel usage nous en ferons ? Veux-tu que nous disions, Criton, que c'est la science par laquelle nous rendrons bons d'autres hommes ?

CRITON

Parfaitement.

SOCRATE

Mais en quoi seront-ils bons et à quoi utiles ? Dirons-nous encore qu'ils rendront tels d'autres hommes et ceux-ci d'autres à leur tour ? Mais en quoi sont-ils bons ? C'est ce que nous ne voyons nulle part, puisque nous comptons pour rien les œuvres attribuées à la politique. C'est tout bonnement comme dit le proverbe : « Corinthos, fils de Zeus [92] », et, comme je le disais, nous sommes aussi loin, plus loin même que jamais de savoir ce que peut être cette science qui nous donnera le bonheur.

CRITON

Par Zeus, Socrate, vous étiez tombés, ce semble, dans un grand embarras.

SOCRATE

Pour moi, Criton, en me voyant tombé dans cet embarras je me mis à prier sur tous les tons les deux étrangers, les appelant comme les Dioscures à nous sauver, le jeune garçon et moi, de cette troisième vague soulevée par la discussion, à déployer tout leur sérieux et à nous faire voir sérieusement quelle peut être cette science dont l'acquisition nous permettrait de bien passer le reste de notre vie.

CRITON

Eh bien, Euthydème daigna-t-il vous faire voir quelque chose ?

SOCRATE

Sans doute, et il se mit, camarade, à nous tenir ce discours sur un ton superbe :

XX. — « Dois-je, Socrate, dit-il, t'enseigner cette
science qui vous embarrasse depuis si longtemps, ou te
faire voir que tu la possèdes ?

— Bienheureux homme, lui répondis-je, cela est-il en
ton pouvoir ?

— Certainement, dit-il.

— Fais-moi donc voir, par Zeus, repris-je, que je la
possède. Ce sera beaucoup plus commode que de l'apprendre à l'âge où je suis arrivé.

— Eh bien, réponds-moi, dit-il. Y a-t-il quelque
chose que tu saches ?

— Certainement, dis-je, il y en a même beaucoup,
mais de peu de conséquence.

— Il suffit, dit-il. Maintenant crois-tu qu'il soit possible
que, parmi les choses qui sont, il y en ait quelqu'une qui
ne soit pas exactement ce qu'elle est ?

— Eh non ! par Zeus, je ne le crois pas.

— Or toi, dit-il, tu sais quelque chose ?

— Oui.

— Tu es donc savant, s'il est vrai que tu saches.

— Certainement, du moins en cette chose même.

— Il n'importe. Mais n'est-il pas forcé que tu saches
tout, du moment que tu es savant ?

— Non, par Zeus, répliquai-je, puisqu'il y a beaucoup
d'autres choses que je ne sais pas.

— Or si tu ne sais pas quelque chose, tu n'es pas
savant.

— Non, mon cher, sur cette chose du moins, répliquai-je.

— En es-tu moins ignorant ? dit-il. Or tout à l'heure
tu as affirmé que tu étais savant. Il se trouve ainsi que
tu es exactement ce que tu es, en même temps, par contre,
que tu ne l'es pas, relativement aux mêmes choses.

— C'est bien, dis-je, Euthydème ; car, selon l'expression connue, tout ce que tu dis est bien dit. Mais comment
possédé-je cette science que nous cherchons ? Puisque
vraiment il est impossible que la même chose soit à la
fois et ne soit pas, si je sais une chose, je sais tout ; car
je ne saurais être savant et ignorant en même temps ;
mais puisque je sais tout, je possède aussi cette science-là.
N'est-ce pas ainsi que tu raisonnes et est-ce là le fin de ton
art ?

— Voilà que tu te réfutes toi-même, Socrate, dit-il.

— Mais toi, Euthydème, repris-je, n'es-tu pas justement dans le même cas ? Pour moi, quoi qu'il m'arrive,
si je le partage avec toi et avec Dionysodore, cette chère

tête que voici, je ne me plaindrai aucunement. Dis-moi, n'y a-t-il pas des choses que vous savez, vous deux, et d'autres que vous ne savez pas ?

— Pas du tout, Socrate, dit Dionysodore.

— Que voulez-vous dire ? repris-je. Est-ce donc que vous ne savez rien ?

— Si fait, dit-il.

— Alors vous savez tout, repris-je, puisque vous savez au moins une chose ?

— Nous savons tout, dit-il ; et toi aussi, si tu sais ne fût-ce qu'une seule chose, tu sais tout.

— O Zeus, m'écriai-je, quel merveilleux, quel grand bien nous est révélé, si l'on t'en croit ! Est-ce que tous les autres hommes aussi savent tout, ou s'ils ne savent rien ?

— Certainement, dit-il ; car il n'est pas possible qu'ils connaissent certaines choses et qu'ils ignorent les autres et qu'ils soient à la fois savants et ignorants.

— Et alors ? dis-je.

— Tous savent tout, dit-il, s'ils savent une seule chose.

— Par les dieux, dis-je, car je vois bien, Dionysodore, que vous êtes sérieux à présent et je vous ai, quoique avec peine, amenés à parler sérieusement, se peut-il que vous-mêmes vous sachiez tout, par exemple l'art du charpentier et du cordonnier ?

— Parfaitement, répondit-il.

— Est-ce que vous êtes aussi tous deux capables de coudre des souliers ?

— Et même, par Zeus, de les ressemeler, dit-il.

— Et vous connaissez aussi des choses comme le nombre des astres et des grains de sable ?

— Sans doute, répliqua-t-il ; crois-tu donc que nous n'oserions en convenir ? »

XXI. — Alors Ctésippe prenant la parole : « Au nom de Zeus, Dionysodore, dit-il, donnez-m'en une preuve qui me convaincra que vous dites la vérité.

— Quelle preuve dois-je te donner ? demanda-t-il.

— Sais-tu combien Euthydème a de dents, et Euthydème sait-il combien tu en as ?

— Ne te suffit-il pas, dit-il, de notre affirmation que nous savons tout ?

— Laissons votre affirmation, répondit Ctésippe, et dites-nous seulement encore une chose qui prouve que vous dites vrai. Si vous dites combien chacun de vous a de dents et si nous voyons que vous le savez, en en faisant le compte, nous vous croirons dès lors sur le reste. »

Pensant alors qu'on se moquait d'eux, ils refusèrent de répondre, et se bornèrent à soutenir qu'ils savaient tout, à chaque question posée par Ctésippe. Car Ctésippe n'y mettait aucune discrétion et à la fin il n'était pas de question qu'il ne posât, si incongrue fût-elle, leur demandant s'ils savaient. Et tous deux faisaient tête intrépidement au questionnaire, en soutenant qu'ils savaient, comme les sangliers qui se jettent au-devant des coups, de sorte que moi aussi, gagné par l'incrédulité, je me sentis finalement entraîné à demander [à Euthydème [93]] si Dionysodore savait aussi danser. Et lui : « Parfaitement, dit-il.

— Mais non pas, je pense, dis-je, faire le saut périlleux sur des sabres, ni tourner sur une roue, à l'âge que tu as ? Ton savoir ne va pas jusque-là ?

— Il n'y a rien que je ne sache, répliqua-t-il.

— Est-ce d'aujourd'hui seulement, poursuivis-je, que vous savez tout ou l'avez-vous toujours su ?

— Toujours, répondit-il.

— Et quand vous étiez petits et veniez de naître, vous saviez tout ?

— Tout », affirmèrent-ils tous les deux à la fois.

Nous trouvions, nous, le fait incroyable. Alors Euthydème : « Tu ne nous crois pas, Socrate, dit-il.

— Je ne crois qu'une chose, repartis-je, c'est qu'apparemment vous êtes habiles.

— Eh bien, dit-il, si tu veux bien me répondre, je te ferai voir que tu te reconnais toi-même ce merveilleux savoir.

— Oh! dis-je, j'aurai bien du plaisir à me voir convaincu de ce point. Si je suis savant sans m'en douter et si tu me fais voir que je sais tout et depuis toujours, pourrais-je trouver en toute ma vie une plus grande aubaine ?

XXII. — Réponds donc, dit-il.

— Je répondrai : interroge.

— Eh bien, Socrate, dit-il, es-tu savant en quelque chose ou ne l'es-tu en rien ?

— En quelque chose.

— Est-ce par ce qui fait que tu es savant que tu sais, ou par quelque chose autre ?

— C'est par ce qui fait que je suis savant; car j'imagine que tu parles de l'âme; n'est-ce pas cela que tu veux dire ?

— N'as-tu pas honte, Socrate, de répondre à une interrogation par une interrogation ?

— Bon, dis-je; mais que veux-tu que je fasse ? Je ferai ce que tu me commanderas. Quand je ne comprendrai pas ce que tu demandes, m'ordonnes-tu de répondre quand même, sans faire aucune question ?

— Tu comprends sans doute, dit-il, quelque chose à mes paroles ?

— Oui, dis-je.

— Eh bien, réponds à ce que tu comprends.

— Et si, repris-je, en m'interrogeant tu as quelque

chose dans l'esprit et que moi, j'en entende une autre,
et que je réponde ensuite à ce que j'entends, seras-tu
satisfait si je ne dis rien qui réponde à la question ?

— Moi, oui, dit-il, mais toi, non, j'imagine.

— Eh bien, par Zeus, je ne répondrai pas, dis-je, avant
d'être renseigné.

— Tu ne répondras en aucun cas à ce que tu comprends,
dit-il, parce que tu ne dis que des sornettes et que tu
pousses le radotage au-delà des limites permises. »

Je compris alors qu'il était fâché de me voir faire des
distinctions dans ce qu'il disait, parce qu'il voulait me
capturer en m'enlaçant dans les filets de ses mots. Cela
me fit souvenir de Connos, qui, lui aussi, s'impatiente
contre moi chaque fois que je ne lui cède pas et qui alors
s'occupe moins de moi, comme ayant la tête dure. Mais
comme j'avais dessein de me mettre aussi à son école,
je crus devoir céder, de peur que, me prenant pour un
nigaud, il ne voulût pas me recevoir pour élève. En
conséquence je lui dis : Eh bien, Euthydème, s'il te
plaît de procéder ainsi, il faut le faire. De toute façon
tu sais discuter mieux que moi, qui n'ai que les connaissances d'un profane. Reprends donc tes interrogations
depuis le commencement.

XXII. — Réponds-moi donc de nouveau, dit-il, si
ce que tu sais, tu le sais par le moyen de quelque chose,
ou non.

— Oui répondis-je, je le sais par le moyen de mon
âme.

— Le voilà encore, dit-il, qui répond plus qu'on ne
lui demande. Ce que je veux savoir, moi, ce n'est pas
par quoi tu sais, mais si tu sais par quelque chose.

— Si j'ai encore une fois, dis-je, répondu plus qu'il
ne fallait, c'est par ignorance, mais pardonne-moi ; dès
à présent je répondrai tout simplement : ce que je sais,
je le sais par le moyen de quelque chose.

— Est-ce toujours, dit-il, par le même·moyen, ou
tantôt par celui-là et tantôt par un autre ?

— C'est toujours, quand je sais, dis-je, par celui-
là.

— Encore une fois, dit-il, ne cesseras-tu pas de parler
à côté ?

— Mais c'est de peur que ce « toujours » ne nous
induise en erreur.

— Pas nous en tout cas, dit-il, mais toi peut-être.
Mais réponds. Est-ce toujours par ce moyen que tu sais ?

— Toujours, dis-je, puisqu'il faut retrancher « quand ».

— C'est donc toujours par ce moyen que tu sais. Or
puisque tu sais toujours, sais-tu certaines choses par
ce moyen par lequel tu sais, et les autres par un autre
moyen ou est-ce par ce moyen que tu sais tout ?

— C'est par ce moyen, répondis-je, que je sais tout ce que je sais.

— L'y revoilà, dit-il; c'est la même addition qui revient.

— Eh bien, dis-je, je retire « ce que je sais ».

— Ne retire rien du tout, dit-il; je ne te demande rien. Mais réponds-moi : pourrais-tu savoir tout indistinctement, si tu ne savais pas tout ?

— Ce serait un prodige », répondis-je.

Alors il me dit : « Ajoute maintenant ce qu'il te plaira; car tu avoues que tu sais tout.

— Il le semble, dis-je, puisque les mots « ce que je sais » n'ont aucune valeur, je sais donc tout.

— Or, tu as avoué aussi que tu sais toujours par le moyen par lequel tu sais, soit quand tu sais, soit ce qu'il te plaira; car tu as avoué que tu sais toujours et tout à la fois. Il est donc clair que, même étant enfant, tu savais, et quand tu es né et quand tu as été conçu; même avant ta naissance et avant celle du ciel et de la terre, tu savais tout, puisque tu sais toujours. Et j'en jure par Zeus, ajouta-t-il, tu sauras toi-même toujours et toutes choses si je le veux.

XXIII. — Ah! puisses-tu le vouloir, m'écriai-je, très vénéré Euthydème, si tu dis réellement la vérité! Mais je ne suis pas très sûr que tu en sois capable, à moins que ton frère ici présent, Dionysodore, ne joigne sa volonté à la tienne; en ce cas, tu le pourras peut-être. Mais dites-moi tous deux, continuai-je d'une manière générale, je ne saurais contester à des hommes comme vous, si prodigieux en sagesse, que je ne sache tout, du moment que vous l'affirmez; mais dans le cas que voici, comment puis-je dire, Euthydème, que je sais que les honnêtes gens sont injustes ? Allons, parle : le sais-je, ou ne le sais-je pas ?

— Tu le sais certainement, dit-il.

— Quoi ? dis-je.

— Que les honnêtes gens ne sont pas injustes.

— Parfaitement, repartis-je, depuis longtemps. Mais ce n'est pas là ce que je demande, mais où j'ai appris que les honnêtes gens sont injustes.

— Nulle part, répliqua Dionysodore.

— Voilà donc, dis-je, une chose que je ne sais pas.

— Tu ruines notre raisonnement, dit Euthydème à Dionysodore, en faisant voir que notre homme ne sait pas et qu'il est à la fois savant et ignorant. »

Là-dessus Dionysodore se mit à rougir.

« Mais toi, Euthydème, repris-je, que dis-tu ? Donnes-tu tort à ton frère, lui qui sait tout ?

— Suis-je donc frère d'Euthydème ? se hâta de dire Dionysodore.

— Laissons cela, mon bon, lui dis-je, jusqu'à ce qu'Euthydème m'ait appris comment je sais que les honnêtes gens sont injustes et ne m'envie pas cette leçon.

— Tu prends la fuite, Socrate, s'écria Dionysodore et tu refuses de répondre.

— Naturellement, répliquai-je : je suis inférieur à chacun de vous, aussi n'ai-je aucun scrupule à fuir devant vous deux. Je suis bien loin d'être aussi fort qu'Héraclès [94]. Or lui-même ne fut pas capable de soutenir la lutte à la fois contre l'hydre, une sophiste qui, si l'on coupait une tête à son raisonnement, usait de sa science pour en pousser plusieurs au lieu d'une, et contre certain crabe, autre sophiste venu de la mer et débarqué, je crois, tout récemment. Comme celui-ci, placé ainsi à sa gauche, l'incommodait par ses invectives et ses morsures, il appela à son secours son neveu Ioléôs, qui lui procura une aide efficace. Mais mon Ioléôs à moi, Patroclès, ne ferait, s'il intervenait, qu'empirer le mal.

XXIV. — Réponds donc, reprit Dionysodore, puisque tu as rabâché cette histoire. Ioléôs était-il le neveu d'Héraclès plutôt que le tien ?

— Ce que j'ai de mieux à faire, Dionysodore, répondis-je, c'est de te répondre ; car il n'y a pas à espérer que tu mettes fin à tes questions, j'en suis à peu près sûr : tu veux par jalousie empêcher qu'Euthydème m'enseigne le secret que je veux savoir.

— Réponds donc, dit-il.

— Je réponds donc, dis-je, qu'Ioléôs était le neveu d'Héraclès ; quant à être le mien, il ne l'était, ce me semble, à aucun degré ; car il n'avait pas pour père Patroclès, mon frère, mais Iphiclès, dont le nom s'en rapproche, le frère d'Héraclès.

— Et Patroclès, dit-il, est ton frère ?

— Parfaitement, dis-je, frère de mère, mais non de père.

— Il est donc ton frère et il ne l'est point.

— Du moins il ne l'est point du côté paternel, mon excellent ami, dis-je ; car son père était Khairédèmos et le mien Sophronisque.

— Et Sophronisque était père, dit-il, et Khairédèmos aussi ?

— Sans doute, dis-je : l'un était le mien, l'autre le sien.

— Alors, continua-t-il, Khairédèmos était autre que père ?

— Du moins autre que le mien, dis-je.

— Etait-il donc père, s'il était autre que père ? Toi-même es-tu le même que la pierre ?

— J'ai bien peur, dis-je, que ton argumentation ne me fasse paraître le même, et pourtant je ne crois pas l'être.

— Tu es donc autre que la pierre ?

— Assurément.

— Alors, dit-il, si tu es autre qu'une pierre, tu n'es donc pas une pierre ? Et si tu es autre que l'or, tu n'es pas or ?

— C'est exact.

— De même Khairédèmos, dit-il, étant autre que père, ne saurait être père ?

— Il semble bien, dis-je, ne pas être père.

— Si effectivement, dit Euthydème prenant la parole, Khairédèmos est père, à son tour, Sophronisque, étant autre que père, n'est pas père, en sorte que c'est toi, Socrate, qui es sans père. »

Ctésippe intervint aussi : « Et votre père, dit-il, ne se trouve-t-il pas aussi dans le même cas ? N'est-il pas autre que mon père ?

— Il s'en faut de beaucoup, dit Euthydème.

— Alors il est le même ? dit-il.

— Le même certainement.

— C'est ce que je ne saurais vouloir avec vous. Mais dis-moi, Euthydème, n'est-il père que de moi, ou l'est-il aussi des autres hommes ?

— Des autres aussi, répondit-il ; ou crois-tu que le même homme, étant père, ne soit pas père ?

— Je le croyais vraiment, dit Ctésippe.

— Croyais-tu de même, reprit-il, qu'étant or, on ne soit pas or, ou qu'étant homme, on ne soit pas homme ?

— Tais-toi, Euthydème, dit Ctésippe ; comme on dit « tu n'attaches pas le lin au lin [95] » ; c'est une étrange assertion que tu fais, si ton père est le père de tout le monde.

— Mais il l'est, dit-il.

— Ne l'est-il que des hommes ? demanda Ctésippe, ou l'est-il aussi des chevaux et de tous les autres animaux ?

— De tous, dit-il.

— Et ta mère est-elle aussi leur mère ?

— Ma mère aussi.

— Alors ta mère est mère aussi des hérissons de mer ?

— Et la tienne aussi, dit-il.

— Et toi, dès lors, tu es frère des veaux, des petits chiens, des cochons de lait ?

— Oui, et toi aussi, dit-il.

— Et de plus, tu as donc pour père un chien.

— Oui, et toi aussi, dit-il.

— Tu vas en convenir à l'instant, Ctésippe, dit Dionysodore, si tu veux bien me répondre. Dis-moi en effet : tu as un chien ?

— Oui et très méchant, dit Ctésippe.

— A-t-il des petits ?

— Oui, dit-il, et aussi méchants que lui.

— Le chien n'est-il pas leur père ?

— Je l'ai vu de mes yeux, répondit-il, couvrir la chienne.

- Eh bien, le chien n'est-il pas à toi ?

— Certainement, dit-il.

— Donc il est père et à toi, en sorte que ce chien devient ton père, et toi, frère des petits chiens. »

Là-dessus Dionysodore se hâta de nouveau de prendre la parole, de peur d'être devancé par Ctésippe : « Encore une petite question, dit-il : Bats-tu ton chien ? »

XXV. — Ctésippe se mit à rire : « Oui, par les dieux, dit-il, faute de pouvoir te battre, toi.

— C'est donc ton père, dit-il, que tu bats ?

— Je ferais certainement beaucoup mieux, dit Ctésippe, de battre votre père à vous, pour s'être avisé d'engendrer des fils aussi savants. Mais sans doute, Euthydème. celui qui est votre père et celui des petits chiens a recueilli beaucoup de biens de cette sagesse que vous montrez.

— Mais il n'a pas besoin de beaucoup de biens, Ctésippe, ni lui, ni toi.

— Et toi, Euthydème, dit-il, tu n'en as pas besoin non plus ?

— Ni aucun autre homme. Dis-moi en effet, Ctésippe; crois-tu qu'il soit bon pour un malade de boire une potion, ou que ce ne soit pas bon, quand il en a besoin, ou, quand on part en guerre, d'y aller avec des armes plutôt que sans armes ?

— Oui, je le crois, dit-il. Mais je me doute que tu vas dire quelque merveille.

— Tu vas le savoir parfaitement; mais réponds. Puisque tu as reconnu que c'était un bien pour un homme de boire une potion, quand il en a besoin, n'est-il pas vrai que ce bien-là, il faut en boire la plus grande quantité possible et qu'il sera bien en ce cas de broyer, pour l'y verser, une charretée d'ellébore ?

— Tout à fait bien, Euthydème, repartit Ctésippe, pourvu que le buveur ait la taille de la statue de Delphes [96].

— De même à la guerre, poursuivit-il, puisqu'il est bon d'avoir des armes, ne faut-il pas avoir le plus possible de lances et de boucliers, s'il est vrai que ce soit un bien ?

— Oui, sans doute. dit Ctésippe; et toi, Euthydème, ne le crois-tu pas, et te suffit-il d'un seul bouclier et d'une seule lance ?

— Oui.

— Et Géryon, demanda-t-il, et Briarée [97], est-ce ainsi que tu les armerais ? Pour moi, je te croyais plus habile, toi qui combats avec de vraies armes, et ton compagnon aussi.

Euthydème se tut; mais Dionysodore, revenant aux réponses antérieures de Ctésippe, lui demanda : « Et de l'or, ne trouves-tu pas que c'est un bien d'en avoir ?

— Certainement, et même beaucoup, dit Ctésippe.

— Et de bonnes choses, ne crois-tu pas qu'il faut en avoir toujours et partout ?

— Certainement, dit-il.

— Ne conviens-tu pas que l'or aussi est une bonne chose ?

— J'en suis déjà convenu, répondit-il.

— Il faut donc en avoir toujours et partout et le plus possible sur soi ? et le comble du bonheur serait d'avoir trois talents d'or dans le ventre, un talent dans le crâne et un statère d'or dans chaque œil.

— On dit en effet, Euthydème, repartit Ctésippe, que chez les Scythes les hommes les plus heureux et les meilleurs sont ceux qui ont de l'or en quantité dans leurs crânes, si l'on raisonne comme tu le faisais tout à l'heure, quand tu démontrais que le chien était mon père, et que, chose plus merveilleuse encore, ils boivent dans leurs crânes [98] revêtus d'or, qu'ils en regardent l'intérieur en tenant dans leurs mains le sommet de leur tête.

— Est-ce que les Scythes et les hommes en général voient les choses susceptibles de vue ou celles qui n'en sont pas susceptibles [99] ?

— Celles qui en sont susceptibles, évidemment.

— Tu les vois donc, toi aussi ? dit-il.

— Moi aussi.

— Alors tu vois nos manteaux ?

— Oui.

— Ils sont donc susceptibles de vue ?

— Merveilleusement, dit Ctésippe.

— De voir quoi ? demanda-t-il.

— Rien. Toi, peut-être ne crois-tu pas qu'ils voient, tellement tu es bonasse. Mais tu m'as l'air, Euthydème, d'être endormi tout éveillé et, s'il est possible de parler sans rien dire, c'est justement ce que tu fais.

XXVI. — N'est-il donc pas possible, demanda Dionysodore, de parler en se taisant ?

— Pas le moins du monde, répondit Ctésippe.

— Ni de se taire en parlant ?

— Encore moins, dit-il.

— Quand tu dis une pierre, du bois, un morceau de fer, ne dis-tu pas des choses qui se taisent ?

— Non, dit-il, si je passe devant une forge ; car on dit que là le fer parle et crie très fort, si on le touche. Ainsi cette fois, pour être trop sage, tu n'as pas vu que tu ne disais rien. Mais prouvez-moi aussi le second point et montrez comment il est possible de se taire en parlant. »

À ce moment il me sembla que Ctésippe était dans une extrême nervosité à cause de son bien-aimé.

« Quand tu te tais, dit Euthydème, ne tais-tu pas toutes choses ?

— Si, répondit Ctésippe.

— Tu tais donc aussi celles qui parlent, puisqu'elles font partie de toutes choses ?

— Comment ? repartit Ctésippe, ne sont-elles pas toutes silencieuses ?

— Assurément non, répondit Euthydème.

— Mais alors, excellent Euthydème, elles parlent toutes ?

— Du moins, n'est-ce pas ? celles qui parlent ?

— Mais, reprit Ctésippe, ce n'est pas là ce que je te demande, mais si toutes se taisent ou si elles parlent.

— Ni l'un ni l'autre et tous les deux ensemble, repartit Dionysodore, saisissant brusquement la parole. Je suis bien sûr que tu ne sauras rien tirer de cette réponse. »

Là-dessus Ctésippe, suivant son habitude, poussa un grand éclat de rire. « Euthydème, dit-il, ton frère, avec sa réponse ambiguë, s'est perdu et il est battu. »

Là-dessus, Clinias ne se tint plus de joie; il se mit à rire, si bien que Ctésippe en devint plus de dix fois plus grand. Mon coquin de Ctésippe avait, à les entendre eux-mêmes, surpris leurs secrets; car personne autre qu'eux ne possède aujourd'hui une pareille science.

XXVII. — Je dis alors : « Pourquoi ris-tu, Clinias, de choses si sérieuses et si belles ?

— Est-ce que tu as jamais vu quelque belle chose, Socrate ? dit Dionysodore.

— Oui, dis-je, et même beaucoup, Dionysodore.

— Différentes du beau, demanda-t-il, ou identiques au beau ? »

L'embarras me jeta dans une agitation extrême et je me crus justement puni d'avoir ouvert la bouche. Néanmoins je répondis qu'elles différaient du beau, mais qu'avec chacune d'elles se trouve une certaine beauté.

— Alors, dit-il, si un bœuf se trouve avec toi, tu es bœuf et, parce qu'en ce moment je suis à tes côtés, tu es Dionysodore.

— Ne blasphème pas ainsi [100], dis-je.

— Mais comment, reprit-il, une chose qui se trouve avec une autre pourrait-elle être autre ?

— Est-ce là ce qui t'embarrasse, dis-je, essayant dès lors d'imiter pour mon compte la sagesse de ces deux hommes, qui me faisait envie.

— Comment ne serais-je pas embarrassé, dit-il, et tous les autres avec moi, devant ce qui n'est pas ?

— Que veux-tu dire, Dionysodore ? repartis-je : le beau n'est-il pas beau et le laid n'est-il pas laid ?

— Oui, si ton assertion me paraît juste, à moi.

— Ne la trouves-tu pas juste ?

— Si, dit-il.

— Et le même n'est-il pas aussi le même et l'autre

n'est-il pas autre ? car l'autre n'est assurément pas le
même. Pour moi, je pensais qu'un enfant même ne saurait
douter que l'autre fût l'autre. Mais tu as, Dionysodore,
délibérément passé sur ce point, quoique, en général, je
vous voie, comme des artisans exécutant les travaux
propres à leur métier, exécuter magnifiquement, vous
aussi, votre art de dialecticiens.

— Tu sais donc, reprit-il, ce qui convient à chacun
des artisans ? Et d'abord à qui convient-il de forger [101] ?
le sais-tu ?

— Oui, au forgeron.

— Et de façonner l'argile ?

— Au potier.

— Et d'égorger, d'écorcher et de faire bouillir et rôtir
la viande coupée en menus morceaux ?

— Au cuisinier, dis-je.

— Or, si quelqu'un fait ce qui convient, dit-il, il fera
bien ?

— Assurément.

— Or ce qui, d'après ce que tu dis, convient au cuisinier, c'est la mise en morceaux et l'écorchement ? L'as-tu
accordé, oui ou non ?

— Je l'ai accordé, dis-je; mais pardonne-moi.

— Il est donc évident, reprit-il, que, si l'on égorge et
qu'on coupe en morceaux le cuisinier et qu'on le fasse
bouillir et rôtir, on fera ce qui convient, et que, si l'on
forge le forgeron lui-même, et si l'on pétrit le potier,
en cela encore on fera ce qui convient.

XXVIII. — O Poséidon, m'écriai-je, voilà que tu
mets le couronnement à ta sagesse. Me viendra-t-elle
enfin, cette sagesse, de manière qu'elle m'appartienne
en propre ?

— La reconnaîtrais-tu, Socrate, demanda-t-il, si elle
t'était devenue propre ?

— Oui, évidemment, dis-je, à condition que tu le
veuilles.

— Et ce qui est à toi, continua-t-il, tu crois que tu
le connais ?

— Oui, à moins que tu ne sois d'un autre avis; car
c'est par toi qu'il faut commencer, pour finir par Euthydème ici présent [102].

— Maintenant, reprit-il, regardes-tu comme à toi
ce dont tu es le maître et dont tu peux disposer à ton gré ?
Par exemple, un bœuf et un mouton, les regarderais-tu
comme à toi, si tu avais la liberté de les vendre, de les
donner, de les sacrifier au dieu que tu voudrais ? et ce
dont tu ne peux pas disposer ainsi, ne le regardes-tu pas
comme n'étant pas à toi ? »

Et moi, qui savais que de ces questions mêmes allait
surgir quelque chose de magnifique et qui brûlais de

l'entendre au plus vite : « Oui, c'est bien cela, lui dis-je;
les choses de ce genre sont seules à moi.

— Et ne donnes-tu pas, demanda-t-il, le nom d'animal à ce qui a vie ?

— Si, dis-je.

— Or, parmi les animaux, tu reconnais que ceux-là
seuls sont à toi, dont tu peux faire tout ce que je viens
de dire ?

— Je le reconnais. »

Là, il s'arrêta, feignant une réflexion profonde, comme
s'il examinait une question d'importance.

« Dis-moi, Socrate, reprit-il, as-tu un Zeus ancestral ? »

Moi, me doutant que son argumentation allait en
venir où elle aboutit en effet, j'essayai de m'échapper par
un détour impossible, et je me tortillais comme si j'eusse
été pris dans un filet.

« Je n'en ai pas, Dionysodore, répondis-je.

— Tu es donc bien misérable; tu n'es même pas Athénien, toi qui n'as ni dieux ancestraux, ni cultes, ni quoi
que ce soit de beau et de bon.

— Ah! m'écriai-je, parle mieux, Dionysodore, et ne
commence pas tes leçons avec tant de rudesse. Car j'ai
mes cultes domestiques et ancestraux et tout ce que
possèdent en ce genre les autres Athéniens.

— Alors, dit-il, les autres Athéniens n'ont pas de Zeus
ancestral [103] ?

— Ce surnom, répondis-je, n'est connu d'aucun
Ionien, ni de ceux qui ont émigré de cette ville pour
s'établir dans une colonie, ni de nous-mêmes; mais nous
avons un Apollon ancestral, parce qu'il est père d'Ion.
Zeus n'est pas ainsi appelé chez nous; il est appelé dieu de
l'enclos et de la phratrie, et Athéna déesse de la phratrie.

— Il suffit, dit Dionysodore, puisque tu as, comme je
vois, un Apollon, un Zeus et une Athéna.

— Parfaitement, dis-je.

— Ce sont donc là tes dieux ? continua-t-il.

— Aïeux et maîtres, répondis-je.

— En tout cas, ils sont à toi; ne les as-tu pas reconnus
pour tiens ?

— Je les ai reconnus, dis-je; comment faire ?

— Ces dieux ne sont-ils pas aussi des animaux ? Car
tu as reconnu que tout ce qui a vie est animal ? ou bien ces
dieux n'ont-ils pas vie ?

— Ils ont vie, dis-je.

— Ils sont donc aussi des animaux ?

— Oui, répondis-je.

— Or, parmi les animaux, reprit-il, tu as reconnu pour
tiens tous ceux que tu peux donner, ou vendre, ou sacrifier au dieu qu'il te plaît.

— Je l'ai reconnu, dis-je, il m'est impossible de me
rétracter, Euthydème.

— Eh bien donc, poursuivit-il, dis-moi tout de suite, puisque tu reconnais pour tiens Zeus et les autres dieux, t'est-il permis de les vendre, ou de les donner ou d'en disposer à ta guise comme des autres animaux ? »

Alors moi, Criton, sous le coup de ces paroles, je restai là sans voix. Mais Ctésippe vint à mon secours. « Bravo, Héraclès, s'écria-t-il, le beau raisonnement ! »

Là-dessus Dionysodore : « Est-ce Héraclès, dit-il, qui est bravo, ou bravo qui est Héraclès ? »

— O Poséidon, s'écria Ctésippe, quels terribles discuteurs ! Je quitte la partie : ces deux hommes sont invincibles. »

XXIX. — A ce moment, mon cher Criton, il n'y eut pas un des assistants qui ne portât aux nues le raisonnement et les deux étrangers ; ils riaient, battaient des mains, exultaient jusqu'à éclater, ou peu s'en faut. Jusqu'alors tous les raisonnements d'Euthydème avaient été l'un après l'autre bruyamment et hautement applaudis, mais par ses seuls amis ; mais ici, tu aurais pu croire que les colonnes mêmes du Lycée acclamaient ces deux hommes et manifestaient leur joie. Moi-même, je me sentis porté à confesser que jamais encore je n'avais vu d'hommes aussi habiles, et, complètement subjugué par leur sagesse, je me mis à les louer et à les vanter tous les deux, et je leur dis : « Heureux hommes d'être si admirablement doués et d'être si vite et en si peu de temps venus à bout d'une chose si importante ! Il y a dans vos discours, Euthydème et Dionysodore, une foule de belles choses ; mais il y en a une particulièrement magnifique, c'est que vous n'avez cure de la plupart des hommes, notamment des gens sérieux et qui passent pour des hommes de valeur, et que vous ne vous inquiétez que de vos pareils. Je suis bien sûr que vos discours ne sauraient satisfaire qu'un très petit nombre de gens, qui vous ressemblent. Les autres les considèrent si peu qu'ils rougiraient plus de s'en servir pour réfuter quelqu'un que d'être réfutés eux-mêmes. Vos discours offrent aussi quelque chose de civil et de gentil : quand vous déclarez qu'il n'y a rien de beau, ni de bon, ni de blanc, ni aucune autre chose de ce genre, et qu'il n'en existe absolument aucune qui soit différente d'une autre, il est bien vrai qu'effectivement vous cousez la bouche aux autres, comme vous dites vous-mêmes ; mais parce que ce n'est pas seulement aux autres, mais encore à vous-mêmes que vous paraissez le faire, c'est un procédé tout à fait gentil et qui ôte à vos discours ce qu'ils ont de choquant. Enfin, et c'est le point le plus important, votre science est de telle qualité, c'est une trouvaille si ingénieuse que n'importe qui peut l'apprendre en un moment. Je l'ai constaté moi-même en observant Ctésippe et en voyant avec quelle rapidité il s'est trouvé capable de l'imiter à l'impromptu. Votre affaire à tous deux est une belle chose, en tant qu'elle se prête à un enseignement rapide, mais elle n'est pas faite pour la discussion publique, et, si vous m'en croyez, vous vous garderez de parler devant un nombreux auditoire, de peur qu'ayant vite appris ce que vous enseignez, il ne vous en sache aucun gré. Autant que possible, discutez entre vous deux, seul à seul; sinon, si vous le faites en présence de quelque autre, que ce soit celui-là seul qui vous donne de l'argent. Ces mêmes conseils, si vous êtes sages, vous les donnerez aussi à vos disciples : qu'ils ne discutent jamais avec personne, sinon avec vous et entre eux. Car c'est la rareté, Euthydème, qui met le prix aux choses. L'eau est, au contraire, à très bon marché, quoiqu'elle soit le meilleur des biens [104], d'après Pindare. Mais allons, dis-je, voyez à nous recevoir, Clinias que voici et moi, au nombre de vos disciples. »

XXX. — Après cet entretien, nous échangeâmes encore quelques mots, puis nous nous retirâmes. Arrange-toi maintenant pour suivre avec moi les leçons de ces deux étrangers. Ils affirment tous les deux qu'ils sont capables d'instruire quiconque veut les payer et qu'ils n'excluent ni naturel ni âge, et même, ce qu'il est bon que tu saches, ils assurent qu'ils n'empêchent aucunement de s'adonner même aux affaires. Bref, n'importe qui peut aisément recevoir leur science.

CRITON

Sans doute, Socrate, j'aime à entendre causer et je voudrais bien apprendre quelque chose; mais j'ai bien peur d'être, moi aussi, du nombre de ceux qui ne ressemblent pas à Euthydème, de ceux dont tu parlais toi-même, qui aimeraient mieux se voir réfutés par de tels arguments que de réfuter les autres. Cependant, quoiqu'il me paraisse ridicule de te faire des remontrances, je n'en veux pas moins te rapporter ce que j'ai entendu. Sache qu'un de ceux qui vous quittaient s'est approché de moi, tandis que je me promenais : c'est un homme qui s'imagine être fort habile, un de ceux qui excellent dans les discours judiciaires. « Criton, me dit-il, tu n'écoutes pas du tout ces savants ?

— Non, par Zeus, répondis-je; car je n'ai pu approcher et entendre à cause de la foule.

— Pourtant, dit-il, il valait la peine de les entendre.

— Pourquoi ? demandai-je.

— Tu aurais entendu discuter des hommes qui sont aujourd'hui les plus habiles en ce genre de discours.

— Quelle impression, lui dis-je, rapportes-tu de leurs discours ?

— Quelle autre en peut-on rapporter, dit-il, sinon celle qu'on éprouve toujours à écouter des babillards de cette espèce, qui traitent des bagatelles avec un sérieux hors de propos ? » C'est à peu près mot pour mot ce qu'il a dit.

« Cependant, repartis-je, c'est une jolie chose que la philosophie.

— Comment jolie, bienheureux homme ! dis plutôt : sans valeur. Si tu avais été là tout à l'heure, tu aurais profondément rougi, j'imagine, pour ton camarade, tellement il a paru étrange de vouloir se livrer à des gens qui n'ont aucun souci de ce qu'ils disent et s'attachent uniquement aux mots. Et ces gens-là, comme je le disais tout à l'heure, sont parmi les plus éminents de nos contemporains. Mais en fait, Criton, poursuivit-il, cette occupation elle-même et les hommes qui s'y adonnent sont inférieurs et ridicules. » Pour moi, Socrate, je trouvais qu'il avait tort, lui comme tout autre, de critiquer cette occupation, mais de consentir à discuter avec ces gens-là devant un nombreux auditoire, c'est ce qu'il m'a paru blâmer avec raison.

SOCRATE

XXXI. — Les gens comme celui dont tu parles, Criton, sont bien singuliers. Mais je ne sais pas encore ce que je dois en dire. A quelle classe appartenait cet homme qui t'a abordé et a critiqué la philosophie ? Etait-ce un de ceux qui sont habiles à plaider devant les tribunaux, ou un de ceux qui les y envoient, un faiseur de discours pour les orateurs qui plaident ?

CRITON

Non, par Zeus, ce n'est pas un orateur et je ne crois même pas qu'il soit jamais monté à la barre ; mais on dit qu'il est entendu dans la matière, oui, par Zeus, et qu'il est habile et qu'il compose d'habiles discours.

SOCRATE

Me voilà au fait : c'est d'eux que j'allais moi-même parler à l'instant. Ce sont eux, Criton, dont Prodicos a dit qu'ils étaient à la frontière de la philosophie et de la politique. Ils croient être les plus savants des hommes, et non seulement l'être, mais encore être hautement réputés pour tels auprès d'un grand nombre de gens, en sorte que leur réputation serait universelle sans les sectateurs de la philosophie, qui seuls leur font obstacle. Ils s'imaginent donc que, s'ils parviennent à les faire passer pour des gens sans mérite, ils remporteront dès lors aux yeux de tous la palme de la sagesse ; car ils croient véritablement qu'ils sont les plus sages, et que, lorsqu'ils sont mis en échec dans un entretien privé, ils doivent leur défaite à Euthydème et à son école. D'ailleurs cette haute idée qu'ils ont de leur sagesse est naturelle ; car ils croient faire un calcul tout à fait raisonnable en usant modérément de la philo-

sophie, modérément de la politique, parce qu'en participant aux deux juste dans la mesure nécessaire, ils
recueillent le fruit de la sagesse, sans se lancer dans les
périls et dans les luttes [105].

CRITON

Eh bien, Socrate, ne crois-tu pas qu'ils ont raison ?
Il est certain qu'il y a quelque chose de spécieux dans la
thèse de ces gens-là.

SOCRATE

C'est vrai, Criton : elle est spécieuse plutôt que vraie.
Il n'est pas facile de leur faire admettre que des hommes
ou toute autre chose intermédiaire entre deux objets et
participant des deux à la fois, s'ils sont composés de bien
et de mal, sont meilleurs que l'un et pires que l'autre ;
que, s'ils sont composés de deux biens qui ne tendent pas
au même but, ils sont moins bons que les deux pour la fin
à laquelle peut servir chacun des deux éléments dont ils
se composent ; que s'ils sont composés de deux maux
qui n'ont pas le même objet et tiennent le milieu entre
eux, c'est le seul cas où ils sont meilleurs que chacun
des deux éléments dont ils participent. Si donc la philosophie est un bien et l'action politique aussi et qu'elles
aient chacune un objet différent, et, si ces gens-là participent de l'une et de l'autre et tiennent le milieu entre
elles, leur thèse est sans valeur ; car ils ne valent ni les
philosophes, ni les politiques. Si elles sont un bien et un
mal, ils sont meilleurs que l'une, moins bons que l'autre.
Si elles sont un mal l'une et l'autre, en ce cas leur thèse
a du vrai ; autrement, non. Cela étant, je ne crois pas qu'ils
admettent ni qu'elles soient toutes deux un mal, ni que
l'une soit un mal et l'autre un bien. En réalité, puisqu'ils
participent de l'une et de l'autre, ils sont inférieurs à
l'une et à l'autre pour chacune des fins pour lesquelles la
politique et la philosophie méritent considération. Placés
dans la réalité au troisième rang, ils cherchent à faire croire
qu'ils occupent le premier. Pardonnons-leur leur ambition,
sans nous fâcher et jugeons-les à leur valeur. Il faut se
trouver satisfait quand un homme, quel qu'il soit, dit
quelque chose de raisonnable et travaille courageusement
à le réaliser.

CRITON

XXXII. — Au reste, Socrate, je suis moi-même, comme
je te le dis toujours, embarrassé au sujet de mes fils [106] :
je ne sais que faire d'eux. L'un est encore bien jeune et
petit ; mais Critobule est déjà grand, et il lui faudrait
quelqu'un pour lui donner d'utiles leçons. Pour moi,
quand je me rencontre avec toi, je me sens tout porté à
croire que c'est folie d'avoir pris tant de peines de toute
sorte à cause de mes enfants, d'abord en me mariant pour

leur donner une mère de très noble famille, puis en amassant de l'argent pour les rendre aussi riches que possible, et après cela de négliger leur éducation. Mais, quand je jette les yeux sur quelqu'un de ceux qui se donnent pour des éducateurs, je reste confondu, et chacun d'eux me semble, à l'examen, tout à fait extravagant, à te dire la vérité. Aussi je ne vois pas comment pousser ce garçon à l'étude de la philosophie.

SOCRATE

Cher Criton, ignores-tu qu'en toute occupation les gens médiocres et sans valeur sont le nombre, et que les gens sérieux et dignes de toute notre confiance se comptent aisément; car enfin la gymnastique ne te paraît-elle pas une belle chose, de même que l'économique, la rhétorique et la conduite des armées ?

CRITON

Sans aucun doute.

SOCRATE

Eh bien, dans chacun de ces arts, ne vois-tu pas la plupart des gens se rendre ridicules dans tout ce qu'ils font ?

CRITON

Si, par Zeus, c'est bien la vérité.

SOCRATE

Eh bien, est-ce une raison pour que tu fuies toi-même toutes les occupations et que tu n'y engages pas tes fils ?

CRITON

Non, Socrate, ce ne serait pas juste.

SOCRATE

Garde-toi donc de faire ce qu'il ne faut pas, Criton; envoie promener ceux qui pratiquent la philosophie, qu'ils soient bons, qu'ils soient mauvais; mais soumets la matière même à une épreuve sérieuse et complète, et, si elle te paraît méprisable, détournes-en tout le monde, et non pas seulement tes fils; si au contraire elle te paraît telle que je la juge moi-même, mettez-vous hardiment à sa poursuite, et appliquez-vous-y, comme on dit, depuis le père jusqu'aux petits enfants.

Socrate et Khairéphon se rendaient chez Calliclès pour
y entendre Gorgias. Ils arrivent après la séance. Néanmoins Calliclès les introduit près de Gorgias, à qui Socrate
voudrait poser une question. Il lui demande en effet ce
qu'est la rhétorique dont il fait profession. La rhétorique,
dit Gorgias, est la science des discours. — De quels discours ? demande Socrate. Est-ce des discours relatifs à la
médecine, à la gymnastique et aux autres arts ? — Non,
mais de ceux qui ne se rapportent point au travail des
mains et qui ont uniquement pour fin la persuasion. —
Mais toutes les sciences, dit Socrate, veulent persuader
quelque chose. Quel est le genre de persuasion que produit la rhétorique ? — Celle qui se produit dans les tribunaux et les assemblées et qui a pour objet le juste et
l'injuste. — Mais, dit Socrate, il y a deux sortes de persuasion, celle qui produit la croyance sans la science, et
celle qui produit la science. Quelle est celle qui est propre
à la rhétorique ? — C'est la première, et elle assure
aux orateurs une telle supériorité que, même dans les
matières où les spécialistes sont seuls vraiment compétents,
ils l'emportent sur eux et font adopter les mesures qu'ils
préconisent. Cependant ce n'est pas une raison pour que
les orateurs se substituent aux savants dans les autres arts.
Et s'il y a des orateurs qui abusent de leur puissance pour
enfreindre la justice, ce n'est pas une raison non plus de
s'en prendre aux maîtres de rhétorique. — Mais, reprend
Socrate, si l'orateur est plus persuasif, même en médecine
et dans les autres arts que le médecin ou l'artiste, et s'il
suffit qu'il ait l'air de savoir, quoiqu'il ne sache pas, en
est-il de même lorsqu'il s'agit du juste et de l'injuste, ou
faut-il connaître le juste et l'injuste avant d'aborder la
rhétorique ? — Il le faut, Socrate. — Mais, quand on
connaît la justice, on est juste, et on ne saurait consentir
à commettre une injustice. Cependant tout à l'heure tu
as avoué qu'un orateur pouvait faire de la rhétorique un
usage injuste. Il y a contradiction dans tes paroles.

Gorgias pourrait se défendre et dire qu'il n'est pas vrai qu'il suffise de connaître la justice pour ne jamais commettre l'injustice. Mais Platon, comme Socrate, est convaincu qu'il suffit de connaître le bien pour le pratiquer et que le vice se ramène à l'ignorance. Aussi n'a-t-il pas idée qu'on puisse faire à cette doctrine l'objection topique qu'exprimera plus tard le poète latin : *Video meliora proboque, deteriora sequor.*

Gorgias pourrait répondre encore que, pour l'orateur plus encore que pour les autres, il est parfois difficile de discerner où est la justice, qu'il faut se décider sans être sûr qu'on prend le meilleur parti, et que, si l'on se trompe, la rhétorique n'en est pas responsable.

Voilà, entre autres choses, ce que Gorgias aurait pu répliquer à Socrate. Mais le jeune Polos ne lui en laisse pas le temps. Indigné que Socrate ose mettre en doute la valeur de la rhétorique, il le somme, puisqu'il a embarrassé Gorgias, de dire lui-même ce qu'il pense de cet art. — Ce n'est pas un art, répond Socrate; ce n'est qu'une routine, une sorte de flatterie, comme la cuisine, la toilette et la sophistique. Il y a en effet deux arts qui se rapportent à l'âme : la législation et la justice, et deux qui se rapportent au corps : la médecine et la gymnastique. Sous chacun de ces arts la flatterie s'est glissée, la sophistique sous la législation, la rhétorique sous la justice, la cuisine sous la médecine, la toilette sous la gymnastique. La rhétorique correspond pour l'âme à ce qu'est la cuisine pour le corps. — Alors tu crois, Socrate, que les bons orateurs sont regardés comme des flatteurs et, comme tels, peu considérés, alors qu'ils sont les plus puissants des citoyens ? — Les plus puissants des citoyens ! Ils ne sont pas puissants du tout. — Comment ? Le tyran qui peut tuer, exiler, dépouiller et faire tout ce qu'il veut n'est pas puissant ? — Non, car il ne fait pas ce qu'il veut, par la raison qu'il ne veut pas ce qu'il fait, mais ce en vue de quoi il fait ce qu'il fait, c'est-à-dire en vue de son avantage ou de son bien. Or, en tuant ou bannissant, il fait tout ce qu'il y a de plus contraire à son bien, puisqu'il fait une injustice. Il n'est donc ni puissant, ni heureux. — Cependant, réplique Polos, tout le monde tient pour un homme heureux le roi de Macédoine Archélaos, qui est parvenu au trône à force de crimes. — L'opinion du grand nombre ne compte pas ici, dit Socrate; et pour dire si le grand roi lui-même est heureux, il faut connaître le fond de son âme et savoir s'il pratique la justice.

Dans sa discussion avec Polos, Socrate insiste particulièrement sur ces deux points : qu'il vaut mieux subir l'injustice que de la commettre et que le plus grand des maux est de n'être pas puni quand on a mérité de l'être. Pour démontrer qu'il vaut mieux subir l'injustice que de la faire, Socrate part de l'identité du mal et du laid, du

beau et du bien, et voici comme il raisonne. C'est à cause
du plaisir ou de l'utilité ou des deux à la fois que les belles
choses sont réputées belles, et c'est par les contraires, le
douloureux et le mauvais, ou par les deux à la fois que
les laides sont telles. Par suite une chose est plus belle
qu'une autre en ce qu'elle procure plus de plaisir ou plus
de bien ou plus de plaisir et de bien, et une chose est plus
laide qu'une autre parce qu'elle cause, plus de douleur
ou de mal, ou de douleur et de mal. Or, si le grand nombre
croit qu'il est plus avantageux de commettre l'injustice
que de la subir, tout le monde, et Polos lui-même, admet
qu'il est plus laid de la commettre que de la subir. Comme
ce n'est ni par la douleur, ni par la douleur et le mal réunis
que l'injustice commise surpasse l'injustice reçue, il reste
que ce soit par le mal, d'où la conclusion s'impose qu'il est
plus mauvais de commettre l'injustice que de la recevoir.

Quant au second point, qu'il y a plus de mal encore
à n'être pas puni d'une faute qu'à la commettre, voici
comment Socrate en démontre la justesse. Payer sa faute
et être châtié justement, quand on est coupable, c'est la
même chose. Or ce qui est juste est beau et ce qui est
beau est bon et utile. L'utilité consiste ici à être débarrassé
de l'injustice et de la méchanceté de l'âme, qui est le plus
grand des maux.

Aussi, comme on a recours au médecin pour se délivrer
des maux du corps, il faut se rendre chez le juge pour
payer ses fautes, parce que la punition améliore et rend
plus juste et que la justice est comme la médecine de la
méchanceté. Le plus heureux est donc celui qui n'a point
de vice dans l'âme; au second rang vient celui qu'on
délivre du vice, et le plus malheureux est celui qui garde
son injustice au lieu de s'en débarrasser, ce qui est le
cas du tyran chargé de crimes qui est au-dessus de la
punition. Mais, si cela est, où est la grande utilité de la
rhétorique ? Elle ne sert à rien, à moins qu'on ne s'en
serve pour s'accuser soi-même devant le juge, lorsqu'on
a commis une injustice. Si au contraire on veut faire du
mal à un ennemi, il faut bien se garder de l'accuser; il
faut le laisser vivre dans son vice, ce qui est le plus grand
des malheurs.

En entendant développer des idées si nouvelles, Calliclès n'en croit pas ses oreilles. Socrate parle-t-il sérieusement ? demande-t-il. — Le plus sérieusement du
monde, répond Khairéphon. Alors Calliclès, imbu des
théories sophistiques qui opposaient la nature à la loi,
reproche à Socrate sa manière de discuter qui est, dit-il,
captieuse. Quand on parle en se référant à la loi, tu interroges en te référant à la nature, et, si l'on parle de ce qui
est dans l'ordre de la nature, tu interroges sur ce qui est
dans l'ordre de la loi. C'est ce que tu viens de faire au
sujet de l'injustice commise ou reçue. Polos parlait de

ce qui est le plus laid en ce genre, à consulter la nature;
toi, au contraire, tu t'es attaché à la loi. Selon la nature,
tout ce qui est plus mauvais est aussi plus laid. Souffrir
une injustice est donc une chose plus laide, tandis que,
selon la loi, il est plus laid de la commettre. Mais les lois
sont faites par les faibles et le plus grand nombre, et
c'est pour eux et dans leur intérêt qu'ils le font, et qu'ils
déclarent que c'est une chose laide et injuste de prétendre
avoir plus que les autres. Au contraire, la nature proclame que partout, chez les hommes comme chez les
animaux, c'est au plus fort à commander au plus faible.
La philosophie tient un autre langage; mais crains qu'elle
ne te laisse désarmé devant un accusateur puissant; étudie plutôt la rhétorique et lance-toi dans la vie publique.

Socrate se félicite d'abord d'avoir trouvé en Calliclès
un conseiller qui joint à la science la bienveillance et la
franchise dans la question la plus importante, celle du
genre de vie qu'il faut choisir pour être heureux. Aussi
va-t-il l'interroger pour s'éclairer là-dessus. Qu'entends-tu
par les plus forts ? demande-t-il. Sont-ce les meilleurs et
les plus puissants ? Dans la société, c'est le grand nombre
qui fait les lois; c'est donc lui le plus puissant. Or s'il
fait des lois contre l'injustice, c'est qu'il est persuadé
qu'il est plus mauvais de commettre l'injustice que de
la subir. Calliclès se reprend alors et, pressé par Socrate,
il définit successivement les plus forts par les meilleurs,
puis par les plus sages et enfin par les hommes qui s'entendent aux affaires publiques et qui sont courageux.
Ceux-ci doivent commander et avoir une plus grosse
part que les autres. — Ne doivent-ils pas commencer par
se commander à eux-mêmes et être tempérants ? — Au
contraire, répond Calliclès : pour être heureux, il faut
laisser prendre à ses passions tout l'accroissement possible
et les satisfaire ensuite. — Il s'ensuit, réplique Socrate, que,
quand on a la gale et qu'on peut se gratter à son aise,
on est heureux, et de même quand on satisfait les désirs
les plus honteux. Ta théorie suppose que l'agréable et le
bon sont identiques, ce qui n'est pas.

Il y a en effet des choses contraires entre elles qui ne
peuvent coexister ensemble dans le même sujet, comme
le bonheur et le malheur, la santé et la maladie : quand
la maladie vient par exemple, la santé s'en va et réciproquement. Si cela est vrai, il s'ensuit que les choses qui
peuvent se trouver ensemble dans le même objet, qui y
viennent et s'en retirent en même temps, ne peuvent pas
être les bonnes et les mauvaises, puisque le bien et le mal
s'excluent réciproquement. Or, quand on satisfait un désir,
la perception du plaisir est simultanée au besoin et par
conséquent à la peine que cause le désir. Le plaisir et la
peine coexistent ensemble, le bien et le mal, jamais. Le
plaisir et la peine diffèrent donc du bien et du mal.

Une autre preuve que l'agréable et le bon ne sont pas la même chose, c'est que le méchant jouit ou souffre des mêmes objets autant que le bon. Ainsi le lâche, à l'approche ou à la retraite de l'ennemi, ressent autant, peut-être même plus, d'anxiété ou de joie que le brave. Si l'agréable et le bon étaient identiques, le méchant serait aussi bon, parfois même meilleur que l'homme sage et tempérant.

Calliclès est battu, mais ne se rend pas. Crois-tu donc, réplique-t-il, que je ne sache pas qu'il y a des plaisirs meilleurs que d'autres ? Mais cet aveu va tourner à sa confusion, car admettre qu'il y a des plaisirs bons et des plaisirs mauvais, c'est admettre que les uns sont utiles et procurent du bien et que les autres sont nuisibles et font du mal. La conséquence est qu'il faut tout faire, même l'agréable en vue du bien, et non le bien en vue de l'agréable.

C'est d'après ce principe qu'il faut juger les diverses professions et en particulier la rhétorique. Certaines, comme la médecine, visent au bien; d'autres, comme la cuisine, l'art du joueur de flûte ou de cithare, celui du poète dithyrambique ou tragique ne visent qu'au plaisir, et par conséquent sont plus nuisibles qu'utiles. Telle est aussi la rhétorique, quand, au lieu de viser au bien, elle ne cherche qu'à plaire. Malheureusement c'est le seul but que nos orateurs se proposent; aucun d'eux ne cherche à rendre les citoyens meilleurs, et les plus célèbres, Miltiade, Thémistocle, Cimon, Périclès, ont corrompu le peuple au lieu de l'améliorer. Le véritable orateur doit faire comme l'artiste qui place tous ses matériaux dans un ordre propre à produire la beauté, il doit établir dans les âmes l'ordre et la règle, qui forment les hommes justes et tempérants.

Calliclès, à bout d'objections, refuse de répondre à ces vérités attachées et liées entre elles, selon l'expression de Socrate, par des raisons de fer et de diamant. Cependant, sur la prière de Gorgias, Socrate continue à poursuivre la discussion : il prie seulement Calliclès de l'arrêter, s'il n'est pas d'accord avec lui. Il résume d'abord la discussion jusqu'au point où elle était arrivée, la nécessité d'établir dans l'âme l'ordre et la règle, ce qui est l'œuvre de la tempérance. L'homme tempérant, poursuivit-il, s'acquittant de tous ses devoirs envers les hommes et envers les dieux, est juste et saint; il est aussi courageux, sans quoi il ne serait pas tempérant. La tempérance étant bonne, il est bon et par suite il est heureux, tandis que l'homme déréglé qui s'abandonne à ses passions est malheureux.

Le devoir de l'orateur est donc tout tracé : il doit chercher à rendre meilleurs la cité et les citoyens. C'est pour ne l'avoir pas fait que Périclès et les autres ont été condamnés. Ils se plaignent de l'ingratitude des peuples; ils ont tort. Aucun chef d'Etat ne peut être opprimé injustement par l'Etat qu'il gouverne. S'il est condamné, c'est qu'il n'a pas amélioré ses sujets, comme il le devait. Je suis peut-être, dit Socrate, le seul Athénien qui s'attache au véritable art politique, parce que seul je m'emploie à les convertir au bien. Je sais bien que, si je suis accusé un jour par un malhonnête homme, je ne pourrai me défendre en leur citant les plaisirs que je leur ai procurés. Cependant je ne serai point sans défense, comme le croit Calliclès. Ma meilleure défense sera de n'avoir jamais commis aucune injustice dans ma vie. Au reste, si je suis condamné, je mourrai de bonne grâce; car on ne craint pas la mort, quand on est pur de tout crime. C'est ce que je vais prouver par un récit que l'on pourra prendre pour une fable, mais que, pour ma part, je crois véritable.

Ici commence la quatrième partie du *Gorgias*. Après les trois discussions successives avec Gorgias, avec Polos et avec Calliclès, ce drame philosophique s'achève par un mythe.

Là où le raisonnement est impuissant, Platon a recours à la tradition populaire qu'il accommode à ses idées. C'est ainsi qu'il a exposé ce qu'il pense de notre survie dans l'autre monde à trois reprises différentes, ici et à la fin de *la République* et du *Phédon*. Semblables pour le fond, ces trois mythes présentent des divergences dans le détail. Voici celui du *Gorgias*. Une loi divine toujours existante veut que l'homme, après sa mort, aille aux îles Fortunées ou au Tartare. Au temps de Cronos il y avait des erreurs, et l'on voyait arriver aux îles Fortunées des âmes qui auraient dû être dirigées sur le Tartare ou vice versa. Ces abus venaient de ce que les hommes étaient jugés de leur vivant et tout habillés par des juges également vivants et couverts de vêtements, et de ce que les parents et amis de celui qui allait mourir venaient l'assister devant les juges et les induisaient en erreur par de fausses dépositions. Zeus fit cesser cet abus : il décida que les hommes seraient jugés tout nus après leur mort par des juges également morts et nus, ses trois fils Minos, Eaque et Rhadamanthe. Ces juges envoient les âmes des justes aux îles Fortunées pour y être récompensées et celles des coupables dans le Tartare pour y être punies; mais ici la punition diffère selon que les âmes coupables sont guérissables ou ne le sont pas. Pour les premières, la punition est temporaire et aboutit à l'amélioration de leur état moral; pour les autres, qui sont également des âmes de tyrans et de puissants chefs d'Etat, la punition est éternelle et sert d'exemple et d'avertissement pour détourner les autres du crime. Pensons donc à ce qui nous attend dans l'Hadès et tâchons de vivre et de mourir dans la pratique de la justice et des autres vertus.

Le résumé qu'on vient de lire montre quelle est l'ampleur du *Gorgias* et la diversité des points de vue d'où l'auteur envisage son sujet. Aussi, dès l'antiquité, on discutait sur le véritable but de l'ouvrage. D'après Olympiodore, dans son commentaire, les uns prétendaient que l'auteur n'avait en vue que la rhétorique, les autres qu'il traitait du juste et de l'injuste, d'autres encore que l'objet essentiel était le mythe qui couronne la discussion. Olympiodore lui-même croyait que le but du *Gorgias* était l'exposition des principes sur lesquels repose le bonheur public. En réalité le véritable sujet du *Gorgias* est, comme l'indique le sous-titre, la rhétorique. C'est de quoi traite uniquement la première partie, la discussion entre Socrate et Gorgias, qui aboutit à la définition de la rhétorique, ouvrière de persuasion. Mais comme cette persuasion porte sur le juste et l'injuste, il faut se rendre compte de ce que sont la justice et l'injustice. C'est l'objet de la deuxième partie, où Socrate établit contre Polos qu'il vaut mieux subir l'injustice que de la commettre et que le coupable doit expier sa faute, pour se délivrer du plus grand des maux, qui est la méchanceté de l'âme. Mais la question n'est pas épuisée, et il reste d'abord à combattre une théorie répandue par les sophistes, qui est la négation même de la justice. Cette théorie, qui oppose la nature à la loi, est défendue par Calliclès, qui soutient que la justice est une invention des faibles pour se protéger contre les forts, mais que la nature proclame que partout, chez les hommes comme chez les animaux, c'est au plus fort à commander et qu'il a le droit de prélever une part léonine sur les biens communs. Socrate lui remontre que, si les plus faibles font la loi, c'est qu'ils sont en réalité les plus forts et que par conséquent l'ordre légal et l'ordre naturel se rejoignent au lieu de se combattre. Il reste encore à démontrer que le puissant qui opprime les autres n'est point heureux, comme le croit Calliclès, qu'il est au contraire le plus malheureux des hommes, et que le bonheur ne peut venir aux cités comme aux individus que par la tempérance et la vertu. C'est pour avoir méconnu ces vérités que les politiques athéniens ont mal usé de la rhétorique : ils n'ont cherché qu'à plaire au peuple au lieu de l'améliorer. La véritable rhétorique n'a en vue que la justice et le bien. Ainsi tout se tient dans l'ouvrage et se ramène au véritable but que l'orateur doit assigner à sa parole. Il n'est pas jusqu'au mythe final qui ne se rattache étroitement au sujet. Socrate ayant établi que la violation de la justice exige une expiation, il ne laisse au coupable aucun espoir d'y échapper : s'il n'est pas puni dans ce monde, il le sera dans l'autre.

On a souvent fait remarquer avec quelle sévérité Platon juge la rhétorique et les orateurs athéniens. Sauf Aristide le juste, aucun ne trouve grâce devant lui. Périclès lui-même, dont il a fait un bel éloge dans le *Phèdre*, a, comme les autres, corrompu le peuple et il a été justement condamné. Ce jugement est d'une criante injustice et en contradiction complète avec celui que Thucydide a porté sur le grand homme d'Etat athénien *.

La rhétorique elle-même n'est pas mieux traitée que les orateurs ; elle est ravalée au niveau de la cuisine, et ne sert, dit-il, qu'à flatter les passions populaires. Il faut bien reconnaître que beaucoup d'orateurs en abusent pour gagner par la flatterie la faveur du peuple ; mais, comme le dit Gorgias, la rhétorique n'est pas responsable des abus qu'on en peut faire. Les abus se glissent dans tous les arts : ce n'est pas une raison de répudier les arts eux-mêmes.

D'où vient donc cette passion avec laquelle Platon attaque la rhétorique ? Il y en a des raisons générales et des raisons particulières. Platon était destiné par sa naissance et son éducation à prendre part au gouvernement de son pays, et la politique fut peut-être la plus grande préoccupation de toute sa vie. Mais le parti aristocratique auquel il appartenait s'était rendu odieux lors du gouvernement des Trente, où figuraient son cousin Critias et son oncle Charmide. D'un autre côté, la bassesse et la vénalité des démagogues répugnaient à la noblesse de son caractère et il ne se sentait pas fait pour lutter sur le terrain de la flatterie avec les orateurs sans scrupule qui avaient l'oreille du peuple. Son aversion pour eux fut encore augmentée par la condamnation de son maître vénéré, Socrate, dont le démagogue Anytos fut le principal auteur. On sent aux allusions répétées qu'il fait à la mort de Socrate qu'il n'attend rien de bon d'une démocratie assez injuste et aveugle pour mettre à mort le citoyen le plus vertueux et le plus dévoué aux véritables intérêts du peuple.

La violence de ses attaques contre la rhétorique s'explique aussi par un motif personnel. Platon venait de fonder l'Académie. Il renonçait dès lors à la politique active pour s'adonner à la philosophie. Le *Gorgias* fut le manifeste de la nouvelle école. Il s'agissait d'y attirer les jeunes gens que la rhétorique attirait seule. Elle régnait alors en maîtresse. Les sophistes d'un côté, les

---

* « Puissant par sa considération et son intelligence et manifestement inaccessible à la corruption, il contenait la multitude sans la contraindre et se laissait moins conduire par elle qu'il ne la conduisait lui-même, parce que, n'ayant point acquis sa puissance par des moyens illicites, il ne parlait pas pour lui complaire et que, grâce à son autorité personnelle, il lui résistait même avec colère. S'apercevait-il que les Athéniens s'abandonnaient à une audace intempestive, il la rabattait en les frappant de crainte ; si au contraire ils s'effrayaient sans motif, il les ramenait à la confiance. Le gouvernement était démocratique de nom : c'était en fait le gouvernement du premier citoyen. » (Thucydide, II, 65, 8-9.)

rhéteurs siciliens de l'autre se partageaient la faveur d'une
jeunesse à la fois curieuse d'une forme d'éducation supérieure et désireuse de se préparer à la carrière politique,
la seule qui convînt aux hommes de grande naissance. Il
fallait frapper l'attention de cette jeunesse, en rabais-
sant les maîtres chez lesquels elle s'empressait et en exal-
tant la supériorité de l'enseignement nouveau qui lui était
offert. C'est à quoi servit le *Gorgias*. Il annonçait que
Platon reprenait à son compte l'apostolat de Socrate, mais
avec des procédés nouveaux. Il ne se sentait pas fait pour
se mêler au peuple et endoctriner les individus dans la
rue ou sur la place publique, mais, à l'exemple des Pythagoriciens, il voulait grouper autour de lui des jeunes gens
bien doués et les former à la recherche de la vérité et de la
justice. C'est l'idéal nouveau qu'il opposait à l'enseignement des sophistes et des rhéteurs et, s'il s'acharne contre
eux jusqu'à méconnaître ce qu'ils avaient de bon, ses
exagérations s'expliquent en partie par le désir de faire
un coup d'éclat et d'attirer l'attention sur lui-même, et
sur son école. On a cru aussi que la polémique de Platon
avec les rhéteurs visait un rival particulier, Isocrate, qui
avait fondé, lui aussi, une école où il prétendait concilier
la rhétorique avec la philosophie : c'est lui qu'il aurait
attaqué sous le nom de Gorgias. On sait que l'attitude de
Platon à l'égard d'Isocrate a varié : il l'a loué dans le *Phèdre*,
il l'a critiqué dans l'*Euthydème*. Dans quels sentiments
était-il à son égard, quand il composa le *Gorgias*, nous
l'ignorons. Mais il est vraisemblable qu'en tranchant d'une
manière si absolue la démarcation entre la rhétorique et
la philosophie il entendait opposer son enseignement à
celui d'Isocrate. Peut-être même cette critique indirecte
fut-elle la cause qui changea leur sympathie mutuelle en
antipathie.

En dépit des exagérations et de quelques assertions
paradoxales, la valeur du *Gorgias* n'en est pas moins
très haute. L'idéal que nous offrent la personne et les idées
de Socrate, si passionnément attaché à la justice et à
la vertu, est d'une grandeur et d'une beauté qui emportent
l'admiration. Jamais moraliste n'a exalté la vertu avec
tant de conviction, de force et de simplicité sublime.
Et si la beauté du fond nous ravit, celle de la forme n'est
pas moins captivante. La composition du *Gorgias* est
ordonnée comme celle d'une pièce de théâtre en trois
actes de matière très variée, où l'intérêt et la vivacité du
débat croissent de l'un à l'autre, le tout couronné par un
monologue qui étend au-delà de la vie l'intérêt que la
justice a pour nous. Et les personnages de ce drame philosophique sont extrêmement originaux et vivants.

C'est d'abord Socrate qui met au service de la vérité
la puissance extraordinaire de sa réflexion, la subtilité
pénétrante de son esprit, l'abondance inépuisable de ses

arguments. Détaché de toute vanité, insoucieux des
opinions du vulgaire, il s'attache passionnément à la
justice. La perspective même d'une condamnation capitale ne trouble ni sa résolution de braver l'impopularité
ni le calme de son âme. Ce qui achève d'éclairer son
caractère, ce sont les arrêts qu'il fait au milieu de la
discussion, tantôt pour adoucir par quelque parole cour-
toise la déconvenue d'un interlocuteur, tantôt au contraire
pour rabattre l'impertinence d'un autre, tantôt pour
exposer sa méthode de discussion, en complète opposition
à celle des assemblées. C'est merveille de voir avec quelle
mesure et quelle justesse il traite chacun selon son mérite.
Déférent envers Gorgias, personnage vénérable, que sa
patrie a délégué en ambassade à Athènes, rhéteur illustre
et très considéré, il est beaucoup moins réservé avec le
jeune Polos qui l'impatiente par son étourderie. Enfin,
avec son hôte Calliclès il garde un calme ironique et une
patience qui font ressortir à merveille la mauvaise humeur
d'un adversaire mortifié d'être battu.

Gorgias de Léontium, en Sicile, le plus illustre des
maîtres de rhétorique, fut envoyé en ambassade à Athènes
par ses compatriotes en l'année ~ 427, deux ans après la mort
de Périclès. Son éloquence apprêtée fit une grande impression sur la jeunesse athénienne, et il eut de nombreux
disciples et imitateurs. Si l'on s'en rapporte à Platon, la
modestie n'était pas sa principale vertu. « Nous devons
t'appeler orateur, lui dit Socrate. — Et bon orateur,
Socrate, si tu veux m'appeler ce que je me glorifie d'être,
pour parler comme Homère. » Quand Socrate le prie de
répondre brièvement : « C'est encore une chose dont je
me flatte, dit-il, que personne ne saurait dire en moins de
mots les mêmes choses que moi. » En dépit de ces mouvements de vanité, communs d'ailleurs à tous les sophistes
de ce temps, Gorgias discute avec mesure et dignité, suit
de bonne grâce Socrate dans les détours de sa dialectique,
et sur la question de la rhétorique, c'est lui qui a raison
en reconnaissant que la rhétorique, comme toute chose,
est sujette aux abus, mais qu'elle n'est pas responsable
du mauvais usage que des orateurs malhonnêtes peuvent
en faire. La contradiction où le jette Socrate n'existe que
si l'on admet avec celui-ci qu'un homme qui sait la justice
ne sera jamais injuste, opinion sans cesse démentie par
l'expérience.

En introduisant après Gorgias deux autres interlocuteurs, Platon laissait à Socrate la possibilité de maltraiter
à son aise la rhétorique et les rhéteurs, sans s'attaquer
directement à l'illustre vieillard dont il avait à ménager la
susceptibilité. Le premier est Polos. Ce Polos, d'Agrigente,
était un disciple de Gorgias, dont il avait, au dire de
Philostrate, payé fort cher les leçons, car il était très riche.
Il est question de lui, avec d'autres sophistes célèbres,

dans le *Théagès*, 128 a et dans le *Phèdre*, 267 c. Il laissa
quelques écrits, entre autres un ouvrage intitulé les *Cor-
respondances* entre membres de phrase. Dès le début, plein
de confiance en lui-même, il s'offre à répondre à la place
de Gorgias fatigué, et il fait à Khairéphon une réponse
en termes alambiqués, qui sont sans doute une parodie de
sa manière. Dès qu'il est entré en scène pour succéder à
Gorgias, le ton de la discussion change. Polos est jeune
et tranchant et il intervient impétueusement en termes
provocants à l'égard de Socrate. Socrate, qui n'a pas à le
ménager, comme il ménageait Gorgias, lui réplique tantôt
avec une ironie piquante, tantôt avec une franchise brusque.
Mais Polos a beau traiter de haut les prétendus paradoxes
de Socrate, il finit par se rendre à ses arguments et
reconnaître qu'Archélaos, l'usurpateur scélérat, qu'il présentait comme le plus heureux des hommes, en est au
contraire le plus malheureux et que pratiquement la
rhétorique n'est d'aucun usage.

Jusqu'ici Calliclès, chez qui la réunion a lieu, s'est
contenté d'écouter avec une stupéfaction grandissante
l'argumentation de Socrate. Ce Calliclès, qui nous est
inconnu, était sans doute un de ces jeunes Athéniens
de famille riche que tentait la carrière politique et qui
s'y préparaient à l'école des sophistes et des rhéteurs.
Voyant Polos réduit au silence, il se précipite au secours
de la rhétorique. Il a appris des sophistes que la loi,
faite par les faibles contre les forts, ne mérite aucun respect, que les forts s'en affranchissent et tâchent de conquérir
le pouvoir pour être à même de satisfaire toutes leurs
passions. C'est ce que devrait faire un homme comme
Socrate, au lieu de perdre son temps à philosopher.
Socrate répond à ses exhortations par des compliments
ironiques, puis engage la discussion. Il a tôt fait de réfuter
les sophismes de Calliclès. Mais celui-ci n'est pas de ceux
qui reconnaissent leurs fautes ou leurs erreurs. Dès qu'il
se voit battu, il se met à railler, il traite d'arguties les
raisonnements de Socrate, il affecte de n'y rien comprendre,
il refuse même de répondre, ou, s'il continue à le faire,
c'est à la prière de Gorgias; encore ne le fait-il qu'en
rechignant; il prie à la fin Socrate de parler seul. L'attitude
de cet homme, si confiant en lui-même et si audacieux
dans son immoralité, est d'un comique achevé. On y voit
au naturel l'orgueil puéril d'un homme infatué qui s'obs-
tine à fermer les yeux à la raison et qui boude comme un
enfant pris en faute. Platon a donné dans la peinture de
ce caractère un éclatant exemple de ses hautes qualités
dramatiques.

Il est difficile de déterminer à quelle époque il faut
placer l'entretien qui fait l'objet du *Gorgias*. Ce n'est pas
qu'on manque ici d'allusions à des faits précis : c'est qu'il
y en a trop au contraire et qui conduisent à des conclusions

divergentes. 503 c : Calliclès demande à Socrate s'il n'a pas
entendu vanter le mérite de Périclès *mort récemment*. Or
Périclès mourut en ~ 429. 471 a-d : il est question de l'usur-
pation d'Archélaos. Or c'est en l'année ~ 413 qu'Archélaos
s'empara du trône de Macédoine. Ailleurs, 473 e, Socrate
rapporte qu'ayant à présider l'assemblée, il prêta à rire
par son inexpérience. Il semble bien qu'il s'agit du rôle
qu'il joua dans l'affaire des Arginuses en ~ 406. Enfin Calliclès et Socrate font tour à tour mention de Zèthos et
d'Amphion, personnages de l'*Antiope* d'Euripide, qui ne
fut jouée qu'à la fin de la guerre du Péloponnèse. Aussi
Stallbaum et d'autres placent l'entretien autour de ~ 405.
Mais comment Calliclès pouvait-il dire en ~ 405 que Périclès
était mort récemment ? D'autre part, Gorgias étant venu
à Athènes en ~ 427, n'est-il pas plus naturel de supposer que
c'est vers ~ 427, époque où il jouit à Athènes d'une vogue
extraordinaire, qu'eut lieu sa rencontre avec Socrate ?
Cette date pourrait s'accorder avec le conseil que Calliclès
donne à Socrate de changer de carrière (486 c) et d'abandonner la philosophie pour la politique. Ce conseil est au
contraire dérisoire, si le dialogue est placé en ~ 405, époque
où Socrate avait 64 ans. On ne change pas de carrière à cet
âge : on prend sa retraite. Contre cette date on objecte
les anachronismes ; mais, quand il pouvait en tirer quelque
effet littéraire ou philosophique, Platon n'éprouvait aucun
scrupule à en faire usage, témoin le *Ménexène*, où Socrate,
mort en ~ 399, prononce l'oraison funèbre des soldats
morts dans la guerre de Corinthe en ~ 396.

   Il serait plus important de savoir à quel moment de la
carrière de Platon le *Gorgias* fut composé. Les allusions
émouvantes à la mort future de Socrate ont fait croire que
Platon était encore sous l'impression plus ou moins voisine
de l'événement, quand il rédigea cet ouvrage. Stallbaum
en place la composition peu après la mort de Socrate ;
A. Croiset entre ~ 395 et ~ 390. Il est plus probable qu'il fut
composé en ~ 387, s'il est vrai qu'il soit, comme on le pense
aujourd'hui, le manifeste de la nouvelle école fondée par
Platon. Ainsi s'expliquent la violence de ses attaques
contre les écoles des rhéteurs rivales de la sienne et l'ardeur
avec laquelle il prône la vie philosophique. Au moment
où il renonce définitivement à la politique active où l'appelait sa naissance, il tient à justifier sa résolution, et c'est
aussi à ce dessein que répond le *Gorgias*.

GORGIAS

[ou **sur la Rhétorique,** *réfutatif*]

PERSONNAGES

CALLICLÈS, SOCRATE, KHAIRÉPHON, GORGIAS, POLOS

CALLICLÈS

I. — C'est à la guerre et à la bataille, Socrate, qu'il faut, dit le proverbe, prendre part comme vous faites.

SOCRATE

Est-ce que nous sommes, comme on dit, arrivés après la fête ? Sommes-nous en retard ?

CALLICLÈS

Oui, et après une fête délicieuse; car Gorgias vient de nous faire entendre une foule de belles choses.

SOCRATE

La faute en est, Calliclès, à Khairéphon que voici : il nous a fait perdre notre temps à l'agora.

KHAIRÉPHON

Cela ne fait rien, Socrate : je réparerai le mal. Gorgias est mon ami, et il nous fera la faveur de l'entendre tout de suite, si tu veux; une autre fois, si tu préfères.

CALLICLÈS

Que dis-tu, Khairéphon ? Socrate désire entendre Gorgias ?

KHAIRÉPHON

C'est juste pour cela que nous sommes venus.

CALLICLÈS

Eh bien, venez chez moi, quand vous voudrez. C'est

chez moi que Gorgias est descendu. Il vous donnera une séance.

SOCRATE

C'est bien aimable à toi, Calliclès. Mais consentira-t-il à causer avec nous ? Je voudrais savoir de lui quelle est la vertu de son art et en quoi consiste ce qu'il professe et enseigne. Pour le reste, il pourra, comme tu dis, nous donner une séance en une autre occasion.

CALLICLÈS

Il n'y a rien de tel, Socrate, que de l'interroger lui-même. C'était justement un des points de son exposition; car il invitait tout à l'heure ceux qui étaient céans à lui poser toutes les questions qu'il leur plaisait et il s'engageait à répondre à toutes.

SOCRATE

C'est parfait, cela. Interroge-le, Khairéphon.

KHAIRÉPHON

Que faut-il lui demander ?

SOCRATE

Ce qu'il est.

KHAIRÉPHON

Que veux-tu dire ?

SOCRATE

Si, par exemple, il était fabricant de chaussures, il te répondrait évidemment qu'il est cordonnier. Ne saisis-tu pas ce que je dis ?

KHAIRÉPHON

II. — Je saisis et je vais l'interroger. Dis-moi, Gorgias, ce que dit Calliclès est-il vrai, que tu t'engages à répondre à toutes les questions qu'on peut te poser ?

GORGIAS

C'est vrai, Khairéphon, et c'est justement à quoi je m'engageais tout à l'heure, et je puis dire que personne encore, depuis bien des années, ne m'a posé une question qui m'ait surpris.

KHAIRÉPHON

Tu n'auras donc pas de peine à répondre, Gorgias.

GORGIAS

Il ne tient qu'à toi, Khairéphon, d'en faire l'essai.

POLOS

Oui, par Zeus; mais, si tu le veux bien, Khairéphon, fais-le sur moi; car Gorgias doit être fatigué : il vient de tenir un long discours.

KHAIRÉPHON

Quoi donc! Polos, te flattes-tu de mieux répondre que Gorgias ?

POLOS

Qu'importe, si je te fais une réponse satisfaisante ?

KHAIRÉPHON

Il n'importe en rien, et, puisque tu le veux, réponds.

POLOS

Questionne.

KHAIRÉPHON

Voici ma question. Si Gorgias s'entendait à l'art que professe son frère Hérodicos [107], quel nom devrions-nous lui donner ? Le même qu'à son frère, n'est-ce pas ?

POLOS

Oui.

KHAIRÉPHON

En disant qu'il est médecin, nous parlerions donc correctement ?

POLOS

Oui.

KHAIRÉPHON

Et s'il était versé dans l'art d'Aristophon [108], fils d'Aglao-phon, ou de son frère, quel nom devrions-nous lui donner ?

POLOS

Celui de peintre évidemment.

KHAIRÉPHON

Mais, en fait, dans quel art est-il versé et quel nom devons-nous lui donner ?

POLOS

Khairéphon, il existe dans le monde beaucoup d'arts qu'à force d'expériences, l'expérience a découverts [109] : car l'expérience fait que notre vie est dirigée selon l'art, et l'inexpérience, au gré du hasard. De ces différents arts, les uns choisissent ceux-ci, les autres ceux-là, chacun à sa manière, et les meilleurs choisissent les meilleurs. Gorgias est de ce nombre et l'art qu'il possède est le plus beau.

SOCRATE

III. — Je vois, Gorgias, que Polos est merveilleusement entraîné à discourir; mais il ne fait pas ce qu'il a promis à Khairéphon.

GORGIAS

Comment cela, Socrate ?

SOCRATE

Il me semble qu'il ne répond pas exactement à ce qu'on lui demande.

GORGIAS

Eh bien, questionne-le, toi, si tu veux.

SOCRATE

Non, mais si tu veux bien me répondre toi-même, alors je t'interrogerai, toi, bien plus volontiers; car il est clair pour moi, d'après ce qu'il vient de dire, que Polos s'est plus exercé à ce qu'on appelle la rhétorique qu'au dialogue.

POLOS

Pourquoi cela, Socrate ?

SOCRATE

Parce que, Polos, Khairéphon t'ayant demandé dans quel art Gorgias est versé, tu fais l'éloge de son art, comme si on le critiquait, mais que tu n'as pas répondu en quoi il consistait.

POLOS

N'ai-je pas répondu que c'est le plus beau ?

SOCRATE

Sans doute; mais on ne te demande pas quelle est la qualité de l'art de Gorgias, mais ce qu'il est et quel nom il faut donner à Gorgias. Lorsque Khairéphon t'a proposé des exemples, tu lui as répondu avec justesse et brièveté. Fais de même à présent, et dis-nous quel est l'art de Gorgias et quel nom il faut lui donner à lui-même. Ou plutôt, Gorgias, dis-nous toi-même quel est l'art dont tu es maître et quel nom il faut te donner.

GORGIAS

Mon art est la rhétorique.

SOCRATE

Il faut donc t'appeler orateur [110].

GORGIAS

Et bon orateur, Socrate, si tu veux m'appeler ce que « je me glorifie d'être », pour parler comme Homère [111].

SOCRATE

Mais oui, je le veux.

GORGIAS

Appelle-moi donc ainsi.

SOCRATE

Ne dirons-nous pas aussi que tu es capable de communiquer ton art à d'autres ?

GORGIAS

Oui, je m'en fais fort, et non seulement ici, mais ailleurs aussi.

SOCRATE

Eh bien, consentirais-tu, Gorgias, à poursuivre l'entretien comme nous le faisons à présent, en alternant les questions et les réponses, et à remettre à une autre fois les longs discours que Polos a inaugurés ? Mais ne manque pas à ta promesse et réduis-toi à répondre brièvement à chaque question.

GORGIAS

Il y a des réponses, Socrate, qui exigent de longs développements. Cependant je tâcherai d'y mettre toute la brièveté possible. Car c'est encore une chose dont je me flatte, que personne ne saurait dire en moins de mots les mêmes choses que moi.

SOCRATE

C'est ce qu'il faut ici, Gorgias. Fais montre de ce talent dont tu te vantes, la brièveté; laisse les longs discours pour une autre occasion.

GORGIAS

C'est ce que je vais faire, et tu conviendras que tu n'as jamais entendu parler plus brièvement.

SOCRATE

IV. — Eh bien donc, puisque tu prétends être savant dans l'art de la rhétorique et capable de former des orateurs, dis-moi quel est l'objet particulier de la rhétorique. Par exemple, l'art du tisserand a pour objet la confection des habits, n'est-il pas vrai ?

GORGIAS

Oui.

SOCRATE

Et la musique la composition des chants ?

GORGIAS

Oui.

SOCRATE

Par Héra, Gorgias, j'admire tes réponses : on n'en saurait faire de plus courtes.

GORGIAS

Je crois en effet, Socrate, que je ne m'en acquitte pas mal.

SOCRATE

C'est juste. Réponds-moi donc de la même façon sur la rhétorique. De quel objet particulier est-elle la science ?

GORGIAS

Des discours.

SOCRATE

De quels discours, Gorgias ? Est-ce de ceux qui indiquent aux malades le régime qu'ils doivent suivre pour se rétablir ?

GORGIAS

Non.

SOCRATE

La rhétorique n'a donc pas pour objet tous les discours ?

GORGIAS

Assurément non.

SOCRATE

Cependant elle rend capable de parler.

GORGIAS

Oui.

SOCRATE

Et par conséquent aussi de penser sur les choses dont elle apprend à parler ?

GORGIAS

Cela va de soi.

SOCRATE

Mais la médecine, dont nous parlions tout à l'heure, ne met-elle pas en état de penser et de parler sur les malades ?

GORGIAS

Nécessairement.

SOCRATE

Par conséquent le médecine aussi, à ce qu'il paraît, a pour objet les discours.

GORGIAS

Oui.

SOCRATE

Ceux qui concernent les maladies ?

GORGIAS

Précisément.

SOCRATE

La gymnastique aussi a pour objet les discours relatifs à la bonne et à la mauvaise disposition des corps ?

GORGIAS

Assurément.

SOCRATE

Et il en est de même, Gorgias, des autres arts : chacun d'eux a pour objet les discours relatifs à la chose sur laquelle il s'exerce.

GORGIAS

Evidemment.

SOCRATE

Pourquoi donc n'appliques-tu pas le nom de rhétorique aux autres arts qui ont aussi pour objet les discours, puisque tu appelles rhétorique l'art qui se rapporte aux discours ?

GORGIAS

C'est que, Socrate, dans les autres arts, c'est à des travaux manuels et à des actes du même genre que se rapportent presque toutes les connaissances de l'artiste, tandis que la rhétorique ne comporte aucun travail des mains et que tous ses actes et tous ses effets sont produits par des discours. Voilà pourquoi je prétends que la rhétorique a pour objet les discours, et je soutiens que ma définition est exacte.

SOCRATE

V. — Je me demande si je comprends bien ce que tu entends par ce mot de rhétorique. Je le verrai plus claire-ment tout à l'heure. Réponds-moi : il existe des arts, n'est-ce pas ?

GORGIAS

Oui.

SOCRATE

Parmi tous ces arts, les uns, je crois, s'occupent surtout de la confection des objets et n'ont guère besoin du dis-cours, quelques-uns même n'en ont que faire; ils pour-raient même accomplir leur besogne en silence, comme il arrive pour la peinture, la sculpture et bien d'autres. Ce sont ceux-là, je suppose, que tu prétends n'avoir aucun rapport avec la rhétorique. N'est-ce pas vrai ?

GORGIAS

Tu saisis fort bien ma pensée, Socrate.

SOCRATE

Mais il en est d'autres qui n'exécutent rien que par la parole et qui n'ont, pour ainsi dire, besoin d'aucune action ou n'en exigent que très peu, comme l'arithmétique, le calcul, la géométrie, le trictrac et beaucoup d'autres, dont quelques-unes demandent autant de paroles que d'actions, mais la plupart davantage, si bien que les discours sont absolument leurs seuls moyens d'agir et de produire. C'est parmi ces derniers, ce me semble, que tu ranges la rhétorique ?

GORGIAS

C'est exact.

SOCRATE

Je ne pense pas néanmoins que tu veuilles donner le nom de rhétorique à aucun d'eux, bien qu'à s'en tenir à tes paroles, tu aies affirmé que l'art dont toute la force est dans la parole est la rhétorique et qu'on puisse te répondre, si l'on voulait ergoter sur les mots : « Alors c'est l'arithmétique, Gorgias, que tu appelles rhétorique ? » Mais je ne pense pas que tu appelles rhétorique ni l'arithmétique, ni la géométrie ?

GORGIAS

Tu ne te trompes pas, Socrate, et tu as raison de penser ainsi.

SOCRATE

VI. — Allons maintenant, c'est à toi d'achever la réponse à ma question. Puisque la rhétorique est un de ces arts qui relèvent surtout du discours et qu'il y en a d'autres dans le même cas, tâche d'expliquer à quoi se rapporte cette rhétorique qui agit par la parole. Si, par exemple, on me demandait à propos d'un quelconque de ces arts que je viens de nommer : « Qu'est-ce que l'arithmétique [112], Socrate ? » je répondrais, comme tu l'as fait tout à l'heure, que c'est un des arts qui s'exercent par la parole. Et si l'on me demandait en outre : « Par rapport à quoi ? » je répondrais : par rapport au pair et à l'impair et aux chiffres où l'un et l'autre peut monter. Pareillement, si l'on me demandait : « A quel art donnes-tu le nom de calcul ? » je répondrais que le calcul aussi est un des arts qui s'exercent uniquement par la parole, et, si l'on me demandait en outre : « Par rapport à quoi ? » je répondrais comme les rédacteurs des décrets dans l'assemblée du peuple : « Pour tout le reste [113] », le calcul est comme l'arithmétique, puisqu'il a rapport aux mêmes choses, le pair et l'impair ; mais le calcul en diffère en un point, c'est qu'il considère les valeurs numériques du pair et de l'impair, non seulement en elles-mêmes, mais encore dans leurs relations l'une avec l'autre. Et si l'on m'interrogeait sur l'astronomie, je dirais qu'elle aussi réalise son objet uniquement par la parole, et si l'on ajoutait : « Mais ces discours de l'astronomie, Socrate, à quoi se rapportent-ils ? » je répondrais que c'est au cours des astres, du soleil et de la lune et à leurs vitesses relatives.

GORGIAS

Et ce serait bien répondu, Socrate.

SOCRATE

Eh bien, maintenant, Gorgias, à ton tour. La rhétorique est justement un des arts qui accomplissent et
achèvent leur tâche uniquement au moyen de discours,
n'est-il pas vrai ?

GORGIAS

C'est vrai.

SOCRATE

Dis-moi donc à présent sur quoi portent ces discours.
Quelle est, entre toutes les choses de ce monde, celle dont
traitent ces discours propres à la rhétorique ?

GORGIAS

Ce sont les plus grandes de toutes les affaires humaines,
Socrate, et les meilleures.

SOCRATE

VII. — Mais, Gorgias, ce que tu dis là est sujet à discussion et n'offre encore aucune précision. Tu as sans
doute entendu chanter dans les banquets cette chanson
qui, dans l'énumération des biens, dit que le meilleur
est la santé, que le second est la beauté et que le troisième
est, selon l'expression de l'auteur de la chanson, la richesse
acquise sans fraude [114].

GORGIAS

Je l'ai entendue en effet, mais où veux-tu en venir ?

SOCRATE

C'est que tu pourrais bien être assailli tout de suite par
les artisans de ces biens vantés par l'auteur de la chanson,
le médecin, le pédotribe [115] et le financier, et que le médecin
le premier pourrait me dire : « Socrate, Gorgias te trompe.
Ce n'est pas son art qui a pour objet le plus grand bien
de l'humanité, c'est le mien. » Et si je lui demandais :
« Qui es-tu, toi, pour parler de la sorte ? » il me répondrait sans doute qu'il est médecin. — « Que prétends-tu
donc ? Que le produit de ton art est le plus grand des
biens ? » il me répondrait sans doute : « Comment le
contester, Socrate, puisque c'est la santé ? Y a-t-il pour
les hommes un bien plus grand que la santé ? »
Et si, après le médecin, le pédotribe à son tour me
disait : « Je serais, ma foi, bien surpris, moi aussi, Socrate,
que Gorgias pût te montrer de son art un bien plus grand
que moi du mien », je lui répondrais à lui aussi : « Qui
es-tu, l'ami, et quel est ton ouvrage ? — Je suis pédotribe, dirait-il, et mon ouvrage, c'est de rendre les hommes
beaux et robustes de corps. »
Après le pédotribe, ce serait, je pense, le financier qui
me dirait, avec un souverain mépris pour tous les autres :

« Vois donc, Socrate, si tu peux découvrir un bien plus grand que la richesse, soit chez Gorgias, soit chez tout autre. — Quoi donc! lui dirions-nous. Es-tu, toi, fabricant de richesse ? — Oui. — En quelle qualité ? — En qualité de financier. — Et alors, dirions-nous, tu juges, toi, que la richesse est pour les hommes le plus grand des biens ? — Sans contredit, dirait-il. — Voici pourtant, Gorgias, répondrions-nous, qui proteste que son art produit un plus grand bien que le tien. » Il est clair qu'après cela il demanderait : « Et quel est ce bien ? Que Gorgias s'explique. » Allons, Gorgias, figure-toi qu'eux et moi, nous te posons cette question. Dis-nous quelle est cette chose que tu prétends être pour les hommes le plus grand des biens et que tu te vantes de produire.

GORGIAS

C'est celle qui est réellement le bien suprême, Socrate, qui fait que les hommes sont libres eux-mêmes et en même temps qu'ils commandent aux autres dans leurs cités respectives.

SOCRATE

Que veux-tu donc dire par là ?

GORGIAS

Je veux dire le pouvoir de persuader par ses discours les juges au tribunal, les sénateurs dans le Conseil, les citoyens dans l'assemblée du peuple et dans toute autre réunion qui soit une réunion de citoyens. Avec ce pouvoir, tu feras ton esclave du médecin, ton esclave du pédotribe, et, quant au fameux financier, on reconnaîtra que ce n'est pas pour lui qu'il amasse de l'argent, mais pour autrui, pour toi qui sais parler et persuader les foules.

SOCRATE

VIII. — A présent, Gorgias, il me paraît que tu as montré d'aussi près que possible quelle est pour toi la rhétorique, et, si je comprends bien, ton idée est que la rhétorique est l'ouvrière de la persuasion et que tous ses efforts et sa tâche essentielle se réduisent à cela. Pourrais-tu en effet soutenir que son pouvoir aille plus loin que de produire la persuasion dans l'âme des auditeurs ?

GORGIAS

Nullement, Socrate, et tu me parais l'avoir bien définie, car telle est bien sa tâche essentielle.

SOCRATE

Ecoute-moi, Gorgias ; je veux que tu saches, comme j'en suis persuadé moi-même, que, s'il y a des gens qui en conversant ensemble soient jaloux de se faire une idée claire de l'objet du débat, je suis moi-même un de ceux-là, et toi aussi, je pense.

A quoi tend ceci, Socrate ?

Je vais te le dire : Cette persuasion dont tu parles, qui vient de la rhétorique, qu'est-elle au juste et sur quoi porte-t-elle ? Je t'avoue que je ne le vois pas bien nettement, bien que je soupçonne ce que tu penses et de sa nature et de son objet; mais je ne t'en demanderai pas moins quelle est, à ton jugement, cette persuasion produite par la rhétorique et à quels objets tu crois qu'elle s'applique. Quelle raison me pousse, alors que je devine ta pensée, à t'interroger, au lieu de l'exposer moi-même ? Ce n'est pas à cause de toi que je le fais; c'est en vue de notre discours, afin qu'il progresse de manière à nous faire voir sous le jour le plus clair l'objet dont nous discutons. Vois donc si je n'ai pas raison de t'interroger encore. Si, par exemple, je t'avais demandé dans quelle classe de peintres est Zeuxis [116] et que tu m'eusses répondu que c'est un peintre d'êtres animés, n'aurais-je pas été en droit de te demander quels êtres animés il peint ? N'est-ce pas vrai ?

Si.

Et cela, parce qu'il y a d'autres peintres qui peignent une foule d'autres figures animées que les siennes.

Oui.

Au lieu que, si Zeuxis était le seul qui en peignît, tu aurais bien répondu.

Assurément.

Eh bien, à propos de la rhétorique, dis-moi, crois-tu qu'elle soit seule à créer la persuasion ou si d'autres arts la produisent également ? Je m'explique. Quand on enseigne une chose, quelle qu'elle soit, persuade-t-on ce qu'on enseigne, oui ou non ?

Oui, Socrate, on le persuade très certainement.

Revenons maintenant aux arts dont nous parlions tout

à l'heure. L'arithmétique ne nous enseigne-t-elle pas ce qui se rapporte au nombre, ainsi que l'arithméticien ?

GORGIAS

Certainement.

SOCRATE

Donc elle persuade aussi.

GORGIAS

Oui.

SOCRATE

C'est donc aussi une ouvrière de persuasion que l'arithmétique ?

GORGIAS

Evidemment.

SOCRATE

Par conséquent, si l'on nous demande de quelle persuasion et à quoi elle s'applique, nous répondrons, je pense, d'une persuasion qui enseigne la grandeur du nombre, soit pair, soit impair. De même pour les autres arts que nous avons mentionnés tout à l'heure, nous pourrions montrer qu'ils produisent la persuasion, quel genre de persuasion et à propos de quoi. N'est-ce pas vrai ?

GORGIAS

Si.

SOCRATE

Par conséquent la rhétorique n'est pas la seule ouvrière de persuasion.

GORGIAS

Tu dis vrai.

SOCRATE

IX. — Puis donc qu'elle n'est pas la seule à produire cet effet et que d'autres arts en font autant, nous sommes en droit, comme à propos du peintre, de demander encore à notre interlocuteur de quelle persuasion la rhétorique est l'art et à quoi s'applique cette persuasion. Ne trouves-tu pas cette nouvelle question justifiée ?

GORGIAS

Si.

SOCRATE

Réponds-moi donc, Gorgias, puisque tu es de mon avis.

GORGIAS

Je dis, Socrate, que cette persuasion est celle qui se produit dans les tribunaux et dans les autres assemblées, ainsi que je l'indiquais tout à l'heure, et qu'elle a pour objet le juste et l'injuste.

SOCRATE

Je soupçonnais bien moi-même, Gorgias, que c'était cette persuasion et ces objets que tu avais en vue. Mais pour que tu ne sois pas surpris si dans un instant je te pose encore une question semblable sur un point qui paraît clair et sur lequel je veux néanmoins t'interroger, je te répète qu'en te questionnant je n'ai d'autre but que de faire progresser régulièrement la discussion et que je ne vise point ta personne. Il ne faut pas que nous prenions l'habitude, sous prétexte que nous nous devinons, d'anticiper précipitamment nos pensées mutuelles, et il faut que toi-même tu fasses ta partie à ta manière et suivant ton idée.

GORGIAS

Ta méthode, Socrate, me paraît excellente.

SOCRATE

Alors continuons et examinons encore ceci. Y a-t-il quelque chose que tu appelles savoir ?

GORGIAS

Oui.

SOCRATE

Et quelque chose que tu appelles croire ?

GORGIAS

Certainement.

SOCRATE

Te semble-t-il que savoir et croire, la science et la croyance, soient choses identiques et différentes ?

GORGIAS

Pour moi, Socrate, je les tiens pour différentes.

SOCRATE

Tu as raison, et je vais t'en donner la preuve. Si l'on te demandait : « Y a-t-il, Gorgias, une croyance fausse et une vraie ? » tu dirais oui, je suppose.

GORGIAS

Oui.

SOCRATE

Mais y a-t-il de même une science fausse et une vraie ?

GORGIAS

Pas du tout.

SOCRATE

Il est donc évident que savoir et croire ne sont pas la même chose.

GORGIAS

C'est juste.

SOCRATE

Cependant ceux qui croient sont persuadés aussi bien que ceux qui savent.

GORGIAS

C'est vrai.

SOCRATE

Alors veux-tu que nous admettions deux sortes de persuasion, l'une qui produit la croyance sans la science, et l'autre qui produit la science ?

GORGIAS

Parfaitement.

SOCRATE

De ces deux persuasions, quelle est celle que la rhétorique opère dans les tribunaux et les autres assemblées relativement au juste et à l'injuste ? Est-ce celle d'où naît la croyance sans la science ou celle qui engendre la science ?

GORGIAS

Il est bien évident, Socrate, que c'est celle d'où naît la croyance.

SOCRATE

La rhétorique est donc, à ce qu'il paraît, l'ouvrière de la persuasion qui fait croire, non de celle qui fait savoir relativement au juste et à l'injuste ?

GORGIAS

Oui.

SOCRATE

A ce compte, l'orateur n'est pas propre à instruire les tribunaux et les autres assemblées sur le juste et l'injuste, il ne peut leur donner que la croyance. Le fait est qu'il ne pourrait instruire en si peu de temps une foule si nombreuse sur de si grands sujets.

GORGIAS

Assurément non.

SOCRATE

X. — Allons maintenant, examinons la portée de nos opinions sur la rhétorique, car, pour moi, je n'arrive pas encore à préciser ce que j'en pense. Lorsque la cité convoque une assemblée pour choisir des médecins, des constructeurs de navires ou quelque autre espèce d'artisans, ce n'est pas, n'est-ce pas, l'homme habile à parler que l'on consultera ; car il est clair que, dans chacun de ces choix, c'est l'homme de métier le plus habile qu'il faut prendre. Ce n'est pas lui non plus que l'on consultera, s'il s'agit

de construire des remparts ou d'installer des ports ou des
arsenaux, mais bien les architectes. De même encore,
quand on délibérera sur le choix des généraux, l'ordre de
bataille d'une armée, l'enlèvement d'une place forte,
c'est aux experts dans l'art militaire qu'on demandera
conseil, et non aux experts dans la parole. Qu'en pense-
tu, Gorgias ? Puisque tu déclares que tu es toi-même
orateur et que tu es capable de former des orateurs, il
est juste que tu nous renseignes sur ce qui concerne ton
art. Sois persuadé qu'en ce moment moi-même je défends
tes intérêts. Peut-être en effet y a-t-il ici, parmi les assistants, des gens qui désirent devenir tes disciples. Je
devine qu'il y en a, et même beaucoup, mais qui peut-
être n'osent pas t'interroger. Figure-toi donc, lorsque je
te questionne, qu'ils te posent la même question que
moi : « Que gagnerons-nous, Gorgias, si nous suivons
tes leçons ? Sur quelles affaires serons-nous capables de
conseiller la cité ? Sera-ce uniquement sur le juste et
l'injuste ou aussi sur les sujets mentionnés tout à l'heure
par Socrate ? » Essaye donc de leur répondre.

GORGIAS

Oui, Socrate, je vais essayer de te dévoiler clairement
la puissance de la rhétorique dans toute son ampleur ; car
tu m'as toi-même fort bien montré la voie. Tu sais, je
pense, que ces arsenaux et ces remparts d'Athènes et
l'organisation de ses ports sont dus en partie aux conseils
de Thémistocle, en partie à ceux de Périclès, et non à
ceux des hommes de métier.

SOCRATE

C'est ce qu'on dit de Thémistocle, Gorgias. Quant à
Périclès, je l'ai entendu moi-même, quand il nous conseilla
la construction du mur intérieur [117].

GORGIAS

Et quand il s'agit de faire un de ces choix dont tu
parlais tout à l'heure, Socrate, tu vois que les orateurs
sont ceux qui donnent leur avis en ces matières et qui font
triompher leurs opinions.

SOCRATE

C'est aussi ce qui m'étonne, Gorgias, et c'est pourquoi
je te demande depuis longtemps quelle est cette puissance
de la rhétorique. Elle me paraît en effet merveilleusement
grande, à l'envisager de ce point de vue.

GORGIAS

XI. — Que dirais-tu, si tu savais tout, si tu savais qu'elle
embrasse pour ainsi dire en elle-même toutes les puis-
sances. Je vais t'en donner une preuve frappante. J'ai

souvent accompagné mon frère et d'autres médecins chez
quelqu'un de leurs malades qui refusait de boire une potion
ou de se laisser amputer ou cautériser par le médecin.
Or tandis que celui-ci n'arrivait pas à les persuader, je
l'ai fait, moi, sans autre art que la rhétorique. Qu'un
orateur et un médecin se rendent dans la ville que tu
voudras, s'il faut discuter dans l'assemblée du peuple
ou dans quelque autre réunion pour décider lequel des
deux doit être élu comme médecin, j'affirme que le
médecin ne comptera pour rien et que l'orateur sera
préféré, s'il le veut. Et quel que soit l'artisan avec lequel
il sera en concurrence, l'orateur se fera choisir préféra-
blement à tout autre ; car il n'est pas de sujet sur lequel
l'homme habile à parler ne parle devant la foule d'une
manière plus persuasive que n'importe quel artisan. Telle
est la puissance et la nature de la rhétorique.

Toutefois, Socrate, il faut user de la rhétorique comme
de tous les autres arts de combat. Ceux-ci en effet ne
doivent pas s'employer contre tout le monde indifféremment, et parce qu'on a appris le pugilat, le pancrace,
l'escrime avec des armes véritables, de manière à s'assurer la supériorité sur ses amis et ses ennemis, ce n'est
pas une raison pour battre ses amis, les transpercer et
les tuer. Ce n'est pas une raison non plus, par Zeus,
parce qu'un homme qui a fréquenté la palestre et qui
est devenu robuste et habile à boxer aura ensuite frappé
son père et sa mère ou tout autre parent ou ami, ce n'est
pas, dis-je, une raison pour prendre en aversion et chasser
de la cité les pédotribes et ceux qui montrent à combattre
avec des armes : car si ces maîtres ont transmis leur art à
leurs élèves, c'est pour en user avec justice contre les
ennemis et les malfaiteurs, c'est pour se défendre, et
non pour attaquer. Mais il arrive que les élèves, prenant
le contrepied, se servent de leur force et de leur art contre
la justice. Ce ne sont donc pas les maîtres qui sont méchants
et ce n'est point l'art non plus qui est responsable de ces
écarts et qui est méchant, c'est, à mon avis, ceux qui en
abusent.

On doit porter le même jugement de la rhétorique. Sans
doute l'orateur est capable de parler contre tous et sur
toute chose de manière à persuader la foule mieux que
personne, sur presque tous les sujets qu'il veut ; mais il
n'est pas plus autorisé pour cela à dépouiller de leur réputation les médecins ni les autres artisans, sous prétexte
qu'il pourrait le faire ; au contraire, on doit user de la
rhétorique avec justice, comme de tout autre genre de
combat. Mais si quelqu'un qui s'est formé à l'art oratoire,
abuse ensuite de sa puissance et de son art pour faire le
mal, ce n'est pas le maître, à mon avis, qu'il faut haïr
et chasser des villes ; car c'est en vue d'un bon usage qu'il
a transmis son savoir à son élève, mais celui-ci en fait un

usage tout opposé. C'est donc celui qui en use mal qui mérite la réprobation, l'exil et la mort, mais non le maître.

SOCRATE

XII. — J'imagine, Gorgias, que tu as, comme moi, assisté à bien des discussions et que tu y as remarqué une chose, c'est que les interlocuteurs ont bien de la peine à définir entre eux le sujet qu'ils entreprennent de discuter et à terminer l'entretien après s'être instruits et avoir instruit les autres. Sont-ils en désaccord sur un point et l'un prétend-il que l'autre parle avec peu de justesse ou de clarté, ils se fâchent et s'imaginent que c'est par envie qu'on les contredit et qu'on leur cherche chicane, au lieu de chercher la solution du problème a débattre. Quelques-uns même se séparent à la fin comme des goujats, après s'être chargés d'injures et avoir échangé des propos tels que les assistants s'en veulent à eux-mêmes d'avoir eu l'idée d'assister à de pareilles disputes.

Pourquoi dis-je ces choses ? C'est qu'en ce moment tu me parais exprimer des idées qui ne concordent pas tout à fait et ne sont pas en harmonie avec ce que tu as dit d'abord de la rhétorique. Aussi j'hésite à te réfuter : j'ai peur que tu ne te mettes en tête que, si je parle, ce n'est pas pour éclaircir le sujet, mais pour te chercher chicane à toi-même.

Si donc tu es un homme de ma sorte, je t'interrogerai volontiers; sinon, je m'en tiendrai là. De quelle sorte suis-je donc ? Je suis de ceux qui ont plaisir à être réfutés, s'ils disent quelque chose de faux, et qui ont plaisir aussi à réfuter les autres, quand ils avancent quelque chose d'inexact, mais qui n'aiment pas moins à être réfutés qu'à réfuter. Je tiens en effet qu'il y a plus à gagner à être réfuté, parce qu'il est bien plus avantageux d'être soi-même délivré du plus grand des maux que d'en délivrer autrui; car, à mon avis, il n'y a pour l'homme rien de si funeste que d'avoir une opinion fausse sur le sujet qui nous occupe aujourd'hui. Si donc tu m'affirmes être dans les mêmes dispositions que moi, causons; si au contraire tu es d'avis qu'il faut en rester là, restons-y et finissons la discussion.

GORGIAS

Mais moi aussi, Socrate, je me flatte d'être de ceux dont tu as tracé le portrait. Mais peut-être faudrait-il songer aussi à la compagnie. Bien avant votre arrivée, j'ai donné aux assistants une longue séance, et si nous continuons la discussion, elle nous entraînera peut-être un peu loin. Il faut donc aussi penser à eux et ne pas retenir ceux d'entre eux qui voudraient s'occuper d'autres affaires.

KHAIRÉPHON

XIII. — Vous entendez vous-mêmes, Gorgias et Socrate, le bruit que font ces messieurs, désireux de vous entendre parler. Pour moi, puissé-je n'avoir jamais d'affaire si pressante qu'il me faille quitter de pareils entretiens et de tels interlocuteurs et trouver plus d'avantage à faire autre chose!

CALLICLÈS

Par les dieux, Khairéphon, moi aussi, j'ai déjà assisté à bien des entretiens; mais je ne sais pas si j'y ai jamais goûté autant de plaisir qu'à présent. Aussi, dussiez-vous discuter tout le jour, moi, j'en serais charmé.

SOCRATE

Eh bien, Calliclès, je n'y mets pour ma part aucun obstacle, si Gorgias y consent.

GORGIAS

Il serait maintenant honteux pour moi, Socrate, de n'y pas consentir, quand j'ai déclaré moi-même que je répondrai à toutes les questions qu'on voudrait me poser. Si donc il plaît à la compagnie, reprends l'entretien et pose-moi les questions que tu voudras.

SOCRATE

Ecoute donc, Gorgias, ce qui me surprend dans tes discours. Peut-être avais-tu raison et t'ai-je mal compris. Tu es capable, dis-tu, de former un orateur, si l'on veut suivre tes leçons ?

GORGIAS

Oui.

SOCRATE

Et de le rendre propre, quel que soit le sujet, à gagner la foule, non en l'instruisant, mais en la persuadant ?

GORGIAS

Parfaitement.

SOCRATE

Tu disais tout à l'heure que, même en ce qui regarde la santé, l'orateur est plus habile à persuader que le médecin.

GORGIAS

Oui, au moins devant la foule.

SOCRATE

Devant la foule, c'est-à-dire devant ceux qui ne savent pas; car, devant ceux qui savent, l'orateur sera certainement moins persuasif que le médecin.

GORGIAS

C'est vrai.

SOCRATE

Si donc il doit être plus propre à persuader que le médecin, il sera plus persuasif que celui qui sait ?

GORGIAS

Certainement.

SOCRATE

Quoiqu'il ne soit pas médecin, n'est-ce pas ?

GORGIAS

Oui.

SOCRATE

Mais celui qui n'est pas médecin est sans doute ignorant dans les choses où le médecin est savant.

GORGIAS

C'est évident.

SOCRATE

Ainsi l'ignorant parlant devant des ignorants sera plus propre à persuader que le savant, si l'orateur est plus propre à persuader que le médecin. N'est-ce pas ce qui résulte de là, ou vois-tu une autre conséquence ?

GORGIAS

La conséquence est forcée, en ce cas du moins.

SOCRATE

Et si l'on considère tous les autres arts, l'orateur et la rhétorique n'ont-ils pas le même avantage ? La rhétorique n'a nullement besoin de connaître les choses en elles-mêmes, de manière à paraître aux yeux des ignorants plus savants que ceux qui savent.

GORGIAS

XIV. — N'est-ce pas une chose bien commode, Socrate, que de pouvoir, sans avoir appris d'autre art que celui-là, égaler tous les spécialistes ?

SOCRATE

Si l'orateur, en se bornant à cet art, est ou n'est pas l'égal des autres, c'est ce que nous examinerons tout à l'heure, si notre sujet le demande. Pour le moment, voyons d'abord si, par rapport au juste et à l'injuste, au laid et au beau, au bien et au mal, l'orateur est dans le même cas que relativement à la santé et aux objets des autres arts et si, sans connaître les choses en elles-mêmes et sans savoir ce qui est bien ou mal, beau ou laid, juste ou injuste, il a trouvé pour tout cela un moyen de per-

suasion qui le fasse paraître aux yeux des ignorants plus
savant, malgré son ignorance, que celui qui sait. Ou bien
est-il nécessaire de savoir et faut-il avoir appris ces choses
avant de venir à toi pour apprendre la rhétorique ? Sinon,
toi, qui es maître de rhétorique, sans enseigner aucune
de ces choses à celui qui vient à ton école, car ce n'est
pas ton affaire, feras-tu en sorte que devant la foule il
ait l'air de savoir tout cela, quoiqu'il ne le sache pas, et qu'il
paraisse honnête, quoiqu'il ne le soit pas ? Ou bien te
sera-t-il absolument impossible de lui enseigner la rhétorique, s'il n'a pas appris d'avance la vérité sur ces matières ?
Que faut-il penser de tout cela, Gorgias ? Au nom de
Zeus, dévoile-moi, comme tu l'as promis, il n'y a qu'un
instant, en quoi consiste enfin la puissance de la rhétorique.

GORGIAS

Mon avis à moi, Socrate, c'est que, s'il ignore ces
choses-là, il les apprendra, elles aussi, auprès de moi.

SOCRATE

Il suffit : voilà qui est bien parler. Pour que tu puisses
faire de quelqu'un un bon orateur, il est indispensable
qu'il connaisse ce que c'est que le juste et l'injuste, soit
qu'il l'ait appris avant, soit qu'il l'ait appris après à ton
école.

GORGIAS

Cela est certain.

SOCRATE

Mais quoi ? Celui qui a appris la charpenterie est-il
charpentier, ou non ?

GORGIAS

Il l'est.

SOCRATE

Et celui qui a appris la musique n'est-il pas musicien ?

GORGIAS

Si.

SOCRATE

Et celui qui a appris la médecine, médecin ? et le même
principe ne s'applique-t-il pas aux autres arts ? Celui qui a
appris un art n'est-il pas tel que le fait la connaissance de
cet art ?

GORGIAS

Si, certainement.

SOCRATE

A suivre ce principe, celui qui a appris la justice est
donc juste ?

GORGIAS

Sans aucun doute.

SOCRATE

Mais le juste fait des actions justes.

GORGIAS

Oui.

[SOCRATE

C'est donc une nécessité que l'homme formé à la rhétorique soit juste et que le juste veuille faire des actions
justes ?

GORGIAS

Apparemment.

SOCRATE

Donc le juste ne voudra jamais commettre une injustice.

GORGIAS

Il ne saurait le vouloir [118].]

SOCRATE

Or l'orateur, d'après notre raisonnement, est nécessairement juste.

GORGIAS

Oui.

SOCRATE

Par conséquent l'orateur ne voudra jamais commettre
une injustice.

GORGIAS

Il paraît que non.

SOCRATE

XV. — Maintenant te rappelles-tu avoir dit tout à
l'heure qu'il ne faut pas s'en prendre aux pédotribes ni
les chasser des cités, si le boxeur se sert de la boxe pour
faire du mal, et pareillement que, si l'orateur fait un
mauvais usage de la rhétorique, ce n'est pas le maître
qu'il faut accuser ni chasser de la cité, mais bien le coupable qui a fait un mauvais usage de la rhétorique ? As-tu
dit cela, oui ou non ?

GORGIAS

Je l'ai dit.

SOCRATE

Mais ne venons-nous pas de voir à l'instant que ce même
homme, l'orateur, est incapable de commettre jamais une
injustice ? N'est-ce pas vrai ?

GORGIAS

Si, évidemment.

SOCRATE

Mais au début de notre entretien, Gorgias, il a été dit
que la rhétorique avait pour objet les discours, non pas

ceux qui traitent du pair et de l'impair, mais ceux qui traitent du juste et de l'injuste, n'est-ce pas ?

Oui.

Quand je t'ai entendu affirmer cela, j'ai cru, moi, que la rhétorique ne saurait jamais être une chose injuste, puisque ses discours roulent toujours sur la justice. Mais quand peu après tu as dit que l'orateur pouvait aussi faire de la rhétorique un usage injuste, cela m'a surpris, et, considérant le désaccord qui était dans tes discours, j'ai fait cette déclaration, que, si tu croyais comme moi qu'il est avantageux d'être réfuté, il valait la peine de continuer la discussion ; qu'autrement, il fallait la laisser tomber. Puis, après examen, tu vois toi-même que nous reconnaissons au contraire que l'orateur ne peut user injustement de la rhétorique ni consentir à être injuste. Où est la vérité là-dedans ? Par le chien, Gorgias, nous aurons besoin d'une longue séance pour la discerner exactement.

XVI. — Quoi donc, Socrate ? As-tu réellement de la rhétorique l'opinion que tu viens d'exprimer ? T'imagines-tu, parce que Gorgias, par pudeur, t'a concédé que l'orateur connaît le juste, le beau et le bien, en ajoutant que, si l'on venait à lui sans connaître ces choses, il les enseignerait lui-même, et parce qu'à la suite de cette concession, il en est résulté peut-être quelque contradiction dans ses discours, ce dont tu t'applaudis après l'avoir engagé toi-même dans ces questions [119]... Car qui peux-tu croire qui avouera ne pas connaître lui-même le juste et ne pouvoir l'enseigner aux autres ? Il faut avoir bien mauvais goût pour amener la discussion sur un pareil terrain.

O charmant Polos, c'est justement pour cela que nous voulons avoir des camarades et des enfants : c'est pour que, quand, devenus vieux, nous faisons un faux pas, vous, les jeunes, vous vous trouviez là pour nous redresser dans nos actes et dans nos discours. Ainsi à présent, si Gorgias et moi avons fait un faux pas en discutant, tu es là pour nous redresser. Tu le dois. Pour ma part, si tu trouves que nous avons eu tort de nous mettre d'accord sur tel ou tel point, je te promets d'y revenir à ta fantaisie, à condition que tu prennes garde à une chose.

A quelle chose ?

A restreindre, Polos, la prolixité dont tu voulais user au début.

POLOS

Comment ! Je n'aurai pas le droit de parler aussi longuement qu'il me plaira ?

SOCRATE

Tu jouerais vraiment de malheur, excellent Polos, si, venant à Athènes, l'endroit de la Grèce où l'on a la plus grande liberté de parler, tu étais le seul à n'y pas jouir de ce droit. Mais mets-toi à ma place : si tu fais de longs discours sans vouloir répondre à mes questions, ne serai-je pas bien à plaindre à mon tour, s'il ne m'est pas permis de m'en aller sans t'écouter ? Cependant, si tu t'intéresses à la discussion que nous avons tenue et que tu veuilles la rectifier, reviens, comme je l'ai dit tout à l'heure, sur tel point qu'il te plaira, et, tantôt questionnant, tantôt questionné, comme nous avons fait, Gorgias et moi, réfute et laisse-toi réfuter. Tu prétends sans doute savoir les mêmes choses que Gorgias, n'est-ce pas ?

POLOS

Oui.

SOCRATE

Comme lui aussi, tu invites les gens à te poser toutes les questions qu'il leur plaît, étant sûr de savoir répondre ?

POLOS

Certainement.

SOCRATE

Eh bien, maintenant choisis ce qu'il te plaira, d'interroger ou de répondre.

POLOS

XVII. — C'est ce que je vais faire. Réponds-moi, Socrate. Puisque Gorgias te paraît embarrassé sur la nature de la rhétorique, dis-nous ce qu'elle est à ton sens.

SOCRATE

Me demandes-tu quelle sorte d'art elle est selon moi ?

POLOS

Oui.

SOCRATE

Je ne la tiens pas pour un art, Polos, à te dire le vrai.

POLOS

Mais alors pour quoi la tiens-tu ?

SOCRATE

Pour une chose dont tu prétends avoir fait un art dans le traité que j'ai lu dernièrement [120].

POLOS

Qu'entends-tu par là ?

SOCRATE

J'entends une sorte de routine.

POLOS

Ainsi, pour toi, la rhétorique est une routine.

SOCRATE

Oui, si tu n'as rien à m'objecter.

POLOS

Une routine appliquée à quoi ?

SOCRATE

A procurer une sorte d'agrément et de plaisir.

POLOS

Alors ne trouves-tu pas que c'est une belle chose que la rhétorique, si elle est capable de procurer du plaisir ?

SOCRATE

Voyons, Polos; m'as-tu déjà entendu expliquer ce que je crois qu'est la rhétorique, pour passer ainsi à la question suivante, à savoir si je ne la trouve pas belle ?

POLOS

Ne t'ai-je donc pas entendu dire que tu la tiens pour une sorte de routine ?

SOCRATE

Puisque tu attaches tant d'importance à faire plaisir, ne voudrais-tu pas me faire un petit plaisir, à moi ?

POLOS

Je veux bien.

SOCRATE

Alors demande-moi quelle sorte d'art est à mes yeux la cuisine.

POLOS

Je te le demande donc : quel art est la cuisine ?

SOCRATE

Ce n'est pas du tout un art, Polos.

POLOS

Qu'est-ce donc alors ? Dis-le.

SOCRATE

Je dis que c'est une espèce de routine.

POLOS

Appliquée à quoi ? Dis-le.

SOCRATE

Je dis : à procurer de l'agrément et du plaisir, Polos.

POLOS

Alors cuisine et rhétorique, c'est tout un ?

SOCRATE

Non pas, mais elles sont des parties de la même profession.

POLOS

De quelle profession veux-tu parler ?

SOCRATE

La vérité est peut-être un peu rude à dire, et j'hésite à la dire à cause de Gorgias. J'ai peur qu'il ne s'imagine que je veux jeter le ridicule sur sa profession. Je ne sais pas, moi, si la rhétorique que Gorgias professe est ce que j'ai en vue; car notre conversation de tout à l'heure ne nous a pas éclairés du tout sur ce qu'il en pense. Mais ce que, moi, j'appelle rhétorique, c'est une partie d'une chose qui n'est pas du tout belle.

GORGIAS

Quelle chose, Socrate ? Parle sans crainte de m'offenser.

SOCRATE

XVIII. — Eh bien, Gorgias, je crois que c'est une pratique qui n'a rien d'un art, mais qui demande un esprit sagace, viril et naturellement apte au commerce des hommes. Le fond de cette pratique est pour moi la flatterie. Elle me paraît comprendre plusieurs parties; la cuisine en est une. Celle-ci passe pour être un art; mais, à mon sens, elle n'en est pas un; c'est un empirisme et une routine. Parmi les parties de la flatterie, je compte aussi la rhétorique, la toilette et la sophistique. Il y en a quatre, qui se rapportent à quatre objets.

Si maintenant Polos veut m'interroger, qu'il le fasse; car je ne lui ai pas encore expliqué quelle partie de la flatterie est, selon moi, la rhétorique. Il ne s'est pas aperçu que je ne lui avais pas encore répondu sur ce point, et il persiste à me demander si je ne la trouve pas belle. Mais moi, je ne lui répondrai pas si je tiens la rhétorique pour belle ou laide, avant d'avoir répondu d'abord sur ce qu'elle est; car ce ne serait pas dans l'ordre, Polos. Demande-moi donc, si tu veux le savoir, quelle partie de la flatterie est, à mon avis, la rhétorique

POLOS

Soit, je te le demande : dis-moi quelle partie c'est.

SOCRATE

Comprendras-tu ma réponse ? A mon avis, la rhéto-rique est le simulacre d'une partie de la politique.

POLOS

Qu'entends-tu par là ? Veux-tu dire qu'elle est belle ou laide ?

SOCRATE

Je dis qu'elle est laide; car j'appelle laid ce qui est mauvais, puisqu'il faut te répondre comme si tu savais déjà ce que je veux dire.

GORGIAS

Par Zeus, Socrate, moi non plus, je ne comprends pas ton langage.

SOCRATE

Je n'en suis pas surpris; car je ne me suis pas encore expliqué clairement; mais Polos est jeune et vif.

GORGIAS

Eh bien, laisse-le là, et dis-moi comment tu peux sou-tenir que la rhétorique est le simulacre d'une partie de la politique.

SOCRATE

Je vais donc essayer d'expliquer ce qu'est à mes yeux la rhétorique. Si elle n'est pas ce que je crois, Polos me réfutera. Il y a sans doute quelque chose que tu appelles corps et quelque chose que tu appelles âme ?

GORGIAS

Sans contredit.

SOCRATE

Ne crois-tu pas qu'il y a pour l'un et l'autre un état qui s'appelle la santé ?

GORGIAS

Si.

SOCRATE

Et que cette santé peut n'être qu'apparente, et non réelle ? Voici ce que je veux dire. Beaucoup de gens qui paraissent avoir le corps en bon état ont une mauvaise santé, qu'il serait difficile de déceler à tout autre qu'un médecin ou un maître de gymnastique.

GORGIAS

C'est vrai.

SOCRATE

Je prétends qu'il y a de même dans le corps et dans l'âme quelque chose qui les fait paraître bien portants, quoiqu'ils ne s'en portent pas mieux pour cela.

GORGIAS

C'est juste.

SOCRATE

XIX. — Voyons maintenant si j'arriverai à t'expliquer plus clairement ce que je veux dire. Je dis que, comme il y a deux substances, il y a deux arts. L'un se rapporte à l'âme : je l'appelle politique. Pour l'autre, qui se rapporte au corps, je ne peux pas lui trouver tout de suite un nom unique; mais dans la culture du corps, qui forme un seul tout, je distingue deux parties, la gymnastique et la médecine. De même dans la politique je distingue la législation qui correspond à la gymnastique et la justice qui correspond à la médecine. Comme les arts de ces deux groupes se rapportent au même objet, ils ont naturellement des rapports entre eux, la médecine avec la gymnastique, la justice avec la législation, mais ils ont aussi des différences.

Il y a donc les quatre arts que j'ai dits, qui veillent au plus grand bien, les uns du corps, les autres de l'âme. Or la flatterie, qui s'en est aperçue, non point par une connaissance raisonnée, mais par conjecture, s'est divisée elle-même en quatre, puis, se glissant sous chacun des arts, elle se fait passer pour celui sous lequel elle s'est glissée. Elle n'a nul souci du bien et elle ne cesse d'attirer la folie par l'appât du plaisir; elle la trompe et obtient de la sorte une grande considération. C'est ainsi que la cuisine s'est glissée sous la médecine et feint de connaître les aliments les plus salutaires au corps, si bien que, si le cuisinier et le médecin devaient disputer devant des enfants ou devant des hommes aussi peu raisonnables que les enfants, à qui connaît le mieux, du médecin ou du cuisinier, les aliments sains et les mauvais, le médecin n'aurait qu'à mourir de faim. Voilà donc ce que j'appelle flatterie et je soutiens qu'une telle pratique est laide, Polos, car c'est à toi que s'adresse mon affirmation, parce que cette pratique vise à l'agréable et néglige le bien. J'ajoute que ce n'est pas un art, mais une routine, parce qu'elle ne peut expliquer la véritable nature des choses dont elle s'occupe ni dire la cause de chacune. Pour moi, je ne donne pas le nom d'art à une chose dépourvue de raison. Si tu me contestes ce point, je suis prêt à soutenir la discussion.

XX. — Ainsi donc, je le répète, la flatterie culinaire s'est recelée sous la médecine, et de même, sous la gymnastique, la toilette, chose malfaisante, décevante, basse, indigne d'un homme libre, qui emploie pour séduire les formes, les couleurs, le poli, les vêtements et qui fait qu'en recherchant une beauté étrangère, on néglige la beauté naturelle que donne la gymnastique. Pour être bref, je te dirai dans le langage des géomètres (peut-être alors me comprendras-tu mieux) que ce que la toilette est à la gymnastique, la cuisine l'est à la médecine, ou plutôt que ce que la toilette est à la gymnastique, la sophistique l'est à la législation, et que ce que la cuisine est à la médecine, la rhétorique l'est à la justice. Telles sont, je le répète, les différences naturelles de ces choses; mais comme elles sont voisines, sophistes et orateurs se confondent pêle-mêle sur le même terrain, autour des mêmes sujets, et ne savent pas eux-mêmes quel est au vrai leur emploi, et les autres hommes ne le savent pas davantage. De fait, si l'âme ne commandait pas au corps et qu'il se gouvernât lui-même, et si l'âme n'examinait pas elle-même et ne distinguait pas la cuisine et la médecine, et que le corps seul en jugeât en les appréciant sur les plaisirs qui lui en reviendraient, on verrait souvent le chaos dont parle Anaxagore, mon cher Polos, (car c'est là une chose que tu connais) : « toutes les choses seraient confondues pêle-mêle [121] », et l'on ne distinguerait pas celles qui regardent la médecine, la santé et la cuisine. Tu as donc entendu ce que je crois qu'est la rhétorique; elle correspond pour l'âme à ce qu'est la cuisine pour le corps.

Peut-être est-ce une inconséquence, à moi qui t'ai interdit les longs discours, de m'être étendu si longuement. Je mérite pourtant d'être excusé; car, quand j'ai parlé brièvement, tu ne m'as pas compris : tu ne savais rien tirer de mes réponses et il fallait te donner des explications. Si donc à mon tour, je ne vois pas clair dans tes réponses, tu pourras t'étendre, toi aussi. Si, au contraire, je les comprends, laisse-moi m'en contenter, c'est mon droit. Et maintenant, si tu peux faire quelque chose de ma réponse, à ton aise.

POLOS

XXI. — Que dis-tu donc ? Tu prétends que la rhétorique est flatterie ?

SOCRATE

J'ai dit seulement : une partie de la flatterie, Eh quoi! Polos, à ton âge, tu manques déjà de mémoire! Que feras-tu plus tard ?

POLOS

Alors, tu crois que les bons orateurs sont regardés dans les cités comme des flatteurs et, comme tels, peu considérés ?

SOCRATE

Est-ce une question que tu me poses ou un discours que tu entames ?

POLOS

C'est une question.

SOCRATE

Eh bien, je crois qu'ils ne sont pas considérés du tout.

POLOS

Comment pas considérés ? Ne sont-ils pas très puissants dans l'Etat ?

SOCRATE

Non, si tu entends que la puissance est un bien pour qui la possède.

POLOS

C'est bien ainsi que je l'entends.

SOCRATE

Eh bien, pour moi, les orateurs sont les moins puissants des citoyens.

POLOS

Comment ? Ne peuvent-ils pas, comme les tyrans, faire mettre à mort qui ils veulent, spolier et bannir qui leur plaît ?

SOCRATE

Par le chien, Polos, je me demande, à chaque mot que tu dis, si tu parles de ton chef et si tu exprimes ta propre pensée, ou si tu me demandes la mienne.

POLOS

Mais oui, je te demande la tienne.

SOCRATE

Soit, mon ami ; mais alors tu me poses deux questions à la fois.

POLOS

Comment, deux questions ?

SOCRATE

N'as-tu pas dit, ou à peu près, il n'y a qu'un instant, que les orateurs font périr ceux qu'ils veulent, comme les tyrans, qu'ils dépouillent et bannissent ceux qu'il leur plaît ?

POLOS

Si.

SOCRATE

XXII. — Eh bien, je dis que ce sont deux questions distinctes et je vais répondre à l'une et à l'autre. Je maintiens, moi, Polos, que les orateurs et les tyrans ont très peu de pouvoir dans les Etats, comme je le disais tout à l'heure, car ils ne font presque rien de ce qu'ils veulent, quoiqu'ils fassent ce qui leur paraît le meilleur.

POLOS

Eh bien, n'est-ce pas être puissant, cela ?

SOCRATE

Non, du moins d'après ce que dit Polos.

POLOS

Moi, je dis non ? Je dis oui au contraire.

SOCRATE

Non, par le ... [122], tu ne le dis pas, puisque tu as affirmé qu'un grand pouvoir était un bien pour celui qui le possède.

POLOS

Oui, je l'affirme, en effet.

SOCRATE

Crois-tu donc que ce soit un bien pour quelqu'un de faire ce qui lui paraît le meilleur, s'il est privé de raison, et appelles-tu cela être très puissant ?

POLOS

Non.

SOCRATE

Alors, tu vas me prouver que les orateurs ont du bon sens et que la rhétorique est un art, non une flatterie, par une réfutation en règle ? Mais, tant que tu ne m'auras pas réfuté, ni les orateurs qui font ce qui leur plaît dans les Etats, ni les tyrans ne posséderont de ce fait aucun bien; et cependant le pouvoir, d'après ce que tu dis, est un bien, tandis que faire ce qui vous plaît, quand on est dénué de bon sens, tu avoues toi-même que c'est un mal, n'est-ce pas ?

POLOS

Oui.

SOCRATE

Dès lors, comment les orateurs et les tyrans seraient-ils très puissants dans les Etats, si Socrate n'est point réfuté par Polos et convaincu qu'ils font ce qu'ils veulent ?

POLOS

Cet homme-là...

SOCRATE

Je soutiens qu'ils ne font pas ce qu'ils veulent : réfute-moi.

POLOS

Ne viens-tu pas d'accorder tout à l'heure qu'ils font ce qui leur paraît être le meilleur ?

SOCRATE

Je l'accorde encore à présent.

POLOS

Alors, ne font-ils pas ce qu'ils veulent ?

SOCRATE

Je le nie.

POLOS

Quand ils font ce qui leur plaît ?

SOCRATE

Oui.

POLOS

Tu tiens là des propos pitoyables, insoutenables, Socrate.

SOCRATE

Retiens ta rancœur, Polos de mon cœur [123], pour parler à ta manière. Si tu es capable de m'interroger, prouve-moi que je me trompe ; sinon, réponds toi-même.

POLOS

Je veux bien te répondre, afin de savoir enfin ce que tu veux dire.

SOCRATE

XXIII. — Crois-tu que les hommes, toutes les fois qu'ils agissent, veulent ce qu'ils font ou ce en vue de quoi ils le font ? Par exemple, ceux qui avalent une potion commandée par le médecin veulent-ils, à ton avis, ce qu'ils font, avaler une médecine désagréable, ou bien cette autre chose, la santé, en vue de laquelle ils prennent la potion ?

POLOS

Il est évident que c'est la santé qu'ils veulent.

SOCRATE

De même ceux qui vont sur mer ou se livrent à tout autre trafic ne veulent pas ce qu'ils font journellement ; car quel homme est désireux d'affronter la mer, les dangers, les embarras ? Ce qu'ils veulent, je pense, c'est la chose en vue de laquelle ils naviguent, la richesse ; car c'est pour s'enrichir qu'on navigue.

POLOS

C'est certain.

SOCRATE

N'en est-il pas de même pour tout ? Si l'on fait une chose en vue d'une fin, on veut, non pas ce qu'on fait, mais la fin en vue de laquelle on le fait.

POLOS

Oui.

SOCRATE

Et maintenant y a-t-il quoi que ce soit au monde qui ne soit bon ou mauvais ou entre les deux, ni bon ni mauvais ?

POLOS

Cela ne saurait être autrement, Socrate.

SOCRATE

Ne comptes-tu pas parmi les bonnes choses la sagesse, la santé, les richesses et toutes les autres semblables, et parmi les mauvaises celles qui sont le contraire ?

POLOS

Si.

SOCRATE

Et par les choses qui ne sont ni bonnes ni mauvaises n'entends-tu pas celles qui tiennent tantôt du bien, tantôt du mal, ou sont indifférentes, comme d'être assis, de marcher, de courir, de naviguer, ou encore comme la pierre, le bois et tous les objets du même genre ? N'est-ce pas, à ton avis, ces choses-là qui ne sont ni bonnes ni mauvaises, ou bien est-ce autre chose ?

POLOS

Non, ce sont bien celles-là.

SOCRATE

Et maintenant ces choses indifférentes, quand on les fait, les fait-on en vue des bonnes, ou les bonnes en vue des indifférentes ?

POLOS

Nul doute qu'on ne fasse les indifférentes en vue des bonnes.

SOCRATE

Ainsi, c'est le bien que nous poursuivons en marchant, quand nous marchons. Nous pensons que cela est mieux ainsi ; et, quand au contraire nous restons tranquilles, nous le faisons dans le même but, le bien, n'est-il pas vrai ?

POLOS

Oui.

SOCRATE

De même encore nous ne tuons, quand nous tuons, nous ne bannissons et ne dépouillons autrui que parce que nous sommes persuadés qu'il est meilleur pour nous de le faire que de ne pas le faire ?

POLOS

Certainement.

SOCRATE

C'est donc en vue du bien qu'on fait tout ce qu'on fait en ce genre.

POLOS

Je le reconnais.

SOCRATE

XXIV. — Ne sommes-nous pas tombés d'accord que, quand nous faisons une chose en vue d'une fin, ce n'est pas la chose que nous voulons, c'est la fin en vue de laquelle nous la faisons ?

POLOS

Certainement.

SOCRATE

Nous ne voulons donc pas égorger des gens, les exiler, les dépouiller de leurs biens par un simple caprice. Nous voulons le faire, lorsque cela nous est utile; si cela nous est nuisible, nous ne le voulons pas. Car c'est les biens, comme tu le déclares, que nous voulons; quant à ce qui n'est ni bon ni mauvais, nous ne le voulons pas, ni ce qui est mauvais non plus. Est-ce vrai ? Te paraît-il que j'ai raison, Polos, oui ou non ? Pourquoi ne réponds-tu pas ?

POLOS

Tu as raison.

SOCRATE

Puisque nous sommes d'accord là-dessus, si un homme, tyran ou orateur, en fait périr un autre, ou le bannit de la cité, ou lui ravit ses biens, croyant qu'il y trouvera son avantage, et qu'au contraire cela tourne à son préjudice, il fait bien alors ce qu'il lui plaît, n'est-ce pas ?

POLOS

Oui.

SOCRATE

Mais fait-il aussi ce qu'il veut, s'il se trouve que le résultat est mauvais ? Pourquoi ne réponds-tu pas ?

POLOS

Il ne me semble pas qu'il fasse ce qu'il veut.

SOCRATE

Dès lors est-il possible qu'un tel homme ait un grand pouvoir dans sa ville, s'il est vrai, comme tu l'admets, qu'un grand pouvoir soit un bien ?

POLOS

Non, cela n'est pas possible.

SOCRATE

J'avais donc raison de dire qu'un homme peut faire dans un Etat ce qu'il lui plaît sans posséder pour cela un grand pouvoir ni faire ce qu'il veut.

POLOS

Comme si toi-même, Socrate, tu n'aimerais pas mieux avoir la liberté de faire dans l'Etat ce qui te plairait que d'en être empêché, et comme si, en voyant un homme tuer, dépouiller, mettre aux fers qui il lui plairait, tu ne lui portais pas envie!

SOCRATE

Entends-tu qu'il agirait justement ou injustement ?

POLOS

De quelque manière qu'il agisse, ne serait-il pas enviable dans un cas comme dans l'autre ?

SOCRATE

Ne parle pas ainsi, Polos.

POLOS

Pourquoi donc ?

SOCRATE

Parce qu'il ne faut pas envier les gens qui ne sont pas enviables, non plus que les malheureux, mais les prendre en pitié.

POLOS

Quoi! Penses-tu que les gens dont je parle soient dans ce cas ?

SOCRATE

Comment n'y seraient-ils pas ?

POLOS

Alors quiconque tue qui il lui plaît, quand il le fait justement, te paraît être malheureux et digne de pitié ?

SOCRATE

Non pas, mais il ne me paraît pas enviable.

POLOS

Ne viens-tu pas de dire qu'il était malheureux ?

SOCRATE

Je l'ai dit en effet, camarade, de celui qui a tué injustement, et j'ai ajouté qu'il était digne de pitié. Quant à celui qui tue justement, je dis qu'il ne doit point faire envie.

POLOS

C'est sans doute celui qui meurt injustement qui est digne de pitié et malheureux ?

SOCRATE

Moins que celui qui le tue, Polos, et moins que celui qui meurt justement.

POLOS

Comment cela, Socrate ?

SOCRATE

Le voici : c'est que le plus grand des maux, c'est de commettre l'injustice.

POLOS

Commettre l'injustice, le plus grand des maux! N'en est-ce pas un plus grand de la subir ?

SOCRATE

Pas du tout.

POLOS

Ainsi toi, tu aimerais mieux subir l'injustice que la commettre ?

SOCRATE

Je ne voudrais ni de l'un ni de l'autre; mais s'il me fallait absolument commettre l'injustice ou la subir, je préférerais la subir plutôt que de la commettre.

POLOS

Alors toi, tu n'accepterais pas d'être tyran ?

SOCRATE

Non, si tu as de la tyrannie la même idée que moi.

POLOS

L'idée que j'en ai, moi, je le répète, c'est qu'elle permet de faire tout ce qu'on veut dans l'Etat, tuer, exiler, et tout faire selon son bon plaisir.

SOCRATE

XXV. — Bienheureux Polos, laisse-moi parler; tu me critiqueras à ton tour. Supposons qu'à l'heure où la place publique est pleine de monde, tenant un poignard sous mon aisselle, je vienne te dire : « Polos, je viens d'acquérir un pouvoir merveilleux égal à celui d'un tyran : si je décide qu'un de ces hommes que tu vois doit mourir sur-le-champ, cet homme sera mort, aussitôt mon arrêt donné; et si je décide qu'il faut casser la tête à l'un d'eux, il l'aura cassée immédiatement; qu'il faut lui déchirer son habit, son habit sera déchiré, tant ma puissance est grande dans la cité. » Si, voyant que tu ne me crois pas, je te montrais mon poignard, tu me dirais peut-être alors : « A ce compte, Socrate, tout le monde pourrait être puissant, puisqu'on pourrait de la même façon, incendier la maison qu'on voudrait, les arsenaux et les trières des Athéniens et tous les bateaux marchands de l'Etat et des particuliers. » Mais alors ce n'est pas avoir un grand pouvoir que de faire ce qui vous plaît. Que t'en semble ?

POLOS

Dans ces conditions-là, certainement non.

SOCRATE

Peux-tu me dire ce que tu reproches à un semblable pouvoir ?

POLOS

Oui.

SOCRATE

Qu'est-ce donc ? Parle.

POLOS

C'est que nécessairement, si l'on agit ainsi, on sera puni.

SOCRATE

Etre puni, n'est-ce pas un mal ?

POLOS

Il est certain que si.

SOCRATE

Donc, étonnant jeune homme, tu en reviens à juger qu'on a un grand pouvoir, lorsque, faisant son caprice, on y trouve son avantage et que cela est un bien. Voilà, semble-t-il, ce qu'est un grand pouvoir : hors de là, il n'y a que mal et faiblesse. Mais examinons encore ceci : ne reconnaissons-nous pas qu'il vaut mieux parfois faire ce que nous venons de dire, tuer, bannir, dépouiller les gens, et parfois n'en rien faire ?

POLOS

Certainement.

SOCRATE

Sur ce point-là, semble-t-il, nous sommes d'accord, toi et moi ?

POLOS

Oui.

SOCRATE

Dans quel cas, selon toi, vaut-il mieux commettre ces actes ? Dis-moi comment tu en fais la démarcation.

POLOS

Non, Socrate; réponds toi-même à ta question.

SOCRATE

Eh bien, Polos, puisque tu préfères m'écouter, je dis
que cela vaut mieux, quand on fait un de ces actes avec
justice, et que c'est mauvais, si l'acte est injuste.

POLOS

XXVI. — Belle difficulté vraiment, Socrate, de te réfuter! Un enfant même te prouverait que tu es dans l'erreur.

SOCRATE

J'aurais beaucoup de reconnaissance à cet enfant, et
j'en aurai autant pour toi, si tu me réfutes et me débarrasses
de ma niaiserie. Ne te lasse donc pas d'obliger un homme
qui t'aime, et réfute-moi.

POLOS

Pour te réfuter, Socrate, on n'a nul besoin de prendre
des exemples dans le passé : ceux d'hier et d'aujourd'hui
suffisent pour te convaincre d'erreur et te démontrer que
les gens injustes sont souvent heureux.

SOCRATE

De quels exemples parles-tu ?

POLOS

Tu vois bien sans doute Archélaos [124], fils de Perdiccas,
régner aujourd'hui en Macédoine ?

SOCRATE

Si je ne le vois pas, j'en ai du moins entendu parler.

POLOS

Eh bien, te paraît-il heureux ou malheureux ?

SOCRATE

Je n'en sais rien, Polos : je ne me suis pas encore
rencontré avec lui.

POLOS

Quoi donc ? tu le saurais, si tu t'étais rencontré avec lui,
et, d'ici même, tu ne peux pas savoir autrement qu'il est
heureux?

SOCRATE

Non, par Zeus, non.

POLOS

Alors on peut être sûr, Socrate, que, du grand roi lui-
même, tu vas dire que tu ignores s'il est heureux.

SOCRATE

Et je dirai la vérité ; car je ne sais pas où il en est sous le rapport de l'instruction et de la justice.

POLOS

Eh quoi ! est-ce uniquement en cela que consiste le bonheur ?

SOCRATE

Oui, selon moi, Polos ; car je prétends que quiconque est honnête, homme ou femme, est heureux, et quiconque est injuste et méchant, malheureux.

POLOS

Alors cet Archélaos est malheureux, d'après la thèse que tu soutiens ?

SOCRATE

Oui, mon ami, s'il est injuste.

POLOS

Et comment ne serait-il pas injuste ? Il n'avait aucun droit au trône qu'il occupe aujourd'hui, étant né d'une femme qui était esclave d'Alkétès, frère de Perdiccas. Selon la justice, il était l'esclave d'Alkétès et, s'il avait voulu observer la justice, il servirait Alkétès et serait heureux d'après ce que tu prétends, au lieu qu'aujourd'hui le voilà prodigieusement malheureux, puisqu'il a commis les plus grands forfaits. Tout d'abord il fit venir cet Alkétès, son maître et son oncle, pour lui rendre, di-sait-il, le trône dont Perdiccas l'avait dépouillé ; il le reçut chez lui et l'enivra profondément, lui et son fils Alexandre, qui était son propre cousin et à peu près du même âge que lui ; puis, les mettant dans un chariot, il les emmena, les égorgea et les fit disparaître tous les deux. Ce crime accompli, il ne s'aperçut pas qu'il était devenu le plus malheureux des hommes et il n'éprouva aucun remords. Peu de temps après, il s'en prit à son frère, le fils légitime de Perdiccas, un enfant d'environ sept ans, à qui le pouvoir appartenait de droit. Au lieu de consentir à se rendre heureux en l'élevant comme il le devait et en lui rendant le pouvoir, il le jeta dans un puits, le noya puis dit à sa mère Cléopâtre qu'en poursuivant une oie il était tombé dans le puits et qu'il y était mort. Aussi, maintenant qu'il est l'homme le plus criminel de Macé-doine, il est le plus malheureux de tous les Macédoniens, loin qu'il en soit le plus heureux, et peut-être y a-t-il plus d'un Athénien, à commencer par toi, qui préférerait la condition de n'importe quel autre Macédonien à celle d'Archélaos.

SOCRATE

XXVII. — Dès le commencement de cet entretien,

Polos, je t'ai fait compliment en te voyant bien dressé
à la rhétorique, mais je t'ai dit que tu avais négligé le
dialogue. Et maintenant est-ce là ce fameux raisonnement par lequel un enfant même me réfuterait et suis-je
à présent convaincu par toi et par ton raisonnement que
j'ai tort de soutenir que l'homme injuste n'est pas
heureux ? Comment serais-je convaincu, mon bon, puisque
je ne suis d'accord avec toi sur aucune de tes assertions ?

POLOS

C'est que tu y mets de la mauvaise volonté, car au
fond tu penses comme moi.

SOCRATE

Bienheureux Polos, tu essayes de me réfuter avec des
preuves d'avocat, comme on prétend le faire dans les
tribunaux. Là, en effet, les avocats croient réfuter leur
adversaire quand ils produisent à l'appui de leur thèse
des témoins nombreux et considérables et que leur adversaire n'en produit qu'un seul ou pas du tout. Mais cette
manière de réfuter est sans valeur pour découvrir la
vérité, car on peut avoir contre soi les fausses dépositions
de témoins nombreux et réputés pour sérieux. Et dans
le cas présent, sur ce que tu dis, presque tous les Athéniens et les étrangers seront du même avis que toi, si tu
veux produire des témoins pour attester que je ne dis pas
pas la vérité. Tu feras déposer en ta faveur, si tu le désires,
Nicias, fils de Nicératos, et avec lui ses frères, dont on voit
les trépieds placés à la file dans le sanctuaire de Dionysos [125];
tu feras déposer, si tu veux, Aristocratès [126], fils de Skellios,
de qui vient cette belle offrande qu'on voit à Pythô, et,
si tu veux encore, la maison entière de Périclès, ou telle
autre famille d'Athènes qu'il te plaira de choisir.

Mais moi, quoique seul, je ne me rends pas ; car tu ne
me convaincs pas ; tu ne fais que produire contre moi
une foule de faux témoins pour me déposséder de mon
bien et de la vérité. Moi, au contraire, si je ne te produis
pas toi-même, et toi seul, comme témoin, et si je ne te
fais pas tomber d'accord de ce que j'avance, j'estime
que je n'ai rien fait qui vaille pour résoudre la question
qui nous occupe, et que tu n'as rien fait non plus, si je
ne témoigne pas moi-même, et moi seul, en ta faveur et
si tu ne renvoies pas tous ces autres témoins. Il y a donc
une manière de réfuter, telle que tu la conçois, toi et bien
d'autres ; mais il y en a une autre, telle que je la conçois
de mon côté. Comparons-les donc et voyons si elles
diffèrent entre elles. Car les objets dont nous contestons ne
sont pas de petite conséquence et l'on peut dire qu'il n'y
en a point qu'il soit plus beau de connaître et plus honteux
d'ignorer, puisqu'en somme il s'agit de savoir ou d'ignorer
qui est heureux et qui ne l'est pas. Ainsi tout d'abord

sur le point qui nous occupe, tu es d'avis qu'on peut être heureux quand on fait le mal et qu'on est injuste, puisque tu crois qu'Archélaos est heureux en dépit de ses crimes. Ne devons-nous pas croire que telle est ta manière de voir ?

POLOS

Si, absolument.

SOCRATE

XXVIII. — Et moi, je soutiens que c'est impossible. C'est le premier point sur lequel nous sommes en désaccord. Passons à l'autre : un homme injuste sera-t-il heureux, s'il vient à être puni et châtié ?

POLOS

Pas du tout; en ce cas, il sera très malheureux.

SOCRATE

Alors, s'il n'est pas puni, il sera heureux, à ton compte ?

POLOS

Assurément.

SOCRATE

Et moi, je pense, Polos, que l'homme qui commet une injustice et qui porte l'injustice dans son cœur est malheureux en tous les cas, et qu'il est plus malheureux encore s'il n'est point puni et châtié de son injustice, mais qu'il l'est moins, s'il la paye et s'il est puni par les dieux et par les hommes.

POLOS

Tu nous débites là, Socrate, d'étranges paradoxes.

SOCRATE

Je vais essayer, camarade, de te faire partager mon sentiment; car je te considère comme un ami. En fait, les points sur lesquels nous sommes en désaccord sont les suivants. Vois toi-même. J'ai dit précédemment que commettre l'injustice était un plus grand mal que la subir.

POLOS

C'est vrai.

SOCRATE

Et toi, que c'est un plus grand mal de la subir.

POLOS

Oui.

SOCRATE

J'ai dit aussi que ceux qui agissent injustement étaient malheureux, et tu m'as réfuté.

POLOS

Oui, par Zeus.

SOCRATE

Tu le crois du moins, toi, Polos.

POLOS

Et j'ai raison de le croire.

SOCRATE

C'est fort possible. Mais toi, de ton côté, tu soutenais que ceux qui agissent injustement sont heureux, s'ils échappent au châtiment.

POLOS

Parfaitement.

SOCRATE

Et moi, je dis que ce sont les plus malheureux et que ceux qui payent la peine de leurs fautes le sont moins. Veux-tu aussi réfuter ce point ?

POLOS

Ah! Socrate, il est encore plus difficile à réfuter que le précédent!

SOCRATE

Ne dis pas difficile, Polos, mais impossible; car on ne réfute jamais la vérité.

POLOS

Que dis-tu là ? Voici un scélérat qu'on surprend dans un attentat pour s'emparer de la tyrannie et qui, arrêté, est mis à la torture; on le châtie, on lui brûle les yeux, on le mutile atrocement de cent autres façons et il voit infliger les mêmes traitements à ses enfants et à sa femme; à la fin on le met en croix, on l'enduit de poix et on le brûle tout vif; et cet homme-là serait plus heureux que s'il s'était échappé, avait conquis la tyrannie et, maître de sa ville, passait toute sa vie à satisfaire ses caprices, objet d'envie et d'admiration pour ses concitoyens et pour les étrangers! C'est cela que tu donnes pour impossible à réfuter ?

SOCRATE

XXIX. — C'est encore un épouvantail que tu me présentes, mon brave Polos; ce n'est pas une réfutation, pas plus que tout à l'heure, quand tu produisais tes témoins. Quoi qu'il en soit, rafraîchis-moi la mémoire sur un détail. Tu as bien dit : « Supposons qu'il veuille injustement s'emparer de la tyrannie ? »

POLOS

Oui.

SOCRATE

Cela étant, aucun des deux ne sera jamais plus heureux

que l'autre, ni celui qui a réussi injustement à s'emparer
de la tyrannie, ni celui qui est livré au châtiment ; car de
deux malheureux, ni l'un ni l'autre ne saurait être le plus
heureux ; mais le plus malheureux des deux est celui qui a
échappé et qui est devenu tyran. Qu'est-ce que cela
signifie, Polos ? Tu ricanes ? Est-ce là encore une nouvelle
manière de réfuter, que de se moquer de ce qu'on dit,
sans alléguer aucune raison ?

POLOS

Ne crois-tu pas être entièrement réfuté, Socrate, quand
tu avances des choses que personne au monde ne saurait
soutenir ? Interroge plutôt un quelconque des assistants.

SOCRATE

Je ne suis pas du nombre des politiques, Polos, et, l'an
passé, ayant été désigné par le sort pour être sénateur,
quand ma tribu exerça la prytanie et qu'il me fallut
mettre aux voix la question, je prêtai à rire et ne sus pas
m'y prendre [127]. Ne me parle donc pas non plus aujour-
d'hui de faire voter les assistants et, si tu n'as pas de
meilleure preuve que leur témoignage, laisse-moi prendre
ta place, comme je te l'ai proposé tout à l'heure, et fais
l'expérience de l'argumentation telle qu'elle doit être à
mon avis. Pour moi, je ne sais produire, en faveur de mes
assertions, qu'un seul témoin, celui-là même avec qui je
discute, et je ne tiens pas compte du grand nombre. Je
sais faire voter un témoin unique, mais je ne discute point
avec le grand nombre. Vois donc si tu consens à me laisser
conduire à mon tour l'argumentation et à répondre à
mes questions. Je suis convaincu, moi, que, toi et moi et
tous les hommes, nous pensons tous que c'est un plus
grand mal de commettre l'injustice que de la subir et de
n'être pas puni que de l'être.

POLOS

Et moi, je soutiens que ni moi, ni aucun autre homme
n'est de cet avis. Toi-même, aimerais-tu mieux subir
l'injustice que de la commettre ?

SOCRATE

Oui, et toi aussi, et tout le monde.

POLOS

Tant s'en faut ; ni moi, ni toi, ni personne au monde.

SOCRATE

Ne veux-tu pas me répondre ?

POLOS

Certainement si, car je suis curieux de savoir ce que
tu pourras dire.

SOCRATE

Si tu veux le savoir, réponds-moi alors, comme si je commençais à t'interroger. Quel est, selon toi, Polos, le plus grand mal, de faire une injustice ou de la subir ?

POLOS

Selon moi, de la subir.

SOCRATE

Et quel est le plus laid ? est-ce de la commettre ou de la subir ? Réponds.

POLOS

De la commettre.

SOCRATE

XXX. — C'est donc aussi un plus grand mal, puisque c'est plus laid.

POLOS

Pas du tout.

SOCRATE

J'entends : tu ne crois pas, à ce que je vois, que le beau et le bon, le mauvais et le laid soient la même chose.

POLOS

Non certes.

SOCRATE

Mais que vas-tu dire à ceci ? Toutes les belles choses, corps, couleurs, figures, sons, occupations, est-ce sans motif que tu les appelles belles ? Par exemple, pour commencer par les beaux corps, ne dis-tu pas qu'ils sont beaux, ou bien en raison de l'usage en vue duquel ils servent, ou en raison d'un plaisir particulier que leur aspect cause à ceux qui les regardent ? En dehors de ces raisons, en as-tu quelque autre qui te fasse dire qu'un corps est beau ?

POLOS

Non, je n'en ai pas.

SOCRATE

N'en est-il pas de même de toutes les autres belles choses, des figures et des couleurs ? N'est-ce pas à cause d'un certain plaisir ou de leur utilité ou des deux à la fois que tu les appelles belles ?

POLOS

Si.

SOCRATE

N'en est-il pas de même aussi pour les sons et tout ce qui regarde la musique ?

POLOS

Si.

SOCRATE

De même encore, parmi les lois et les occupations, celles qui sont belles ne le sont certainement pas pour d'autres raisons que leur utilité, ou leur agrément, ou les deux à la fois.

POLOS

Apparemment.

SOCRATE

N'en est-il pas aussi de même de la beauté des sciences ?

POLOS

Sans contredit, et tu viens de donner du beau une excellente définition, en le définissant par l'agréable et le bon [128].

SOCRATE

Le laid, alors, se définira bien par les contraires, le douloureux et le mauvais ?

POLOS

Nécessairement.

SOCRATE

Lors donc que, de deux belles choses, l'une est plus belle que l'autre, c'est parce qu'elle la dépasse par l'une de ces deux qualités ou par toutes les deux qu'elle est la plus belle, c'est-à-dire ou par le plaisir, ou par l'utilité, ou par les deux à la fois ?

POLOS

Certainement.

SOCRATE

Et lorsque, de deux choses laides, l'une est plus laide que l'autre, c'est parce qu'elle cause plus de douleur ou plus de mal qu'elle est plus laide ? N'est-ce pas une conséquence forcée ?

POLOS

Si.

SOCRATE

Voyons maintenant : que disions-nous tout à l'heure touchant l'injustice faite ou reçue ? Ne disais-tu pas qu'il est plus mauvais de subir l'injustice et plus laid de la commettre ?

POLOS

Je l'ai dit en effet.

SOCRATE

Si donc il est plus laid de commettre que de souffrir l'injustice, c'est plus douloureux et c'est plus laid, d'autant que l'un l'emporte sur l'autre par la souffrance ou le mal causés, ou par les deux. N'est-ce pas forcé aussi ?

POLOS

Sans contredit.

SOCRATE

XXXI. — Examinons en premier lieu si l'injustice commise cause plus de douleur que l'injustice reçue et si ceux qui la commettent souffrent plus que leurs victimes.

POLOS

Pour cela, non, Socrate.

SOCRATE

Ce n'est donc pas par la douleur que l'injustice commise l'emporte ?

POLOS

Non certes.

SOCRATE

Si ce n'est pas par la douleur, ce n'est pas non plus par les deux qu'elle l'emporte.

POLOS

Evidemment non.

SOCRATE

Reste donc que c'est par l'autre.

POLOS

Oui.

SOCRATE

Par le mal.

POLOS

C'est vraisemblable.

SOCRATE

Puisque faire une injustice l'emporte par le mal, la faire est donc plus mauvais que la recevoir ?

POLOS

Evidemment.

SOCRATE

Or n'est-il pas admis par la plupart des hommes et ne m'as-tu pas avoué toi-même précédemment qu'il est plus laid de commettre l'injustice que de la subir ?

POLOS

Si.

SOCRATE

Et nous venons de voir que c'est plus mauvais.

POLOS

Il paraît que oui.

SOCRATE

Maintenant préférerais-tu ce qui est plus laid et plus
mauvais à ce qui l'est moins ? N'hésite pas à répondre,
Polos : il ne t'en arrivera aucun mal. Livre-toi bravement
à la discussion comme à un médecin et réponds par oui
ou par non à ma question.

POLOS

Non, Socrate, je ne le préférerais pas.

SOCRATE

Est-il un homme qui le préférât ?

POLOS

Il me semble que non, du moins d'après ce raisonnement.

SOCRATE

J'avais donc raison de dire que ni moi, ni toi, ni personne au monde ne préférerait commettre l'injustice à la
subir, puisque c'est une chose plus mauvaise.

POLOS

Il y a apparence.

SOCRATE

Tu vois donc, Polos, que mon argumentation et la
tienne, rapprochées l'une de l'autre, ne se ressemblent
en rien. Tu as, toi, l'assentiment de tout le monde, excepté
moi, et moi, je me contente de ton seul acquiescement et
de ton seul témoignage; je n'appelle à voter que toi seul
et je n'ai cure des autres. Que ce point demeure donc arrêté
entre nous. Passons maintenant à l'examen du second point
sur lequel nous étions en contestation : être puni, quand
on est coupable, est-ce le plus grand des maux, comme tu
le pensais, ou est-ce, comme je le pensais, un plus grand
mal d'échapper au châtiment ? Procédons de cette manière :
payer sa faute et être châtié justement, quand on est coupable, n'est-ce pas la même chose, à ton avis ?

POLOS

Si.

SOCRATE

Et maintenant peux-tu soutenir que tout ce qui est
juste n'est pas beau, en tant que juste ? Réfléchis avant
de répondre.

POLOS

Oui, Socrate, je crois qu'il en est ainsi.

SOCRATE

XXXII. — Examine encore ceci. Si un agent fait

quelque chose, n'est-il pas nécessaire qu'il y ait aussi un patient affecté par cet agent ?

POLOS

Il me le semble.

SOCRATE

Et ce qui supporte ce que fait l'agent ne doit-il pas être tel que le fait l'agent ? Voici un exemple : si quelqu'un frappe, ne faut-il pas que quelque chose soit frappé ?

POLOS

Nécessairement.

SOCRATE

Et s'il frappe fort ou vite, que la chose frappée soit frappée de même ?

POLOS

Oui.

SOCRATE

Par conséquent, l'effet sur l'objet frappé est tel que le fait ce qui le frappe.

POLOS

Certainement.

SOCRATE

De même si quelqu'un brûle, il faut qu'il y ait quelque chose de brûlé ?

POLOS

Forcément.

SOCRATE

Et s'il brûle fort et cause une douleur violente, que l'objet brûlé le soit comme le brûleur le brûle ?

POLOS

Assurément.

SOCRATE

Et si quelqu'un coupe, n'en est-il pas de même ? Il y a quelque chose de coupé ?

POLOS

Oui.

SOCRATE

Et si la coupure est grande, ou profonde, ou douloureuse, l'objet coupé subit une coupure telle que la fait le coupeur ?

POLOS

C'est évident.

SOCRATE

En un mot, vois si tu m'accordes dans tous les cas ce que je disais tout à l'heure, que telle est l'action de l'agent, tel est l'effet supporté par le patient.

POLOS

Oui, je te l'accorde.

SOCRATE

Cela admis, dis-moi si être puni, c'est pâtir ou agir.

POLOS

Forcément, c'est pâtir, Socrate.

SOCRATE

De la part de quelqu'un qui agit ?

POLOS

Sans doute : de la part de celui qui châtie.

SOCRATE

Mais celui qui châtie à bon droit châtie justement ?

POLOS

Oui.

SOCRATE

Fait-il en cela une action juste ou non ?

POLOS

Il fait une action juste.

SOCRATE

Et celui qui est châtié en punition d'une faute ne subit-il pas un traitement juste ?

POLOS

Il y a apparence.

SOCRATE

Or nous sommes tombés d'accord que ce qui est juste est beau.

POLOS

Sans contredit.

SOCRATE

Alors de ces deux hommes, l'un fait une action belle, et l'autre, l'homme châtié, la supporte.

POLOS

Oui.

SOCRATE

XXXIII. — Mais si elle est belle, elle est bonne, puis-qu'elle est agréable ou utile ?

POLOS

C'est forcé.

SOCRATE

Ainsi ce que souffre celui qui est puni est bon ?

POLOS

Il semble.

SOCRATE

Il en tire donc utilité ?

POLOS

Oui.

SOCRATE

Est-ce l'utilité que je conçois ? Son âme ne s'améliore-t-elle pas, s'il est puni justement ?

POLOS

C'est vraisemblable.

SOCRATE

Ainsi celui qui est puni est débarrassé de la méchanceté de son âme ?

POLOS

Oui.

SOCRATE

N'est-il pas ainsi délivré du plus grand des maux ? Examine la question de ce biais. Pour l'homme qui veut amasser une fortune, vois-tu quelque autre mal que la pauvreté ?

POLOS

Non, je ne vois que celui-là.

SOCRATE

Et dans la constitution du corps, le mal, à tes yeux, n'est-il pas la faiblesse, la maladie, la laideur et les autres disgrâces du même genre ?

POLOS

Si.

SOCRATE

Et l'âme, ne crois-tu pas qu'elle a aussi ses vices ?

POLOS

Naturellement.

SOCRATE

Ces vices, ne les appelles-tu pas injustice, ignorance, lâcheté et d'autres noms pareils ?

POLOS

Certainement.

SOCRATE

Donc pour ces trois choses, fortune, corps et âme, tu

as reconnu trois vices, la pauvreté, la maladie, l'injustice ?

POLOS

Oui.

SOCRATE

Maintenant, de ces trois vices quel est le plus laid ?
N'est-ce pas l'injustice, et, pour le dire en un mot, le vice
de l'âme ?

POLOS

Sans comparaison.

SOCRATE

Si c'est le plus laid, c'est aussi le plus mauvais ?

POLOS

Comment entends-tu cela, Socrate ?

SOCRATE

Voici : la chose la plus laide n'est telle que parce qu'elle
cause le plus de douleur, de dommage ou de ces deux maux
à la fois ; c'est ce que nous avons reconnu précédemment.

POLOS

C'est exact.

SOCRATE

Or n'avons-nous pas reconnu tout à l'heure que ce qu'il
y a de plus laid, c'est l'injustice et en général la méchanceté de l'âme ?

POLOS

Nous l'avons reconnu en effet.

SOCRATE

Et le plus laid n'est-il point tel parce que c'est le plus
douloureux et le plus pénible, ou parce que c'est le plus
dommageable, ou à cause de l'un et de l'autre ?

POLOS

Nécessairement.

SOCRATE

Est-il donc plus pénible d'être injuste, intempérant,
lâche et ignorant que d'être pauvre et malade ?

POLOS

Il ne me semble pas, Socrate, d'après ce que nous
avons dit.

SOCRATE

Il faut donc, pour que la méchanceté de l'âme soit la
chose la plus laide du monde, qu'elle surpasse tout par
la grandeur extraordinaire du dommage et le mal prodigieux qu'elle cause, puisque ce n'est point par la douleur,
d'après ce que tu as dit.

POLOS

C'est évident.

SOCRATE

Mais ce qui l'emporte par l'excès du dommage est le plus grand mal qui existe.

POLOS

Oui.

SOCRATE

Donc l'injustice, l'intempérance et en général la méchanceté de l'âme sont les plus grands maux du monde ?

POLOS

Il y a apparence.

SOCRATE

XXXIV. — Maintenant quel est l'art qui nous délivre de la pauvreté ? N'est-ce pas l'économie ?

POLOS

Si.

SOCRATE

Et de la maladie ? N'est-ce pas la médecine ?

POLOS

Incontestablement.

SOCRATE

Et de la méchanceté et de l'injustice ? Si ma question ainsi posée t'embarrasse, reprenons-la de cette manière : où et chez qui conduisons-nous ceux dont le corps est malade ?

POLOS

Chez les médecins, Socrate.

SOCRATE

Et où conduit-on ceux qui s'abandonnent à l'injustice et à l'intempérance ?

POLOS

Tu veux dire qu'on les conduit devant les juges ?

SOCRATE

Pour y payer leurs fautes, n'est-ce pas ?

POLOS

Oui.

SOCRATE

Et maintenant n'est-ce pas en appliquant une certaine justice que l'on punit, quand on punit avec raison ?

POLOS

Evidemment si.

SOCRATE

Ainsi donc l'économie délivre de l'indigence, la médecine de la maladie, la justice de l'intempérance et de l'injustice.

POLOS

Il y a apparence.

SOCRATE

Et laquelle de ces choses dont tu parles est la plus belle ?

POLOS

Quelles choses ?

SOCRATE

L'économie, la médecine, la justice.

POLOS

La plus belle de beaucoup, Socrate, c'est la justice.

SOCRATE

C'est donc elle aussi, puisqu'elle est la plus belle, qui procure le plus de plaisir ou de profit ou des deux à la fois.

POLOS

Oui.

SOCRATE

Est-ce une chose agréable d'être entre les mains des médecins, et prend-on plaisir à se laisser traiter par eux ?

POLOS

Je ne le crois pas.

SOCRATE

Mais on y a profit, n'est-ce pas ?

POLOS

Oui.

SOCRATE

Car on est délivré d'un grand mal, et l'on a avantage à supporter la douleur et à recouvrer la santé.

POLOS

Sans doute.

SOCRATE

Dans ces conditions, quand est-ce qu'on est dans la meilleure condition physique, lorsqu'on est entre les mains des médecins, ou lorsqu'on n'est pas du tout malade ?

POLOS

C'est évidemment quand on n'a aucune maladie.

SOCRATE

C'est qu'en effet le bonheur ne consiste pas, semble-t-il, à être délivré d'un mal, mais à n'en pas avoir du tout.

POLOS

C'est vrai.

SOCRATE

Et de deux hommes dont le corps ou l'âme sont atteints par le mal, lequel est le plus malheureux, celui qu'on traite et qu'on délivre de son mal, ou celui qui n'est point traité et qui le garde ?

POLOS

Il me semble que c'est celui qui n'est point traité.

SOCRATE

N'avons-nous pas dit que payer sa faute, c'était se délivrer du plus grand mal, la méchanceté ?

POLOS

Nous l'avons dit en effet.

SOCRATE

C'est qu'en effet la punition assagit et rend plus juste, et que la justice est comme la médecine de la méchanceté.

POLOS

Oui.

SOCRATE

Le plus heureux par conséquent est celui qui n'a point de vice dans l'âme, puisque nous avons vu que c'était le plus grand des maux.

POLOS

Sans aucun doute.

SOCRATE

Au second rang vient celui qu'on délivre du vice.

POLOS

Il semble.

SOCRATE

Et celui-là, c'est l'homme qu'on avertit, qu'on réprimande et qui paye sa faute ?

POLOS

Oui.

SOCRATE

L'homme qui mène la vie la plus malheureuse est donc celui qui garde son injustice, au lieu de s'en débarrasser.

POLOS

C'est évident.

SOCRATE

Or n'est-ce pas justement le cas de l'homme qui, tout

en commettant les plus grands crimes et tenant la conduite
la plus injuste, réussit à se mettre au-dessus des avertissements, des corrections, des punitions, comme l'a fait,
dis-tu, Archélaos, ainsi que les autres tyrans, les orateurs
et les potentats ?

POLOS

Il le semble.

SOCRATE

XXXV. — Ces gens-là, excellent Polos, se sont à peu
près conduits comme un homme qui, atteint des plus
graves maladies, se serait arrangé pour ne point rendre
compte aux médecins de ses tares physiques et pour
échapper à leur traitement, craignant, comme un enfant,
qu'on ne lui appliquât le feu et le fer, parce que cela fait
mal. N'est-ce pas ainsi que tu te figures leur état ?

POLOS

Si.

SOCRATE

La raison, c'est qu'il ignorerait, ce semble, le prix de la
santé et du bon état du corps. A en juger par les principes
sur lesquels nous sommes à présent d'accord, ceux qui
cherchent à éviter la punition ont bien l'air de se conduire
de la même manière, Polos. Ils voient ce qu'elle a de
douloureux, mais ils sont aveugles sur ce qu'elle a d'utile
et ils ne savent pas combien on est plus à plaindre d'habiter avec une âme malsaine, gâtée, injuste, impie, qu'avec
un corps malsain. De là vient qu'ils mettent tout en œuvre
pour ne point expier leur faute et n'être pas délivrés du
plus grand des maux; ils tâchent de se procurer des
richesses et des amis et d'être aussi habiles que possible à
persuader au moyen du discours. Mais si nos principes
sont justes, vois-tu ce qui résulte de notre discussion, ou
veux-tu que nous en tirions les conclusions ?

POLOS

Oui, s'il te plaît.

SOCRATE

N'en résulte-t-il pas que le plus grand des maux, c'est
d'être injuste et de vivre dans l'injustice ?

POLOS

Si, évidemment.

SOCRATE

D'autre part, n'avons-nous pas reconnu qu'on se déli-
vrait de ce mal en payant sa faute ?

POLOS

C'est possible.

SOCRATE

Et que l'impunité ne faisait que l'entretenir ?

POLOS

Oui.

SOCRATE

Par conséquent, pour la grandeur du mal, commettre l'injustice n'est qu'au second rang; mais l'injustice impunie est le plus grand et le premier de tous les maux.

POLOS

Il semble.

SOCRATE

N'est-ce pas sur ce point, cher ami, que nous étions en contestation ? Tu soutenais, toi, qu'Archélaos est heureux, parce que, commettant les plus grands crimes, il échappe à toute punition; moi, au contraire, je pensais qu'Archélaos ou tout autre qui ne paye point ses crimes est naturellement le plus malheureux de tous les hommes, que celui qui commet une injustice est toujours plus malheureux que celui qui la subit et celui qui ne paye pas sa faute plus que celui qui l'expie. N'est-ce point là ce que je disais ?

POLOS

Si.

SOCRATE

N'est-il pas démontré que j'avais la vérité pour moi ?

POLOS

Il le semble.

SOCRATE

XXXVI. — Voilà qui est entendu; mais si cela est vrai, Polos, où est donc la grande utilité de la rhétorique ? Il faut en effet, d'après les principes sur lesquels nous sommes à présent d'accord, se garder avant tout de commettre l'injustice, vu que ce serait déjà un mal suffisant. N'est-ce pas vrai ?

POLOS

Tout à fait.

SOCRATE

Et si l'on a commis une injustice, ou soi-même, ou toute autre personne à qui l'on s'intéresse, il faut aller de son plein gré là où on l'expiera le plus vite possible, chez le juge, comme on irait chez le médecin, et se hâter, de peur que la maladie de l'injustice devenue chronique ne produise dans l'âme un ulcère inguérissable. Autrement que pouvons-nous dire, Polos, si nos prémisses demeurent fermes ? N'est-ce pas la seule manière d'accorder notre conclusion avec elles ?

POLOS

Que pourrions-nous dire d'autre, Socrate ?

SOCRATE

Donc, pour nous défendre d'une accusation d'injustice, lorsque nous en avons commis une nous-mêmes, ou nos parents, ou nos amis, ou nos enfants, ou notre patrie, la rhétorique n'est pour nous d'aucun usage, Polos, à moins qu'on n'admette au contraire qu'il faut s'accuser soi-même le premier, puis ses parents et ses amis, toutes les fois qu'ils ont commis quelque injustice, qu'il ne faut point cacher sa faute, mais l'exposer au grand jour, afin de l'expier et de recouvrer la santé, qu'on doit se faire violence à soi-même et aux autres pour ne pas reculer, mais pour s'offrir les yeux fermés et avec courage, comme on s'offre au médecin pour être amputé ou cautérisé, qu'il faut poursuivre le bon et le beau, sans tenir compte de la douleur, et, si la faute qu'on a commise mérite des coups, aller au-devant des coups; si elle mérite la prison, aller au-devant des chaînes; si elle mérite une amende, la payer; l'exil, s'exiler; la mort, la subir; être le premier à déposer contre soi-même et contre ses proches et pratiquer la rhétorique uniquement pour se délivrer, par la manifestation de ses crimes, du plus grand des maux, l'injustice. Est-ce là, oui ou non, Polos, ce que nous devons dire ?

POLOS

Cela me paraît étrange, Socrate; mais peut-être est-ce la conséquence de ce que nous avons dit précédemment.

SOCRATE

Ainsi donc, il faut, ou bien rétracter ce que nous avons dit, ou bien admettre ces conclusions ?

POLOS

Oui, la chose est ainsi.

SOCRATE

Prenons maintenant le cas contraire. Supposons qu'il faille faire du mal à quelqu'un, ennemi ou tout autre, — pourvu qu'on ne soit pas soi-même lésé par son ennemi, car il faut bien prendre garde à cela, — si donc c'est un autre que cet ennemi a lésé, il faut faire tous ses efforts, en actions et en paroles, pour qu'il ne soit pas puni et ne vienne pas devant le juge; et, s'il y vient, il faut s'arranger pour qu'il échappe et ne soit pas puni, de sorte que, s'il a volé une grande quantité d'or, il ne le rende pas, mais le garde et le dépense pour lui-même et les siens d'une manière injuste et impie, et que, s'il a mérité la mort par ses crimes, il y échappe et, si c'est possible, qu'il ne meure jamais, mais soit immortel dans sa méchanceté, ou que du moins il vive le plus longtemps possible dans l'état où il est. Telles sont,

Polos, les fins pour lesquelles la rhétorique me semble pouvoir servir; car pour celui qui ne doit commettre aucune injustice, je ne vois pas qu'elle puisse lui être d'une grande utilité, si tant est qu'elle en ait aucune; car notre argumentation précédente nous a fait voir qu'elle n'était bonne à rien.

CALLICLÈS

XXXVII. — Dis-moi, Khairéphon, Socrate, est-il sérieux, quand il tient ce langage, ou badine-t-il ?

KHAIRÉPHON

Il me semble à moi, Calliclès, qu'il est souverainement sérieux; mais il n'y a rien de tel que de l'interroger lui-même.

CALLICLÈS

Par les dieux, j'en ai bien envie. Dis-moi, Socrate, faut-il croire que tu parles sérieusement en ce moment, ou que tu badines ? Car, si tu parles sérieusement et si ce que tu dis est vrai, c'est de quoi renverser notre vie sociale, et nous faisons, ce me semble, tout le contraire de ce qu'il faudrait.

SOCRATE

Si les hommes, Calliclès, n'étaient pas sujets aux mêmes passions, ceux-ci d'une façon, ceux-là d'une autre, et que chacun de nous eût sa passion propre, sans rapport avec celles des autres, il ne serait pas facile de faire connaître à autrui ce qu'on éprouve soi-même. Si je dis cela, c'est que j'ai observé que nous sommes actuellement, toi et moi, dans le même cas, et que nous sommes tous deux épris de deux objets, moi d'Alcibiade, fils de Clinias, et de la philosophie, toi, du Démos athénien et de Démos, fils de Pyrilampe.

Or, je m'aperçois en toute occasion qu'en dépit de ton éloquence, quoi que dise l'objet de ton amour et de quelque manière qu'il voie les choses, tu n'as pas la force de le contredire et que tu te laisses ballotter d'une idée à l'autre. Si dans l'assemblée tu émets une opinion et que le Démos athénien se déclare contre elle, tu l'abandonnes et tu conformes ton langage à ses désirs, et tu en fais autant pour ce beau garçon, le fils de Pyrilampe. C'est que tu es hors d'état de résister aux volontés et aux discours de l'objet aimé; et si quelqu'un, chaque fois que tu parles, s'étonnait des choses que tu dis pour leur complaire et les trouvait absurdes, tu pourrais lui répondre, si tu voulais dire la vérité, que, si l'on n'empêche pas tes amours de parler comme ils font, tu ne pourras jamais t'empêcher toi-même de parler comme tu fais.

Dis-toi donc que, de ma part aussi, tu dois t'attendre à la même réponse et ne t'étonne pas des discours que

je tiens, mais oblige l'objet de mon amour, la philosophie, à cesser de parler comme elle fait. C'est elle en
effet, cher ami, qui dit sans cesse ce que tu m'entends
dire en ce moment, et elle est beaucoup moins chan-
geante que mes autres amours ; car le fils de Clinias parle
tantôt d'une façon, tantôt d'une autre, mais la philosophie
tient toujours le même discours. C'est elle qui dit les
choses dont tu t'étonnes et tu as assisté toi-même à ses
discours. C'est donc elle que tu as à réfuter, je le répète ;
prouve-lui que commettre l'injustice et vivre dans l'impunité, après l'avoir commise, n'est pas le dernier des maux.
Autrement, si tu laisses cette assertion sans la réfuter,
par le chien, dieu des Egyptiens, je te jure, Calliclès, que
Calliclès ne s'accordera pas avec lui-même et qu'il vivra
dans une perpétuelle dissonance. Or, je pense, moi,
excellent ami, que mieux vaudrait pour moi avoir une lyre
mal accordée et dissonante, diriger un chœur discordant
et me trouver en opposition et en contradiction avec la
plupart des hommes que d'être seul en désaccord avec
moi-même et de me contredire.

CALLICLÈS

XXXVIII. — Tu m'as l'air, Socrate, d'être aussi pré-
somptueux dans tes discours qu'un véritable orateur populaire, et tu déclames ainsi, parce que Polos a eu la même
défaillance qu'il accusait Gorgias d'avoir eue avec toi.
Polos a dit en effet que Gorgias, lorsque tu lui as demandé,
au cas où quelqu'un, désireux d'apprendre la rhétorique,
viendrait à son école sans connaître la justice, s'il la lui
enseignerait, avait répondu qu'il l'enseignerait, par fausse
honte et pour ne pas heurter les préjugés des gens, qui
s'indigneraient qu'on répondît autrement ; que cet aveu
avait réduit Gorgias à se contredire, et que c'est justement
cela que tu cherches. Là-dessus Polos s'est moqué de toi
et à juste titre, à mon avis.

Et voilà que Polos s'est mis lui-même dans le même cas
que Gorgias, et, pour ma part, je ne saurais l'approuver
de t'avoir accordé qu'il est plus laid de commettre l'injustice que de la subir. C'est à la suite de cette concession
que tu as pu l'empêtrer dans tes raisonnements et lui fermer
la bouche ; parce qu'il n'a pas osé parler suivant sa pensée.
Car au fond, Socrate, c'est toi qui, tout en protestant
que tu cherches la vérité, te comportes comme un vulgaire
déclamateur et diriges la conversation sur ce qui est beau,
non selon la nature, mais selon la loi.

Or, le plus souvent, la nature et la loi s'opposent l'une
à l'autre. Si donc, par pudeur, on n'ose pas dire ce qu'on
pense, on est forcé de se contredire. C'est un secret que
tu as découvert, toi aussi, et tu t'en sers pour dresser
des pièges dans la dispute. Si l'on parle en se référant
à la loi, tu interroges en te référant à la nature, et si l'on

parle de ce qui est dans l'ordre de la nature, tu interroges sur ce qui est dans l'ordre de la loi. C'est ainsi, par exemple, qu'à propos de l'injustice commise et subie, tandis que Polos parlait de ce qu'il y a de plus laid selon la loi, tu poursuivais la discussion en te référant à la nature. Car, selon la nature, tout ce qui est plus mauvais est aussi plus laid, comme de souffrir l'injustice, tandis que, selon la loi, c'est la commettre. Ce n'est même pas le fait d'un homme, de subir l'injustice, c'est le fait d'un esclave, pour qui la mort est plus avantageuse que la vie, et qui, lésé et bafoué, n'est pas en état de se défendre, ni de défendre ceux auxquels il s'intéresse. Mais, selon moi, les lois sont faites pour les faibles et par le grand nombre. C'est pour eux et dans leur intérêt qu'ils les font et qu'ils distribuent les éloges ou les blâmes; et, pour effrayer les plus forts, ceux qui sont capables d'avoir l'avantage sur eux, pour les empêcher de l'obtenir, ils disent qu'il est honteux et injuste d'ambitionner plus que sa part et que c'est en cela que consiste l'injustice, à vouloir posséder plus que les autres; quant à eux, j'imagine qu'ils se contentent d'être sur le pied de l'égalité avec ceux qui valent mieux qu'eux.

XXXIX. — Voilà pourquoi, dans l'ordre de la loi, on déclare injuste et laide l'ambition d'avoir plus que le commun des hommes, et c'est ce qu'on appelle injustice. Mais je vois que la nature elle-même proclame qu'il est juste que le meilleur ait plus que le pire et le plus puissant que le plus faible. Elle nous montre par mille exemples qu'il en est ainsi et que non seulement dans le monde animal, mais encore dans le genre humain, dans les cités et les races entières, on a jugé que la justice voulait que le plus fort commandât au moins fort et fût mieux partagé que lui. De quel droit, en effet, Xerxès porta-t-il la guerre en Grèce et son père en Scythie, sans parler d'une infinité d'autres exemples du même genre qu'on pourrait citer? Mais ces gens-là, je pense, agissent selon la nature du droit et, par Zeus, selon la loi de la nature, mais non peut-être selon la loi établie par les hommes. Nous formons les meilleurs et les plus forts d'entre nous, que nous prenons en bas âge, comme des lionceaux, pour les asservir par des enchantements et des prestiges, en leur disant qu'il faut respecter l'égalité et que c'est en cela que consistent le beau et le juste. Mais qu'il paraisse un homme d'une nature assez forte pour secouer et briser ces entraves et s'en échapper, je suis sûr que, foulant aux pieds nos écrits, nos prestiges, nos incantations et toutes les lois contraires à la nature, il se révoltera, et que nous verrons apparaître notre maître dans cet homme qui était notre esclave; et alors le droit de la nature brillera dans tout son éclat.

Il me semble que Pindare met en lumière ce que j'avance dans l'ode où il dit :

« *La loi, reine du monde, des mortels et des immortels* [129] ».
« *Cette loi*, ajoute-t-il, *justifiant les actes les plus violents, mène tout de sa main toute-puissante. J'en juge par les actions d'Héraclès, puisque, sans les avoir achetés...* »

Voici à peu près son idée, car je ne sais pas l'ode par cœur ; mais le sens est que, sans avoir acheté ni reçu en présent les bœufs de Géryon, Héraclès les emmena, estimant que le droit naturel était pour lui et que les bœufs et tous les biens des faibles et des petits appartiennent au meilleur et au plus fort.

XL. — Voilà la vérité, tu le reconnaîtras, si, laissant de côté la philosophie, tu passes à des occupations plus importantes. La philosophie, Socrate, est certainement pleine de charme, lorsqu'on s'y adonne modérément dans la jeunesse ; mais si l'on s'y attarde plus qu'il ne faut, c'est la ruine qui vous attend. Car, si bien doué qu'on soit, quand on continue à philosopher jusqu'à un âge avancé, on reste nécessairement neuf dans tout ce qu'il faut savoir, si l'on veut être un honnête homme et se faire une réputation. Et en effet on n'entend rien aux lois de l'Etat et au langage qu'il faut tenir pour traiter avec les hommes dans les rapports privés et publics ; on n'a aucune expérience des plaisirs et des passions, en un mot, des caractères des hommes. Aussi lorsqu'on se mêle de quelque affaire privée ou publique, on prête à rire, de même que les hommes politiques, j'imagine, lorsqu'ils se mêlent à vos entretiens et à vos disputes, se couvrent eux aussi de ridicule.

Il arrive alors, comme dit Euripide que :

« *Chacun brille et se porte à l'art où il se surpasse lui-même et il y consacre la meilleure partie du jour* [130]. »

Mais celui où l'on est médiocre, on l'évite et on le critique, tandis qu'on vante l'autre, par amour-propre, croyant par là se louer soi-même. Mais, à mon avis, le mieux est de prendre connaissance des deux. Il est beau d'étudier la philosophie dans la mesure où elle sert à l'instruction et il n'y a pas de honte pour un jeune garçon à philosopher ; mais, lorsqu'on continue à philosopher dans un âge avancé, la chose devient ridicule, Socrate, et, pour ma part, j'éprouve à l'égard de ceux qui cultivent la philosophie un sentiment très voisin de celui que m'inspirent les gens qui balbutient et font les enfants. Quand je vois un petit enfant, à qui cela convient encore, balbutier et jouer, cela m'amuse et me paraît charmant, digne d'un homme libre et séant à cet âge, tandis que, si j'entends un bambin causer avec netteté, cela me paraît choquant, me blesse l'oreille et j'y vois quelque chose de servile. Mais si c'est un homme fait qu'on entend ainsi balbutier et qu'on voit jouer, cela semble ridicule, indigne d'un homme, et mérite le fouet.

C'est juste le même sentiment que j'éprouve à l'égard de ceux qui s'adonnent à la philosophie. J'aime la philosophie chez un adolescent, cela me paraît séant et dénote à mes yeux un homme libre. Celui qui la néglige me paraît au contraire avoir une âme basse, qui ne se croira jamais capable d'une action belle et généreuse. Mais quand je vois un homme déjà vieux qui philosophe encore et ne renonce pas à cette étude, je tiens, Socrate, qu'il mérite le fouet. Comme je le disais tout à l'heure, un tel homme, si parfaitement doué qu'il soit, se condamne à n'être plus un homme, en fuyant le cœur de la cité et les assemblées où, comme dit le poète [131], les hommes se distinguent, et passant toute sa vie dans la retraite à chuchoter dans un coin avec trois ou quatre jeunes garçons, sans que jamais il sorte de sa bouche aucun discours libre, grand et généreux.

XLI. — Pour moi, Socrate, je suis fort bien disposé pour toi, et il me semble que ta présence éveille en moi les mêmes sentiments que Zéthos éprouvait à l'égard d'Amphion, chez Euripide, que je viens justement de citer. J'ai envie de te donner des conseils pareils à ceux que Zéthos adressait à son frère et de te dire que tu négliges, Socrate, ce qui devrait t'occuper, « que tu déformes ton naturel si généreux par un déguisement puéril, que, dans les délibérations relatives à la justice, tu ne saurais apporter une juste parole, ni saisir le vraisemblable et le persuasif, ni donner un conseil généreux ». Et cependant, mon cher Socrate, — ne te fâche pas contre moi : c'est l'amitié que j'ai pour toi qui me fait parler —, ne te paraît-il pas honteux d'être dans l'état où je te vois, toi et tous ceux qui poussent toujours plus loin leur étude de la philosophie ? En ce moment même, si l'on t'arrêtait, toi ou tout autre de tes pareils, et si l'on se traînait en prison, en t'accusant d'un crime que tu n'aurais pas commis, tu sais bien que tu serais fort embarrassé de ta personne, que tu perdrais la tête et resterais bouche bée sans savoir que dire, et que, lorsque tu serais monté au tribunal, quelque vil et méprisable que fût ton accusateur, tu serais mis à mort, s'il lui plaisait de réclamer cette peine. Or qu'y a-t-il de sage, Socrate, dans un art qui « prenant un homme bien doué le rend pire », impuissant à se défendre et à sauver des plus grands dangers, soit lui-même, soit tout autre, qui l'expose à être dépouillé de tous ses biens par ses ennemis et à vivre absolument sans honneur dans sa patrie ? Un tel homme, si l'on peut user de cette expression un peu rude, on a le droit de le souffleter impunément.

Crois-moi donc, mon bon ami, renonce à tes arguties, cultive la belle science des affaires, exerce-toi à ce qui te donnera la réputation d'un habile homme ; « laisse à d'autres ces gentillesses », de quelque nom, radotages ou niaiseries, qu'il faille les appeler, « qui te réduiront à habiter une maison vide. Prends pour modèle non pas des gens qui ergotent sur ces bagatelles, mais ceux qui ont du bien, de la réputation et mille autres avantages. »

SOCRATE

XLII. — Si mon âme était d'or, Calliclès, ne crois-tu pas que je serais bien aise de trouver une de ces pierres avec lesquelles on éprouve l'or, la meilleure, pour en approcher mon âme, de façon que, si elle me confirmait que mon âme a été bien soignée, je fusse assuré que je suis en bon état et que je n'ai plus besoin d'aucune épreuve ?

CALLICLÈS

Où tend ta question, Socrate ?

SOCRATE

Je vais te le dire : c'est que je pense avoir fait, en te rencontrant, cette heureuse trouvaille.

CALLICLÈS

Comment cela ?

SOCRATE

J'ai la certitude que, si tu tombes d'accord avec moi sur les opinions de mon âme, elles seront de ce fait absolument vraies. Je remarque en effet que, pour examiner comme il faut si une âme vit bien ou mal, il faut avoir trois qualités, que tu réunis toutes les trois : la science, la bienveillance et la franchise. Je rencontre souvent des gens qui ne sont pas capables de m'éprouver, parce qu'ils ne sont pas savants comme toi; d'autres sont savants, mais ne veulent pas me dire la vérité, parce qu'ils ne s'intéressent pas à moi, comme tu le fais. Quant à ces deux étrangers, Gorgias et Polos, ils sont savants et bien disposés pour moi tous les deux, mais leur franchise n'est pas assez hardie et ils sont par trop timides. Comment en douter, quand ils portent la timidité au point qu'ils se résignent à se contredire l'un l'autre par fausse honte en présence de nombreux assistants, et cela sur les objets les plus importants ?

Toi, au contraire, tu as toutes ces qualités qui manquent aux autres : tu as reçu une solide instruction, comme beaucoup d'Athéniens pourraient l'attester, et tu as de la bienveillance pour moi. Qu'est-ce qui me le prouve ? Je vais te le dire. Je sais, Calliclès, que vous vous êtes associés à quatre pour cultiver la philosophie, toi, Tisandre d'Aphidna, Andron [132], fils d'Androtion, et Nausicyde de Colarge, et je vous ai entendus un jour délibérer sur le point jusqu'où il faut pousser cette étude. Je sais que l'opinion qui prévalut parmi vous fut qu'il ne fallait pas s'y adonner jusqu'à en épuiser la matière, et que vous vous êtes conseillé les uns aux autres de prendre garde à ne pas vous gâter à votre insu, en devenant plus savants qu'il ne convient. Aussi, quand je t'entends me donner les mêmes conseils qu'à tes plus intimes camarades, je tiens cela pour une preuve décisive que tu es vraiment bien disposé pour moi. Que tu sois avec cela capable de parler franchement et sans fausse honte, tu l'affirmes toi-même, et le discours que tu as tenu tout à l'heure confirme ton affirmation.

Voilà donc un point visiblement éclairci à présent : ce que tu m'accorderas dans la discussion sera dès lors considéré comme suffisamment éprouvé de part et d'autre et il ne sera plus nécessaire de le soumettre à un nouvel examen ; car, si tu me l'accordes, ce ne sera pas assurément par défaut de science ou par excès de timidité et tu ne me feras pas non plus de concession pour me tromper. Car tu es mon ami, c'est toi-même qui l'affirmes. Ainsi donc toute entente entre toi et moi sera par le fait la preuve que nous aurons atteint l'exacte vérité.

Or de tous les sujets de discussion, Calliclès, le plus beau est celui que tu m'as reproché, qui est de savoir ce que l'homme doit être, à quoi il doit s'appliquer, et jusqu'à quel point, soit dans la vieillesse, soit dans la jeunesse. Pour moi, si je fais quelque faute de conduite, sois sûr que ce n'est pas volontairement, mais par ignorance. Ne cesse donc pas de me donner des avis, comme tu as si bien commencé ; indique-moi nettement quelle est cette profession que je dois embrasser et de quelle manière je peux y réussir et, si tu trouves qu'après t'avoir donné mon acquiescement aujourd'hui, je ne fais pas dans la suite ce que je t'aurai concédé, tiens-moi pour un lâche et refuse-moi alors tout conseil, comme à un homme qui n'est bon à rien.

Mais reprenons les choses au commencement : qu'entendez-vous, Pindare et toi, par la justice selon la nature ? Est-ce le droit qu'aurait le plus puissant de prendre par force les biens du plus faible, ou le meilleur de commander au moins bon, ou celui qui vaut plus d'avoir plus que celui qui vaut moins ? Te fais-tu de la justice une autre idée, ou ma mémoire est-elle fidèle ?

CALLICLÈS

XLIII. — Oui, c'est cela que j'ai dit alors et que je dis encore.

SOCRATE

Mais est-ce le même homme que tu appelles meilleur et plus puissant ? Je n'ai pas su comprendre alors ce que tu voulais dire. Est-ce les plus forts que tu appelles meilleurs et faut-il que les plus faibles obéissent au plus fort, comme tu l'as laissé entendre, je crois, en disant que les grands Etats attaquent les petits en vertu du droit naturel, parce qu'ils sont plus puissants et plus forts, ce qui suppose que plus puissant, plus fort et meilleur, c'est la même chose, ou bien se peut-il qu'on soit meilleur, tout en étant plus petit et plus faible, et qu'on soit plus puissant, tout en étant plus mauvais ? Ou bien la définition du meilleur et du plus puissant est-elle la même ? C'est cela même que je te prie de définir en termes précis : y a-t-il identité ou différence entre plus puissant, meilleur et plus fort ?

CALLICLÈS

Eh bien, je te déclare nettement que c'est la même chose.

SOCRATE

Dans l'ordre de la nature, le grand nombre n'est-il pas plus puissant que l'homme isolé, puisqu'il fait les lois contre l'individu, comme tu le disais tout à l'heure ?

CALLICLÈS

On n'en saurait douter.

SOCRATE

Alors les ordonnances du grand nombre sont celles des plus puissants ?

CALLICLÈS

Assurément.

SOCRATE

Donc aussi des meilleurs, puisque les plus puissants sont les meilleurs d'après ton aveu ?

CALLICLÈS

Oui.

SOCRATE

Donc leurs ordonnances sont belles selon la nature, étant celles des plus puissants ?

CALLICLÈS

Oui.

SOCRATE

Or le grand nombre ne pense-t-il pas, comme tu le disais aussi tout à l'heure, que la justice consiste dans l'égalité et qu'il est plus laid de commettre l'injustice que de la subir ? Est-ce vrai, oui ou non ? Et prends garde d'être pris ici, toi aussi, en flagrant délit de mauvaise honte. Le grand nombre pense-t-il, oui ou non, qu'il est juste d'avoir autant, mais pas plus que les autres, et qu'il est plus laid de commettre l'injustice que de la subir ? Ne refuse pas de me répondre là-dessus, Calliclès, afin que, si tu es de mon avis, je m'affermisse dès lors dans mon sentiment par l'aveu de quelqu'un qui sait discerner le vrai du faux.

CALLICLÈS

Eh bien oui, c'est là ce que pense le grand nombre.

SOCRATE

Ce n'est donc pas seulement en vertu de la loi qu'il est plus laid de commettre l'injustice que de la subir et que la justice est dans l'égalité; c'est aussi selon la nature, de sorte qu'il se pourrait que tu n'aies pas dit la vérité précédemment et que tu m'aies accusé à tort, quand tu as dit que la loi et la nature sont en contradiction et que, sachant cela, j'étais de mauvaise foi dans les discussions, renvoyant à la loi ceux qui parlaient suivant la nature, et à la nature ceux qui parlaient suivant la loi.

CALLICLÈS

XLIV. — Cet homme-là ne cessera jamais de baguenauder. Dis-moi, Socrate, n'as-tu pas honte, à ton âge, de faire la chasse aux mots, et si l'on fait un lapsus de langage, de considérer cela comme une aubaine ? T'imagines-tu que par les plus puissants j'entende autre chose que les meilleurs ? Ne t'ai-je pas déjà dit que pour moi plus puissant et meilleur, c'est la même chose ? Supposes-tu, parce qu'un ramassis d'esclaves et de gens de toute provenance, sans autre mérite peut-être que leur force physique, se seront assemblés et auront prononcé telle ou telle parole, que je prenne ces paroles pour des lois ?

SOCRATE

Soit, très savant Calliclès. C'est ainsi que tu l'entends ?

CALLICLÈS

Exactement.

SOCRATE

Eh bien, mon excellent ami, je me doutais bien moi-même depuis longtemps que tu prenais le mot plus puissant dans ce sens-là, et, si je répète ma question, c'est que je suis impatient de savoir nettement ce que tu penses. Car tu ne crois pas apparemment que deux hommes soient meilleurs qu'un seul, ni tes esclaves meilleurs que toi, parce qu'ils sont plus forts que toi. Dis-moi donc, en reprenant au commencement, ce que tu entends par les meilleurs, puisque ce ne sont pas les plus forts. Seulement, merveilleux Calliclès, fais-moi la leçon plus doucement, pour que je ne m'enfuie pas de ton école.

CALLICLÈS

Tu te moques, Socrate.

SOCRATE

Non, Calliclès, j'en jure par Zéthos, dont tu t'es servi amplement tout à l'heure pour me railler. Allons, dis-moi quels sont ceux que tu appelles les meilleurs.

CALLICLÈS

Ceux qui valent mieux.

SOCRATE

Ne vois-tu donc pas que, toi aussi, tu te bornes à des mots et que tu n'expliques rien ? Veux-tu me dire si par les meilleurs et les plus puissants tu entends les plus sages ou d'autres ?

CALLICLÈS

Oui, par Zeus, ce sont ceux-là que j'entends, sans aucun doute.

SOCRATE

Il arrive donc souvent, d'après toi, qu'un seul homme sage soit plus puissant que des milliers d'hommes déraisonnables. C'est à lui qu'il appartient de commander, aux autres d'obéir et celui qui commande doit avoir plus que ceux qui sont commandés. Voilà, ce me semble, ce que tu veux dire — et je ne fais pas la chasse à tel ou tel mot — s'il est vrai qu'un seul soit plus puissant que des milliers.

CALLICLÈS

Oui, c'est cela que je veux dire. Pour moi, le droit selon la nature, c'est que le meilleur et le plus sage commande aux médiocres et qu'il ait une plus grosse part.

SOCRATE

XLV. — Arrête un peu. Que peux-tu bien dire encore à ceci ? Suppose que nous soyons, comme à présent, beaucoup d'hommes assemblés au même endroit et que nous disposions en commun d'une abondante provision de nourriture et de boisson, que notre assemblée soit composée de toute sorte de gens, les uns forts, les autres faibles, et que l'un d'entre nous, en qualité de médecin, s'entende mieux que les autres en ces matières, tout en étant, comme il est vraisemblable, plus fort que les uns, plus faible que les autres, n'est-il pas vrai que ce médecin, étant plus savant que nous, sera meilleur et plus puissant dans cette circonstance ?

CALLICLÈS

Assurément.

SOCRATE

Cela étant, devra-t-il, parce qu'il est meilleur, prendre de ces vivres une plus large part que nous, ou bien, par le fait qu'il commande, n'est-ce pas à lui de faire la répartition de toute la provision ? Et pour ce qui est de la consommation et de l'usage de ces vivres pour l'entretien de sa propre personne, ne doit-il pas s'abstenir de prendre plus que les autres, sous peine d'être incommodé, tandis que certains auront une plus large part, les autres une moindre que lui ? Et s'il est par hasard le plus faible de tous, ne doit-il pas avoir, bien qu'il soit le meilleur, la plus petite part de toutes ? N'en est-il pas ainsi, mon bon ami ?

CALLICLÈS

Tu me parles de vivres, de boissons, de médecins et autres sottises. Ce n'est pas de cela que je te parle, moi.

SOCRATE

Quoi qu'il en soit, n'est-ce pas le plus sage que tu appelles le meilleur, oui ou non ?

CALLICLÈS

Oui.

SOCRATE

Et ne dis-tu pas que le meilleur doit avoir plus ?

CALLICLÈS

Oui, mais pas en fait de vivres et de boissons.

SOCRATE

J'entends, mais en fait de vêtements peut-être. Le plus habile à tisser doit-il avoir le plus ample manteau et promener par la ville les plus nombreux et les plus beaux costumes ?

CALLICLÈS

Que viens-tu nous chanter avec tes costumes ?

SOCRATE

Et pour les chaussures, il est clair que la plus grosse part doit revenir à celui qui est le plus entendu et le meilleur en cette matière. Peut-être le cordonnier doit-il circuler avec de plus grandes et de plus nombreuses chaussures que les autres.

CALLICLÈS

Qu'ai-je à faire de ces chaussures ? tu radotes à dire d'experts.

SOCRATE

Eh bien, si ce n'est pas cela que tu as en vue, c'est peut-être le cas d'un laboureur bien doué, qui s'entend en perfection au travail de la terre : peut-être doit-il avoir plus de semences que les autres et en employer autant qu'il est possible pour ensemencer ses terres.

Comme tu rebats toujours les mêmes choses, Socrate!

SOCRATE

Non seulement les mêmes choses, Calliclès, mais encore sur les mêmes sujets.

CALLICLÈS

Par les dieux, tu ne cesses vraiment jamais de parler de cordonniers, de foulons, de cuisiniers, de médecins, comme s'il était question entre nous de ces gens-là.

SOCRATE

Ne veux-tu pas me dire enfin en quel ordre de choses le plus puissant et le plus sage aura droit à une plus forte part que les autres ? Refuses-tu à la fois de souffrir mes suggestions et de parler toi-même ?

CALLICLÈS

Mais je parle, et depuis longtemps. Tout d'abord, par les plus puissants, je n'entends pas les cordonniers, ni les cuisiniers, mais les hommes qui s'entendent à diriger comme il faut les affaires de l'État, et qui sont non seulement intelligents, mais encore courageux, parce qu'ils sont capables d'exécuter ce qu'ils ont conçu et ne se découragent pas par faiblesse d'âme.

SOCRATE

XLVI. — Te rends-tu compte, excellent Calliclès, combien sont différents les reproches que tu me fais et ceux que j'ai à t'adresser ? Tu prétends, toi, que je dis toujours les mêmes choses et tu m'en fais un crime; moi je te reproche, au contraire, de ne jamais dire les mêmes choses sur les mêmes sujets, mais d'appeler meilleurs et plus puissants d'abord les plus forts, puis les plus sages, et d'en apporter à ce moment encore une autre définition, car ce sont des gens courageux que tu nous donnes pour les plus puissants et les meilleurs. Allons, mon bon, dis-moi une fois pour toutes quels peuvent bien être et relativement à quoi ceux que tu qualifies de meilleurs et de plus puissants.

CALLICLÈS

Mais je l'ai déjà dit : ce sont ceux qui s'entendent aux affaires publiques et qui sont courageux; c'est à ceux-là qu'il appartient de gouverner les Etats et la justice veut qu'ils aient plus que les autres, les gouvernants devant avoir plus que les gouvernés.

SOCRATE

Mais quoi ? par rapport à eux-mêmes, sont-ils gouvernants ou gouvernés ?

Que veux-tu dire ?

SOCRATE

Je veux dire que chacun se commande lui-même. Ou
bien est-ce inutile de se commander soi-même et suffit-il
de commander les autres ?

CALLICLÈS

Qu'entends-tu par se commander soi-même ?

SOCRATE

Rien de compliqué ; j'entends, comme le vulgaire, être
tempérant et maître de soi et commander en soi aux plaisirs et aux passions.

CALLICLÈS

Que tu es plaisant ! Ce sont les imbéciles que tu appelles
tempérants.

SOCRATE

Comment cela ! qui ne voit que ce n'est pas d'eux que
je parle ?

CALLICLÈS

C'est d'eux très certainement, Socrate. Comment en effet
un homme pourrait-il être heureux, s'il est esclave de quelqu'un. Mais voici ce qui est beau et juste suivant la nature,
je te le dis en toute franchise, c'est que, pour bien vivre,
il faut laisser prendre à ses passions tout l'accroissement
possible, au lieu de les réprimer, et, quand elles ont atteint
toute leur force, être capable de leur donner satisfaction
par son courage et son intelligence et de remplir tous ses
désirs à mesure qu'ils éclosent.

Mais cela n'est pas, je suppose, à la portée du vulgaire.
De là vient qu'il décrie les gens qui en sont capables,
parce qu'il a honte de lui-même et veut cacher sa propre
impuissance. Il dit que l'intempérance est une chose laide,
essayant par là d'asservir ceux qui sont mieux doués par
la nature, et, ne pouvant lui-même fournir à ses passions
de quoi les contenter, il fait l'éloge de la tempérance et de
la justice à cause de sa propre lâcheté. Car pour ceux qui
ont eu la chance de naître fils de roi, ou que la nature a
faits capables de conquérir un commandement, une tyrannie, une souveraineté, peut-il y avoir véritablement quelque
chose de plus honteux et de plus funeste que la tempérance ? Tandis qu'il leur est loisible de jouir des biens de
la vie sans que personne les en empêche, ils s'imposeraient
eux-mêmes pour maîtres la loi, les propos, les censures de
la foule ! Et comment ne seraient-ils pas malheureux du
fait de cette prétendue beauté de la justice et de la tempérance, puisqu'ils ne pourraient rien donner de plus à
leurs amis qu'à leurs ennemis, et cela, quand ils sont les

maîtres de leur propre cité ? La vérité, que tu prétends chercher, Socrate, la voici : le luxe, l'incontinence et la liberté, quand ils sont soutenus par la force constituent la vertu et le bonheur ; le reste, toutes ces belles idées, ces conventions contraires à la nature, ne sont que niaiseries et néant.

SOCRATE

XLVII. — La franchise de ton exposé, Calliclès, dénote une belle crânerie : tu dis nettement, toi, ce que les autres pensent, mais ne veulent pas dire. Je te prie donc de ne rien relâcher de ton intransigeance, afin que nous puissions nous faire une idée vraiment claire de la façon dont il faut vivre. Et dis-moi : tu soutiens qu'il ne faut point gourmander ses désirs, si l'on veut être tel qu'on doit être, mais les laisser grandir autant que possible et leur ménager par tous les moyens la satisfaction qu'ils demandent et que c'est en cela que consiste la vertu ?

CALLICLÈS

Je le soutiens en effet.

SOCRATE

On a donc tort de dire que ceux qui n'ont aucun besoin sont heureux.

CALLICLÈS

Oui, car, à ce compte, les pierres et les morts seraient très heureux.

SOCRATE

Cependant, même à la manière dont tu la dépeins, la vie est une chose bien étrange. Au fait, je me demande si Euripide [133] n'a pas dit la vérité dans le passage que voici :

> « *Qui sait si vivre n'est pas mourir,*
> *Et si mourir n'est pas vivre ?* »

Et il est possible que réellement nous soyons morts, comme je l'ai entendu dire à un savant homme [134], qui prétendait que notre vie actuelle est une mort, que notre corps est un tombeau et que cette partie de l'âme où résident les passions est de nature à changer de sentiment et à passer d'une extrémité à l'autre. Cette même partie de l'âme, un spirituel auteur de mythes, un Sicilien [135], je crois, ou un Italien, jouant sur les mots, l'a appelée tonneau, à cause de sa docilité et de sa crédulité [136] ; il a appelé de même les insensés non initiés et cette partie de leur âme où sont les passions, partie déréglée, incapable de rien garder, il l'a assimilée à un tonneau percé, à cause de sa nature insatiable. Au rebours de toi, Calliclès, cet homme nous montre que, parmi les habitants de l'Hadès

— il désigne ainsi l'invisible — les plus malheureux sont ces non-initiés, et qu'ils portent de l'eau dans des tonneaux percés avec un crible troué de même. Par ce crible il entend l'âme, à ce que me disait celui qui me rapportait ces choses, et il assimilait à un crible l'âme des insensés, parce qu'elle est percée de trous, et parce qu'infidèle et oublieuse, elle laisse tout écouler.

Cette allégorie a quelque chose d'assez bizarre, mais elle illustre bien ce que je veux te faire comprendre pour te persuader, si j'en suis capable, de changer d'idée et de préférer à une existence inassouvie et sans frein une vie réglée, contente et satisfaite de ce que chaque jour lui apporte.

Eh bien, ai-je ébranlé tes convictions et crois-tu maintenant que les gens réglés sont plus heureux que les incontinents, ou bien aurai-je beau te faire cent autres allégories du même genre sans que tu changes de vue pour cela ?

CALLICLÈS

C'est cette seconde solution qui est la vraie, Socrate.

SOCRATE

XLVIII. — Eh bien, laisse-moi, te proposer une autre image sortie de la même école [137] que la précédente. Considère si tu ne pourrais pas assimiler chacune de ces deux vies, la tempérante et l'incontinente, au cas de deux hommes, dont chacun posséderait de nombreux tonneaux, l'un des tonneaux en bon état et remplis, celui-ci de vin, celui-là de miel, un troisième de lait et beaucoup d'autres remplis d'autres liqueurs, toutes rares et coûteuses et acquises au prix de mille peines et de difficultés ; mais une fois ses tonneaux remplis, notre homme n'y verserait plus rien, ne s'en inquiéterait plus et serait tranquille à cet égard. L'autre aurait, comme le premier, des liqueurs qu'il pourrait se procurer, quoique avec peine, mais n'ayant que des tonneaux percés et fêlés, il serait forcé de les remplir jour et nuit sans relâche, sous peine des plus grands ennuis. Si tu admets que les deux vies sont pareilles au cas de ces deux hommes, est-ce que tu soutiendras que la vie de l'homme déréglé est plus heureuse que celle de l'homme réglé ? Mon allégorie t'amène-t-elle à reconnaître que la vie réglée vaut mieux que la vie déréglée, ou n'es-tu pas convaincu ?

CALLICLÈS

Je ne le suis pas, Socrate. L'homme aux tonneaux pleins n'a plus aucun plaisir, et c'est cela que j'appelais tout à l'heure vivre à la façon d'une pierre, puisque, quand il les a remplis, il n'a plus ni plaisir ni peine ; mais ce qui fait l'agrément de la vie, c'est d'y verser le plus qu'on peut.

SOCRATE

Mais si l'on y verse beaucoup, n'est-il pas nécessaire qu'il s'en écoule beaucoup aussi et qu'il y ait de larges trous pour les écoulements ?

CALLICLÈS

Bien sûr.

SOCRATE

Alors, c'est la vie d'un pluvier [138] que tu vantes, non celle d'un mort ni d'une pierre. Mais dis-moi : ce que tu veux dire, c'est qu'il faut avoir faim, et, quand on a faim, manger ?

CALLICLÈS

Oui.

SOCRATE

Et avoir soif, et, quand on a soif, se désaltérer ?

CALLICLÈS

Oui, et qu'il faut avoir tous les autres désirs, pouvoir les satisfaire, et y trouver du plaisir pour vivre heureux.

SOCRATE

XLIX. — Fort bien, excellent Calliclès. Continue comme tu as commencé, et garde-toi de toute fausse honte. De mon côté, je ne dois pas non plus, ce me semble, en montrer. Et d'abord, dis-moi si c'est vivre heureux, quand on a la gale et envie de se gratter, de se gratter à son aise et de passer sa vie à se gratter.

CALLICLÈS

Tu es absurde, Socrate; on te prendrait pour un véritable orateur populaire.

SOCRATE

C'est ainsi, Calliclès, que j'ai déconcerté et intimidé Polos et Gorgias; mais toi, il n'y a pas de danger que tu te déconcertes et sois intimidé, car tu es un brave. Réponds seulement.

CALLICLÈS

Je réponds donc qu'on peut, en se grattant, vivre agréablement.

SOCRATE

Donc heureusement, si on vit agréablement.

CALLICLÈS

Certainement.

SOCRATE

Les démangeaisons ne sont-elle agréables que sur la tête, ou dois-je pousser plus loin mon interrogation ? Vois,

Calliclès, ce que tu aurais à répondre, si l'on t'interrogeait sur tout ce qui se rattache successivement à ce plaisir, et, pour ne citer que le cas le plus caractéristique, la
vie d'un prostitué n'est-elle pas affreuse, honteuse et misérable ? Oseras-tu dire que de pareilles gens sont heureux,
s'ils ont en abondance ce qu'ils désirent ?

CALLICLÈS

Tu n'as pas honte, Socrate, d'amener la conversation
sur de pareils sujets ?

SOCRATE

Est-ce donc moi qui l'y amène, mon brave, ou celui
qui déclare ainsi sans plus de façon que le plaisir, quel
qu'il soit, constitue le bonheur, et qui parmi les plaisirs,
ne sépare pas les bons des mauvais ? Mais encore une fois
dis-moi si tu maintiens que l'agréable et le bon sont la
même chose, ou si tu admets qu'il y a des choses agréables
qui ne sont pas bonnes.

CALLICLÈS

Pour ne pas être en contradiction avec ce que j'ai dit,
en avouant qu'ils sont différents, je réponds qu'ils sont
identiques.

SOCRATE

Tu gâtes ce que tu as dit précédemment, Calliclès, et
tu n'as plus qualité pour rechercher avec moi la vérité,
si tu dois parler contre ta pensée.

CALLICLÈS

Tu en fais autant toi-même, Socrate.

SOCRATE

Si je le fais, j'ai tort, ainsi que toi. Mais réfléchis, bienheureux Calliclès : peut-être le bien ne consiste pas dans
le plaisir, quel qu'il soit ; car, s'il en est ainsi, il est évident
que nous aboutissons à ces honteuses conséquences auxquelles je faisais allusion tout à l'heure et à beaucoup
d'autres encore.

CALLICLÈS

Oui, à ce que tu crois du moins, Socrate.

SOCRATE

Mais toi, Calliclès, maintiens-tu réellement ton affirmation ?

CALLICLÈS

Oui.

SOCRATE

L. — Alors, il faut la prendre au sérieux et la discuter ?

CALLICLÈS

Bien certainement.

SOCRATE

Eh bien, allons, puisque telle est ton opinion, explique-moi ceci. Y a-t-il quelque chose que tu appelles la science ?

CALLICLÈS

Oui.

SOCRATE

N'as-tu pas dit tout à l'heure qu'une sorte de courage allait avec la science ?

CALLICLÈS

Je l'ai dit en effet.

SOCRATE

N'y voyais-tu pas deux choses distinctes, le courage étant différent de la science ?

CALLICLÈS

Si, certainement.

SOCRATE

Et le plaisir et la science, sont-ils identiques ou différents ?

CALLICLÈS

Différents, je pense, ô le plus sage des hommes.

SOCRATE

Penses-tu que le courage aussi est différent du plaisir ?

CALLICLÈS

Sans doute.

SOCRATE

Eh bien, maintenant, tâchons de nous souvenir que Calliclès d'Acharnes a déclaré que l'agréable et le bon étaient la même chose, mais que la science et le courage étaient différents l'un de l'autre et différents du bien.

CALLICLÈS

Mais Socrate d'Alopékè n'en convient pas avec nous, n'est-ce pas ?

SOCRATE

Non, il n'en convient pas, et Calliclès non plus n'en conviendra pas, quand il se sera correctement examiné. Dis-moi en effet : ne crois-tu pas que le bonheur et le malheur sont deux états opposés ?

CALLICLÈS

Si.

SOCRATE

Eh bien, s'ils sont opposés l'un à l'autre, ne sont-ils

pas forcément dans le même rapport que la santé et la
maladie ? Car on n'est pas, n'est-ce pas, sain et malade
tout à la fois, et on ne se débarrasse pas à la fois de la
santé et de la maladie.

CALLICLÈS

Que veux-tu dire ?

SOCRATE

Prends pour exemple la partie du corps qu'il te plaira
et réfléchis. On peut avoir une maladie des yeux qu'on
appelle ophtalmie ?

CALLICLÈS

Sans contredit.

SOCRATE

On n'a pas, j'imagine, les yeux sains en même temps
que malades.

CALLICLÈS

C'est absolument impossible.

SOCRATE

Mais quoi ! Quand on se débarrasse de l'ophtalmie,
se prive-t-on aussi de la santé des yeux, et, à la fin, se
trouve-t-on dépourvu de l'une et de l'autre ?

CALLICLÈS

Pas du tout.

SOCRATE

Ce serait en effet, j'imagine, un prodige, une chose
qui choquerait la raison, n'est-ce pas ?

CALLICLÈS

Certainement.

SOCRATE

C'est alternativement, je pense, qu'on prend et qu'on
perd l'une et l'autre.

CALLICLÈS

Oui.

SOCRATE

N'en est-il pas de même de la force et de la faiblesse ?

CALLICLÈS

Si.

SOCRATE

Et de la vitesse et de la lenteur ?

CALLICLÈS

Tout à fait.

SOCRATE

Et pour les biens et le bonheur et pour leurs contraires,

les maux et le malheur, c'est alternativement qu'on reçoit, et alternativement qu'on quitte les uns et les autres ?

CALLICLÈS

C'est absolument mon avis.

SOCRATE

Si donc nous trouvons certaines choses que l'on perde et qu'on possède en même temps, il est clair que ces choses ne sauraient être le bien et le mal. Sommes-nous d'accord là-dessus ? Ne réponds qu'après avoir bien réfléchi.

CALLICLÈS

J'en suis merveilleusement d'accord.

SOCRATE

LI. — Revenons maintenant aux points sur lesquels nous sommes tombés d'accord. Que soutenais-tu ? que la faim est une chose agréable ou une chose pénible ? Je parle de la faim en soi.

CALLICLÈS

Que c'est une chose pénible, mais qu'il est agréable de manger quand on a faim.

SOCRATE

J'entends. Mais la faim en elle-même est-elle pénible, ou ne l'est-elle pas ?

CALLICLÈS

Elle l'est.

SOCRATE

Et la soif aussi ?

CALLICLÈS

Très pénible.

SOCRATE

Continuerai-je mes questions ou conviens-tu que tout besoin et tout désir sont pénibles ?

CALLICLÈS

J'en conviens ; cesse donc tes questions.

SOCRATE

Mais boire quand on a soif, est-ce agréable, selon toi ?

CALLICLÈS

Oui.

SOCRATE

Mais dans ce que tu viens de dire, les mots « quand on a soif » équivalent sans doute à « quand on ressent de la douleur » ?

CALLICLÈS

Oui.

SOCRATE

Mais le fait de boire est la satisfaction du besoin et un plaisir ?

CALLICLÈS

Oui.

SOCRATE

Ainsi c'est dans le fait de boire qu'on ressent du plaisir, dis-tu ?

CALLICLÈS

Justement.

SOCRATE

Du moins quand on a soif ?

CALLICLÈS

Oui.

SOCRATE

Donc quand on souffre ?

CALLICLÈS

Oui.

SOCRATE

Aperçois-tu maintenant ce qui résulte de là ? Tu dis qu'on ressent à la fois du plaisir et de la douleur, quand tu dis qu'on boit ayant soif. Est-ce que cela ne se produit pas à la fois dans le même lieu et dans le même temps, soit dans l'âme, soit dans le corps, selon qu'il te plaira; car cela n'importe en rien, à mon avis. Est-ce exact ou non ?

CALLICLÈS

C'est exact.

SOCRATE

Cependant tu reconnais qu'il est impossible d'être à la fois heureux et malheureux.

CALLICLÈS

Je le reconnais en effet.

SOCRATE

D'autre part, tu es convenu qu'on pouvait être à la fois dans la peine et dans la joie ?

CALLICLÈS

Evidemment.

SOCRATE

Il s'ensuit que la joie n'est pas le bonheur, ni la peine le malheur, de sorte que l'agréable se révèle différent du bien.

CALLICLÈS

Je ne saisis pas tes subtilités, Socrate.

SOCRATE

Tu les saisis fort bien : mais tu fais l'ignorant, Calliclès
Avançons encore un peu.

CALLICLÈS

Quelles sornettes as-tu à dire ?

SOCRATE

Je veux te faire voir quel habile homme tu es, toi
qui me fais des remontrances. Chacun de nous, du moment
qu'il cesse d'avoir soif, ne cesse-t-il pas aussi de prendre
plaisir à boire ?

CALLICLÈS

Je ne sais pas ce que tu veux dire.

GORGIAS

Ne parle pas ainsi, Calliclès. Réponds plutôt, ne fût-ce
que par égard pour nous, afin que notre discussion arrive
à son terme.

CALLICLÈS

Mais Socrate est toujours le même : il vous pose un
tas de petites questions insignifiantes jusqu'à ce qu'il
vous ait réfuté.

GORGIAS

Que t'importe ? En tout cas, tu n'as pas à les apprécier.
Laisse Socrate argumenter comme il lui plaît.

CALLICLÈS

Alors fais tes menues et mesquines questions, puisque tel
est l'avis de Gorgias.

SOCRATE

LII. — Tu es bien heureux, Calliclès, d'avoir été initié
aux grands mystères avant de l'être aux petits [139]. Je ne
croyais pas que cela fût permis. Reprenons donc la discussion où tu l'as laissée et dis-moi si chacun de nous ne
cesse pas en même temps d'avoir soif et de sentir du plaisir.

CALLICLÈS

Je l'avoue.

SOCRATE

De même pour la faim et les autres appétits, ne cesse-t-il
pas en même temps de sentir le désir et le plaisir ?

CALLICLÈS

C'est vrai.

SOCRATE

Ne cesse-t-il pas aussi en même temps de sentir la peine et le plaisir ?

CALLICLÈS

Si.

SOCRATE

C'est le contraire pour les biens et les maux : ils ne cessent pas en même temps. Tu l'as reconnu toi-même; le reconnais-tu encore à présent ?

CALLICLÈS

Oui, et après ?

SOCRATE

C'est la preuve, mon ami, que le bien n'est pas la même chose que l'agréable, ni le mal que la douleur, puisque des uns, on est débarrassé en même temps, des autres non, car ils sont distincts. Dès lors comment l'agréable serait-il identique au bien et la douleur au mal ?

Mais, si tu veux, considère encore la question de ce biais; car je crois bien que, même après la preuve que je viens d'en donner, tu ne te rends pas à mon opinion. Vois donc : les bons, selon toi, ne sont-ils pas bons par la présence du bien, de même que les beaux, par la présence de la beauté ?

CALLICLÈS

Si.

SOCRATE

Mais sont-ce les insensés et les lâches que tu appelles bons ? Ce n'étaient pas ceux-là tout à l'heure, mais les hommes courageux et intelligents que tu qualifiais de bons. N'est-ce pas ceux-ci que tu appelles bons ?

CALLICLÈS

Certainement.

SOCRATE

Et maintenant, n'as-tu jamais vu un enfant sans raison éprouver de la joie ?

CALLICLÈS

Si.

SOCRATE

Et n'as-tu pas encore vu d'homme déraisonnable qui fût joyeux ?

CALLICLÈS

Je crois bien que si; mais à quoi tend cette question ?

SOCRATE

A rien. Réponds seulement.

CALLICLÈS

J'en ai vu.

SOCRATE

Ou, au contraire, un homme sensé dans la tristesse et dans la joie ?

CALLICLÈS

Oui.

SOCRATE

Mais lesquels ressentent plus vivement la joie et la douleur, des sages ou des insensés ?

CALLICLÈS

Je crois qu'ils ne diffèrent pas beaucoup en cela.

SOCRATE

Cela me suffit. Et à la guerre as-tu déjà vu un lâche ?

CALLICLÈS

Sans doute.

SOCRATE

Eh bien, quand les ennemis se retiraient, lesquels t'ont paru les plus joyeux, les lâches ou les braves ?

CALLICLÈS

Les uns autant que les autres, ou à peu de chose près.

SOCRATE

La différence n'importe pas ; ce que je retiens, c'est que les lâches aussi se réjouissent.

CALLICLÈS

Oui, fortement.

SOCRATE

Et les insensés aussi, à ce qu'il semble.

CALLICLÈS

Oui.

SOCRATE

Et quand l'ennemi avance, les lâches en sont-ils péniblement affectés, ou les braves le sont-ils aussi ?

CALLICLÈS

Ils le sont tous.

SOCRATE

Egalement ?

CALLICLÈS

Les lâches le sont peut-être davantage.

SOCRATE

Et quand l'ennemi se retire, ne sont-ils pas plus joyeux ?

CALLICLÈS

Peut-être.

SOCRATE

Ainsi donc les insensés et les sages, les lâches et les braves ressentent la douleur et la joie, à peu près également, à ce que tu dis, et les lâches plus que les braves ?

CALLICLÈS

Oui.

SOCRATE

Mais les sages et les braves sont bons, les lâches et les insensés, méchants ?

CALLICLÈS

Oui.

SOCRATE

Ainsi donc les bons et les méchants ressentent la joie et la douleur à peu près également ?

CALLICLÈS

Oui.

SOCRATE

Alors les bons et les méchants sont-ils également bons et méchants, et les méchants sont-ils même meilleurs que les bons ?

CALLICLÈS

LIII. — Par Zeus, je ne sais pas ce que tu veux dire.

SOCRATE

Tu ne sais pas que tu as dit que les bons sont bons par la présence du bien, et les méchants, méchants par la présence du mal, et que les biens, ce sont les plaisirs, et les maux, les chagrins ?

CALLICLÈS

Si.

SOCRATE

Ainsi ceux qui ressentent de la joie ont en eux le bien ou plaisir, puisqu'ils sont en joie ?

CALLICLÈS

Sans aucun doute.

SOCRATE

Or, si le bien est présent en eux, ne rend-il pas bons ceux qui éprouvent de la joie ?

CALLICLÈS

Si.

SOCRATE

Et ceux qui sont dans le chagrin n'ont-ils pas en eux des maux, des chagrins ?

CALLICLÈS

Assurément.

SOCRATE

Or c'est, dis-tu, par la présence du mal que les méchants sont méchants. Maintiens-tu ton affirmation ?

CALLICLÈS

Oui.

SOCRATE

En conséquence ceux qui sont dans la joie sont bons, et ceux qui sont dans le chagrin, mauvais ?

CALLICLÈS

Certainement.

SOCRATE

Et ils le sont davantage, si ces sentiments sont plus vifs; moins, s'ils sont plus faibles; également, s'ils sont égaux ?

CALLICLÈS

Oui.

SOCRATE

Or tu dis que la joie et la douleur sont à peu près égales chez les sages et les insensés, chez les lâches et les braves, ou même plus vives chez les lâches ?

CALLICLÈS

Oui.

SOCRATE

Maintenant résume de concert avec moi ce qui résulte de ces aveux; car il est beau, dit-on, de répéter et de considérer deux ou trois fois les belles choses. Nous disons donc que le sage et le brave sont bons, n'est-ce pas ?

CALLICLÈS

Oui.

SOCRATE

Et mauvais, l'insensé et le lâche ?

CALLICLÈS

Sans doute.

SOCRATE

Et d'autre part que celui qui ressent de la joie est bon ?

CALLICLÈS

Oui.

SOCRATE

Et mauvais celui qui ressent de la douleur ?

CALLICLÈS

Nécessairement.

SOCRATE

Enfin que le bon et le méchant ont les mêmes douleurs et les mêmes joies, mais que peut-être le méchant en a davantage ?

CALLICLÈS

Oui.

SOCRATE

Ainsi donc le méchant serait aussi méchant et bon que le bon, et même meilleur. Cette conclusion, comme les précédentes, n'est-elle pas forcée, si l'on soutient que l'agréable et le bon sont la même chose ? Ne sont-ce pas des conséquences inéluctables, Calliclès ?

CALLICLÈS

LIV. — Voilà bien longtemps que je t'écoute, Socrate, et que j'acquiesce à tes propositions, en me disant que, si l'on s'amuse à te faire la moindre concession, tu la saisis avec une joie d'enfant. Crois-tu donc que je ne juge pas, comme tout le monde, certains plaisirs comme meilleurs, certains autres comme plus mauvais ?

SOCRATE

Oh! oh! Calliclès, que tu es artificieux! Tu me traites en enfant : tu me dis tantôt que les choses sont d'une façon, tantôt d'une autre et tu cherches à me tromper. Je ne croyais pourtant pas au commencement que tu voudrais me tromper, car je te considérais comme un ami. Je suis déçu et je crois que je n'ai plus qu'à me contenter de ce que j'ai, comme dit le vieux proverbe, et à prendre ce que tu me donnes. Or ce que tu affirmes à présent, ce semble, c'est qu'il y a différents plaisirs, les uns bons, les autres mauvais, n'est-ce pas ?

CALLICLÈS

Oui.

SOCRATE

Les bons sont ceux qui sont utiles et les mauvais ceux qui sont nuisibles ?

CALLICLÈS

Certainement.

SOCRATE

Mais les utiles sont ceux qui procurent quelque bien, et les nuisibles ceux qui font du mal ?

CALLICLÈS

Oui.

SOCRATE

Maintenant veux-tu parler de plaisirs comme les plaisirs corporels dont il était question tout à l'heure et qui consistent à manger et à boire ? Parmi ces plaisirs,

ne tiens-tu pas pour bons ceux qui procurent au corps
la santé, la force ou toute autre qualité physique, et pour
mauvais ceux qui produisent les effets contraires ?

CALLICLÈS

Certainement.

SOCRATE

N'en est-il pas de même des souffrances, les unes étant
bonnes, les autres mauvaises ?

CALLICLÈS

Naturellement.

SOCRATE

Ne sont-ce pas les bons plaisirs et les bonnes souffrances
qu'il faut préférer dans toutes nos actions ?

CALLICLÈS

Assurément.

SOCRATE

Mais non les mauvais ?

CALLICLÈS

Evidemment.

SOCRATE

Et en effet, si tu t'en souviens, nous avons reconnu,
Polos et moi, que c'est sur le bien qu'il faut régler toute
notre conduite. Es-tu, toi aussi, de notre avis, que le bien
doit être la fin de toutes nos actions et qu'il faut tout faire
en vue du bien, et non le bien en vue du reste ? Donnes-tu
ton suffrage en tiers avec le nôtre ?

CALLICLÈS

Oui.

SOCRATE

Ainsi il faut tout faire, même l'agréable, en vue du
bien, et non le bien en vue de l'agréable ?

CALLICLÈS

Certainement.

SOCRATE

Mais appartient-il au premier venu de discerner parmi
les choses agréables quelles sont les bonnes et quelles
sont les mauvaises, ou bien est-ce le fait d'un homme expert
en chaque genre ?

CALLICLÈS

C'est le fait d'un expert.

SOCRATE

LV. — Rappelons-nous maintenant ce que je disais
à Polos et à Gorgias. Je disais, en effet, si tu t'en souviens,

qu'il y a certaines industries qui ne visent qu'au plaisir, ne procurent que lui et ignorent le meilleur et le pire, tandis que d'autres connaissent le bien et le mal, et je rangeais parmi celles qui ont pour objet le plaisir la cuisine, qui est une routine et non un art, et parmi celles qui ont le bien pour objet, l'art de la médecine. Au nom du dieu de l'amitié, Calliclès, ne crois pas qu'il te faille jouer avec moi et ne me réponds pas n'importe quoi contre ta pensée et ne prends pas non plus ce que je dirai pour un badinage. Tu vois, en effet, que la matière que nous discutons est la plus sérieuse qui puisse occuper un homme même d'intelligence médiocre, puisqu'il s'agit de savoir de quelle manière il faut vivre, s'il faut adopter le genre de vie auquel tu me convies et agir en homme, en parlant devant le peuple, en s'exerçant à la rhétorique et en pratiquant la politique comme vous le faites, vous autres, aujourd'hui, ou s'il faut s'adonner à la philosophie et en quoi ce genre de vie diffère du précédent. Peut-être le meilleur parti à prendre est-il ce que j'ai essayé de faire tout à l'heure, de les distinguer, et après les avoir distingués et avoir reconnu entre nous que ces deux genres de vie sont différents, d'examiner en quoi ils diffèrent l'un de l'autre et lequel des deux il faut embrasser. Peut-être ne saisis-tu pas encore ce que je veux dire.

CALLICLÈS

Non, ma foi.

SOCRATE

Eh bien, je vais m'expliquer plus clairement. Puisque nous sommes tombés d'accord, toi et moi, qu'il existe du bon et de l'agréable et que l'agréable est autre que le bon ; que, d'autre part, pour se procurer chacun d'eux, il y a une sorte d'exercice et de préparation, qui vise, l'une à l'agréable, l'autre au bon... Mais, sur ce point même, dis-moi d'abord si, oui ou non, tu es d'accord avec moi. L'es-tu ?

CALLICLÈS

Oui.

SOCRATE

LVI. — Maintenant accorde-moi aussi ce que je disais à Gorgias et à Polos, s'il te paraît que j'aie dit alors la vérité. Je leur disais à peu près ceci, que la cuisine ne me paraissait pas être un art, mais une routine, que la médecine, au contraire, est un art. Je me fondais sur ce que la médecine, quand elle soigne un malade, ne le fait que lorsqu'elle a étudié sa nature, qu'elle connaît les causes de ce qu'elle fait et peut rendre raison de chacune de ces deux choses, que telle est la médecine, au lieu que l'autre, appliquée tout entière au plaisir, marche à son but absolument sans art, sans avoir examiné ni la nature ni la cause du plaisir, véritable aveugle qui ne distingue, pour ainsi dire, rien nettement et qui conserve seulement par la pratique et la routine le souvenir de ce qu'on fait d'habitude, et procure le plaisir par ce moyen.

Considère donc, d'abord si cela te paraît exact et s'il n'y a pas aussi certaines autres professions du même genre qui se rapportent à l'âme, les unes relevant de l'art et soucieuses de pourvoir au plus grand bien de l'âme, les autres indifférents à son bien et ne considérant, comme je le disais de la cuisine, que le plaisir de l'âme et le moyen de le lui procurer. Quant à distinguer parmi les plaisirs les meilleurs et les pires, elles n'y prêtent aucune attention et n'ont d'autre souci que de faire plaisir, indifférentes au bien et au mal. Pour moi, Calliclès, je pense qu'il existe de telles professions et j'affirme que leur fait n'est que flatterie, qu'il s'agisse du corps ou de l'âme ou de tout autre objet auquel on veut ménager du plaisir, sans considérer si c'est à son avantage ou à son détriment. Mais toi, partages-tu notre opinion là-dessus, ou es-tu d'avis contraire ?

CALLICLÈS

Non, je te passe ce point, pour que tu puisses mener la discussion à terme et pour complaire à Gorgias.

SOCRATE

Cette flatterie s'exerce-t-elle à l'égard d'une seule âme, et non à l'égard de deux ou plusieurs ?

CALLICLÈS

Elle s'exerce à l'égard de deux ou plusieurs.

SOCRATE

Ainsi l'on peut chercher à complaire à une foule d'âmes à la fois, sans s'inquiéter de leur véritable intérêt ?

CALLICLÈS

Je le crois.

SOCRATE

LVII. — Maintenant veux-tu me dire quelles sont les professions qui produisent cet effet, ou plutôt, si tu veux bien, je vais t'interroger, et quand une profession te paraîtra rentrer dans cette catégorie, tu diras oui; autrement, tu diras non. Commençons par celle du joueur de flûte [140]. Ne te semble-t-il pas, Calliclès, que c'est une de ces professions qui ne visent qu'à notre plaisir, sans se soucier d'aucune autre chose ?

CALLICLÈS

Je le crois.

SOCRATE

N'en est-il pas de même de toutes celles du même

genre, par exemple de celle du joueur de cithare dans les concours [141] ?

CALLICLÈS

Si.

SOCRATE

Et l'instruction des chœurs et la composition des dithyrambes ? N'est-il pas manifeste pour toi qu'elles sont aussi de ce genre ? Ou crois-tu que Kinésias [142], fils de Mélès, songe à dire quoi que ce soit qui puisse améliorer ceux qui l'entendent, ou uniquement ce qui doit faire plaisir à la foule des spectateurs ?

CALLICLÈS

C'est évident, Socrate, en ce qui regarde Kinésias.

SOCRATE

Et son père, Mélès, quand il chantait en s'accompagnant de la cithare, crois-tu qu'il avait en vue le bien ? Avait-il même le souci de contenter les spectateurs, lui qui les assommait par son chant ? Mais songes-y ; ne te semble-t-il pas que toute la poésie citharédique et dithyrambique ait été inventée en vue du plaisir ?

CALLICLÈS

Si.

SOCRATE

Et cet auguste et merveilleux poème qu'est la tragédie, quel est son dessein ? Que veut-il et à quoi s'applique-t-il ? Est-ce uniquement à plaire aux spectateurs, comme je le crois ; ou bien, s'il se présente une idée agréable et flatteuse pour les spectateurs, mais mauvaise, prend-il à cœur de la taire et de déclamer et de chanter au contraire l'idée qui est désagréable, mais utile, que cela plaise ou non ? De ces deux dispositions, quelle est, crois-tu, celle de la tragédie ?

CALLICLÈS

Il est clair, Socrate, qu'elle tend plutôt à plaire et à flatter le public.

SOCRATE

Or n'avons-nous pas dit tout à l'heure, Calliclès, que tout cela n'était que de la flatterie ?

CALLICLÈS

Assurément.

SOCRATE

Mais si l'on ôtait de quelque poésie que ce soit la mélodie, le rythme et le mètre, resterait-il autre chose que des discours ?

CALLICLÈS

Non, certainement.

SOCRATE

Or ces discours s'adressent à la multitude et au peuple ?

CALLICLÈS

Oui.

SOCRATE

La poésie est donc une sorte de discours au peuple ?

CALLICLÈS

Il y a apparence.

SOCRATE

Donc un discours d'orateur. Ou bien les poètes ne te semblent-ils pas faire acte d'orateur dans les théâtres ?

CALLICLÈS

Si.

SOCRATE

Nous venons donc de trouver une sorte de rhétorique à l'usage d'un peuple formé d'enfants, de femmes et d'hommes, d'esclaves et d'hommes libres confondus ensemble, rhétorique que nous apprécions peu, puisque nous la tenons pour une flatterie.

CALLICLÈS

Assurément.

SOCRATE

LVIII. — Bon. Mais la rhétorique qui s'adresse au peuple d'Athènes et à celui des autres Etats, c'est-à-dire à des hommes libres, quelle idée faut-il en prendre ? Te paraît-il que les orateurs parlent toujours en vue du plus grand bien et se proposent pour but de rendre par leurs discours les citoyens aussi vertueux que possible, ou crois-tu que, cherchant à plaire aux citoyens et négligeant l'intérêt public pour s'occuper de leur intérêt personnel, ils se conduisent avec les peuples comme avec des enfants, essayant seulement de leur plaire, sans s'inquiéter aucunement si par ces procédés ils les rendent meilleurs ou pires ?

CALLICLÈS

Cette question n'est plus aussi simple. Il y a des orateurs qui parlent dans l'intérêt des citoyens ; il y en a d'autres qui sont tels que tu dis.

SOCRATE

Il suffit. S'il y a deux manières de parler au peuple, l'une des deux est une flatterie et une déclamation honteuse ; l'autre est l'honnête, j'entends celle qui travaille à rendre les âmes des citoyens les meilleures possible, qui s'applique à dire toujours le meilleur, que cela plaise ou déplaise à l'auditoire. Mais tu n'as jamais vu de rhétorique semblable, ou, si tu peux citer quelque orateur de ce caractère, hâte-toi de le nommer.

CALLICLÈS

Non, par Zeus, je ne peux t'en nommer aucun, du moins parmi les orateurs d'aujourd'hui.

SOCRATE

Et parmi les anciens peux-tu en citer un grâce auquel, dès qu'il a commencé à les haranguer, les Athéniens soient devenus meilleurs, de moins bons qu'ils étaient auparavant ? Pour moi, je ne vois pas quel est celui-là.

CALLICLÈS

Comment ? N'as-tu pas entendu dire que Thémistocle était un homme de mérite, ainsi que Cimon, Miltiade et ce Périclès qui est mort récemment et que tu as entendu toi-même ?

SOCRATE

S'il est vrai, Calliclès, comme tu l'as affirmé précédemment, que la véritable vertu consiste à contenter ses propres passions et celles des autres, je n'ai rien à t'objecter. Mais s'il n'en est pas ainsi et si nous avons été contraints d'avouer par la suite qu'il faut satisfaire ceux de nos désirs qui, réalisés, rendent l'homme meilleur, mais non ceux qui le rendent pire, et que c'est là un art, peux-tu soutenir qu'aucun de ces orateurs ait rempli ces conditions ?

CALLICLÈS

Je ne sais trop que te répondre.

SOCRATE

LIX. — Cherche bien et tu trouveras. Allons, examinons comme ceci, tranquillement, si quelqu'un d'eux les a remplies. Voyons, l'homme vertueux qui dans tous ses discours a le plus grand bien en vue ne parlera pas au hasard, n'est-ce pas ? mais avec dessein. Il fera comme tous les autres artisans qui, considérant chacun ce qu'ils veulent faire, ne ramassent pas au hasard les matériaux qu'ils emploient pour leur ouvrage, mais les choisissent de manière à lui donner une forme particulière. Par exemple, jette les yeux sur les peintres, les architectes, les constructeurs de vaisseaux et sur tel autre ouvrier qu'il te plaira, tu verras comment chacun d'eux place en ordre ses matériaux et force chacun à s'ajuster et à s'harmoniser au voisin, jusqu'à ce qu'il ait composé un tout bien arrangé et bien ordonné. Il en est ainsi de tous les artisans et en particulier de ceux que nous avons mentionnés tout à l'heure, qui s'occupent du corps, je veux dire les maîtres de gymnastique et les médecins : ils ordonnent et règlent le corps. Sommes-nous d'accord sur ce point, ou non ?

CALLICLÈS

Soit, si tu veux.

SOCRATE

Donc si la régularité et l'ordre règnent dans une maison elle est bonne ; si c'est le désordre, elle est mauvaise.

CALLICLÈS

J'en conviens.

SOCRATE

N'en est-il pas de même d'un vaisseau ?

CALLICLÈS

Si.

SOCRATE

N'en disons-nous pas autant de nos corps ?

CALLICLÈS

Certainement.

SOCRATE

Et notre âme ? Sera-t-elle bonne si elle est déréglée, ou si elle est réglée et ordonnée ?

CALLICLÈS

D'après ce que nous avons dit précédemment, c'est la deuxième hypothèse qui s'impose.

SOCRATE

Et dans le corps, quel nom faut-il donner à l'effet que produisent la règle et l'ordre ?

CALLICLÈS

Tu veux parler sans doute de la santé et de la force ?

SOCRATE

Oui. Et à l'effet que la règle et l'ordre produisent dans l'âme, quel nom lui donnerons-nous ? Essaye de le trouver et dis-le-moi, comme tu l'as fait pour le corps.

CALLICLÈS

Pourquoi ne le dis-tu pas toi-même, Socrate ?

SOCRATE

Je le dirai, si tu le préfères. De ton côté, si tu approuves ce que je vais dire, conviens-en ; sinon, réfute-moi et arrête-moi. Pour moi, il me paraît que le nom de sain convient à l'ordre qui règne dans le corps et que de là vient la santé, ainsi que toutes les autres qualités physiques. Est-ce exact, ou non ?

CALLICLÈS

C'est exact.

SOCRATE

L'ordre et la règle dans l'âme s'appellent légalité et loi, et c'est ce qui fait les hommes justes et réglés ; et c'est cela qui constitue la justice et la tempérance. L'accordes-tu, ou non ?

CALLICLÈS

Soit.

SOCRATE

LX. — Voilà donc ce que l'orateur dont je parle, celui qui suit l'art et la vertu, aura en vue dans tous les discours qu'il adressera aux âmes, et dans toutes ses actions, et, soit qu'il donne, soit qu'il ôte quelque chose au peuple, il songera sans cesse aux moyens de faire naître la justice dans l'âme de ses concitoyens et d'en bannir l'injustice, d'y faire germer la tempérance et d'en écarter l'incontinence, en un mot d'y introduire toutes les vertus et d'en exclure tous les vices. M'accordes-tu cela, ou non ?

CALLICLÈS

Je te l'accorde.

SOCRATE

A quoi sert-il en effet, Calliclès, d'offrir à un corps malade et mal en point des aliments en abondance, des boissons exquises et tout autre délice qui parfois ne lui profitera pas plus, à en bien juger, que le traitement contraire, qui lui profitera même moins ? Est-ce vrai ?

CALLICLÈS

Soit.

SOCRATE

Ce n'est pas, je pense, un avantage pour un homme de vivre avec un corps misérable, car il est, en ce cas, condamné à une vie misérable aussi. N'est-ce pas exact ?

CALLICLÈS

Si.

SOCRATE

N'est-il pas vrai que les médecins permettent généralement, quand on est bien portant, de satisfaire ses désirs, par exemple de manger autant qu'on veut, quand on a faim, de boire quand on a soif, tandis que, si l'on est malade, ils ne permettent pour ainsi dire jamais de se rassasier de ce qu'on désire. Es-tu d'accord avec moi sur ce point ?

CALLICLÈS

Oui.

SOCRATE

Et pour l'âme, excellent Calliclès, la règle n'est-elle

pas la même ? Tant qu'elle est mauvaise, parce qu'elle est déraisonnable, incontinente, injuste, impie, il faut l'éloigner de ce qu'elle désire et ne pas lui permettre de faire autre chose que ce qui doit la rendre meilleure. Es-tu de cet avis ou non ?

CALLICLÈS

Je suis de cet avis.

SOCRATE

N'est-ce pas là ce qui vaut le mieux pour l'âme elle-même ?

CALLICLÈS

Assurément.

SOCRATE

Mais éloigner quelqu'un de ce qu'il désire, n'est-ce pas le châtier ?

CALLICLÈS

Si.

SOCRATE

Donc le châtiment est meilleur pour l'âme que l'incontinence, contrairement à ce que tu pensais tout à l'heure ?

CALLICLÈS

Je ne sais ce que tu veux dire, Socrate. Interroge un autre que moi.

SOCRATE

Cet homme-là ne souffre pas qu'on lui rende service, et ne peut supporter la chose même dont nous parlons, le châtiment.

CALLICLÈS

Je ne me soucie aucunement de ce que tu dis et je ne t'ai répondu que pour faire plaisir à Gorgias.

SOCRATE

Soit. Mais alors que faire ? Allons-nous rompre l'entretien sans l'achever ?

CALLICLÈS

C'est à toi d'en décider.

SOCRATE

Il n'est pas permis, dit-on, de laisser en plan même un conte : il faut lui donner une tête, pour qu'il ne circule pas sans tête. Réponds donc encore pour ce qui reste, afin de donner une tête à notre entretien.

CALLICLÈS

LXI. — Quel tyran tu fais, Socrate! Mais, si tu m'en crois, tu laisseras tomber cette discussion, ou tu discuteras avec un autre que moi.

SOCRATE

Alors quel autre consent à discuter ? Nous ne pouvons certes pas laisser la discussion inachevée.

CALLICLÈS

Ne pourrais-tu pas la poursuivre toi-même, soit en parlant tout seul, soit en te répondant à toi-même ?

SOCRATE

Tu veux donc que, suivant le mot d'Epicharme, je suffise à moi seul à dire ce que deux hommes disaient auparavant [143] ? J'ai peur d'être forcé d'en venir là. Mais si nous procédons de la sorte, je pense, moi, que nous devons tous rivaliser d'ardeur pour découvrir ce qu'il y a de vrai et ce qu'il y a de faux dans la question que nous traitons; car nous avons tous à gagner à faire la lumière sur ce point. Je vais donc vous exposer ce que j'en pense, et, si quelqu'un de vous trouve que je me fais des concessions erronées, qu'il me reprenne et me réfute. Aussi bien je ne parle pas comme un homme sûr de ce qu'il dit, mais je cherche de concert avec vous, en sorte que, si mon contradicteur me paraît avoir raison, je serai le premier à le reconnaître. Si je vous dis cela, c'est pour le cas où vous jugeriez qu'il faut pousser la discussion jusqu'au bout; mais si vous ne le voulez pas, restons-en là et allons-nous-en.

GORGIAS

Pour ma part, Socrate, je suis d'avis qu'il ne faut pas encore nous retirer, mais que tu ailles jusqu'au bout de ton exposition, et je suis sûr que les autres partagent mon opinion. Personnellement, je désire t'entendre développer ce qui te reste à dire.

SOCRATE

De mon côté, Gorgias, j'aurais volontiers continué à discuter avec Calliclès, jusqu'à ce que je lui eusse rendu la réplique d'Amphion en échange de la tirade de Zéthos. Mais puisque tu refuses, Calliclès, de m'aider à terminer l'entretien, écoute-moi du moins et arrête-moi, si tu trouves que j'avance quelque chose d'inexact. Et si tu me démontres mon erreur, je ne me fâcherai pas contre toi, comme tu viens de le faire à mon égard; au contraire, je t'inscrirai au premier rang de mes bienfaiteurs.

CALLICLÈS

Parle toi-même, mon bon, et achève.

SOCRATE

LXII. — Ecoute-moi donc, tandis que je reprends l'ar-

gumentation dès le commencement. L'agréable et le bon
sont-ils la même chose ? Non, comme nous en sommes
convenus, Calliclès et moi. — Faut-il faire l'agréable en
vue du bon, ou le bon en vue de l'agréable ? L'agréable
en vue du bon. — Et l'agréable est-il ce dont la présence
nous réjouit, et le bon ce dont la présence nous rend
bons ? Certainement. — Or nous sommes bons, nous et les
autres choses bonnes, par la présence d'une certaine
qualité ? Cela me paraît incontestable, Calliclès. — Mais
la qualité propre à chaque chose, meuble, corps, âme,
animal quelconque, ne lui vient point à l'aventure d'une
manière parfaite ; elle vient d'un arrangement, d'une
justesse, d'un art adaptés à la nature de chacune. Est-ce
vrai ? Pour moi, je l'affirme. — Ainsi la vertu de chaque
chose consiste dans l'arrangement et la disposition établis
par l'ordre ? Je dirais oui. — Ainsi une sorte d'ordre
propre à chaque chose la rend bonne par sa présence en
elle ? C'est mon avis. — Par conséquent l'âme où se trouve
l'ordre qui lui convient est meilleure que celle où l'ordre
fait défaut ? Nécessairement. — Mais l'âme où règne
l'ordre est une âme bien réglée ? Sans contredit. — Et
l'âme bien réglée est tempérante ? De toute nécessité.
— Donc une âme tempérante est bonne ? Pour moi, je
n'ai rien à objecter contre ces propositions. Si tu as, toi,
quelque chose à y reprendre, fais-le connaître.

CALLICLÈS

Continue, mon bon.

SOCRATE

Je dis donc que, si l'âme tempérante est bonne, celle
qui est dans l'état contraire est mauvaise, et nous avons
vu que c'est l'âme insensée et déréglée. Sans contredit.
— Et maintenant l'homme tempérant [144] s'acquitte de
ses devoirs envers les dieux et envers les hommes ; car
il ne serait pas tempérant, s'il ne s'acquittait pas de ses
devoirs. Il est nécessaire que cela soit ainsi. — Et en
faisant son devoir envers les hommes, il agit avec justice,
et envers les dieux, avec pitié ; or, celui qui fait ce qui est
juste et pieux est forcément juste et pieux. C'est vrai. —
Et forcément aussi courageux ; car ce n'est pas le fait
d'un homme tempérant ni de poursuivre ni de fuir ce
qu'il ne doit pas, mais de fuir et de poursuivre ce qu'il
doit, qu'il s'agisse de choses ou de personnes, de plaisirs
ou de peines, et de persister fermement dans son devoir ;
de sorte qu'il est de toute nécessité, Calliclès, que l'homme
tempérant, étant, comme nous l'avons vu, juste, courageux
et pieux, soit aussi un homme parfaitement bon ; que
l'homme bon fasse bien et honnêtement tout ce qu'il fait
et que, vivant bien, il soit heureux et fortuné, tandis que
le méchant, agissant mal, est malheureux. Or ce méchant,

c'est l'opposé de l'homme tempérant, c'est l'homme déréglé que tu vantais.

LXIII. — Voilà donc les principes que je pose et j'affirme qu'ils sont vrais. Or, s'ils sont vrais, il est notoire que celui qui veut être heureux doit s'attacher et s'exercer à la tempérance et fuir l'intempérance à toutes jambes et s'arranger avant tout pour n'avoir pas du tout besoin de châtiment; mais s'il en a besoin, lui ou quelqu'un de ses proches, particulier ou Etat, il faut qu'on lui inflige un châtiment et qu'on le punisse, si l'on veut qu'il soit heureux.

Tel est, à mon avis, le but sur lequel il faut tenir les yeux pour régler sa vie. Il faut concentrer tous ses efforts et tous ceux de l'Etat vers l'acquisition de la justice et de la tempérance, si l'on veut être heureux; il faut rapporter tous ses actes à cette fin et se garder de lâcher la bride à ses passions et, en tentant de les satisfaire, ce qui serait un mal sans remède, de mener une vie de brigand. Un tel homme, en effet, ne saurait être aimé d'un autre homme ni de Dieu; car il ne peut lier société avec personne, et, sans société, pas d'amitié. Les savants [145], Calliclès, disent que le ciel et la terre, les dieux et les hommes sont unis ensemble par l'amitié, la règle, la tempérance et la justice, et c'est pour cela, camarade, qu'ils donnent à tout cet univers le nom d'ordre, et non de désordre et de dérèglement. Mais il me semble que toi, tu ne fais pas attention à cela, malgré toute ta science, et tu oublies que l'égalité géométrique [146] a beaucoup de pouvoir chez les dieux et chez les hommes. Toi, tu penses, au contraire, qu'il faut tâcher d'avoir plus que les autres; c'est que tu négliges la géométrie.

Mais passons. Il faut maintenant, ou bien réfuter mon argumentation et prouver que les heureux ne doivent point leur bonheur à la possession de la justice et de la tempérance, ni les malheureux leur misère à celle du vice, ou bien, si mon argumentation est juste, il faut en examiner les conséquences. Or, ces conséquences, Calliclès, ce sont toutes les affirmations à propos desquelles tu m'as demandé si je parlais sérieusement, lorsque j'ai avancé que, si l'on avait commis une injustice, il fallait s'accuser soi-même, son fils, son camarade, et se servir pour cela de la rhétorique. Et ce que tu t'imaginais que Polos m'accordait par fausse honte était donc la vérité, à savoir qu'il est plus laid de commettre une injustice que de la subir, et d'autant plus désavantageux que c'est plus laid; et que, si l'on veut être un bon orateur, il faut être juste et versé dans la science de la justice, ce que Polos à son tour reprochait à Gorgias de m'accorder par fausse honte.

LXIV. — Cela posé, examinons ce que valent les

reproches que tu me fais, et si tu as raison ou non de
dire que je ne suis pas en état de me secourir moi-même,
ni aucun de mes amis ou de mes proches et de me tirer
des plus grands dangers, que je suis, comme un homme
noté d'infamie, à la merci du premier venu qui voudra,
selon ton énergique expression, m'assener son poing sur
la joue, me dépouiller de mes biens, me bannir de la cité,
ou, pis encore, me mettre à mort, et qu'être dans une telle
situation est la chose la plus honteuse du monde. Telle
était ton opinion. Voici la mienne : je l'ai déjà exprimée
plus d'une fois, mais rien n'empêche de la répéter.

Je nie, Calliclès, que la chose la plus honteuse soit d'être
souffleté injustement ou de se voir couper les membres
ou la bourse, et je soutiens qu'il est plus honteux et plus
mal de me frapper, de me mutiler injustement, moi et les
miens, et que me voler, me réduire en esclavage, percer
ma muraille, en un mot, commettre une injustice quelconque contre moi ou contre ce qui m'appartient est une
chose plus mauvaise et plus laide pour celui qui commet
l'injustice que pour moi qui en suis victime.

Ces vérités qui nous sont apparues plus haut dans nos
précédents discours, comme je le soutiens, sont attachées et liées, si je puis employer cette expression hardie,
par des raisons de fer et de diamant, du moins à ce qu'il
me semble. Si tu ne parviens pas à les rompre, toi ou
quelque autre plus vigoureux que toi, il n'est pas possible de tenir un autre langage que le mien, si l'on veut
être dans le vrai. Pour moi, en effet, je répète toujours la
même chose, que j'ignore ce qui en est, mais que de tous
ceux que j'ai rencontrés, comme toi aujourd'hui, il n'en
est aucun qui ait pu parler autrement sans prêter au ridicule.

J'affirme donc encore une fois que les choses sont
ainsi ; mais si elles sont ainsi, et si l'injustice est le plus
grand des maux pour celui qui la commet, et si, tout
grand qu'est ce mal, c'en est un pire encore, s'il est
possible, de n'être pas puni quand on est coupable, quel
est le genre de secours qu'il serait vraiment ridicule de
ne pouvoir s'assurer à soi-même ? N'est-ce pas celui qui
détournera de nous le plus grand dommage ? Oui, ce qu'il
y a incontestablement de plus laid en cette matière, c'est
de ne pouvoir secourir ni soi-même, ni ses amis et ses
proches. Au second rang vient le genre de secours qui
nous protège contre le second mal ; au troisième rang, celui
qui nous protège du troisième mal, et ainsi de suite. Plus
le mal est grave, plus il est beau d'être capable d'y résister et honteux de ne pas l'être. Cela est-il autrement ou
comme je le dis, Calliclès ?

CALLICLÈS

Il n'en est pas autrement.

SOCRATE

LXV. — De ces deux choses, commettre l'injustice et la subir, nous déclarons que le mal est le plus grand pour celui qui la commet, moins grand pour celui qui la subit. Que faut-il donc que l'homme se procure pour se défendre et s'assurer le double avantage de ne commettre et de ne subir aucune injustice ? Est-ce la puissance ou la volonté ? Voici ce que je veux dire. Suffit-il de vouloir ne pas subir d'injustice pour en être préservé, ou est-ce en se ménageant de la puissance qu'on s'en préservera ?

CALLICLÈS

C'est évidemment en se ménageant de la puissance.

SOCRATE

Et pour ce qui est de commettre l'injustice ? Est-ce assez de ne pas vouloir la commettre — en ce cas, en effet, on ne la commettra pas — ou bien faut-il pour cela acquérir une certaine puissance et un certain art dont la connaissance et la pratique peuvent seules nous empêcher d'être injustes ? Réponds-moi sur ce point particulier, Calliclès. Penses-tu que, quand nous sommes convenus, Polos et moi, au cours de la discussion, que personne n'est injuste volontairement, mais que tous ceux qui font le mal le font malgré eux, nous avons été contraints à cet aveu par de bonnes raisons, ou non ?

CALLICLÈS

Je te passe ce point, Socrate, pour que tu puisses achever ton discours.

SOCRATE

Il faut donc, à ce qu'il paraît, se procurer une certaine puissance et un certain art pour réussir à ne point commettre d'injustice.

CALLICLÈS

Certainement.

SOCRATE

Maintenant, quel peut bien être l'art qui nous met en état de ne point subir l'injustice ou d'en subir le moins possible ? Vois si tu es de mon avis sur ce point. Je pense, moi, qu'il faut posséder dans la cité le pouvoir ou même la tyrannie, ou bien être un ami du gouvernement existant.

CALLICLÈS

Tu peux voir, Socrate, avec quel empressement je t'approuve, quand tu dis quelque chose de juste. Ceci me paraît tout à fait bien dit.

SOCRATE

LXVI. — Examine maintenant si ce que je vais dire

te paraît également bien dit. Il me semble à moi que la plus étroite amitié qui puisse lier un homme à un homme est, comme le disent les anciens sages, celle qui unit le semblable au semblable. Et à toi ?

CALLICLÈS

A moi aussi.

SOCRATE

Ainsi là où le pouvoir appartient à un tyran sauvage et grossier, s'il y a dans la cité quelque citoyen beaucoup meilleur que lui, le tyran le redoutera certainement et ne pourra jamais l'aimer du fond du cœur.

CALLICLÈS

C'est exact.

SOCRATE

Mais s'il y a un homme beaucoup plus mauvais que lui, le tyran ne saurait l'aimer non plus ; car il le mépriserait et ne rechercherait jamais son amitié.

CALLICLÈS

C'est vrai aussi.

SOCRATE

Alors le seul ami digne de considération qui lui reste est un homme du même caractère que lui, qui blâme et loue les mêmes choses et qui consent à lui obéir et à s'incliner sous son autorité. Celui-là jouira d'un grand pouvoir dans la cité et personne ne pourra se féliciter de lui faire du mal. N'est-ce pas la vérité ?

CALLICLÈS

Si.

SOCRATE

Si donc quelque jeune homme dans cette cité, se disait à lui-même : « Comment pourrais-je devenir puissant et me mettre à l'abri de toute injustice ? » voici, semble-t-il, la route à suivre, c'est de s'habituer de bonne heure à aimer et à haïr les mêmes choses que le maître et de s'arranger pour lui ressembler le plus possible. N'est-ce pas vrai ?

CALLICLÈS

Si.

SOCRATE

Voilà l'homme qui réussira à se mettre à l'abri de l'injustice et à devenir, comme vous dites, puissant dans la cité.

CALLICLÈS

Parfaitement.

SOCRATE

Mais réussira-t-il également à ne pas commettre d'in-

justice ? Ou s'en faut-il de beaucoup, s'il doit ressembler
à son maître, qui est injuste, et avoir un grand crédit près
de lui ? Moi, je pense, au contraire, qu'il s'arrangera pour
pouvoir commettre le plus d'injustices possible et n'en pas
être puni. Qu'en dis-tu ?

CALLICLÈS

Il y a apparence.

SOCRATE

Il aura donc en lui le plus grand des maux, une âme
pervertie et dégradée par l'imitation de son maître et par
la puissance.

CALLICLÈS

Je ne sais pas comment tu peux, Socrate, mettre sens
dessus dessous tous les raisonnements. Ne sais-tu pas que
cet imitateur fera périr, s'il le veut, celui qui n'imite pas
le tyran et lui enlèvera ses biens ?

SOCRATE

Je le sais, mon bon Calliclès. Il faudrait être sourd
pour l'ignorer; car je te l'ai entendu dire à toi, et je l'ai
entendu répéter maintes fois tout à l'heure à Polos, et à
presque tous les habitants de la ville. Mais à ton tour,
écoute ceci : Oui, il tuera, s'il le veut, mais c'est un méchant
qui tuera un honnête homme.

CALLICLÈS

N'est-ce pas précisément cela qui est le plus révoltant ?

SOCRATE

Non pas, du moins pour un homme sensé, comme la
raison le démontre. Crois-tu donc que le but des efforts
de l'homme soit de vivre le plus longtemps possible et
de pratiquer les arts qui nous sauvent toujours des dangers, comme cette rhétorique que tu me conseilles de cultiver, parce qu'elle nous sauve dans les tribunaux ?

CALLICLÈS

Oui, par Zeus, et mon conseil est bon.

SOCRATE

LXVII. — Mais voyons, mon excellent ami. Penses-tu
que l'art de nager soit aussi un art considérable ?

CALLICLÈS

Non, par Zeus.

SOCRATE

Et pourtant cet art aussi sauve les hommes de la mort,
dans les accidents où l'on a besoin de savoir nager. Mais
si cet art te paraît mesquin, je vais t'en nommer un plus

important, l'art de gouverner les vaisseaux, qui sauve des
plus grands périls non seulement les âmes, mais aussi les
corps et les biens, comme la rhétorique. Et cet art est
simple et modeste; il ne se vante pas, il ne prend pas de
grands airs, comme s'il accomplissait des merveilles. Bien
qu'il nous procure les mêmes avantages que l'éloquence
judiciaire, quand il nous a ramenés sains et saufs d'Egine
ici, il ne prend, je crois, que deux oboles; si c'est de
l'Egypte ou du Pont, pour ce grand service, pour avoir
sauvé ce que je disais tout à l'heure, notre personne, nos
enfants, nos biens et nos femmes, en nous débarquant
sur le port, il nous demande tout au plus deux drachmes.
Et l'homme qui possède cet art et qui a accompli tout cela,
une fois descendu à terre, se promène sur le quai près de
son vaisseau, avec une contenance modeste.
     C'est qu'il sait, je pense, se dire à lui-même qu'il est
difficile de reconnaître les passagers auxquels il a rendu
service, en les préservant de se noyer, et ceux auxquels
il a fait tort; car il n'ignore pas qu'en les débarquant il
ne les a laissés aucunement meilleurs qu'ils n'étaient en
s'embarquant, ni pour le corps ni pour l'âme. Il se dit
donc ceci : « Si quelqu'un, atteint en son corps de maladies
graves et incurables, n'a pas été noyé, c'est un malheur
pour lui de n'être pas mort et je ne lui ai fait aucun bien;
de même, si un autre porte en son âme, plus précieuse
que son corps, une foule de maladies incurables, il n'a
plus besoin de vivre, et je ne lui rendrai pas service en le
sauvant de la mer ou des tribunaux ou de tout autre péril. »
Il sait en effet que ce n'est pas pour le méchant un avantage de vivre, puisqu'il ne peut que vivre mal.

LXVIII. — Voilà pourquoi le pilote n'a pas l'habitude
de tirer vanité de son art, bien qu'il nous sauve, non
plus, mon admirable ami, que le constructeur de machines,
qui parfois peut sauver des choses aussi importantes, je
ne dis pas que le pilote, mais que le général d'armée ou
tout autre, quel qu'il soit, puisqu'il sauve quelquefois des
villes entières. Tu ne crois pas, n'est-ce pas, qu'il est
comparable à l'orateur judiciaire ? Pourtant, s'il voulait
parler comme vous, Calliclès, il vous accablerait de ses raisons et vous dirait et vous conseillerait de vous faire constructeurs de machines, attendu que le reste n'est rien; car
il ne manquerait pas d'arguments. Mais toi, tu ne l'en
méprises pas moins, lui et son art, tu lui jetterais volontiers
le nom de machiniste comme une injure et tu ne consen-
tirais ni à donner ta fille à son fils ni à épouser toi-même sa
fille à lui. Cependant, à examiner les raisons pour lesquelles tu magnifies ton art, de quel droit méprises-tu le
machiniste et les autres dont je parlais tout à l'heure ? Je
sais bien que tu alléguerais que tu es meilleur qu'eux et
de meilleure famille. Mais si le meilleur est autre chose que

ce que je dis, si la vertu consiste uniquement à sauver sa personne et ses biens, quoi qu'on vaille d'ailleurs, tu es ridicule de dénigrer le machiniste, le médecin et les autres arts qui ont été inventés pour nous sauver.

Vois plutôt, mon bienheureux ami, si la noblesse de l'âme et le bien ne seraient pas autre chose que de sauver les autres et se sauver soi-même du péril. Car de vivre plus ou moins longtemps, c'est, sois-en sûr, un souci dont l'homme véritablement homme doit se défaire. Au lieu de s'attacher à la vie, il doit s'en remettre là-dessus à la Divinité et croire, comme disent les femmes, que personne au monde ne saurait échapper à son destin [147]; puis chercher le moyen de vivre le mieux possible le temps qu'il a à vivre. Faut-il pour cela s'adapter à la constitution politique du pays qu'on habite ? En ce cas, tu devrais toi-même te rendre aussi semblable que possible au peuple d'Athènes, si tu veux en être aimé et devenir puissant dans l'Etat. Vois si c'est là ton avantage et le mien, afin, mon noble ami, que nous n'éprouvions pas ce qui arrive, dit-on, aux Thessaliennes [148] qui attirent la lune à elles; car c'est aux dépens de ce que nous avons de plus cher que nous attirerons à nous cette grande puissance dans l'Etat.

Mais si tu crois que quelqu'un au monde te transmettra un moyen quelconque de te rendre puissant dans la cité, si tes mœurs diffèrent de sa constitution, soit en bien soit en mal, c'est qu'à mon avis, tu raisonnes mal, Calliclès. Ce qu'il faut, ce n'est pas les imiter, c'est leur ressembler naturellement, si tu veux effectivement réussir à gagner l'amitié du Démos d'Athènes et aussi, par Zeus, celle de Démos, fils de Pyrilampe. C'est donc celui qui te rendra tout à fait pareil à eux qui fera de toi, comme tu le désires, un politique et un orateur. Chacun d'eux aime les discours qui s'accordent à son caractère; mais ce qui lui est étranger leur déplaît, à moins, chère tête, que tu ne sois d'un autre avis. Avons-nous quelque objection, Calliclès ?

CALLICLÈS

LXIX. — Je ne sais comment il se fait que tu me parais avoir raison, Socrate. Cependant, je suis comme la plupart de tes auditeurs, je ne te crois qu'à demi.

SOCRATE

C'est que l'amour du peuple implanté dans ton âme, Calliclès, combat contre moi; mais si nous revenons sur ces mêmes questions pour les approfondir, peut-être te rendras-tu. Quoi qu'il en soit, rappelle-toi que nous avons dit qu'il y a deux façons de cultiver chacune de ces deux choses, le corps et l'âme, l'une qui s'en occupe en vue du plaisir, et l'autre qui s'en occupe en vue du bien et qui, sans chercher à plaire, y applique tout son effort. N'est-ce pas la distinction que nous avons faite alors ?

Si fait.

SOCRATE

Et nous avons dit que l'une, celle qui tend au plaisir, n'était autre chose qu'une vile flatterie, n'est-ce pas ?

CALLICLÈS

Soit, puisque tu le veux.

SOCRATE

L'autre, au contraire, tend à rendre aussi parfait que possible l'objet de ses soins, que ce soit le corps ou l'âme.

CALLICLÈS

Oui.

SOCRATE

Dès lors, ne devons-nous pas, dans les soins que nous donnons à la cité et aux citoyens, nous efforcer de rendre ces citoyens aussi parfaits que possible ? Sans cela, comme nous l'avons reconnu précédemment, tout autre service qu'on leur rendrait ne leur serait d'aucune utilité, si ceux qui doivent acquérir ou de grandes richesses, ou le pouvoir, ou tout autre genre de puissance n'avaient pas des sentiments honnêtes. Admettons-nous qu'il en est ainsi ?

CALLICLÈS

Admettons, si cela te plaît.

SOCRATE

Maintenant supposons, Calliclès, que, désireux de nous charger de quelque entreprise publique, nous nous exhortions mutuellement à nous tourner vers les constructions, vers les plus considérables, celles de remparts, d'arsenaux, de temples, ne devrions-nous pas nous examiner nous-mêmes et nous demander d'abord si nous connaissons, ou non, cet art, l'architecture, et de qui nous l'avons appris ? Le faudrait-il, oui ou non ?

CALLICLÈS

Oui, certainement.

SOCRATE

En second lieu, ne faudrait-il pas vérifier si jamais nous avons bâti quelque édifice privé pour quelqu'un de nos amis ou pour nous-mêmes, et si cet édifice est beau ou laid ? Et si, en faisant cet examen, nous trouvons que nous avons eu des maîtres habiles et réputés et que nous avons construit beaucoup de beaux édifices avec nos maîtres, et beaucoup aussi à nous seuls, après les avoir quittés, dans ces conditions, nous pourrions raisonnablement aborder les entreprises publiques. Si, au contraire, nous n'avions aucun maître à citer, aucune construction à faire voir, ou plusieurs constructions sans valeur, alors ce serait folie, n'est-ce pas, d'entreprendre des ouvrages publics et de nous y exhorter l'un l'autre ? Avouons-nous que cela soit bien dit, ou non ?

CALLICLÈS

Oui.

SOCRATE

LXX. — Il en est de même en tout. Si, par exemple, ayant dessein d'être médecins de l'Etat, nous nous y exhortions l'un l'autre comme étant qualifiés pour cela, nous nous serions, je présume, examinés au préalable réciproquement, toi et moi : « Voyons, au nom des dieux, comment Socrate se porte-t-il lui-même ? A-t-il déjà guéri quelqu'un, esclave ou homme libre ? » De mon côté, j'imagine que je ferais les mêmes questions à ton sujet; et, si nous trouvions que nous n'avons amélioré la santé de personne, étranger ou Athénien, homme ou femme, au nom de Zeus, Calliclès, ne serait-ce pas une véritable dérision qu'un homme en vienne à cet excès d'extravagance, qu'avant d'avoir fait beaucoup d'expériences quelconques dans l'exercice privé de la médecine, d'avoir obtenu de nombreux succès et de s'être exercé convenablement dans cet art, il veuille, comme dit le proverbe, faire son apprentissage de potier sur une jarre [149] et se mette dans la tête d'être médecin public et d'y exhorter ses pareils ? Ne te semble-t-il pas qu'il y a de la folie à se conduire de la sorte ?

CALLICLÈS

Si.

SOCRATE

Maintenant donc, ô le meilleur des hommes, que toi-même tu viens de débuter dans la carrière politique, que tu m'y appelles et que tu me reproches de n'y pas prendre part, n'est-ce pas le moment de nous examiner l'un l'autre et de dire : « Voyons, Calliclès a-t-il déjà rendu meilleur quelque citoyen ? En est-il un qui, étant auparavant méchant, injuste, dissolu, insensé, soit devenu honnête homme grâce à Calliclès, étranger ou citoyen, esclave ou homme libre ? » Dis-moi, si on te questionnait là-dessus, que répondrais-tu ? Qui citerais-tu que ton commerce ait rendu meilleur ? Pourquoi hésites-tu à répondre, s'il est vrai qu'il y ait une œuvre de toi, que tu aies faite dans la vie privée, avant d'aborder les affaires publiques ?

CALLICLÈS

Tu veux toujours avoir le dessus, Socrate.

SOCRATE

LXXI. — Ce n'est pas pour avoir le dessus que je

t'interroge, c'est parce que j'ai un véritable désir de savoir ton opinion sur la manière dont il faut traiter la politique chez nous. T'occuperas-tu, une fois arrivé aux affaires, d'autre chose que de faire de nous des citoyens aussi parfaits que possible ? N'avons-nous pas déià reconnu mainte fois que tel était le devoir de l'homme d'Etat ? L'avons-nous reconnu, oui ou non ? Réponds. Oui, nous l'avons reconnu, puisqu'il faut que je réponde pour toi. Si donc tel est l'avantage que l'homme de bien doit ménager à sa patrie, rappelle-toi les hommes dont tu parlais tout à l'heure et dis-moi si tu crois toujours qu'ils ont été de bons citoyens, les Périclès, les Cimon, les Miltiade, les Thémistocle.

CALLICLÈS

Oui, je le crois.

SOCRATE

S'ils étaient bons, il est évident que chacun d'eux rendait ses concitoyens meilleurs qu'ils n'avaient été jusqu'alors. Le faisaient-ils, ou non ?

CALLICLÈS

Oui.

SOCRATE

Donc, lorsque Périclès commença à parler en public, les Athéniens étaient moins bons que lorsqu'il prononça ses derniers discours ?

CALLICLÈS

Peut-être.

SOCRATE

Ce n'est pas peut-être, excellent Calliclès, c'est nécessairement qu'il faut dire, d'après les principes que nous avons reconnus, s'il est vrai que cet homme d'Etat était un bon citoyen.

CALLICLÈS

Et après ?

SOCRATE

Rien. Mais réponds encore à cette question : les Athéniens passent-ils pour être devenus meilleurs grâce à Périclès, ou, au contraire, ont-ils été corrompus par lui ? J'entends dire en effet que Périclès a rendu les Athéniens paresseux, lâches, bavards, et avides d'argent, en établissant le premier un salaire pour les fonctions publiques [150].

CALLICLÈS

C'est aux laconisants aux oreilles déchirées [151] que tu as entendu dire cela, Socrate.

SOCRATE

Eh bien, voici une chose que je n'ai pas apprise par ouïdire, mais que je sais positivement et toi aussi, c'est qu'au début, Périclès avait une bonne réputation et que les Athéniens ne votèrent contre lui aucune peine infamante, au temps où ils avaient moins de vertu, mais lorsqu'ils furent devenus d'honnêtes gens grâce à lui, vers la fin de sa vie, ils le condamnèrent pour vol ; ils faillirent même lui infliger la peine de mort, évidemment parce qu'ils le jugeaient méchant [152].

CALLICLÈS

Eh bien, Périclès était-il méchant pour cela ?

SOCRATE

En tout cas, un gardien d'ânes, de chevaux ou de bœufs serait jugé mauvais s'il était dans le cas de Périclès, si, ayant reçu à garder des animaux qui ne ruaient pas, qui ne frappaient pas de la corne, qui ne mordaient pas, il les avait rendus sauvages au point de faire tout cela. Ne tiens-tu pas pour mauvais tout gardien d'animaux, quels qu'ils soient, qui, les ayant reçus plus doux, les a rendus plus sauvages qu'il ne les a reçus ? Est-ce ton avis, ou non ?

CALLICLÈS

Oui, pour te faire plaisir.

SOCRATE

Fais-moi donc encore le plaisir de répondre à ceci : l'homme fait-il, ou non, partie des animaux ?

CALLICLÈS

Sans doute.

SOCRATE

Or, c'était des hommes que Périclès avait à conduire ?

CALLICLÈS

Oui.

SOCRATE

Eh bien, n'auraient-ils pas dû, comme nous venons d'en convenir, devenir par ses soins plus justes qu'ils ne l'étaient avant, si Périclès avait pour les diriger les qualités d'un homme d'Etat ?

CALLICLÈS

Certainement.

SOCRATE

Or les justes sont doux, au dire d'Homère [153]. Qu'en dis-tu ? N'est-ce pas ton avis ?

CALLICLÈS

Si.

SOCRATE

Cependant il les a rendus plus féroces qu'il ne les

avait reçus, et cela contre lui-même, le dernier qu'il eût voulu voir attaquer.

CALLICLÈS

Tu veux que je te l'accorde ?

SOCRATE

Oui, s'il te paraît que je dis la vérité.

CALLICLÈS

Soit donc.

SOCRATE

Mais en les rendant plus féroces, il les a rendus plus injustes et plus mauvais ?

CALLICLÈS

Soit.

SOCRATE

A ce compte, Périclès n'était donc pas un bon politique ?

CALLICLÈS

C'est toi qui le dis.

SOCRATE

Et toi aussi, par Zeus, si je m'en rapporte à tes aveux. Mais maintenant parlons de Cimon. N'a-t-il pas été frappé d'ostracisme par ceux dont il prenait soin, pour que de dix ans ils n'eussent plus à entendre sa voix ? Et Thémistocle n'a-t-il pas été traité de même et de plus condamné à l'exil ? Quant à Miltiade, le vainqueur de Marathon, n'avaient-ils pas voté qu'il serait jeté dans le barathre [154] et, sans le prytane, n'y aurait-il pas été précipité ? Si cependant tous ces hommes avaient eu la vertu que tu leur attribues, ils n'auraient jamais été traités de la sorte. Il n'est pas naturel que les bons cochers restent fermes sur leur char au début de leur carrière et qu'ils en tombent juste au moment où ils ont dressé leurs chevaux et sont devenus eux-mêmes plus habiles. C'est ce qui n'arrive ni dans l'art de conduire un attelage, ni dans aucun autre. N'est-ce pas ton avis ?

CALLICLÈS

Si.

SOCRATE

Nous avions donc raison, à ce qu'il paraît, quand nous disions dans nos précédents discours qu'il n'y avait jamais eu, à notre connaissance, de bon politique dans notre ville. Tu avouais toi-même qu'il n'y en a point parmi nos contemporains, mais qu'il y en avait eu jadis et à ceux-là tu donnais une place à part. Mais nous avons reconnu qu'ils étaient exactement pareils à ceux de nos jours, en sorte que, s'ils ont été des orateurs, ils n'ont fait usage ni de la véritable rhétorique, autrement ils n'auraient pas été renversés, ni de la rhétorique flatteuse.

CALLICLÈS

LXXIII. — Il s'en faut pourtant de beaucoup, Socrate, qu'aucun des politiques d'aujourd'hui ait jamais fait quelque chose de comparable aux œuvres de l'un quelconque de ceux-là.

SOCRATE

Moi non plus, mon admirable ami, je ne les blâme pas, en tant que serviteurs de l'Etat. Je crois même qu'à ce titre ils ont été supérieurs à ceux d'aujourd'hui et plus habiles à procurer à la cité ce qu'elle désirait. Mais pour ce qui est de faire changer ses désirs et d'y résister, en l'amenant par la persuasion ou par la contrainte aux mesures propres à rendre les citoyens meilleurs, il n'y a, pour ainsi dire, pas de différence entre ceux-ci et ceux-là. Or c'est là l'unique tâche d'un bon citoyen. A l'égard des vaisseaux, des murailles, des arsenaux et de beaucoup d'autres choses du même genre, je conviens avec toi qu'ils ont été plus habiles à en procurer que ceux d'aujourd'hui. Cela étant, nous faisons, toi et moi, à discuter ainsi, une chose ridicule : depuis le temps que nous conversons, nous n'avons pas cessé de tourner dans le même cercle, sans nous entendre l'un l'autre.

En tout cas, je suis sûr que tu as plus d'une fois avoué et reconnu qu'il y a deux manières de traiter le corps et l'âme : l'une servile, par laquelle il est possible de procurer au corps, s'il a faim, des aliments ; s'il a soif, des boissons ; s'il a froid, des vêtements, des couvertures, des chaussures, bref, tout ce que le corps peut désirer. C'est à dessein que j'emploie les mêmes exemples, afin que tu me comprennes plus facilement. Quand on est en état de fournir ces objets, soit comme négociant ou marchand au détail, soit comme fabricant de quelqu'un de ces mêmes objets, boulanger, cuisinier, tisserand, cordonnier, tanneur, il n'est pas surprenant qu'en ce cas on se regarde soi-même et qu'on soit regardé par les autres comme chargé du soin du corps, si l'on ne sait pas qu'outre tous ces arts il y a un art de la gymnastique et de la médecine qui constitue la véritable culture du corps, et auquel il appartient de commander à tous ces arts et de se servir de leurs produits, parce qu'il sait ce qui, dans les aliments ou les boissons, est salutaire ou nuisible à la santé du corps, et que tous les autres l'ignorent. C'est pour cela qu'en ce qui regarde le soin du corps, ces arts sont réputés serviles, bas, indignes d'un homme libre, tandis que la gymnastique et la musique passent à bon droit pour être les maîtresses de ceux-là.

Qu'il en soit de même en ce qui concerne l'âme, tu sembles le comprendre au moment même où je te le dis et tu en conviens en homme qui a compris ma pensée ;

mais, un moment après, tu viens me dire qu'il y a d'honnêtes citoyens dans notre ville, et, quand je te demande
lesquels, tu mets en avant des hommes qui me paraissent
exactement tels en matière de politique que, si, interrogé
par moi, en matière de gymnastique, sur ceux qui ont
été ou sont habiles à dresser les corps, tu me citais avec
le plus grand sérieux Théarion, le boulanger, Mithaïcos,
celui qui a écrit sur la cuisine sicilienne, et Sarambon,
le marchand de vin, parce qu'ils s'entendent merveilleusement à prendre soin du corps, en apprêtant admirablement, l'un le pain, l'autre les ragoûts et le troisième
le vin.

LXXIV. — Peut-être t'indignerais-tu si je te disais :
Tu n'entends rien, l'ami, à la gymnastique. Tu me nommes
des gens qui sont des serviteurs et des pourvoyeurs de
nos besoins, mais qui n'entendent rien à ce qui est beau
et bon en cette matière. Le hasard peut faire qu'ils rem-
plissent et épaississent les corps de leurs clients et qu'ils
soient loués par eux ; mais ils finiront par leur faire perdre
même leur ancienne corpulence. Ceux-ci, de leur côté,
sont trop ignorants pour accuser ceux qui les régalent
d'être les auteurs de leurs maladies et de la perte de leur
poids primitif ; mais, si par hasard il se trouve là des gens
qui leur donnent quelque conseil, au moment où les excès
qu'ils ont faits sans égard pour leur santé auront longtemps après amené la maladie, ce sont ceux-là qu'ils
accuseront, qu'ils blâmeront, qu'ils maltraiteront, s'ils le
peuvent, tandis que, pour les premiers, qui sont la cause
de leurs maux, ils n'auront que des éloges.

Toi, Calliclès, tu agis exactement comme eux. Tu vantes
des hommes qui ont régalé les Athéniens en leur servant
tout ce qu'ils désiraient, et qui ont, dit-on, agrandi l'Etat.
Mais on ne voit pas que l'agrandissement dû à ces anciens
politiques n'est qu'une enflure où se dissimule un ulcère.
Car ils n'avaient point en vue la tempérance et la justice,
quand ils ont rempli la cité de ports, d'arsenaux, de
remparts, de tributs et autres bagatelles semblables.
Quand viendra l'accès de faiblesse, les Athéniens accuseront ceux qui se trouveront là et donneront des conseils,
mais ils n'auront que des éloges pour Thémistocle, pour
Cimon, pour Périclès, auteurs de leurs maux. Peut-être
est-ce à toi qu'ils s'attaqueront, si tu n'y prends garde, ou
à mon ami Alcibiade, quand avec leurs acquisitions ils
perdront leurs anciennes possessions, quoique vous ne
soyez pas les auteurs du mal, mais seulement peut-être des
complices.

Au reste, il y a une chose déraisonnable que je vois
faire aujourd'hui et que j'entends dire également des
hommes d'autrefois. Je remarque que, lorsque la cité
met en cause un de ses hommes d'Etat préjugé coupable,

ils s'indignent et se plaignent de l'affreux traitement qu'ils subissent. Ils ont rendu mille services à l'Etat, s'écrient-ils, et l'Etat les perd injustement. Mais c'est un pur mensonge; car jamais un chef d'Etat ne peut être opprimé injustement par la cité même à laquelle il préside. Il semble bien qu'il faut mettre ceux qui se donnent pour des hommes d'Etat sur la même ligne que les sophistes. Les sophistes, gens sages en tout le reste, se conduisent d'une manière absurde en ceci. Ils se donnent pour professeurs de vertu et souvent ils accusent leurs disciples d'être injustes envers eux, en les privant de leur salaire et ne leur témoignant pas toute la reconnaissance due à leurs bienfaits. Or y a-t-il rien de plus inconséquent qu'un tel discours ? Des hommes devenus bons et justes par les soins d'un maître qui leur a ôté l'injustice et les a mis en possession de la justice pourraient lui faire tort avec ce qu'ils n'ont plus! Ne trouves-tu pas cela absurde, camarade ? Tu m'as réduit, Calliclès, à faire une véritable harangue en refusant de me répondre.

CALLICLÈS

LXXV. — Mais toi-même, ne saurais-tu parler sans qu'on te réponde ?

SOCRATE

Peut-être. En tout cas, je tiens à présent de longs discours, parce que tu refuses de me répondre. Mais, au nom du dieu de l'amitié, dis-moi, mon bon ami, ne trouves-tu pas absurde de prétendre qu'on a rendu bon un homme et, quand cet homme est devenu et qu'il est bon grâce à nous, de lui reprocher d'être méchant ?

CALLICLÈS

C'est mon avis.

SOCRATE

N'entends-tu pas tenir le même langage à ceux qui font profession de former les hommes à la vertu ?

CALLICLÈS

Si, mais pourquoi parles-tu de gens qui ne méritent aucune considération ?

SOCRATE

Et toi, que diras-tu de ces hommes qui font profession de gouverner la cité et de travailler à la rendre la meilleure possible et qui l'accusent ensuite, à l'occasion, d'être extrêmement corrompue ? Vois-tu quelque différence entre ceux-ci et ceux-là ? Sophistique et rhétorique, mon bienheureux ami, c'est tout un, ou du moins voisin et ressemblant, ainsi que je le disais à Polos. Mais toi, dans ton ignorance, tu crois que l'une, la rhétorique, est une chose parfaitement belle et tu méprises l'autre. Mais en

réalité la sophistique l'emporte en beauté sur la rhétorique autant que la législation sur la jurisprudence et la
gymnastique sur la médecine [155]. Pour moi, je croyais
que les orateurs politiques et les sophistes étaient les
seuls qui n'eussent pas le droit de reprocher à celui qu'ils
éduquent eux-mêmes d'être mauvais à leur égard, qu'autrement ils s'accusent eux-mêmes du même coup de
n'avoir fait aucun bien à ceux qu'ils prétendent améliorer.
N'est-ce pas vrai ?

CALLICLÈS

Certainement.

SOCRATE

Ce sont aussi, je crois, les seuls qui pourraient vraisemblablement donner leurs services sans exiger de
salaire, si ce qu'ils disent est vrai. Pour toute autre espèce
de service, par exemple, pour avoir appris d'un pédotribe
à courir vite, il se pourrait que le bénéficiaire voulût
frustrer son maître de la reconnaissance qu'il lui doit, si
celui-ci lui avait donné ses leçons de confiance et sans
stipuler qu'il toucherait son salaire au moment même,
autant que possible, où il lui communiquerait l'agilité.
Car ce n'est pas la lenteur, je pense, qui fait qu'on est
injuste, c'est l'injustice. Est-ce vrai ?

CALLICLÈS

Oui.

SOCRATE

Donc, si c'est précisément l'injustice que le maître lui
retire, le maître n'a pas à craindre l'injustice de son disciple, et, seul, il peut en toute sûreté placer ce service sans
condition, s'il est réellement capable de faire des hommes
vertueux. N'est-ce pas vrai ?

CALLICLÈS

J'en conviens.

SOCRATE

LXXVI. — C'est pour cette râison, semble-t-il, que pour
toute autre espèce de conseil, par exemple à propos d'architecture et des autres arts, il n'y a aucune honte à recevoir de l'argent.

CALLICLÈS

Il le semble.

SOCRATE

Mais s'il s'agit de la méthode à suivre pour devenir aussi
bon que possible et pour administrer parfaitement sa
maison ou la cité, c'est une opinion établie qu'il est honteux
de n'accorder ses conseils que contre argent. Est-ce vrai ?

CALLICLÈS

Oui.

SOCRATE

La raison en est évidemment que, parmi les bienfaits, c'est le seul qui inspire à celui qui l'a reçu le désir de le rendre, de sorte qu'on regarde comme un bon signe si l'auteur de ce genre de bienfaits est payé de retour, et comme mauvais, s'il ne l'est pas. Les choses sont-elles comme je dis ?

CALLICLÈS

Oui.

SOCRATE

Quelle méthode veux-tu donc que je choisisse pour prendre soin de l'Etat : dois-je combattre les Athéniens afin de les rendre les meilleurs possible, comme fait un médecin, ou les servir et chercher à leur complaire ? Dis-moi la vérité, Calliclès; car il est juste que, comme tu as commencé par être franc avec moi, tu continues à dire ce que tu penses. Parle donc nettement et bravement.

CALLICLÈS

Eh bien, je te conseille de les servir.

SOCRATE

A ce compte, c'est au métier de flatteur, mon noble ami, que tu m'appelles.

CALLICLÈS

De Mysien, si tu préfères ce nom [156]; car si tu ne fais pas ce que je dis...

SOCRATE

Ne me répète pas ce que tu m'as déjà dit mainte fois, que je serais mis à mort par qui voudra, si tu ne veux pas qu'à mon tour je te répète que ce sera un méchant qui fera mettre à mort un honnête homme, ni que je serai dépouillé de mes biens, si tu ne veux pas que je te répète aussi que mon spoliateur ne saura pas en faire usage, mais que, comme il les aura enlevés injustement, il en usera injustement, quand il en sera le maître, et s'il en use injustement, il en usera honteusement et, mal, parce que honteusement.

CALLICLÈS

LXXVII. — Tu me parais bien confiant, Socrate, de croire qu'il ne t'arrivera rien de semblable, parce que tu vis à l'écart, et que tu ne seras pas traîné devant un tribunal par un homme peut-être foncièrement méchant et méprisable.

SOCRATE

Je serais effectivement bien sot, Calliclès, si je ne croyais pas que, dans cette ville, n'importe qui peut avoir à souffrir un jour ou l'autre un pareil accident. Mais il y a une chose dont je suis sûr, c'est que, si je parais devant un tribunal et que j'y coure un des risques dont tu parles, celui qui m'y citera sera un méchant homme ; car jamais homme de bien n'accusera un innocent. Et il n'y aurait rien d'étonnant que je fusse condamné à mort. Veux-tu que je te dise pourquoi je m'y attends ?

CALLICLÈS

Oui, certes.

SOCRATE

Je crois que je suis un des rares Athéniens, pour ne pas dire le seul, qui s'attache au véritable art politique, et qu'il n'y a que moi qui le pratique aujourd'hui. Comme chaque fois que je m'entretiens avec quelqu'un, ce n'est point pour plaire que je parle, mais que je vise au plus utile et non au plus agréable, et que je ne puis me résoudre à faire ces jolies choses que tu me conseilles, je n'aurai rien à dire devant mes juges. Le cas dont je parlais à Polos est aussi le mien. Je serai jugé comme le serait un médecin accusé devant des enfants par un cuisinier. Vois en effet ce qu'un pareil accusé pris au milieu de tels juges pourrait alléguer pour sa défense, si on l'accusait en ces termes : « Enfants, l'homme que voici vous a souvent fait du mal à vous-mêmes et il déforme les plus jeunes d'entre vous en les incisant et les brûlant, il les réduit au désespoir en les faisant maigrir et en les étouffant, il leur donne des breuvages très amers, les force à souffrir la faim et la soif, au lieu de vous régaler, comme moi, de mille choses exquises et variées. » Que crois-tu que pourrait dire le médecin pris dans ce guêpier ? S'il disait, ce qui est vrai : « Je n'ai fait tout cela, enfants, que pour votre santé », quelle clameur crois-tu que pousseraient de tels juges ? Ne serait-elle pas violente ?

CALLICLÈS

Sans doute ; il faut le croire.

SOCRATE

Ne crois-tu pas qu'il sera fort embarrassé de savoir quoi dire ?

CALLICLÈS

Assurément.

SOCRATE

LXXVIII. — Je sais bien que la même chose m'arriverait, si je comparaissais devant des juges ; car je ne pourrais pas alléguer que je leur ai procuré ces plaisirs qu'ils regardent comme des bienfaits et des services, tandis que moi, je n'envie ni ceux qui les procurent, ni ceux qui les reçoivent. Si on m'accuse ou de corrompre les jeunes gens, en les réduisant à douter, ou d'insulter les gens plus âgés, en tenant sur eux des propos amers, soit en particulier, soit en public, je ne pourrai ni leur répondre conformément à la vérité : « C'est la justice qui me fait parler ainsi et en cela je sers votre intérêt, juges », ni dire aucune autre chose; de sorte que je dois m'attendre à ce qu'il plaira au sort d'ordonner.

CALLICLÈS

Alors tu crois, Socrate, qu'il est beau pour un homme d'être dans une pareille position et dans l'impuissance de se défendre lui-même ?

SOCRATE

Oui, Calliclès, à condition qu'il ait une chose que tu lui as plusieurs fois accordée, je veux dire qu'il se soit ménagé le secours qui consiste à n'avoir rien dit ni rien fait d'injuste ni envers les hommes, ni envers les dieux. Car cette manière de se secourir soi-même, ainsi que nous l'avons reconnu plus d'une fois, est la meilleure de toutes. Si donc on me prouvait que je suis incapable de m'assurer cette sorte de secours à moi-même et à un autre, je rougirais d'être convaincu devant peu comme devant beaucoup de personnes et même en tête à tête avec moi seul, et si cette impuissance devait causer ma mort, j'en serais bien fâché; mais si je perdais la vie faute de connaître la rhétorique flatteuse, je suis sûr que tu me verrais supporter facilement la mort. La mort en soi n'a rien d'effrayant, à moins que l'on ne soit tout à fait insensé et lâche; ce qui est effrayant, c'est l'injustice; car le plus grand des malheurs est d'arriver chez Hadès avec une âme chargée de crimes. Si tu le veux, je suis prêt à te faire un récit qui te le prouvera.

CALLICLÈS

Eh bien, puisque tu as achevé ton exposition, achève aussi de traiter ce point.

SOCRATE

LXXIX. — Ecoute donc, comme on dit, une belle histoire, que tu prendras, je m'en doute, pour une fable, mais que je tiens pour une histoire vraie; car je te garantis vrai ce que je vais dire.

Comme le dit Homère [157], Zeus, Poséidon et Pluton, ayant reçu l'empire de leur père, le partagèrent entre eux. Or au temps de Cronos, il y avait à l'égard des hommes une loi, qui a toujours subsisté et qui subsiste encore parmi les dieux, que celui qui a mené une vie juste et sainte aille après sa mort dans les îles des Bienheureux [158] pour y séjourner à l'abri de tout mal dans une félicité parfaite, et qu'au contraire celui qui a vécu dans l'injustice et l'impiété aille dans la prison de l'expiation et de la peine, qu'on appelle le Tartare [159].

Or, au temps de Cronos et au début du règne de Zeus,

les juges étaient vivants et jugeaient des vivants, le jour
même où ceux-ci devaient mourir. Aussi les jugements
étaient mal rendus. Alors Pluton et les surveillants des
îles Fortunées allaient rapporter à Zeus qu'il leur venait
dans les deux endroits des hommes qui ne méritaient pas
d'y séjourner. « Je vais mettre un terme à ces erreurs,
répondit Zeus. Ce qui fait que les jugements sont mal
rendus, c'est qu'on juge les hommes tout vêtus ; car on
les juge de leur vivant. Aussi, poursuivit-il, beaucoup
d'hommes qui ont des âmes dépravées sont revêtus de
beaux corps, de noblesse et de richesse, et, à l'heure du
jugement, il leur vient une foule de témoins pour attester
qu'ils ont vécu selon la justice. Les juges sont éblouis par
tout cela. En outre, ils jugent tout habillés eux aussi, ayant
devant leur âme, comme un voile, des yeux, des oreilles
et tout leur corps. Cet appareil qui les couvre, eux et
ceux qu'ils ont à juger, leur offusque la vue. La première
chose à faire, ajouta-t-il, c'est d'ôter aux hommes la connaissance de l'heure où ils doivent mourir, car ils la connaissent
à l'avance. Aussi Prométhée a déjà été averti de mettre
un terme à cet abus [160].

Ensuite il faut qu'on les juge dépouillés de tout cet
appareil. Il faut aussi que le juge soit nu et mort, pour
examiner avec son âme seule l'âme de chacun, aussitôt
après sa mort, et que celui qu'il juge ne soit assisté d'aucun
parent et qu'il laisse toute cette pompe sur la terre afin
que le jugement soit équitable. J'avais reconnu ce désordre
avant vous ; en conséquence j'ai établi comme juges trois
de mes fils, deux d'Asie, Minos et Rhadamanthe, et un
d'Europe, Éaque. Lorsqu'ils seront morts, ils rendront
leurs jugements dans la prairie [161], au carrefour d'où
partent les deux routes qui mènent, l'une aux îles des Bienheureux, l'autre au Tartare. Rhadamanthe, jugera les
hommes de l'Asie, Éaque ceux de l'Europe [162]. Pour
Minos, je lui réserve le privilège de prononcer en dernier ressort, si les deux autres sont embarrassés, afin que
le jugement qui décide du voyage des hommes soit aussi
juste que possible. »

LXXX. — Voilà, Calliclès, ce que j'ai entendu raconter
et que je tiens pour vrai, et de ces récits je tire la conclusion suivante. La mort, à ce qu'il me semble, n'est pas
autre chose que la séparation de deux choses, l'âme et
le corps. Quand elles sont séparées l'une de l'autre,
chacune d'elles n'en reste pas moins dans l'état où elle
était du vivant de l'homme. Le corps garde sa nature
propre avec les marques visibles des traitements et des
accidents qu'il a subis. Si par exemple un homme était de
haute taille de son vivant, soit par nature, soit grâce à
son régime, soit pour les deux causes à la fois, son corps
est également de grande taille, après sa mort ; s'il était

gros, son cadavre est gros et ainsi de suite ; s'il affectait de porter des cheveux longs, son corps garde sa chevelure ; si c'était un homme à étrivières et, si, pendant sa vie, il portait sur son corps les traces cicatrisées des coups de fouet ou d'autres blessures, on peut les voir sur son cadavre ; s'il avait des membres brisés ou contrefaits, tandis qu'il était en vie, ces défauts sont encore visibles sur son cadavre. En un mot, les traits de son organisation physique pendant la vie restent tous ou presque tous visibles après la mort durant un certain temps. Il me paraît, Calliclès, qu'il en est de même à l'égard de l'âme et que, lorsqu'elle est dépouillée de son corps, on aperçoit en elle tous les traits de son caractère et les modifications qu'elle a subies par suite des divers métiers que l'homme a pratiqués.

Lors donc que les morts sont arrivés devant le juge, par exemple ceux d'Asie devant Rhadamanthe, celui-ci les fait approcher de lui et il examine chaque âme, sans savoir à qui elle appartient. Souvent mettant la main sur le Grand Roi ou sur tout autre souverain ou potentat, il constate qu'il n'y a rien de sain dans son âme, qu'elle est toute tailladée et balafrée par les parjures et l'injustice dont chacun des actes de l'homme y a marqué l'empreinte, que tout y est tordu par le mensonge et la vantardise et que rien n'y est droit, parce qu'elle a été nourrie loin de la vérité, et qu'enfin la licence, la mollesse, l'insolence et l'incontinence de sa conduite l'ont remplie de désordre et de laideur. A cette vue, Rhadamanthe la renvoie ignominieusement tout droit à la prison pour y subir les châtiments qui lui conviennent.

LXXXI. — Or ce qui convient à tout être qu'on châtie, quand on le châtie justement, c'est de devenir meilleur et de tirer profit de la punition, ou de servir d'exemple aux autres, afin qu'en le voyant souffrir ce qu'il souffre, ils prennent peur et s'améliorent. Mais ceux qui tirent profit de l'expiation que leur imposent, soit les dieux, soit les hommes, sont ceux qui n'ont commis que des fautes remédiables. Toutefois ce profit ne s'acquiert que par des douleurs et des souffrances et sur cette terre et dans l'Hadès, car c'est le seul moyen de se débarrasser de l'injustice. Quant à ceux qui ont commis les derniers forfaits et sont par suite devenus incurables, ce sont eux qui servent d'exemples. Eux-mêmes ne tirent plus aucun profit de leurs souffrances, puisqu'ils sont incurables ; mais d'autres profitent à les voir éternellement souffrir, à cause de leurs fautes, les plus grands, les plus douloureux, les plus effroyables supplices, et, suspendus comme de vrais épouvantails, là-bas, dans la prison de l'Hadès, servir de spectacle et d'avertissement à chaque nouveau coupable qui arrive en ces lieux.

Archélaos sera du nombre, je puis te l'assurer, si Polos
a dit vrai, ainsi que tout autre tyran pareil à lui. Je crois
en effet que la plupart de ceux qui servent d'exemples sont
des tyrans, des rois, des potentats et des hommes politiques, car ce sont ceux-là qui, grâce à leur pouvoir arbitraire, commettent les crimes les plus graves et les plus
impies. Homère lui-même en témoigne; car ce sont des
rois et des potentats qu'il a représentés comme éternellement punis dans l'Hadès, Tantale, Sisyphe, Tityos [163].
Quant à Thersite et aux autres méchants qui étaient de
simples particuliers, personne ne les a représentés comme
incurables et soumis comme tels aux grands châtiments;
c'est que, sans doute, le pouvoir leur manquait; aussi
étaient-ils plus heureux que ceux qui l'avaient.

C'est en fait, Calliclès, parmi les puissants que se
trouvent les hommes qui deviennent extrêmement
méchants. Rien n'empêche pourtant qu'il ne se rencontre
parmi eux des hommes vertueux qu'on ne saurait trop
admirer; car il est difficile, Calliclès, et souverainement
méritoire, quand on a pleine liberté de mal faire, de rester
juste toute sa vie. Mais on rencontre peu de caractères de
cette trempe. Il y a eu néanmoins dans cette ville et ailleurs, et il y aura sans doute encore d'honnêtes gens pour
pratiquer la vertu qui consiste à administrer avec justice
les affaires qu'on leur confie. On en a même vu un qui
est devenu très célèbre par toute la Grèce, Aristide, fils
de Lysimaque. Mais la plupart des potentats, excellent
Calliclès, deviennent des scélérats.

LXXXII. — Pour en revenir à ce que je disais, lorsque
ce Rhadamanthe reçoit un de ces scélérats, il ignore tout
de lui, qui il est et de quelle famille, sauf que c'est un
méchant. Quand il s'en est assuré, il le relègue au Tartare,
après avoir signalé par une marque s'il le juge guérissable
ou incurable. Arrivé là, le coupable subit la peine qui
convient à son état. D'autres fois, en voyant une âme qui
a vécu saintement et dans la vérité, âme d'un simple
citoyen ou de tout autre, mais particulièrement, je te
l'affirme, Calliclès, d'un philosophe qui ne s'est occupé
durant sa vie que de ses propres affaires, sans s'ingérer dans
celles des autres, il s'abandonne à l'admiration et l'envoie
dans les îles des Bienheureux. Eaque s'occupe du même
office. Tous les deux jugent en tenant une baguette à la
main. Quant à Minos, qui surveille ces jugements, il est
assis et seul il a un sceptre d'or, comme l'Ulysse d'Homère
rapporte qu'il l'a vu

tenant un sceptre d'or et rendant la justice aux morts [164].

Pour ma part, Calliclès, j'ajoute foi à ces récits, et je
m'étudie à rendre mon âme aussi saine que possible pour
la présenter au juge. Je n'ai cure des honneurs chers à la

plupart des hommes, je ne cherche que la vérité et je veux
tâcher d'être réellement aussi parfait que possible de mon
vivant et à ma mort, quand mon heure sera venue. J'exhorte
aussi tous les autres hommes, autant que je le puis, et je
t'exhorte toi-même, Calliclès, contrairement à tes conseils,
à suivre ce genre de vie et à t'exercer à ce combat qui vaut,
je te l'assure, tous les combats de ce bas monde, et je te
blâme de l'incapacité où tu seras de te défendre toi-même,
quand viendra pour toi le moment de ce procès et de ce
jugement dont je parlais tout à l'heure. Quand tu arriveras
devant ton juge, le fils d'Egine, et que, mettant la main sur
toi, il te mènera devant son tribunal, tu resteras bouche
bée et la tête te tournera là-bas tout comme à moi ici,
et peut-être seras-tu frappé ignominieusement sur la joue
et en butte à tous les outrages.

Peut-être considères-tu mon récit comme un conte de
vieille femme, pour lequel tu n'éprouves que du dédain.
Il ne serait d'ailleurs pas surprenant que nous le dédai-
gnions, si par nos recherches dans un sens ou dans l'autre
nous pouvions trouver quelque chose de meilleur et de
plus vrai. Mais tu vois qu'à vous trois, qui êtes les plus
savants des Grecs d'aujourd'hui, toi, Polos et Gorgias,
vous êtes hors d'état de prouver qu'on doive mener une
autre vie que celle-ci, qui apparaît comme utile même dans
l'autre monde. Au contraire, parmi tant d'opinions, toutes
les autres ayant été réfutées, celle-ci reste seule inébran-
lable, qu'il faut se garder avec plus de soin de commettre
l'injustice que de la subir et qu'avant tout il faut s'appliquer, non pas à paraître bon, mais à l'être, dans la vie
privée comme dans la vie publique. Si un homme devient
mauvais en quelque point, il faut qu'il soit châtié, le
second bien, après celui d'être juste, consistant à le devenir
et à expier sa faute par la punition; qu'il faut éviter toute
flatterie envers soi-même et envers les autres, qu'ils soient
en petit ou en grand nombre, et qu'on ne doit jamais ni
parler ni agir qu'en vue de la justice.

LXXXIII. — Ecoute-moi donc et suis-moi dans la
route qui te conduira au bonheur et pendant ta vie et après
ta mort, comme la raison l'indique. Souffre qu'on te
méprise comme insensé, qu'on te bafoue, si l'on veut, et
même, par Zeus, qu'on t'assène ce coup si outrageant.
Reçois-le sans te troubler; tu n'en éprouveras aucun mal,
si tu es réellement un honnête homme qui pratique la vertu.
Puis, quand nous l'aurons ainsi pratiquée en commun, à ce
moment, si nous le jugeons à propos, nous aborderons la
politique, ou, si nous nous décidons pour une autre carrière, nous délibérerons alors, étant devenus plus capables
de le faire que nous ne le sommes à présent. Car nous
devrions rougir, dans l'état où nous paraissons être à présent, de fanfaronner comme si nous valions quelque chose,

nous qui changeons à chaque instant de sentiment sur les mêmes sujets et les plus importants, tant est grande notre ignorance! Prenons donc pour guide la vérité qui vient de nous apparaître et qui nous enseigne que la meilleure conduite à suivre est de vivre et de mourir en pratiquant la justice et les autres vertus. Attachons-nous donc à cette doctrine et engageons les autres à la suivre, au lieu de celle qui t'a séduit et que tu m'exhortes à pratiquer; car elle ne vaut rien, Calliclès.

Socrate rencontre Ménexène, qui revient du sénat, où
l'on devait choisir un orateur pour prononcer l'oraison
funèbre des soldats morts dans l'année. Il y a bien des
avantages, dit-il, à mourir à la guerre : on est loué par
des personnages éminents, qui n'hésitent pas à attribuer
toutes les qualités, vraies ou fausses, non seulement aux
morts, mais encore aux vivants, et qui rehaussent leurs
éloges de tous les prestiges de l'éloquence. Pour moi, en
les entendant, je me sens grandir dans mon estime et je
reste trois ou quatre jours dans cette illusion flatteuse.
— Tu te moques toujours des orateurs, dit Ménexène ; et
cependant ce n'est pas chose aisée de composer de tels
discours, surtout de les improviser, comme ce sera le cas,
l'orateur devant être désigné à la dernière minute. — Ces
gens-là, réplique Socrate, ont des discours tout prêts, et
d'ailleurs l'improvisation est facile en pareille matière.
— Tu en serais capable, Socrate ? — Sans doute, car j'ai
pour maîtresse d'éloquence Aspasie, et je lui ai justement
entendu prononcer un discours qu'elle a composé pour la
cérémonie dont tu parles. — Hâte-toi donc de me le redire,
s'écrie Ménexène, qu'il soit d'Aspasie ou de tout autre. —
Si je le fais, tu te moqueras de moi, en voyant qu'à mon âge
je me livre encore au badinage ; mais je ne puis refuser ta
prière. Ecoute donc.
Alors Socrate lui récite un discours composé suivant
toutes les règles de l'art, avec exorde, divisions et subdi-
visions expressément marqués. Dans l'exorde, il indique
son plan. Le discours comprendra deux parties : l'éloge
des morts, l'exhortation aux vivants.

I. — L'éloge (237 a-246 a) sera réglé sur l'ordre de la
nature et comprendra trois points, la bonne naissance des
morts, leur nourriture et leur éducation, leurs exploits.

A. *Leur bonne naissance* (237 b-237 d) résulte de la
qualité d'autochtones de leurs ancêtres. Il faut donc louer

d'abord l'Attique, leur mère, puisque c'est du même coup glorifier leur origine. Or l'Attique est premièrement aimée des dieux, à preuve la querelle et le jugement des dieux qui se disputèrent pour elle.

Deuxièmement elle n'a voulu enfanter que l'homme, quand les autres pays enfantaient des bêtes sauvages.

B. *La nourriture et l'éducation* (238 a-239 a) comportent trois points. Premier point : Ce qui prouve que les Athéniens sont autochtones, c'est que l'Attique a produit le blé et l'orge, nourriture appropriée à l'homme, et l'olive. Deuxième point : Les dieux ont instruit les Athéniens dans les arts nécessaires à la vie et à la défense du pays. Troisième point : Les Athéniens ont organisé un régime politique qui, sous le nom de démocratie, est en réalité le gouvernement d'une élite choisie par le peuple.

C. *Leurs exploits* (239 a-246 a), ou plus exactement les exploits de leurs ancêtres et de leurs contemporains.

Exorde : Elevés dans la liberté, les Athéniens se sont toujours crus obligés de combattre, dans l'intérêt de la liberté, soit contre les barbares, soit contre les Grecs.

a) *Guerres fabuleuses* (239 bc) contre Eumolpe et les Amazones, contre les Thébains pour les Argiens et contre les Argiens pour les Héraclides.

b) *Guerres médiques* (239 c-241 e). L'orateur insistera sur ces guerres parce qu'elles n'ont pas encore été célébrées dignement. La puissance des Perses, établie par Cyrus et augmentée par Cambyse et Darius, était formidable. Prenant prétexte d'un complot contre Sardes, Darius envoya cinq cent mille hommes et trois cents vaisseaux pour se venger des Erétriens et des Athéniens. Les Erétriens furent tous capturés en trois jours; mais les Perses, ayant débarqué à Marathon, y furent entièrement défaits par les Athéniens réduits à leurs seules forces.

Les vainqueurs de Marathon méritent le premier prix; ceux d'Artémision et de Salamine, le deuxième. Les premiers ont fait voir que les Perses n'étaient pas invincibles sur terre; les seconds, qu'ils ne l'étaient pas non plus sur mer. Le troisième prix revient aux combattants de Platées.

Enfin, par leurs campagnes à l'Eurymédon, à Chypre, en Egypte, les Athéniens ont chassé de la mer toute la gent barbare.

c) *Guerres soutenues contre les Grecs* (241 e-246 a) :

1º Guerre de Béotie : batailles de Tanagra et des Œnophytes ;

2º Guerre d'Arkhidamos : affaire de Sphactérie;

3º Expédition de Sicile; batailles de l'Hellespont, défaite d'Athènes;

4º Guerre civile;

5° Paix : les Athéniens sont résolus à ne plus défendre les Grecs de la servitude, ni contre les barbares, ni contre des Grecs;

6° Guerre de Corinthe : Athènes y prend part, malgré sa résolution; elle porte secours au Grand Roi; traité d'Antalkidas.

II. — Deuxième partie : exhortation aux vivants (246 a-249 c). Exorde : l'orateur va transmettre les recommandations des morts à leurs fils et à leurs parents.

1° Prosopopée : exhortation des morts à leurs fils, consolations données par les morts à leurs parents;

2° L'orateur adresse en son propre nom des exhortations et des consolations aux parents des morts. Il leur rappelle la sollicitude de la cité pour eux;

3° Péroraison : l'orateur invite les assistants à se retirer.

Nous pouvons nous faire une idée de ce qu'était le genre de l'oraison funèbre à Athènes par plusieurs autres discours funèbres qui sont parvenus jusqu'à nous. Le premier en date est celui que Périclès prononça, à la fin de la première année de la guerre du Péloponnèse : il n'avait certainement pas la forme condensée que lui a donnée Thucydide; cependant il est vraisemblable qu'il en a gardé les principales idées et la disposition des parties. Gorgias avait écrit aussi une oraison funèbre, qui ne fut jamais prononcée et qui n'était qu'un modèle proposé à l'imitation de ses élèves; nous en avons un fragment vide d'idées, mais plein de figures de style. Nous avons également un épitaphios (oraison funèbre) faussement attribué à Lysias, qui n'est lui aussi qu'un exercice d'école. Il faut en dire autant de l'épitaphios qu'on trouve dans les œuvres de Démosthène, mais qui n'est pas de lui. La seule oraison funèbre qui ait été réellement prononcée parmi toutes celles que nous possédons est celle que l'orateur Hypéride composa pour les soldats morts dans la guerre Lamiaque en ~323. Dans toutes ces oraisons funèbres, authentiques ou non, sauf celle de Périclès, on retrouve le même cadre et les mêmes thèmes : l'éloge de l'autochtonie, les exploits fabuleux ou historiques des Athéniens, en particulier au cours des guerres médiques, enfin les consolations aux parents des morts et la formule finale. Sauf dans le discours de Périclès et dans celui d'Hypéride, qui n'est pas d'ailleurs exempt de l'emphase propre au panégyrique, le style semble être modelé sur celui de Gorgias; ce ne sont que figures de style de toute espèce : rapprochements de mots qui riment par la fin ou par le commencement, balancement des membres de phrase, antithèses, alliances de mots, paronomases, hyperboles, redondances, etc.

Platon s'est conformé rigoureusement à la technique du genre. On retrouve chez lui tous les thèmes exploités avant

lui et tous les procédés de rhétorique que Gorgias avait
mis à la mode. Son œuvre est un pastiche supérieur même
aux modèles qu'il avait sous les yeux. On sait par les
discours de Prodicos dans le *Protagoras*, d'Agathon dans
le Banquet et surtout de Lysias dans le *Phèdre*, avec quelle
merveilleuse souplesse il s'assimilait les idées, le style et le
ton des auteurs les plus divers. Le *Ménexène* est en ce genre
si bien réussi qu'il a passé dans l'antiquité pour le modèle
parfait de l'oraison funèbre, et qu'on l'a pris pour une
œuvre sérieuse. Le rhéteur Hermogène le considérait
comme le plus beau des panégyriques. Denys d'Halicarnasse, dans son traité *De admirabili vi dicendi in Demosthene*,
y relève, il est vrai, de nombreux défauts, mais il est plein
d'admiration pour la deuxième partie, la consolation aux
parents. S'il en faut croire Cicéron (*Orator*, 44, 151), les
Athéniens auraient trouvé l'épitaphios de Platon si beau
qu'ils se le faisaient réciter tous les ans le jour de la cérémonie en l'honneur des morts.

Chez les modernes aussi, on a longtemps pris le *Ménexène*
pour un ouvrage sérieux. Les uns y ont vu une leçon de
composition rigoureuse donnée aux orateurs, les autres
une haute leçon de morale, ou les deux à la fois. « Le
Ménexène est à la fois, dit Cousin, une critique des oraisons
funèbres ordinaires et l'essai d'une manière meilleure, le
genre admis... Le panégyrique y est employé comme
moyen d'un but supérieur que l'orateur ne montre jamais
et poursuit toujours, l'élévation morale de ceux qui
l'écoutent. » (*Argument du « Ménexène »*, p. 176 et p. 179.)
A. Croiset, lui aussi, voit dans le *Ménexène* une tentative
pour réformer l'oraison funèbre « en y introduisant toute
la dose de philosophie et de vérité que comporte un genre
de composition destiné au grand public ». (*Sur le « Ménexène » de Platon, Mélanges Perrot*, p. 60.) Beaucoup de critiques ou de philosophes modernes, entre autres Ast-
Schaarschmidt et Zeller, frappés au contraire du vide des
idées et de l'affectation du style, ont pris le *Ménexène*
pour une œuvre apocryphe, thèse insoutenable, car elle
a contre elle le témoignage formel d'Aristote dans sa
Rhétorique (I, 1367 b et II, 1415 b).

Tous ces critiques n'ont pas prêté une attention suffisante au dialogue qui sert de préambule au *Ménexène*.
C'est là que se révèlent l'intention de Platon et la portée
de son ouvrage. Socrate s'y moque de ces orateurs qui ne
se font aucun scrupule d'attribuer au peuple les qualités
qu'il n'a pas, aussi bien que celles qu'il a, et qui recourent
à tous les artifices de rhétorique pour rehausser l'éloge
des vivants et des morts. Rien n'est plus facile, dit-il, que
de composer et même d'improviser de tels discours, puisqu'on est toujours sûr de plaire en flattant l'auditoire.
— En serais-tu capable, toi-même ? demande Ménexène.
— Certainement, répond Socrate, d'autant plus que j'ai

pour maîtresse dans l'art oratoire Aspasie, qui a formé
le premier orateur de la Grèce, Périclès. Pas plus tard
qu'hier j'ai entendu Aspasie faire toute une oraison funèbre
sur les morts dont on s'apprête à célébrer la mémoire.
— Récite-la-moi, dit Ménexène. — Tu vas te moquer de
moi, si tu m'entends, vieux comme je suis, m'adonner
encore au badinage.

Badinage, voilà le mot dont Platon lui-même a carac-
térisé son ouvrage. Ce qu'il a voulu faire, ce n'est pas
louer sérieusement les Athéniens morts à la guerre; car
il ne dit même pas de quels morts il s'agit ni dans quelle
guerre ils ont succombé, ce qui montre bien qu'il ne fait
qu'un discours en l'air. Ce qu'il a voulu réellement,
c'est ridiculiser les orateurs qui faisaient des panégyriques sans se soucier de la vérité, ni de la mesure. Il
venait de pousser dans le *Gorgias* une offensive auda-
cieuse et violente contre la rhétorique. Il avait fait voir
qu'elle n'est même pas un art, mais une routine et qu'elle
n'est bonne qu'à corrompre les gens, au lieu de les améliorer, parce qu'elle s'applique avant tout à plaire au
peuple en le flattant. Il a voulu dans le *Ménexène* illustrer
la thèse du *Gorgias*, et il a choisi pour cela le genre oratoire
le plus propre à son dessein, un genre où l'éloge obligatoire entraîne l'orateur à exagérer et à dénaturer les faits
et même à mentir pour plaire à son auditoire. Platon a
donc fait ironiquement ce que les orateurs de ces cérémonies faisaient sérieusement. Sous prétexte de louer les
soldats morts au service d'Athènes, il a, comme ses devanciers, commencé par louer Athènes elle-même dès son
origine perdue dans la nuit des temps. Il a remonté jusqu'au
temps où la terre attique a produit les Athéniens et glorifié
leur autochtonie. Il a parlé comme les autres des guerres
fabuleuses des temps préhistoriques et quand il est arrivé
aux guerres médiques, il s'est étendu complaisamment
sur les exploits des Athéniens, en oubliant ou en mention-
nant à peine les autres Grecs. Il omet le combat des Ther-
mopyles, si glorieux pour les Spartiates, et attribue aux
seuls Athéniens tout le succès de Salamine. Il les présente
comme les champions désintéressés de la liberté des Grecs,
alors qu'ils faisaient sentir si durement leur domination
à leurs alliés forcés. Il parle de Sphactérie, mais il tait les
succès de Brasidas et la prise d'Amphipolis. Il attribue
l'échec de l'expédition de Sicile à l'impossibilité d'envoyer
si loin des renforts, alors qu'Athènes envoya successivement Eurymédon avec dix vaisseaux, puis Démosthène
avec une flotte et une armée. Il fait un juste éloge de la
victoire des Arginuses, mais il affirme en même temps
qu'Athènes a gagné le reste de la guerre. Il supprime simplement le désastre d'Ægos Potamos et la prise d'Athènes
avec les humiliantes conditions de paix imposées par
Lysandre. Quand il en vient à la guerre de Corinthe, il

donne aux Athéniens un rôle désintéressé et présente les
faits avec une inexactitude voulue. On verra dans les notes
ajoutées à notre traduction les entorses de toute sorte qu'il a
données à la vérité, conformément à l'habitude des orateurs
officiels qui attribuent aux Athéniens les qualités qu'ils
ont et celles qu'ils n'ont pas.

Le pastiche s'étend non seulement au fond, mais à la
forme. Tous les procédés de style mis à la mode par
Gorgias, égalité des membres de phrase, accumulation
de mots rimant par le début ou par la terminaison, alliances
de mots, antithèses, paronomases, etc., se retrouvent dans
le *Ménexène* prodigués avec une abondance et une verve
qui dépassent le modèle. Denys d'Halicarnasse blâme
tous ces artifices indignes d'un écrivain qui a vraiment
quelque chose à dire. Le style ordinaire de Platon, si
simple et si naturel, aurait dû le mettre sur la voie et lui
faire soupçonner l'ironie cachée sous cette élocution arti-
ficielle.

Il est vrai que la gravité de la seconde partie était
de nature à tromper les critiques. On n'y sent aucune ironie.
C'est qu'en effet le sujet l'excluait absolument et que
Platon, pour que le pastiche fût parfait, a dû prendre le
ton qui s'imposait dans un sujet aussi grave que les consolations à donner aux parents des morts.

Il faut donc renoncer à voir dans le *Ménexène* autre
chose qu'un badinage où l'humeur satirique de Platon
se donne carrière aux dépens de la rhétorique et des
orateurs officiels. Il les fait voir tels qu'ils sont, empressés
à plaire au peuple par les flatteries les plus grossières,
palliant et faussant les faits qui pourraient choquer son
amour-propre et humilier son orgueil, insoucieux de ce
que Platon regarde comme le premier devoir de l'orateur,
qui est de relever le moral des citoyens et de leur inspirer
l'amour de la vertu. Son persiflage atteint du même coup
le peuple qui gobe avidement les louanges les moins
méritées, qui se complaît niaisement dans l'estime de
soi-même et vit dans l'illusion qu'il continue les traditions héroïques de ses ancêtres, alors que l'amour de la
paix et des jouissances qu'elle procure a éteint sa
fierté et courbé sa tête devant le roi de Perse, qui lui
imposa le traité honteux d'Antalkidas.

Telle est la signification du *Ménexène*. Elle a été mise
en lumière par un savant allemand Berndt dans un ouvrage
De Ironia Menexeni Platonis, Munster, 1881. Depuis, il
est peu de critiques qui ne se soient ralliés à ses conclusions.
Elles ont été adoptées chez nous par Couvreur dans sa
remarquable édition classique du *Ménexène* (librairie
Garnier) et par Méridier dans celle qu'il a donnée à la
collection des Universités de France.

On peut croire d'ailleurs qu'outre le dessein principal
de justifier la thèse du *Gorgias*, en prouvant que l'art

oratoire n'est guère qu'un art de flatterie, Platon en avait un autre, tout personnel, dont il n'eut garde de parler : c'était de montrer que, s'il réprouvait la manière des orateurs athéniens, ce n'était ni par envie, ni par impuissance, et qu'il aurait été capable, si la philosophie ne lui avait paru être la seule étude digne d'un esprit sérieux, de composer d'aussi beaux discours que les orateurs les plus éminents, ceux que le peuple désignait pour faire l'éloge des morts. Peut-être aussi visait-il Isocrate, qui tenait une école rivale de la sienne et qui prétendait unir dans son enseignement la philosophie à la rhétorique. Les grands esprits, comme les autres, ont leur amour-propre, et la vanité agit souvent en eux comme dans les esprits du commun ; elle est seulement plus discrète et mieux cachée.

Il reste quelques mots à dire du jeune Ménexène, interlocuteur de Socrate. Fils de Démophon, il appartient à une famille qui, dit Socrate, a toujours donné des administrateurs à l'Etat, et lui-même se dispose à entrer dans la carrière politique. Aussi admire-t-il les orateurs et se montre-t-il friand de discours. Platon l'avait déjà mis en scène dans le *Lysis*, où il est présenté comme un grand disputeur. Mais dans le *Lysis*, il sort à peine de l'enfance et se borne plutôt à suivre la discussion qu'à s'y mêler lui-même. Dans le *Ménexène* il est un peu plus âgé, et doit avoir près de vingt ans, puisqu'il se dispose à prendre part aux affaires publiques. Il figure aussi dans le *Phédon* parmi les disciples qui assistèrent aux derniers moments du maître. Il était en effet fort attaché à Socrate et plein de déférence pour ses conseils, puisqu'il attend de lui la permission d'aborder la politique. Au reste sa figure n'est qu'une esquisse légère ; la conversation qu'il soutient avec Socrate est trop courte pour que son caractère s'y révèle entièrement.

A quelle date est censé avoir été prononcée cette oraison funèbre ? Après la paix d'Antalkidas conclue en ~ 387, c'est-à-dire au moins douze ans après la mort de Socrate. Cet énorme anachronisme suffirait à lui seul à montrer que l'ouvrage est une plaisanterie, sans parler de l'idée invraisemblable d'en attribuer la composition à Aspasie.

Quant à la date où le *Ménexène* fut écrit, on peut croire qu'il le fut peu de temps après le *Gorgias*, dont il est le complément, comme l'*Euthydème* celui du *Protagoras*. C'est la raison pour laquelle je l'ai placé après le *Gorgias*.

Pour la traduction, j'ai suivi le texte donné par Méridier dans son édition de la collection Budé, et j'ai beaucoup utilisé pour les notes l'excellente édition classique de Couvreur.

MÉNEXÈNE

[ou **Oraison funèbre,** *genre moral*]

SOCRATE, MÉNEXÈNE

SOCRATE

I. — D'où vient Ménexène, de l'agora ? ou de quel
endroit ?

MÉNEXÈNE

De l'agora, Socrate, de la salle du conseil [165].

SOCRATE

Que peux-tu bien avoir affaire avec la salle du conseil ?
Sans doute tu te crois parvenu au terme de l'instruction
et des études philosophiques, et, maintenant sûr de tes
forces, tu songes à aborder une plus haute carrière :
tu t'es mis en tête, admirable jeune homme, de nous
gouverner, nous tes aînés, malgré ton âge, afin que votre
maison ne cesse pas de nous donner en toute occasion des
administrateurs [166].

MÉNEXÈNE

Si tu me permets, Socrate, et me conseilles de gouverner,
ce sera le but que je poursuivrai ; autrement, non. Maintenant, si je me suis rendu à la salle du conseil, c'est que
j'avais été informé que les sénateurs allaient choisir celui
qui doit parler sur les morts ; car ils vont, tu le sais, organiser
une cérémonie funéraire.

SOCRATE

Parfaitement ; mais qui a-t-on choisi ?

MÉNEXÈNE

Personne ; la décision a été remise à demain. Je crois
pourtant que le choix tombera sur Archinos ou sur
Dion [167].

SOCRATE

II. — En vérité, Ménexène, il semble qu'il y a beaucoup d'avantages à mourir à la guerre. On obtient en effet une belle et grandiose sépulture, si pauvre qu'on soit le jour de sa mort. En outre, on est loué, si peu de mérite que l'on ait, par de savants personnages, qui ne louent pas à l'aventure, mais qui ont préparé de longue main leurs discours. Ils ont une si belle manière de louer, en attribuant à chacun les qualités qu'il a et les qualités qu'il n'a pas, et en émaillant leur langage des mots des plus beaux, qu'ils ensorcellent nos âmes. Ils célèbrent la cité de toutes les manières et font de ceux qui sont morts à la guerre et de toute la lignée des ancêtres qui nous ont précédés et de nous-mêmes, qui sommes encore vivants un tel éloge que moi qui te parle, Ménexène, je me sens tout à fait grandi par leurs louanges et que chaque fois je reste là, attentif et charmé, persuadé que je suis devenu tout d'un coup plus grand, plus généreux, plus beau. De plus, comme c'est l'habitude, je suis toujours accompagné d'étrangers qui écoutent avec moi, aux yeux de qui je deviens à l'instant plus respectable. Et, en effet, ces étrangers paraissent impressionnés comme moi et à mon égard et à l'égard de la cité, qu'ils jugent plus admirable qu'auparavant, tant l'orateur est persuasif. Pour moi, cette haute idée que j'ai de ma personne dure au moins trois jours. La parole et la voix de l'orateur, pénétrant dans mes oreilles, y résonne si fort que c'est à peine si le quatrième ou le cinquième jour je me reconnais et me rends compte en quel endroit de la terre je me trouve. Jusque-là, je ne suis pas loin de croire que j'habite les îles des Bienheureux, tant nos orateurs sont habiles.

MÉNEXÈNE

III. — Tu ne cesses pas, Socrate, de plaisanter les orateurs. Mais cette fois-ci, je crois que l'orateur désigné ne sera pas fort à l'aise ; car le choix s'étant fait tout soudainement, celui qui parlera sera peut-être forcé d'improviser.

SOCRATE

Pourquoi cela, mon bon ? Chacun de ces gens-là a des discours tout prêts, et d'ailleurs l'improvisation même n'a rien de difficile en pareille matière. S'il s'agissait en effet de louer des Athéniens devant des Péloponnésiens ou des Péloponnésiens devant des Athéniens [168], on aurait besoin d'un bon orateur pour persuader l'auditoire et gagner son approbation, mais quand on entre en lice devant ceux-là mêmes dont on fait l'éloge, il n'est pas du tout malaisé de gagner la réputation de bien parler.

MÉNEXÈNE

Tu ne le crois pas malaisé, Socrate ?

SOCRATE

Non, par Zeus.

MÉNEXÈNE

Est-ce que tu te croirais capable de parler toi-même, s'il le fallait et si le conseil te choisissait ?

SOCRATE

Il n'y a pas à s'étonner, Ménexène, que j'en sois, moi aussi, capable, moi qui ai justement pour maître une femme qui ne manque pas de valeur dans l'art oratoire et qui a formé beaucoup d'excellents orateurs [169], et en particulier un qui est le premier de la Grèce, Périclès, fils de Xanthippe.

MÉNEXÈNE

Qui est cette femme ? C'est sans doute Aspasie dont tu parles ?

SOCRATE

C'est elle, et aussi Connos [170], fils de Métrobios : voilà mes deux maîtres, l'un pour la musique, l'autre pour la rhétorique. Ainsi instruit, il n'y a rien d'étonnant qu'on soit habile à parler. Mais tout autre homme, même moins instruit que moi, formé à la musique par Lampros [171] et à la rhétorique par Antiphon[172] de Rhamnunte, n'en serait pas moins capable, lui aussi, de gagner les suffrages en louant des Athéniens devant des Athéniens.

MÉNEXÈNE

IV. — Et que pourrais-tu dire, si tu avais à parler ?

SOCRATE

De mon propre fonds, rien peut-être. Mais, pas plus tard qu'hier, j'ai entendu Aspasie faire une oraison funèbre complète sur ces mêmes hommes. Elle avait appris la nouvelle que tu rapportes, que les Athéniens allaient choisir l'orateur. Là-dessus, elle improvisa devant moi une partie du discours, tel qu'il fallait le faire ; pour le reste, elle y avait déjà réfléchi au moment où, je suppose, elle composait l'oraison funèbre que Périclès prononça, et c'étaient des restes de cette oraison qu'elle soudait ensemble.

MÉNEXÈNE

Est-ce que tu pourrais te rappeler ce que disait Aspasie ?

SOCRATE

Ce serait mal à moi de ne pas m'en souvenir. C'est de sa bouche que je l'ai appris et, pour un peu, elle m'aurait battu parce que je manquais de mémoire.

MÉNEXÈNE

Qu'attends-tu pour le rapporter ?

SOCRATE

C'est que la maîtresse pourrait se fâcher contre moi, si je divulgue son discours.

MÉNEXÈNE

Ne crains rien, Socrate ; parle et tu me feras le plus grand plaisir, si tu veux bien me rapporter le discours, qu'il soit d'Aspasie ou de tout autre. Parle seulement.

SOCRATE

Mais peut-être vas-tu te moquer de moi si tu me vois, vieux comme je suis, me livrer encore au badinage.

MÉNEXÈNE

Pas du tout, Socrate. Parle, de toute façon.

SOCRATE

V. — Je vois bien qu'il faut te complaire malgré tout : car si tu me demandais de me déshabiller et de danser, j'aurais peine à te refuser ce plaisir, puisque aussi bien nous sommes seuls. Ecoute donc. Dans son discours, elle a commencé, si je ne me trompe, par parler des morts eux-mêmes de la manière suivante :

« En fait ces guerriers ont reçu de nous les honneurs qui leur étaient dus et, après les avoir obtenus, ils accomplissent le fatal voyage, accompagnés publiquement par la cité et en particulier par leurs proches [173]. Mais nous avons encore à leur rendre hommage par la parole, comme la loi le commande et comme c'est notre devoir. Car c'est grâce à un beau discours que les belles actions valent à leurs auteurs le souvenir et l'hommage de l'auditoire. Il faut donc un discours qui loue convenablement les morts, et encourage avec douceur les vivants, en exhortant leurs descendants et leurs frères à imiter la vertu de ces hommes et en consolant leurs pères et leurs mères et les ascendants plus lointains qui peuvent leur rester. Où trouver un discours qui ait ces qualités ? Comment pourrions-nous commencer dignement l'éloge de ces braves qui pendant leur vie faisaient par leur vertu la joie des leurs et qui ont acheté de leur mort le salut des vivants ? Il faut, ce me semble, imiter la nature dans l'ordre où se sont produites leurs vertus. Or ils sont devenus vertueux, parce qu'ils étaient nés de parents vertueux. Louons donc d'abord leur noble origine, en second lieu leur éducation et leur instruction. Après cela, faisons voir comment, en accomplissant leurs exploits, leur conduite a été belle et digne de leur naissance et de leur éducation.

VI. — En ce qui regarde la noblesse de leur naissance, leur premier titre, c'est que leurs ancêtres n'étaient pas d'origine étrangère et que, de ce fait, eux, leurs descendants, n'étaient pas dans le pays des immigrés dont les aïeux seraient venus d'ailleurs, mais des autochtones [174], qui habitaient et vivaient dans leur patrie réelle et qui n'étaient pas nourris comme d'autres par une marâtre, mais par la terre maternelle dans laquelle ils habitaient, et qu'aujourd'hui, après leur mort, ils reposent dans leur propre terre, celle qui les a enfantés, nourris et reçus dans son sein. Dès lors, il n'est rien de plus juste que de glorifier d'abord leur mère elle-même, puisque c'est du même coup glorifier leur naissance.

VII. — Notre pays mérite les éloges de tous les hommes et non pas seulement les nôtres, pour plusieurs raisons, dont la première et la plus considérable, c'est qu'il est aimé des dieux. Notre affirmation est confirmée par la querelle et le jugement des dieux qui se disputèrent pour lui [175]. Honoré par les dieux, comment n'aurait-il pas le droit de l'être par tous les hommes sans exception ? Une autre juste raison de le louer, c'est qu'au temps où toute la terre produisait et enfantait des animaux de toute espèce, sauvages et domestiques, la nôtre en ce temps-là se montra vierge et pure de bêtes sauvages, et, parmi les animaux, elle choisit et enfanta l'homme, qui surpasse les autres par l'intelligence et reconnaît seul une justice et des dieux. Une preuve bien forte que cette terre a enfanté les ancêtres de ces guerriers et les nôtres, c'est que tout être qui enfante porte en lui la nourriture appropriée à son enfant, et c'est par là qu'on reconnaît la vraie mère de la fausse, qui s'approprie l'enfant d'une autre : celle-ci n'a pas les sources nourricières nécessaires au nouveau-né. C'est par là que la terre, qui est en même temps notre mère, prouve incontestablement qu'elle a engendré des hommes : seule en ce temps-là et la première, elle a produit, pour nourrir l'homme, le fruit du blé et de l'orge, qui procure au genre humain le plus beau et le meilleur des aliments, montrant ainsi que c'est elle qui a réellement enfanté cet être. Et c'est pour la terre plus encore que pour la femme qu'il convient d'accepter des arguments de ce genre; car ce n'est pas la terre qui a imité la femme dans la conception et l'enfantement, mais la femme qui imite la terre. Et ce fruit-là, elle n'en a pas été avare, elle l'a distribué aux autres [176]. Ensuite, elle a produit pour ses fils l'huile d'olive, qui soulage la fatigue; et, après les avoir nourris et fait grandir jusqu'à l'adolescence, elle a introduit, pour les gouverner et les instruire, des dieux, dont il convient ici de taire les noms, car nous les connaissons. Ce sont eux qui ont organisé notre vie en vue de l'existence quotidienne, en nous enseignant les arts avant les autres hommes, et qui nous ont appris à nous faire des armes et à nous en servir pour défendre notre pays [177].

VIII. — Nés et élevés de cette manière, les ancêtres de ces guerriers avaient, pour se gouverner, fondé un Etat, dont il convient de dire quelques mots. Car c'est l'Etat qui forme les hommes et les rend bons, s'il est bon, mauvais, s'il est le contraire. Il est donc indispensable de montrer que nos pères ont été élevés dans un Etat bien réglé, qui les a rendus vertueux, ainsi que les hommes de nos jours, au nombre desquels il faut compter les morts qui sont devant nous. C'était alors le même gouvernement qu'aujourd'hui, le gouvernement de l'élite, sous lequel nous vivons à présent et avons presque toujours vécu depuis ce temps-là. Les uns l'appellent démocratie, les autres de tel autre nom qu'il leur plaît; mais c'est en réalité le gouvernement de l'élite avec l'approbation de la foule [178]. Et en effet, nous avons toujours des rois; ils le sont tantôt en vertu de la naissance, tantôt en vertu de l'élection. Mais le gouvernement de l'Etat est pour la plus grande part aux mains de la foule, qui confie les charges et le pouvoir à ceux qui, en chaque occasion, lui paraissent être les meilleurs, et nul n'en est exclu ni par l'infirmité, ni par la pauvreté, ni par l'obscurité de sa naissance, ni préféré pour les avantages contraires, comme il arrive dans d'autres Etats. Il n'y a qu'une règle, c'est que celui qui paraît être habile et vertueux commande et gouverne. La cause de cette constitution qui nous régit est l'égalité de naissance. Les autres Etats sont formés de populations hétérogènes de toute provenance, et cette diversité se retrouve dans leurs gouvernements, tyrannies et oligarchies; dans ces Etats, les citoyens sont traités en esclaves par un petit nombre, et ce petit nombre est regardé comme un maître par la foule. Nous et les nôtres, qui sommes tous frères, étant issus d'une mère commune, nous ne nous regardons pas comme esclaves, ni comme maîtres les uns des autres; mais l'égalité d'origine établie par la nature nous oblige à rechercher l'égalité politique selon la loi et à ne reconnaître d'autre supériorité que celle de la vertu et de la sagesse.

IX. — De là vient que les pères de ces soldats et de nous-mêmes et ces soldats eux-mêmes, nourris dans une pleine liberté, après avoir reçu une noble naissance, ont accompli sous les yeux du monde entier tant de belles actions publiques et particulières, regardant comme un devoir de combattre pour la liberté contre des Grecs en faveur des Grecs et contre les barbares en faveur de la Grèce entière. Comment ils repoussèrent Eumolpe [175] et les Amazones [180] et des ennemis encore plus anciens, qui avaient envahi notre pays, et comment ils secoururent les Argiens contre les descendants de Cadmos [181] et les Héraclides contre les Argiens [182], le temps m'est trop mesuré pour le raconter dignement. D'ailleurs les poètes ont déjà célébré magnifiquement dans leurs chants et signalé leur valeur à tout l'univers. Si donc nous entreprenions nous-mêmes de glorifier les mêmes exploits en simple prose, nous paraîtrions peut-être inférieurs à eux. En conséquence je crois devoir les passer sous silence, d'autant plus qu'ils ont déjà leur récompense; mais ceux dont aucun poète jusqu'ici n'a tiré un renom digne de ces dignes sujets et qui attendent encore un panégyriste [183], voilà ceux que je crois devoir rappeler, en les louant et en engageant d'autres à les chanter dans des odes et les autres genres de poèmes d'une manière digne de ceux qui les ont accomplis. Des hauts faits dont je parle, voici les premiers.

Quand les Perses, maîtres de l'Asie, tentèrent d'asservir l'Europe, ils furent arrêtés par les fils de ce pays, nos ancêtres, qu'il est juste et indispensable de mentionner d'abord pour louer leur valeur. Il faut donc la considérer, si l'on veut bien la louer, en se transportant par la pensée à cette époque où toute l'Asie était asservie à un roi qui était alors le troisième. Le premier de ces rois, Cyrus, ayant par son courage altier affranchi les Perses, ses compatriotes, avait du même coup subjugué leurs maîtres, les Mèdes, et réduit sous son pouvoir le reste de l'Asie jusqu'à l'Egypte [184]. Son fils avait soumis toutes les partie de l'Egypte et de la Libye où il avait pu pénétrer [185]. Le troisième, Darius, avait porté sur terre les limites de son empire jusqu'à la Scythie [186] et ses flottes dominaient la mer et les îles [187], si bien que personne n'osait lui tenir tête. Dans le monde entier les âmes lui étaient asservies, tant étaient nombreux, grands et belliqueux les peuples courbés sous le joug de l'empire perse!

X. — Or Darius nous accusa, nous et les Erétriens [188], d'avoir ourdi un complot contre Sardes. Sous ce prétexte, il envoya cinq cent mille hommes [189] sur des vaisseaux de charge et de guerre, et trois cents navires de guerre. Il en donna le commandement à Datis [190] et lui ordonna de lui amener à son retour les Erétriens et les Athéniens, s'il voulait garder sa tête. Datis, ayant fait voile vers Erétrie, contre des hommes qui étaient les plus réputés des Grecs de ce temps-là dans l'art de la guerre et qui étaient en assez grand nombre, les soumit en trois jours et, pour n'en laisser échapper aucun, il fouilla tout leur pays de la manière suivante. Parvenus à la frontière d'Erétrie, ses soldats s'étendirent d'une mer à l'autre et parcoururent tout le territoire en se donnant la main, afin de pouvoir dire au roi que personne ne leur avait échappé [191]. Dans le même dessein, ils quittèrent Erétrie pour débarquer à Marathon, persuadés qu'il leur serait facile de ramener les Athéniens, après les avoir mis sous le joug comme les

Erétriens. Ils avaient achevé la première entreprise et ils
tentaient la deuxième, sans qu'aucun des Grecs se fût
porté au secours ni des Erétriens, ni des Athéniens [192],
hormis les Lacédémoniens ; mais ceux-ci n'étaient arrivés
que le lendemain de la bataille [193]. Tous les autres, frappés
de terreur, se tinrent en repos, heureux d'échapper au
danger pour le moment. C'est en se reportant à cette
situation qu'on pourra apprécier la vaillance de ces braves,
qui reçurent à Marathon le choc de l'armée des barbares,
châtièrent l'insolent orgueil de l'Asie entière et dressèrent
les premiers des trophées sur les barbares ; ils ouvrirent
ainsi la voie aux autres et leur apprirent que la puissance
des Perses n'était pas invincible et qu'il n'y a ni nombre
ni richesse qui ne le cède à la valeur. Aussi j'affirme, moi,
que ces héros furent les pères non seulement de nos personnes, mais aussi de notre liberté et de celle de tous les
Grecs qui peuplent ce continent ; car c'est parce qu'ils
avaient les yeux fixés sur cette grande œuvre que les Grecs
osèrent risquer pour leur salut les batailles qui eurent lieu
plus tard, suivant l'exemple du héros de Marathon.

XI. — C'est donc à ces héros que notre discours doit
décerner le premier prix de la valeur ; le second sera pour
les vainqueurs des batailles navales de Salamine et d'Artémision [194]. De ces derniers aussi il y a beaucoup à dire,
et quels assauts ils ont soutenus à la fois sur terre et sur
mer, et comment ils les ont repoussés ; mais ce qui me
paraît être chez eux aussi le plus beau titre de gloire, je le
rappellerai en disant qu'ils ont consommé l'œuvre commencée par les soldats de Marathon. Les soldats de Marathon avaient seulement montré aux Grecs qu'il était
possible de repousser une multitude de barbares avec une
poignée d'hommes ; mais avec des vaisseaux, c'était à voir
encore : les Perses avaient la réputation d'être invincibles
sur mer par le nombre, la richesse, l'habileté et la force.
Aussi ce qui mérite d'être loué chez ceux qui combattirent
alors sur la flotte, c'est qu'ils dissipèrent cette seconde
crainte des Grecs et mirent fin à la peur qu'inspirait la
multitude des vaisseaux et des hommes. Le résultat, dû
à la fois à ceux qui combattirent à Marathon et à ceux qui
combattirent sur mer à Salamine, c'est l'enseignement
donné aux autres Grecs, qui, grâce d'une part aux combattants sur terre, et de l'autre aux combattants sur
mer, apprirent et s'habituèrent à ne pas craindre les
barbares.

XII. — Au troisième rang, par la date et le mérite, je
place ce qui fut fait à Platées [195] pour la liberté de la Grèce,
et cette fois par les Lacédémoniens et les Athéniens réunis.
Le péril était immense et formidable ; à eux tous, ils le
repoussèrent, et la vaillance qu'ils déployèrent en cette

occasion leur vaut aujourd'hui nos éloges et leur vaudra dans l'avenir ceux de la postérité. Mais après cela beaucoup de cités grecques étaient encore aux côtés du barbare, et l'on annonçait que le Grand Roi lui-même projetait une nouvelle entreprise contre la Grèce. Aussi est-il juste de mentionner aussi ceux qui mirent la dernière main à l'œuvre de salut commencée par leurs devanciers, en balayant et chassant toute la gent barbare de la mer. Et ceux-là furent les hommes qui se battirent sur mer à l'Eurymédon [196], ceux qui firent campagne contre Chypre [197], ceux qui cinglèrent vers l'Egypte [198] et beaucoup d'autres pays. Il faut rappeler leur mémoire et leur savoir gré d'avoir contraint le roi, pris de peur, de songer à son propre salut, au lieu de machiner la perte de la Grèce.

XIII. — Et cette guerre contre les barbares, toute la cité la soutint jusqu'au bout dans l'intérêt des autres peuples de même langue aussi bien que dans le sien. Mais quand la paix fut conclue et notre cité à l'honneur, elle essuya le traitement que les hommes infligent d'ordinaire à ceux qui ont réussi, la rivalité d'abord, et à la suite de la rivalité l'envie, et c'est ainsi que notre ville se vit malgré elle en état d'hostilité avec des Grecs. Après cela, la guerre ayant éclaté, ils en vinrent aux mains avec les Lacédémoniens à Tanagra [199], où ils se battirent pour la liberté des Béotiens. L'issue de la bataille fut douteuse, mais l'engagement suivant fut décisif; car les Lacédémoniens se retirèrent, abandonnant les Béotiens qu'ils étaient venus secourir, et les nôtres, après avoir vaincu le troisième jour à Œnophytes [200], ramenèrent justement dans leur patrie ceux qui en avaient été bannis injustement. Ceux-là furent les premiers qui, après la guerre Persique, défendirent la liberté contre des Grecs. Comme ils s'étaient bravement conduits et avaient affranchi ceux qu'ils étaient allés secourir, ils furent les premiers qui reçurent de l'Etat l'honneur d'être déposés dans ce monument.

Par la suite, la guerre étant devenue générale, comme tous les Grecs [201] avaient envahi et ravagé notre territoire, payant ainsi notre ville d'une indigne reconnaissance, les nôtres les vainquirent dans une bataille navale et capturèrent leurs chefs, les Lacédémoniens, à Sphagie [202]. Au lieu de les mettre à mort comme ils le pouvaient, ils les épargnèrent, les rendirent et firent la paix, estimant que contre les peuples de même race il ne faut pas pousser la guerre au-delà de la victoire ni sacrifier au ressentiment particulier d'un Etat la communauté grecque, tandis que contre les barbares il faut aller jusqu'à l'extermination. Il est donc juste de louer ces hommes, qui ont soutenu cette guerre et maintenant reposent ici, parce qu'ils ont démontré que, si quelqu'un contestait la supériorité des Athéniens sur tous les autres dans la guerre précédente

contre les barbares, il se trompait en la contestant. Ils
montrèrent alors, en triomphant par les armes de la Grèce
soulevée, en capturant les chefs des autres Grecs, qu'ils
pouvaient battre par leurs propres forces ceux avec le
concours desquels ils avaient battu les barbares.

XIV. — Une troisième guerre [203] éclata après cette paix,
guerre inattendue et terrible, où beaucoup de braves
gens périrent qui reposent ici. Beaucoup d'entre eux tom-
bèrent dans les parages de la Sicile, après avoir élevé une
foule de trophées en combattant pour la liberté des Léontins [204], au secours desquels ils étaient venus dans ces
régions, pour faire honneur à leurs serments. Mais comme
la ville, arrêtée par la longueur du trajet [205], ne pouvait
les soutenir, trahis par la fortune, ils renoncèrent à la lutte.
Mais les ennemis mêmes qui les avaient combattus ont
plus d'éloges pour leur modération et leur valeur que les
autres n'en obtiennent de leurs amis. Beaucoup succom-
bèrent aussi dans les batailles navales de l'Hellespont [206],
après avoir pris en un seul jour tous les vaisseaux ennemis [207], et en avoir vaincu beaucoup d'autres. Mais en
parlant du caractère formidable et inattendu de cette
guerre, j'ai voulu dire que les autres Grecs en vinrent à
un tel degré de jalousie contre cette ville qu'ils eurent le
front de négocier avec leur plus mortel ennemi, le Grand
Roi [208], qu'après l'avoir chassé en commun avec nous, ils
le ramenèrent en traitant séparément avec lui, un barbare
contre des Grecs, et de rassembler contre notre ville tous
les Grecs et les barbares. C'est alors que parurent avec
éclat la force et la valeur de la cité. Comme on la croyait
désormais hors de combat et que sa flotte était bloquée
à Mytilène, ses citoyens se portèrent à son secours avec
soixante vaisseaux [209] qu'ils montèrent eux-mêmes, et,
déployant, de l'aveu de tous, un courage héroïque, ils
battirent leurs ennemis et délivrèrent leurs amis, mais,
victimes d'un sort immérité, ils reposent ici [210] sans avoir
été recueillis en mer. Souvenons-nous à jamais d'eux et
louons-les ; car c'est leur courage qui nous assura le succès
non seulement de cette bataille navale, mais encore du
reste de la guerre [211]. Grâce à eux, notre ville a gagné la
réputation de ne pouvoir jamais être réduite, même par
l'univers entier, réputation méritée, car, si nous avons été
vaincus, c'est par nos propres dissensions, non par les
armes d'autrui. Invaincus, nous le sommes encore même
aujourd'hui devant nos ennemis : c'est nous-mêmes qui
avons été les auteurs de notre défaite, c'est par nous-
mêmes que nous avons été vaincus.

Lorsque à la suite de ces événements le calme fut rétabli
et la paix conclue avec les autres Etats [212], la guerre
civile [213] qui éclata chez nous fut conduite de telle sorte
que, si la discorde était fatale parmi les hommes, personne

ne souhaiterait que sa propre cité fût éprouvée d'une autre manière. Du côté du Pirée comme de la ville, avec quel empressement fraternel les citoyens se rapprochèrent les uns des autres et, chose inattendue, des autres Grecs [214]! Avec quelle modération ils terminèrent la guerre contre ceux d'Eleusis! Et tout cela n'eut d'autre cause que la parenté réelle, qui produit, non en paroles, mais en fait, une amitié solide, fondée sur la communauté d'origine. Il faut donc aussi se souvenir de ceux qui périrent dans cette guerre les uns par les autres, et, puisque nous sommes réconciliés nous-mêmes, de les réconcilier aussi, comme nous pouvons, en offrant, dans des cérémonies comme celle-ci, des prières et des sacrifices, en adressant nos vœux à leurs maîtres [215]. Car ce n'est point la méchanceté ni la haine qui les mit aux prises, mais une fatalité malheureuse. C'est ce que nous attestons nous-mêmes, qui vivons, car nous, qui sommes de même race qu'eux, nous nous pardonnons mutuellement et ce que nous avons fait et ce que nous avons souffert.

XV. — Lorsque, après cela, la paix fut complètement rétablie chez nous, la cité se tint tranquille, pardonnant aux barbares qui lui avaient rendu sans demeurer en reste le mal qu'elle leur avait fait sans ménagement, mais indignée contre les Grecs, en songeant de quelle reconnaissance ils avaient payé ses bienfaits, eux qui avaient fait cause commune avec les barbares, lui avaient pris les vaisseaux auxquels ils avaient dû autrefois leur salut, et détruit les remparts que nous avions sacrifiés pour empêcher la chute des leurs. Résolue à ne plus secourir les Grecs en danger d'être asservis les uns par les autres ou par les barbares, c'est dans cet état d'esprit qu'elle se gouvernait. Tandis que nous étions dans ces dispositions, les Lacédémoniens, pensant que nous, les champions de la liberté, nous étions abattus, se firent dès lors un devoir d'asservir les autres et ils agirent en conséquence.

XVI. — Mais qu'est-il besoin de m'étendre ? Les événements que j'aurais à raconter ensuite ne datent pas d'un passé lointain ni d'autres générations que la nôtre. Nous savons nous-mêmes comment, saisis d'effroi [216], les premiers des Grecs, les Argiens, les Béotiens et les Corinthiens durent avoir recours à notre cité, et que, chose merveilleuse entre toutes, le Grand Roi lui-même en vint à ce point de détresse que, par suite d'un revirement de la situation, il ne trouva son salut nulle part ailleurs qu'en cette ville dont il avait tramé la perte avec passion [217]. En vérité, si l'on voulait faire à notre cité un reproche légitime, le seul qui serait juste consisterait à dire qu'elle est trop pitoyable et qu'elle est la servante des faibles. Effectivement, dans cette circonstance non plus, elle ne

sut pas endurcir son cœur et s'en tenir à sa résolution de
ne défendre de la servitude aucun de ceux qui lui avaient
fait tort : elle se laissa fléchir et leur prêta son assistance,
et, en intervenant elle-même, elle délivra les Grecs de la
servitude [218], si bien qu'ils ont été libres jusqu'au jour où
ils se sont remis eux-mêmes sous le joug [219]. Quant au
roi, elle n'osa pas lui venir en aide elle-même, par respect
pour les trophées de Marathon, de Salamine et de Platées;
elle permit seulement aux exilés [220] et aux volontaires
d'aller à son secours et, de l'aveu de tous, elle le sauva
ainsi. Puis, après avoir relevé ses murs [221] et construit des
vaisseaux, elle accepta la guerre [222] quand elle y fut contrainte et la fit contre les Lacédémoniens pour défendre
les Pariens [223].

XVII. — Mais le roi eut peur de notre ville, quand il
vit les Lacédémoniens renoncer à la guerre maritime [224].
Désireux de quitter notre alliance, il réclama les Grecs
du continent, que les Lacédémoniens lui avaient livrés
précédemment, si l'on voulait qu'il continuât son concours
à nous et à nos alliés. Il s'attendait à un refus, qui servirait de prétexte à sa désertion. Et il fut déçu du côté des
autres alliés : les Corinthiens, les Argiens, les Béotiens et
le reste des alliés consentirent à cet abandon; ils convinrent
et jurèrent, s'il voulait leur fournir de l'argent, de livrer
les Grecs du continent. Seuls, nous n'eûmes pas le cœur
de les lui abandonner ni de prêter serment. Et si les sentiments généreux et libres de notre ville sont si fermes, si
sains et si naturellement hostiles au barbare, c'est que
nous sommes des Grecs pur sang, sans mélange de barbares. Il n'y a point de Pélops [225], de Cadmos, d'Egyptos,
de Danaos, sans parler de tant d'autres, barbares de nature
et grecs par la loi, qui vivent côte à côte avec nous; nous
sommes de vrais Grecs, sans alliage de barbares, d'où la
haine sans mélange dont notre cité est imbue pour la
race étrangère. Quoi qu'il en soit pourtant, nous fûmes
de nouveau réduits à l'isolement pour n'avoir pas voulu
commettre une action honteuse et impie en livrant des
Grecs à des barbares. Nous fûmes dès lors ramenés à la
même situation qui avait auparavant causé notre défaite;
mais, avec l'aide de Dieu, nous terminâmes la guerre plus
heureusement qu'alors; car nous gardâmes notre flotte,
nos murs et nos propres colonies [226] à l'issue des hostilités,
tant les ennemis eux-mêmes étaient contents d'en avoir
fini avec la guerre! Cependant nous perdîmes encore de
braves soldats dans cette guerre, à Corinthe, par le désa-
vantage du lieu [227], et à Léchaeon par la trahison [228].
C'étaient aussi des braves, ceux qui délivrèrent le roi et
chassèrent de la mer les Lacédémoniens. Je les rappelle,
moi, à votre souvenir; pour vous, vous devez joindre vos
louanges aux miennes et glorifier ces héros.

XVIII. — Telles sont les actions des hommes qui reposent ici et des autres qui sont morts pour la patrie. Celles que j'ai rapportées sont nombreuses et belles, mais beaucoup plus nombreuses encore et plus belles celles que j'ai omises [229]; plusieurs jours et plusieurs nuits ne suffiraient pas à les citer toutes. Que chacun donc, en souvenir d'eux, recommande à leurs descendants, comme à la guerre, de ne pas déserter le poste de leurs ancêtres et de ne pas reculer en cédant à la lâcheté. Aussi moi-même, enfants d'hommes valeureux, je vous le recommande en ce jour, et, à l'avenir, partout où je rencontrerai l'un de vous, je le lui rappellerai et je continuerai de vous exhorter à tâcher de vous rendre les meilleurs possible. Quant à présent, je dois vous répéter ce que les pères nous ont chargés de rapporter à ceux qu'ils laisseraient, s'il leur arrivait malheur, au moment où ils allaient affronter le danger. Je vous dirai donc à la fois ce que je leur ai entendu dire à eux-mêmes et ce qu'ils voudraient vous dire, s'ils en avaient le pouvoir, en me fondant sur ce qu'ils disaient alors. Représentez-vous donc que c'est de leur propre bouche que vous entendez ce que je vais vous rapporter. Voici leurs paroles :

XIX. — « O enfants, que vous soyez fils de vaillants hommes, la cérémonie actuelle suffit à le démontrer. Nous pouvions vivre sans honneur, mais nous préférons vivre avec honneur plutôt que de vous condamner à l'infamie, vous et votre postérité, plutôt que de déshonorer nos pères et tous nos ascendants, persuadés que la vie est impossible à celui qui déshonore les siens et qu'un tel homme ne saurait être aimé de personne ni chez les hommes ni chez les dieux, ni sur terre ni sous terre après sa mort. Rappelez-vous donc nos paroles et, à quoi que vous vous appliquiez, n'oubliez pas la vertu, certains que sans elle tout ce qu'on acquiert et tout ce qu'on fait tourne à la honte et au mal. Car ni la richesse ne donne de lustre à celui qui la possède en lâche, puisque c'est pour autrui qu'un tel homme est riche, et non pour lui-même, ni la beauté et la force physiques, quand elles se rencontrent chez un lâche et un méchant, n'y paraissent à leur place, mais y sont malséantes; elles mettent plus en vue leur possesseur et manifestent sa lâcheté. Enfin toute science séparée de la justice et des autres vertus n'est visiblement que rouerie, non sagesse [230]. En conséquence, que votre premier et votre dernier soin, votre soin constant soit en tout et toujours de tâcher avant tout de nous surpasser en renommée, nous et nos devanciers. Sinon, sachez-le : si nous vous surpassons en vertu, cette victoire fait notre honte, tandis que la défaite, si nous avons le dessous, nous apporte du bonheur. Or, le meilleur moyen pour que nous soyons vaincus et vous vainqueurs, c'est de vous mettre en état de ne pas abuser de la renommée de vos ancêtres et de ne pas la dilapider, convaincus que, pour un homme qui croit avoir quelque valeur, rien n'est plus honteux que de prétendre être honoré, non pour son mérite personnel, mais à cause du renom de ses ancêtres. Les honneurs des parents sont pour leurs descendants un beau et magnifique trésor; mais jouir d'un trésor de richesses et d'honneurs sans le transmettre à ses descendants, faute d'avoir acquis soi-même des biens et des titres de gloire personnels, c'est une honte et une lâcheté. Si vous pratiquez ces maximes, vous viendrez nous rejoindre, comme des amis chez des amis, lorsque le sort qui vous est réservé vous amènera ici; mais si vous n'en tenez pas compte et si vous devenez lâches, personne ne vous accueillera favorablement. Cela soit dit aux enfants.

XX. — Quant à nos pères, s'ils sont encore vivants, et à nos mères, il faut les exhorter sans cesse à supporter le malheur aussi bien que possible, si le malheur vient à les frapper, et ne pas se lamenter avec eux, car ils n'auront pas besoin qu'on excite leur douleur : leur infortune leur causera suffisamment de chagrin. Il faut plutôt essayer de le guérir et de l'adoucir, en leur rappelant que les Dieux ont exaucé les plus chers de leurs vœux; car ce n'est pas l'immortalité qu'ils demandaient pour leurs enfants, mais la vertu et la gloire; en obtenant cela, ils ont obtenu les plus grands des biens. Quant à voir tout succéder au gré de ses désirs dans le cours de sa vie, ce n'est pas une chose aisée pour un mortel. S'ils supportent virilement leur malheur, on reconnaîtra qu'ils étaient en effet les pères d'enfants courageux et qu'ils les égalent en courage. Si au contraire ils succombent à leur douleur, ils laisseront soupçonner qu'ils n'étaient pas nos pères ou que ceux qui nous louent sont des menteurs. C'est une alternative qu'ils ne doivent pas admettre; mais c'est à eux surtout qu'il appartient de nous louer par leur conduite, en faisant apparaître aux yeux de tous que, braves, ils ont réellement donné le jour à des braves.

Ce n'est pas d'aujourd'hui que le dicton *Rien de trop* passe pour une belle maxime; car elle est belle en effet. L'homme qui fait dépendre de lui-même toutes les conditions qui conduisent au bonheur ou qui en rapprochent, au lieu de les suspendre à d'autres dont les bons ou les mauvais succès feraient flotter sa fortune à l'aventure, celui-là a bien ordonné sa vie : voilà l'homme sage, voilà l'homme brave et sensé. Qu'il acquière des richesses et des enfants ou qu'il les perde, c'est lui qui obéira le mieux au précepte; on ne le verra ni joyeux ni chagrin à l'excès, parce que c'est en lui-même qu'il a mis sa confiance [231]. Voilà comment nous prétendons que soient les nôtres et

comment nous leur demandons et enjoignons d'être. Voilà
comment nous nous montrons nous-mêmes en ce moment,
sans nous indigner ni nous effrayer à l'excès, s'il nous faut
mourir en cette occasion. Nous prions nos pères et nos
mères de passer le reste de leur vie dans ces mêmes dispositions. Qu'ils sachent que ce n'est pas en se lamentant
et en nous pleurant qu'ils nous feront le plus de plaisir ;
mais, si les morts gardent quelque sentiment des vivants,
ils ne sauraient nous causer un plus grand déplaisir qu'en
se maltraitant et en se laissant accabler par leur malheur ;
au contraire, c'est en le supportant d'un cœur léger et
avec modération qu'ils nous complairont le mieux. Car
nous allons avoir la fin la plus belle qui soit pour des
humains, de sorte qu'il convient de nous glorifier, plutôt
que de nous pleurer. Quant à nos femmes et à nos enfants,
qu'ils en prennent soin, les nourrissent et tournent de ce
côté-là leur pensée : c'est ainsi qu'ils oublieront le mieux
leur infortune et qu'ils mèneront une vie plus belle, plus
droite et plus agréable à nos yeux.

Voilà le message qu'il suffit de rapporter de notre part
à nos proches. Quant à la cité, nous l'exhorterions à
prendre soin pour nous de nos pères et de nos fils, en élevant décemment les uns, et en nourrissant comme il
convient les autres durant leur vieillesse, si nous ne savions
que, même sans que nous l'y invitions, elle y veillera
comme il convient. »

XXI. — Voilà donc, fils et parents des morts, ce qu'ils
nous ont chargés de vous rapporter et je vous le rapporte,
pour ma part, avec toute l'application dont je suis capable.
Moi-même, j'adjure, en leur nom, les fils d'imiter leurs
pères, les autres d'être tranquilles sur leur sort, certains
que les particuliers et l'État nourriront vos vieux jours
et que chacun de nous, chaque fois qu'il rencontrera
quelque parent du mort, lui témoignera sa sollicitude.
Quant à l'État, vous connaissez vous-mêmes, je pense,
ses attentions pour vous : vous savez qu'il a établi des lois
pour les enfants et les pères de ceux qui sont morts à la
guerre, afin qu'on ait soin d'eux, et que la plus haute
magistrature [232] de l'État est chargée de veiller sur eux plus
que sur les autres citoyens, afin que les pères et mères de
ces morts ne soient pas victimes de l'injustice. Pour les
enfants, il contribue lui-même à leur éducation et s'applique à leur faire oublier autant que possible qu'ils sont
orphelins : il se charge lui-même de leur servir de père,
quand ils sont encore enfants, et, quand ils arrivent à l'âge
d'homme, il les envoie en possession de leurs biens en leur
faisant présent d'une armure complète [233]. Il leur montre
et leur rappelle la conduite de leurs pères en leur donnant
les instruments de la vaillance paternelle ; il veut en même
temps qu'en manière de bon augure ils soient revêtus de

leurs armes, quand ils entrent pour la première fois au foyer de leurs pères, pour y exercer avec force leur autorité. Pour les morts eux-mêmes, il ne cesse jamais de les honorer : tous les ans il célèbre publiquement en mémoire de tous les mêmes cérémonies que chacun fait dans son intérieur en mémoire des siens ; il y ajoute des jeux gymniques et hippiques et des concours musicaux de toute nature, et l'on peut dire vraiment qu'à l'égard des morts il remplace l'héritier et le fils, à l'égard des fils le père, à l'égard de leurs pères le tuteur, et dans tout le cours du temps il étend sur tous toute sa vigilance. La pensée de cette sollicitude doit vous faire supporter plus doucement votre malheur ; c'est le meilleur moyen de vous rendre chers aux morts et aux vivants et de faciliter les soins que vous avez à donner et à recevoir. Et maintenant que vous avez, vous et tous les autres, pleuré les morts en commun conformément à la loi, retirez-vous. »

XXII. — Tu as là, Ménexène, le discours d'Aspasie de Milet.

MÉNEXÈNE

Par Zeus, Socrate, elle est bienheureuse, ton Aspasie, de pouvoir, étant femme, composer de tels discours.

SOCRATE

Eh bien, si tu ne le crois pas, suis-moi, et tu l'entendras parler elle-même.

MÉNEXÈNE

Je me suis trouvé plus d'une fois avec Aspasie, Socrate, et je sais ce qu'elle vaut.

SOCRATE

Eh bien, ne l'admires-tu pas et aujourd'hui ne lui sais-tu pas gré de son discours ?

MÉNEXÈNE

Si, Socrate ; je sais même beaucoup de gré de ce discours à Aspasie ou à celui, quel qu'il soit, qui te l'a débité, et j'ajoute, beaucoup de gré aussi à celui qui l'a récité.

SOCRATE

Voilà qui va bien, mais vois à ne pas me trahir, si tu veux que je te rapporte encore beaucoup de beaux discours politiques de sa façon.

MÉNEXÈNE

Ne crains rien, je ne te trahirai pas; rapporte-les seulement.

SOCRATE

Eh bien, je n'y manquerai pas.

NOTICE

LE MÉNON

Le *Ménon* n'est pas, comme le *Protagoras* ou *la République*, un dialogue raconté et précédé d'un préambule indiquant les circonstances et le lieu de l'action. La conversation s'engage directement, comme au théâtre, entre Ménon et Socrate. — Pourrais-tu me dire, Socrate, dit Ménon, si la vertu peut s'enseigner ? La question aujourd'hui nous paraît singulière et nous y répondrions sans hésiter que la vertu s'enseigne avec plus ou moins de succès comme toute chose. Mais il n'en paraissait pas ainsi aux Grecs de la fin du Vᵉ siècle. Notons d'abord qu'il s'agit avant tout de la vertu politique. Depuis que la démocratie s'était établie à Athènes, les jeunes gens qui aspiraient à la direction des affaires publiques s'étaient d'abord formés à la politique par l'exemple des grands hommes d'Etat. Mais bientôt les progrès de la démocratie, où la parole était toute-puissante, suscitèrent des maîtres de rhétorique et de vertu politique, les sophistes, qui eurent des disciples enthousiastes, mais aussi de violents détracteurs. Les vieux Athéniens attachés à la tradition les regardaient comme des corrupteurs. Un grand débat s'éleva sur le nouvel enseignement. Les grands hommes d'Etat comme Thémistocle et Périclès n'avaient pu transmettre leurs talents à leurs fils. Les sophistes étaient-ils capables de faire ce que Périclès lui-même n'avait pu faire ? Etait-il même possible d'enseigner la vertu politique ? C'est la question qui se pose dans le *Ménon*. La discussion est répartie en cinq actes. Le premier, qui embrasse les douze premiers chapitres, est consacré à la recherche d'une définition de la vertu. A la question de Ménon, la vertu peut-elle s'enseigner ? Socrate répond que, loin de savoir si elle peut s'enseigner, il ne sait même pas ce qu'est la vertu et n'a jamais rencontré quelqu'un qui le sût. — Mais toi, Ménon, qui as entendu Gorgias en Thessalie, dis-moi comment il définissait la vertu. — La vertu d'un homme consiste à bien administrer les affaires de sa patrie, celle d'une femme à bien gouverner sa maison, et il y a ainsi une vertu propre à chaque âge et à chaque condition. — Je ne cherchais qu'une vertu, et tu m'en donnes un essaim, dit Socrate. Mais ce que je veux savoir, ce n'est pas le nombre des vertus, mais le caractère commun à toutes. — La vertu comme tu l'entends, Socrate, est la capacité de commander. — Non, dit Socrate : la capacité de commander est encore une vertu particulière, qui n'est pas commune à tout le monde, par exemple, à l'esclave et à l'enfant. Socrate essaye de le mettre sur la voie en lui définissant la figure et la couleur, non point par tel ou tel attribut, mais par ce qu'il y a de commun dans toutes les figures et dans toutes les couleurs. Alors Ménon hasarde une troisième définition : — La vertu consiste, suivant le mot du poète, à aimer les belles choses et à être puissant. — Mais, objecte Socrate, ce n'est pas l'amour des belles choses qui distingue les gens vertueux des autres, puisque tout le monde aime les belles choses, vu que le beau et le bien se confondent, et ce n'est pas non plus le pouvoir, à moins qu'il ne soit juste ; mais, la justice n'étant qu'une partie de la vertu, la définition reste toujours partielle et incomplète.

Un intermède sépare cette première partie de la suivante, c'est la fameuse comparaison de la torpille. Ménon, acculé au doute et à la perplexité, compare Socrate à une torpille de mer qui engloutit tous ceux qu'elle touche. — Si, dit Socrate, la torpille est elle-même engourdie quand elle engourdit les autres, je lui ressemble, sinon, non. Or je suis aussi embarrassé que toi, Ménon. Mais reprenons la question et cherchons ensemble la vraie définition.

— Mais, dit Ménon, il est impossible de chercher une chose dont on ne connaît pas la nature, puisqu'on ne sait pas même ce qu'on doit chercher.

Ici commence le second acte du dialogue, acte d'une importance capitale, à cause de la célèbre théorie de la réminiscence. Ménon a emprunté son objection aux sophistes qui niaient la possibilité de la connaissance et de la science. Pour réfuter cette objection, Socrate se fonde sur l'immortalité de l'âme, enseignée par les orphiques et par les pythagoriciens. Dans ses existences antérieures, l'âme a tout vu dans ce monde et dans l'autre. Comme tout se tient dans la nature et que l'âme a tout appris, rien n'empêche qu'en se rappelant une chose, ce que les hommes appellent apprendre, elle ne retrouve d'elle-même toutes les autres, pourvu qu'elle cherche ; car chercher et apprendre n'est autre chose que se ressouvenir. — Peux-tu prouver ce que tu avances ? dit Ménon. — Je vais essayer, répond Socrate. Là-dessus, il prie Ménon d'appeler un jeune esclave de sa suite. Il trace devant lui un carré, et en lui posant des questions d'une certaine façon, il lui fait trouver la solution d'un problème de géométrie difficile, le doublement du carré.

Socrate assure que le jeune esclave est capable de découvrir de même toute la géométrie et les autres sciences, parce qu'il porte en lui des opinions vraies, qui, réveillées par l'interrogation, deviennent des sciences (Ch. XIV-XXI).

Sa démonstration faite, Socrate propose à Ménon de reprendre la question : qu'est-ce que la vertu ? Mais Ménon, revenant à sa première question, préfère chercher seulement si la vertu peut s'enseigner. Ce sera l'objet du troisième acte. Bien qu'il semble illogique à Socrate de chercher si la vertu est susceptible d'enseignement, avant de savoir ce qu'elle est, il se rend au désir de Ménon. Il procédera comme les géomètres, par hypothèse : si la vertu est une science, elle peut s'enseigner, sinon, elle ne le peut. Reconnaissons d'abord que la vertu est un bien. Dès lors, s'il y a quelque espèce de bien qui soit distinct de la science, il est possible que la vertu ne soit pas une science; mais s'il n'est aucun genre de bien que la science n'embrasse, nous pouvons admettre que la vertu est une espèce de science. Or, c'est par la vertu que nous sommes bons, et, si nous sommes bons, nous sommes utiles, car tout ce qui est bon est utile. Mais les choses utiles, richesse, santé, etc., sont parfois nuisibles, selon l'usage, raisonnable ou non, qu'on en fait. Il en est de même des qualités de l'âme, tempérance, justice, etc. Si donc la vertu est une qualité de l'âme, et s'il est indispensable qu'elle soit utile, il faut qu'elle soit raison en tout ou en partie. S'il en est ainsi, les hommes ne sont pas bons par nature; autrement on discernerait les jeunes gens qui sont bons par nature et on les mettrait sous scellés dans l'Acropole, pour que personne ne les corrompe et qu'ils deviennent utiles à leur patrie. Alors, est-ce l'éducation qui les rend bons ? En ce cas, la vertu, pouvant s'enseigner, serait une science. Cependant on ne lui voit ni maîtres ni disciples (Ch. XXI-XXVI).

Mais voici Anytos, un homme politique expérimenté. Demandons-lui, dit Socrate, le secours de ses lumières. Avec l'intervention d'Anytos, c'est le quatrième acte du dialogue qui va commencer. Dis-nous, Anytos, à qui ton hôte Ménon doit s'adresser pour prendre des leçons de vertu. Telle est la question que lui pose Socrate. N'est-ce pas, ajoute-t-il, chez ceux qui font profession d'un art qu'il faut aller pour apprendre cet art ? Or, nous avons des gens qui font profession d'enseigner la vertu : ce sont les sophistes. N'est-ce pas à eux que Ménon doit s'adresser ? Cette proposition soulève l'indignation d'Anytos; car il a les sophistes en horreur, bien qu'il ne les connaisse pas. Ménon, dit-il, n'a qu'à s'adresser au premier venu parmi les honnêtes gens d'Athènes. — De qui ces honnêtes gens ont-ils appris la vertu ? demande Socrate. — De leurs devanciers, répond Ménon. — Est-ce possible ? Ne sais-tu pas que les plus grands hommes d'Athènes, les Thémistocle, les Aristide, les Périclès, les Thucydide, n'ont pas su transmettre leur vertu à leurs enfants ? — Prends garde, Socrate, réplique Anytos : tu es enclin à dire du mal des gens : tu pourrais bien avoir à payer un jour tes médisances. Sur cet avertissement menaçant, Anytos se retire de la discussion (Ch. XXVI-XXXIV).

Elle continue jusqu'à la fin de l'ouvrage (Ch. XXXV-XLII) entre Socrate et Ménon. — Y a-t-il des gens vertueux en Thessalie ? demande Socrate. — Sans doute. — Tiennent-ils que la vertu s'enseigne ? — Les uns, oui ; les autres, non. — Et les sophistes te paraissent-ils capables d'enseigner la vertu ? — Je pense tantôt que oui, tantôt que non. — Tu es donc comme le poète Théognis, qui se contredit sur ce point. Mais si les gens vertueux sont pour la plupart impuissants à transmettre leur vertu et si les gens qui s'offrent à enseigner la vertu ne la possèdent pas, comment donc se forment les honnêtes gens ? Ce n'est point, nous le voyons, par la science. Mais la science n'est pas le seul guide qui puisse apprendre à agir comme il faut ; il y a aussi l'opinion vraie, qui, sans avoir la fixité de la science, produit le même effet, tant qu'on la possède.

La discussion terminée, Socrate la résume ainsi : Ayant reconnu que la vertu n'est pas un don de nature, nous avons examiné ensuite si elle peut s'enseigner. Il nous a paru qu'elle le peut, si elle est science, et que, s'il y avait des maîtres de vertu, elle était science et susceptible d'enseignement ; mais il n'y a pas de maîtres de vertu. Cependant nous avons reconnu qu'elle est bonne et utile, que ce qui dirige bien est utile et bon, et qu'il n'y a que deux choses qui en sont capables, l'opinion vraie et la science. Puisque la vertu n'est pas science, reste qu'elle se fonde sur l'opinion vraie. C'est l'opinion vraie qui fait les grands hommes d'Etat. Ils sont dans le cas des devins et des prophètes, inspirés des dieux qui disent la vérité sans en avoir la science. La vertu nous vient donc par une faveur divine. Mais nous ne saurons le vrai à ce sujet que lorsque nous saurons ce qu'est la vertu en elle-même.

Ainsi la question de la nature de la vertu reste entière. Mais la question de savoir si la vertu peut s'enseigner, déjà posée dans le *Protagoras* et restée sans solution, en reçoit une, au moins provisoire, dans le *Ménon*. En attendant que la nature de la vertu soit éclairée, nous pouvons nous reposer sur l'opinion vraie pour agir vertueusement. Cette opinion vraie est une grande nouveauté, que ni le *Protagoras*, ni le *Gorgias* ne laissaient soupçonner. Elle est étrangère à l'enseignement socratique : c'est un des traits de la nouvelle orientation de la pensée de Platon. Platon a changé aussi dans sa manière de juger la vertu

politique des hommes d'État athéniens. Dans le *Gorgias*,
il ne voyait en eux que des aveugles, dénués de toute
science, qui corrompaient le peuple au lieu de le guider
et de l'améliorer. Dans le *Ménon*, il reconnaît au contraire
le génie politique de Thémistocle, de Périclès et des autres
et il l'explique par l'opinion vraie, qu'il assimile au talent
des devins, et qui est une sorte d'inspiration divine. Les
orateurs ne sont pas les seuls envers lesquels Platon ait
changé d'attitude. Il semble qu'il reconnaît aux sophistes
aussi un mérite qu'il leur avait dénié jusqu'alors. Il
défend leur enseignement contre Anytos, qui le juge per-
nicieux. Comment, dit-il, Protagoras aurait-il pu enseigner
pendant quarante années avec autant de succès et acquérir
une si grande renommée s'il avait corrompu la jeunesse ?
Les Grecs ne s'en seraient-ils pas aperçus pendant un si
long laps de temps ? Et Protagoras, ajoute-t-il, n'est pas
seul dans ce cas : il y en a bien d'autres, les uns antérieurs
à lui, les autres encore en vie aujourd'hui. En parlant
de Protagoras, Platon songe-t-il à Socrate, dont l'apostolat près du peuple athénien a duré aussi longtemps que
l'enseignement de Protagoras ? C'est possible. En tout
cas, on ne voit aucune ironie dans cette apologie des
sophistes.

Une autre nouveauté, beaucoup plus importante, est
la théorie de la réminiscence, qui nous achemine vers la
théorie des Idées, qui sera exposée dans le *Phèdre* et *la
République*. C'est sur la réminiscence que Platon fonde
la possibilité de la connaissance ; c'est par elle qu'il expli-
quera les idées premières, antérieures et supérieures à
l'expérience, si l'on en croit les philosophes spiritualistes.
On voit, par là, quelle est l'importance du *Ménon* et la
place qu'il tient dans l'évolution des idées de Platon et la
formation de son système philosophique.

Son importance n'est pas moindre au point de vue
littéraire. Il n'a point sans doute les agréments du *Protagoras* et l'âpre éloquence du *Gorgias*. Il est aussi plus
simple de structure. Mais, comme on l'a vu par notre
analyse, il offre l'intérêt d'une pièce de théâtre distribuée
en actes de longueur sensiblement égale, avec des intermèdes pour reposer l'attention. Il en est un particulièrement connu : c'est celui où Ménon compare Socrate à la
torpille de mer. La comparaison n'est pas seulement plaisante par son originalité, elle est surtout intéressante parce
que les détails illustrent admirablement la méthode socratique. Quoique le *Ménon* n'ait pas de préambule comme
le *Protagoras* ou le *Phèdre*, où la scène et les personnages
sont présentés avec des couleurs si vives et si charmantes,
Platon a su glisser adroitement dans les discours de Socrate
tout ce qui peut nous intéresser à ses interlocuteurs et
nous faire connaître leur personne et leur caractère. Quant
à la discussion du sujet, elle est, en dehors de quelques

raisonnements abstraits, généralement claire, aisée, facile à suivre, même quand elle passe du domaine philosophique dans celui de la géométrie. Il semble au premier abord qu'il n'est guère possible de faire démontrer à un jeune esclave ignorant comment on peut doubler un carré. Socrate s'y prend si adroitement que l'esclave semble trouver tout seul la solution et que le lecteur suit avec plaisir cette ingénieuse démonstration, pour peu qu'il se donne la peine de refaire, sur les indications du texte, les figures que Socrate trace devant son auditoire. Comme toujours, la démonstration est coupée par des remarques précieuses sur la méthode maïeutique, dont cette démonstration est un exemple frappant.

La discussion se passe entre trois interlocuteurs, Ménon, Socrate, Anytos, sans parler de l'esclave, qui ne joue qu'un rôle de comparse. Ménon, qui a donné son nom au dialogue, est présenté comme un noble thessalien, qui voyage avec une nombreuse suite de serviteurs. Il a reçu l'éducation qui convient à un jeune homme noble et riche, et il paraît s'être particulièrement intéressé à la géométrie. Il a suivi dans son pays les leçons de Gorgias, qui est venu finir sa longue vie en Thessalie, et s'est par lui initié à l'art oratoire, et à la philosophie d'Empédocle. Aussi, étant venu à Athènes, il n'a pas manqué de voir Socrate, dont la réputation s'est répandue dans tout le monde grec. Il est jeune, il est beau, il est aimé et il a tendance à abuser de ses avantages. C'est de Socrate que nous tenons ces détails ; car Ménon lui-même ne laisse point voir qu'il se prévaut de sa beauté. Il est au contraire plein de déférence pour Socrate, et il doit lui plaire par le désir qu'il a de s'instruire à son école. Somme toute, il nous apparaît donc dans ce dialogue sous des traits sympathiques.

Tout autre est le portrait que Xénophon a tracé de lui dans l'*Anabase* II, VI, 21-29. « Ménon de Thessalie, dit Xénophon, ne cachait point son violent désir des richesses. Il désirait commander pour les accroître ; il voulait être honoré, pour gagner davantage. Il voulait être l'ami des puissants pour être injuste impunément. Pour arriver à son but, le chemin le plus court à ses yeux était le parjure, le mensonge, la fourberie ; la simplicité et la vérité n'étaient pour lui que sottise. Il était visible qu'il n'aimait personne et qu'il dressait des pièges à tous ceux dont il se disait l'ami. Jamais il ne se moquait d'un ennemi ; mais il raillait toujours ceux qui causaient avec lui... Tous ceux qu'il savait parjures et injustes, il les redoutait comme des gens bien armés ; mais il essayait ses manœuvres sur les gens pieux et vrais, qu'il tenait pour pusillanimes... »

Cet être méchant et malfaisant fut mis par son amant Aristippe à la tête des troupes qui rejoignirent à Colosses l'armée que Cyrus le jeune conduisait contre son frère Artaxerxès. Après la bataille de Counaxa et la mort de

Cyrus, il fut pris avec les autres généraux grecs dans la tente de Tissapherne; « mais, dit Xénophon, il ne subit pas le même sort, bien qu'il se fût conduit comme eux. Cependant, après la mort des autres, il n'en fut pas moins puni par le roi et il mourut, non pas comme Cléarque et les autres généraux, lesquels eurent la tête tranchée, ce qui passe pour le genre de mort le plus rapide, mais on dit qu'il vécut encore un an, mutilé comme un malfaiteur ». Mais Ctésias (*Persica*, 60) dit au contraire que ce fut par la trahison de Ménon que les autres généraux furent pris au piège dans la tente de Tissapherne et qu'il fut relâché pour ce service. On a voulu infirmer le jugement de Xénophon, en disant que Xénophon, ami de Cléarque, devait être l'ennemi de Ménon, qui jalousait Cléarque et qui lui était devenu suspect. Mais le jugement de Ctésias, plus défavorable encore que celui de Xénophon, confirme la malhonnêteté du personnage.

D'où vient donc que Platon ait choisi cet homme de moralité douteuse pour lui faire un tel honneur que de donner son nom à un de ses dialogues et de le faire causer avec Socrate sur la vertu, qu'il connaissait si peu ? Athénée (505 B) prétend que Platon a fait l'éloge de Ménon pour contredire Xénophon, et (506 B) il ajoute que Platon « décrie les grands hommes d'Athènes et loue Ménon qui avait trahi les Grecs ». Ce n'est pas la seule fois que Platon et Xénophon semblent être en contradiction, et il n'est pas invraisemblable qu'il y ait eu entre eux quelque jalousie plus ou moins déguisée. Cependant il est difficile de croire que Platon ait choisi le personnage de Ménon pour le plaisir de contredire Xénophon. Platon aime à mettre en scène des personnages représentatifs, illustres par leur naissance, leur faste ou leurs hauts faits. Or, Ménon était de grande famille, puisqu'il était l'hôte héréditaire du Grand Roi, et l'hôte d'Anytos, à Athènes. Il était probablement de la même famille que le Ménon qui, en ~ 476, lorsque Cimon assiégeait Eion, lui avait envoyé douze talents et trois cents cavaliers, service que les Athéniens avaient récompensé en lui donnant le droit de cité. Thucydide nomme aussi un Ménon de Pharsale, comme un des chefs du corps de cavalerie thessalienne qui vint assister les Athéniens, en vertu d'un vieux traité d'alliance, dans la première année de la guerre du Péloponnèse (431 av. J.-C.). Le nom de Ménon était donc familier aux Athéniens. C'est peut-être une des raisons pour lesquelles Platon l'a choisi. Il en eut d'autres sans doute, sur lesquelles on ne peut faire que des conjectures. Peut-être les adversaires de Socrate, qui lui reprochaient ses rapports avec Critias et Alcibiade, associèrent-ils le nom de Ménon à ces deux noms décriés, et Platon crut-il devoir montrer qu'avec Ménon, comme avec Alcibiade et Critias, les entretiens de Socrate, loin de tendre à le corrompre, ne pouvaient que l'encoura-

ger à la philosophie et à la vertu. Peut-être aussi choisit-il
Ménon, parce qu'il était l'hôte d'Anytos, pour avoir un
prétexte de mettre en rapport Socrate et son accusateur.

Cet Anytos, fils d'Anthémion, était, d'après le scoliaste,
un des amants d'Alcibiade. Enrichi par le métier de tanneur, il était devenu un membre influent du parti démocratique ; mais il n'était pas, comme on pourrait le croire,
un extrémiste ; car l'auteur de l'Ἀθηναίων πολιτεία (ch. 34)
le nomme comme un membre du parti modéré dont
Théramène était le chef. En ~ 404, il fut exilé par les Trente,
et son attachement à la cause de la liberté lui fit, au dire
d'Isocrate (XVIII, 23), perdre sa fortune. Il aida Thrasybule à chasser les tyrans et fut un ardent défenseur de la
constitution démocratique. Socrate ne se gênait pas pour
critiquer ce régime d'incompétence où les charges étaient
attribuées par le sort. Aussi Anytos souscrivit à l'accusation portée contre lui par Mélétos. D'après Xénophon
(*Apologie*, 29) il avait un grief personnel contre Socrate.
qui lui avait reproché d'élever son fils dans le métier de
tanneur, bien que le jeune homme eût de hautes capacités.
Nous ne savons rien de sa fin. Diogène Laërce (II, 43)
dit qu'il fut exilé, tandis que Mélétos était condamné à
mort ; Diodore de Sicile (XII, 37), qu'il fut, avec Mélétos
et Lycon, condamné à mort sans jugement ; Plutarque
(*De Invidia*, 6, p. 558 a), qu'ils s'étranglèrent tous les
trois. Ce ne sont là que des légendes, nées du désir de venger Socrate et de laver les Athéniens de la honte de l'avoir
condamné. Il est probable qu'Anytos était mort au moment
où le *Ménon* fut composé. Il apparaît brusquement au
IVe acte du dialogue, et son apparition est d'autant plus
impressionnante qu'elle est inattendue. Il se montre tel
qu'on pouvait l'attendre, fanatique étroit et buté. Il a
horreur des sophistes qu'il ne connaît pas, et il confond
avec eux Socrate, parce qu'il a l'air de les prendre pour
de vrais maîtres de vertu. Il ne peut supporter l'ombre
d'une critique. Socrate reconnaît devant lui les grands
talents des Thémistocle et des Périclès ; mais il suffit qu'il
constate que ces grands hommes ont été impuissants à
transmettre leurs talents à leurs fils, pour qu'Anytos l'accuse
de dire du mal d'eux et se juge attaqué personnellement,
parce qu'il se considère comme un des leurs. Et là-dessus
il se retire après un avertissement menaçant donné à
Socrate de prendre garde à ses paroles. Socrate ne s'en
émeut pas ; mais le lecteur s'en émeut pour lui ; car il
sait que la rancune de ce fanatique ignorant et borné ne
s'en tiendra pas à de vaines menaces.

Quant à Socrate, tel il est dans les autres dialogues,
tel il se retrouve ici. Il a fait de la recherche de la vérité
le but de sa vie : il la poursuit avec une inlassable persévérance et réfute les idées fausses avec une logique impla-
cable. Mais son application à découvrir les erreurs de ses

interlocuteurs ne l'empêche pas d'être aimable et courtois.
Il panse avec adresse les blessures d'amour-propre que
son impitoyable dialectique peut causer ; son ironie légère
est toujours sans fiel, et, quoiqu'elle ne soit pas sans malice,
elle ne blesse point celui qui en est l'objet. Il garde même
avec son adversaire Anytos une bonne humeur inaltérable,
qui contraste avec la colère de ce politicien borné. Mais
si l'on reconnaît dans le *Ménon* la figure de Socrate, on
n'y reconnaît pas toujours ses idées. La théorie de la
réminiscence et les opinions vraies opposées à la science
sont des conceptions toutes platoniciennes. Socrate n'est
en cela et ne sera plus dans les ouvrages qui vont suivre
que le porte-parole et l'interprète des idées de Platon.

Quelle date faut-il assigner à la rencontre de Ménon
et de Socrate et à la conversation qui s'ensuit ? Comme
Ménon prit part en ∼ 401 à l'expédition des Dix Mille dont
il ne revint pas ; comme, d'autre part, Anytos rentra avec
Thrasybule en ∼ 403 et qu'il n'a pu proférer ses menaces
envers Socrate qu'après le rétablissement de la démocratie en cette même année ∼ 403, on peut, sans crainte de se
tromper beaucoup, placer en ∼ 402 la conversation de
Ménon et de Socrate.

Il est beaucoup moins facile de fixer la date de la composition. On a voulu s'appuyer pour cela sur la mention
anachronique d'Isménias de Thèbes « qui vient de toucher
la fortune d'un Polycrate » (90 a). Or c'est en ∼ 395
que Timocrate fut envoyé par le satrape Tithraustès
(Xénophon, *Hellén.* III, v, 1) avec cinquante talents,
pour décider les Grecs à faire la guerre aux Lacédémoniens, et qu'il gagna le Thébain Isménias avec deux autres
à la cause du Grand Roi. Cet Isménias fut mis à mort par
les Lacédémoniens, devenus maîtres de la Cadmée en ∼ 382.
Alfred Croiset pense que le *Ménon* fut écrit peu après ∼ 382.
« Il est permis de croire, dit-il, que Platon n'aurait pas
songé à lui (Isménias) si cet événement dramatique n'avait
pas eu lieu peu de temps avant la composition du dialogue. »
Mais il s'est écoulé treize ans entre le moment où Isménias
toucha l'argent de Timocrate et celui de sa mort. Les mots
viennent de peuvent-ils s'appliquer à un enrichissement qui
date déjà de treize ans et plus ? N'est-il pas plus naturel
de penser qu'Isménias était encore vivant quand Platon
écrivit le *Ménon* et d'en placer la composition quelques
années avant ∼ 382 ? Ce qui semble certain, étant donné les
idées toutes platoniciennes que nous avons signalées,
c'est que le *Ménon* est postérieur au *Protagoras* et au *Gorgias* et qu'il a précédé le *Phèdre* et *la République*.

MÉNON

[ou **sur la vertu,** *genre probatoire.*]

MÉNON, SOCRATE, UN ESCLAVE DE MÉNON, ANYTOS

MÉNON

Pourrais-tu me dire, Socrate, si la vertu peut être
enseignée, ou si, ne pouvant l'être, elle s'acquiert par la
pratique, ou enfin si elle ne résulte ni de la pratique ni de
l'enseignement, mais vient aux hommes naturellement
ou de quelque autre façon ?

SOCRATE

Jusqu'à présent, Ménon, les Thessaliens étaient réputés
et admirés chez les Grecs pour leur habileté équestre et
pour leur richesse; mais aujourd'hui, à ce que je vois, ils
le sont aussi pour leur science, et en particulier les concitoyens de ton ami Aristippe [231], les gens de Larisa. Et cela,
vous le devez à Gorgias; car il est allé dans cette ville, où
il a inspiré l'amour de la science aux chefs des Aleuades,
au nombre desquels est ton amoureux Aristippe, et aux
autres notables thessaliens. Il vous a même communiqué
l'habitude de répondre avec une magnifique assurance à
quiconque vous pose une question, comme il est naturel à
des savants; car il s'offre lui-même à répondre à tout
Grec qui le désire, sur n'importe quel sujet, et il a une
réponse pour tout le monde.

Mais ici, mon cher Ménon, c'est le contraire qui est
arrivé. La science a subi comme une période de sécheresse
et il est bien possible qu'elle ait quitté ces lieux pour
émigrer chez vous. En tout cas, si tu t'avises d'interroger
de la sorte quelqu'un d'ici, tu ne trouveras personne qui
ne se mette à rire et ne te dise : « Étranger, il faut sans
doute que je passe à tes yeux pour un homme favorisé du
ciel, si tu crois que je sais si l'on peut enseigner la vertu,
ou par quel moyen elle s'acquiert; pour moi, bien loin de

savoir si elle s'enseigne ou ne s'enseigne pas, je n'ai même
pas la moindre idée de ce que peut être la vertu. »

II. — C'est précisément mon cas, Ménon : je suis en
cette matière aussi dépourvu que mes concitoyens et je
me reproche à moi-même de ne savoir absolument rien
de la vertu. Or si je ne sais pas ce qu'est une chose,
comment pourrais-je en connaître la nature ? Te semble-t-il
possible, si l'on ignore absolument qui est Ménon, qu'on
sache s'il est beau, riche et noble, ou tout le contraire ?
Crois-tu que ce soit possible ?

MÉNON

Non. Mais est-il bien vrai, Socrate, que toi-même tu
ne saches même pas ce qu'est la vertu ? Est-ce là ce que
nous devrons rapporter de toi chez nous ?

SOCRATE

Non seulement cela, camarade, mais que je n'ai même
jamais rencontré personne qui le sût, autant que je me
souvienne.

MÉNON

Quoi donc ? n'as-tu pas rencontré Gorgias, lorsqu'il était
ici ?

SOCRATE

Si.

MÉNON

Eh bien, tu n'as pas vu qu'il le savait ?

SOCRATE

Je n'ai pas très bonne mémoire. Ménon; aussi je ne
peux pas te dire à présent ce que j'en ai jugé en ce temps-
là. Mais peut-être lui le sait-il et peut-être sais-tu toi-
même ce qu'il en disait. Rappelle-moi donc ses paroles,
ou, si tu préfères, parle en ton nom; car tu es sans doute
du même sentiment que lui.

MÉNON

En effet.

SOCRATE

Laissons donc là Gorgias, puisque aussi bien il n'est pas
ici. Mais toi-même, au nom des dieux, Ménon, que dis-tu
qu'est la vertu ? Parle, ne m'envie pas cette connaissance.
Si tu me prouves que Gorgias et toi, vous savez ce que
c'est, je me féliciterai hautement de m'être trompé, en
disant que je n'ai jamais rencontré personne qui le sût.

MÉNON

III. — La chose n'est pas difficile à expliquer, Socrate.
Tout d'abord, si c'est la vertu d'un homme que tu veux

connaître, rien de plus aisé : la vertu d'un homme consiste
à être capable d'administrer les affaires de la cité et, en
les administrant, de faire du bien à ses amis et du mal
à ses ennemis, en se gardant soi-même de tout mal. Si
c'est la vertu d'une femme, elle n'est pas difficile à définir :
le devoir d'une femme est de bien gouverner sa maison,
de conserver tout ce qui est dedans et d'être soumise à
son mari. Il y a aussi une vertu propre à l'enfant, fille ou
garçon, et une propre au vieillard, soit libre, soit esclave.
Il y en a une foule d'autres encore; aussi n'est-on pas
embarrassé pour définir la vertu. Pour chaque action, pour
chaque âge, pour chaque ouvrage, chacun de nous a sa
vertu particulière. Et il en est de même du vice, Socrate,
à ce que je crois.

SOCRATE

J'ai, ma foi, beaucoup de chance, Ménon : je ne cherchais
qu'une unique vertu, et je trouve logé chez toi un essaim
de vertus. Mais, pour suivre cette image de l'essaim,
suppose que je te demande quelle est la nature de l'abeille
et que tu dises qu'il y en a beaucoup et de plusieurs
espèces; que répondrais-tu, si je te demandais : « Veux-tu
dire que c'est par le fait que ce sont des abeilles, qu'elles
sont nombreuses, de diverses espèces et différentes les
unes des autres; ou n'est-ce point par là qu'elles diffèrent,
mais par autre chose, par exemple, par la beauté, la taille
ou quelque autre caractère du même genre ? » Dis-moi,
que répondrais-tu si on te posait ainsi la question ?

MÉNON

Voici ce que je répondrais, c'est qu'en tant qu'abeilles,
elles ne diffèrent aucunement l'une de l'autre.

SOCRATE

Si je te disais ensuite : « Maintenant, Ménon, voici ce
que je voudrais savoir de toi : quel nom donnes-tu à cette
chose par laquelle elles se ressemblent et sont toutes identiques ? » Tu pourrais, je pense, me donner une réponse ?

MÉNON

Sans doute.

SOCRATE

IV. — De même au sujet des vertus, quelque nombreuses et diverses qu'elles soient, elles ont toutes un
caractère commun, qui fait qu'elles sont des vertus.
C'est sur ce caractère qu'il convient d'avoir les yeux pour
répondre à la question et montrer en quoi consiste la vertu.
Ne comprends-tu pas ce que je veux dire ?

MÉNON

Il me semble que je le comprends. Cependant je ne saisis

pas encore aussi bien que je le voudrais le sens de ta question.

SOCRATE

Est-ce seulement à propos de la vertu, Ménon, que tu distingues ainsi un genre propre à l'homme, un autre propre à la femme et ainsi de suite, ou fais-tu de même à propos de la santé, de la taille et de la force ? Crois-tu qu'il y ait une santé propre à l'homme et une autre à la femme, ou la santé a-t-elle, partout où elle se trouve, le même caractère, soit chez l'homme, soit dans toute autre créature ?

MÉNON

Il me paraît que la santé est la même chez l'homme et chez la femme.

SOCRATE

N'en est-il pas de même de la taille et de la force ? Si une femme est forte, n'est-ce point par la même qualité, par la même force que l'homme qu'elle sera forte ? Et, quand je dis « la même », voici ce que j'entends dire : c'est que la force ne diffère en rien de la force, qu'elle se trouve dans un homme ou dans une femme. Y vois-tu quelque différence ?

MÉNON

Aucune.

SOCRATE

Et la vertu sera-t-elle tant soit peu différente de la vertu, si elle est chez un enfant, ou chez un vieillard, chez un homme ou chez une femme ?

MÉNON

Il me semble bien, Socrate, que ce cas ne ressemble plus aux précédents.

SOCRATE

Comment ? N'as-tu pas dit que la vertu d'un homme consiste à bien administrer sa cité et celle d'une femme, sa maison ?

MÉNON

Si.

SOCRATE

Eh bien, est-il possible de bien administrer une cité, ou une maison, ou toute autre chose, si on ne l'administre pas sagement et justement ?

MÉNON

Non certes.

SOCRATE

Si l'on administre justement et sagement, n'est-ce point par la justice et la sagesse qu'on le fait ?

MÉNON

Forcément.

SOCRATE

Ainsi donc l'homme et la femme, pour être vertueux, ont tous les deux besoin des mêmes choses, la justice et la sagesse ?

MÉNON

C'est évident.

SOCRATE

Mais quoi ! L'enfant et le vieillard, s'ils sont déréglés et injustes, seront-ils jamais vertueux ?

MÉNON

Assurément non.

SOCRATE

Mais s'ils sont sages et justes ?

MÉNON

Oui.

SOCRATE

Tous les hommes sont donc vertueux de la même manière, puisque c'est par la possession des mêmes qualités qu'ils le sont ?

MÉNON

Il semble.

SOCRATE

Et ils ne seraient certainement pas vertueux de la même manière, si leur vertu n'était pas la même.

MÉNON

Assurément non.

SOCRATE

V. — Puis donc que la vertu est la même chez tous, tâche de te rappeler et de dire en quoi Gorgias la fait consister, et toi avec lui.

MÉNON

Que peut-elle être, sinon la capacité de commander aux hommes, si tu cherches une définition unique applicable à tous les cas ?

SOCRATE

C'est en effet ce que je cherche. Mais chez un enfant, Ménon, et chez un esclave la vertu est-elle aussi la capacité de commander à leur maître ? Crois-tu que celui qui commande soit encore esclave ?

MÉNON

Je ne le crois pas du tout, Socrate.

SOCRATE

Ce serait étrange en effet, excellent ami. Considère
encore ceci : tu dis « capacité de commander » ; n'ajou-
terons-nous pas à cela « avec justice et non injustement » ?

MÉNON

C'est mon avis ; car la justice, Socrate, n'est pas autre
chose que la vertu.

SOCRATE

Est-ce la vertu, Ménon, ou une vertu ?

MÉNON

Que veux-tu dire ?

SOCRATE

Ce que je dirais d'une autre chose quelconque. Par
exemple, au sujet de la rondeur, si tu veux, je dirais
que c'est une figure, mais non pas simplement la figure ;
et la raison qui me ferait parler de la sorte, c'est qu'il y
a d'autres figures.

MÉNON

Et tu parlerais juste. Au reste, moi aussi, je conviens
que la justice n'est pas la seule vertu et qu'il y en a d'autres.

SOCRATE

Quelles sont-elles ? Dis-le, comme, de mon côté, je te
dirais d'autres sortes de figures, si tu me le demandais.
Fais de même et cite-moi d'autres vertus.

MÉNON

Eh bien, il me semble à moi que le courage est une
vertu, ainsi que la tempérance, la sagesse, la générosité,
et qu'il y en a beaucoup d'autres.

SOCRATE

Nous voilà retombés, Ménon, dans le même cas que
précédemment. Nous ne cherchions qu'une vertu ; nous
en avons trouvé plusieurs, d'une autre façon que tout à
l'heure. Quant à cette vertu unique, qui se trouve dans
toutes les autres, nous n'arrivons pas à la découvrir.

MÉNON

VI. — En effet, Socrate, je n'arrive pas encore à saisir
cette vertu unique et générale, comme tu la veux, aussi
nettement que dans les autres cas.

SOCRATE

Il n'y a là rien d'étonnant. Mais je vais tâcher, si je le
puis, de nous faire avancer. Tu comprends, je pense, que
ma méthode s'applique à tout. Supposons qu'on te pose
la question dont je parlais tout à l'heure : « Qu'est-ce que

la figure, Ménon ? » et que tu répondes : « C'est la rondeur »; si l'on te demandait alors comme je l'ai fait : « La
rondeur est-elle la figure ou une certaine figure ? » tu
répondrais apparemment que c'est une certaine figure.

MÉNON

Assurément.

SOCRATE

Pour la raison qu'il y a d'autres figures ?

MÉNON

Oui.

SOCRATE

Et si on te demandait en outre lesquelles, tu les nommerais ?

MÉNON

Certainement.

SOCRATE

Supposons encore qu'on te demande de même ce que
c'est que la couleur, et que tu répondes que c'est la
blancheur; si ton questionneur te demandait ensuite :
« La blancheur est-elle la couleur ou une certaine couleur ? » tu dirais que c'est une certaine couleur, par la
raison qu'il y en a aussi d'autres.

MÉNON

Oui.

SOCRATE

Et s'il te priait de lui en nommer d'autres, tu lui en
nommerais d'autres qui ne sont pas moins des couleurs
que la blancheur ?

MÉNON

Oui.

SOCRATE

Maintenant suppose qu'il poursuive l'argumentation,
comme je l'ai fait, et qu'il dise : « Nous arrivons toujours
à une pluralité. Ne me réponds plus comme tu fais ; mais
puisque tu désignes ces choses multiples d'un seul nom
et qu'il n'en est aucune, dis-tu, qui ne soit une figure,
même lorsqu'elles s'opposent les unes aux autres, dis-moi
quelle est cette chose qui comprend aussi bien le rond
que le droit et que tu nommes figure, en affirmant que
le rond n'est pas moins une figure que le droit. » Car c'est
bien ce que tu dis, n'est-ce pas ?

MÉNON

Oui.

SOCRATE

Eh bien, quand tu parles de la sorte, veux-tu dire que

le rond n'est pas rond plutôt que droit, et que le droit n'est pas droit plutôt que rond ?

MÉNON

Non, sûrement, Socrate.

SOCRATE

Cependant tu dis que le rond n'est pas plus une figure que le droit, ni celui-ci plus que l'autre.

MÉNON

C'est vrai.

SOCRATE

VII. — Qu'est-ce que peut donc être cette chose que l'on appelle figure ? Essaye de me l'expliquer. Si quelqu'un t'interrogeait ainsi sur la figure ou la couleur et que tu lui répondisses : « Eh, l'ami, je ne saisis même pas ce que tu demandes et je ne sais pas ce que tu veux dire », il serait sans doute étonné et dirait : « Ne comprends-tu pas que je cherche ce qu'il y a de commun dans tout cela ? » Même alors, Ménon, serais-tu incapable de répondre, si l'on te demandait : « Quel est, dans le rond, dans le droit et dans les autres choses que tu appelles figures, l'élément commun à toutes ? » Essaye de le dire, afin de te préparer ainsi à me répondre sur la vertu.

MÉNON

Non, dis-le toi-même, Socrate.

SOCRATE

Tu veux que je te fasse ce plaisir ?

MÉNON

Certainement.

SOCRATE

Tu consentiras alors à me répondre à ton tour sur la vertu ?

MÉNON

Oui.

SOCRATE

Il faut donc déployer nos efforts : la chose en vaut la peine.

MÉNON

Assurément.

SOCRATE

Allons, essayons d'expliquer ce qu'est la figure. Vois si tu acceptes cette définition : pour moi, la figure est de toutes les choses qui existent la seule qui accompagne toujours la couleur. Es-tu satisfait ou cherches-tu quelque autre définition ? Pour moi, donne-m'en une pareille de la vertu, et je m'en contenterai.

MÉNON

Mais ta définition est un peu simplette, Socrate.

SOCRATE

Comment cela ?

MÉNON

La figure est, selon toi, ce qui accompagne toujours la couleur. Très bien. Mais si quelqu'un te dit qu'il ignore ce que c'est que la couleur et qu'il est à cet égard dans le même embarras qu'au sujet de la figure, que penseras-tu de ta réponse ?

SOCRATE

Qu'elle est vraie ; et si j'avais affaire à un de ces habiles qui ne cherchent que disputes et combats, je lui dirais : « Ma réponse est ce qu'elle est ; si elle n'est pas juste, c'est à toi de prendre la parole et de la réfuter. » Mais si ce sont des amis qui veulent, comme toi et moi en ce moment, causer ensemble, il faut répondre plus doucement et d'une manière plus conforme aux convenances de la conversation. Or ces convenances ne consistent pas seulement, ce me semble, à répondre la vérité, mais encore à fonder sa réponse sur des choses que celui qu'on interroge reconnaît savoir. C'est de cette manière que je vais essayer de te répondre. Dis-moi : y a-t-il quelque chose que tu appelles fin, je veux dire quelque chose comme un terme, une extrémité ? car, pour moi, tous ces mots expriment la même chose. Peut-être Prodicos [235] ne serait pas de notre avis ; mais toi, je pense, tu dis bien qu'une chose est terminée et finie. C'est en ce sens que je parle, et il n'y a là rien de compliqué.

MÉNON

Oui, je le dis et je crois comprendre ta pensée.

SOCRATE

N'y a-t-il pas aussi quelque chose que tu appelles surface et quelque chose aussi que tu appelles solide, comme on le fait en géométrie ?

MÉNON

Si.

SOCRATE

Maintenant tu vas comprendre d'après ces mots ce que j'appelle figure. Je dis, en effet, que toute figure est ce à quoi se termine un solide, ou, sous une forme succincte, que c'est la limite du solide.

MÉNON

IX. — Et la couleur, qu'en dis-tu, Socrate ?

SOCRATE

Tu te moques de moi, Ménon : tu jettes un vieillard dans l'embarras par tes questions, et toi, tu refuses de rappeler tes souvenirs et de dire en quoi Gorgias fait consister la vertu.

MÉNON

Eh bien, je te le dirai, Socrate, quand tu auras répondu toi-même à ma question.

SOCRATE

Même avec un bandeau sur les yeux, Ménon, on reconnaîtrait, à t'entendre converser, que tu es beau et que tu as encore beaucoup d'amants.

MÉNON

Pourquoi cela ?

SOCRATE

Parce que tous tes discours sont des ordres, comme ceux des jeunes gens qui se jouent de leurs adorateurs, en véritables tyrans, tant qu'ils sont à la fleur de l'âge. Sans doute aussi tu as reconnu mon faible pour les beaux garçons. Je consens donc à te complaire et à te répondre.

MÉNON

Sois sûr que tu me feras plaisir.

SOCRATE

Veux-tu que je te réponde à la manière de Gorgias, qui sera pour toi plus aisée à suivre ?

MÉNON

Naturellement, je le veux.

SOCRATE

Ne dites-vous pas, d'après Empédocle, que les êtres laissent échapper certains effluves ?

MÉNON

Sans doute.

SOCRATE

Et qu'ils ont des pores dans lesquels et au travers desquels pénètrent ces effluves ?

MÉNON

Certainement.

SOCRATE

Et que, parmi ces effluves, les uns sont proportionnés

à certains pores, tandis que les autres sont trop petits ou trop grands ?

MÉNON

C'est exact.

SOCRATE

N'y a-t-il pas aussi quelque chose que tu appelles la vue ?

MÉNON

Si.

SOCRATE

Cela posé, « comprends ce que je dis [236] », comme parle Pindare : la couleur est un écoulement de figures proportionné à la vue et sensible.

MÉNON

Ta réponse, Socrate, me paraît parfaitement belle.

SOCRATE

Peut-être est-ce parce qu'elle ne s'écarte pas de tes habitudes, et puis tu vois qu'elle te met à même d'expliquer de même ce qu'est la voix, l'odorat et beaucoup d'autres choses analogues.

MÉNON

Certainement.

SOCRATE

Elle a une couleur tragique, Ménon, cette réponse. C'est pour cela qu'elle te plaît davantage que celle que j'ai faite sur la figure.

MÉNON

En effet.

SOCRATE

Pourtant ce n'est pas la meilleure, fils d'Alexidémos, c'est l'autre, à ce que je me persuade. Et je crois que tu en viendrais à penser comme moi, si tu n'étais pas obligé, comme tu le disais hier, de partir avant les Mystères, et si tu restais jusqu'à ton initiation.

MÉNON

Mais je resterai, Socrate, si tu me donnes beaucoup d'explications de ce genre.

SOCRATE

X. — Je n'épargnerai certainement aucun effort, aussi bien dans mon intérêt que dans le tien, pour continuer à t'en donner ainsi; mais j'ai peur de ne pouvoir t'en fournir beaucoup. Mais voyons, à ton tour, essaye de tenir ta promesse et donne-moi une définition générale de la vertu. Cesse de faire plusieurs choses d'une seule, comme on dit en plaisantant, chaque fois qu'une per-

sonne casse quelque chose et, laissant la vertu entière
et intacte, explique-moi ce qu'elle est, suivant les exemples
que je t'ai donnés.

MÉNON

Eh bien, il me semble, Socrate, que la vertu consiste,
selon le mot du poète, à aimer les belles choses et à être
puissant [237]. Comme lui, j'appelle vertu le désir des belles
choses joint au pouvoir de se les procurer.

SOCRATE

Entends-tu qu'en désirant les belles choses, on désire
les bonnes ?

MÉNON

Bien certainement.

SOCRATE

Veux-tu dire par là qu'il y a des gens qui désirent les
choses mauvaises et d'autres qui désirent les bonnes ?
Ne crois-tu pas, excellent homme, que tout le monde
désire les bonnes ?

MÉNON

Non.

SOCRATE

Alors certains hommes désirent les mauvaises ?

MÉNON

Oui.

SOCRATE

Ceux-là pensent-ils que les choses mauvaises sont
bonnes, ou les connaissant pour mauvaises, les désirent-
ils quand même ?

MÉNON

Les deux cas se rencontrent, je crois.

SOCRATE

Crois-tu réellement, Ménon, que connaissant les choses
mauvaises pour ce qu'elles sont, on les désire quand
même ?

MÉNON

Certainement.

SOCRATE

Qu'appelles-tu désirer une chose ? Est-ce désirer qu'elle
vous arrive ?

MÉNON

Oui, qu'elle vous arrive. Ce ne peut être autre chose.

SOCRATE

En pensant que les choses mauvaises sont avantageuses

à celui à qui elles échoient, ou en sachant que ces choses mauvaises nuisent à celui à qui elles arrivent ?

MÉNON

Il y a des gens qui croient les choses mauvaises avantageuses, il y en a aussi qui savent qu'elles sont nuisibles.

SOCRATE

Te paraît-il aussi que ce soit connaître les choses mauvaises comme mauvaises que de les croire avantageuses.

MÉNON

Pour cela, je ne le crois pas du tout.

SOCRATE

Il est donc évident que ceux-là ne désirent pas le mal, qui l'ignorent, mais qu'ils désirent des choses qu'ils croyaient bonnes et qui sont mauvaises, de sorte que ceux qui ignorent qu'une chose est mauvaise et qui la croient bonne désirent manifestement le bien, n'est-ce pas ?

MÉNON

De ceux-là, on peut le croire.

SOCRATE

Mais quoi ! ceux qui désirent le mal, à ce que tu prétends, et sont persuadés que le mal nuit à celui dans lequel il se trouve, connaissent certainement qu'il leur nuira ?

MÉNON

Nécessairement.

SOCRATE

Mais ces gens-là ne pensent-ils pas que ceux à qui l'on nuit sont malheureux en proportion du tort qu'ils ont à souffrir ?

MÉNON

Nécessairement encore.

SOCRATE

Et que les malheureux ont une existence misérable ?

MÉNON

Je le crois.

SOCRATE

Or, y a-t-il un homme au monde qui veuille être malheureux et mener une existence misérable ?

MÉNON

Je ne le pense pas, Socrate.

SOCRATE

Par conséquent, Ménon, personne ne désire les choses mauvaises, s'il ne veut pas être malheureux. Car être malheureux, qu'est-ce autre chose que de souhaiter le mal et de le posséder ?

MÉNON

Il y a des chances que tu aies raison, Socrate, et que personne ne veuille le mal.

SOCRATE

XI. — Ne dirais-tu pas tout à l'heure que la vertu consiste à vouloir les bonnes choses et à pouvoir se les procurer ?

MÉNON

Je l'ai dit en effet.

SOCRATE

De ces deux termes, le vouloir est commun à tout le monde, et à cet égard nul homme n'est meilleur qu'un autre.

MÉNON

Il y a apparence.

SOCRATE

Mais il est évident que, si les uns sont meilleurs que les autres, c'est en raison du pouvoir qu'ils le sont.

MÉNON

C'est certain.

SOCRATE

Dès lors il paraît par ta définition que la vertu est justement le pouvoir de se procurer le bien.

MÉNON

Je me rallie entièrement, Socrate, à la vue que tu en as à présent.

SOCRATE

Examinons maintenant si cette vue que tu adoptes est exacte ; car il est possible que tu aies raison. Tu dis que la vertu consiste dans le pouvoir de se procurer les biens ?

MÉNON

Oui.

SOCRATE

Mais ce que tu appelles les biens, n'est-ce pas, par exemple, la santé et la richesse ?

MÉNON

Oui, et j'y ajoute la possession de l'or et de l'argent, et les honneurs et les charges dans la cité.

SOCRATE

N'y a-t-il pas d'autres choses que tu appelles biens, en dehors de celles-là ?

MÉNON

Non, ce sont les seules que j'appelle des biens.

SOCRATE

Bon. Se procurer de l'or et de l'argent, c'est là la vertu, d'après Ménon, hôte héréditaire du Grand Roi. A cette idée d'acquisition, Ménon, ajoutes-tu les mots « justement et saintement », ou tiens-tu cela pour indifférent, et, si l'acquisition est injuste, la regardes-tu également comme une vertu ?

MÉNON

Non, certes, Socrate.

SOCRATE

Alors, comme un vice ?

MÉNON

Oui, bien sûr.

SOCRATE

Il faut donc, à ce qu'il paraît, qu'à cette acquisition se joigne la justice, la tempérance, la sainteté ou quelque autre partie de la vertu; sinon, elle ne sera plus vertu, bien qu'elle procure les biens.

MÉNON

Comment en effet serait-elle vertu sans cela ?

SOCRATE

Mais si l'on ne se procure point d'or et d'argent, ni pour soi, ni pour autrui, quand cela serait injuste, est-ce que cette abstention n'est pas elle aussi une vertu ?

MÉNON

Il semble que si.

SOCRATE

Dès lors il n'y a pas plus de vertu à acquérir de tels biens qu'à s'en abstenir, mais, selon toute apparence, ce qui se fait avec justice est vertu, et vice, ce qui ne présente aucune des qualités semblables.

MÉNON

Il me semble qu'il en est nécessairement comme tu dis.

SOCRATE

XII. — N'avons-nous pas dit il y a un moment que chacune de ces choses, la justice, la tempérance et toutes les autres du même genre étaient une partie de la vertu ?

MÉNON

Si.

SOCRATE

Alors, Ménon, tu te joues de moi.

MÉNON

En quoi donc, Socrate ?

SOCRATE

En ce que t'ayant prié, il n'y a qu'un moment, de ne pas briser ni mettre en morceaux la vertu et t'ayant donné des modèles de la manière dont tu devais répondre, tu n'as tenu aucun compte de tout cela, et que tu viens me dire que la vertu consiste à pouvoir se procurer les biens avec justice, et que tu affirmes d'autre part que la justice est une partie de la vertu.

MÉNON

Je l'avoue.

SOCRATE

Ainsi il résulte de tes aveux que la vertu consiste à faire tout ce qu'on fait avec une partie de la vertu, puisque tu reconnais que la justice et chacune des qualités semblables sont des parties de la vertu. Cela étant, quel est le sens de ma remarque ? C'est que, t'ayant prié de définir la vertu en général, tu es bien loin d'avoir montré ce qu'elle est et que tu affirmes que toute action est vertu, pourvu qu'elle soit faite avec une partie de la vertu, comme si tu avais déjà dit ce qu'est la vertu en général et que je dusse à présent la reconnaître, lors même que tu la découpes en morceaux. Il faut donc, à ce que je vois, que je te repose ma question du début, mon cher Ménon : Qu'est-ce que la vertu ? s'il est vrai que toute action est une vertu, quand elle est faite avec une partie de la vertu ; car c'est dire cela que de dire de toute action accompagnée de justice que c'est la vertu. Ne juges-tu pas nécessaire de revenir à la même question et penses-tu qu'on puisse reconnaître une partie de la vertu si l'on ne connaît pas la vertu elle-même ?

MÉNON

Je ne le pense pas.

SOCRATE

Si en effet tu t'en souviens, lorsque je t'ai répondu sur la figure, nous avons rejeté cette manière de répondre qui s'appuie sur ce qui est encore en question et n'a pas encore été admis d'un commun accord.

MÉNON

Et nous avons eu raison, Socrate, de la rejeter.

SOCRATE

Ne va donc pas toi-même, excellent Ménon, lorsque nous cherchons encore ce qu'est la vertu en général, ne va pas t'imaginer qu'en l'expliquant au moyen des parties de cette vertu, tu feras entendre à qui que ce soit ce qu'elle est, ni du reste quoi que ce soit que tu expliquerais de la même façon. Persuade-toi au contraire qu'il faudra reprendre la même question : « Pour quoi prends-tu la vertu, quand tu parles comme tu fais ? » Ou bien crois-tu que mon observation soit sans valeur ?

MÉNON

Je la crois juste pour ma part.

SOCRATE

XIII. — Réponds-moi donc de nouveau à partir du commencement.

En quoi faites-vous consister la vertu, ton ami et toi ?

MÉNON

J'avais ouï dire, Socrate, avant même de me rencontrer avec toi, que tu ne faisais pas autre chose que de mettre toi-même tout en doute et de jeter les autres dans le même doute. En ce moment même, à ce qu'il me semble, tu m'as véritablement ensorcelé par tes charmes et tes maléfices : c'est au point que j'ai la tête remplie de doutes. Il me semble, si je puis hasarder une plaisanterie, que tu ressembles exactement pour la forme et pour tout le reste à ce large poisson de mer qu'on appelle une torpille. Chaque fois qu'on s'approche d'elle et qu'on la touche, elle vous engourdit. C'est un effet du même genre que tu me parais avoir produit sur moi ; car je suis vraiment engourdi d'âme et de corps, et je ne trouve rien à te répondre. Et pourtant j'ai discouru mille fois sur la vertu, et fort bien, à ce qu'il me paraissait ; mais en ce moment je suis absolument incapable de dire même ce qu'elle est. Aussi m'est avis que tu fais bien de ne pas naviguer et voyager hors d'ici ; car si, expatrié dans quelque autre ville, tu te livrais aux mêmes pratiques, tu ne tarderais pas à être arrêté comme sorcier.

SOCRATE

Tu es un rusé, Ménon, et j'ai failli être ta dupe.

MÉNON

Comment cela, Socrate ?

SOCRATE

Je devine pourquoi tu m'as ainsi comparé.

MÉNON

Pourquoi donc, à ton avis ?

SOCRATE

Pour que je te compare à mon tour ; car je sais que les
beaux garçons aiment tous ces comparaisons. Elles
tournent à leur avantage ; car les images de la beauté sont
belles aussi, j'imagine. Mais je ne te rendrai pas comparaison pour comparaison. Quant à moi, si la torpille est
elle-même engourdie quand elle engourdit les autres, je
lui ressemble ; sinon, non. Car, si j'embarrasse les autres,
ce n'est pas que je sois sûr de moi ; c'est parce que je suis
moi-même embarrassé plus que personne que j'embarrasse les autres. C'est ainsi qu'à présent, au sujet de la
vertu, j'ignore ce qu'elle est ; peut-être le savais-tu, toi,
avant d'être en contact avec moi, mais en ce moment
tu parais ne plus le savoir. Néanmoins je veux bien examiner et rechercher avec toi ce qu'elle peut être.

MÉNON

XIV. — Et comment t'y prendras-tu, Socrate, pour
chercher une chose dont tu ne connais pas du tout ce
qu'elle est ? Parmi les choses que tu ignores, laquelle te
proposes-tu de rechercher ? A supposer même que, par
une chance extraordinaire, tu tombes sur elle, comment
sauras-tu que c'est elle, puisque tu ne l'as jamais connue ?

SOCRATE

Je comprends ce que tu veux dire, Ménon. Vois-tu
bien quelles disputes soulève ce sujet que tu mets sur le
tapis, qu'il n'est pas possible à l'homme de chercher ni
ce qu'il sait, ni ce qu'il ne sait pas ? Il ne saurait chercher
ce qu'il sait, puisqu'il le sait, et qu'en ce cas, il n'a pas
besoin de le chercher, ni ce qu'il ne sait pas par la raison
qu'il ne sait même pas ce qu'il doit chercher.

MÉNON

Ne trouves-tu pas que cette argumentation est per-
tinente, Socrate ?

SOCRATE

Non.

MÉNON

Peux-tu dire pourquoi ?

SOCRATE

Oui. J'ai entendu des hommes et des femmes habiles
dans les choses divines...

MÉNON

Que disaient-ils ?

SOCRATE

Des choses vraies, à mon avis, et belles.

MÉNON

Quelles choses ? et quelles sont ces personnes-là ?

SOCRATE

Ce sont des prêtres et des prêtresses qui ont eu à cœur
de pouvoir rendre compte des objets concernant leur
ministère. C'est aussi Pindare et beaucoup d'autres poètes,
j'entends ceux qui sont divins. Ce qu'ils disent, le voici.
Examine si leur langage te paraît vrai. Ils disent que l'âme
de l'homme est immortelle, et que tantôt elle s'échappe,
ce qu'on appelle mourir, et tantôt reparaît, mais qu'elle
ne périt jamais, et que, pour cette raison, il faut mener
la vie la plus sainte possible :

« *Car quand Perséphone a reçu des morts la rançon d'une
ancienne faute, elle renvoie leurs âmes vers le soleil d'en
haut, à la neuvième année. De ces âmes se forment les rois
glorieux et les hommes puissants par la force et supérieurs
par la sagesse, qui sont à jamais honorés par les hommes
comme des héros sans tache* [238]. »

XV. — Donc, puisque l'âme est immortelle et qu'elle
a vécu plusieurs vies, et qu'elle a vu tout ce qui se passe
ici et dans l'Hadès, il n'est rien qu'elle n'ait appris. Aussi
n'est-il pas du tout surprenant que, sur la vertu et sur le
reste, elle puisse se souvenir de ce qu'elle a su auparavant.
Comme tout se tient dans la nature et que l'âme a tout
appris, rien n'empêche qu'en se rappelant une seule chose,
ce que les hommes appellent apprendre, elle ne retrouve
d'elle-même toutes les autres, pourvu qu'elle soit coura-
geuse et ne se lasse pas de chercher; car chercher et
apprendre n'est autre chose que se ressouvenir. Il ne faut
donc pas écouter cet argument captieux : il nous rendrait
paresseux et il n'est agréable qu'aux oreilles des hommes
indolents. Le mien au contraire les rend actifs et les incite
à la recherche. Comme je suis assuré qu'il est vrai, je veux
bien chercher avec toi ce qu'est la vertu.

MÉNON

Soit, Socrate. Mais qu'est-ce qui te fait dire que nous
n'apprenons pas, mais que ce que nous appelons apprendre
c'est se ressouvenir. Peux-tu me démontrer qu'il en est
ainsi ?

SOCRATE

Je t'ai dit tout à l'heure, Ménon, que tu étais un rusé;
et maintenant encore tu me demandes si je puis t'enseigner une chose, à moi qui soutiens qu'il n'y a pas d'enseignement, mais des réminiscences. Tu tiens donc à faire voir

tout de suite que je suis en contradiction avec moi-même ?

MÉNON

Non, par Zeus, Socrate, ce n'est point dans cette intention que je te l'ai demandé, mais par habitude. Si pourtant
tu peux me montrer par quelque moyen qu'il en est comme
tu dis, montre-le-moi.

SOCRATE

Ce n'est pas chose facile ; cependant je ferai de mon
mieux par égard pour toi. Appelle-moi un de ces nombreux
serviteurs qui t'accompagnent, celui que tu voudras, afin
que je te le montre sur lui.

MÉNON

Volontiers. Approche ici.

SOCRATE

Est-il Grec et parle-t-il grec ?

MÉNON

Parfaitement : il est né chez moi.

SOCRATE

Maintenant fais attention quelle solution va se produire : s'il va se ressouvenir ou apprendre de moi.

MÉNON

J'y ferai attention.

SOCRATE

XVI. — Dis-moi, mon garçon, sais-tu que le carré est
une figure comme celle-ci ?

L'ESCLAVE

Oui.

SOCRATE

Alors, dans un carré, toutes ces lignes, il y en a quatre,
sont égales ?

L'ESCLAVE

Certainement.

SOCRATE

Et celles-ci, qui le traversent par le milieu, ne sont-elles
pas égales aussi [239] ?

L'ESCLAVE

Si.

SOCRATE

N'y a-t-il pas de surface de cette sorte qui soit plus
grande ou plus petite ?

L'ESCLAVE

Certainement si.

SOCRATE

Si donc ce côté-là avait deux pieds de long et celui-là deux pieds, combien de pieds aurait le tout ? Considère la chose de cette manière : s'il y avait de ce côté-ci deux pieds, et de cet autre un seul, n'est-il pas vrai que l'espace serait d'une fois deux pieds ?

L'ESCLAVE

Oui.

SOCRATE

Mais comme il y a aussi deux pieds du second côté, cela ne fait-il pas deux fois deux ?

L'ESCLAVE

En effet.

SOCRATE

L'espace est donc de deux fois deux pieds.

L'ESCLAVE

Oui.

SOCRATE

Et combien font deux fois deux pieds ? Fais le calcul et dis-le-moi.

L'ESCLAVE

Quatre, Socrate.

SOCRATE

Ne pourrait-il pas y avoir un autre espace, double de celui-ci, mais semblable, ayant toutes ses lignes égales comme celui-ci ?

L'ESCLAVE

Si.

SOCRATE

Combien aurait-il de pieds ?

L'ESCLAVE

Huit.

SOCRATE

Eh bien, essaye de dire quelle serait la longueur de chaque ligne de ce nouveau carré. Dans celui-ci, la ligne a deux pieds ; quelle longueur aura-t-elle dans le carré double ?

L'ESCLAVE

Il est évident, Socrate, que cette longueur sera double.

SOCRATE

Tu vois, Ménon, que je ne lui enseigne rien et que je ne fais que le questionner. En ce moment il se figure qu'il sait quelle est la ligne dont doit se former l'espace de huit pieds. Ne crois-tu pas qu'il a cette conviction ?

MÉNON

Si.

SOCRATE

Le sait-il donc ?

MÉNON

Non certes.

SOCRATE

Il croit qu'il se formerait d'une ligne double ?

MÉNON

Oui.

SOCRATE

XVII. — Regarde-le maintenant se souvenir progressivement, comme on doit se souvenir. Réponds-moi, toi : tu dis que l'espace double se forme de la ligne double ? je n'entends point par là un espace long d'un côté, court de l'autre : il faut qu'il soit égal en tous sens, comme celui-ci, et qu'il en soit le double, c'est-à-dire qu'il ait huit pieds. Mais vois si tu crois encore qu'on le formera en doublant la ligne.

L'ESCLAVE

Je le crois.

SOCRATE

Cette ligne-ci ne sera-t-elle pas double de celle-là [240], si nous y en ajoutons une autre de même longueur en partant d'ici ?

L'ESCLAVE

Sans doute.

SOCRATE

C'est donc, d'après toi, de cette ligne que sera formé l'espace de huit pieds, si nous tirons quatre lignes pareilles ?

L'ESCLAVE

Oui.

SOCRATE

Tirons donc, sur le modèle de celle-ci, quatre lignes égales. Est-ce là ce que tu appelles l'espace de huit pieds ?

L'ESCLAVE

Certainement.

SOCRATE

N'y a-t-il pas dans cet espace les quatre que voici, dont chacun est égal au premier, qui est de quatre pieds.

L'ESCLAVE

Si.

SOCRATE

De quelle grandeur est-il donc ? N'est-il pas quatre fois aussi grand ?

L'ESCLAVE

Sans doute.

SOCRATE

Mais une chose quatre fois aussi grande qu'une autre en est-elle le double ?

L'ESCLAVE

Non, par Zeus.

SOCRATE

Alors, combien de fois est-elle plus grande ?

L'ESCLAVE

Quatre fois.

SOCRATE

Ainsi donc, mon garçon, le doublement de la ligne ne donne pas une surface double, mais quadruple.

L'ESCLAVE

C'est vrai.

SOCRATE

Car quatre fois quatre font seize, n'est-ce pas ?

L'ESCLAVE

Oui.

SOCRATE

Mais l'espace de huit pieds, sur quelle ligne le tracerons-nous ? Celle-ci ne donne-t-elle pas un espace quadruple ?

L'ESCLAVE

Si.

SOCRATE

Et l'espace de quatre pieds que voici ne se forme-t-il pas d'une ligne qui est la moitié de celle-là ?

L'ESCLAVE

Si.

SOCRATE

Bon. Mais l'espace de huit pieds n'est-il pas double de celui-ci, et la moitié de l'autre ?

L'ESCLAVE

C'est vrai.

SOCRATE

Ne sera-t-il pas formé sur une ligne plus grande que celle-là et plus courte que celle-ci ? Qu'en dis-tu ?

L'ESCLAVE

C'est mon avis.

SOCRATE

A merveille. Réponds-moi selon ta pensée et dis-moi :

Cette ligne-ci n'était-elle pas de deux pieds, et l'autre de quatre ?

L'ESCLAVE

Si.

SOCRATE

Il faut donc pour l'espace de huit pieds que la ligne soit plus grande que celle-ci, qui a deux pieds, mais plus courte que celle qui en a quatre.

L'ESCLAVE

Il le faut.

SOCRATE

Essaye de dire de quelle longueur tu crois qu'elle est.

L'ESCLAVE

De trois pieds.

SOCRATE

Si elle doit être de trois pieds, nous n'avons qu'à ajouter à celle-ci [241] la moitié d'elle-même et elle aura trois pieds. Car voici deux pieds, et en voici un ; et pareillement de ce côté-ci deux, plus un, et cela fait l'espace que tu dis.

L'ESCLAVE

Oui.

SOCRATE

Mais si nous avons trois pieds d'un côté et trois pieds de l'autre, le tout ne sera-t-il pas de trois fois trois pieds ?

L'ESCLAVE

Evidemment.

SOCRATE

Or combien font trois fois trois pieds ?

L'ESCLAVE

Neuf.

SOCRATE

Mais combien devrait avoir de pieds la surface double ?

L'ESCLAVE

Huit.

SOCRATE

Ce n'est donc pas encore avec la ligne de trois pieds que se forme la surface de huit.

L'ESCLAVE

Non, assurément.

SOCRATE

Alors avec quelle ligne ? Tâche de me le dire exactement, et, si tu ne veux pas faire de calcul, montre-la-nous.

L'ESCLAVE

Mais, par Zeus, Socrate, je n'en sais rien.

SOCRATE

XVIII. — Remarques-tu encore, Ménon, à quel point il en est à présent dans le chemin de la réminiscence ? Au commencement, il ne savait pas quel est le côté du carré de huit pieds, ce que d'ailleurs il ignore encore. Mais il croyait alors le savoir et il répondait avec assurance comme s'il le savait, et il n'avait pas conscience de la difficulté. A présent il reconnaît son embarras, et, s'il ne sait pas, il ne croit pas non plus savoir.

MÉNON

Tu dis vrai.

SOCRATE

N'est-il pas actuellement en meilleure disposition relativement à la chose qu'il ignorait ?

MÉNON

C'est ce qu'il me semble également.

SOCRATE

En le jetant dans l'embarras, en l'engourdissant comme la torpille, lui avons-nous fait quelque tort ?

MÉNON

Il ne me semble pas.

SOCRATE

En tout cas, nous avons fait, à ce qu'il me paraît, quelque chose qui l'aidera à découvrir la vérité. Car à présent, comme il ne le sait pas, il cherchera sans doute volontiers, tandis qu'auparavant il était tout porté à croire qu'il aurait raison de dire et de répéter devant une foule de gens que, pour doubler un carré, il faut doubler la longueur des côtés.

MÉNON

Il y a apparence.

SOCRATE

Crois-tu donc qu'il se fût mis à chercher et à apprendre une chose qu'il pensait savoir, quoiqu'il ne la sût pas, avant d'être tombé dans l'embarras en se rendant compte de son ignorance, et d'avoir senti le désir de savoir ?

MÉNON

Je ne le crois pas, Socrate.

SOCRATE

Il a donc profité à être engourdi ?

MÉNON
Il me paraît que oui.

SOCRATE

Examine maintenant ce qu'à la suite de cet embarras il va découvrir en cherchant avec moi, sans que je fasse autre chose que l'interroger, sans lui rien enseigner. Observe bien si tu me surprendras à lui enseigner et à lui expliquer quelque chose, au lieu de le questionner sur ce qu'il pense.

XIX. — Réponds-moi, toi. N'avons-nous pas ici un espace de quatre pieds [242]. Sais-tu ?

L'ESCLAVE

Oui.

SOCRATE

Nous pouvons lui ajouter cet autre-ci, qui lui est égal.

L'ESCLAVE

Oui.

SOCRATE

Et ce troisième ici, égal à chacun des deux autres ?

L'ESCLAVE

Oui.

SOCRATE

Ne pouvons-nous pas compléter en ajoutant celui-ci dans le coin ?

L'ESCLAVE

Nous le pouvons fort bien.

SOCRATE

N'avons-nous pas ici à présent quatre espaces égaux ?

L'ESCLAVE

Si.

SOCRATE

Et tout cet espace-ci, de combien est-il plus grand que celui-ci ?

L'ESCLAVE

De quatre fois.

SOCRATE

Or c'est un espace double qu'il nous fallait ; ne t'en souviens-tu pas ?

L'ESCLAVE

Fort bien.

SOCRATE

Cette ligne tirée d'un angle à l'autre [243] ne coupe-t-elle pas en deux chacun de ces quatre espaces ?

Si.

Nous avons donc ici quatre lignes qui enferment cet espace-ci ?

Nous les avons.

Regarde maintenant : quelle est la grandeur de cet espace ?

Je ne le vois pas.

De ces quatre espaces, chaque ligne n'a-t-elle pas séparé en dedans la moitié de chacun ? Qu'en dis-tu ?

Oui.

Et combien d'espaces de cette dimension y a-t-il dans ce carré [244] ?

Quatre.

Et combien dans celui-ci [245] ?

Deux.

Et quatre, qu'est-il par rapport à deux ?

Le double.

Combien de pieds a donc cet espace ?

Huit.

Sur quelle ligne est-il construit ?

Sur celle-ci.

Sur la ligne qui va d'un angle à l'autre dans le carré de quatre pieds [246] ?

Oui.

SOCRATE

Cette ligne, les sophistes l'appellent diagonale. Si tel est son nom, c'est sur la diagonale, que selon toi, esclave de Ménon, se construit l'espace double.

L'ESCLAVE

C'est bien cela, Socrate.

SOCRATE

XX. — Que t'en semble, Ménon ? Y a-t-il dans les réponses de ce garçon une seule opinion qui ne soit pas de lui ?

MÉNON

Non, elles sont toutes de lui.

SOCRATE

Et cependant il ne savait pas, nous l'avons reconnu il n'y a qu'un instant.

MÉNON

C'est vrai.

SOCRATE

Ces opinions se trouvaient donc en lui, n'est-ce pas ?

MÉNON

Oui.

SOCRATE

Ainsi donc celui qui ignore une chose, quelle qu'elle soit, a en lui des opinions vraies sur la chose qu'il ignore ?

MÉNON

Apparemment.

SOCRATE

C'est ainsi que, chez cet esclave, ces opinions viennent de surgir comme en songe. Mais si on l'interrogeait souvent et de diverses manières sur les mêmes sujets, sois sûr qu'à la fin il en aurait une connaissance aussi exacte que personne au monde.

MÉNON

C'est probable.

SOCRATE

Il saura donc sans aucun maître, par de simples interrogations, ayant repris en lui-même sa science ?

MÉNON

Oui.

SOCRATE

Mais reprendre tout seul en soi-même une science, n'est-ce pas se ressouvenir ?

MÉNON

Certainement.

SOCRATE

Et cette science qu'il a maintenant, ne faut-il pas qu'il l'ait reçue à un certain moment, ou qu'il l'ait toujours eue ?

MÉNON

Si.

SOCRATE

Or, s'il l'a toujours eue, il s'ensuit qu'il a toujours été savant ; si au contraire il l'a reçue à un moment donné, ce n'est assurément pas dans la vie présente qu'il a pu la recevoir. Ou bien aurait-il eu un maître de géométrie ? Car ce qu'il vient de faire, il le fera sur toute la géométrie et sur toutes les autres sciences sans exception. Y a-t-il donc quelqu'un qui lui ait tout enseigné ? Tu dois sans doute bien le savoir, d'autant plus qu'il est né et qu'il a été élevé dans ta maison.

MÉNON

Je suis bien certain qu'il n'a jamais eu de maître.

SOCRATE

Or a-t-il ces opinions ou ne les a-t-il pas ?

MÉNON

Il paraît incontestable qu'il les a, Socrate.

SOCRATE

XXI. — Or s'il ne les a pas reçues dans la vie présente, n'est-il pas dès lors évident qu'il les a eues et qu'il les a apprises dans un autre temps ?

MÉNON

C'est évident.

SOCRATE

Ce temps n'est-il pas celui où il n'était pas encore un homme ?

MÉNON

Si.

SOCRATE

Par conséquent, si pendant le temps où il est homme et celui où il ne l'est pas, il a en lui des opinions vraies qui, réveillées par l'interrogation, deviennent des sciences, ne faut-il pas que son âme ait été savante de tout temps ? Car il est évident que son existence ou sa non-existence humaine s'étend à toute la durée du temps.

MÉNON

C'est évident.

SOCRATE

Si donc la vérité des choses existe toujours dans notre âme, elle doit être immortelle. Aussi faut-il, quand il se trouve qu'on ne sait pas, c'est-à-dire qu'on ne se rappelle pas une chose, se mettre avec confiance à la chercher et à s'en ressouvenir.

MÉNON

Il me semble que tu as raison, Socrate, je ne sais trop comment.

SOCRATE

Il me le semble aussi à moi, Ménon. A vrai dire, je n'affirmerais pas positivement que tout est vrai dans mon discours, mais il est un point que je soutiendrais de toutes mes forces, en paroles et en actes, c'est que, si nous sommes convaincus qu'il faut chercher ce qu'on ne sait pas, nous serons meilleurs, plus courageux et moins paresseux que si nous nous persuadons qu'il n'est même pas possible de chercher et qu'il ne faut pas chercher ce que nous ne savons pas.

MÉNON

Sur ce point encore, Socrate, tu me parais avoir raison.

SOCRATE

XXII. — Puisque nous sommes d'accord sur ce point, qu'on doit chercher ce qu'on ne sait pas, veux-tu que nous nous mettions à chercher ensemble ce que peut être la vertu ?

MÉNON

Certainement. Cependant non, Socrate : ce que j'aimerais avant tout, ce serait de reprendre l'examen de la question que je t'ai posée d'abord et de t'entendre discuter s'il faut s'appliquer à la vertu comme à une chose qui peut s'enseigner, ou si on la tient de la nature, ou par quelle voie enfin elle arrive aux hommes.

SOCRATE

Si j'avais quelque autorité, non seulement sur moi, mais encore sur toi, Ménon, nous n'examinerions pas si la vertu est susceptible ou non d'être enseignée, avant d'avoir cherché d'abord ce qu'elle est en elle-même. Mais puisque tu ne fais aucun effort pour te commander à toi-même, sans doute afin d'être libre, et que d'autre part tu prétends me commander et que tu me commandes en effet, je prends le parti de te céder; car que faire ? Il paraît donc que nous avons à rechercher la qualité d'une chose dont nous ignorons encore la nature. Si je ne peux te gagner, relâche du moins quelque chose de ton empire sur moi, et souffre que je parte d'une hypothèse pour rechercher si la vertu s'acquiert par l'enseignement ou par quelque autre voie. Ce que j'entends par recherche sur hypothèse, c'est le procédé souvent employé par les géomètres. Si on les interroge par exemple sur une surface, pour savoir si telle surface peut s'inscrire comme triangle dans un cercle, ils vous répondent : « Je ne sais pas encore si cette surface s'y prête, mais je pense qu'une hypothèse comme celle-ci pourra nous servir à la solution du problème : si cette surface [247] est telle qu'appliquée à la ligne donnée du cercle [248] elle soit trop petite d'un espace pareil à celui que vous avez appliqué [249], j'en conclus telle conséquence, et telle autre différente, s'il en est autrement. Cette hypothèse posée, je consens à te dire ce qui arrivera de l'inscription de la figure dans le cercle, si elle sera possible ou non.

XXIII. — C'est ainsi que nous ferons au sujet de la vertu. Puisque nous n'en connaissons ni la nature, ni les propriétés, examinons sur une hypothèse si elle peut ou ne peut pas s'enseigner et disons : Qu'est-ce que doit être la vertu parmi les choses qui se rapportent à l'âme pour qu'elle puisse, ou non, être enseignée ? Tout d'abord, si elle est d'autre nature que la science, est-elle ou non susceptible d'enseignement, ou, comme nous disions tout à l'heure, de réminiscence ? L'emploi de ces deux mots est indifférent; ce qui importe, c'est de savoir si elle peut s'enseigner. Ou plutôt n'est-il pas clair pour tout le monde que la science est la seule chose qu'on apprenne à l'homme ?

MÉNON

Il me le semble.

SOCRATE

Si donc la vertu est une science, il est évident qu'elle peut s'enseigner.

MÉNON

Cela va de soi.

SOCRATE

Nous voilà vite débarrassés de cette question : Si la vertu est telle chose, on peut l'enseigner, si elle est telle autre, on ne le peut pas.

MÉNON

Parfaitement.

SOCRATE

Après cela, nous avons, ce me semble, à examiner si la vertu est une science, ou si elle est autre chose qu'une science.

MÉNON

Je crois que c'est en effet la question qui fait suite.

SOCRATE

Mais quoi ! Ne disons-nous pas que la vertu est un bien, et ne demeurons-nous pas fermes dans cette hypothèse que c'est un bien ?

MÉNON

Assurément si.

SOCRATE

S'il y a donc quelque espèce de bien qui soit distinct de la science, il est possible que la vertu ne soit pas une science ; mais s'il n'est aucun genre de bien que la science n'embrasse, nous aurons raison de conjecturer que la vertu est une espèce de science.

MÉNON

C'est exact.

SOCRATE

Et maintenant, c'est par la vertu que nous sommes bons ?

MÉNON

Oui.

SOCRATE

Or, si nous sommes bons, nous sommes utiles : car tout ce qui est bon est utile, n'est-ce pas ?

MÉNON

Oui.

SOCRATE

Ainsi la vertu est utile ?

MÉNON

C'est une conséquence nécessaire de ce que nous avons admis.

SOCRATE

XXIV. — Examinons donc, en les prenant une par une, quelles sont les choses qui nous sont utiles. C'est la santé, disons-nous, puis la force, la beauté et la richesse. C'est cela et d'autres choses du même genre que nous appelons utiles, n'est-ce pas ?

MÉNON

Oui.

SOCRATE

Mais ces mêmes choses, nous les jugeons parfois nuisibles. Es-tu d'un autre avis ou du mien ?

MÉNON

Non, du tien.

SOCRATE

Examine maintenant comment chacune de ces choses

est réglée lorsqu'elle nous est utile, et comment, lorsqu'elle nous est nuisible. N'est-ce pas lorsqu'on en use comme il faut qu'elles sont utiles, et, lorsqu'on en use mal, qu'elles sont nuisibles ?

MÉNON

Parfaitement.

SOCRATE

Maintenant examinons aussi ce qui se rapporte à l'âme. Y a-t-il quelque chose que tu appelles tempérance, justice, courage, facilité à apprendre, magnanimité et ainsi de suite ?

MÉNON

Oui.

SOCRATE

Parmi ces choses, examine maintenant si celles que tu juges n'être pas des sciences, mais des choses différentes de la science, ne sont pas tantôt nuisibles et tantôt utiles. Prenons pour exemple le courage : s'il est dénué de prudence, il n'est qu'une sorte d'audace. Or n'est-il pas vrai que l'audace sans intelligence est nuisible à l'homme, et qu'avec l'intelligence elle lui est utile ?

MÉNON

Si.

SOCRATE

N'en est-il pas de même de la tempérance et de la facilité à apprendre ? Ce qu'on apprend et ce qu'on pratique avec intelligence est utile; nuisible, sans l'intelligence.

MÉNON

C'est très exact.

SOCRATE

Bref, tout ce que l'âme entreprend et supporte tourne à son bonheur, si elle se laisse guider par la prudence, et à son malheur, si c'est la folie qui la conduit ?

MÉNON

Il y a apparence.

SOCRATE

Si donc la vertu est une des qualités qui se trouvent dans l'âme et si elle est nécessairement utile, elle ne peut être que raison, puisque toutes les autres qualités de l'âme ne sont en elles-mêmes ni utiles ni nuisibles, et ne deviennent l'un ou l'autre que si la raison ou la folie s'y ajoutent. Selon ce raisonnement, puisque la vertu est utile, elle ne peut être qu'une sorte de raison.

MÉNON

Il me le semble.

SOCRATE

XXV. -- Considérons maintenant aussi les autres choses,
la richesse et les autres semblables dont nous disions tout
à l'heure qu'elles sont tantôt bonnes et tantôt nuisibles.
De même que nous avons vu les propriétés de l'âme
devenir utiles, quand la raison dirige le reste de l'âme, et
nuisibles quand c'est la folie, de même ces autres choses
ne deviennent-elles pas utiles quand l'âme en use et les
dirige comme il faut, nuisibles, si elle en use mal ?

MÉNON

Sans contredit.

SOCRATE

Or l'âme raisonnable les dirige bien, l'âme déraisonnable
les dirige mal.

MÉNON

C'est vrai.

SOCRATE

On peut donc dire d'une manière générale que dans
l'homme tout dépend de l'âme et que l'âme elle-même
dépend de la raison, condition indispensable pour qu'elle
soit bonne. D'après ces principes, l'utile est le raisonnable.
Or nous avons dit que la vertu était utile ?

MÉNON

Parfaitement.

SOCRATE

Nous en concluons que la vertu est la raison, en tout
ou en partie.

MÉNON

Cela me paraît bien dit, Socrate.

SOCRATE

Mais s'il en est ainsi, les bons ne sont pas tels par
nature.

MÉNON

Il ne me semble pas.

SOCRATE

Car voici, je crois, ce qui arriverait. Si les bons étaient
bons par nature, il y aurait chez nous, je pense, des gens
qui reconnaîtraient parmi les jeunes gens ceux qui seraient
naturellement bons. Nous les prendrions sur leurs indications et nous les garderions dans l'acropole, en les mettant sous scellés avec plus de soin que l'or, afin que personne ne les gâtât et qu'une fois arrivés à l'âge d'homme,
ils fussent utiles à leur patrie.

MÉNON

C'est vraisemblable, Socrate.

SOCRATE

XXVI. — Mais puisque ce n'est pas la nature, est-ce l'éducation qui les rend bons ?

MÉNON

Cela me paraît forcé, et il est clair, Socrate, d'après notre hypothèse, que, si la vertu est une science, elle peut être enseignée.

SOCRATE

Peut-être, par Zeus ; mais n'avons-nous pas eu tort d'admettre cette proposition ?

MÉNON

Cependant elle nous a paru juste tout à l'heure.

SOCRATE

Oui ; mais peut-être ne suffit-il pas qu'elle nous ait paru juste tout à l'heure et faut-il encore qu'elle nous paraisse telle en ce moment et plus tard, si elle est réellement exacte.

MÉNON

Quoi donc ! Pour quelle raison te déplaît-elle et doutes-tu que la vertu soit une science ?

SOCRATE

Je vais te le dire, Ménon. Que la vertu puisse s'enseigner, s'il est vrai qu'elle soit une science, c'est une opinion que je ne rétracte pas : elle est juste. Mais la vertu est-elle une science ? Examine si je n'ai pas de bonnes raisons d'en douter. Réponds à ceci : s'il est possible d'enseigner une chose quelconque, et non pas seulement la vertu, n'est-ce pas une nécessité qu'elle ait ses maîtres et ses disciples ?

MÉNON

Il me le semble.

SOCRATE

Par contre, si elle ne comporte ni maîtres ni disciples, ne sommes-nous pas fondés à conjecturer qu'elle n'est pas susceptible d'enseignement ?

MÉNON

C'est vrai ; mais ne crois-tu pas qu'il y ait des maîtres de vertu ?

SOCRATE

En tout cas, j'ai souvent cherché s'il y en avait ; j'ai tout fait pour en découvrir et je n'y suis point parvenu. Et pourtant je cherche de concert avec beaucoup de gens, de ceux surtout que je crois les plus expérimentés en la matière. Mais justement, Ménon, voici Anytos qui est

venu fort à propos s'asseoir à côté de nous. Associons-le
à notre recherche et nous aurons raison de le faire. Et
d'abord Anytos, tel que tu le vois, est le fils d'un père
riche et habile, Anthémion, qui ne doit point sa fortune
au hasard, ni à la libéralité d'autrui, comme Isménias de
Thèbes, qui vient de toucher la fortune d'un Polycrate [250],
mais qui l'a acquise par sa sagesse et son industrie. Et puis,
dans sa conduite, il passe pour un citoyen sans arrogance,
qui n'est point gonflé de son importance, ni incommode,
mais réglé et de tenue correcte. De plus, il a bien élevé et
instruit son fils : c'est du moins l'opinion du peuple athénien, qui choisit Anytos pour les plus hautes magistratures.
C'est avec des gens comme lui qu'il convient de chercher
s'il y a ou s'il n'y a pas des maîtres de vertu, et quels ils
sont.

XXVII. — Aide-nous donc, Anytos, ton hôte Ménon,
ici présent, et moi, dans notre recherche sur le point que
voici : quels sont les maîtres qui enseignent la vertu ?
Considère la question de ce biais. Si nous voulions que
Ménon devînt un bon médecin, chez quels maîtres l'enverrions-nous ? Ne serait-ce pas chez les médecins ?

ANYTOS

Sans doute.

SOCRATE

Et si nous voulions qu'il devînt un bon cordonnier, ne
l'enverrions-nous pas chez les cordonniers ?

ANYTOS

Si.

SOCRATE

Et de même pour les autres professions ?

ANYTOS

Assurément.

SOCRATE

Réponds de même à une autre question sur le même
sujet. C'est chez les médecins, disons-nous, qu'il conviendrait de l'envoyer, si nous voulions faire de lui un médecin. En parlant ainsi, ne voulons-nous pas dire qu'il serait
sage à nous de l'envoyer chez des hommes qui professent
cet art plutôt que chez ceux qui ne le professent pas, chez
des hommes qui prennent un salaire pour cela et s'offrent
publiquement pour maîtres à qui veut venir prendre leurs
leçons ? N'est-ce pas en égard à tout cela que nous ferions
bien de l'y envoyer ?

ANYTOS

Si.

SOCRATE

N'en est-il pas de même pour l'art de la flûte et les

autres ? Ce serait une grande folie, quand on veut faire de
quelqu'un un joueur de flûte, de refuser de l'envoyer
chez ceux qui font profession d'enseigner cet art et qui se
font payer pour cela, et d'en importuner d'autres en leur
demandant des leçons, alors qu'ils ne se donnent point
pour des maîtres et qu'ils n'ont aucun disciple dans la
science que nous prétendons leur faire enseigner à celui
que nous leur envoyons. Ne trouves-tu pas que ce serait
une grande absurdité ?

Si, par Zeus, et une marque de grande ignorance.

SOCRATE

XXVIII. — Très bien. Tu peux maintenant tenir conseil
avec moi sur le cas de ton hôte Ménon. Voilà déjà longtemps, Anytos, qu'il me témoigne un grand désir d'acquérir cette science et cette vertu grâce à laquelle on gouverne
bien sa famille et sa patrie, on honore ses parents, on sait
recevoir et congédier des concitoyens et des étrangers
comme il convient à un honnête homme. Vois chez qui
il est à propos de l'envoyer pour apprendre cette vertu.
N'est-il pas évident, d'après ce que nous venons de dire,
que ce doit être chez ceux qui font profession d'être des
maîtres de vertu et qui s'offrent publiquement, moyennant
un salaire fixé, à instruire indistinctement tous les Grecs
qui le désirent ?

ANYTOS

Et qui sont ces gens dont tu parles, Socrate ?

SOCRATE

Ce sont, tu le sais sans doute aussi bien que moi, ceux
qu'on appelle sophistes.

ANYTOS

Par Héraclès, Socrate, parle mieux. A Dieu ne plaise
qu'aucun de mes parents, ni de mes proches, ni de mes
amis, qu'il soit de notre ville ou étranger, soit pris d'une
telle folie qu'il aille se gâter chez ces gens-là; car ils sont
manifestement une peste et un fléau pour ceux qui les
fréquentent [251].

SOCRATE

Que dis-tu là, Anytos ? Est-ce que, parmi ceux qui se
targuent de savoir faire du bien, ceux-là seuls sont tellement différents des autres que, non seulement ils ne sont
pas, comme eux, utiles à ceux qu'on leur confie, et qu'au
contraire ils les corrompent ? Et c'est pour cela qu'ils
prétendent ouvertement toucher un salaire ?

XXIX. — Pour ma part, il m'est impossible de te croire.
Car je connais un homme, Protagoras, qui a gagné plus

d'argent avec cette science que Phidias, si fameux par ses beaux ouvrages, et dix autres statuaires avec lui. Ce que tu dis est bien étrange. Comment ? les rapetasseurs de vieux souliers et les ravaudeurs d'habits ne pourraient, s'ils rendaient les habits et les chaussures en plus mauvais état qu'ils ne les ont reçus, durer trente jours sans qu'on s'en aperçoive, et ne tarderaient pas à mourir de faim, s'ils pratiquaient ainsi leur métier, et Protagoras aurait pu dissimuler à toute la Grèce qu'il gâtait ceux qui le fréquentaient et qu'il les rendait plus méchants qu'il ne les avait pris, et cela pendant plus de quarante années! car il est mort, je crois, âgé de près de soixante-dix ans, après en avoir passé quarante dans l'exercice de sa profession et, durant tout ce temps jusqu'à ce jour même, il n'a pas cessé de jouir d'une grande réputation. Et Protagoras n'est pas le seul dans ce cas; il y en a bien d'autres, les uns antérieurs à lui, les autres encore en vie aujourd'hui. Faut-il croire, d'après ce que tu dis, qu'ils trompaient et gâtaient sciemment la jeunesse ou qu'ils le faisaient inconsciemment ? Tiendrons-nous pour fous à ce point des hommes qui passent aux yeux de quelques-uns pour les plus savants du monde ?

ANYTOS

Il s'en faut qu'ils soient fous, Socrate : les fous, ce sont bien plutôt les jeunes gens qui les payent, et plus encore les parents qui les leur confient; mais les plus fous de tous, ce sont les Etats qui les laissent entrer et ne les chassent point, que ce soient des étrangers ou des citoyens qui pratiquent un tel métier.

SOCRATE

XXX. — Quelqu'un de ces sophistes t'a-t-il fait du tort, Anytos, ou pour quelle raison es-tu si dur pour eux ?

ANYTOS

Jamais, par Zeus, je n'en ai fréquenté aucun et je ne permettrai jamais qu'aucun des miens les approche.

SOCRATE

Tu n'as donc aucune expérience de ces gens-là ?

ANYTOS

Puissé-je n'en avoir jamais!

SOCRATE

Alors comment peux-tu, mon bon, savoir s'il y a quelque chose de bon ou de mauvais dans leur métier, si tu n'en as pas la moindre expérience ?

ANYTOS

C'est facile, et, en tout cas, je sais ce qu'ils valent, que j'en aie ou non l'expérience.

SOCRATE

Tu es devin peut-être, Anytos, car je me demande d'après ce que tu dis toi-même par quel autre moyen tu pourrais les connaître. Mais ce que nous cherchons, ce n'est pas quels maîtres rendraient Ménon méchant, s'il allait à leur école; admettons, si tu veux, que ce soient les sophistes; indique-nous seulement les autres, et rends à cet ami de ta famille le service de lui dire quels sont dans cette grande ville ceux qu'il doit aller trouver pour devenir éminent dans le genre de vertu que j'ai dit tout à l'heure.

ANYTOS

XXXI. — Pourquoi ne les lui as-tu pas indiqués toi-même ?

SOCRATE

Je lui ai bien nommé ceux que je tenais pour des maîtres en cette matière; mais il se trouve qu'à t'entendre, je n'ai rien dit qui vaille, et peut-être vois-tu juste. A ton tour donc : dis-lui auxquels des Athéniens il doit s'adresser. Cite un nom, celui que tu préfères.

ANYTOS

Pourquoi me bornerais-je à un seul nom ? Il n'a qu'à s'adresser au premier venu des honnêtes gens d'Athènes : il n'en est aucun qui ne le rende meilleur que le feraient les sophistes, s'il veut seulement l'écouter.

SOCRATE

Mais ces honnêtes gens sont-ils devenus tels d'eux-mêmes, et, sans avoir reçu de leçons de personne, et sont-ils, malgré cela, capables d'enseigner à d'autres ce qu'ils n'ont pas appris eux-mêmes ?

ANYTOS

Je prétends, moi, qu'ils l'ont appris de leurs devanciers, qui étaient d'honnêtes gens. Ne crois-tu pas que notre ville ait produit un grand nombre d'honnêtes gens ?

SOCRATE

Si, Anytos; et je crois qu'il y a chez nous d'excellents hommes d'Etat et qu'il n'y en eut pas moins autrefois qu'aujourd'hui. Mais ont-ils été aussi de bons maîtres pour enseigner leur propre vertu ? Car c'est précisément de cela qu'il s'agit entre nous. Depuis longtemps nous cherchons, non pas s'il y a ou s'il n'y a pas chez nous d'honnêtes gens, ni s'il y en a eu dans le passé, mais si

la vertu peut s'enseigner. Cet examen nous amène à rechercher si les honnêtes gens, soit d'aujourd'hui, soit d'autrefois, ont su transmettre à d'autres la vertu qui était en eux,
ou bien si la vertu est quelque chose qui ne peut se transmettre ni passer d'un homme à un autre. Voilà la question
qui nous occupe depuis longtemps, Ménon et moi. Exa-
minons-la comme je vais dire, en nous référant à ce que
tu dis : ne crois-tu pas que Thémistocle fut un homme de
valeur ?

ANYTOS

Si, et qu'il défie même toute comparaison.

SOCRATE

XXXII. — Et qu'il a été un excellent maître, s'il en
fut jamais, pour enseigner sa propre vertu ?

ANYTOS

Je pense que oui, s'il le voulait.

SOCRATE

Mais crois-tu qu'il n'aurait pas voulu que d'autres
devinssent d'honnêtes gens et principalement son propre
fils ? Penses-tu qu'il fût jaloux de lui et que ce fût à
dessein qu'il ne lui transmit pas la vertu où lui-même
excellait ? N'as-tu pas ouï dire que Thémistocle avait fait
de son fils Cléophante un excellent cavalier ? Ce Cléophante en effet se tenait debout sur son cheval, lançait
le javelot dans cette posture, et exécutait une foule d'autres
tours de force, que son père lui avait fait apprendre, l'ayant
rendu également habile en tout ce qui dépend d'un bon
maître. N'as-tu pas entendu raconter cela aux vieillards ?

ANYTOS

Je l'ai entendu.

SOCRATE

On ne pouvait donc accuser son fils d'avoir un mauvais
naturel.

ANYTOS

Non sans doute.

SOCRATE

Mais alors comment expliquer ceci ? As-tu jamais ouï
dire à quelqu'un, jeune ou vieux, que Cléophante, fils de
Thémistocle, ait eu la valeur et l'habileté qui avaient
distingué son père ?

ANYTOS

Non certes.

SOCRATE

Dès lors pouvons-nous croire qu'il ait voulu donner à
son fils l'éducation dont je viens de parler, et que, dans la
science qu'il possédait lui-même, il n'ait pas voulu le

rendre meilleur que ses voisins, si du moins il avait pensé
que la vertu peut s'enseigner ?

ANYTOS

Il semble, par Zeus, que non.

SOCRATE

XXXIII. — Voilà donc ce qu'a été ce maître de vertu
qui, de ton propre aveu, fut un des meilleurs des temps
passés. Mais prenons-en un autre, Aristide, fils de Lysimaque. Ne reconnais-tu pas que c'était un homme vertueux ?

ANYTOS

Oui, parfaitement vertueux, incontestablement.

SOCRATE

N'a-t-il pas, lui aussi, donné à son fils Lysimaque [252]
une éducation aussi parfaite qu'aucun Athénien, en tout
ce qui dépendait des maîtres ? mais te semble-t-il qu'il
l'ait rendu meilleur que le premier venu ? Tu l'as fréquenté, n'est-ce pas ? et tu vois ce qu'il est. Prenons encore,
si tu veux, Périclès, cet homme d'un talent si magnifique.
Tu sais qu'il a élevé deux fils, Paralos et Xanthippos ?

ANYTOS

Oui.

SOCRATE

Tu sais aussi bien que moi qu'il en a fait d'aussi bons
cavaliers qu'il y en ait dans Athènes, et qu'il les a exercés
à la musique, à la lutte et à tout ce qui est du ressort
de l'art, de manière qu'ils ne le cèdent à personne. Quant
à la vertu, n'a-t-il pas voulu la leur communiquer ? Il
l'a voulu, sans doute, mais peut-être est-ce une chose
impossible à enseigner. Et pour que tu ne t'imagines pas
qu'il n'y a eu qu'un petit nombre de gens et les plus
humbles des Athéniens qui aient été impuissants à cet
égard, rappelle-toi que Thucydide aussi a élevé deux fils,
Mélésias et Stéphanos, qu'il les a parfaitement instruits
et en a fait les meilleurs lutteurs d'Athènes, car il avait
confié l'un à Xanthias et l'autre à Eudore, qui passaient
pour les meilleurs lutteurs de leur temps. Ne t'en souviens-
tu pas ?

ANYTOS

Si, je l'ai entendu dire.

SOCRATE

XXXIV. — N'est-il pas clair que Thucydide [253], qui
avait fait apprendre à ses enfants des choses qui l'obli-
geaient à de grandes dépenses, n'aurait jamais négligé
d'en faire des hommes vertueux, ce qui ne lui aurait rien

coûté, si la vertu pouvait s'enseigner? Peut-être dira-t-on
que Thucydide était un homme du commun et qui n'avait
pas un très grand nombre d'amis. Il était au contraire
d'une grande maison, et avait beaucoup de crédit dans la
ville et chez les autres Grecs; en sorte que, si la vertu
avait pu s'enseigner, il aurait aisément trouvé, soit dans
ce pays, soit à l'étranger, quelqu'un qui fût capable de
rendre ses enfants vertueux, dans le cas où le soin des
affaires publiques ne lui en eût pas laissé le loisir. En
réalité, camarade Anytos, il est à craindre que la vertu
ne puisse pas s'enseigner.

ANYTOS

A ce que je vois, Socrate, tu ne te gênes pas pour dire
du mal des gens. Aussi, moi qui te parle, je te conseille,
si tu veux bien m'écouter, d'y mettre de la circonspection.
Peut-être est-il plus facile en toute autre ville de faire du
mal que du bien aux gens; ici, j'en suis sûr. Mais je pense
que tu le sais, toi aussi.

SOCRATE

XXXV. — Anytos me paraît fâché, Ménon, et je n'en
suis pas du tout surpris; car d'abord il se figure que je
dis du mal de ces personnages et ensuite il croit être l'un
d'eux lui-même. S'il vient un jour à savoir ce que c'est
que de dire du mal, il cessera d'être fâché; pour le moment,
il l'ignore. Mais dis-moi, toi, n'avez-vous pas aussi d'honnêtes gens chez vous?

ANYTOS

Certainement.

SOCRATE

Eh bien, consentent-ils à enseigner la jeunesse et recon-
naissent-ils qu'ils sont des maîtres et que la vertu peut
s'enseigner?

ANYTOS

Non, par Zeus, Socrate, et tu pourrais leur entendre
dire tantôt que la vertu peut s'enseigner, tantôt qu'elle
ne le peut pas.

SOCRATE

Devons-nous donc les regarder comme des maîtres en
cette matière, s'ils ne sont même pas d'accord avec eux-
mêmes sur ce point même?

MÉNON

Je ne le pense pas, Socrate.

SOCRATE

Mais ces sophistes qui seuls se donnent pour maîtres
de vertu, le sont-ils, à ton avis?

MÉNON

Il y a un point, Socrate, sur lequel j'admire particulièrement Gorgias, c'est qu'on ne l'entend jamais promettre
rien de semblable ; au contraire, il se moque des autres,
quand il les entend faire de telles promesses. Lui croit
qu'ils n'ont pas d'autre tâche que de rendre habile à parler.

SOCRATE

Alors tu ne regardes pas les sophistes non plus comme
des maîtres de vertu ?

MÉNON

Je ne sais que dire, Socrate ; car je suis comme la plupart : je crois tantôt qu'ils sont tels, tantôt non.

SOCRATE

Sais-tu que vous n'êtes pas les seuls, toi et les autres
hommes politiques, qui pensiez tantôt que la vertu peut
s'enseigner, tantôt qu'elle ne le peut pas ? Sais-tu que le
poète Théognis dit la même chose ?

MÉNON

Dans quels poèmes ?

SOCRATE

Dans ses poèmes élégiaques, où il dit :
« *Bois et mange chez ceux dont la puissance est grande ;
assois-toi près d'eux et tâche de leur plaire, car des bons
tu apprendras le bien. Si au contraire tu te mêles aux méchants
tu perdras même ce que tu as de raison* [251]. »
Vois-tu que dans ce passage il parle comme si la vertu
pouvait s'enseigner ?

MÉNON

C'est manifeste.

SOCRATE

Mais un peu plus loin, dans un autre passage, il dit :
« *Si l'intelligence pouvait se fabriquer et être mise dans
l'homme* »,
et il ajoute en parlant de ceux qui seraient capables d'une
telle œuvre :
« *Ils en tireraient de nombreux et grands salaires.* »
et encore :
« *Jamais le fils d'un père vertueux ne deviendrait méchant,
s'il écoutait les sages conseils ; mais, en dépit de tes leçons,
tu ne feras jamais du méchant un homme de bien* [255]. »
Remarques-tu comme il se contredit sur le même sujet ?

MÉNON

C'est visible.

SOCRATE

Pourrais-tu citer quelque autre chose au sujet de laquelle
ceux qui se vantent de l'enseigner sont reconnus, non

seulement pour incapables de le faire, mais pour ignorants même de ce qu'elle est, et pour être mauvais dans cette matière même qu'ils prétendent professer, tandis que ceux que l'on tient unanimement pour gens de bien disent tantôt qu'elle peut s'enseigner, tantôt qu'elle ne le peut pas ? Reconnaîtrais-tu pour des maîtres, au sens propre du mot, des hommes aux idées si confuses ?

MÉNON

Non, par Zeus.

SOCRATE

XXXVII. — Si donc ni les sophistes ni les gens de bien eux-mêmes ne sont des maîtres de vertu, il est évident que d'autres ne le seront pas davantage, n'est-ce pas ?

MÉNON

Il me semble bien que non.

SOCRATE

Mais s'il n'y a pas de maîtres, il n'y a pas non plus de disciples.

MÉNON

Ton raisonnement me paraît juste.

SOCRATE

Or nous sommes convenus qu'une chose qui n'a ni maîtres ni disciples, n'est pas non plus susceptible d'être enseignée.

MÉNON

Nous en sommes convenus.

SOCRATE

Et nous ne voyons nulle part de maîtres de vertu.

MÉNON

C'est vrai.

SOCRATE

Et s'il n'y a pas de maîtres, il n'y a pas non plus de disciples.

MÉNON

C'est évident.

SOCRATE

A ce compte, la vertu ne pourrait pas s'enseigner.

MÉNON

Il est manifeste que non, si nous avons bien conduit notre examen. Aussi je me demande, Socrate, s'il y a même des gens de bien, ou, s'il y en a, de quelle manière ils se forment.

SOCRATE

Je crains, Ménon, que nous ne soyons, toi et moi, de pauvres raisonneurs et que nous ayons été mal instruits, toi par Gorgias, moi par Prodicos. Il faut donc avant tout songer à nous-mêmes et chercher quelqu'un qui nous rende meilleurs par quelque moyen que ce soit. En disant cela, je pense à la recherche que nous venons de faire et je trouve qu'il est ridicule à nous de n'avoir pas songé que la science n'est pas le seul guide qui permette aux hommes de faire leurs affaires d'une manière juste et bonne. C'est sans doute pour cela que nous n'arrivons pas à connaître de quelle façon se forment les honnêtes gens.

MÉNON

Que veux-tu dire par là, Socrate ?

SOCRATE

XXXVIII. — Le voici. Que les hommes de bien soient nécessairement utiles, nous avons admis à juste titre qu'il n'en saurait être autrement, n'est-ce pas ?

MÉNON

Oui.

SOCRATE

Nous avons admis aussi qu'ils seront utiles s'ils gouvernent bien nos affaires, et ici encore nous avons eu raison.

MÉNON

Oui.

SOCRATE

Mais qu'on ne puisse bien les diriger qu'à l'aide de la science, c'est une assertion qui a bien l'air d'une erreur.

MÉNON

Qu'entends-tu par bien les diriger ?

SOCRATE

Je vais te le dire. Si un homme connaissant la route qui mène à Larisa, ou en tout autre endroit que tu voudras, s'y rendait et y conduisait d'autres personnes, ne serait-il pas un bon et excellent guide ?

MÉNON

Sans contredit.

SOCRATE

Et si un autre conjecturait exactement quelle est la route sans y être allé et sans la connaître, ne pourrait-il pas lui aussi être un bon guide ?

MÉNON

Assurément si.

SOCRATE

Et tant qu'il aura une opinion droite sur les choses que
l'autre connaît réellement, il sera un tout aussi bon guide,
quoiqu'il n'ait qu'une opinion vraie au lieu de science,
que celui qui en a la science.

MÉNON

Tout aussi bon.

SOCRATE

Ainsi l'opinion vraie n'est pas un moins bon guide que
la science pour la rectitude de l'action, et c'est ce que nous
avons négligé tout à l'heure dans notre recherche des
propriétés de la vertu. Nous disions que la science seule
apprend à bien agir. Or l'opinion vraie produit le même
effet.

MÉNON

C'est manifeste.

SOCRATE

L'opinion vraie n'est donc pas moins utile que la
science.

MÉNON

Avec cette différence, Socrate, que celui qui a la science
atteint toujours son but et que celui qui n'a qu'une opinion vraie tantôt l'atteint, tantôt ne l'atteint pas.

SOCRATE

XXXIX. — Que dis-tu ? Celui qui a une opinion droite
n'atteindrait pas toujours son but, tant que son opinion
serait droite ?

MÉNON

Cela me paraît forcé. Aussi je m'étonne, Socrate, s'il
en est ainsi, que la science soit beaucoup plus prisée
que l'opinion droite, et je me demande par quoi elles sont
deux choses différentes.

SOCRATE

Sais-tu d'où vient ton étonnement, ou veux-tu que je
te le dise ?

MÉNON

Oui, dis-le-moi.

SOCRATE

C'est que tu n'as pas fait attention aux statues de
Dédale ; peut-être même n'y en a-t-il pas chez vous.

MÉNON

Que veux-tu dire par là ?

SOCRATE

C'est que ces statues, si on ne les attache pas, s'échappent et prennent la fuite, tandis que, si elles sont attachées, elles demeurent en place [256].

MÉNON

Qu'est-ce que cela fait ?

SOCRATE

Qu'une de ces statues soit laissée libre, la possession n'en vaut pas grand-chose, pas plus que celle d'un esclave fuyard ; car elle ne demeure pas en place ; attachée, elle est au contraire d'une grande valeur ; car ces ouvrages sont d'une beauté parfaite. Qu'ai-je en vue en citant cet exemple ? les opinions vraies. En effet les opinions vraies, tant qu'elles demeurent, sont de belles choses et produisent toutes sortes de biens ; mais elles ne consentent pas à rester longtemps ; elles s'enfuient de notre âme, de sorte qu'elles ont peu de valeur, tant qu'on ne les a pas enchaînées par la connaissance raisonnée de leur cause. Et cela, mon cher Ménon, c'est de la réminiscence, comme nous en sommes convenus précédemment. Les a-t-on enchaînées, elles deviennent d'abord sciences, puis stables ; et voilà pourquoi la science est plus précieuse que l'opinion droite, et elle en diffère par le lien qui la fixe.

MÉNON

Par Zeus, Socrate, cela semble bien être comme tu dis.

SOCRATE

XL. — Au reste, moi aussi, j'en parle comme un homme qui ne sait pas, mais qui conjecture ; mais que l'opinion vraie et la science soient choses différentes, ce n'est pas du tout pour moi une conjecture, et si je puis dire que je connais quelques choses, et elles sont en petit nombre, je puis au moins compter celle-ci comme une de celles que je connais.

MÉNON

Ce que tu dis est juste, Socrate.

SOCRATE

Et ceci n'est-il pas juste aussi, que, lorsque l'opinion vraie dirige l'exécution de nos actions, elle produit d'aussi bons résultats que la science ?

MÉNON

Ici encore, tu me parais être dans la vérité.

SOCRATE

L'opinion droite n'est donc en rien inférieure à la

science, ni moins utile en ce qui concerne nos actions,
et l'homme qui a une opinion vraie ne le cède point à
celui qui a la science.

MÉNON

C'est vrai.

SOCRATE

Or nous sommes convenus que l'homme de bien est utile.

MÉNON

Oui.

SOCRATE

Par conséquent, puisque ce n'est pas là seulement la
science qui fait les hommes honnêtes et utiles à l'Etat,
si tant est qu'il y en ait, mais que c'est aussi l'opinion
droite, et que d'autre part ni l'une ni l'autre, ni la science,
ni l'opinion vraie, ne sont un don de nature, mais des
choses qu'on acquiert..., mais peut-être crois-tu qu'elles
nous viennent, l'une ou l'autre, naturellement.

MÉNON

Non, je ne le crois pas.

SOCRATE

Si donc ce n'est pas la nature qui nous les donne, ce n'est
pas non plus la nature qui fait les honnêtes gens.

MÉNON

Non, assurément.

SOCRATE

Ayant reconnu que la vertu n'est pas un don de nature,
nous avons examiné ensuite si elle peut s'enseigner.

MÉNON

Oui.

SOCRATE

Or il nous a paru qu'elle pouvait s'enseigner, si la vertu
était science.

MÉNON

Oui.

SOCRATE

Et que, si elle pouvait s'enseigner, c'était une science.

MÉNON

Parfaitement.

SOCRATE

Et que, s'il y avait des maîtres de vertu, elle pouvait
s'enseigner; sinon, non.

MÉNON

C'est bien cela.

SOCRATE

Mais nous avons reconnu qu'il n'y avait pas de maîtres de vertu.

MÉNON

C'est exact.

SOCRATE

Aussi avons-nous conclu qu'elle ne pouvait s'enseigner et qu'elle n'était pas une science.

MÉNON

Sans doute.

SOCRATE

Cependant nous avons reconnu qu'elle est bonne.

MÉNON

Oui.

SOCRATE

Et que ce qui dirige bien est utile et bon.

MÉNON

Sans contredit.

SOCRATE

Et que, pour bien diriger, il n'y a que ces deux choses, l'opinion vraie et la science; et l'homme qui les possède est un bon guide. Car ce qui vient du hasard n'est pas l'effet d'une direction humaine; ce qui fait de l'homme un bon guide vers le bien ce sont ces deux choses : l'opinion vraie et la science.

MÉNON

C'est mon avis aussi.

SOCRATE

XLI. — Mais, puisque la vertu ne peut être enseignée, nous ne pouvons plus la prendre pour une science.

MÉNON

Evidemment non.

SOCRATE

Dès lors de ces deux choses bonnes et utiles, en voilà une éliminée, et la science ne saurait servir de guide dans l'action politique.

MÉNON

Il me semble que non.

SOCRATE

Par conséquent ce n'est pas par une certaine science, ni parce qu'ils étaient savants que ces grands hommes, les Thémistocle et ceux qu'Anytos a cités tout à l'heure, ont dirigé les cités. Voilà pourquoi ils sont incapables de faire des autres ce qu'ils sont eux-mêmes, parce qu'ils n'étaient point tels par la science.

Il semble bien, Socrate, que ce que tu dis est juste.

Si ce n'est point par la science, il reste que ce soit par l'opinion vraie. C'est en s'appuyant sur elle que les hommes d'État réussissent dans le gouvernement des États; à l'égard de la science ils ne diffèrent en rien des prophètes et des devins; car ceux-ci aussi disent souvent la vérité, mais sans connaître aucune des choses dont ils parlent.

Il y a des chances qu'il en soit ainsi.

Ne serait-il pas juste, Ménon, d'appeler divins ces hommes qui, sans posséder l'intelligence, obtiennent souvent de grands succès par l'action et par la parole ?

Certainement.

Nous aurions donc raison d'appeler divins ceux dont nous parlions tout à l'heure, les prophètes et les devins et tous ceux qui ont le génie poétique; mais c'est surtout des hommes politiques que nous pouvons dire qu'ils sont divins et inspirés, puisque c'est grâce au souffle du dieu qui les possède qu'ils obtiennent tant et de si grands succès en parlant, sans rien savoir des choses dont ils parlent.

Sans contredit.

Les femmes aussi, n'est-ce pas, Ménon, appellent divins les hommes de bien, et, quand les Laconiens font l'éloge d'un honnête homme : « C'est, disent-ils, un homme divin. »

Et il est évident, Socrate, qu'ils ont raison. Peut-être cependant Anytos ici présent est choqué de ton langage.

XLII. — Pour ma part, je n'en suis pas en peine. Avec lui, Ménon, je reprendrai la discussion une autre fois. Quant à nous, si dans tout cet entretien nous avons bien cherché et bien parlé, il s'ensuit que la vertu n'est ni un don de nature ni une matière d'enseignement, mais que c'est par une faveur divine qu'elle arrive sans l'intelligence chez ceux qui en sont favorisés, à moins qu'on ne trouve parmi les hommes d'Etat quelqu'un qui soit capable de communiquer son talent à un autre. S'il s'en trouvait un, on pourrait presque dire de lui qu'il serait parmi les vivants tel que Tirésias, au dire d'Homère, était parmi les morts, quand il déclare que dans l'Hadès « *il est le seul sage, tandis que les autres ne sont que des ombres errantes* [257]. »

Un tel homme serait en ce monde-ci, à l'égard de la vertu, comme un être réel parmi des ombres.

MÉNON

Cela me paraît parfaitement bien dit, Socrate.

SOCRATE

D'après ce raisonnement, Ménon, il est clair que c'est par une faveur divine que la vertu arrive à ceux qui la possèdent; mais nous n'atteindrons là-dessus la certitude que si, avant de chercher de quelle manière la vertu arrive à l'homme, nous entreprenons de chercher ce que peut être la vertu en elle-même.

Maintenant il est temps que je me rende ailleurs. Pour toi, tâche de persuader à ton hôte Anytos les choses dont tu es persuadé toi-même, afin qu'il s'adoucisse. Si tu y réussis, tu rendras service aux Athéniens.

NOTICE

SUR

LE CRATYLE

Hermogène et Cratyle s'entretenaient sur la justesse des noms, lorsque Socrate survient devant eux. Cratyle soutenait que les noms sont modelés sur la nature des choses et Hermogène qu'ils sont le résultat d'une convention. Hermogène prie Socrate de prendre part à la discussion. Celui-ci se déclare incompétent, mais prêt à étudier la question avec eux. C'est lui qui va conduire l'examen d'abord avec Hermogène, ensuite avec Cratyle. De là deux parties de longueur très inégale. Dans la première, la plus longue, Socrate établit contre Hermogène que les noms représentent l'essence des choses; dans la seconde, il fait voir à Cratyle qu'il faut apporter à sa théorie un certain nombre de restrictions et que peut-être l'idée du mouvement universel sur laquelle on a établi les noms est entièrement fausse.

PREMIÈRE PARTIE

La discussion avec Hermogène.

Il y a, dit Socrate, des discours vrais et des discours faux. Or, si le discours est vrai ou faux, les parties le sont aussi, et le nom, qui est la plus petite partie du discours, peut donc être vrai ou faux. Or tu crois, Hermogène, que le nom que chacun peut attribuer suivant son caprice à un objet est le nom vrai ? — Oui. — Mais les objets sont-ils ce qu'ils paraissent à chacun, comme le veut Protagoras, quand il affirme que l'homme est la mesure de toute chose, ou sont-ils pareils à la fois et toujours pour tout le monde, comme le dit Euthydème ? La thèse de Protagoras est inadmissible, car, si elle était juste, tous les hommes seraient également sages et raisonnables ; celle d'Euthydème l'est également; car elle supprimerait toute différence entre les bons et les méchants. Les êtres ont donc une essence fixe qui n'est point relative à nous. Ce que nous disons des choses, il faut le dire aussi des actions qui sont aussi une espèce d'êtres. Elles se font, non pas suivant notre manière de voir, mais suivant leur nature propre. Comme parler est une action et que nommer est une partie de cette action, il s'ensuit qu'il faut nommer les choses comme le demande leur nature et avec le moyen qui convient. De même que la navette est l'instrument propre à tisser, c'est le nom qui doit servir à nommer. Le nom est un instrument propre à enseigner et à distinguer la réalité, comme la navette à démêler les fils. Comme l'instrument du tisserand, la navette, est l'ouvrage du menuisier, le nom, qui est imposé par la loi, est l'ouvrage du législateur. Quand on fait une navette, il faut lui donner la forme appropriée à chaque genre de travail : de même le nom doit être approprié à chaque objet. Le législateur peut ne pas opérer sur les mêmes syllabes, comme le forgeron qui fait la navette n'opère pas sur le même fer ; il suffit qu'il reproduise la forme du nom propre à chaque chose. Et qui jugera le mieux si cette forme est convenable ? C'est celui qui s'en servira, celui qui sait à la fois interroger et répondre, autrement dit le dialecticien. Le législateur doit donc établir les noms sous la direction du dialecticien. Ainsi Cratyle a raison de dire que les noms des choses dérivent de leur nature et que tout homme n'est pas un artisan de noms, mais celui-là seul qui, les yeux fixés sur le nom naturel de chaque objet, est capable d'en incorporer la forme dans les lettres et les syllabes.

Mais cette justesse des noms, demande Hermogène, en quoi consiste-t-elle ? — Tu pourrais t'en instruire chez ton frère Callias, qui a pris les leçons de Protagoras. — Non, répond Hermogène ; car je n'approuve pas du tout les idées de Protagoras, exposées dans son traité de *la Vérité*. — Eh bien, dit Socrate, interrogeons les poètes. Homère distingue parfois les noms donnés par les dieux de ceux donnés par les hommes ; les premiers sont naturellement les plus justes ; mais comment deviner la pensée des dieux ? C'est une tâche au-dessus de notre portée. Rabattons-nous donc sur les noms des héros. Prenons, par exemple, le nom d'*Astyanax*, fils d'*Hector*. Ces deux noms n'ont de lettres communes que le t, et néanmoins ils expriment la même chose ; ils indiquent que le père et le fils sont des rois. Il est juste en effet d'appeler un fils du nom de son père, comme on appelle lion la progéniture d'un lion, à moins que du père ne naisse un fils contre nature, auquel cas il faut l'appeler du nom de l'espèce à laquelle il appartient. Peu importe d'ailleurs que le même sens soit exprimé par telles ou telles syllabes : une lettre ajoutée ou retranchée n'a pas d'importance, tant que l'essence de l'objet demeure manifestée par le nom. D'après ces principes examinons la justesse de quelques noms de héros, nous verrons que le *sauvage Oreste* doit son nom à *oros, montagne ;* qu'*Agamemnon* est un personnage *admirable par sa persévérance* devant Troie, qu'*Atrée* a *outragé* la vertu, etc.

Emerveillé de se voir tant de sagacité, Socrate l'attribue à une conversation qu'il a eue le matin même avec le devin Euthyphron. Il va profiter de son inspiration pour expliquer d'autres noms. Ceux des héros sont souvent formés sur les noms de leurs ancêtres, et laissent mal voir ce qu'ils étaient eux-mêmes. On se rendra mieux compte de la justesse des noms en examinant ceux qui ont rapport à des choses éternelles ou à des choses de la nature, par exemple les noms des dieux, des démons, des héros, de l'homme, de l'âme et du corps. Après les avoir expliqués, Socrate examine trois groupes de noms : ceux des principales divinités, ceux des astres et des phénomènes naturels, et ceux des notions morales, sagesse, intelligence, justice, etc. La justesse de tous ces noms est parfois difficile à saisir, parce qu'ils ont été altérés par le temps, par l'usage, par le désir d'enjoliver les mots, ou parce qu'ils ont leur origine dans d'autres dialectes grecs ou dans la langue des barbares.

La difficulté est plus grande encore pour les noms primitifs. Tous ceux que Socrate a passés en revue jusqu'ici sont des noms dérivés ou composés, dont la signification s'explique par celle des primitifs. Mais ces primitifs, comment s'expliquent-ils ? Ils doivent, comme les autres, faire voir la nature de l'objet qu'ils désignent. Si, à défaut de voix, nous voulions nous représenter les objets les uns aux autres, nous les indiquerions par des gestes. Mais nous avons la voix pour cela. Le nom sera donc une imitation des objets par la voix, mais non pas une imitation à la manière de la musique qui reproduit les sons, pas plus que de la peinture qui reproduit les formes et les couleurs. C'est au moyen des lettres et des syllabes que le nom doit imiter. Pour procéder avec méthode, il faut d'abord distinguer les lettres par espèces, voyelles, muettes, semi-voyelles, puis classer les êtres de même, après quoi on appliquera chaque lettre ou groupe de lettres d'après sa ressemblance avec l'objet, comme les peintres qui emploient telle couleur ou tel mélange de couleurs selon l'original qu'ils imitent. On composera ainsi les noms et les verbes, et avec ceux-ci le discours. Mais, dit Socrate, cette œuvre a été faite par les anciens. Il ne nous reste qu'à vérifier si elle l'a été convenablement, tâche très ardue et qui dépasse mes forces. On pourrait dire, il est vrai, que ce sont les dieux qui ont créé les noms, ou que nous les avons reçus des barbares, plus anciens que nous, ou encore que leur antiquité les rend indéchiffrables. Mais ce seraient là de vaines excuses. Je vais donc, en dépit de mon incompétence, dire ce que je conjecture de la formation de ces noms primitifs. Je commence par les lettres. Le r me semble propre par ses vibrations à exprimer le mouvement, comme on le voit dans le mot *rhéïn*, *couler*. L'i exprime la légèreté. Les lettres ph, ps, s, z, qui sont des sifflantes, rendent bien les idées de souffle et d'agitation. Le d et le t expriment l'arrêt, l'l le glissement ; le g qui met obstacle au glissement de l'l imite le visqueux ; le n, qui retient la voix à l'intérieur de la bouche, sert à désigner le dedans ; l'a et l'è la grandeur et la longueur, l'o la rondeur. C'est en appliquant ces propriétés des lettres que le législateur a créé pour chaque être un signe et un nom, et qu'avec les noms ainsi formés il a composé le reste. Et voilà, Hermogène, en quoi consiste la justesse des noms.

DEUXIÈME PARTIE

Discussion avec Cratyle.

Cratyle jusqu'ici s'est contenté d'écouter sans rien dire. Comme Socrate lui demande son avis, il se déclare entièrement satisfait de ce qu'il vient d'entendre. Mais Socrate, lui, ne l'est pas : il a peur de s'être trop avancé et il veut soumettre à un nouvel examen la thèse qu'il a soutenue, et c'est avec Cratyle qu'il veut la discuter à nouveau. Les noms convenables, dit-il, sont ceux qui expriment la nature de l'objet et ils sont faits en vue d'instruire. Or faire des noms est un art, comme un autre, et qui a ses artisans, et les artisans de noms ont comme les autres plus ou moins de talent et doivent par conséquent établir les noms avec plus ou moins de justesse. Cratyle n'est pas de cet avis ; il ne veut pas admettre qu'un nom manque de justesse, et, si un nom est mal établi, il ne veut voir dans ce nom qu'un vain bruit. Il croit, en effet, qu'il est impossible de parler faux. N'admets-tu pas, dit Socrate, que le nom est une chose et l'objet nommé une autre. — Si. — Et que le nom est une imitation de l'objet, comme la peinture ? — Si. — Or ne peut-on se tromper et attribuer à un objet une image qui n'est pas la sienne ? C'est ce que j'appelle, dit Socrate, une appellation fausse. Si d'autre part on peut comparer les noms à des tableaux, il en est d'eux comme des tableaux, auxquels on peut donner toutes les couleurs qui leur conviennent et d'autres qui ne leur conviennent pas, et ainsi les noms, comme les tableaux, peuvent être plus ou moins ressemblants. Cependant, objecte Cratyle, si nous faisons dans les noms quelque suppression ou addition, le nom devient différent. Oui, réplique Socrate, c'est vrai pour les noms de nombre. Pour les autres, au contraire, l'image ne doit pas être la reproduction exacte et intégrale de l'objet ; elle en serait un double et l'on ne pourrait pas les distinguer. Il suffit que le caractère distinctif de l'objet se retrouve dans le nom. Et en effet un nom peut être compris de ceux qui l'emploient, bien qu'il renferme des lettres sans ressemblance avec l'objet. Ainsi dans le mot *sklèros*, rude, le l exprime le contraire de la rudesse. Cependant, quand je dis *sklèros*, tu reconnais ce dont je parle. — Oui, répond Cratyle, je le sais par l'usage. — Il faut donc admettre que l'usage, qui est une sorte de convention, contribue à la représentation de ce que nous avons dans l'esprit en parlant.

Et maintenant quelle est la vertu des noms ? — C'est d'instruire, dit Cratyle : quand on sait les noms, on sait les choses. Cela veut dire que, lorsqu'on sait de quelle nature est le nom — or il est de même nature que la chose — on sait aussi ce qu'est la chose. — Mais, dit Socrate, si l'auteur des noms les a établis sur une conception erronée des choses ? — Cela n'est point, dit Cratyle, et la preuve qu'ils sont bien établis, c'est la concordance qui est entre eux : ils sont tous formés de la même manière et en vue de la même idée, c'est-à-dire du flux perpétuel des choses. — Cette concordance ne prouve rien, répond Socrate ; car l'inventeur des noms a pu se tromper dès le début, puis accommoder de force les autres noms à son erreur initiale. D'ailleurs cette concordance est loin d'être complète : car, si l'on examine les noms, on en trouve beaucoup qui, au lieu de marquer le mouvement, expriment l'arrêt ou le repos. A supposer même que l'auteur des noms les ait établis en connaissance de cause, sur quoi a-t-il pu se fonder ? Ce n'est pas sur les noms, puisqu'il n'en existait pas encore, ni sur les choses, d'après toi, Cratyle, puisque c'est les noms qui en donnent la clef. — C'est peut-être, répond Cratyle, une puissance divine qui a créé les noms primitifs. — Non, réplique Socrate ; car cette puissance se serait mise en contradiction avec elle-même, puisqu'il y a deux catégories de noms, les uns relatifs au mouvement, les autres au repos. Dira-t-on que l'une des deux est fausse ? Alors, laquelle ? Nous ne le saurons qu'en commençant par étudier les choses en elles-mêmes. C'est la méthode la plus sûre.

Il se peut d'ailleurs que ceux qui ont établi les noms sur l'idée que tout est en mouvement dans l'univers se soient abusés. Il y a peut-être un Beau et un Bien en soi et peut-être en est-il de même de chaque chose particulière. Or ce Beau et ce Bon ne peuvent être connus que s'ils sont immuables : il n'y a point de science de ce qui change sans cesse. Est-ce mon idée qui est juste, demande Socrate, ou est-ce celle d'Héraclite et la tienne ? La question vaut la peine d'un nouvel examen. Là-dessus les trois interlocuteurs se séparent et remettent à plus tard de reprendre la question.

Le but et la portée du « Cratyle ».

Personne aujourd'hui ne conteste plus l'authenticité du *Cratyle*. Mais, si l'on est d'accord sur ce point, on discute encore sur le but et la portée de l'ouvrage. Les anciens l'ont tous pris au sérieux, et Proclus, qui l'a commenté, en approuve toutes les étymologies. De nos jours, certains savants n'y ont vu que moquerie et dérision à l'adresse des sophistes de l'école d'Héraclite et de Protagoras. La vérité paraît être dans un juste milieu.

On sait comment Platon parle, dans le *Phèdre*, de la composition d'un livre. « C'est pour son amusement, dit-il, qu'il (le philosophe) sèmera dans les jardins de l'écriture », comme le laboureur dans les jardins d'Adonis (ch. LXI). Son divertissement portait le savant universel qu'était Platon à dire son mot sur toutes les questions discutées dans les cercles cultivés d'Athènes. C'est ainsi qu'après avoir écrit sur la poésie dans l'*Ion*, sur la rhétorique dans le *Gorgias*, sur l'oraison funèbre dans le *Ménexène*, il s'amuse à traiter de l'origine du langage dans le *Cratyle*. Nous savons que les sophistes, maîtres · d'éloquence, s'étaient beaucoup occupés du langage, moins, il est vrai, pour en rechercher l'origine que pour en étudier les emplois. Il semble pourtant, d'après le *Cratyle* même (384 b et 391 c), que Protagoras et Prodicos avaient touché la question de la justesse des noms. Elle avait aussi préoccupé les philosophes, Héraclite et Démocrite, et Antisthène avait écrit un ouvrage en cinq livres *Sur l'Education ou les noms*. Il y avait, au temps de Platon, deux écoles opposées sur la justesse des noms. Dans l'une, on soutenait, comme Hermogène, que la création du langage est une affaire de convention; dans l'autre, on prétendait, comme Cratyle, que les noms sont l'exacte représentation des choses. Platon prend d'abord parti pour le disciple d'Héraclite, Cratyle. Comme d'habitude, quand il veut réfuter un adversaire, il présente la thèse de cet adversaire dans toute sa force, avec plus de force même que celui-ci n'eût pu le faire. C'est ainsi que, se plaçant au point de vue d'Héraclite et de Cratyle, il entreprend de démontrer que tous les noms, même les plus abstraits, expriment l'idée du flux perpétuel auquel obéit l'univers.

Il parodie d'abord la manie qu'ont les sophistes de recourir aux poètes pour appuyer leurs idées et il s'adresse à Homère pour en obtenir la clef de l'origine du langage. Puis, lâchant la bride à sa verve, il entasse les explications les plus ingénieuses, mais aussi les plus fantaisistes. Sur à peu près cent quarante étymologies, nous n'en trouvons guère qu'une vingtaine qui soient justes. Parmi les autres, il y en a un certain nombre qu'on peut qualifier de saugrenues. Telle est celle du nom d'Agamemnon qui signifie *admirable par sa persévérance* devant Troie, et qui suppose qu'avant le siège Agamemnon portait un autre nom. Celle d'Apollon, qui exprime toutes les fonctions du dieu : *simple, atteignant toujours le but, purificateur, auteur du mouvement simultané,* n'est qu'un plaisant badinage. Celle de *Séléné (lune)* qui vient de *sélaénonéoaéia* n'est pas moins compliquée. Celle de *blabéron, nuisible,* expliqué comme *to bouloménon aptëïn rhoun, ce qui veut attacher le courant,* est encore de celles que Socrate lui-même qualifie d'audacieuses et risibles. A maintes reprises, en effet, il nous avertit de ne pas le prendre au sérieux. Il cède, dit-il, à l'inspiration qu'Euthyphron lui a communiquée dans l'entretien qu'il vient d'avoir avec ce devin, esprit borné et têtu, qui était la risée des Athéniens. Il s'émerveille de se trouver si savant, de l'être même plus que de raison, si bien que le bon Hermogène lui-même, si docile à toutes ses suggestions, s'étonne tantôt de la complication, tantôt de l'allure dithyrambique, tantôt de l'étrangeté des étymologies qu'il entend défiler devant lui. Il ne fait donc aucun doute que ce long étalage d'étymologies, qui occupe à lui seul la moitié de l'ouvrage, et qui sont, dit-on, destinées à soutenir la thèse de Cratyle, ne soit un simple badinage, une joyeuseté de l'écrivain entraîné par une verve intarissable.

Rien ne le prouve mieux que l'attitude que Socrate prend à l'égard de Cratyle. Celui-ci, enchanté de l'apologie que Socrate vient de faire de son système, lui donne une approbation pleine et entière. Mais Socrate, feignant d'avoir des scrupules sur les assertions échappées à sa verve, y revient pour les soumettre à un nouvel examen. Il prouve à Cratyle, qui prétend que tous les noms sont justes, que le nom, étant une image de l'objet qu'il désigne, peut, tout comme l'image due au pinceau du peintre, être plus ou moins exacte, qu'elle doit même être inexacte, ou du moins incomplète, sous peine de ne plus se distinguer de l'original, qu'il suffit que le caractère général de cet original y soit reconnaissable et que les inexactitudes de détail n'empêchent pas les gens de s'entendre sur la signification d'un nom, enfin qu'il faut faire une part assez large à la convention dans la création du langage. Enfin, Cratyle, soutenant que c'est par les noms qu'on s'instruit des choses, Socrate lui démontre qu'ils peuvent être une source d'erreurs, parce que celui qui les a institués a pu partir d'une idée fausse en les composant. Qui sait en effet s'il faut créer les noms d'après la conception d'Héraclite, qui ne voit que flux et mouvement dans l'univers, ou selon l'idée des Eléates, que le monde est immuable ? Ainsi, après avoir réfuté la thèse d'Hermogène, Socrate révoque en doute le principe de la thèse de Cratyle. Chargé de les départager, il les renvoie dos à dos.

Cependant le *Cratyle* n'est pas comme le *Lachès*, le *Charmide* et le *Lysis* un simple modèle de discussion philosophique qui reste sans solution. Outre des indications fort justes sur la méthode qui doit présider à la création des noms, et une foule de remarques originales semées au cours de l'entretien, Platon a pris position entre les deux doctrines et fait voir ce qui est exact et ce qui est erroné ou exagéré dans l'une et l'autre. Ce n'est pas tout. Il a nettement indiqué au début et à la fin une doctrine originale, d'une portée singulière. Au début, après avoir réfuté les thèses de Protagoras et d'Euthydème, il a fait admettre à Hermogène que les choses ont par elles-mêmes un certain être permanent, qui n'est pas relatif à nous et qui ne dépend pas de nous. Il revient à ce principe à la fin de sa discussion avec Cratyle et lui fait avouer, à son tour, qu'il y a un Bien et un Beau en soi, qui est immuable et qui peut par conséquent être connu, tandis que le monde en perpétuel changement d'Héraclite ne saurait l'être, puisqu'il n'y a pas de connaissance possible de ce qui passe et change sans cesse. C'est donc sur ces choses en soi que peuvent et doivent être formés les noms. C'est une conclusion que Platon n'exprime pas, mais qui s'impose d'elle-même. Il se contente d'avertir Cratyle que sa théorie est peut-être erronée et il l'engage à poursuivre ses recherches. Mais le lecteur est averti que Platon tient la solution et qu'elle dépend de la connaissance des Formes éternelles et immuables dont Platon rêve, dit-il, depuis longtemps.

Le « Cratyle », œuvre d'art.

Au point de vue littéraire, le *Cratyle* n'a point l'éclat et l'intérêt du *Protagoras* et du *Gorgias*, mais il ne manque pas d'agrément. Le début est fort agréable dans sa brusquerie, et le débat entre Hermogène et Cratyle, qui refuse de voir dans le nom de son ami un nom véritable, sans vouloir en révéler la raison, pique vivement la curiosité. L'ouvrage se divise en deux actes dont le deuxième forme avec le premier un contraste d'autant plus piquant qu'après avoir défendu l'un de ses deux interlocuteurs, Socrate se retourne contre lui. Dans chacun de ces actes, la variété des points de vue, la vivacité de la discussion, les confidences personnelles, les réponses d'Hermogène et les répliques de Socrate empêchent le lecteur de languir, encore que la longue énumération des étymologies fondées sur l'idée du mouvement universel mette la patience du lecteur à l'épreuve.

Mais ce qui nous intéresse le plus, c'est Socrate lui-même. Nous le retrouvons ici tel que nous le connaissons par les dialogues précédents. Dès le début, il affecte l'ignorance, selon sa manière habituelle : il se déclare incompétent sur la justesse des noms, mais il est prêt à rechercher la vérité avec ses interlocuteurs. Dès lors il s'y applique avec sa méthode ordinaire, prenant ses exemples dans la réalité familière pour se faire mieux entendre; c'est ainsi qu'il part de la fabrication et de la fonction de la navette pour expliquer le nom. Il mène la discussion avec une autorité qui s'impose, mais avec une courtoisie et un tact parfaits. Il se plaisante lui-même; il s'étonne de se voir si savant et il attribue à l'inspiration du devin Euthyphron les découvertes qu'il fait dans l'étymologie. Il est nourri d'Homère et tantôt il le cite pour appuyer son dire; tantôt il s'applique à lui-même quelque passage. — Tu vas voir, dit-il à Hermogène, ce que valent les chevaux d'Euthyphron. Il y a d'autres dialogues où Socrate fait montre d'une verve aussi intarissable, mais il semble qu'il n'a jamais poussé plus loin l'enjouement que dans celui-ci. Cependant, si la figure de Socrate nous apparaît la même, les idées qu'il expose sont étrangères à sa doctrine. Il ne s'est jamais occupé d'étymologie, et n'a jamais « rêvé » aux Formes éternelles. Ici, c'est Platon lui-même qui parle par sa bouche.

Hermogène est un fidèle disciple de Socrate. Il figure dans le *Phédon* parmi ceux qui assistèrent à ses derniers moments. Il appartenait à une noble famille. Son père Hipponicos, vainqueur des Béotiens à Tanagra en ~426, avait laissé la vie deux ans plus tard à la bataille de Délion. Son frère Callias était fort riche et recevait dans sa maison les sophistes illustres. Lui, au contraire, on ne sait pourquoi, était pauvre, si pauvre même, que Socrate pria un de ses amis, Diodoros, de lui venir en aide (Xénophon, *Mémor.*, II, 10), lui promettant qu'il aurait en Hermogène un ami intelligent, sûr et dévoué. On voit le cas que Socrate faisait de ce disciple, que Platon lui a donné pour interlocuteur dans le *Cratyle*. Platon appréciait sans doute aussi le caractère d'Hermogène; il appréciait peut-être moins son esprit. En tout cas il ne le représente pas comme un philosophe, apte à soutenir un débat avec Socrate. Au début du dialogue, Hermogène est tout intrigué que Cratyle refuse de reconnaître qu'Hermogène soit son nom véritable. Lorsque Socrate donne l'étymologie du nom d'Hermès et le définit comme le dieu de la parole, Hermogène s'écrie : — Par Zeus, Cratyle avait raison de me refuser le nom d'Hermogène *(fils d'Hermès)* : je n'ai pas de grandes ressources de paroles. Et en effet, quand il a exposé sa thèse, il semble qu'il manque totalement de ressources pour la défendre. Il acquiesce à tout ce que dit Socrate, avec une docilité étonnante, et c'est Socrate lui-même qui lui fera voir dans la deuxième partie de l'ouvrage ce qu'il pouvait dire à l'appui de sa théorie. Il ne manque

pourtant pas de finesse : il souligne au passage le caractère dithyrambique d'une étymologie, la formation trop
compliquée d'un mot; il complimente Socrate sur ses
progrès; il saisit fort bien l'ironie légère avec laquelle son
maître se joue dans ce fatras étymologique et il entre dans
la plaisanterie avec à-propos et justesse. Il rappelle l'Alcibiade qui figure dans le *Premier* et dans le *Second Alcibiade*, mais avec plus de finesse et de bonne grâce.

Cratyle est un personnage plus important qu'Hermogène. Au dire d'Aristote, Platon avait suivi ses leçons
avant de connaître Socrate. C'était un disciple fervent
d'Héraclite. Il enchérissait même sur sa doctrine. Héraclite disait qu'on ne saurait entrer deux fois dans le même
fleuve; lui, qu'on ne pouvait entrer même une fois dans
l'eau du même fleuve. On sait quelle influence profonde cette doctrine du mouvement et du changement
perpétuels exerça sur l'esprit de Platon : c'est dans la
réaction que cette doctrine produisit en lui qu'est l'origine de sa théorie de la connaissance. Il ne semble pas
d'ailleurs qu'il ait gardé de son ancien maître un souvenir bien flatteur. Buté dans ses idées, Cratyle a peine
à se rendre aux raisonnements les plus clairs, et, quand
la force de l'évidence le contraint à se rendre, il se reprend
quelques instants après, pour revenir à son idée fixe. Il
fait l'effet d'un esprit borné, incapable de sortir de lui-
même et d'apprécier la supériorité d'autrui. Quand
Socrate le prie de l'inscrire au nombre de ses disciples,
il ne se doute pas de l'ironie, et répond qu'il le prendra
peut-être pour élève. Cette réponse nous laisse supposer
qu'il était infatué de son savoir et qu'il n'était en somme
qu'un sophiste, un sophiste sans grâce et sans finesse.

La date de la composition.

A quelle date faut-il placer l'entretien qui fait l'objet
du *Cratyle* ? Nous ne trouvons dans le dialogue aucun
détail qui puisse nous donner une indication sur ce point.
Il serait donc vain d'en discuter. On peut au contraire
déterminer à peu près, sinon la date exacte de la composition, au moins la place qu'elle tient parmi les ouvrages
de Platon. C'est dans le *Ménon* que nous voyons apparaître
pour la première fois une théorie propre au système
platonicien, la théorie de la réminiscence; mais il n'y
est pas encore question des Formes ou Idées. C'est à
la fin du *Cratyle* qu'elles se montrent pour la première
fois. Platon y a déjà songé souvent et il les présente encore
comme un rêve, mais il a déjà fondé sur elles sa théorie
de la connaissance. Il semble donc impossible de placer
le *Cratyle* ailleurs qu'entre le *Ménon* et *la République* où
la théorie des Idées est développée comme une doctrine

bien établie. Si le *Ménon* a été écrit vers ~386 ou ~385, la date de ~385 pour le *Cratyle* semble assez vraisemblable.

La traduction et le texte.

La traduction du *Cratyle* offre une difficulté particulière. Comme la moitié de l'ouvrage consiste en étymologies, il semble que les hellénistes seuls soient à même de les apprécier. Comme il fallait pourtant la rendre intelligible aux lecteurs qui ne savent pas le grec, j'ai fait comme Méridier, qui a édité et traduit le *Cratyle* dans la collection Budé : j'ai transcrit les mots grecs en caractères français, pour qu'ils puissent se rendre compte de la méthode de Socrate. La traduction a été faite, comme celle des autres ouvrages de Platon, sur le texte publié par l'association G. Budé. C'est le plus autorisé, parce qu'il repose sur une révision sévère des manuscrits.

CRATYLE

[ou **sur la justesse des noms,** *genre logique*].

PERSONNAGES DU DIALOGUE

HERMOGÈNE, CRATYLE, SOCRATE

HERMOGÈNE

I. — Voilà Socrate. Veux-tu que nous lui fassions part du sujet de notre entretien ?

CRATYLE

Comme il te plaira.

HERMOGÈNE

Cratyle, que voici, prétend, Socrate, qu'il y a pour chaque chose un nom qui lui est naturellement approprié et que ce n'est pas un nom que certains hommes lui ont attribué par convention, en lui appliquant tel ou tel son de leur voix, mais que la nature a attribué aux noms un sens propre, qui est le même chez les Grecs et chez les barbares. Je lui demande donc, moi, si Cratyle est, ou non, son nom véritable. Il dit que oui. Et celui de Socrate? ai-je dit. — C'est bien Socrate, a-t-il répliqué. — Et pour tous les autres hommes, le nom dont nous appelons chacun d'eux, c'est bien le nom de chacun ? — Et lui : « Non, pas pour toi, m'a-t-il répondu : ton nom n'est pas Hermogène [258], même si tout le monde t'appelle ainsi. » Et comme je l'interroge, vivement désireux de savoir ce qu'il peut vouloir dire, au lieu de s'expliquer, il me traite avec ironie et il feint d'avoir une pensée de derrière la tête, comme s'il savait sur ce sujet quelque chose qui, s'il voulait le dire, me forcerait à l'approuver et à dire comme lui. Si donc tu as quelque moyen d'interpréter l'oracle de Cratyle, j'aurai du plaisir à t'entendre, mais j'en aurai encore davantage à apprendre de toi ce que tu penses sur la justesse des noms, si tu veux bien le dire.

SOCRATE

Fils d'Hipponicos, Hermogène, c'est un vieux dicton

que les belles choses sont difficiles à connaître en leur
essence, et en particulier l'étude des noms n'est pas une
petite affaire. Ah! si j'avais déjà entendu de la bouche
de Prodicos [259] la leçon de cinquante drachmes qui, à
ce qu'il prétend, renseigne pleinement ses auditeurs sur
la question, rien ne t'empêcherait de savoir immédiatement la vérité sur la justesse des noms, mais je n'ai
entendu que la leçon à une drachme. Aussi je ne sais
pas ce que peut être la vérité en ces matières ; mais je suis
prêt à chercher en commun avec toi et avec Cratyle.
Quant à ce qu'il dit, qu'Hermogène n'est pas véritablement
ton nom, j'ai comme un soupçon qu'il plaisante. Il
entend peut-être par là que tu cours après la fortune et
que tu la manques toujours [260]. Mais, je le répète, ces
sortes de questions sont difficiles à débrouiller. Il faut
donc réunir nos efforts pour examiner si c'est toi qui as
raison, ou si c'est Cratyle.

HERMOGÈNE

II. — Pour moi, Socrate, après en avoir souvent raisonné
et avec lui et avec beaucoup d'autres, je ne saurais me
persuader que la justesse du nom soit autre chose qu'une
convention et un accord. Il me semble que, quel que soit
le nom qu'on donne à une chose, c'est le nom juste, et que,
si par la suite on en met un autre à la place et qu'on
renonce à celui-là, le second n'est pas moins juste que le
premier. C'est ainsi que nous changeons le nom de nos
serviteurs, sans que le nom substitué soit en aucune façon
moins propre que celui qu'ils avaient reçu d'abord. Car
aucun objet ne tient jamais son nom de la nature, mais
de l'usage et de la coutume de ceux qui l'emploient et
qui en ont créé l'habitude. S'il en est autrement, je suis,
pour ma part, prêt à m'instruire et à l'entendre non seulement de la bouche de Cratyle, mais de n'importe quel autre.

SOCRATE

Tu pourrais bien être dans le vrai, Hermogène ; mais
examinons la chose. Quel que soit le nom qu'on donne
à chaque objet, c'est bien là son nom ?

HERMOGÈNE

C'est mon opinion.

SOCRATE

Que ce soit un particulier ou un Etat qui le donne ?

HERMOGÈNE

Oui.

SOCRATE

Quoi donc ! Si moi, j'appelle une chose quelconque,
si, par exemple, ce qu'on appelle aujourd'hui homme, moi
je l'appelle cheval, et homme ce que l'on appelle aujour-

d'hui cheval, le même être portera le nom d'homme pour tout le monde et pour moi en particulier celui de cheval, et inversement, le nom d'homme pour moi seul, mais celui de cheval pour tout le monde? Est-ce là ce que tu dis ?

HERMOGÈNE

C'est mon avis.

SOCRATE

III. — Allons, réponds à la question que voici : y a-t-il quelque chose que tu appelles dire vrai ou dire faux ?

HERMOGÈNE

Oui.

SOCRATE

Il y aurait donc un discours vrai et un discours faux ?

HERMOGÈNE

Certainement.

SOCRATE

Celui qui dit les choses comme elles sont est vrai, et celui qui les dit comme elles ne sont pas est faux ?

HERMOGÈNE

Oui.

SOCRATE

Il est donc possible de dire par le discours ce qui est et ce qui n'est pas ?

HERMOGÈNE

Certainement.

SOCRATE

Mais le discours vrai, est-il vrai dans son entier, tandis que ses parties ne sont pas vraies ?

HERMOGÈNE

Non, ses parties sont vraies aussi.

SOCRATE

Est-ce que ses grandes parties sont vraies, et les petites, non; ou le sont-elles toutes ?

HERMOGÈNE

Toutes, je pense.

SOCRATE

Et maintenant y a-t-il, selon toi, quelque partie plus petite que le nom ?

HERMOGÈNE

Non, c'est la plus petite.

SOCRATE

Alors le nom qui fait partie du discours vrai s'énonce aussi.

HERMOGÈNE

Oui.

SOCRATE

Et il est vrai, selon toi ?

HERMOGÈNE

Oui.

SOCRATE

Et la partie du discours faux, n'est-ce pas une fausseté ?

HERMOGÈNE

Si.

SOCRATE

Il est donc possible de dire un nom vrai ou faux [261], s'il est vrai que le discours soit l'un ou l'autre ?

HERMOGÈNE

Naturellement.

SOCRATE

Mais le nom que chacun attribue à un objet est vraiment le nom de cet objet ?

HERMOGÈNE

Oui.

SOCRATE

Est-ce que chaque objet aura autant de noms qu'on lui en attribuera et juste pendant le temps qu'on les lui attribuera ?

HERMOGÈNE

Pour ma part, Socrate, je ne conçois pas, pour obtenir des noms exacts, d'autre procédé que celui-ci : je puis, moi, appeler chaque chose de tel nom que je lui ai assigné, et toi, de tel autre que tu as choisi de ton côté. Il en est de même des Etats, et je vois que chacun d'eux a donné parfois des noms différents aux mêmes objets et que ces noms varient de Grecs à Grecs et de Grecs à barbares.

SOCRATE

IV. — Eh bien, voyons, Hermogène, crois-tu qu'il en soit ainsi des êtres et que leur essence soit relative à chaque individu, comme le disait Protagoras, quand il affirmait que l'homme est la mesure de toute chose, et que par conséquent tels ils me paraissent à moi, tels ils sont pour moi, et que tels ils te paraissent à toi, tels ils sont pour toi; ou bien crois-tu qu'ils ont en eux-mêmes et dans leur essence quelque chose de permanent ?

HERMOGÈNE

Il m'est arrivé déjà, Socrate, dans mes incertitudes de
me laisser entraîner à l'opinion de Protagoras ; cependant
j'ai grand-peine à croire qu'elle soit juste.

SOCRATE

T'es-tu jamais aussi laissé entraîner à croire qu'il n'y
a pas du tout d'homme méchant ?

HERMOGÈNE

Non, par Zeus. Souvent au contraire je me suis trouvé
dans le cas de voir qu'il y a des hommes tout à fait méchants
et en très grand nombre.

SOCRATE

Et des hommes tout à fait bons, n'en as-tu pas encore
trouvé ?

HERMOGÈNE

Fort peu.

SOCRATE

Tu en as trouvé pourtant ?

HERMOGÈNE

Oui.

SOCRATE

Eh bien, quelle idée t'en fais-tu ? Ne penses-tu pas que
les hommes tout à fait bons sont tout à fait raisonnables,
et les hommes tout à fait méchants, tout à fait déraisonnables ?

HERMOGÈNE

C'est mon avis.

SOCRATE

Or, est-il possible, si Protagoras disait vrai, et si c'est
la vérité que les choses sont telles qu'elles paraissent à
chacun, que, parmi nous, les uns soient raisonnables et les
autres déraisonnables ?

HERMOGÈNE

Non certes.

SOCRATE

Aussi tu es convaincu, j'imagine, puisque la raison
et la déraison existent, qu'il est absolument impossible que
Protagoras ait dit vrai. Car un homme ne serait jamais
réellement plus sage qu'un autre, si la vérité n'était pour
chacun que ce qui lui semble.

HERMOGÈNE

C'est juste.

SOCRATE

V. — Mais tu n'admets pas non plus, je pense, avec

Euthydème [262] que toutes choses soient pareilles à la fois
et toujours pour tout le monde ; car alors les uns ne pourraient pas non plus être bons, et les autres méchants, si
la vertu et le vice se trouvaient pareillement et toujours
chez tous les hommes.

HERMOGÈNE

C'est vrai.

SOCRATE

Donc, si toutes choses ne sont pas pareilles à la fois et
toujours pour tout le monde, et si d'autre part chacune
n'est pas propre à chacun, il est clair que les choses ont
en elles-mêmes une essence fixe, qu'elles ne sont ni relatives à nous, ni dépendantes de nous, qu'elles ne sont point
tirées dans tous les sens au gré de notre imagination,
mais qu'elles existent par elles-mêmes selon l'essence qui
leur est naturelle.

HERMOGÈNE

Il me semble qu'il en est ainsi, Socrate.

SOCRATE

Maintenant se peut-il que les êtres soient de cette nature
sans qu'il en soit de même de leurs actions ? Est-ce que
ces actions ne sont pas aussi une certaine espèce d'êtres [263] ?

HERMOGÈNE

Elles le sont aussi, certainement.

SOCRATE

Les actions aussi se font donc suivant leur propre
nature, et non suivant notre opinion. Par exemple, si nous
entreprenons, nous, de couper un objet, devons-nous le
couper comme il nous plaira et avec ce qui nous plaira ?
N'est-ce pas en voulant couper chaque objet comme la
nature veut qu'on coupe et qu'on soit coupé et avec l'instrument naturellement approprié que nous réussirons le
mieux à couper et que nous ferons correctement l'opéra-
tion ? Si au contraire nous allons contre la nature, n'est-il
pas à craindre que nous manquions le but et ne fassions
rien de bon ?

HERMOGÈNE

C'est mon avis.

SOCRATE

De même si nous entreprenons de brûler quelque chose
ce n'est pas en nous réglant sur la première opinion venue
qu'il faut le faire, mais sur l'opinion juste, et celle-ci
consiste à brûler et à être brûlé de la manière et avec
l'instrument indiqués par la nature ?

HERMOGÈNE

C'est juste.

SOCRATE

N'en est-il pas de même du reste ?

HERMOGÈNE

Certainement.

SOCRATE

VI. — Et maintenant parler n'est-ce pas aussi une sorte d'action ?

HERMOGÈNE

Si.

SOCRATE

En ce cas, est-ce en parlant comme on s'imagine qu'il faut parler qu'on parlera correctement ? N'est-ce pas plutôt en disant les choses comme il est naturel qu'on les dise et qu'elles soient dites, et avec ce qui convient pour cela, qu'on réussira le mieux à les dire, sans quoi l'on se trompera et l'on ne fera rien de bon ?

HERMOGÈNE

Je crois qu'il en est comme tu dis.

SOCRATE

Or nommer, n'est-ce pas une partie de l'action de parler ? Car en nommant, on parle, n'est-ce pas ?

HERMOGÈNE

Parfaitement.

SOCRATE

Nommer est donc une action, si parler était bien une action qui se rapporte aux choses ?

HERMOGÈNE

Oui.

SOCRATE

Et nous avons reconnu que les actions ne sont pas relatives à nous, mais qu'elles ont une certaine nature qui leur est propre ?

HERMOGÈNE

C'est exact.

SOCRATE

Il faut donc nommer les choses comme il est naturel de nommer et d'être nommé, et avec le moyen convenable, et non pas comme il nous plaît, si nous voulons être d'accord avec nos conclusions précédentes. C'est ainsi que nous réussirons à nommer; autrement, non.

HERMOGÈNE

Il me le semble.

SOCRATE

VII. — Voyons donc. Ce qu'il s'agissait de couper, il fallait, disons-nous, le couper avec quelque chose ?

HERMOGÈNE

Oui.

SOCRATE

Et ce qu'il s'agissait de tisser, il fallait le tisser avec quelque chose ? Et ce qu'il s'agissait de percer, il fallait le percer avec quelque chose ?

HERMOGÈNE

Assurément.

SOCRATE

Et ce qu'il s'agissait de nommer, il fallait le nommer avec quelque chose ?

HERMOGÈNE

C'est exact.

SOCRATE

Et quel est l'instrument nécessaire pour percer ?

HERMOGÈNE

La tarière.

SOCRATE

Et pour tisser ?

HERMOGÈNE

La navette.

SOCRATE

Et pour nommer ?

HERMOGÈNE

Le nom.

SOCRATE

Bien répondu. Le nom aussi est donc un instrument ?

HERMOGÈNE

Certainement.

SOCRATE

Et maintenant, si je te demandais : quel instrument est la navette ? N'est-ce pas celui qui sert à tisser ?

HERMOGÈNE

Si.

SOCRATE

Et en tissant, que fait-on ? Ne sépare-t-on pas la trame et la chaîne confondues ensemble ?

HERMOGÈNE

Si.

SOCRATE

Ne pourrais-tu pas en dire autant de la tarière et des autres instruments ?

HERMOGÈNE

Certainement.

SOCRATE

Peux-tu donc en dire autant du nom ? Si le nom est un instrument, en nous en servant pour nommer, que faisons-nous ?

HERMOGÈNE

C'est ce que je ne puis dire.

SOCRATE

Ne nous apprenons-nous pas quelque chose les uns aux autres, et ne distinguons-nous pas les choses suivant leur nature ?

HERMOGÈNE

Assurément.

SOCRATE

VIII. — Le nom est donc un instrument propre à enseigner et à distinguer la réalité, comme la navette à démêler les fils.

HERMOGÈNE

Oui.

SOCRATE

Or la navette est un instrument de tissage ?

HERMOGÈNE

Sans doute.

SOCRATE

Un habile tisserand se servira donc bien de la navette, bien, c'est-à-dire en tisserand ; et un habile instructeur se servira bien du nom, bien, c'est-à-dire de façon propre à instruire.

HERMOGÈNE

Oui.

SOCRATE

Et maintenant de qui est l'ouvrage dont le tisserand se servira bien, quand il se servira de la navette ?

HERMOGÈNE

Du menuisier.

SOCRATE

Et tout homme est-il menuisier, ou seulement celui qui possède l'art de la menuiserie ?

HERMOGÈNE

Celui qui possède cet art.

SOCRATE

Et de qui est l'ouvrage dont le perceur se servira bien, quand il se servira de la tarière ?

HERMOGÈNE

Du forgeron.

SOCRATE

Et tout homme est-il forgeron, ou seulement celui qui en possède l'art ?

HERMOGÈNE

Celui qui en possède l'art.

SOCRATE

Bien. Et de l'ouvrage de qui se servira l'habile instructeur quand il se servira du nom ?

HERMOGÈNE

Cela non plus, je ne puis le dire.

SOCRATE

Tu ne peux pas dire non plus qui nous fournit les noms dont nous nous servons ?

HERMOGÈNE

Non, vraiment.

SOCRATE

Ne te semble-t-il pas que c'est la loi qui les fournit ?

HERMOGÈNE

Il me le semble.

SOCRATE

C'est donc de l'ouvrage du législateur [264] que le maître se servira, en se servant du nom ?

HERMOGÈNE

Je le crois.

SOCRATE

Mais crois-tu que n'importe quel homme est législateur, ou celui qui en possède l'art ?

HERMOGÈNE

Celui qui en possède l'art.

SOCRATE

Il n'appartient donc pas à tout homme, Hermogène, d'établir des noms, mais à un faiseur de noms; et celui-là, c'est, semble-t-il, le législateur, de tous les artisans le plus rare parmi les hommes.

HERMOGÈNE

Il le semble.

SOCRATE

IX. — Et maintenant, allons, examine sur quoi le législateur fixe les yeux quand il établit les noms. Conduis
cet examen à la lumière des exemples précédents. Sur
quoi le menuisier fixe-t-il les yeux quand il fait la navette ?
N'est-ce pas sur un objet naturellement propre au tissage ?

HERMOGÈNE

Assurément.

SOCRATE

Et si la navette se brise entre ses mains tandis qu'il y
travaille, en refera-t-il une autre en regardant la navette
brisée, ou cette forme d'après laquelle il fabriquait celle
qu'il a cassée ?

HERMOGÈNE

Il regardera cette forme-là, ce me semble.

SOCRATE

Cette forme-là, nous serions donc tout à fait en droit
de l'appeler la navette en soi ?

HERMOGÈNE

Il me le semble.

SOCRATE

Donc, quand il s'agit de faire une navette pour un
vêtement léger ou épais, de lin, de laine ou de toute
autre matière, il faut toujours la faire selon l'idée de la
navette, mais en lui donnant la forme qui est naturellement la mieux appropriée à chaque genre de travail ?

HERMOGÈNE

Oui.

SOCRATE

Et de même pour les autres instruments : quand on a
trouvé l'instrument approprié par la nature à chaque
genre de travail, il faut l'exécuter dans la matière dont on
fait l'ouvrage, non point suivant sa fantaisie, mais selon
que le commande la nature. C'est ainsi qu'il faut, semble-
t-il, savoir exécuter sur le fer la forme de tarière naturellement appropriée à chaque objet.

HERMOGÈNE

Certainement.

SOCRATE

Et sur le bois la navette appropriée par la nature à
chaque objet.

HERMOGÈNE

C'est juste.

SOCRATE

Car nous avons vu que pour chaque genre de tissage il y a naturellement, semble-t-il, une navette particulière et ainsi du reste.

HERMOGÈNE

Oui.

SOCRATE

N'en est-il pas de même, excellent homme, du nom approprié par la nature à chaque objet ? Notre législateur ne doit-il pas savoir l'incorporer dans les sons et les syllabes et tenir les yeux sur ce qu'est le nom en soi pour créer et établir tous les noms, s'il veut faire autorité dans ses créations ? Si chaque législateur n'opère pas sur les mêmes syllabes, il ne faut pas pour cela méconnaître cette vérité. Les forgerons non plus n'opèrent pas tous sur le même fer en faisant le même instrument pour la même fin. Néanmoins, tant qu'ils lui donnent la même forme, fût-ce avec un fer différent, l'instrument n'en est pas moins bon, qu'il soit fabriqué ici ou chez les barbares [265]. N'est-ce pas vrai ?

HERMOGÈNE

Certainement.

SOCRATE

Tu jugeras donc de même le législateur, qu'il soit grec ou barbare. Tant qu'il reproduit la forme de nom propre à chaque chose, quelles que soient les syllabes dont il se sert, il n'en sera pas moins bon législateur, qu'il soit de ce pays ou de n'importe quel autre.

HERMOGÈNE

Certainement.

SOCRATE

X. — Et maintenant quel est celui qui reconnaîtra si la forme convenable de navette a été incorporée dans n'importe quel bois ? Celui qui l'a faite, le menuisier, ou celui qui doit s'en servir, le tisserand ?

HERMOGÈNE

Il est à présumer, Socrate, que ce sera plutôt celui qui doit s'en servir.

SOCRATE

Et qui est celui qui utilisera l'ouvrage du fabricant de lyres ? N'est-ce pas celui qui sait le mieux diriger le travail de l'ouvrier et juger, quand l'ouvrage est terminé, s'il est bien fait ou non ?

HERMOGÈNE

Certainement.

SOCRATE

Qui est-ce ?

HERMOGÈNE

Le joueur de lyre.

SOCRATE

Et l'ouvrage du constructeur de vaisseaux ?

HERMOGÈNE

Le pilote.

SOCRATE

Et l'œuvre du législateur ? Qui est le plus capable de la diriger et de juger du travail exécuté soit chez nous, soit chez les barbares ? N'est-ce pas celui qui s'en servira ?

HERMOGÈNE

Si.

SOCRATE

Et celui-là, n'est-ce pas celui qui sait interroger ?

HERMOGÈNE

Certainement.

SOCRATE

Et en même temps répondre ?

HERMOGÈNE

Si.

SOCRATE

Et celui qui sait interroger et répondre, l'appelles-tu autrement que dialecticien ?

HERMOGÈNE

Non, c'est le nom que je lui donne.

SOCRATE

Ainsi le travail du charpentier consiste à faire le gouvernail sous la direction du pilote, si le gouvernail doit être bien fait ?

HERMOGÈNE

Evidemment.

SOCRATE

Et celui du législateur, semble-t-il, à établir le nom sous la direction du dialecticien, s'il veut établir les noms convenablement ?

HERMOGÈNE

C'est juste.

SOCRATE

Il y a donc des chances, Hermogène, pour que l'institution des noms ne soit pas une petite affaire, comme tu le penses, ni l'ouvrage de gens médiocres et des premiers venus. Cratyle a donc raison de dire que les noms des choses dérivent de leur nature, et que tout homme n'est pas un artisan de noms, mais celui-là seul qui, les yeux fixés sur le nom naturel de chaque objet, est capable d'en incorporer la forme dans les lettres et les syllabes.

HERMOGÈNE

Je ne vois pas, Socrate, le moyen de contester ce que tu avances. Cependant j'ai peine à y acquiescer ainsi sur-le-champ; mais je pense que je le croirais davantage, si tu me faisais voir ce que tu entends par la justesse des noms.

SOCRATE

Moi, bienheureux Hermogène, je ne dis pas qu'elle existe, et tu as oublié ce que je disais tout à l'heure, que je n'en savais rien et que je l'examinerais avec toi. Pour le moment, l'examen que nous venons de faire, toi et moi, ne nous révèle qu'une chose, c'est que, contrairement à ce que nous pensions d'abord, le nom a une certaine justesse naturelle et qu'il n'est pas donné à tout le monde de savoir l'appliquer convenablement à n'importe quel objet, n'est-ce pas ?

HERMOGÈNE

Certainement.

SOCRATE

XI. — Il faut donc après cela chercher, si tu tiens à le savoir, ce que peut être de son côté la justesse du nom.

HERMOGÈNE

Bien sûr, je tiens à le savoir.

SOCRATE

Eh bien, examine.

HERMOGÈNE

Oui, mais comment faut-il examiner ?

SOCRATE

Le moyen le plus sûr de faire cet examen, c'est de recourir aux savants, en les payant et en leur témoignant de la reconnaissance. Or ceux-là sont les sophistes, grâce à qui ton frère Callias, en leur versant de fortes sommes, s'est fait une réputation de savant. Mais comme tu n'es pas maître des biens de ton père, il faut recourir à ton frère et le prier de t'enseigner ce qu'est la justesse en cette matière, comme il l'a apprise de Protagoras [266].

HERMOGÈNE

Ce serait vraiment, Socrate, une étrange prière que je ferais là, si moi, qui n'approuve pas du tout la *Vérité* [267]

de Protagoras, j'attachais quelque prix aux propos tenus
par une telle vérité.

SOCRATE

Eh bien, s'ils ne te satisfont pas non plus, il faut nous
instruire auprès d'Homère et des autres poètes.

HERMOGÈNE

Et qu'est-ce qu'il a dit, Socrate, ton Homère, au sujet
des noms, et en quel endroit ?

SOCRATE

En maint endroit; mais les plus importants et les
plus beaux sont ceux où il distingue à propos des mêmes
objets les noms que lui donnent les hommes et ceux que
lui donnent les dieux. Ne trouves-tu pas qu'en ces endroits
il dit quelque chose de grand et de merveilleux sur la
justesse des noms; car il est clair que les dieux emploient
avec justesse les noms naturels des choses. Ne le crois-tu
pas ?

HERMOGÈNE

Je suis persuadé au contraire que, s'ils donnent des
noms, ils les donnent justes. Mais de quelle espèce de
noms parles-tu ?

SOCRATE

Ne sais-tu pas qu'en parlant du fleuve de Troie qui
livrait un combat singulier à Héphaistos, il dit :
« *Ce fleuve que les dieux appellent Xanthe et les hommes
Scamandre* [268]. »

HERMOGÈNE

Si. Et après ?

SOCRATE

Ne crois-tu pas qu'il est important de savoir en quoi
il est plus juste d'appeler ce fleuve Xanthe que de l'appeler Scamandre ? Prenons encore, si tu veux, l'oiseau
dont il dit que

« *les dieux l'appellent khalkis et les hommes cumindis* [269] ».

Crois-tu qu'il soit sans intérêt d'apprendre combien il
est plus juste d'appeler le même oiseau khalkis que
cumindis ? De même pour les noms de Batiée et de
Myriné [270] et pour beaucoup d'autres, tant chez ce poète
que chez les autres. Mais peut-être ces noms-là sont-ils
trop difficiles à expliquer pour moi et pour toi. Mais Scamandrios et Astyanax, noms qu'Homère donne au fils
d'Hector, sont, ce me semble, plus à la portée de l'intelligence humaine, et il est plus facile d'y reconnaître
quelle justesse il leur attribue. Tu connais certainement
les vers où se trouvent les noms dont je parle.

HERMOGÈNE

Parfaitement.

SOCRATE

Des deux noms donnés à l'enfant, lequel crois-tu qu'Homère considérait comme le plus juste, Astyanax ou Scamandrios ?

HERMOGÈNE

Je ne puis le dire.

SOCRATE

XII. — Examine la question de cette manière. Si l'on te demandait quels sont, à ton avis, ceux qui donnent les noms les plus justes, les plus sensés ou les plus insensés ?

HERMOGÈNE

Il est clair que je répondrais : les plus sensés.

SOCRATE

Or, à prendre le sexe en général, est-ce les femmes qui dans les cités te paraissent être les plus sensées, ou les hommes ?

HERMOGÈNE

Les hommes.

SOCRATE

Or tu sais qu'au dire d'Homère, le jeune enfant d'Hector était appelé Astyanax par les Troyens. Il est donc clair que c'est les femmes qui l'appelaient Scamandrios, puisque les hommes l'appelaient Astyanax [271] ?

HERMOGÈNE

C'est vraisemblable.

SOCRATE

Or Homère, lui aussi, jugeait les Troyens plus sages que leurs femmes.

HERMOGÈNE

Je le crois.

SOCRATE

Il pensait donc qu'Astyanax était pour l'enfant un nom plus juste que Scamandrios ?

HERMOGÈNE

Apparemment.

SOCRATE

Cherchons donc quelle en pouvait être la raison. Lui-même ne nous en indique-t-il pas très exactement le pourquoi ? Il dit :

« *Car, seul, il défendait leur ville et leurs vastes remparts* [272]. »

Voilà donc pourquoi, ce semble, il est juste d'appeler le fils du sauveur l'Astyanax de ce que sauvait son père, selon ce que dit Homère.

HERMOGÈNE

Cela me paraît évident.

SOCRATE

Mais enfin qu'est-ce qui motive l'opinion d'Homère ?
Moi-même, je ne le saisis pas encore, et toi, le saisis-tu ?

HERMOGÈNE

Non, par Zeus.

SOCRATE

Mais, mon bon, est-ce qu'Hector lui-même n'a pas
reçu son nom d'Homère ?

HERMOGÈNE

Pourquoi cette question ?

SOCRATE

Parce que ce nom me paraît voisin d'Astyanax et que
ces deux noms ont l'air grec. *Anax* et *Hector* signifient
à peu près la même chose, et ce sont tous deux des noms
de rois. Car ce dont on est *anax (chef)*, on en est sûrement
aussi l'*hector (possesseur)*, car il est clair qu'on en est maître,
qu'on le possède et qu'on le tient *(ékhëï)*. Ou bien crois-tu
que je suis dans l'erreur et que je me fais illusion en
croyant saisir quelque trace de l'opinion d'Homère sur la
justesse des noms ?

HERMOGÈNE

Non, par Zeus, tu n'es pas dans l'erreur, ce me semble,
et peut-être en saisis-tu quelqu'une.

SOCRATE

XIII. — On a sûrement droit, à mon avis, d'appeler
lion la progéniture d'un lion et cheval la progéniture
d'un cheval. Je ne parle pas des cas monstrueux, comme
si, par exemple, il naissait d'un cheval autre chose qu'un
cheval : je parle de la progéniture naturelle à chaque
race. Si un cheval met au jour, contre nature, la progéniture naturelle d'un taureau, ce n'est pas poulain qu'il
faut l'appeler, mais veau. De même, s'il naît d'un homme,
je suppose autre chose qu'un rejeton d'homme, seul
le rejeton d'homme mérite le nom d'homme. De même
pour les arbres et pour tout le reste. N'est-ce pas aussi
ton avis ?

HERMOGÈNE

C'est aussi mon avis.

SOCRATE

Bien dit. Mais tiens-toi sur tes gardes, de peur que je ne
t'induise en erreur. Suivant le même raisonnement, le

rejeton qui naît d'un roi doit être appelé roi. Du reste, que le même sens soit exprimé par telles ou telles syllabes, peu importe. Qu'une lettre soit ajoutée ou retranchée, cela non plus n'a aucune importance, tant que l'essence de l'objet domine, manifestée dans le nom.

HERMOGÈNE

Que veux-tu dire par là ?

SOCRATE

Rien de compliqué. Par exemple, tu sais que nous désignons les lettres par des noms, et non par elles-mêmes, excepté l'e, l'u, l'o et l'ô [273]. Quant aux autres lettres, voyelles et consonnes, tu sais que nous y ajoutons d'autres lettres pour former leurs noms. Mais tant que nous y mettons la lettre même avec sa valeur clairement exprimée, il est juste de lui donner ce nom-là, qui la désignera pour nous. Prenons par exemple le bêta : tu vois que l'addition de l'ê, du t et de l'a n'a rien gâté et n'empêche pas que la nature de cette lettre ne soit clairement exprimée par le nom entier, suivant l'intention du législateur, tant il a bien su donner leurs noms aux lettres.

HERMOGÈNE

Il me semble bien que tu dis vrai.

SOCRATE

Ne faut-il pas raisonner de même au sujet du roi ? D'un roi naîtra un roi, d'un homme bon un homme bon, d'un bel homme un bel homme, et ainsi de tout le reste : de chaque race naîtra un rejeton semblable, à moins que ce ne soit un monstre; il faut donc leur donner les mêmes noms. Mais on peut en varier la forme au moyen des syllabes, de sorte que l'ignorant pourra les prendre pour des noms différents, bien qu'ils soient les mêmes. C'est ainsi que les drogues des médecins, diversifiées par les couleurs ou les odeurs, nous paraissent différentes, tout en étant les mêmes, tandis que le médecin, qui ne considère dans les drogues que leur vertu, les juge semblables et ne s'en laisse pas imposer par les accessoires. Il en est sans doute de même de celui qui a la science des noms : il considère leur valeur et ne s'en laisse pas imposer si une lettre a été ajoutée, transposée ou retranchée, ou même si la valeur du nom est exprimée par des lettres tout à fait différentes. Par exemple, ces noms dont nous parlions tout à l'heure, *Astyanax* et *Hector*, n'ont de lettres communes que le t, et néanmoins ils signifient la même chose. Et le nom d'*Archépolis (chef de la ville)*, quelle lettre a-t-il en commun avec les deux autres ? Il a pourtant le même sens que celui de roi. D'autres encore signifient chef d'armée, comme *Agis (chef)*, *Polémarque (chef de guerre)* et

Eupolémos (bon guerrier). D'autres désignent des médecins, *Iatroclès (médecin célèbre)* et *Akésimbrotos (guérisseur d'hommes)*. Et peut-être en trouverions-nous une foule d'autres qui, tout en sonnant différemment par leurs syllabes et leurs lettres, expriment par leur valeur la même chose. Es-tu ou n'es-tu pas de cet avis ?

HERMOGÈNE

J'en suis parfaitement.

SOCRATE

Les êtres qui naissent conformément aux règles de la nature doivent donc recevoir les mêmes noms ?

HERMOGÈNE

Certainement.

SOCRATE

XIV. — Et les êtres contre nature qui naissent sous la forme de monstres ? Quand, par exemple, d'un homme bon et pieux il naît un impie, n'est-ce pas le même cas que dans l'exemple donné précédemment où, une jument ayant mis au jour un petit de vache, celui-ci ne devait évidemment pas porter le nom de son père, mais celui de la race dont il était ?

HERMOGÈNE

Assurément si.

SOCRATE

Donc à l'impie né d'un homme pieux il faut aussi donner le nom de son genre ?

HERMOGÈNE

C'est juste.

SOCRATE

Non pas *Théophile (ami de Dieu)*, semble-t-il, ni *Mnésithée (qui se souvient de Dieu)*, ni aucun nom analogue, mais un qui signifie le contraire de ceux-là, si l'on veut que les noms soient corrects.

HERMOGÈNE

Rien de plus vrai, Socrate.

SOCRATE

Par exemple, il y a des chances, Hermogène, pour qu'*Oreste* soit exactement nommé, qu'il tienne ce nom du hasard ou de quelque poète, parce que son nom exprime bien son caractère farouche, sauvage et *montagnard (oréinon)*.

HERMOGÈNE

Cela me paraît vrai, Socrate.

SOCRATE

Il semble aussi que son père avait un nom conforme
à sa nature.

HERMOGÈNE

Il le semble.

SOCRATE

Agamemnon, en effet, a bien l'air d'un homme capable
de réaliser ses desseins à force de peine et de patience et
de les mener à terme à force de vaillance. J'en vois la
preuve dans le long séjour de l'armée devant Troie et dans
son endurance. Le nom d'Agamemnon signifie donc que
ce héros était *admirable (agastos)* par sa *persévérance
(épimonè)*. Peut-être aussi *Atrée* est exactement homme,
car le meurtre de Chrysippe commis par lui [274] et sa
conduite atroce envers Thyeste [275], tous ces actes sont nuisibles et *funestes (atèra)* pour la *vertu (arété)*. Le nom
qui le désigne est quelque peu détourné et obscur, de
sorte qu'il ne révèle pas à tout le monde le caractère du
personnage ; mais ceux qui savent interpréter les noms
voient assez ce que veut dire Atrée. Et, en effet, qu'il se
rattache au sens d'*inflexible (atéirès)* ou d'*intrépide (atres-
tos)* ou de *funeste (atéros)*, de toute manière son nom
est juste. Pélops aussi me semble avoir reçu le nom qui
lui convenait ; car ce nom signifie que *celui qui ne voit que ce
qui est près de lui (pélas-opsis)* mérite cette application.

HERMOGÈNE

Comment cela ?

SOCRATE

Par exemple, on dit de cet homme qu'en tuant Myrtilos [276], il ne sut rien pressentir ni prévoir du sort futur de
toute sa descendance et de tous les malheurs dont il était
en train de l'accabler ; il ne vit que ce qui était voisin et
présent c'est-à-dire *auprès de lui (pélas)*, quand il mettait
tout en œuvre pour obtenir la main d'Hippodamie. Pour
Tantale [277], chacun peut juger que le nom qu'on lui a
donné est juste et naturel, si ce qu'on dit de lui est vrai.

HERMOGÈNE

Et qu'en dit-on ?

SOCRATE

On dit d'abord que, pendant sa vie, une foule de malheurs terribles le frappèrent et finirent par la ruine complète
de sa patrie ; puis qu'après sa mort, dans l'Hadès, un rocher
fut *suspendu (talantéia)* au-dessus de sa tête, en merveilleux accord avec son nom. On dirait vraiment qu'on a
voulu l'appeler *le plus malheureux* des hommes et qu'on a
déguisé ce mot en le prononçant *Tantale* au lieu de *Talante*.
Voilà le genre de nom que le hasard de la légende paraît

lui avoir attribué. Son père aussi, qu'on dit être *Zeus*, me paraît parfaitement nommé, quoiqu'il ne soit pas facile de s'en rendre compte ; car, à vrai dire, c'est toute une phrase que ce nom de Zeus. Il a été coupé en deux parties, dont nous employons tantôt l'une, tantôt l'autre : les uns l'appellent *Zèna*, les autres *Dia*. Réunis en un seul, ces deux mots expriment la nature du dieu, ce qui est justement, selon nous, la fonction qu'un nom doit remplir. Il n'est point en effet, pour nous et pour tous les autres êtres, de plus véritable cause de la *vie (zèn)* que le chef et roi de l'univers. Il se trouve ainsi qu'on a correctement nommé ce dieu *par qui (di'hon)* il est donné de *vivre (zèn)* successivement à tous les êtres vivants ; mais, je le répète, son nom, qui est un, a été partagé en deux, *Dii* et *Zèni*. Dire que ce dieu est le fils de *Kronos*, cela paraît impertinent au premier abord, mais il est logique que *Zeus (Dia)* soit issu d'une grande *intelligence (dianoia)*. Kronos en effet signifie *netteté (koros* [278] *)* et non *enfant (koros)*, et désigne sa pureté et la pureté sans mélange de son *esprit (nou)*. *Kronos* à son tour est, dit-on, fils d'*Ouranos (le ciel)*, et la contemplation des choses d'en haut, elle aussi, a été bien désignée par ce nom d'*Ourania (céleste)*, puisqu'elle *voit ce qui est en haut (horôsa ta anô)*. C'est de cette contemplation, Hermogène, que vient la pureté de l'esprit, si l'on en croit ceux qui discutent des choses célestes, et c'est pour cela que le *ciel (ouranos)* a été bien nommé. Si je me rappelais la généalogie d'Hésiode et les ancêtres encore plus reculés qu'il donne à ces dieux, je ne me lasserais pas d'expliquer la justesse de leurs noms, avant d'éprouver ce que peut faire, si elle restera court ou non, cette science qui vient de me tomber si soudainement je ne sais d'où.

HERMOGÈNE

En effet, Socrate, il semble vraiment que tu te sois mis tout à coup à rendre des oracles à la façon des inspirés.

SOCRATE

XV. — Oui, Hermogène, et c'est surtout à Euthyphron de Prospalte [279] que j'attribue cette science qui vient de m'échoir. Car j'ai passé une bonne partie de la matinée en sa compagnie, à l'écouter parler. Il est donc bien possible que cet homme inspiré non seulement ait rempli mes oreilles de sa science divine, mais encore qu'il se soit emparé de mon âme. Voici donc, à mon avis, ce que nous devons faire : pour aujourd'hui profitons-en et voyons ce qui reste à examiner sur la question des noms ; demain, si vous en êtes d'accord avec moi, nous l'exorciserons et nous nous purifierons, si nous trouvons quelqu'un qui s'entende à ces sortes de purification, soit un prêtre, soit un sophiste.

HERMOGÈNE

J'y consens pour ma part, car j'aurais le plus vif plaisir à entendre ce qui reste à dire des noms.

SOCRATE

Eh bien, faisons comme j'ai dit. Par où veux-tu que nous commencions l'examen, maintenant que nous nous sommes engagés dans un exposé général, pour savoir si vraiment les noms nous attesteront par eux-mêmes que chacun d'eux, loin d'avoir été ainsi établi au hasard, possède une certaine justesse ? Or les noms donnés aux héros et aux hommes pourraient peut-être nous induire en erreur; car beaucoup d'entre eux ont une forme héréditaire, parfois sans aucune convenance, comme nous le disions au début, et beaucoup sont comme l'expression d'un souhait, par exemple *Eutychidès (fortuné)*, *Sosias (sauvé)*, *Théophile (aimé des dieux)*, et maint autre. Ceux de ce genre, il faut, à mon avis, les laisser de côté. Selon toute apparence, les noms établis avec justesse se trouvent parmi ceux qui ont rapport aux choses éternelles et à la nature, car c'est ici surtout que l'établissement des noms a dû être fait avec soin; peut-être même quelques-uns d'entre eux ont-ils été formés par une puissance plus divine que celle des hommes.

HERMOGÈNE

Cela me paraît bien dit, Socrate.

SOCRATE

XVI. — Dès lors, n'est-il pas juste de commencer par les dieux et de chercher pour quelle raison ce nom même de dieu leur a été justement attribué ?

HERMOGÈNE

C'est naturel.

SOCRATE

Voici donc ce que je soupçonne pour ma part. Je crois que les premiers habitants de la Grèce ne reconnaissaient d'autres dieux que ceux qui sont adorés aujourd'hui chez un grand nombre de barbares, le soleil, la lune, la terre, les astres et le ciel. En les voyant tous se mouvoir et courir sans arrêt, ils les appelèrent dieux d'après cette faculté naturelle de *courir (théïn)*. Dans la suite, quand ils connurent les autres, ce fut dès lors ce nom qu'ils les désignèrent tous. Mon explication te semble-t-elle approcher ou non de la vérité ?

HERMOGÈNE

Elle m'en paraît très proche.

SOCRATE

Après cela, que pourrions-nous examiner ? N'est-ce pas
évidemment les démons, les héros et les hommes ?

HERMOGÈNE

Les démons.

SOCRATE

En toute vérité, Hermogène, qu'est-ce que peut bien
signifier le nom de démons ? Vois si ma conjecture te
paraît juste.

HERMOGÈNE

Parle seulement.

SOCRATE

Te rappelles-tu qui sont ces démons, au dire d'Hésiode ?

HERMOGÈNE

Je n'en ai pas souvenir.

SOCRATE

Ne te rappelles-tu pas non plus qu'il dit que la première race des hommes fut une race d'or ?

HERMOGÈNE

Oui, cela, je m'en souviens.

SOCRATE

Or il dit d'elle :
« *Depuis que le sort a recouvert cette race,*
On les appelles démons, habitants sacrés de la terre,
Bons, secourables, gardiens des mortels [280] ».

HERMOGÈNE

Et après ?

SOCRATE

Pour moi, je suis persuadé qu'en parlant de la race
d'or, il n'entend pas qu'elle est formée d'or, mais qu'elle
est bonne et belle : et la preuve pour moi, c'est que nous,
il nous appelle race de fer.

HERMOGÈNE

Tu dis vrai.

SOCRATE

Ne crois-tu pas que si, parmi les hommes de nos jours,
il en est un bon, il le rangerait dans cette race d'or ?

HERMOGÈNE

C'est vraisemblable.

SOCRATE

Mais les bons sont-ils autre chose que des sages ?

HERMOGÈNE

Ce sont des sages.

SOCRATE

Voici donc, selon moi, ce qu'il entend essentiellement
par les démons : c'est parce qu'ils étaient sages et *savants*
(daèmonés) qu'il les a nommés démons, et ce mot même
se rencontre dans notre ancienne langue. Il a donc raison,
lui et beaucoup d'autres poètes, qui disent qu'à sa mort
un homme de bien obtient une haute destinée et de grands
honneurs et qu'il devient démon, nom dérivé de sa sagesse.
En ce sens, je soutiens moi-même que tout homme de
bien, vivant ou mort, est de nature démonique et qu'il
est à juste titre appelé démon.

HERMOGÈNE

Moi aussi, Socrate, je crois pouvoir sur ce point t'accorder un suffrage sans réserve. Mais le héros, que peut-il
être ?

SOCRATE

Cela n'est pas difficile à concevoir. Leur nom, légèrement altéré, indique que les héros sont nés de l'amour.

HERMOGÈNE

Comment cela ?

SOCRATE

Ne sais-tu pas que les héros sont des demi-dieux ?

HERMOGÈNE

Eh bien ?

SOCRATE

Ils sont tous, n'est-ce pas ? nés des amours d'un dieu
pour une mortelle ou d'un mortel pour une déesse. Considère ce qu'était aussi ce nom dans la vieille prononciation
attique [281], et tu t'en rendras mieux compte : tu verras qu'il
est modelé sur le nom de l'*amour (érôs)*, auquel les héros
doivent la naissance, avec un léger changement pour la
forme. Voilà ce que sont les héros pour Hésiode, ou bien
il veut dire qu'ils étaient savants, orateurs éloquents ou
bons dialecticiens, habiles à interroger et à parler *(éïréïn)* ;
car *éïréïn* signifie *parler*. Comme nous venons de le dire,
dans la langue attique, ceux qu'on appelle héros se trouvent
être des orateurs et des questionneurs habiles, si bien que
la tribu des héros devient une race d'orateurs et de
sophistes.

XVII. — Mais ce n'est pas cela qui est difficile à concevoir, c'est plutôt le nom des hommes. Qu'est-ce qui leur
a valu ce nom ? Peux-tu le dire, toi ?

HERMOGÈNE

Comment le pourrais-je, mon bon ? Même si j'étais capable de le trouver, je ne m'en donnerais pas la peine, parce que je crois que tu le trouveras mieux que moi.

SOCRATE

Tu as confiance dans l'inspiration d'Euthyphron, à ce que je vois.

HERMOGÈNE

Evidemment.

SOCRATE

Et tu fais bien d'avoir confiance ; car, à l'instant même, je crois qu'il m'est venu une idée ingénieuse et je vais risquer, si je n'y prends garde, d'être encore aujourd'hui plus habile que de raison. Fais attention à ce que je vais dire. D'abord voici une chose qu'il faut se mettre dans l'esprit au sujet des noms, c'est que souvent nous insérons des lettres ou nous en ôtons, en dérivant les noms d'où il nous plaît, et nous changeons la place des accents. Prenons pour exemple *Diï philos* [282] *(ami de Zeus)* : pour faire un nom de cette locution, nous en avons ôté le second iota, et la syllabe du milieu, qui portait l'accent aigu, est devenue grave dans la prononciation. Dans d'autres noms, au contraire, nous insérons des lettres et sur une syllabe grave nous mettons l'accent aigu.

HERMOGÈNE

Cela est vrai.

SOCRATE

Or c'est une de ces modifications qu'a éprouvée, il me semble, le nom des hommes. De locution il est devenu nom, par le retranchement d'une lettre, l'a, et le changement de la finale en grave.

HERMOGÈNE

Que veux-tu dire ?

SOCRATE

Le voici. Ce nom d'*anthrôpos (homme)* signifie qu'au rebours des autres animaux, qui n'examinent rien de ce qu'ils voient, qui ne raisonnent pas, qui ne *contemplent pas (anathréï)*, l'homme n'a pas plus tôt vu — c'est ce que signifie *opôpé* — qu'il applique ses regards et son raisonnement à ce qu'il a vu. Et voilà pourquoi, seul des animaux, l'homme a été justement nommé *anthrôpos ;* car il *contemple ce qu'il a vu (anathrôn ha opôpé)* [283].

HERMOGÈNE

Et maintenant puis-je te demander une chose que j'aurais plaisir à apprendre ?

SOCRATE

Certainement.

HERMOGÈNE

Eh bien, il me semble qu'il y a une chose qui se rattache à celles que tu viens de traiter. Il y a bien dans l'homme quelque chose que nous appelons âme et corps ?

SOCRATE

Sans doute.

HERMOGÈNE

Essayons maintenant d'expliquer ces mots comme les précédents.

SOCRATE

C'est l'âme que tu veux que j'examine d'abord, pour voir comment ce nom lui convient, et le corps ensuite ?

HERMOGÈNE

Oui.

SOCRATE

S'il me faut dire mon avis à l'impromptu, voici, je crois, la pensée de ceux qui ont nommé l'*âme (psukhè)* : c'est ce qui, présent dans le corps, est pour lui la cause de la vie, en lui procurant la faculté de respirer et en le *rafraî-chissant (anapsukhon);* dès que ce principe rafraîchissant l'abandonne, le corps périt et meurt : voilà pourquoi, selon moi, ils l'ont appelé *âme (psukhè).* Mais attends un peu, s'il te plaît : je crois apercevoir quelque chose de plus plausible pour Eutyphron et ses disciples; car ma première explication pourrait, j'imagine, leur paraître méprisable et vulgaire. Vois donc si celle que je vais donner sera de ton goût, à toi aussi.

HERMOGÈNE

Parle seulement.

SOCRATE

Qu'est-ce qui, selon toi, maintient et véhicule la nature du corps tout entier, de manière qu'il vit et circule ? Est-ce autre chose que l'âme ?

HERMOGÈNE

Non, c'est elle.

SOCRATE

Et la nature de tous les autres êtres, ne crois-tu pas avec Anaxagore que c'est un esprit et une âme qui l'or-donne et la maintient ?

HERMOGÈNE

Si.

SOCRATE

Il serait donc bien de donner le nom de *phusékhè* à

cette force qui *véhicule (okhëï)* et *maintient (ékhëï)* la *nature (phusis)*. Mais on peut aussi dire plus joliment *psukhè*.

HERMOGÈNE

Certainement, et cette interprétation me paraît même plus savante que l'autre.

SOCRATE

Elle l'est en effet; pourtant le mot paraît vraiment risible, prononcé comme il a été formé.

HERMOGÈNE

Et maintenant que dirons-nous du mot suivant ?

SOCRATE

Tu veux parler du corps ?

HERMOGÈNE

Oui.

SOCRATE

Le nom m'en paraît complexe, et, pour peu qu'on le modifie, très complexe même. Certains disent que le corps est le tombeau *(sèma)* [284] de l'âme, parce qu'elle y est ensevelie pendant cette vie. Comme d'autre part c'est par lui que l'âme signifie ce qu'elle veut dire, on dit qu'à ce titre aussi le nom de *sèma (signe)* lui convient. Mais ce qui me paraît le plus vraisemblable, c'est que ce sont les orphiques qui ont établi ce nom, dans la pensée que l'âme expie les fautes pour lesquelles elle est punie, et qu'elle est enclose dans le corps, comme dans une prison, pour qu'il la maintienne saine et sauve; il est donc, comme son nom l'indique, le *sôma (sauveur)* de l'âme, jusqu'à ce qu'elle ait acquitté sa dette, et il n'y a pas à y changer une seule lettre.

HERMOGÈNE

XVIII. — Ces mots me paraissent suffisamment éclaircis, Socrate. Mais pour les noms des dieux, ne pourrions-nous pas, comme tu l'as fait tout à l'heure en parlant de Zeus, examiner de la même manière ce qui fait la justesse des noms qu'ils ont reçus ?

SOCRATE

Par Zeus, Hermogène, si nous étions raisonnables, il y a bien une manière, la plus belle, c'est de dire en parlant des dieux que nous ne savons rien ni de leurs personnes, ni des noms dont ils s'appellent entre eux; car il est clair qu'ils emploient, eux, les noms véritables. Il y a une seconde manière en fait de justesse, c'est de leur donner nous-mêmes, comme c'est l'usage quand on les prie, les noms, quels qu'ils soient, et les surnoms d'origine dont ils aiment à être appelés, reconnaissant que nous ne savons rien de plus : c'est à mes yeux un excellent usage. Faisons donc, si tu veux, notre enquête, mais après avoir au préalable protesté auprès des dieux qu'elle ne portera aucunement sur eux, car nous nous en jugeons incapables, mais sur les hommes et les opinions qu'ils durent avoir quand ils leur donnèrent leurs noms : il n'y a rien en cela dont ils puissent se fâcher.

HERMOGÈNE

Voilà, Socrate, un langage qui me semble sensé. Faisons comme tu dis.

SOCRATE

N'est-ce point par Hestia [285] qu'il nous faut commencer, suivant le rite consacré ?

HERMOGÈNE

C'est juste en effet.

SOCRATE

Quelle pensée peut-on croire qu'avait dans l'esprit celui qui a nommé Hestia ?

HERMOGÈNE

Par Zeus, cela non plus ne me paraît pas facile à deviner.

SOCRATE

Il y a des chances en tout cas, mon bon Hermogène, pour que les premiers qui ont institué les noms n'aient pas été des esprits médiocres, mais des savants dans les choses célestes et des raisonneurs.

HERMOGÈNE

Pourquoi cela ?

SOCRATE

C'est qu'il est évident pour moi que l'institution des noms est l'œuvre d'hommes comme ceux-là, et, si l'on considère les noms étrangers à notre dialecte, on ne découvre pas moins ce que chacun veut dire. Par exemple ce que nous, nous appelons *ousia*, il y en a qui l'appellent *essia*, d'autres *ôsia* [286]. Or tout d'abord il est logique que, d'après le second de ces noms, l'*essence* des choses soit appelée *Hestia*, et si d'autre part nous désignons par *Hestia* ce qui participe à l'*existence (ousia)*, en ce sens encore *Hestia* est justement nommée; car nous aussi, à ce qu'il paraît, nous appelions anciennement *essia* l'*existence (ousia)*. En outre si l'on songe aux sacrifices, on se convaincra que telle a été la pensée de ceux qui ont établi ces noms. En effet, il était naturel que *Hestia* fût invoquée la première avant tous les dieux par ceux qui avaient appelé *Hestia* l'essence de toute chose. Quant à ceux qui disent *ôsia*, ceux-là doivent croire, à peu près comme Héraclite, que tout ce qui existe passe et que rien ne demeure, et que par conséquent la cause et le principe directeur du monde est ce qui le met en mouvement *(to ôthoun)*, d'où il suivrait qu'il est bien nommé *ôsia*.

XIX. — Mais c'est assez parler là-dessus pour des gens qui ne savent rien. Après *Hestia*, il est juste d'examiner *Rhéa* et *Kronos*. Il est vrai que nous avons déjà parlé du nom de Kronos; mais peut-être ne dis-je rien qui vaille.

HERMOGÈNE

Comment cela, Socrate ?

SOCRATE

Mon bon ami, il m'est venu à l'esprit tout un essaim de savantes explications.

HERMOGÈNE

Qu'entends-tu par là ?

SOCRATE

C'est quelque chose de très bizarre, mais qui, je m'imagine, ne manque pas de vraisemblance.

HERMOGÈNE

Quelle vraisemblance ?

SOCRATE

Il me semble voir Héraclite tenant de sages propos, aussi vieux vraiment que Kronos et Rhéa, et qu'on trouve déjà chez Homère.

HERMOGÈNE

Que veux-tu dire par là ?

SOCRATE

Héraclite dit, n'est-ce pas ? que tout passe et que rien ne demeure, et comparant les choses à un courant d'eau, qu'on ne saurait entrer deux fois dans le même fleuve.

HERMOGÈNE

C'est exact.

SOCRATE

Eh bien, crois-tu qu'il pensait autrement qu'Héraclite, celui qui a donné aux ancêtres des autres dieux les noms de Rhéa et de Kronos [287] ? Crois-tu que ce soit au hasard qu'il a donné à l'un et à l'autre des noms de courants d'eau. De même Homère dit de son côté :

« *Océan, père des dieux, et leur mère Téthys* [288]. »

Je crois qu'Hésiode en dit autant [289]. Orphée aussi dit :

« *Océan au beau cours se maria le premier :*
Il épousa Téthys, sa sœur née de la même mère [290]. »

Considère que ces témoignages s'accordent entre eux et se rapportent tous à la doctrine d'Héraclite.

HERMOGÈNE

Tu me parais avoir raison, Socrate ; mais ce nom de Téthys, je ne conçois pas ce qu'il veut dire.

SOCRATE

Pourtant il l'indique presque de lui-même : c'est un nom de source déguisé. Car ce qui est *criblé (diattôménon)* et *filtré (èthouménon)* est l'image d'une source, et c'est de ces deux mots qu'est formé le nom de Téthys.

HERMOGÈNE

Voilà, Socrate, une jolie explication.

SOCRATE

Sans doute. Mais qu'est-ce qui vient après cela ? Nous avons déjà parlé de Zeus.

HERMOGÈNE

Oui.

SOCRATE

Passons donc à ses frères, Poséidon et Pluton, et à l'autre nom qu'on donne à ce dernier.

HERMOGÈNE

D'accord.

SOCRATE

Je pense que le premier qui nomma Poséidon lui donna ce nom parce qu'il fut arrêté dans sa marche par la nature de la mer, qui ne lui permit pas d'aller plus loin et qui fut comme une entrave à ses pieds. Aussi donna-t-il au dieu qui commande à cette force le nom de Poséidon, comme *entravant les pieds (posidesmon)* ; on y a inséré l'é sans doute pour l'élégance. Mais peut-être n'est-ce pas là le sens du mot : il se peut qu'à l'origine, au lieu de l's, on ait prononcé deux l, dans l'idée que le dieu *sait beaucoup de choses (pollas aidôs)*. Peut-être aussi a-t-il été nommé l'*ébranleur (ho séiôn)* de *séïéïn (ébranler)* ; on y aura ajouté le p et le d. Quant à Pluton, son nom vient de ce qu'il donne la richesse ; car c'est du fond de la terre que monte la *richesse (ploutos)*. Pour Hadès, je crois que la plupart des hommes entendent ce nom dans le sens d'*invisible* [291] *(aéïdés)* et c'est parce qu'ils ont peur de ce mot qu'ils appellent le dieu Pluton.

HERMOGÈNE

Mais toi, Socrate, que t'en semble ?

SOCRATE

XX. — Je crois, moi, que les hommes se sont fait bien des idées fausses sur le pouvoir de ce dieu et que la crainte qu'ils en ont est mal fondée. Ils en ont peur, parce qu'une fois mort, on reste là-bas pour toujours ; ils en ont peur encore, parce que l'âme s'en va chez lui dépouillée du corps ; mais tout cela me semble, à moi, converger vers le même sens, son pouvoir comme son nom.

HERMOGÈNE

Comment cela ?

SOCRATE

Je vais t'expliquer ma pensée. Dis-moi : quel est le lien le plus fort pour retenir un être vivant quelconque en quelque lieu que ce soit, la nécessité, ou le désir ?

HERMOGÈNE

Le plus fort de beaucoup, Socrate, c'est le désir.

SOCRATE

Ne crois-tu pas que bien des gens s'échapperaient de chez Hadès, s'il n'enchaînait pas par le lien le plus fort ceux qui s'en vont là-bas ?

HERMOGÈNE

Il n'y a pas à en douter.

SOCRATE

C'est donc, à ce qu'il paraît, par quelque désir qu'il les enchaîne, s'il est vrai qu'il le fait par le lien le plus puissant, et non par la nécessité.

HERMOGÈNE

Evidemment.

SOCRATE

D'autre part n'y a-t-il pas une foule de désirs ?

HERMOGÈNE

Si.

SOCRATE

C'est donc par le plus puissant des désirs qu'il les enchaîne, s'il veut les retenir par le lien le plus puissant.

HERMOGÈNE

Oui.

SOCRATE

Or peut-on éprouver un désir plus puissant que, lors-

qu'en fréquentant quelqu'un, on espère devenir meilleur
grâce à lui ?

HERMOGÈNE

Non, par Zeus, Socrate, en aucune façon.

SOCRATE

Concluons donc de tout cela, Hermogène, que personne
ne veut revenir de l'autre monde en celui-ci, pas même
les Sirènes [292], mais qu'un charme les tient enchaînés,
elles et tous les autres, tellement sont beaux, semble-t-il
les discours que sait tenir Hadès! Ce dieu est donc, d'après
notre raisonnement, un sophiste accompli et un grand
bienfaiteur de ceux qui demeurent près de lui, lui qui
envoie encore tant de biens aux habitants de la terre,
tant il a là-bas de richesses en réserve ? C'est de là que
lui est venu le nom de Pluton. D'autre part le fait qu'il
refuse de vivre avec les hommes, tant qu'ils ont leur
corps, et de n'avoir commerce avec eux que lorsque leur
âme est purifiée de tous les maux et désirs corporels, ne
prouve-t-il pas à tes yeux qu'il est philosophe et qu'il a
bien compris que le moyen de retenir les mortels, c'était
de les enchaîner par le désir de la vertu, tandis que,
quand ils gardent leur corps avec ses passions et sa folie,
Kronos même, son père, ne pourrait les retenir avec lui
en les enchaînant dans ses fameux liens [293].

HERMOGÈNE

Tu pourrais bien avoir raison, Socrate.

SOCRATE

Et le nom d'Hadès, Hermogène, bien loin d'être dérivé
d'*invisible (aéidès)* vient bien plutôt de ce qu'il connaît
tout ce qui est beau *(eïdénaï)* ; c'est de là que le législateur a
tiré l'appellation d'Hadès.

HERMOGÈNE

XXI. — Voilà qui est bien. Mais. *Dèmèter*, *Hèra*,
Apollon, *Athèna*, *Hèphaistos*, *Arès* et les autres dieux, qu'en
disons-nous ?

SOCRATE

Pour *Dèmèter*, je crois que c'est parce qu'elle nous
donne la nourriture comme une *mère (didousa mètèr)*
qu'elle a été appelée Dèmèter. *Héra* revient à *aimable*
et c'est ainsi que Zeus, dit-on, s'éprit d'elle et l'a pour
épouse. Peut-être aussi le législateur, occupé des phénomènes célestes, a-t-il caché sous le nom d'Hèra celui de
l'air, en mettant à la fin la lettre du commencement;
c'est ce que tu peux reconnaître en prononçant plusieurs
fois le nom d'Héra. Pour Pherréphatta [294], c'est encore
un nom que beaucoup redoutent, comme celui d'Apollon,

par ignorance, semble-t-il, de la juste valeur des noms. Ils l'altèrent jusqu'à y voir Perséphone [295], qui leur paraît un nom terrible, alors qu'au contraire il indique la sagesse de cette déesse; car, comme les choses sont en mouvement, y atteindre, les toucher, pouvoir les suivre, c'est marque de sagesse. Aussi, parce qu'elle est sage et qu'elle *touche ce qui est emporté (épaphè tou phéroménou)*, c'est le nom de Phérépapha ou un nom analogue qui conviendrait à cette déesse. C'est aussi pourquoi Hadès, sage lui-même, vit avec elle, parce qu'il est comme lui. Mais à présent on modifie son nom et, sacrifiant la vérité à l'euphonie, on l'appelle Pherréphatta. La même chose, je le répète, est arrivée pour le nom d'Apollon; le nom de ce dieu fait peur à beaucoup de gens, comme s'il signifiait quelque chose de terrible [296]. Ne l'as-tu pas remarqué?

HERMOGÈNE

Certainement, et tu dis vrai.

SOCRATE

En fait il est, selon moi, parfaitement approprié à la puissance du dieu.

HERMOGÈNE

Comment cela?

SOCRATE

Je vais essayer de te dire comment je l'entends. Il n'y a pas de nom qui, à lui seul, eût pu mieux s'ajuster aux quatre attributions du dieu, de manière à les toucher toutes et à faire voir en quelque sorte la musique, la divination, la médecine et l'art de tirer de l'arc.

HERMOGÈNE

Explique-toi; car tu me parles là d'un nom bien extraordinaire.

SOCRATE

XXII. — Dis plutôt plein d'harmonie, comme il convient à un dieu musicien. Tout d'abord la purification et les purgations soit de la médecine soit de l'art divinatoire, les fumigations de soufre au moyen de drogues médicinales et divinatoires, les bains qui sont d'usage en ces cérémonies, les aspersions, toutes ces pratiques produisent le même effet, qui est de rendre l'homme pur de corps et d'âme, n'est-il pas vrai?

HERMOGÈNE

Parfaitement vrai.

SOCRATE

Ainsi le dieu qui purifie, qui lave et qui délivre de tels maux, c'est notre Apollon?

Parfaitement.

D'après les délivrances et les purifications qu'il opère, en sa qualité de guérisseur de ces maux, il serait bien de l'appeler *Apolouôn (qui lave)*. D'après son art divinatoire, sa véracité et sa simplicité *(haploun)*, car c'est tout un, le nom qu'effectivement les Thessaliens lui donnent serait parfaitement justifié, car en Thessalie tout le monde appelle le dieu *Aploun*. D'autre part, comme il est toujours maître de ses coups par sa science de l'arc, il est celui *qui atteint toujours (aéi ballôn)*. Relativement à la musique, voici ce qu'on doit supposer : l'*a* signifie souvent *ensemble*, témoin les mots *akolouthos (compagnon de route)* et *akoïtis (compagne de lit)*. Dans le nom du dieu aussi, il désigne le *mouvement d'ensemble (homoupolèsis)* qui a lieu dans le ciel, ce qu'on appelle *révolutions (poloï)*, et dans l'harmonie du chant, ce qu'on appelle symphonie, parce que tous ces mouvements, au dire de ceux qui se piquent d'être versés dans la musique et dans l'astronomie, se font ensemble par une sorte d'harmonie, et c'est ce dieu qui préside à l'harmonie et fait tout mouvoir ensemble chez les dieux et chez les hommes. De même donc ce que nous avons appelé le *compagnon de route* et la *compagne de lit*, akolouthos et akoïtis, en mettant *a* à la place de *homo*, de même nous avons appelé *Apollon l'auteur du mouvement simultané (Homopolôn)*, en insérant un second l, parce qu'autrement ce serait l'homonyme d'un mot fâcheux. Tel qu'il est, ce nom éveille encore aujourd'hui les soupçons de certaines gens qui, faute d'en considérer comme il faut la valeur, le redoutent comme s'il annonçait quelque fléau. En réalité, comme nous le disions tout à l'heure, il vient de ce qu'il touche à toutes les attributions du dieu *simple, frappant toujours au but, purificateur, auteur du mouvement simultané*. Quant aux Muses et à la musique en général, c'est du fait de *désirer (môsthaï)* à ce qu'il semble, de la recherche et de l'amour de la science que vient le nom qu'on leur a donné. Celui de Lètô vient de la douceur de cette déesse, parce qu'elle *consent (éthélémôn)* aux demandes qu'on lui adresse. Mais peut-être son vrai nom est-il comme le prononcent les étrangers, car beaucoup l'appellent *Lèthô*. En ce cas, il semble que c'est en général à son *caractère* exempt de rudesse, doux et *uni (to léion tou èthous)* qu'elle a été appelée *Lèthô* par ceux qui lui donnent ce nom. Artémis paraît signifier *sain (artémés)* et décent, à cause de l'amour de la déesse pour la virginité. Mais peut-être est-ce en tant qu'elle connaît *la vertu (arétès histôr)* que l'auteur de son nom le lui a donné, peut-être aussi parce qu'elle *déteste le commerce de l'homme avec la femme (aroton misèsasès)*. C'est pour une de ces raisons ou pour toutes à la fois que le nom a été donné à la déesse par celui qui l'a établi.

HERMOGÈNE

XXIII. — Et Dionysos ? Et Aphrodite ?

SOCRATE

Questions difficiles, ô fils d'Hipponicos! Les noms attribués à ces déités ont un sens à la fois sérieux et plaisant. Pour le sérieux, demande-le à d'autres; pour le plaisant, rien n'empêche de l'expliquer, car les dieux aussi aiment le badinage. Dionysos est *celui qui donne le vin (ho didous ton oïnon)*, appelé *Didoïnusos* par manière de plaisanterie. Quant au vin, parce qu'il fait croire à la plupart des buveurs qu'ils ont de l'esprit alors qu'ils n'en ont pas, il serait fort justement appelé *oïonous (qui fait croire qu'on a de l'esprit)*. Quant à Aphrodite, il n'y a pas lieu de contredire Hésiode; il faut lui accorder que c'est parce qu'elle est née de l'*écume (aphros)* qu'elle a été appelée Aphrodite.

HERMOGÈNE

Mais l'Athénien que tu es, Socrate, n'oubliera pas non plus Athéna, ni Héphaistos et Arès.

SOCRATE

Cela ne serait pas juste.

HERMOGÈNE

En effet.

SOCRATE

Pour le second de ces noms, il n'est pas difficile de dire pourquoi il lui a été donné.

HERMOGÈNE

Quel nom ?

SOCRATE

Nous l'appelons aussi Pallas, n'est-ce pas ?

HERMOGÈNE

Sans doute.

SOCRATE

Si nous faisons venir ce nom de la danse en armes, nous pouvons croire qu'il a été appliqué avec justesse; car nous exprimons l'action de *se lancer* soi-même ou de *lancer* autre chose en l'air, soit du sol, soit de ses mains, par *pallëïn (brandir)* et *pallesthaï (être brandi)*, par mettre en danse et danser.

HERMOGÈNE

Parfaitement.

SOCRATE

Eh bien, c'est de là que vient le nom de Pallas.

HERMOGÈNE

C'est juste. Mais l'autre nom, comment l'expliques-tu ?

SOCRATE

Celui d'Athéna ?

HERMOGÈNE

Oui.

SOCRATE

Celui-là, mon ami, est plus difficile à expliquer. Déjà les anciens semblent s'être fait d'Athéna la même idée que s'en font aujourd'hui les habiles interprètes d'Homère. La plupart de ceux-ci, commentant le poète, prétendent qu'il a fait d'Athéna l'intelligence et la pensée même, et l'auteur du nom semble s'en être fait la même idée; il lui donne même un titre plus haut encore, celui d'*intelligence de Dieu (théou noèsis)* et déclare pour ainsi dire qu'elle est la *raison divine (ha théonoa)*, en mettant un a étranger à la place de l'é, et en laissant tomber l'i et le s. Mais peut-être n'est-ce pas non plus pour cette raison, mais parce qu'*elle conçoit les choses divines (ta thèïa noousa)* mieux que les autres, qu'il l'a appelée *Théonoè*. Rien n'empêche d'ailleurs qu'il ait voulu identifier la déesse avec *la sagesse de caractère (hè en tô éthêî noèsis)* en l'appelant *Ethonoè ;* mais l'auteur lui-même, ou d'autres par la suite, croyant embellir son nom, l'ont appelée *Athènaa*.

HERMOGÈNE

Et Héphaistos, comment l'expliques-tu ?

SOCRATE

Tu veux parler de ce brave *maître dans la connaissance de la lumière (phaeos istôr)* ?

HERMOGÈNE

Naturellement.

SOCRATE

Est-ce que tout le monde ne voit pas qu'il est *Phaïstos (lumineux)*, avec l'adjonction de l'é ?

HERMOGÈNE

C'est possible, à moins que tu n'aies encore quelque autre idée, comme il est vraisemblable.

SOCRATE

Eh bien, pour la prévenir, interroge-moi sur Arès.

HERMOGÈNE

Je t'interroge.

SOCRATE

Eh bien, si tu veux, le nom d'Arès est tiré de sa nature *mâle (arrén)* et *virile (andréion)*, ou, si tu préfères, de son caractère dur et inflexible, autrement dit *arrhaton (infrangible)*. En ce sens le nom d'Arès conviendrait à tous égards au dieu de la guerre.

HERMOGÈNE

Assurément.

SOCRATE

Maintenant, au nom des dieux, laissons là les dieux, car j'appréhende de parler d'eux. Si tu as quelque autre sujet à me proposer, fais-le : tu verras ce que valent les chevaux d'Euthyphron [297].

HERMOGÈNE

C'est ce que je vais faire. Mais encore une question sur Hermès, puisque Cratyle nie que je sois Hermogène. Essayons donc d'examiner la signification du nom d'Hermès pour savoir si cet homme a raison.

SOCRATE

Eh bien mais, ce nom d'Hermès semble bien se rapporter au discours. Interprète, messager, adroit voleur, trompeur en paroles, habile commerçant, toute son activité se rattache au pouvoir du discours. Or, comme nous l'avons dit plus haut, *parler (éïréïn)*, c'est faire usage du discours. D'un autre côté, le mot *émèsato*, souvent employé par Homère, a le sens d'*inventer*. Comme ce dieu a inventé le langage et le discours, étant donné que *éïréïn* signifie *parler*, c'est en raison de ces deux inventions que le législateur nous prescrit pour ainsi dire de lui donner le nom qu'il porte : « O hommes, nous dit-il, *celui qui a inventé la parole (to éïréïn émèsato)* serait bien nommé, si vous l'appeliez *Eirémès*. » Mais aujourd'hui, croyant enjoliver son nom, nous l'appelons Hermès. Iris aussi semble avoir emprunté son nom à *éïréïn*, en sa qualité de messagère.

HERMOGÈNE

Par Zeus, Cratyle a donc bien raison, ce semble, de prétendre que je ne suis pas Hermogène; car en fait de discours, je me sens peu de ressources.

SOCRATE

XXIV. — Quant à Pan, il est naturel de croire, camarade, qu'il est fils d'Hermès et qu'il réunit deux natures.

HERMOGÈNE

Comment cela ?

SOCRATE

Tu sais que le discours exprime *tout (pan)* et que sans cesse il fait circuler et meut tout, et qu'il est double, à la fois vrai et faux.

HERMOGÈNE

Parfaitement.

SOCRATE

Ce qu'il a de vrai est lisse et divin et habite en haut chez les dieux ; mais la fausseté reste en bas avec le commun des hommes, rude et semblable au bouc tragique [298] ; car c'est ici, dans la vie tragique, que les fables et les mensonges sont le plus nombreux.

HERMOGÈNE

Parfaitement.

SOCRATE

Il est donc juste que celui qui exprime *tout (pan)* et ne cesse de *mettre* tout *en circulation (aéi polôn)* soit nommé *Pan aipolos*, étant le fils à double nature d'Hermès [299], lisse par en haut, rude et pareil à un bouc par en bas. Et Pan est ou bien le langage ou le frère du langage, s'il est vrai qu'il soit fils d'Hermès. Or qu'un frère ressemble à son frère, il n'y a rien là d'étonnant. Mais comme je te disais, bienheureux homme, laissons là les dieux.

HERMOGÈNE

Ces dieux-là, oui, Socrate, si tu veux. Mais des dieux tels que le soleil, la lune, les astres, la terre, l'éther, l'air, le feu, l'eau, les saisons, l'année, qui t'empêche d'en parler ?

SOCRATE

C'est beaucoup me demander. Cependant, si cela doit te faire plaisir, j'y consens.

HERMOGÈNE

Certainement cela me fera plaisir.

SOCRATE

Eh bien, que désires-tu d'abord ? Dois-je suivre l'ordre que tu as indiqué et commencer par le soleil ?

HERMOGÈNE

Parfaitement.

SOCRATE

Il semble que le mot deviendrait plus clair si on le prenait sous sa forme dorienne : les Doriens en effet disent *Halios*. *Haïlos* viendrait de ce qu'il *rassemble (halizéï)* les hommes au même endroit, quand il se lève, ou encore de ce qu'il *tourne sans cesse (aéï héïléïn)* autour de la terre

dans sa course, ou encore, semble-t-il, parce qu'en parcourant sa carrière, il nuance de couleurs variées les pro-
ductions de la terre; car *nuancer (poïkilléïn)* équivaut à
aïoléïn (varier).

HERMOGÈNE

Et la lune?

SOCRATE

Voilà un nom qui paraît accablant pour Anaxagore.

HERMOGÈNE

Pourquoi donc?

SOCRATE

Parce qu'il semble démontrer qu'on a cru bien avant
Anaxagore ce que ce philosophe a avancé récemment,
que la lune tient sa lumière du soleil [300].

HERMOGÈNE

Comment cela?

SOCRATE

Les mots *sélas (clarté)* et *phôs (lumière)* ont, n'est-ce
pas, le même sens?

HERMOGÈNE

Oui.

SOCRATE

Cette lumière qui éclaire la lune est, n'est-ce pas, toujours nouvelle et ancienne, si l'école d'Anaxagore dit vrai;
car le soleil, tournant sans cesse autour d'elle, projette
toujours sur elle une nouvelle lumière, tandis que celle du
mois précédent est ancienne.

HERMOGÈNE

Parfaitement.

SOCRATE

Or beaucoup de gens appellent la lune *Sélanaïa*.

HERMOGÈNE

Parfaitement.

SOCRATE

Mais puisque sa clarté est toujours nouvelle et ancienne,
le plus juste des noms qu'on pourrait lui donner serait
sélaénonoéaéïa, dont on a fait en le contractant *sélanaïa*.

HERMOGÈNE

Il a une allure dithyrambique [301], ce nom-là, Socrate.
Mais le mois et les astres, comment les expliques-tu?

SOCRATE

Le mois serait justement appelé *mëïès* de *mëïousthaï*
(diminuer). Quant aux astres, ils semblent tirer leur nom
d'*astrapè (éclair)*, et l'éclair, parce qu'il *fait détourner les*

yeux (anasthéphëï ta ôpa), devrait s'appeler *anastrôpè*, mais en l'enjolivant on en a fait *astrapé*.

Et le feu et l'eau ?

Le feu m'embarrasse, et j'ai peur ou que la muse d'Euthyphron ne m'ait abandonné ou que ce mot ne soit extrêmement difficile. Mais vois l'expédient auquel je recours dans tous les cas de ce genre où je me trouve embarrassé.

Quel expédient ?

Je vais te le dire. Réponds-moi : saurais-tu me dire de quelle manière le mot *pur* est formé ?

Moi ? Non, par Zeus.

XXV. — Vois donc ce que je soupçonne là-dessus. Je m'imagine que les Grecs, et surtout ceux qui habitent des contrées soumises aux barbares, ont emprunté aux barbares un grand nombre de noms.

Et alors ?

Si l'on voulait montrer la convenance de ces mots d'après la langue grecque, au lieu de celle dont ils sont tirés, tu sais qu'on serait embarrassé.

Vraisemblablement.

Vois donc si ce mot *pur* ne serait pas d'origine barbare. Il n'est en effet pas facile de le rattacher à la langue grecque, et l'on sait que les Phrygiens l'appellent ainsi en modifiant un peu le mot. Il en est de même de l'eau *(hudôr)*, des chiens *(kunas)* et de beaucoup d'autres noms.

C'est vrai.

Il ne faut donc pas faire violence à ces noms, sans quoi il y aurait à dire sur leur compte. J'écarte donc pour cette raison le feu et l'eau. Quant à l'air, Hermogène, est-ce parce qu'il *enlève (aïréi)* ce qui est sur la terre qu'il a été appelé *air*, ou parce qu'il est dans un flux *perpétuel (aéi-*

rhéi), ou parce que le *flux* de l'air produit le *vent?* car les poètes appellent *aétas* les souffles du vent. Peut-être veut-il dire *aètorrhoun (qui s'écoule en haleines)*, comme qui dirait *pneumatorrhoun (qui s'écoule en souffles)*. Quant à l'*éther*, voici à peu près comment je l'entends : comme il *court sans cesse en coulant* autour de l'air *(aëï thëï rhéôn)*, son vrai nom serait *aëïthéèr (qui court toujours)*. La terre *(gè)* laisse mieux voir sa signification, si on la nomme *gaïa ;* car *gaïa* serait justement appelée *génératrice*, d'après ce que dit Homère, qui emploie *gégaasin* pour *gégennèsthaï (avoir été engendré)*. Voilà pour ces mots. Que nous restait-il après cela ?

HERMOGÈNE

Les saisons, Socrate, l'année et l'an.

SOCRATE

Aux saisons il faut rendre leur ancienne prononciation attique [302] *(horaï)*, si tu veux savoir l'étymologie probable du mot. Elles sont *horaï* parce qu'elles *déterminent (horizéïn)* les hivers et les étés, les vents et les fruits de la terre, et en tant qu'elles déterminent, elles sont justement *horaï*. Quant à *éniautos* et à *étos*, il y a des chances pour qu'ils reviennent au même. Car ce qui amène à la lumière les plantes et les animaux, chacun à son tour, et les éprouve en soi-même, est dédoublé, comme plus haut le nom de Zeus qui a été coupé en deux et prononcé par les uns *Zèna* et par les autres *Dia*. Ici aussi, les uns disent *éniautos* de *en héautô (en soi-même)* et les autres *étos* de *étazéï (éprouve)*. La phrase entière est : *ce qui éprouve en soi-même (en héautô étazon)*, mais elle se prononce, quoique unique, en deux parties, de manière qu'il y a deux noms, *éniautos* et *étos*, issus d'une seule locution.

HERMOGÈNE

Vraiment, Socrate, tu fais de grands progrès.

SOCRATE

J'ai l'air, je crois, d'être déjà fort avancé en savoir.

HERMOGÈNE

Sûrement.

SOCRATE

Tout à l'heure, tu en verras bien d'autres.

HERMOGÈNE

XXVI. — Après cette classe de mots, j'aimerais voir quelle peut être la justesse de ces beaux noms qui ont trait à la vertu, comme *pensée, compréhension, justice* et tous les autres du même ordre.

SOCRATE

Tu éveilles là, camarade, une espèce de mots redoutable.
Cependant, puisque j'ai revêtu la peau du lion [303], je ne
peux plus reculer : il faut, ce semble, soumettre à l'examen,
pensée, compréhension, connaissance, science et tous ces
autres beaux noms dont tu parles.

HERMOGÈNE

Il le faut absolument, et nous ne devons pas lâcher prise
avant.

SOCRATE

Par le chien, je crois que je n'ai pas été un mauvais
devin en imaginant tout à l'heure que ceux qui, dans des
temps très anciens, ont établi les noms étaient absolument dans le même état d'esprit que la plupart des savants
de nos jours, qui, à force de tourner en rond pour chercher
la nature des êtres, sont pris de vertige et croient alors
que ce sont les choses qui tournent et ne cessent de se
mouvoir. Ils ne voient pas que c'est de leur disposition
intérieure que vient cette opinion ; ils croient au contraire
que ce sont les choses mêmes qui sont ainsi faites, qu'il n'y
a rien en elles de permanent ni de stable, qu'elles coulent
et passent, et que tout est en mouvement et en génération
perpétuelle. En parlant ainsi, je pense à tous les noms mis
en avant tout à l'heure.

HERMOGÈNE

Que veux-tu dire par là, Socrate ?

SOCRATE

Tu n'as peut-être pas fait attention que c'est absolument sur l'idée qu'elles se meuvent, s'écoulent et évoluent
qu'on a forgé leurs noms.

HERMOGÈNE

Non, je ne m'en étais pas douté.

SOCRATE

Eh bien, pour commencer, le premier nom que nous
avons cité repose entièrement sur l'idée que les choses
sont telles.

HERMOGÈNE

Quel nom ?

SOCRATE

La *pensée (phronèsis)*. C'est en effet la perception du
mouvement et de l'écoulement *(phorâs kaï rhou noèsis)*.
On pourrait aussi l'entendre par *ce qui aide au mouvement
(phorâs onèsis)*. En tout cas, c'est au mouvement qu'elle
se rapporte. Passons, si tu veux, à la connaissance *(gnômè)*.
Il est certain qu'elle exprime l'examen et la *considération*

de la génération (gonès nômèsis) ; car *nôman* et *skopéïn (considérer)* c'est la même chose. Passons, si tu veux, à ce qu'est *noèsis (l'intelligence)* : c'est le *désir du nouveau (néou hésis)*. Or la nouveauté des êtres signifie qu'ils deviennent sans cesse. L'amour de l'âme pour la nouveauté, voilà donc ce qu'a voulu désigner celui qui a établi le nom de *néoésis* : car autrefois on ne disait pas *noèsis* ; au lieu de l'è, il devait y avoir deux é [304] : *néoésis*. Pour la *tempérance*, c'est la *conservatrice (sôtèria)* de ce que nous venons d'examiner, la *pensée (phronèsis)*. Passons à la *science (épistèmè)* : elle indique que l'âme qui a quelque valeur suit les choses dans leur mouvement, sans rester en arrière ni courir en avant. Il faut donc rejeter l'é et l'appeler *pistèmè (fidèle)*. La *compréhension (sunésis)*, à son tour, paraît être analogue au *raisonnement (sullogismos)* ; mais quand on dit *suniénaï (comprendre)*, c'est exactement comme si l'on disait *savoir (épistasthaï)* ; car *suniénaï* signifie que l'âme accompagne les choses dans leur marche. Quant au mot *sophia (savoir)*, il indique un contact avec le mouvement ; il est vrai que le mot est assez obscur et plutôt étranger. Mais il faut remonter aux poètes et se souvenir que, s'ils ont à parler d'un homme qui commence à s'avancer rapidement, ils emploient souvent l'expression : *il bondit (ésuthè)*. Un Laconien célèbre avait pour nom *Soos* : car c'est ainsi qu'on désigne à Sparte un élan rapide. C'est donc le *contact (épaphè)* avec ce mouvement que signifie *sophia*, étant admis que les choses se meuvent. Prenons maintenant le *bien (agathon)* : c'est un mot qui veut être appliqué à ce qui est *admirable (agaston)* dans toute la nature. Car, comme les êtres sont en marche, il y a en eux de la vitesse, il y a aussi de la lenteur. Ce n'est donc pas le tout, mais une partie seulement qui est admirable, ce qui est rapide. C'est donc à cette partie admirable que s'applique le nom de *bien (agathon)*.

XXVII. — Venons à la *justice (dikaïosunè)*. Que ce mot s'applique à *l'intelligence du juste (dikaïou sunésis)* il est facile de le deviner ; mais le nom même du juste *(dikaïon)* est difficile. Il semble en effet que jusqu'à un certain point beaucoup sont d'accord sur le sens, mais au-delà, les opinions se partagent. Ceux qui croient que tout est en mouvement supposent que la plus grande partie de l'univers ne fait pas autre chose que passer et que ce tout est parcouru par un principe qui produit tout ce qui naît ; ce principe est très rapide et très subtil. Autrement il ne pourrait traverser tout ce qui existe, s'il n'était assez subtil pour que rien ne pût l'arrêter, assez rapide pour que, par rapport à lui, le reste fût comme immobile. Quoi qu'il en soit, comme il gouverne tout le reste en le *parcourant (diaïon)*, on lui a donné avec raison ce nom de *juste (dikaïon)*, en y ajoutant le son du k pour l'euphonie.

Jusqu'ici, comme nous le disions tout à l'heure, beaucoup sont d'accord que tel est le juste. Mais moi, Hermogène, dans mon obstination à y voir clair, je n'ai cessé de m'enquérir secrètement [305] de tout cela et j'ai appris que le juste est aussi la cause; car la cause est *ce par quoi (di ho)* une chose est produite, et l'on m'a dit qu'il était, pour cette raison, convenable de lui donner ce nom en propre. Mais lorsqu'après avoir entendu ceux qui me donnent cette explication, je ne laisse pas d'insister doucement et de dire : « S'il en est ainsi, excellent homme, qu'est-ce que peut bien être le juste ? » ils trouvent que c'est pousser trop loin les questions et sauter par-dessus les barrières. Ils prétendent que j'en ai assez appris, et, s'ils consentent à satisfaire ma curiosité, ils se mettent à parler chacun suivant son idée et ils ne s'entendent plus. L'un dit que le juste, c'est le soleil, parce que c'est lui seul qui, en les parcourant et les échauffant, gouverne les êtres. Vais-je, tout joyeux, rapporter cela à quelqu'un, comme une belle découverte, il ne m'a pas plus tôt entendu qu'il se moque de moi et me demande si je crois qu'il n'y a plus rien de juste dans le monde, quand le soleil est couché. Comme j'insiste alors pour avoir son avis, à lui, il me dit que c'est le feu; mais cela n'est pas facile à comprendre. Un autre dit que ce n'est pas le feu lui-même, mais la chaleur même contenue dans le feu. Un autre trouve ridicules toutes ces explications, et que le juste est ce que dit Anaxagore, c'est-à-dire *l'esprit (nous)* : indépendant, sans aucun mélange, il ordonne les choses en passant par toutes. Et là-dessus, mon ami, je me trouve bien plus embarrassé qu'avant d'essayer de m'enquérir de la nature du juste. En tout cas, pour en revenir à l'objet de notre recherche, c'est pour ces raisons que le juste paraît avoir été ainsi nommé.

HERMOGÈNE

A ce qu'il semble, Socrate, tu ne dis là que ce que tu as entendu dire à d'autres et que tu n'inventes pas toi-même.

SOCRATE

Et pour les autres noms, ai-je fait de même ?

HERMOGÈNE

Pas du tout.

SOCRATE

XXVIII. — Ecoute donc. Peut-être pour le reste aussi te ferai-je accroire que je ne parle pas par ouï-dire. Après la justice, que nous reste-t-il ? Le courage, je crois; nous ne l'avons pas encore passé en revue. Car pour l'*injustice (adikia)*, il est clair que c'est proprement l'obstacle à *ce qui parcourt (tou diaïontos)*. Quant au *courage*, le mot indique que c'est dans le combat que le courage reçoit son nom. Or le combat, dans la réalité, s'il est vrai qu'elle s'écoule, n'est autre chose que le *courant (rhoè)* contraire. Si donc on retranche le d au mot *andréia*, le mot *anréia (contre courant)* [306] signifie exactement cette activité. Il va de soi que le courage n'est pas le courant contraire à n'importe quel courant, mais à celui qui va contre la justice; autrement le courage n'aurait rien de louable. Les noms de *viril (arren)* et d'*homme (aner)* s'appliquent à une chose voisine, *au courant qui remonte (anô rhoé)*. *Gunè (femme)* me paraît vouloir être *gonè (génération)*. Quant au *féminin (thélu)* c'est de la *mamelle (thélè)* qu'il ma paraît avoir tiré son nom; et la mamelle, Hermogène, n'est-elle pas ainsi nommée, parce qu'elle fait *pousser (téthèlénaï)*, comme les plantes qu'on arrose ?

HERMOGÈNE

C'est vraisemblable, Socrate.

SOCRATE

Et le mot même *pousser (thallëïn)* me semble représenter la croissance de la jeunesse, en tant qu'elle est rapide et soudaine. C'est là ce que l'auteur a reproduit par le nom, en le composant de *théïn (courir)* et de *hallesthaï (sauter)*. Mais tu ne remarques pas que je me laisse comme emporter hors de la carrière, quand j'ai trouvé un terrain plat. Cependant il nous reste encore une quantité de questions à traiter, de celles qui passent pour être sérieuses.

HERMOGÈNE

Tu dis vrai.

SOCRATE

De ce nombre est la question de savoir ce que peut signifier *tekhnè (art)*.

HERMOGÈNE

Oui, certes.

SOCRATE

Eh bien, ce mot ne marque-t-il pas la *possession de l'esprit (hexis nou)*, si l'on ôte le t, et si l'on intercale o entre le *kh* et le n, le n et l'è [307] ?

HERMOGÈNE

Voilà une explication bien laborieuse, Socrate.

SOCRATE

Ignores-tu, bienheureux homme, que les premiers noms établis ont été comme enfouis par ceux qui voulaient en rehausser la magnificence. Ils y ont ajouté des lettres ou en ont ôté pour l'euphonie, et ces mots ont été tordus dans tous les sens, soit avec l'intention de les embellir, soit par l'effet du temps. Témoin le mot *catoptron (miroir)* [308] : ne trouves-tu pas étrange qu'on y ait intercalé un r ? Voilà ce que font, j'imagine, ceux qui, sans aucun souci de la vérité, se mêlent de modeler la prononciation : à force d'insérer des lettres dans les noms primitifs, ils finissent par les altérer au point que personne au monde ne saurait comprendre ce que le mot peut bien signifier. Exemple, la *sphinx :* ils l'appellent *sphinx,* au lieu de *phix* [309], et ils font de même pour beaucoup d'autres mots.

HERMOGÈNE

C'est bien comme tu le dis, Socrate.

SOCRATE

Si d'autre part on nous permet d'insérer des lettres dans les noms et d'en ôter à notre gré, notre tâche deviendra facile et nous pourrons ajuster n'importe quel nom à n'importe quel objet.

HERMOGÈNE

C'est vrai.

SOCRATE

Oui, c'est vrai. Mais il faut, à mon avis, veiller à la mesure et à la vraisemblance, et c'est à toi de le faire en sage surveillant.

HERMOGÈNE

Je le voudrais.

SOCRATE

XXIX. — Et moi, je le veux avec toi, Hermogène. Mais ne sois pas trop pointilleux, mon divin ami,

« *de peur de m'ôter le courage* [310] »

car me voici arrivé au couronnement de mon exposé, lorsque après l'art nous aurons examiné l'*habileté (mèkhanè). Mèkhanè* me paraît indiquer *le fait d'aller loin dans l'accomplissement* d'un travail; car *mèkos* signifie une grande longueur. C'est donc de ces deux mots, *mèkos* et *anéïn (accomplir)* qu'on a composé *mèkhanè.* Mais il faut, ainsi que je le disais tout à l'heure, arriver au couronnement de notre exposé : il faut chercher ce que signifient les noms d'*arétè (vertu)* et de *kakia (vice).* Je ne distingue pas encore ce qu'est le premier; mais l'autre me paraît fort clair; car il s'accorde avec tous les précédents. Puisque les choses se meuvent, tout *ce qui va mal (kakôs oôn)* sera *vice (kakia).* Mais quand c'est dans l'âme que se produit ce mauvais mouvement vers les choses, c'est surtout en ce cas qu'il porte le nom de vice, donné à l'ensemble. Ce que peut être ce mauvais mouvement, on le voit bien, je crois, dans le mot *déïlia (lâcheté),* que nous n'avons pas encore examiné et que nous avons sauté, alors qu'il fallait l'étudier après le *courage.* Je crois, du

reste, que nous en avons sauté aussi beaucoup d'autres.
Quoi qu'il en soit, la lâcheté est un *lien (desmos)* qui
enchaîne l'âme *fortement (lian)* ; car *lian* marque la force.
La lâcheté est donc un lien fort et le plus puissant de
l'âme, de même que l'*aporia (embarras)* aussi est un mal,
et, semble-t-il, tout ce qui fait obstacle au mouvement
et à la *marche (poreuesthaï)*. Voilà donc ce que paraît
signifier *aller mal (kakôs iénaï)* : c'est être gêné et entravé
dans la marche; quand l'âme est dans ce cas, elle se remplit de *vice (kakia)*. Si c'est à un tel état que s'applique
le nom de *kakia*, l'état contraire sera la *vertu (arétè)*. Ce
mot signifie d'abord l'aisance de la marche, puis le cours
toujours libre de l'âme bonne. Aussi a-t-on donné ce nom,
semble-t-il, *à ce qui coule toujours (aëï rhéon)* sans contrainte et sans obstacle. Il est juste de l'appeler *aëïrhëïtè*,
mais peut-être l'auteur veut-il dire *haïrétè (préférable)*,
parce que cette disposition est préférable entre toutes;
mais le mot a été contracté et se prononce *arétè*. Peut-
être vas-tu dire encore que j'invente; mais moi, j'affirme
que si, plus haut, j'ai correctement expliqué *kakia*, le nom
d'*arétè* est correct aussi.

HERMOGÈNE

Et le mot *kakon (mal)*, par lequel tu as expliqué plusieurs des précédents, que peut-il signifier ?

SOCRATE

Par Zeus, il me paraît étrange et difficile à éclaircir.
Aussi je lui applique, à lui aussi, mon grand expédient.

HERMOGÈNE

Quel expédient ?

SOCRATE

C'est de dire que lui aussi est d'origine barbare.

HERMOGÈNE

Et tu parais avoir raison. Mais, s'il te plaît, laissons ces
noms. Passons à *kalon (beau)* et à *aiskhron (laid)* et
tâchons de voir par où ils sont bien nommés.

SOCRATE

Pour *aiskhron*, le sens m'en apparaît tout de suite :
il est analogue à celui des mots précédents. Ce qui entrave
et arrête les êtres dans leurs cours me paraît toujours
traité injurieusement par l'inventeur des noms; et ici
en particulier il a donné le nom d'*aëïschorrhoun à ce qui
arrête toujours le cours (aëï iskhon ton thoun)* ; mais aujour-
d'hui le mot est contracté et se prononce *aiskhron*.

HERMOGÈNE

Et le *beau (kalon)* ?

SOCRATE

Celui-ci est plus difficile à entendre. Cependant l'auteur ne l'appelle ainsi que pour l'harmonie et le mot a été déformé par la quantité de l'o.

HERMOGÈNE

Comment cela ?

SOCRATE

Ce nom-là me paraît désigner la *pensée (dianoïa)*.

HERMOGÈNE

Que veux-tu dire ?

SOCRATE

Voyons. Quelle est pour toi la cause de l'appellation donnée à chaque chose ? N'est-ce pas ce qui a imposé les noms ?

HERMOGÈNE

Sans aucun doute.

SOCRATE

Alors ce sera la pensée, ou des dieux, ou des hommes, ou des uns et des autres ?

HERMOGÈNE

Oui.

SOCRATE

Ce qui a donné et ce qui donne leurs noms *(to kalésan kaï to kaloun)* aux choses, c'est donc cette même chose, la pensée ?

HERMOGÈNE

Evidemment.

SOCRATE

Or tout ce qui est l'ouvrage de l'intelligence et de la pensée, est louable, et le contraire blâmable ?

HERMOGÈNE

Sans doute.

SOCRATE

L'art du médecin produit des remèdes et l'art de bâtir des bâtiments ? Ne le penses-tu pas ?

HERMOGÈNE

Si.

SOCRATE

Et par conséquent le beau, de belles choses ?

HERMOGÈNE

Nécessairement.

SOCRATE

Mais le beau, disons-nous, c'est la pensée.

HERMOGÈNE
Certainement.

SOCRATE

Le mot *kalon* est donc un nom bien approprié à la pensée qui exécute les ouvrages que nous déclarons beaux et qui charment nos yeux ?

HERMOGÈNE

Evidemment.

SOCRATE

XXX. — Maintenant que nous reste-t-il encore en ce genre ?

HERMOGÈNE

Les noms qui se rapportent au bon et au beau, *avantageux*, *profitable*, *utile*, *lucratif* et leurs contraires.

SOCRATE

Pour le mot *sumphéron (avantageux)*, tu peux l'éclaircir toi-même sur-le-champ, à la lumière des exemples précédents ; car il paraît être frère du mot *épistèmè (science)*. Et en effet il ne désigne pas autre chose que le mouvement simultané de l'âme avec les choses, et tous les effets de ce mouvement sont appelés *sumphéronta* et *sumphora* du verbe *sumphéresthaï (être emporté simultanément en cercle)*.

HERMOGÈNE

C'est vraisemblable.

SOCRATE

Pour *kerdaléon (lucratif)*, il vient de *kerdos (lucre)*. Or ce mot *kerdos*, si on y restaure le n au lieu du d, montre assez ce qu'il veut dire : c'est une autre manière de désigner le bien. Parce que le bien se mêle *(kérannutaï)* à tout en le traversant, c'est cette propriété que le législateur a exprimé par ce nom ; mais en y insérant un d au lieu de l'n, il a prononcé *kerdos*.

HERMOGÈNE

Et *lusitéloun (profitable)*, qu'en dis-tu ?

SOCRATE

Il me paraît, Hermogène, que le législateur n'entendait pas le mot *lusitéloun* au sens où le prennent les marchands, *ce qui libère de la dette* [311], mais en ce sens qu'étant ce qu'il y a de plus rapide dans l'être, il ne permet pas que les choses s'arrêtent et que le mouvement qui emporte le monde prenne fin en s'immobilisant et en cessant ; au contraire, il le délivre toujours de cette fin, si elle tente de se produire, et le rend incessant et immortel. C'est pour cette raison, je crois, qu'il a donné au bon ce nom de bon augure, *lusitéloun*. Quant au nom d'*ôphélimon* *(utile)*, il est étranger. Homère lui-même en a plusieurs fois fait usage, sous la forme *ophelléïn*, mot synonyme de faire croître et de créer.

HERMOGÈNE

XXXI. — Et les contraires de ces noms, qu'en dirons-nous ?

SOCRATE

S'ils n'ont qu'un sens négatif, m'est avis que nous n'avons pas besoin de les passer en revue.

HERMOGÈNE

Quels sont-ils ?

SOCRATE

Désavantageux, inutile, non profitable, non lucratif.

HERMOGÈNE

C'est vrai.

SOCRATE

Mais il faut nous occuper de *nuisible* et de *dommageable*.

HERMOGÈNE

Oui.

SOCRATE

Blabéron (nuisible) signifie *ce qui nuit au cours* des choses *(blapton ton rhoun)*, et *blapton*, à son tour, marque la *volonté d'attacher (bouloménon aptéïn)* ; or *attacher* et *lier* sont la même chose, et c'est ce que blâme toujours le législateur. *Ce qui veut enchaîner le cours des choses (to bouloménon aptéïn rhoun)* serait donc fort justement appelé *boulaptérhoun*, mais on l'appelle *blabéron*, pour le rendre plus joli, je crois.

HERMOGÈNE

Tes noms, Socrate, deviennent bien compliqués, et tout à l'heure, en prononçant ce nom de *boulaptérhoun*, tu m'avais l'air de jouer sur la flûte le prélude du nome [312] en l'honneur d'Athéna.

SOCRATE

Ce n'est pas moi qui en suis cause, Hermogène, mais ceux qui ont établi le nom.

HERMOGÈNE

C'est vrai. Mais venons à *zèmiôdés (dommageable)*. Que peut-il être ?

SOCRATE

Que peut bien être *zèmiôdès* ? Considère, Hermogène, comme j'ai raison de dire qu'en ajoutant et ôtant des lettres, on change fortement le sens des noms, au point qu'en les déformant tant soit peu, on leur fait parfois signifier le contraire. Témoin le mot *déon (obligatoire)*. Je viens d'y penser et de m'en souvenir à propos de ce que j'allais te dire, que la nouvelle langue, notre belle langue, a retourné *déon* et *zèmiôdés* au point qu'elle a effacé ce qu'ils veulent dire pour leur faire dire le contraire, tandis que la vieille langue fait voir clairement le sens de l'un et l'autre nom.

HERMOGÈNE

Comment cela ?

SOCRATE

Je vais te le dire. Tu sais que nos ancêtres faisaient un grand usage de l'i et du d, surtout les femmes qui conservent mieux le vieux langage [313]. Aujourd'hui, on remplace l'i par l'é ou l'è, et le d par le z, qu'on trouve plus nobles.

HERMOGÈNE

Comment cela ?

SOCRATE

Par exemple, dans les temps très anciens, on appelait le jour *himéra* ou *héméra ;* aujourd'hui on l'appelle *hèméra*.

HERMOGÈNE

C'est exact.

SOCRATE

Or sais-tu bien que, seul, cet ancien nom révèle la pensée de l'auteur ? C'est parce que les hommes étaient contents de voir la lumière sortir de l'obscurité et la *désiraient (himérousin)*, c'est pour cela qu'on a fait le mot *himéra*.

HERMOGÈNE

Cela est évident.

SOCRATE

Mais aujourd'hui, sous sa forme pompeuse, on ne peut même plus saisir ce que veut dire *hèméra*. Néanmoins certains croient que c'est parce que le jour rend *doux (hèméra)* qu'il a été nommé ainsi.

HERMOGÈNE

C'est mon avis.

SOCRATE

Et le mot *joug (zugon)*, tu sais que les anciens l'appelaient *duogon* ?

HERMOGÈNE

Parfaitement.

SOCRATE

Eh bien, *zugon* ne dit rien; mais les deux animaux *attachés pour conduire (hénèka tès déséôs és tèn agogèn)* sont bien désignés par *duogon ;* mais à présent on dit *zugon.* Et il y a une multitude de mots dans le même cas.

Apparemment.

SOCRATE

Je vois d'abord en ce cas le mot *déon (obligatoire).* Ainsi prononcé, il signifie le contraire de tous les noms qui se rapportent au bien; car, bien qu'étant une forme du bien, *déon* a l'air d'être une *chaîne (desmos)* et un obstacle au mouvement, comme s'il était frère du *nuisible (blabéron).*

HERMOGÈNE

C'est bien vrai, Socrate, il en a l'air.

SOCRATE

Mais non, si tu prends l'ancien nom, qui est naturellement beaucoup mieux approprié que le nom actuel : il s'accordera avec les noms du bien que nous avons mentionnés précédemment, si tu lui restitues l'i au lieu de l'è, comme il l'avait autrefois; car *dion (parcourant)* aussi, mais non *déon,* marque le bien, digne de louange aux yeux de l'auteur. De cette façon, celui qui a établi les noms n'est pas en contradiction avec lui-même, et *obligatoire, utile, profitable, lucratif, bon, avantageux, facile* semblent être la même chose : sous des noms différents, ils désignent ce qui ordonne et qui va et qu'on célèbre, tandis que ce qui arrête et enchaîne est blâmé. C'est le cas de *zèmiôdès.* Remets le d à la place du z, suivant l'ancienne prononciation, et tu verras que le nom, prononcé *dèmiôdés,* s'applique à ce *qui enchaîne la marche (doun to ion).*

HERMOGÈNE

XXXII. — Et les mots *plaisir, douleur, désir* et les mots du même genre, Socrate ?

SOCRATE

Ils ne me paraissent pas trop difficiles, Hermogène. Pour *hèdonè (plaisir),* je crois que c'est le nom de l'action qui tend à la *jouissance (onèsis) ;* mais on y a inséré un d, et l'on dit *hèdonè* au lieu de *hèonè. Lupè (douleur)* semble avoir tiré son nom de la *dissolution (dialusis)* physique que le corps éprouve de cette affection. *Ania (chagrin)* est ce qui empêche d'*aller (iénaï). Algèdôn (peine)* m'a l'air d'un nom étranger [314], tiré d'*algéïnos (pénible). Odunè (souffrance)* me paraît ainsi nommé de la *pénétration de la douleur (endusis tès lupès). Akhthédôn (accablement),* comme le premier venu peut le voir, est le nom qui représente la pesanteur du mouvement. *Khara (joie)* semble avoir tiré son nom de l'*effusion (diakhusis)* et de la facilité du *cours (rhoè)* de l'âme. *Terpsis (agrément)* vient de *terpnon (agréable)*. Et *terpnon* est ainsi appelé parce qu'il *se glisse (erpsis)* à travers l'âme, semblable à un *souffle (pnoè)*. Le terme juste serait *herpnoun*, mais au cours du temps il s'est déformé en *terpnon*. *Euphrosunè (gaieté)* ne demande aucune explication : tout le monde voit qu'elle a reçu ce nom du *mouvement* de l'âme *bien accordé (eu sumphéresthaï)* à celui des choses. Il serait juste de dire *euphérosunè*, nous n'en disons pas moins *euphrosunè*. *Epithumia (passion)* non plus n'est pas difficile : il est clair qu'elle doit ce nom à la puissance *qui pénètre dans le cœur (épi ton thumon iousa)*. Quant au mot *thumos (courage)*, il provient sans doute de l'impétuosité *(thusis)* et du bouillonnement de l'âme. Pour *himéros (désir)*, son nom lui vient du courant qui entraîne le plus puissamment notre âme. Comme il coule en se précipitant *(hiéménos rhéï)* et *s'élance (éphiéménos)* vers les choses et qu'ainsi il attire fortement l'âme par l'*impétuosité (hésis)* de son cours, en vertu de toute cette puissance il a été appelé *himéros*. *Pothos (regret)*, à son tour, est ainsi nommé pour signifier qu'il n'appartient pas au désir et courant présent, mais à ce qui est *quelque part ou ailleurs (allothi)* et absent, d'où le nom de *pothos* donné au sentiment qui s'appelait *himéros*, quand l'objet désiré était présent; lui disparu, ce même sentiment a été appelé *pothos*. Quant à *érôs*, parce qu'il *coule en (esréï)* l'âme du dehors, et que ce courant n'est pas propre à celui qui le ressent, mais s'introduit par les yeux, il était anciennement appelé *esros*, de *esrhéïn (couler dans)* ; car on employait alors o pour ô. Aujourd'hui on l'appelle *érôs* parce que l'ô a pris la place de l'o. Maintenant qu'y a-t-il encore que tu désires soumettre à l'examen ?

HERMOGÈNE

Je voudrais avoir ton opinion sur l'opinion *(doxa)* et les mots du même genre.

SOCRATE

Doxa a dû son nom soit à la poursuite que mène l'âme qui cherche à connaître la nature des choses, soit au coup parti de l'*arc (toxon)*, ce qui me paraît plus vraisemblable. En tout cas la *croyance (oïèsis)* s'accorde avec cette seconde explication. C'est en effet l'*élan (oïsis)* de l'âme vers les choses, pour connaître la nature de chacune d'elles, que le nom paraît indiquer. De même aussi la *volonté (boulè)* désigne le *jet (bolè)*, et *boulesthaï (vouloir)* signifie *s'élancer vers (éphiesthaï)*, comme aussi *bouleuesthaï (délibérer)*. Tous ces mots, à la suite de *doxa*, semblent représenter le *jet (bolè)*, de même qu'au rebours *aboulia (imprudence)* semble être le fait de *manquer le but (atukhia)*, en ce sens qu'on ne *frappe (balôn)* ni n'*atteint (tukhôn)* ce qu'on cherchait à frapper, ce qu'on voulait, ce dont on délibérait, ce que l'on désirait.

HERMOGÈNE

Voilà bien des explications entassées, ce me semble, Socrate.

SOCRATE

C'est que je sens la fin de l'inspiration divine. En tout cas, je veux achever en expliquant encore le nom d'*anankè* (*nécessité*), qui fait suite à ceux-là, et celui d'*hékousion* (*volontaire*). Pour *hékousion*, c'est ce qui cède et n'oppose pas de résistance, mais qui, je le répète, *cède au mouvement* (*eïkon tô ionti*), au mouvement imprimé par la volonté, qui doit avoir été désignée par ce nom. L'*anankaïon* (*nécessaire*) et le résistant, étant contraire à la volonté, doit se rapporter à l'erreur et à l'ignorance. Il est assimilé à une marche à travers les *ravins* (*anhé*), parce que, difficiles à traverser, rudes et boisés, ils arrêtent la marche. C'est de là sans doute que vient le nom d'*anankaïon*, c'est d'une comparaison avec la traversée du ravin [315]. Mais, tant que nous avons la force, ne la lâchons pas. Toi non plus, ne te relâche pas et questionne.

HERMOGÈNE

XXXIII. — Eh bien, je te questionne sur les noms les plus importants et les plus beaux, la *vérité* et le *mensonge*, *l'être* et l'objet même de notre entretien, le *nom*. Pour quelle raison est-il ainsi appelé ?

SOCRATE

Y a-t-il quelque chose que tu appelles *maïesthaï* ?

HERMOGÈNE

Oui, *chercher*.

SOCRATE

Eh bien, le mot *onoma* me paraît être la contraction d'une proposition affirmant que le nom, c'est l'être sur lequel porte la recherche. Tu le verras mieux dans ce que nous appelons *onomaston* (*ce qui est à nommer*), car il est clair qu'il s'agit ici de l'être qui *est objet d'enquête* (*on hou masma estin*). *Alèthéia* (*vérité*) aussi paraît être, comme les autres, un mot formé par contraction ; car c'est le mouvement divin de l'être qui est, je crois, désigné par cette locution *alèthéia*, entendue comme une *course divine* (*alè théia*). *Pseudos* (*mensonge*) exprime le contraire du mouvement. Nous voyons revenir une fois de plus le sens péjoratif attaché à ce qui est arrêté et contraint au repos, et ce mot représente l'état de gens *endormis* (*katheudousi*) ; mais le ps qui s'y est ajouté cache le sens du nom. Quant à *on* (*être*) et à *ousia* (*essence*), ils sont analogues à *alèthés*, si l'on y ajoute l'i. *Etre* en effet signifie *allant* (*ion*), et *non-être* (*ovk on*), *n'allant pas* (*ouk ion*) et c'est ainsi qu'il est parfois prononcé.

HERMOGÈNE

Ces noms-là, Socrate, m'est avis que tu les as très vaillamment analysés. Mais si l'on te demandait à propos de cet *ion*, de ce *rhéon*, de ce *doun* en quoi ces noms sont justes ?

SOCRATE

Tu veux savoir ce que nous pourrions répondre, n'est-ce pas ?

HERMOGÈNE

Parfaitement.

SOCRATE

Eh bien, nous nous sommes ménagé tout à l'heure un expédient qui peut passer pour une réponse raisonnable.

HERMOGÈNE

Quel est cet expédient ?

SOCRATE

C'est de dire, quand nous ne connaissons pas le sens d'un mot, qu'il est d'origine barbare. Peut-être y a-t-il effectivement en eux quelque trace de barbarie; peut-être aussi est-ce l'antiquité des mots primitifs qui les rend indéchiffrables. Comme les noms sont torturés de mille manières, il n'y a pas à s'étonner si l'ancien parler, comparé à celui d'aujourd'hui, ne diffère aucunement d'une langue barbare.

HERMOGÈNE

Ce que tu dis là est plausible.

SOCRATE

Oui, plausible effectivement. Cependant je crois qu'en ce débat il n'y a point de place pour les défaites, et qu'il faut mettre tout son zèle à examiner les choses à fond. Réfléchissons donc. Suppose qu'on nous interroge sur les locutions qui servent à former le nom, puis qu'on fasse la même question sur les parties dont ces locutions sont formées et que l'on continue ainsi indéfiniment, est-ce que celui qui répondra ne sera pas à la fin dans la nécessité de quitter la partie ?

HERMOGÈNE

C'est mon avis.

SOCRATE

Et maintenant à quel moment celui qui quitte la partie aura-t-il le droit de l'abandonner et de s'arrêter ? N'est-ce pas quand il en sera à ces mots qui sont comme les éléments du reste, locutions et noms ? Si ces mots sont tels, ils ne doivent plus apparaître comme composés d'autres mots. Prenons par exemple le mot *agathon*, que nous disions tout à l'heure composé d'*agaston* et de *thoon*. Nous pourrions dire que *thoon* est tiré d'autres mots, et ceux-ci d'autres encore. Mais une fois que nous aurons atteint un mot qui n'est plus composé d'autres mots, nous aurons le droit de dire que nous sommes arrivés à un élément et que nous ne devons plus rapporter ce mot à d'autres.

HERMOGÈNE

Il me semble que tu as raison.

SOCRATE

Eh bien, les noms sur lesquels tu m'as interrogé en dernier lieu, sont-ils des éléments et faut-il user d'une autre méthode pour en rechercher la justesse ?

HERMOGÈNE

C'est probable.

SOCRATE

Oui, c'est probable, Hermogène. En tout cas, tous les noms précédents paraissent se ramener à ceux-là, et, s'il en est ainsi, comme je le crois, joins encore ici ton attention à la mienne, de peur que je ne déraisonne en expliquant en quoi doit consister la justesse des noms primitifs.

HERMOGÈNE

Parle seulement; je t'aiderai dans cet examen autant que j'en suis capable.

SOCRATE

XXXIV. — Qu'il n'y ait qu'une façon d'être juste pour tous les noms, depuis le premier jusqu'au dernier, et qu'aucun nom, comme tel, ne diffère des autres noms, je pense que là-dessus tu es d'accord avec moi.

HERMOGÈNE

Assurément.

SOCRATE

Mais dans les noms que nous venons de passer en revue, la justesse était basée sur l'intention de faire voir la nature de chaque être.

HERMOGÈNE

Sans contredit.

SOCRATE

Cette intention doit donc se voir tout aussi bien dans les noms primitifs que dans les dérivés, si l'on veut qu'ils soient des noms.

HERMOGÈNE

Certainement.

SOCRATE

Mais les noms dérivés, c'est, semble-t-il, au moyen des premiers qu'ils pouvaient produire ce résultat.

Evidemment.

SOCRATE

Bon. Mais les noms primitifs, sous lesquels on ne découvre pas jusqu'ici d'autres noms, comment nous feront-ils voir la réalité aussi clairement qu'il est possible, s'ils doivent être vraiment des noms ? Réponds à ma question : si nous n'avions point de voix ni de langue et que nous voulussions nous montrer les choses les uns aux autres, n'essaierions-nous pas, comme le font en effet les muets, de les indiquer avec les mains, la tête et le reste du corps ?

HERMOGÈNE

Comment faire autrement, Socrate ?

SOCRATE

Si nous voulions, je suppose, exprimer une chose élevée ou une chose légère, nous lèverions la main vers le ciel pour mimer la nature même de la chose; pour une chose basse ou pesante, nous abaisserions la main vers le sol. Et si nous voulions représenter un cheval en train de courir ou quelque autre animal, tu sais bien que nous rendrions nos corps et nos attitudes aussi semblables aux leurs que nous pourrions le faire.

HERMOGÈNE

Je crois qu'il en serait nécessairement comme tu dis.

SOCRATE

On pourrait donc, je pense, exprimer quelque chose au moyen du corps, en lui faisant mimer, comme je l'ai dit, ce qu'on voudrait représenter ?

HERMOGÈNE

Oui.

SOCRATE

Mais puisque c'est par la voix, la langue et la bouche que nous voulons exprimer les choses, n'arriverons-nous pas à exprimer chaque chose par ces moyens, en nous en servant pour mimer n'importe quoi ?

HERMOGÈNE

Nécessairement, ce me semble.

SOCRATE

Le nom est donc, semble-t-il, une imitation vocale de l'objet imité, et celui qui imite par la voix nomme ce qu'il imite ?

HERMOGÈNE

C'est mon avis.

SOCRATE

Mais pas le mien, par Zeus. Je ne crois pas encore que ma définition soit bonne, camarade.

HERMOGÈNE

Pourquoi donc ?

SOCRATE

C'est que ces gens qui imitent les moutons, les coqs et les autres animaux, nous serions forcés de convenir qu'ils nomment les choses qu'ils imitent.

HERMOGÈNE

Tu dis vrai.

SOCRATE

Et cela te paraîtrait-il juste ?

HERMOGÈNE

Non pas. Mais, Socrate, quelle sorte d'imitation est-ce donc que le nom ?

SOCRATE

D'abord, à ce qu'il me semble, ce ne sera pas nommer que d'imiter les choses comme le fait la musique, quoique la musique aussi imite par la voix; ensuite nous ne nommerons pas non plus, à mon avis, en imitant à notre tour les objets qu'imite la musique. Voici ce que je veux dire. Les objets n'ont-ils pas chacun une voix et une forme, et beaucoup même une couleur ?

HERMOGÈNE

Si.

SOCRATE

Eh bien, si l'on imite ces propriétés, ces imitations non plus n'ont, ce semble, aucun rapport à l'art de nommer. Car ce sont, l'une, la musique, et l'autre, la peinture, n'est-ce pas ?

HERMOGÈNE

Oui.

SOCRATE

Mais que dis-tu de ceci ? Ne crois-tu pas que chaque chose a son essence, aussi bien que sa couleur et les propriétés que nous venons de citer ? Et d'abord la couleur elle-même et le son n'ont-ils pas chacun son essence, ainsi que toutes les choses qui méritent le nom d'êtres ?

HERMOGÈNE

Je le crois.

SOCRATE

Eh bien, si cela même, je veux dire l'essence de chaque chose, pouvait s'imiter par des lettres et des syllabes, cette imitation ferait-elle, oui ou non, connaître ce qu'est chaque chose ?

HERMOGÈNE

Oui, certes.

SOCRATE

Et comment appellerais-tu celui qui aurait ce pouvoir ? Tout à l'heure tu appelais les précédents, l'un, musicien, l'autre, peintre. Celui-ci, quel est-il ?

HERMOGÈNE

C'est, ce me semble, Socrate, ce que nous cherchons depuis longtemps : c'est l'homme capable de nommer.

SOCRATE

XXXV. — Si cela est vrai, il faut à présent, semble-t-il, reprendre l'examen de ces noms sur lesquels tu me questionnais : *rhoè (courant)*, *iénaï (aller)*, *skhésis (le fait d'arrêter)*, et voir si l'auteur, au moyen des lettres et des syllabes, saisit, oui ou non, l'être de manière à en reproduire l'essence.

HERMOGÈNE

Parfaitement.

SOCRATE

Eh bien, voyons si ces noms-là sont les seuls qui soient primitifs ou s'il y en a beaucoup d'autres.

HERMOGÈNE

Je crois pour ma part qu'il y en a d'autres.

SOCRATE

C'est en effet vraisemblable. Mais quelle est la méthode de division avec laquelle l'imitateur commence son imitation ? Puisque l'imitation de l'essence se fait avec des syllabes et des lettres, la méthode la plus correcte n'est-elle pas de distinguer les éléments d'abord, comme ceux qui s'attaquent aux rythmes ? Ils distinguent d'abord la valeur des lettres, puis celle des syllabes, après quoi ils se mettent à l'étude des rythmes, mais pas avant.

HERMOGÈNE

Oui.

SOCRATE

Ne devons-nous pas faire comme eux, et distinguer d'abord les voyelles, puis classer par espèces les autres lettres, celles qui ne comportent ni son ni bruit *(les muettes)*, c'est ainsi que les désignent les habiles en ces matières, puis celles qui, sans être des voyelles, ne sont pourtant pas des muettes *(les semi-voyelles)*, et parmi les voyelles elles-mêmes distinguer les différentes espèces ? Quand nous aurons bien fait ces distinctions, il nous fau-

dra, à leur tour, distinguer convenablement tous les êtres
auxquels il faut imposer des noms et voir s'il en existe
auxquels on peut, comme les lettres, les ramener tous, et
d'après lesquels on peut voir quelle est leur nature et s'il
y a parmi eux des espèces, comme dans les lettres. Quand
nous aurons bien examiné à fond tous ces points, il faudra
savoir appliquer chaque élément d'après sa ressemblance,
soit qu'il faille en attribuer un seul à chaque objet, ou en
mélanger plusieurs pour un objet unique. C'est ainsi que
les peintres, pour obtenir la ressemblance, emploient tantôt le pourpre seul, tantôt une autre couleur quelconque,
et parfois en mélangent plusieurs, comme quand ils pré-
parent un ton de chair ou quelque autre du même genre,
selon, j'imagine, que chaque portrait semble demander
une couleur spéciale. De même nous appliquerons, nous
aussi, les éléments aux choses, un seul à une seule, quand
elle paraîtra le demander, ou plusieurs à la fois, en formant
ce qu'on appelle des syllabes, et nous assemblerons, à
leur tour, les syllabes pour en composer des noms et des
verbes ; et de nouveau, avec les noms et les verbes, nous
composerons un tout grand et beau, et, comme tout à
l'heure le peintre créait un animal par la peinture, nous,
de même, nous créerons le langage par l'art de nommer
ou de parler, ou tout autre, quel qu'en soit le nom. Mais
non, ce ne sera pas nous qui le ferons — je me suis laissé
entraîner à mes paroles — car ces combinaisons, telles
qu'elles sont formées, sont l'œuvre des anciens. Ce que
nous avons à faire, nous, si nous savons examiner tout cela
méthodiquement, c'est, après avoir fait les divisions que
nous avons dites, d'examiner de même si les premiers
noms et les noms postérieurs ont été établis convenablement ou non. A les enchaîner autrement, nous risquerions
de faire piètre besogne et de nous fourvoyer.

HERMOGÈNE

C'est, ma foi, bien possible, Socrate.

SOCRATE

XXXVI. — Eh bien, te crois-tu capable de faire ces
distinctions ? Moi, non.

HERMOGÈNE

Alors, il s'en faut beaucoup que j'en sois capable moi-
même.

SOCRATE

Y renoncerons-nous donc, ou veux-tu que nous fassions
l'essai de nos forces, et que, si peu que nous soyons capables
d'y voir quelque chose, nous l'essayions. Nous avons
averti les dieux, il y a quelques instants, que, ne sachant
rien de la vérité, nous ne voulions qu'interpréter les opi-

nions des hommes à leur égard. Eh bien, dans le cas présent, disons-nous à nous-mêmes, avant de commencer, que, si ces distinctions devaient être faites soit par quelque autre, soit par nous, c'est ainsi qu'il faudrait les faire, mais qu'à présent, c'est comme on dit, suivant nos forces que nous devrons nous en occuper. Es-tu de cet avis, ou comment en juges-tu ?

HERMOGÈNE

Je suis, pour ma part, entièrement de cet avis.

SOCRATE

Il semblera peut-être ridicule, Hermogène, de dire que des lettres et des syllabes révèlent les choses en les imitant ; cependant c'est une nécessité qu'il en soit ainsi, car nous n'avons rien de mieux à quoi nous puissions nous rapporter sur la vérité des noms primitifs, à moins que tu ne veuilles, à l'exemple des poètes tragiques qui, lorsqu'ils sont embarrassés, recourent aux machines en élevant les dieux dans les airs, nous nous tirions d'affaire comme eux, en disant que les noms primitifs ont été établis par les dieux et sont exacts pour cette raison. Pour nous aussi, est-ce là la meilleure explication ? ou faut-il dire, comme nous l'avons déjà fait, que nous les avons reçus de certains barbares et que les barbares sont plus anciens que nous ? ou encore que leur antiquité les rend impossibles à expliquer, de même que les noms barbares. Ce serait là des échappatoires fort ingénieuses de la part de ceux qui refusent de rendre compte de la justesse des noms primitifs. Cependant, de quelque façon qu'on ignore la propriété des mots primitifs, il est impossible de connaître celle des dérivés, qui ne peuvent s'expliquer que d'après les premiers, au sujet desquels on ne sait rien. Il est donc évident que celui qui prétend être compétent sur les derniers doit être en mesure de fournir sur les premiers les explications les plus complètes et les plus claires, ou être bien sûr que sur les dérivés il ne dira dès lors que des sornettes. Es-tu d'un autre avis ?

HERMOGÈNE

Pas du tout, Socrate ; je n'en ai pas d'autre.

SOCRATE

Les idées que je me suis faites sur les noms primitifs me paraissent tout à fait impertinentes et ridicules. Cependant je t'en ferai part, si tu veux. Mais si, de ton côté, tu peux tirer de quelque endroit une explication meilleure, tâche de m'en faire part à moi aussi.

HERMOGÈNE

Je n'y manquerai pas. Mais parle hardiment.

SOCRATE

XXXVII. — Eh bien, pour commencer, le r me semble être pour ainsi dire l'instrument propre à exprimer toute espèce de *mouvement*. A propos de *mouvement (kinèsis)*, nous n'avons pas même dit pourquoi il porte ce nom; mais il est clair qu'il veut dire l'*action d'aller (iésis)* ; car ce n'est pas è, mais é [316] qu'on employait dans l'ancien temps. Le commencement vient de *kiëïn*, mot étranger [317], qui équivaut à *iénaï (aller)*. Si donc on voulait trouver l'ancien nom du mouvement qui s'accorderait avec notre langue, *iésis* serait le mot approprié. Mais à présent, par l'emploi du mot étranger *kiëïn*, le changement de l'é en è et l'insertion de n, il est devenu *kinèsis*, alors qu'il devrait être *kieinèsis* ou *éïsis*. Quant à *stasis (repos)*, il signifie la négation du mouvement, mais il a été appelé *stasis* par euphonie [318]. Pour en revenir à la lettre r, je répète que l'auteur des noms a cru y trouver un bel instrument pour exprimer le mouvement et les conformer à la mobilité; en tout cas il s'en sert souvent à cette fin. D'abord dans les mots mêmes de *rhëïn (couler)* et de *rhoè (courant)*, il se sert de cette lettre pour imiter la mobilité, et de même dans *tromos (tremblement)*, puis dans *trakhus (raboteux)*, en outre dans les verbes comme *krouëïn (heurter)*, *thrauëïn (briser)*, *éréïkéïn (déchirer)*, *thruptëïn (broyer)*, *kermatyzëïn (morceler)*, *rhumbëïn (faire tournoyer)*. C'est en général par le r qu'il figure le mouvement dans tous ces mots. Il voyait, j'imagine, que c'est sur cette lettre que la langue s'attarde le moins et vibre le plus. C'est pour cela, me semble-t-il, qu'il s'est servi de cette lettre pour former ces mots. L'i à son tour lui a servi pour tout ce qui est subtil et particulièrement capable de passer à travers toutes choses. Aussi est-ce par l'i qu'il imite le mouvement dans *iénaï (aller)* et *iesthaï (s'élancer)*, tout comme par le ph, le ps, le s, le z, qui sont des lettres aspirées, il a imité, en les nommant par elles, toutes les notions pareilles à *psukhron (froid)*, *zéon (bouillant)*, *séïsthaï (s'agiter)* et en général l'*agitation (séïsmos)*. Et quand il imite un objet qui est de la nature du vent, en ce cas, c'est toujours les lettres de ce genre que le créateur des noms paraît employer en grande partie. Il semble également avoir jugé que l'effet du d et du t, qui compriment la langue et appuient sur elle, pouvait servir à imiter l'*enchaînement (desmos)* et l'*arrêt (stasis)*. D'autre part, ayant observé que la langue glisse particulièrement dans la prononciation de l'l, il en a formé par imitation les mots qui désignent ce qui est *lisse (lëïon)*, l'action même de *glisser (olisthanéïn)*, le *luisant (liparon)*, le *collant (kollôdés)* et toutes les choses du même genre. Et comme le g a la propriété d'arrêter ce glissement de la langue, il s'en est servi pour imiter le *visqueux (gliskhron)*, le *doux (gluku)*, le *gluant (gloïôdés)*.

D'un autre côté, ayant remarqué que le n retient la voix
à l'intérieur de la bouche, il a fait les noms de *dedans (endon)*
et d'*intérieur (entos)*, avec l'idée de reproduire les faits
par les lettres. Pour l'a, il l'a attribué à *méga (grand)*,
et l'e à *mêkos (longueur)*, parce que ces lettres sont longues.
Ayant besoin de l'o pour désigner le *rond (goggulon)*,
il l'a mêlé au nom dans une forte proportion. Il en est de
même des autres notions : le législateur semble les ramener
à des lettres et à des syllabes, en créant pour chacun des
êtres un signe et un nom, puis partir de là pour composer
le reste, par imitation avec ces éléments mêmes. Voilà,
Hermogène, en quoi consiste, à ce qu'il me semble, la
justesse des noms, à moins que Cratyle ici présent n'ait
quelque autre avis à ouvrir.

HERMOGÈNE

XXXVIII. — Véritablement, Socrate, Cratyle me jette
souvent dans une grande perplexité, comme je le disais
au début. Il affirme qu'il y a une justesse des noms,
mais sans rien dire de clair sur ce qu'elle est, si bien que
je ne peux pas savoir si c'est exprès ou sans intention qu'il
en parle chaque fois en termes si obscurs. Dis-moi donc
à présent, Cratyle, en présence de Socrate, si tu approuves
ce qu'il dit au sujet des noms, ou si tu as quelque chose
de mieux à en dire. En ce cas, parle, soit pour t'instruire
auprès de Socrate, soit pour nous instruire tous les deux.

CRATYLE

Quoi donc! Hermogène, crois-tu qu'il soit facile d'apprendre ou d'enseigner si vite quelque chose que ce soit,
et spécialement une chose comme celle-ci, qui paraît bien
être des plus importantes ?

HERMOGÈNE

Non, par Zeus, je ne le crois pas, quant à moi. Mais
je trouve qu'Hésiode a raison de dire :
« *N'entasserais-tu que peu sur peu, cela vaut toujours la
peine* [319]. »
Si donc tu es capable de nous éclairer tant soit peu,
ne t'y refuse pas, et rends service à Socrate que voici, et
à moi aussi, comme tu le dois.

SOCRATE

A la vérité, Cratyle, je suis le premier à dire que je ne
garantis rien de ce que j'ai avancé : je me suis borné
à examiner avec Hermogène les idées qui me venaient
à l'esprit. Parle donc hardiment sans égard à mon
opinion, et si tu as quelque chose de meilleur à dire,
sois sûr de mon approbation. Que tu aies des vues plus
belles que les miennes, je n'en serais pas surpris; car
tu me parais avoir étudié ces questions toi-même et

avoir pris leçon d'autrui. Si donc tu as une théorie meilleure à proposer, inscris-moi comme un de tes disciples en ce qui concerne la justesse des noms.

CRATYLE

Oui, Socrate, je me suis, comme tu dis, occupé de ces questions, et il se peut que je te prenne pour disciple. Mais je crains que ce ne soit tout le contraire ; j'ai car bien envie de te dire le mot d'Achille, celui qu'il adresse à Ajax dans *les Prières*. Il dit :

« *Ajax, descendant de Zeus, fils de Télamon, chef du peuple, tout ce que tu as dit me semble être selon mon cœur* [320]. »

Moi aussi, Socrate, je trouve tes oracles fort à mon gré, soit que tu aies reçu ton inspiration d'Euthyphron, soit que tu héberges depuis longtemps quelque autre Muse sans que tu t'en doutes.

SOCRATE

Mon bon Cratyle, moi aussi, je m'étonne depuis longtemps de mon savoir et je m'en méfie. Aussi me paraît-il nécessaire d'examiner à nouveau ce que je viens de dire ; car il n'y a rien au monde de plus pénible que de se tromper soi-même ; lorsque le trompeur ne s'écarte pas d'un pas, et reste toujours avec vous, comment ne serait-ce pas terrible ? Il faut donc, ce me semble, revenir souvent à ce qu'on a déjà dit, et tâcher, selon le mot du poète, de voir à la fois devant et derrière soi [321]. C'est justement ce que nous avons à faire à présent : revoyons ce que nous avons dit. La justesse des noms, disons-nous, consiste à faire voir la nature de l'objet. Admettons-nous cette définition comme suffisante ?

CRATYLE

Pour moi, Socrate, je la trouve on ne peut plus satisfaisante.

SOCRATE

C'est donc pour instruire que sont faits les noms ?

CRATYLE

Certainement.

SOCRATE

Ne dirons-nous pas que c'est aussi un art et qu'il a ses artisans ?

CRATYLE

Sans aucun doute.

SOCRATE

Lesquels ?

CRATYLE

Justement ceux dont tu parlais au début, les législateurs.

SOCRATE

Maintenant affirmerons-nous que cet art se comporte chez les hommes comme les autres arts, ou qu'il en est autrement ? Voici ce que je veux dire. Les peintres ne sont-ils pas, les uns, inférieurs, les autres, supérieurs ?

CRATYLE

Certainement.

SOCRATE

Les ouvrages que les peintres supérieurs nous fournissent, leurs tableaux, ne sont-ils pas plus beaux, et ceux des peintres inférieurs plus médiocres ? De même pour les architectes, les uns font leurs maisons plus belles, les autres les font plus laides ?

CRATYLE

Oui.

SOCRATE

Et les ouvrages que nous livrent les législateurs, ne sont-ils pas, les uns plus beaux, les autres plus laids ?

CRATYLE

Ici, je ne suis plus de ton avis.

SOCRATE

Alors tu ne trouves pas que, parmi les lois, les unes sont meilleures et les autres plus médiocres ?

CRATYLE

Non certes.

SOCRATE

Alors tu ne trouves pas non plus, semble-t-il, que le nom a été tantôt mal, tantôt bien établi ?

CRATYLE

Non certes.

SOCRATE

Alors tous les noms ont été établis correctement ?

CRATYLE

Tous ceux du moins qui sont des noms.

SOCRATE

Et le nom de notre ami Hermogène, dont il était question tout à l'heure ? Devons-nous dire que ce nom ne lui a même pas été donné, s'il n'a rien de commun avec la race d'Hermès, ou qu'il lui a été donné, mais improprement ?

CRATYLE

A mon avis, Socrate, il ne lui a même pas été donné.

Il semble, il est vrai, lui avoir été donné, mais en réalité c'est le nom d'un autre, qui a précisément le caractère que ce nom désigne.

SOCRATE

Ne ment-on pas non plus, lorsqu'on l'appelle Hermogène ? car peut-être il n'est pas possible non plus de l'appeler Hermogène, s'il ne l'est pas ?

CRATYLE

Comment l'entends-tu ?

SOCRATE

Qu'il soit absolument impossible de parler faux, est-ce là ce que tu veux dire ? C'est une opinion, mon cher Cratyle, qui a trouvé et qui trouve encore beaucoup de partisans [322].

CRATYLE

En effet, Socrate, comment, en disant ce qu'on dit, ne dirait-on pas ce qui est ? Parler faux ne consiste-t-il pas à ne pas dire ce qui est ?

SOCRATE

Ce raisonnement est trop raffiné pour moi et pour mon âge, camarade. Ne laisse pas pourtant de répondre à cette question-ci : ne crois-tu pas que, s'il est impossible de parler faux, il est possible d'affirmer des faussetés ?

CRATYLE

Je ne le crois pas possible non plus.

SOCRATE

Ni d'en énoncer, ni d'en adresser ? Si, par exemple, quelqu'un te rencontrant à l'étranger, te prenait la main et te disait : « Salut, étranger athénien, Hermogène, fils de Smicrion », celui-là dirait-il, énoncerait-il, exprime-rait-il, adresserait-il ces mots, non pas à toi, mais à Hermogène ici présent, ou à personne ?

CRATYLE

Mon avis, Socrate, c'est que cet homme-là prononcerait des sons dénués de sens.

SOCRATE

Je n'en demande pas davantage. En émettant ces sons, émettrait-il des choses vraies ou fausses, ou en partie vraies, en partie fausses ? car cela me suffirait encore.

CRATYLE

Je dirais, moi, qu'en ce cas l'homme ne fait que du

bruit, et qu'il s'agite inutilement, comme s'il agitait un vase d'airain en le frappant.

SOCRATE

XXXIX. — Voyons donc, Cratyle, si nous ne trouverons pas quelque moyen de nous mettre d'accord. N'admettrais-tu pas que le nom est une chose et que l'objet auquel appartient le nom en est une autre ?

CRATYLE

Si.

SOCRATE

Conviens-tu aussi que le nom est une imitation de la chose ?

CRATYLE

Absolument.

SOCRATE

Admets-tu que les peintures aussi sont, dans un autre genre, des imitations de certaines choses ?

CRATYLE

Oui.

SOCRATE

Voyons donc; car il se peut que je ne comprenne pas ta pensée et peut-être est-ce toi qui vois juste. Peut-on assigner et appliquer ces deux sortes d'imitation, les peintures et les noms en question, aux choses qu'elles imitent, ou est-ce impossible ?

CRATYLE

C'est possible.

SOCRATE

Fais d'abord attention à ceci. Peut-on rapporter l'image de l'homme à l'homme, celle de la femme à la femme et ainsi du reste ?

CRATYLE

Certainement.

SOCRATE

Et inversement celle de l'homme à la femme et celle de la femme à l'homme ?

CRATYLE

C'est possible aussi.

SOCRATE

Or ces deux attributions sont-elles justes, ou l'une des deux seulement ?

CRATYLE

L'une des deux.

SOCRATE

Celle, je pense, qui rapporte à chaque objet ce qui lui appartient et lui ressemble.

C'est mon opinion.

Pour ne pas batailler sur les mots, toi et moi, puisque nous sommes amis, accorde-moi ce que je vais dire. C'est cette sorte d'attribution, camarade, dans les deux genres d'imitation, les peintures et les noms, que j'appelle juste, et, dans le cas des noms, non seulement juste, mais vraie; quant à l'autre, celle qui attribue et applique aux objets ce qui ne leur ressemble pas, je l'appelle impropre, et fausse quand elle porte sur les noms.

Prends garde, Socrate, que cette attribution impropre qui se rencontre dans les peintures ne l'est pas dans les noms, qui doivent toujours être assignés correctement.

Que veux-tu dire ? Quelle différence y a-t-il entre les deux ? Ne peut-on aller trouver un homme quelconque et lui dire : « Voici ton portrait » et lui montrer, si le hasard le veut, son propre portrait, ou, si le hasard le veut, celui d'une femme ? J'appelle montrer : mettre sous le sens de la vue.

Parfaitement.

Ne peut-on pas revenir trouver le même homme et lui dire : « Voici ton nom », car le nom est sans doute une imitation comme la peinture. Je m'explique : ne peut-on lui dire : « Voici ton nom », puis lui mettre sous le sens de l'ouïe, si le hasard le veut, un mot qui imite sa personne, en prononçant le mot homme, ou, si le hasard le veut, un mot qui imite la partie féminine du genre humain, en prononçant le mot femme ? Ne crois-tu pas que cela soit possible et arrive quelquefois ?

Je veux bien, Socrate, te faire cette concession. J'admets qu'il en est ainsi.

Et tu fais bien, mon ami, s'il en est réellement ainsi; car ce n'est pas du tout le moment de nous obstiner à batailler sur ce point. Quoi qu'il en soit, s'il y a aussi deux manières d'assigner les noms, nous voulons appeler la première dire vrai, et l'autre dire faux. Or, s'il en est ainsi, et s'il est possible de répartir inexactement les noms, de ne pas attribuer à chaque objet ceux qui lui conviennent et de lui attribuer ceux qui ne lui conviennent pas, on peut en faire autant des verbes. Et s'il est possible d'assigner ainsi les verbes et les noms, il en est forcément de même pour les phrases; car les phrases sont, selon moi, des assemblages de ces éléments. Qu'en penses-tu, Cratyle ?

CRATYLE

Je pense comme toi; car je crois que tu as raison.

SOCRATE

D'autre part, si nous comparons les noms primitifs à des images, il en est d'eux comme des tableaux, auxquels on peut donner toutes les couleurs et les formes qui conviennent, ou ne pas les donner toutes, mais en négliger quelques-unes, et même en ajouter d'autres, trop nombreuses et trop grandes. N'est-ce pas vrai ?

CRATYLE

C'est vrai.

SOCRATE

Or, celui qui les donne toutes produit de beaux tableaux et de belle images, tandis que celui qui en ajoute ou en retranche fait encore, il est vrai, des tableaux et des images, mais mauvaises.

CRATYLE

Oui.

SOCRATE

Et celui qui imite l'essence des choses au moyen des syllabes et des lettres ? N'est-il pas vrai qu'en vertu du même principe, s'il réunit tous les éléments qui conviennent, l'image sera belle — l'image, c'est ici le nom — mais que, s'il néglige ou ajoute parfois quelques minces détails, il y aura bien une image, mais qui ne sera pas belle, et qu'ainsi les noms seront, les uns bien faits, les autres mal faits ?

CRATYLE

C'est possible.

SOCRATE

Peut-être donc l'artisan des noms sera tantôt bon, tantôt mauvais.

CRATYLE

Oui.

SOCRATE

Or c'est lui que nous avons appelé législateur.

CRATYLE

Oui.

SOCRATE

Peut-être donc, par Zeus, en sera-t-il comme dans les autres arts, et le législateur sera tantôt bon, tantôt mauvais, si nous sommes bien tombés d'accord sur les points précédents.

CRATYLE

C'est exact. Mais tu le vois, Socrate, lorsqu'en vertu de l'art grammatical, nous assignons aux noms les lettres a et b et chacune des autres, si nous en retranchons, ajoutons ou transposons quelqu'une, le nom se trouve écrit sans doute, mais incorrectement, ou plutôt il n'est pas écrit du tout ; il est devenu immédiatement un autre nom, s'il a subi quelqu'une de ces modifications.

SOCRATE

J'ai peur, Cratyle, que ta manière de voir ne soit pas juste.

CRATYLE

Comment cela ?

SOCRATE

Il se peut que tous les noms qui doivent être formés d'un nombre, sans quoi ils ne sauraient exister, soient sujets à l'accident dont tu parles. Tel est par exemple le mot dix ou tel autre chiffre que tu voudras : retranche ou ajoutes-y quelque chose, il devient aussitôt un nombre différent. Mais pour la qualité ou l'image en général, je crains que la justesse ne soit autre chose et qu'au contraire il ne faille pas du tout reproduire tous les traits de l'objet imité, si l'on veut obtenir une image. Vois si ce que je dis est juste. Y aurait-il deux objets, tels que Cratyle et l'image de Cratyle, si quelque divinité, non contente d'imiter ta couleur et ta forme, comme les peintres, reproduisait aussi tout l'intérieur de ta personne, tel qu'il est, lui donnait la même mollesse et la même chaleur, et y mettait le mouvement, l'âme et la pensée, tels qu'ils sont en toi, en un mot plaçait à côté de toi un double de toutes tes qualités ? Y aurait-il, en ce cas, Cratyle et une image de Cratyle, ou deux Cratyle ?

CRATYLE

Il me semble à moi, Socrate, qu'il y aurait deux Cratyle.

SOCRATE

XL. — Tu vois donc, mon ami, qu'il faut chercher un autre genre de justesse pour l'image et pour les noms, dont nous parlions tout à l'heure, et ne pas vouloir à toute force que l'image cesse d'en être une, si l'on en ôte ou si l'on y ajoute quelque détail. Ne sens-tu pas de combien il s'en faut que les images renferment les mêmes éléments que les originaux qu'elles imitent ?

CRATYLE

Si fait.

SOCRATE

En tout cas, Cratyle, l'effet des noms sur les objets qu'ils désignent serait plaisant, si on les faisait de tout point semblables à leurs objets ; car tout deviendrait double, n'est-ce pas ? et l'on ne pourrait plus distinguer entre les deux quel est l'objet et quel est le nom.

CRATYLE

Tu dis vrai.

SOCRATE

Admets donc hardiment, mon brave, que le nom aussi est tantôt bien, tantôt mal établi, et n'exige pas qu'il renferme toutes les lettres nécessaires pour le rendre de tout point conforme à ce qu'il désigne ; laisses-y même ajouter la lettre qui ne convient pas. Si tu permets une lettre, permets aussi un nom dans la phrase, et, si tu permets un nom, permets aussi d'ajouter dans le discours une phrase qui ne convient pas aux choses, et admets néanmoins que l'objet n'en est pas moins nommé et décrit, tant qu'on y trouve le caractère distinctif de l'objet dont on parle, comme on le trouvait dans les noms des lettres, si tu te souviens de ce qu'Hermogène et moi, nous disions tout à l'heure.

CRATYLE

Oui, je m'en souviens.

SOCRATE

A la bonne heure. Quand ce caractère distinctif se trouve dans le nom, même à défaut de tous les traits appropriés, l'objet n'en sera pas moins nommé, bien, s'ils y sont tous, mal, s'il n'y en a qu'un petit nombre. Qu'il soit nommé, d'une manière ou d'une autre, admettons-le, bienheureux Cratyle, pour ne pas payer l'amende comme les gens qui, à Egine, circulent sur les routes, à une heure tardive de la nuit [323], et pour n'avoir pas l'air, nous aussi, d'être ainsi vraiment arrivés trop tard jusqu'aux choses. Sinon, cherche une autre explication de la justesse des noms et n'admets plus que le nom soit une représentation de l'objet par des syllabes et des lettres ; car si tu soutiens ces deux thèses à la fois, tu ne pourras pas être d'accord avec toi-même.

CRATYLE

Ce que tu dis là, Socrate, me semble raisonnable et je l'admets.

SOCRATE

Puis donc que nous sommes d'accord là-dessus, examinons maintenant ceci. Pour être bien établi, disons-nous, le nom doit avoir les lettres convenables ?

CRATYLE

Oui.

SOCRATE

Et les lettres convenables sont celles qui ressemblent aux objets ?

CRATYLE

Certainement.

SOCRATE

C'est donc ainsi que sont établis les noms bien constitués. Mais s'il se rencontre un mot mal établi, il sera sans doute formé en grande partie de lettres appropriées et semblables à l'objet, s'il doit être une image, mais il en contiendra aussi quelqu'une mal appropriée, et cela empêchera le nom d'être beau et bien fait. Sommes-nous de cet avis, ou d'un autre ?

CRATYLE

Je suis d'avis, Socrate, qu'il est inutile de poursuivre la controverse ; car il ne me plaît pas d'entendre dire qu'un nom existe, mais qu'il a été mal établi.

SOCRATE

Te déplaît-il que le nom soit défini comme une représentation de l'objet ?

CRATYLE

Non certes.

SOCRATE

Mais ne crois-tu pas qu'on a raison de dire que, parmi les noms, les uns sont composés de noms plus anciens et que les autres sont primitifs ?

CRATYLE

Si.

SOCRATE

Mais si les noms primitifs doivent être des représentations de certaines choses, as-tu quelque autre moyen d'en faire des représentations que de les rendre aussi semblables que possible aux objets qu'ils doivent représenter ? Ou bien préfères-tu le moyen préconisé par Hermogène et beaucoup d'autres, qui prétendent que les noms sont des conventions et qu'ils représentent les objets pour ceux qui ont fait ces conventions, après avoir au préalable pris connaissance des choses, que c'est la convention qui constitue la justesse du nom, et qu'il est tout à fait indifférent qu'on ait établi cette convention comme elle l'est à présent, ou que, tout au rebours, on appelle grand ce que nous appelons petit aujourd'hui, et petit ce que nous appelons grand ? Lequel de ces deux moyens préfères-tu ?

CRATYLE

De toute façon, Socrate, il est absolument préférable de représenter ce qu'on veut représenter par une imitation ressemblante que par le premier moyen venu.

SOCRATE

C'est bien dit. Mais, pour que le nom soit semblable à l'objet, ne faut-il pas que les lettres dont on formera les noms primitifs soient naturellement semblables aux objets ? Je m'explique. Aurait-on jamais composé le tableau dont nous parlions tout à l'heure à la ressemblance d'un objet réel, si la nature ne fournissait pour composer les tableaux des couleurs semblables aux objets qu'imite la peinture ? ou serait-ce impossible ?

CRATYLE

Ce serait impossible.

SOCRATE

De même aussi les noms ne peuvent jamais être semblables à aucun objet, à moins que les éléments qui les composent n'aient d'abord une ressemblance naturelle avec les choses dont ils sont les imitations, et ces éléments qui doivent servir à les composer, ce sont les lettres ?

CRATYLE

Oui.

SOCRATE

XLI. — Prends donc part à présent, toi aussi, à la recherche que nous poursuivions tout à l'heure, Hermogène et moi. Voyons : crois-tu que nous ayons raison, oui ou non, de dire que le r a de la ressemblance au changement de place, au mouvement et à la rudesse ?

CRATYLE

Oui, je le crois.

SOCRATE

Et le l, au poli, au doux et aux propriétés dont nous parlions tout à l'heure ?

CRATYLE

Oui.

SOCRATE

Or sais-tu que, pour exprimer la même chose, nous disons nous *sklèrotès (rudesse)* et les Érétriens *sklèrotèr ?*

CRATYLE

Parfaitement.

SOCRATE

Le r et le s ressemblent-ils donc l'un et l'autre à la même

chose ? Et le r final a-t-il pour ceux d'Érétrie la même signification que le s pour nous, ou le mot en a-t-il une autre chez l'un des deux peuples ?

CRATYLE

C'est la même chez les deux.

SOCRATE

Est-ce en tant que le r et le s sont semblables, ou en tant qu'ils ne le sont pas ?

CRATYLE

C'est en tant qu'ils sont semblables.

SOCRATE

Sont-ils donc semblables à tous égards ?

CRATYLE

Ils le sont du moins en ce qu'ils expriment également le mouvement.

SOCRATE

Mais le l inséré dans le mot, est-ce qu'il n'exprime pas le contraire de la rudesse ?

CRATYLE

C'est que peut-être on l'y a intercalé mal à propos, Socrate. Tout à l'heure, en parlant avec Hermogène, tu retranchais et tu insérais des lettres où il le fallait, et tu faisais bien, selon moi. Dans le cas présent aussi, il faut peut-être mettre un r à la place de l.

SOCRATE

Tu as raison. Mais quoi! à la manière dont nous parlons maintenant, ne nous comprenons-nous pas l'un l'autre, quand on dit *sklèros (rude)*, et toi-même en ce moment ne comprends-tu pas ce que je dis ?

CRATYLE

Oui, grâce à l'usage, très cher ami.

SOCRATE

Mais, en disant l'usage, crois-tu dire quelque chose de différent de la convention ? Par convention, ne veux-tu pas dire que moi, quand je prononce ce mot de *sklèros*, j'ai dans l'esprit la chose qu'il signifie, et que toi, de ton côté, tu reconnais que j'ai cette chose dans l'esprit ? N'est-ce pas cela que tu veux dire ?

CRATYLE

Si.

SOCRATE

Par conséquent, si tu reconnais l'objet quand je prononce le mot, c'est une indication qui te vient de moi.

CRATYLE

Oui.

SOCRATE

Au moyen d'une chose sans ressemblance à ce que j'ai dans l'esprit, quand je parle, s'il est vrai que le l est sans ressemblance avec la rudesse dont tu parles. Or, s'il en est ainsi, n'est-il pas vrai que c'est en vertu d'une convention que tu as faite avec toi-même, et que la justesse du nom devient pour toi une convention, puisque les lettres semblables et dissemblables expriment les mêmes objets, quand elles ont été adoptées par l'usage et la convention. Et même si l'usage est absolument distinct de la convention, on aurait encore tort de dire que c'est la ressemblance qui représente les choses ; c'est l'usage qui le fait ; car l'usage, nous l'avons vu, représente également par le semblable et par le dissemblable. Mais, puisque nous sommes d'accord là-dessus, Cratyle, car ton silence sera pour moi un acquiescement, il faut bien reconnaître que la convention et l'usage contribuent à la représentation de ce que nous avons dans l'esprit en parlant. Prenons, si tu veux, mon excellent ami, le nombre pour exemple. Comment crois-tu pouvoir appliquer à chacun des nombres des noms qui leur ressemblent, si tu ne veux pas que ton accord et ta convention fassent autorité en ce qui regarde la justesse des noms ? Certes, moi aussi, j'aime que les noms soient autant que possible semblables aux objets ; mais je crains qu'en réalité cette façon de tirer sur la ressemblance ne soit, comme l'a dit Hermogène, une piètre méthode, et qu'il ne faille recourir, pour la justesse des noms, à ce grossier expédient qu'est la convention. Cependant le langage le plus parfait possible consisterait sans doute à user de mots qui seraient tous ou la plupart semblables aux objets, c'est-à-dire appropriés ; tandis que le plus laid consisterait dans le contraire. Maintenant réponds encore à cette question-ci : quelle est la vertu des noms et quel bien devons-nous dire qu'ils produisent ?

CRATYLE

XLII. — Je crois, pour ma part, Socrate, que les noms instruisent et qu'on peut, en toute simplicité, affirmer que, quand on sait les noms, on sait aussi les choses.

SOCRATE

Ce que tu entends par là, Cratyle, c'est sans doute que, lorsqu'on sait de quelle nature est le nom, et il est de même nature que la chose, on sait aussi ce qu'est la chose, puisqu'elle se trouve être semblable au nom, et qu'il n'y a naturellement qu'une seule et même science pour toutes les choses semblables entre elles. C'est, je suppose, dans ce sens que tu affirmes que celui qui connaîtra les noms connaîtra aussi les choses.

CRATYLE

C'est exactement cela.

SOCRATE

Or çà, voyons ce que peut être cette manière d'enseigner les choses dont tu viens de parler, et s'il y en a une autre, inférieure il est vrai, ou s'il n'y en a pas du tout d'autre que celle-là. Qu'en penses-tu ?

CRATYLE

Moi, je pense qu'il n'y en a aucune autre, et que celle-là est la seule et la meilleure.

SOCRATE

Mais crois-tu que ce soit là aussi la manière de découvrir les choses, et que celui qui a découvert les noms ait aussi découvert les choses qu'ils désignent, ou bien que la recherche et la découverte exigent une autre méthode, tandis que l'instruction exige celle dont tu parles ?

CRATYLE

Je suis absolument convaincu qu'il faut appliquer à la recherche et à la découverte la même méthode et de la même façon.

SOCRATE

Voyons, Cratyle, réfléchissons. Si, pour rechercher les choses, on prend les noms pour guides, en examinant le sens de chacun d'eux, ne penses-tu pas qu'on risque fort d'être induit en erreur ?

CRATYLE

Comment ?

SOCRATE

Il est évident que le premier qui a établi les noms les a établis suivant la manière dont il concevait les choses. C'est bien ce que nous disons, n'est-ce pas ?

CRATYLE

Oui.

SOCRATE

Mais si sa conception n'était pas juste et s'il a établi les noms suivant cette conception, que crois-tu qu'il nous arrivera à nous qui le suivons ? Ne serons-nous pas trompés ?

CRATYLE

Mais peut-être n'en est-il pas ainsi, Socrate, et celui qui établissait les noms le faisait nécessairement en connaissance de cause; autrement, comme je l'ai dit depuis longtemps, il n'y aurait même pas de noms. La meilleure preuve qu'on puisse te donner que l'auteur des noms n'a pas manqué la vérité, c'est cette concordance qu'il a su mettre entre tous. N'avais-tu pas cette pensée toi-même, quand tu disais qu'ils étaient tous formés de la même manière et en vue de la même idée ?

SOCRATE

Ta réponse, mon bon Cratyle, ne prouve rien. Il n'y aurait en effet rien d'étrange à ce que l'inventeur des noms se fût trompé dès le début et que dès lors il eût accommodé de force les autres noms à son erreur et les eût contraints de s'accorder. Il en est ici comme dans les figures de géométrie : s'il arrive que la première, petite et peu nette, soit erronée, les nombreuses déductions qui s'ensuivent n'en sont pas moins d'accord entre elles. C'est donc, en toute entreprise, sur le point de départ qu'on doit toujours porter le plus de réflexion et le plus d'attention afin de s'assurer si le principe posé est juste ou non; quand il a été bien éprouvé, on voit le reste s'y accommoder. Cependant je serais surpris que les noms eux-mêmes fussent d'accord entre eux. Reprenons en effet l'examen de ceux que nous avons passés en revue précédemment. Nous disons que les noms nous indiquent l'essence, en partant de l'hypothèse que tout marche, se déplace et coule. Ne crois-tu pas que c'est dans ces conditions qu'ils nous l'indiquent ?

CRATYLE

Si vraiment, et ils l'indiquent avec justesse.

SOCRATE

Reprenons d'abord parmi eux le nom d'*épistèmè (science)* et considérons combien il est équivoque. Il paraît signifier que notre âme s'*arrête (histèsi)* sur les choses plutôt qu'elle n'est emportée dans leur mouvement, et il est plus juste de prononcer le commencement du mot comme nous le faisons maintenant que de dire *pistèmè* en retranchant l'é. Prenons ensuite *bébaïon (stable)* : c'est l'imitation d'une *base (basis)* et d'un *arrêt (stasis)*, mais non d'un mouvement. Ensuite le mot *historia (connaissance)* signifie l'*arrêt de l'écoulement (histèsi ton rhoun)*. *Piston (sûr)* aussi marque expressément *ce qui arrête (histan)*. Pour *mnèmè (mémoire)*, le premier venu peut voir que c'est une *halte (monè)* dans l'âme, et non un mouvement. Examinons encore, si tu veux, *hamartia* [324] *(erreur)* et *xumphora (accident)* : si l'on s'en rapporte au nom, on

verra qu'ils disent la même chose que cette *compréhension
(sunésis)* dont nous avons parlé, et que la *science (épistèmè)*
et que tous les autres noms qui désignent des objets de
valeur. Considérons encore *amathia (ignorance)* et *akolasia (dérèglement)* qui paraissent voisins des derniers :
l'un, *amathia*, paraît être la marche de *ce qui va avec Dieu
(tou hama théô iontos)*, et *akolasia* paraît désigner expressément *l'action de suivre (akolouthia)* les choses. Ainsi
les noms que nous croyons appliqués aux choses les plus
mauvaises apparaîtraient tout à fait semblables à ceux qui
s'appliquent aux meilleures. Et je suis persuadé que, si
l'on s'en donnait la peine, on en trouverait beaucoup
d'autres dont on pourrait conclure qu'au rebours de ce
que nous pensions, l'auteur des noms désignait les choses
comme étant, non pas en marche et en mouvement, mais
en repos.

CRATYLE

Tu vois pourtant, Socrate, qu'il a désigné la plupart
des choses suivant l'autre opinion.

SOCRATE

Qu'importe, Cratyle ? Allons-nous compter les noms
comme des cailloux de scrutin et ferons-nous dépendre
leur justesse de ce calcul ? et est-ce d'après la majorité
des objets qu'ils désignent à nos yeux que nous jugerons
de la vérité des noms ?

CRATYLE

Ce ne serait pas raisonnable.

SOCRATE

XLIII. — Non, pas du tout, mon ami. Mais restons-en
là sur ce sujet [et voyons si nous serons encore, ou non,
du même avis sur ce point-ci. Dis-moi, ceux qui, en n'importe quel temps, ont institué les noms dans les villes,
soit grecques, soit barbares, ne sommes-nous pas convenus,
il y a quelques instants, que ce sont les législateurs et que
la science qui a ce pouvoir est la législation ?

CRATYLE

Si.

SOCRATE

Dis-moi donc : les premiers législateurs, en établissant
les premiers noms, connaissaient-ils les choses auxquelles
ils donnaient des noms, ou les ignoraient-ils ?

CRATYLE

Je suis persuadé, Socrate, qu'ils les connaissaient.

SOCRATE

Et en effet, camarade Cratyle, ils ne le pouvaient guère, sans les connaître.

CRATYLE

C'est mon avis [325].]

SOCRATE

Mais revenons au point d'où nous sommes partis pour en venir ici. Tout à l'heure, dans notre discussion précédente, tu disais, si tu t'en souviens, que celui qui établit les noms ne pouvait le faire sans connaître les choses auxquelles il les appliquait. Est-ce encore ton avis, ou non ?

CRATYLE

C'est encore mon avis.

SOCRATE

Et l'auteur des noms primitifs, crois-tu encore que c'est en connaissance de cause qu'il les établissait ?

CRATYLE

Oui, c'est en connaissance de cause.

SOCRATE

A l'aide de quels noms avait-il donc appris ou découvert les choses, si les noms primitifs n'étaient pas encore établis, et si d'autre part il est, selon nous, impossible d'apprendre et de découvrir les choses autrement que si l'on a appris les noms ou découvert soi-même leur signification ?

CRATYLE

Il y a là une sérieuse difficulté, Socrate.

SOCRATE

Comment donc pouvons-nous dire qu'ils ont établi les noms ou qu'ils ont légiféré d'après la connaissance qu'ils avaient des choses, avant même qu'il existât aucun nom et qu'il pussent le connaître, s'il est vrai qu'il est impossible d'apprendre les choses autrement que par les noms ?

CRATYLE

A mon avis, Socrate, ce qu'on peut dire de plus vrai en cette matière, c'est que c'est une puissance supérieure à l'homme qui a donné aux choses les noms primitifs, en sorte qu'ils sont nécessairement justes.

SOCRATE

Alors tu crois que celui qui a établi les noms les aurait établis de manière à se mettre en contradiction avec lui-même, lui qui était démon ou dieu ? ou ce que nous disions tout à l'heure est-il pour toi nul et non avenu ?

CRATYLE

Mais peut-être les noms de l'une des deux classes ne sont pas vraiment des noms.

SOCRATE

De laquelle, mon excellent ami ? Est-ce des noms qui se rapportent au repos ou de ceux qui se rapportent au mouvement ? Car, ainsi que nous l'avons dit tout à l'heure, ce n'est sans doute pas le nombre qui en décidera ?

CRATYLE

Non, Socrate, ce ne serait pas juste.

SOCRATE

Dans ce conflit des noms, où certains d'entre eux prétendent que ce sont eux qui ressemblent à la vérité, les autres que c'est eux-mêmes, quel indice nous reste-t-il pour décider, et à quoi aurons-nous recours ? Ce ne sera sans doute pas à d'autres noms différents de ceux-là, car il n'en existe pas, et il devient évident qu'il nous faut chercher, en dehors des noms, d'autres choses pour nous faire voir, sans les noms, quelle est celle des deux classes qui contient les vrais noms, c'est-à-dire qui nous montrera la vérité des choses.

CRATYLE

Je suis de cet avis.

SOCRATE

Il est donc possible, ce semble, Cratyle, d'apprendre les choses sans l'aide des noms, s'il en est réellement ainsi.

CRATYLE

Il semble.

SOCRATE

Sur quel autre moyen comptes-tu donc encore pour les apprendre ? Y en a-t-il quelque autre que celui-ci, qui est à la fois naturel et le plus raisonnable et qui consiste à apprendre les choses les unes par les autres, si elles ont quelque parenté, ou en elles-mêmes et par elles-mêmes ; car ce qui est différent d'elles et d'une autre nature qu'elles indiquerait un objet différent et d'autre nature, mais non pas ces choses-là.

CRATYLE

Tu m'as bien l'air de dire vrai.

SOCRATE

Attention, par Zeus ! Ne sommes-nous pas convenus à plusieurs reprises que les noms, quand ils sont bien établis, ressemblent aux objets qu'ils désignent et qu'ils sont les images des choses ?

Si.

Si donc il est à la rigueur possible d'apprendre les choses par les noms, mais s'il est possible aussi de les apprendre par elles-mêmes, quelle est la plus belle et la plus claire manière de les apprendre ? Faut-il partir de l'image et la considérer en elle-même, pour voir si elle est bien ressemblante et apprendre la vérité dont elle est l'image, ou de la vérité pour la connaître en elle-même et voir en même temps si son image a été bien exécutée ?

C'est de la vérité, selon moi, qu'il faut partir.

Maintenant de quelle manière faut-il apprendre ou découvrir la nature des choses, c'est là une question qui dépasse peut-être mes forces et les tiennes. Qu'il nous suffise d'avoir reconnu que ce n'est pas des noms qu'il faut partir, mais que c'est dans les choses mêmes qu'il faut les apprendre et les chercher, bien plutôt que dans les noms.

Il me le semble, Socrate.

XLIV. — Maintenant prenons garde encore de nous laisser abuser par cette multitude de noms de même tendance. Sans doute leurs auteurs les ont vraiment établis d'après l'idée que tout est dans un mouvement et un flux perpétuels, car il me semble qu'eux aussi avaient bien cette idée, mais il se peut que les choses se passent autrement, et que ce soit eux-mêmes qui, tombés dans une sorte de tourbillon, y soient confondus et nous y tirent et nous y entraînent avec eux. Considère en effet, admirable Cratyle, une pensée qui me revient souvent comme en rêve. Devons-nous dire qu'il existe quelque chose de beau et de bon en soi et qu'il en est de même pour chaque chose particulière ? Faut-il le dire ou non ?

A mon avis, Socrate, il faut le dire.

Examinons donc cette chose en soi, au lieu d'examiner si tel visage ou quelque objet du même genre est beau et si tout cela paraît en proie à l'écoulement. Ce beau en soi n'est-il pas, selon nous, toujours pareil à lui-même ?

CRATYLE
Nécessairement.

SOCRATE

Pourrait-on dire proprement du beau, s'il passe sans cesse, d'abord qu'il est telle chose, puis qu'il est de telle nature ? Ne devrait-il pas, tandis que nous parlons, devenir autre à l'instant, se dérober et ne plus être ce qu'il était ?

CRATYLE

Si, nécessairement.

SOCRATE

Alors comment une chose qui n'est jamais dans le même état pourrait-elle avoir quelque existence ? Si, à un moment donné, elle s'arrête dans le même état, il est clair que, pendant ce temps-là du moins, elle ne subit aucun changement. Si, au contraire, elle est toujours dans le même état et reste la même, comment pourrait-elle changer ou se mouvoir, alors qu'elle ne sort pas de sa forme ?

CRATYLE

Elle ne le pourrait en aucune façon.

SOCRATE

En outre, elle ne pourrait pas non plus être connue de qui que ce soit; car au moment où l'on s'en approcherait pour la connaître, elle deviendrait autre et différente, de sorte qu'on ne pourrait plus connaître sa nature ou son état. Il n'y a évidemment pas de connaissance qui connaisse ce qui n'est dans aucun état.

CRATYLE

Il en est comme tu dis.

SOCRATE

Mais on ne peut même pas dire, Cratyle, qu'il y ait connaissance, si tout change et si rien ne demeure fixe; car, si cette chose même que nous appelons connaissance ne cesse pas d'être connaissance, alors la connaissance peut subsister toujours et il y a connaissance. Mais si la forme même de la connaissance vient à changer, elle se change en une autre forme que la connaissance et, du coup, il n'y a plus de connaissance; et, si elle change toujours, il n'y aura jamais connaissance, et pour la même raison il n'y aura ni sujet qui connaisse ni objet à connaître. Si au contraire le sujet connaissant subsiste toujours, si l'objet connu subsiste, si le beau, si le bien, si chacun des êtres subsiste, je ne vois pas que les choses dont nous parlons en ce moment aient aucune ressemblance avec le flux et le mouvement. En est-il ainsi de ces choses ou sont-elles comme le disent les sectateurs d'Héraclite et beaucoup d'autres, j'ai peur que la question ne soit pas facile à élucider, et il n'est guère sage de s'en remettre aux mots du soin de soi-même et de son âme, d'avoir confiance en eux et en leurs auteurs au point d'affirmer qu'ils savent quelque chose, de porter sur soi-même et sur les choses un jugement défavorable, en disant qu'il n'y a rien de rien qui soit sain, mais que tout coule comme des vases de terre cuite, de se représenter toutes choses absolument comme des gens affligés de fluxions, dans un état perpétuel de flux et d'écoulement. Il se peut sans doute, Cratyle, qu'il en soit ainsi, mais il se peut aussi que non. Il faut donc étudier la question résolument et à fond, et ne rien admettre à la légère, car tu es encore jeune et à la fleur de l'âge, et si, après examen, tu trouves quelque chose, fais-m'en part à moi aussi.

CRATYLE

Je n'y manquerai pas. Sache cependant, Socrate, que j'y ai déjà réfléchi, et que, lorsque je me travaille à examiner la question, l'opinion d'Héraclite m'apparaît la plus plausible de beaucoup.

SOCRATE

Eh bien, camarade, tu me feras leçon une autre fois, à ton retour. Pour le moment, pars pour la campagne, puisque tu as fait les préparatifs pour cela. Hermogène te fera la conduite.

CRATYLE

C'est entendu, Socrate; mais de ton côté, tâche d'y réfléchir encore.

NOTES

NOTES SUR LE PROTAGORAS

1. Homère, *Iliade*, **XXIV**, 347 : « (Hermès) se mit en marche, semblable à un jeune prince, dont la barbe commence à pousser, moment où la jeunesse a le plus de grâce. » Cf. aussi *Odyssée*, X, 277.

2. Les Athéniens ne sortaient guère sans être accompagnés d'un esclave ou deux. Sans doute, la scène se passe à la palestre ou à la « leschè », comme dans le *Charmide*.

3. Il y avait deux dèmes de ce nom, l'un au nord-ouest d'Athènes, du côté d'Eleuthères, sur la route de Thèbes; l'autre au nord-est, du côté de Marathon. C'est sans doute du premier qu'il s'agit, parce que c'était le plus rapproché de la frontière.

4. Hippocrate, père de la médecine, florissait vers 430 av. J.-C. Il appartenait à la famille des Asclépiades, dans laquelle la prêtrise d'Asclépios et l'art de guérir étaient héréditaires.

5. Polycrète et Phidias sont les deux sculpteurs les plus célèbres de la Grèce, au~Vᵉ siècle. Le premier, chef de l'école d'Argos, travaillait en bronze; son chef-d'œuvre est le *Doryphore*, représentation idéale de la beauté athlétique. Le second, choisi par Périclès, pour diriger les travaux de sculpture du Parthénon, nous est surtout connu par les trois Athénas de l'Acropole *(Lemnia, Promachos, Parthénos)* et par le *Zeus* d'Olympie. On a dit qu'il avait ajouté à la religion, parce qu'il avait montré ce qu'étaient la beauté et la majesté des dieux. Cf. Lechat, *Phidias*.

6. Périclès avait épousé une de ses parentes, dont il eut deux fils, Xanthippe et Paralos; mais elle avait d'abord été mariée à Hipponicos, dont elle avait eu Callias.

7. Charmide était l'oncle maternel de Platon.

8. Philippide descendait d'une ancienne famille d'Athènes.

9. Mendè, ville située sur la côte occidentale de la péninsule de Pallène. Antimoiros ne nous est connu que par ce passage de Platon.

10. Le chœur tragique comprenait trois rangs de cinq choreutes; le coryphée se tenait au milieu du premier rang. Protagoras se tient

de même au milieu du premier rang, qui compte sept personnes; les autres se tiennent derrière lui.

11. Début du vers 601 du livre XI de l'*Odyssée*.

12. Hippias d'Elis possédait une science étendue et se vantait, comme le fit plus tard Pic de la Mirandole, de pouvoir improviser un discours sur n'importe quel sujet. Il réunit ses connaissances dans une sorte de somme (Συναγωγή). Il distinguait la loi naturelle (φύσις) de la loi humaine (νόμος), fondée sur l'usage et la convention.

13. De la porte de la maison, un étroit couloir conduisait dans la galerie de colonnes ou portique, qui entourait des quatre côtés la cour. Il faut supposer que Protagoras se promène dans la partie du portique qui touche à l'entrée, qu'Hippias est dans la galerie du fond, et que Socrate et Hippocrate s'arrêtent quelques instants dans le couloir. De là, ils embrassent d'un coup d'œil tout le portique et plongent leurs regards dans la chambre de Prodicos, qui s'ouvre sur la galerie du fond.

14. Le médecin Eryximaque et son ami Phèdre sont deux personnages importants du *Banquet*. Myrrhinunte est un dème de la tribu pandionide.

15. Andron figure aussi dans le *Gorgias*. Peut-être l'orateur Androtion était-il son fils.

16. Début du vers 583 du livre XI de l'*Odyssée*.

17. Pausanias, amant d'Agathon, est comme lui un des protagonistes du *Banquet*. Les Kéramées étaient un dème de la tribu acamantide, au nord-ouest d'Athènes; primitivement, le quartier des potiers.

18. C'est la seule mention que nous connaissions de ce personnage.

19. Il était stratège à la bataille d'Ægos-Potamos, où il fut fait prisonnier. Il fut accusé par Conon d'avoir trahi son pays, et sa fortune fut confisquée.

20. Critias, le plus connu des Trente Tyrans. Son père et le grand-père de Platon du côté maternel étaient frères. Un scoliaste du *Timée* nous dit qu'il s'occupait de philosophie, et qu'il passait pour un profane chez les philosophes, pour un philosophe chez les profanes.

21. On avait sous le nom d'Orphée et de Musée des oracles en vers qui furent recueillis par Onomacrite.

22. Ikkos est mentionné dans *les Lois*, comme un modèle de tempérance. Il remporta le prix du pentathle aux jeux Olympiques en 472 av. J.-C., et se fit maître de gymnastique.

23. Hérodicos était maître de gymnastique et médecin. Valétudinaire, il sut prolonger sa vie jusqu'à un âge avancé par un régime sévère. Natif de Mégare, il s'était fixé à Sélymbrie, sur la Propontide.

24. Agathoclès est mentionné dans le *Lachès*, comme maître de Damon, le maître de musique de Périclès.

25. Pythoclidès enseigna aussi la musique à Périclès.

26. On suppose que ce Zeuxippos est le fameux peintre Zeuxis d'Héraclée (ville de la Grande-Grèce). Zeuxis serait le diminutif familier de Zeuxippos.

27. Orthagoras fut le maître de flûte d'Epaminondas. L'art de la flûte était un grand honneur à Thèbes.

28. C'étaient des esclaves de l'Etat, qu'on désignait aussi par le le nom de *Scythes*, parce que la plupart étaient Scythes d'origine.

29. Après la mort de Clinias, tué à Chéronée en ~ 447, Ariphron et son frère Périclès deviennent les tuteurs des fils de Clinias, leurs cousins. Les deux orphelins vivaient sans doute avec leur mère Dynomaché, dans la maison de leur père. Périclès ordonna la séparation, lorsque Alcibiade devint majeur.

30. Prométhée et Epiméthée étaient fils de Japet et de Climène (voir Hésiode, *Théogonie*, 513).

31. Zeus est dieu de l'air, et préside aux phénomènes atmosphériques.

32. La Force et la Violence (voir Hésiode, *Théogonie*, 385 sqq.).

33. Ce mot est le mot ἀρετή qui signifie non seulement *vertu*, mais toute espèce de *mérite*, de *talent*, de *qualité*.

34. Cf. Sénèque, *De Ira*, I, 16, 21 : *Nam, ut ait Plato, nemo prudens punit, quia peccatum est, sed ne peccetur ; revocari enim praeterita non possunt, futura prohibentur et quos solet nequitiae male cedentis exempla fieri, palam occidet... ut alios pereundo deterreant.*

35. Phérécrate, un des maîtres de l'ancienne comédie, fit représenter en ~ 421-~ 420 une comédie intitulée "Ἄγριοι, *les Sauvages*, dont les fragments qui nous restent ne laissent pas deviner le contenu. On peut supposer, d'après ce passage, que des misanthropes retirés au désert y rencontraient des sauvages dont la rudesse leur faisait apprécier les douceurs de la civilisation.

36. C'est-à-dire au théâtre, lequel était situé entre le Lénæon et le rocher de l'Acropole. Le Lénæon, ou place du Pressoir, était un temple et une enceinte consacrés à Dionysos. On y célébrait au mois de janvier (gamélion) la fête des Lénéennes, dont la partie essentielle consistait en représentations théâtrales.

37. Deux individus dont la méchanceté était passée en proverbe : Eurybate était ou un voleur fameux, ou un Ephésien qui avait trahi Crésus ; Phrynondas, un coquin d'Athènes.

38. Le raisonnement est forcé. Si la justice n'est pas la sainteté, il ne s'ensuit pas qu'elle soit l'impiété, et si la sainteté n'est pas la justice, il ne s'ensuit pas qu'elle soit l'injustice. Deux choses peuvent être différentes, sans être forcément contraires.

39. Socrate abuse du double sens de σωφροσύνη, *sagesse* et *tempérance*, pour identifier la sagesse (σοφία) avec la tempérance (σωφροσύνη). En réalité, il n'y a identité que si l'on prend σωφροσύνη au sens de *sagesse*.

40. Ne pas bien agir n'est pas nécessairement agir follement : il n'y a pas égalité entre ces deux termes. Ce raisonnement est donc un sophisme.

41. Socrate essaie de prouver qu'une chose ne peut avoir qu'un contraire. C'est vrai, si nous donnons au mot *contraire* le sens de *opposé contradictoirement*, si, par exemple, nous nous bornons à dire que le contraire du beau est le *non-beau ;* mais quand nous disons que le contraire du beau est le laid, nous reconnaissons au beau deux contraires, puisque le *non-beau* n'est pas le laid, et qu'il peut être tout, excepté beau. Le vice de cette argumentation vient de ce que Socrate confond les termes *contraire* et *contradictoire.*

42. Se rappeler que le mot σώφρων signifie à la fois *tempérant* et *prudent*. C'est au second sens que le mot est pris désormais; c'est pourquoi je traduis par *prudent* pour la clarté du raisonnement.

43. S'agit-il d'huile parfumée dont on aspergeait les aliments une fois cuits ? Nous n'en savons rien, et l'on ne trouve aucun détail similaire chez les auteurs anciens.

44. Crison d'Himère, en Sicile, fut trois fois vainqueur au stade en 448, 444, 440 av. J.-C.

45. Messager rapide, qui parcourait en un jour une longue distance, comme ce Phidippide qui fut envoyé d'Athènes à Sparte au temps de la bataille de Marathon.

46. Ce discours est un pastiche du style de Prodicos et des distinctions qu'il faisait entre les synonymes. Il faisait payer 50 drachmes chacune de ses leçons sur la synonymie, qu'il appelait ὀρθότης τῶν ὀνομάτων.

47. Les sophistes soutenaient que les lois ne sont que des décisions arbitraires de quelques hommes puissants ou de la foule. C'était la doctrine qu'enseignait Hippias, au dire de Xénophon, *Mémorables,* IV, 4, 14.

48. Les Scopades, famille noble de Thessalie, étaient célèbres par leurs richesses. Ils régnaient à Crannon et à Pharsale. Simonide de Céos fut souvent leur hôte, et composa plusieurs poèmes en leur honneur, notamment un chant de victoire, où l'éloge des Dioscures tenait une trop large place, au sentiment des Scopades (cf. Cicéron, *De Oratore,* 2, § 352 et Phèdre, fable 75), et un thrène où il déplorait la mort d'une grande partie des membres de cette famille, écrasés dans leur salle à manger par la chute du plafond.

49. Le carré était pour les pythagoriciens le symbole du parfait et du divin.

50. Périandre, tyran de Corinthe, après avoir gouverné d'abord avec sagesse et modération, devint cruel et despotique. Pittacos de Mytilène, l'ayant appris, quitta le pouvoir, pour ne pas exposer sa vertu à un pareil changement et partit pour l'exil. Comme on lui demandait pourquoi il avait résigné le pouvoir, il répondit : « Parce qu'il est difficile d'être homme de bien, si l'on en juge par le changement de Périandre. »

51. Homère, *Iliade*, XXI, 308.

52. Hésiode, *Travaux et Jours*, 285 sqq.

53. Le mot χαλεπός signifie *difficile* et par extension *difficile à supporter*, *fâcheux*, donc *mauvais*. Le mot δεινός signifie *terrible;* de ce sens deux autres sont dérivés : celui de *malfaisant, funeste*, et celui de *merveilleusement doué, extraordinairement habile.*

54. Le dialecte éolien.

55. Socrate s'amuse à persifler la science des synonymes dont Prodicos était si fier et à mystifier cruellement celui dont il se dit l'élève. Il amène le sophiste, aveuglé par la louange, à dire une absurdité, à avancer contre toute évidence que *difficile* veut dire *mauvais* dans le texte de Simonide, et à faire là-dessus parade de sa science du langage et à traiter Pittacos de barbare. Puis brusquement Socrate déclare que tout ce déploiement de science, pris au sérieux par Prodicos, n'était que plaisanterie et n'avait pour but que d'éprouver Protagoras. Prodicos reste confondu avec sa courte honte.

56. Les habitants de Céos étaient renommés pour la sévérité et la pureté de leurs mœurs. Dans *les Lois*, I, 638 b, Platon cite la conquête de Céos par Athènes, pour prouver que la victoire et la vertu sont souvent dans des camps opposés.

57. Les oreilles des boxeurs portaient la trace des coups de poing.

58. Ordinairement c'est Périandre qui tient la place de Mison dans la liste des sept Sages; mais Platon se refuse à mettre un tyran au nombre des sages. Mison était un paysan de Khéné, près du mont Œta, que la Pythie déclara le plus sage des hommes (v. Hipponax, *frg.* 45 et Diogène Laërce, I, 106).

59. Dans le texte de Simonide, le mot ἀλαθέως, *véritablement*, porte bien sur vertueux; mais Socrate torture le texte, et raisonne ici comme un véritable sophiste.

60. Xénophon, *Mémorables*, I, 2, 20, cite aussi le vers, mais sans nommer l'auteur. C'est sans doute quelque poète gnomique.

61. Simonide prend les expressions εὖ et κακῶς πράττειν au sens de *bien* ou *mal agir*, et déclare bon ou mauvais tout homme qui fait un acte bon ou mauvais. Socrate, pour qui la vertu est science et le vice ignorance, interprète εὖ et κακῶς πράττειν, non pas dans le sens d'action isolée, mais d'état habituel, de disposition acquise par l'esprit. C'est par cette interprétation forcée qu'il tire à lui Simonide et retrouve sa propre doctrine en ces vers si contraires au principe de sa morale.

62. L'argument est spécieux : en réalité un mauvais médecin est un ignorant qui pratique la médecine de travers, et non un bon médecin qui a perdu son talent.

63. Il saute aux yeux que le mot *volontairement* se rapporte à *fait* et non à *aime*. Socrate fait au texte une étrange violence pour l'accommoder à ses vues.

64. Allusion aux relations de Simonide avec des tyrans comme Scopas, Hipparque, Hiéron.

65. Il y a ici, au lieu de ἐπαινῶ le mot ἐπαίνημι, qui est du dialecte lesbien; mais ces formes sont fréquentes, même chez les lyriques doriens, et Simonide ne songeait sûrement pas à Pittacos.

66. Homère, *Iliade*, X, 224-226 : « Quand deux hommes vont ensemble, l'un remarque avant l'autre ce qui peut leur servir. Si un seul fait l'observation, toujours est-il que son esprit est plus court et sa prudence bornée. »

67. Raisonnement inexact. Si en général un homme instruit ou entraîné est plus hardi qu'avant de l'être ou qu'un autre qui ne l'est pas, il ne s'ensuit pas que l'entraînement et le courage soient une même chose : l'entraînement ajoute au courage, il ne le crée pas; et en effet, il ne manque pas d'hommes entraînés qui sont des lâches devant le danger.

68. La différence est plus marquée entre les deux mots grecs ἰσχυρός, *vigoureux* et δυνατός, *fort, puissant*, capable de faire quelque chose, qu'entre les deux adjectifs français *vigoureux* et *fort*.

69. Ils peuvent différer aussi par l'incertitude du plaisir ou de la peine à venir : on peut mourir dans l'intervalle.

70. Il y a ici un jeu de mots intraduisible sur le nom propre Προμηθεύς, *le Prévoyant*, et le participe προμηθούμενος, *prévoyant*.

NOTES SUR L'EUTHYDÈME

71. Le Lycée était un gymnase situé au nord-est d'Athènes, au pied du Lycabette. Ses premiers établissements remontaient aux Pisistratides. Il fut agrandi et décoré par Périclès. Aristote y tint école.

72. Thurium avait été fondé en ∼ 443 sur l'emplacement de l'ancienne ville de Sybaris. Périclès y avait envoyé des colons athéniens et invité tous les Grecs à prendre part au peuplement de la ville.

73. Le pancratiaste était un athlète qui était à la fois lutteur et boxeur. Le mot est ici employé au figuré pour marquer la multiplicité des talents des deux sophistes.

74. Ces deux frères acarnaniens nous sont inconnus.

75. L'éristique est l'art de discuter. Les philosophes de l'école de Mégare étaient appelés les éristiques.

76. Il est aussi question de Connos dans le *Ménexène*, 236 a. Il fut vainqueur aux jeux Olympiques et obtint de nombreux succès. Les poètes comiques ne le ménagèrent pas : une pièce de Phrynichos et une d'Ameipsias portaient son nom.

77. Socrate dit lui-même dans l'*Apologie*, 31 d, ce qu'était ce signe divin : « C'est quelque chose qui a commencé pour moi dès l'enfance : c'est une sorte de voix qui, lorsqu'elle se fait entendre,

me détourne toujours de ce que je me propose de faire, mais ne m'y pousse jamais. »

78. Paeania, dème de l'Attique, de la tribu pandionide, à l'est d'Athènes.

79. Les deux sophistes étaient déjà venus à Athènes un an ou deux auparavant (272 b).

80. Les deux sophistes abusent du double sens de σοφός, *savant* et *intelligent* et de ἀμαθής, *ignorant* et *sot*. Clinias ayant répondu que ce sont les intelligents qui apprennent, Euthydème lui démontre que ce sont les ignorants. Aussitôt Dionysodore reprend le mot σοφός au sens d'intelligent et montre que ce sont les intelligents qui apprennent.

81. On asseyait le nouvel initié sur le lit sacré, et les corybantes, prêtres de Cybèle, dansaient autour de lui en chantant et en frappant sur leurs tambourins.

82. Socrate va jouer sur le double sens de εὖ πράττειν : *être heureux*, *réussir* et *bien faire*, *agir comme il faut*.

83. Nous dirions *in anima vili*. Les Grecs disaient faire une expérience sur un *Carien*, c'est-à-dire un homme de peu de prix, qu'on peut acheter comme on achetait les Cariens, ce peuple ayant été, d'après le scoliaste, le premier qui ait fourni aux autres des mercenaires.

84. Médée conseille aux filles de Pélias de faire bouillir leur père pour le rajeunir. Cf. Ovide, *Métam.*, VII, 285 sqq.

85. Hérodote (VII, 26) raconte que l'outre de Marsyas, c'est-à-dire sa peau transformée en outre, se voyait encore suspendue à Célènes, ville de Phrygie. Marsyas avait défié Apollon, qui l'écorcha vif et fit de sa peau une outre.

86. Par *de plus anciens*, Socrate désigne sans doute Parménide, qui soutenait que, le non-être n'existant pas, le faux ne peut pas exister davantage. Cf. *Sophiste*, 260 c, et *Cratyle*, 423 d.

87. Voir dans l'*Odyssée*, V, 360 sqq., comment Ménélas, désireux de savoir pourquoi il était retenu en Egypte par les vents contraires, saisit le dieu Protée, et, comment, celui-ci prenant toutes sortes de formes pour s'échapper, il le tint enchaîné jusqu'à ce que dieu eût repris sa forme et lui eût donné la réponse qu'il en attendait.

88. Nous suivons ici Heindorf qui a corrigé δεινούς en δεῖν, qui seul donne un sens plausible, et qui s'accorde avec ce qui est dit quelques lignes plus bas de l'art de faire des flûtes.

89. J'ai adopté ici la correction λογοποιεῖν, *faire des discours*, au lieu du texte des manuscrits λοροποιεῖν, erreur causée par le voisinage du mot λοροποιοί qui précède.

90. Au début des *Sept contre Thèbes* (v. 2 et 3), Etéocle parle de « celui qui veille à sa tâche, à la proue de la cité, maniant le gouvernail, sans laisser le sommeil endormir ses paupières ».

91. Nous avons adopté la leçon de T., au lieu de celle de B.-W.

92. Locution proverbiale qui s'appliquait à la répétition inutile d'une même chose. Corinthos passait pour avoir été le fondateur et le premier roi de Corinthe. Cf. Pindare, *Ném.*, VII, *in fine*.

93. Les mots entre crochets sont de trop; car il est évident que c'est Dionysodore qui répond.

94. Allusion au proverbe : Héraclès lui-même ne peut rien contre deux. Tandis qu'Héraclès luttait contre l'hydre de Lerne, il fut mordu au pied par un crabe énorme. Il le tua, puis appela à son secours Ioléôs (Iolaos), le fils de son demi-frère Iphiclès. Ioléôs brûla avec des tisons les têtes de l'hydre, pour les empêcher de repousser.

95. Phrase proverbiale, qui signifie : Tu réunis des choses qui ne vont pas ensemble.

96. Il s'agit probablement de la statue d'Apollon dédiée par les Grecs après Salamine (Pausanias, X, 14, 3). D'après Hérodote (VIII, 121) elle mesurait douze coudées de haut (plus de 5 m. 50).

97. Géryon avait trois paires de bras, et Briarée cinquante.

98. D'après Hérodote (IV, 65), les Scythes se servent des crânes des ennemis qu'ils ont tués pour en faire des coupes; les riches en font dorer l'intérieur. L'équivoque porte sur le double sens de *leurs* crânes.

99. L'équivoque ici roule sur le double sens de δυνατὰ ὁρᾶν : *capables de voir* et *capables d'être vues*. De même plus bas σιγῶντα λέγειν peut signifier : *parler en se taisant*, et *parler de choses qui se taisent*.

100. Le blasphème consiste à assimiler un ignorant comme Socrate à un homme divin comme Dionysodore.

101. La tournure grecque τίνα χαλκεύειν προσήκει signifie à la fois : *à qui convient-il de forger ?* et *qui* ou *quelles choses* convient-il de forger ?

102. Socrate parodie une formule de prière ou d'hymne. Cf. Théocrite, XVII, I : « Commençons par Zeus et finissez par Zeus, Muses. »

103. Zeus était le dieu ancestral ou tutélaire des Doriens, Apollon celui des Athéniens, parce qu'il était père d'Ion, qu'il avait eu de Créuse, fille d'Erechthée.

104. Allusion au début de la 1ʳᵉ *Olympique* de Pindare : « L'eau est la meilleure des choses. »

105. On pense que c'est Isocrate que Platon vise en ce passage.

106. On pourrait croire, d'après ce passage, que Criton n'avait que deux fils. Diogène Laërce en mentionne quatre : Critobule, Hermogène, Epigène, et Ctésippe.

NOTES SUR LE GORGIAS

107. Cet Hérodicos de Léontium, frère de Gorgias, ne doit pas être confondu avec Hérodicos de Sélymbrie, maître de gymnastique et médecin, que Protagoras range parmi les sophistes (*Prot.*, 316 e).

108. Pline (*Hist.*, *N.*, XXXV, 11) fait mention du peintre Aristophon, frère du célèbre peintre et sculpteur Polygnote. Leur père Aglaophon passait pour avoir enseigné lui-même la peinture à Polygnote.

109. Stobée (*Florileg.*, III, 88) cite tout ce passage sous le nom de Polos; mais il est probable que c'est une parodie que Platon a faite lui-même du style recherché de Polos.

110. En grec, le mot ῥήτωρ signifie à la fois orateur et professeur de rhétorique.

111. Homère, *Iliade*, VI, 211 et ailleurs.

112. Les Grecs distinguaient l'arithmétique ou théorie des nombres de la logistique (λογιστική) ou art du calcul.

113. Quand un orateur faisait une proposition de décret ou de loi, le héraut énonçait le nom du proposant, de son père et de son dème : *Démosthène, fils de Démosthène, de Paeanée, fait cette proposition.* Si le même orateur ajoutait une autre proposition, le héraut disait pour ne pas se répéter : *Pour le reste comme tout à l'heure, il fait cette proposition* (scoliaste).

114. L'auteur de cette chanson de table ou *scolie* est Simonide ou Epicharme, d'après le scoliaste.

115. Le pédotribe ou maître de gymnase était compétent non seulement sur les exercices, mais encore sur l'hygiène à suivre pour fortifier le corps.

116. Zeuxis est certainement le même qui est appelé Zeuxippos dans le *Protagoras*, 318 b. Zeuxis est sans doute le diminutif familier de Zeuxippos.

117. Socrate avait 29 ans, lorsque Périclès conseilla aux Athéniens de bâtir le mur intérieur, entre celui qui reliait le Pirée et celui qui reliait Phalères à Athènes. Ce mur intérieur était parallèle au premier; il était destiné à le remplacer, si ce premier était emporté par l'ennemi. Les Longs Murs avaient été construits en ∼ 456; le mur intérieur fut bâti vers ∼ 440.

118. Le passage entre crochets s'accorde mal avec l'argumentation de Socrate, et semble être une interpolation.

119. L'impétueux Polos passe d'une idée à l'autre sans terminer sa phrase.

120. D'après le scoliaste, Polos aurait composé un traité sur l'expérience, principe de l'art.

121. Le livre d'Anaxagore commençait ainsi : « Toutes choses étaient confondues; vint ensuite l'esprit, νοῦς, qui mit l'ordre dans l'univers. »

122. Serment elliptique où, par respect, on ne prononce pas le nom du dieu par lequel on jure.

123. Le grec offre ici une allitération du même genre, qui est une parodie du style de Polos.

124. Cet Archélaos usurpa le trône de Macédoine en ~ 413 et régna jusqu'à sa mort en ~ 399. Thucydide (II, 100) mentionne avec éloge les services que ce criminel rendit à son pays : « Les places fortes étaient rares : mais plus tard Archélaos, fils de Perdiccas, étant devenu roi, fit construire les forteresses aujourd'hui existantes, perça des routes droites et organisa les services de la guerre, amassant plus de chevaux, d'armes et de munitions de toute espèce que n'avaient fait, à eux tous, les huit rois ses prédécesseurs. » Il attira à sa cour les écrivains et les artistes. Euripide, Agathon, le musicien Timothée furent ses hôtes. Il y avait invité Socrate lui-même, mais Socrate déclina l'invitation (Aristote, *Rhét.*, II, 23, 8).

125. Ces trépieds étaient des prix gagnés par Nicias et ses frères à l'occasion de représentations dramatiques organisées à leurs frais. Il s'agit du fameux Nicias, un des malheureux commandants de l'expédition de Sicile.

126. Aristocratès, fils de Skellios, auquel Aristophane fait allusion dans les *Oiseaux*, v. 125 sq., est mentionné par Thucydide (VIII, 89) comme un des chefs du parti aristocratique qui critiquaient l'oligarchie des Quatre-Cents.

127. Socrate semble faire allusion au rôle qu'il joua dans le procès des généraux vainqueurs aux Arginuses. « On savait, dit Xénophon, que, lorsqu'il fit partie du conseil... et qu'il avait présidé l'assemblée en qualité d'épistate, le jour que le peuple voulait condamner à mort d'un seul vote, en dépit de la loi, Thrasyllos et Erasinidès, avec les sept autres généraux ensemble, il avait refusé de mettre la motion aux voix, malgré la colère du peuple et les menaces de plusieurs hommes puissants. » *Mémorables*, I, 1, 18, cf. IV, IV, 2 ; *Helléniques*, I, VII, 15 et Platon, *Apologie*, 32.

128. On remarquera que Polos substitue au mot *utile*, ὠφέλιμος, employé par Socrate, le mot *bon*, ἀγαθός, qui, outre le sens propre de *bon*, peut avoir celui d'*utile*. De même Socrate, dans sa réplique, emploie au lieu du mot *nuisible*, βλαβερός,, le mot κακός, *mauvais*.

129. Pindare, *fr.* 169 (Bergk).

130. Vers tirés de l'*Antiope* d'Euripide, pièce dont il ne nous reste que des fragments. Les deux jumeaux, Zéthos et Amphion, fils de Zeus et d'Antiope, avaient embrassé des carrières différentes : Zéthos s'adonnait à la chasse et à l'élevage, Amphion à la musique. Une scène particulièrement célèbre dans l'antiquité mettait aux prises les deux frères, chacun vantant son genre de vie et pressant l'autre de changer de carrière. C'est à cette scène que sont empruntées les citations suivantes mêlées aux exhortations de Calliclès.

131. Homère, *Iliade*, IX, 441.

132. Andron figure dans le *Protagoras* (315 c) parmi les auditeurs d'Hippias. C'était le père de l'orateur Androtion, contre qui Démosthène a composé un plaidoyer (XXII).

Tisandre nous est inconnu.

Quant à Nausicyde, c'est peut-être le marchand de farine mentionné dans Aristophane, *Ecclés.*, 426.

133. Dans son *Polyidos* (*fr.* 639 N.).

134. Ce savant homme était peut-être le pythagoricien Philolaos. Cf. *fr.* 15 D.

135. Le mot Sicilien peut se rapporter à Empédocle, qui était d'Agrigente : c'est l'opinion d'Olympiodore et du scoliaste. Italien se rapporterait à un pythagoricien,

136. Platon joue sur les mots πίθος, *tonneau*, et πιθανός, *docile*, puis sur ἀνόητος, *insensé*, et ἀμύητος, *non initié* et aussi *non fermé, rimosus*, enfin sur Ἀιδης, *Hadès*, et ἀειδης, *invisible.*

137. Probablement de l'école de Pythagore.

138. D'après le scoliaste, Platon a choisi l'exemple du pluvier parce qu'après avoir bu, il rejette l'eau qu'il vient d'avaler.

139. Les petits mystères se célébraient à Athènes et les grands à Eleusis. On ne pouvait être initié aux grands mystères avant de l'avoir été aux petits.

140. Platon proscrit la flûte, parce qu'elle amollit l'âme. Cf. *Rép.*, III, 399 d.

141. Platon ne réprouve l'usage de la cithare que dans les concours, où l'artiste ne cherche qu'à briller et à faire plaisir aux auditeurs. Il en recommande au contraire l'usage dans l'éducation des jeunes Athéniens.

142. Kinésias était un poète dithyrambique, dont Aristophane a raillé le style extravagant dans *les Grenouilles*, 153; *les Nuées*, 333; *les Oiseaux*, 1379. Le poète comique Strattis avait écrit contre lui une pièce qui avait son nom pour titre. Un autre poète comique, Phérécrate (*fr.* 145 K.), le montre parmi ceux qui avaient corrompu l'ancienne sévérité de l'art musical.

143. Allusion à un vers d'une comédie d'Epicharme qu'Athénée (VII, ch. 16) nous a conservé : quand celui qu'on interroge refuse de répondre, on est obligé de faire soi-même la demande et la réponse.

144. Le mot σώφρων signifie à la fois *tempérant* et *sage*. C'est dans ce second sens qu'il est employé ici.

145. Ces savants sont les pythagoriciens et surtout Empédocle, qui expliquait la formation et l'existence de l'univers par le principe de l'amitié, φιλία, opposé à celui de la discorde, νεῖκος.

146. L'égalité géométrique est fondée sur la proportion, non sur le nombre. Cf. *Lois*, 757 b.

147. C'est ce qu'Andromaque dit à Hector, *Iliade*, VI, 488.

148. D'après Suidas, on croyait que les magiciennes qui faisaient descendre la lune perdaient les yeux et les pieds.

149. Expression proverbiale, déjà employée dans le *Lachès*, 187 b, qui se dit de ceux qui s'attaquent sans préparation aux choses les plus difficiles.

150. Périclès institua la solde pour l'armée et l'indemnité aux jurés, celle-ci en ~462-~461.

151. Les admirateurs des Lacédémoniens s'adonnaient à la boxe comme eux, et leurs oreilles portaient la trace des coups de poing. Cf. *Protagoras*, 342 b.

152. Sur le procès que les Athéniens firent à Périclès et sur le véritable caractère de ce grand homme, cf. Thucydide, II, 65, et Plutarque, *Vie de Périclès*, XXXI et XXXV.

153. *Odyssée*, VI, 120 et ailleurs.

154. Miltiade, ayant échoué au siège de Paros, fut condamné à une forte amende et mourut en prison. Les historiens sont muets sur cette décision des Athéniens de précipiter Miltiade dans le barathre.

155. La gymnastique, qui fortifie le corps et prévient les maladies par l'hygiène, l'emporte sur la médecine qui les guérit.

156. Passage de sens controversé. Calliclès semble vouloir dire : « Tu peux même dire métier de *Mysien* au lieu de métier de *flatteur*, c'est-à-dire : tu peux le qualifier d'un terme encore plus méprisable que celui de flatteur, mais exerce-le malgré tout, si tu ne veux pas qu'il t'arrive malheur. » Les Mysiens étaient un peuple barbare et méprisé.

157. *Iliade*, XV, 187-188. Cf., sur le mythe du *Gorgias*, *Apologie*, 40 c sqq.; *Rép.*, X, 614 b sqq.; *Phédon*, 107 d sqq.

158. Il n'est pas question dans Homère des îles des Bienheureux, qui n'apparaissent que chez Hésiode (*Travaux et Jours*, 170-171); mais il est question dans l'*Odyssée*, IV, 563, de la Plaine Elyséenne, promise à Ménélas.

159. Homère connaît le Tartare, mais comme une sorte de prison pour les dieux (*Iliade*, VIII, 13 et 478).

160. Il y a ici un souvenir d'Eschyle, *Prométhée*, 256 : « J'ai ôté aux mortels la prescience de leur destinée. »

161. Sans doute « la prairie d'asphodèles où habitent les âmes, fantômes des morts ». (*Odyssée*, XXIV, 13-14).

162. Minos et Rhadamanthe sont fils d'Europè, fille de Phœnix, qui régnait en Phénicie, par conséquent asiatiques par leur origine; Eaque est fils de la nymphe Egine.

163. *Odyssée*, XI, 576 sqq. Mais le passage où il est question de ces grands coupables est de date récente.

164. *Odyssée*, XI, 569.

NOTES SUR LE MÉNEXÈNE

165. La salle du conseil faisait partie du Mètrôon, sanctuaire de la Mère des dieux, au sud de l'Agora du Céramique.

166. Le texte grec porte épimélète. L'épimélète se distingue du magistrat ordinaire ἄρχων, en ce qu'il remplit une fonction extraordinaire, d'après les instructions du peuple (il est ambassadeur, pylagore, commissaire des travaux de fortification); mais dans le langage courant les deux termes se confondent.

167. Archinos, compagnon de Thrasybule, appartenait au parti démocratique modéré. Il prit part à la réforme de l'alphabet sous l'archontat d'Euclide, en ∼ 404, et prononça réellement une oraison funèbre à laquelle Isocrate, dit-on, fit de nombreux emprunts dans son *Panégyrique*.

Dion est peut-être le même qui fut envoyé comme ambassadeur en Perse avec Conon, lors du traité d'Antalkidas (Xénophon, *Hell.*, IV, VIII, 13).

168. Aristote fait deux fois allusion à ce passage dans le troisième livre de sa *Rhétorique* : *De même que Socrate disait qu'il n'est pas difficile de louer les Athéniens devant les Athéniens* (9, 30), et : *Vérité que Socrate exprime dans l'Oraison funèbre, qu'il n'est pas difficile de louer les Athéniens devant les Athéniens, mais devant les Lacédémoniens* (14, 11).

169. Entre autres Lysiclès, qui hérita en partie de l'influence de Périclès et mourut un an après lui.

170. Il est aussi question de Connos dans l'*Euthydème*, 272 c. Il fut vainqueur aux jeux olympiques. Les poètes comiques ne lui épargnèrent pas les railleries : une pièce de Phrynichos et une d'Ameipsias portaient son nom.

171. Lampros, maître de musique célèbre (cf. Népos, *Epaminondas*, ch. II), fut, d'après la tradition, le maître de Sophocle.

172. Antiphon de Rhamnunte (∼480-∼410) est le premier en date des orateurs attiques. Thucydide a fait de lui un grand éloge (VIII, 68). Il fut condamné à boire la ciguë après la chute des Quatre-Cents.

173. Thucydide (II, 34) nous a rapporté comment se faisaient ces funérailles : « On dresse une tente sous laquelle on expose trois jours auparavant les restes des défunts. Chacun apporte à son gré des offrandes à celui qu'il a perdu. Lors du convoi, des chars amènent des cercueils de cyprès; il y en a un par tribu, où l'on renferme les restes de tous les membres d'une tribu. Une litière vide et drapée est portée en l'honneur des disparus, dont on n'a pas retrouvé les corps, lors de la relève des cadavres. Tous ceux qui le désirent, citoyens et étrangers, participent au cortège. Les femmes de la parenté se placent près du sépulcre et poussent des lamentations. Puis on dépose les restes dans le monument public qui se dresse dans le plus beau faubourg. C'est là que de tout temps on inhume ceux qui sont morts à la guerre. On a fait néanmoins une exception pour les morts de Marathon; en raison de leur courage éminent, on les a inhumés sur le lieu même du combat. L'inhumation terminée, un orateur, désigné par la république parmi les hommes les plus remarquables et les plus considérés, fait l'éloge funèbre qui s'impose. Puis l'on se retire. » (Trad. Voilquin, Garnier.)

174. Les Athéniens se crurent toujours autochtones. Ils ne savaient pas que leur pays avait été habité avant eux par les Pélasges, qui parlaient une autre langue que le grec.

175. Cette querelle était représentée sur un des frontons du Parthénon. Athéna et Poséidon disputant à qui donnerait son nom à la ville, les dieux décidèrent d'accorder ce privilège à celui qui lui ferait le présent le plus utile. Poséidon fit sortir de terre un cheval, Athéna un olivier. C'est à elle que les dieux donnèrent le prix.

176. Cette affirmation est contraire à la vérité : jamais l'Attique ne produisit assez de blé pour sa consommation, et l'exportation du blé était interdite.

177. Ces dieux sont Héphaistos et Athéna, qui apprirent les arts aux habitants de l'Attique, et Arès, qui leur apprit l'usage des armes.

178. Cf. Thucydide (II, 37, 1) : « Notre constitution politique n'a rien à envier aux lois qui régissent nos voisins; loin d'imiter les autres, nous donnons l'exemple à suivre. Du fait que l'État chez nous est administré dans l'intérêt de la masse et non d'une minorité, notre régime a pris le nom de démocratie. En ce qui concerne les différends particuliers, l'égalité est assurée à tous par les lois; mais en ce qui concerne la participation à la vie publique, chacun obtient la considération en raison de son mérite, et la classe à laquelle il appartient importe moins que sa valeur personnelle; enfin nul n'est gêné par la pauvreté et par l'obscurité de sa naissance, s'il peut rendre des services à la cité. » (Trad. Voilquin.)

179. Thucydide, II, 15, parlant des habitants de l'Attique disséminés en bourgades qui se gouvernaient elles-mêmes, dit qu'on vit même quelques-unes de ces bourgades faire la guerre au roi, comme il arriva aux Eleusiniens et à Eumolpe contre Erechthée. D'après Lycurgue (*Contre Léocrate*, 98) et Isocrate (*Panégyrique*, 68), Eumolpe était thrace et fils de Poséidon. Il passait pour avoir introduit à Athènes les mystères d'Eleusis.

180. Les Amazones étaient une peuplade légendaire de femmes guerrières. Thésée, qui accompagnait Héraclès dans son expédition contre les Amazones, ayant enlevé l'amazone Antiope (ou Hypolytè), elles envahirent l'Attique et vinrent même camper, au dire de Plutarque (*Vie de Thésée*, 27), dans Athènes, et le combat eut lieu sur les collines de la Pnyx et du Musée. Cette guerre légendaire fournit à l'art athénien un de ses principaux motifs. Cf. Justin, *Histoires philippiques*, II, IV, 26-30.

181. Hérodote (IX, 27) raconte que des Argiens, ayant accompagné Polynice dans son expédition contre Thèbes, furent battus et que les Thébains leur refusèrent la sépulture. Thésée marcha alors contre Thèbes et obtint qu'on lui livrât les corps des Argiens tués, qu'il ensevelit à Eleusis. Euripide a traité ce sujet dans *les Suppliantes*.

182. Les Héraclides ou descendants d'Héraclès, fuyant devant Eurysthée, se réfugièrent à Athènes. Celui-ci les poursuivit; mais les

Athéniens prirent parti pour eux et battirent et tuèrent Eurysthée. Les *Héraclides* d'Euripide se rapportent à cette guerre.

183. Platon oublie volontairement les poètes qui avaient au contraire traité dignement ce sujet, à savoir Pindare, Simonide, Phrynichos *(la Prise de Milet)* et Eschyle *(les Perses)*.

184. Voir Hérodote, I, 75-83; I, 127, 9 et I, 162-200.

185. Hérodote, III, 1-13.

186. Hérodote, III, 144, 151-159; IV.

187. La mer Egée seulement et les îles de la côte d'Asie, mais non les Cyclades. Après la mort de Polycrate, les Perses s'étaient emparés de Samos, puis de Lemnos et d'Imbros.

188. Aristagoras, tyran de Milet, s'étant révolté contre le roi de Perse, vint en Grèce demander des secours. Athènes lui donna vingt vaisseaux et Erétrie cinq. On marcha contre Sardes qui fut prise et incendiée. Hérodote a raconté ces événements dans le Ve livre de ses *Histoires*.

189. Chiffre exagéré. Népos *(Miltiade, IV)* dit deux cent mille fantassins et dix mille cavaliers.

190. Il y avait deux chefs, Datis et Artapherne.

191. Platon, dans *les Lois*, III, 698 c, rapporte le même fait : « Datis répandit ce bruit terrible, qui parvint jusqu'à Athènes, qu'aucun Erétrien ne lui avait échappé : ses soldats se tenant par la main, avaient enveloppé comme dans un filet le pays d'Erétrie; ce bruit, vrai ou faux, remplit d'effroi la Grèce entière. »

192. Platon oublie volontairement de mentionner les mille Platéens qui combattirent avec les Athéniens.

193. Hérodote (VI, 106) dit qu'on était au neuvième jour du mois et que la loi leur interdisait de se mettre en campagne avant la pleine lune (le 15). La bataille de Marathon eut lieu le 12 septembre ~ 490.

194. Platon nomme Artémision après Salamine. Mais le combat naval qui eut lieu au cap Artémision au nord de l'Eubée est antérieur à celui de Salamine. Les Grecs y avaient mis en ligne 271 vaisseaux, dont 127 athéniens. A Salamine, ils en avaient 378, dont 180 athéniens.

195. A la bataille de Platées (en ~ 479, un an après celle de Salamine), les Athéniens n'avaient que huit mille hommes sur cent dix mille que comptait l'armée grecque. Elle était commandée par le Spartiate Pausanias. L'armée perse avait pour chef Mardonius et s'élevait à trois cent mille hommes.

196. L'Eurymédon est un fleuve de Pamphilie, à l'embouchure duquel Cimon battit les Perses à la fois sur terre et sur mer en ~ 469. Cf. Thucydide, I, 100.

197. Thucydide (I, 112) a raconté cette expédition qui fut commandée par Cimon. Il assiégea inutilement Citium, mais battit les Phéniciens et les Ciliciens en face de Salamine de Chypre.

198. L'auteur altère ici la vérité. L'expédition d'Egypte fut un désastre. En ∼457, les Athéniens, avec 200 vaisseaux, allèrent soutenir le roi libyen Inaros contre le roi de Perse. Mégabyze réussit à les enfermer l'année suivante dans une île du delta et les captura presque tous. Cinquante vaisseaux envoyés au secours des premiers furent détruits par les Phéniciens en face de la bouche de Mendès (Thucydide, I, 110).

199. D'après Thucydide (I, 108), ce furent les Lacédémoniens et leurs alliés qui l'emportèrent à Tanagra en ∼457; d'après Diodore de Sicile (XI, 80), les deux partis s'attribuèrent la victoire. Outre les inexactitudes de l'orateur, il faut noter encore ses omissions. Il n'a garde de mentionner les guerres où les Athéniens furent battus, sans pouvoir prétendre qu'ils combattaient pour l'indépendance des peuples grecs (défaite des Athéniens par les Corinthiens et les Epidauriens en ∼459; expédition sans résultat contre la Thessalie en ∼454; désastre essuyé par Tolmidès près de Coronée en ∼447; soulèvement de l'Eubée en ∼446, etc.).

200. Ce n'est pas trois jours, mais, d'après Thucydide (I, 108), soixante-deux jours après la bataille de Tanagra qu'eut lieu celle d'Œnophytes, gagnée par Myronidès. On a interprété ce *troisième jour*, en disant que le combat avait duré trois jours; mais aucun auteur n'en parle comme ayant duré trois jours.

201. Inexactitude voulue : les Athéniens avaient pour alliés les Platéens, les Acarnaniens, Corcyre, Zakynthe, toutes les îles de l'archipel et la plupart des cités grecques de l'Hellespont et de l'Asie.

202. Sphagie, que Thucydide appelle Sphactérie, est une petite île qui ferme la rade de Pylos et où Démosthène avait bloqué les Spartiates. Ils furent faits prisonniers au nombre de 292. Beaucoup d'événements importants de cette première période de la guerre (∼431-∼421) ont été passés sous silence, notamment la défaite des Athéniens à Délion et la prise d'Amphipolis par Brasidas.

203. La première est la guerre de Béotie; la deuxième celle de Sphactérie; la troisième n'est autre chose que la continuation de la guerre du Péloponnèse.

204. Il ne s'agit pas ici de l'expédition de Sicile proprement dite, mais d'une autre qui eut lieu en ∼427, par conséquent antérieure, quoi qu'en dise l'orateur, à la paix de Nicias (Thucydide, III, 86). D'ailleurs tout ce passage est peu exact : il n'y eut d'autres succès que la victoire de Mylae (Thucydide, III, 90) et une incursion dans la Locride italienne (*ibid.*, 99). Quant à la liberté des Léontins, ce n'était qu'un prétexte. Thucydide nous apprend que les Athéniens voulaient empêcher les envois de blé de la Sicile à Sparte et voir s'il n'y avait rien à faire du côté de la Sicile.

205. Ici l'orateur passe sans le dire à la deuxième expédition de Sicile (en ∼415) et fausse complètement l'histoire pour dissimuler le désastre des Athéniens. La ville, dit-il, ne put envoyer de renforts. Or elle fit partir dix vaisseaux commandés par Eurymédon dans

l'hiver de ~414-~413, et l'année suivante, une armée et une flotte sous le commandement de Démosthène.

206. Victoires de Cynosséma et d'Abydos en ~411.

207. A Cyzique, en ~410, où Alcibiade prit presque tous les vaisseaux ennemis, à l'exception des vaisseaux syracusains (Xénophon, *Hellén.*, I, 1, 18).

208. Thucydide nous rapporte le texte de plusieurs traités successifs conclus entre Sparte et Darius II (VIII, 18, 37 et 58) en l'an ~412.

209. Non pas 60, mais 110, au dire de Xénophon (*ibid.*, 24), plus 10 de Samos et 30 des autres alliés. Il s'agit de la bataille des Arginuses, où Sparte perdit 77 navires contre Athènes 25, et où l'amiral spartiate Callicratidas fut tué (en ~406).

210. Dans un tombeau *vide*.

211. Le mensonge est ici impudent. L'orateur supprime la défaite d'Ægos-Potamos et la capitulation d'Athènes.

212. Xénophon (*Hellén.*, II, 11, 20) donne les conditions de cette paix imposée à Athènes par Lysandre : destruction des Longs Murs et des remparts du Pirée, reddition de tous les vaisseaux moins 12, rappel des bannis, engagement d'avoir les mêmes amis et ennemis que Sparte et de l'aider en toute chose sur terre et sur mer (~404).

213. C'est la guerre civile provoquée ¹par la tyrannie des trente archontes établis à Athènes par Lysandre et qui furent appelés les Trente Tyrans. Les bannis, ayant à leur tête Thrasybule et Archinos, s'emparèrent de Munychie, après une bataille où périt le chef des Trente, Critias. Thrasybule rentra à Athènes, tandis que le conseil des Dix, qui avait remplacé les Trente, se retirait à Eleusis. Ces réfugiés d'Eleusis essayèrent de rallumer la guerre, mais leurs chefs ayant été tués dans un guet-apens, les autres entrèrent en composition, à condition qu'on n'exercerait aucunes représailles.

214. D'abord des seuls Thébains, qui donnèrent à Thrasybule des secours et de l'argent. Peut-être l'orateur songe-t-il aussi à l'amitié du roi de Sparte, Pausanias, qui contribua à rétablir la concorde et laissa les Athéniens libres de choisir leur gouvernement.

215. Leurs maîtres, ce sont les divinités infernales.

216. L'expression n'est pas exacte : ces peuples étaient seulement mécontents de la lourde hégémonie de Sparte. Le prétexte de la guerre fut une querelle entre la Phocide et Thèbes. Sparte prit la défense des Phocidiens et envoya Lysandre et le roi Pausanias à leur secours. Lysandre arriva le premier et se fit tuer au siège d'Haliarte, et Thèbes eut le temps de recevoir des renforts d'Athènes. Pausanias évacua la Béotie (en~395). C'est alors seulement, non sous l'empire de la crainte, mais après la victoire, que se forma la coalition des Thébains, des Athéniens, des Argiens et des Corinthiens. En voulant envahir le Péloponnèse, les confédérés furent arrêtés par l'armée lacédémonienne et subirent devant Corinthe une sanglante défaite, que l'orateur se garde bien de rappeler (~394). Cf. Xénophon, *Hellén.*, IV, 11.

217. Allusion à l'alliance du satrape Pharnabaze et de l'Athénien Conon, qui battirent, à Cnide, en ~394, la flotte lacédémonienne commandée par Pisandre, frère d'Agésilas.

218. L'expression n'est pas exacte : la victoire de Cnide ne mit pas fin à la guerre; celle-ci continua longtemps encore. Voir Xénophon, *Hellén.*, IV, III-VIII et V, I.

219. Allusion aux événements qui suivirent la paix d'Antalkidas en ~387 : les Spartiates se vengent de leurs alliés infidèles; ils rasent Mantinée et font rentrer les exilés à Phliunte; ils attaquent Olynthe et la forcent à entrer dans leur alliance (Xénophon, *Hellén.*, V, II-IV).

220. Il s'agit de Conon qui, après la défaite d'Ægos-Potamos, s'était enfui à Chypre. Après la victoire de Cnide, il parcourut la mer Egée, en chassant les harmostes lacédémoniens, vint ravager les côtes de la Laconie et prit Cythère.

221. Conon vainqueur revint à Athènes avec la flotte perse et de grosses sommes d'argent, et fit reconstruire les Longs Murs (Diodore, XV, 85). Mais les historiens ne parlent pas de la construction de nouveaux vaisseaux.

222. C'est de la guerre de Corinthe qu'il s'agit. Elle se continua plusieurs années, pendant lesquelles l'Athénien Iphicrate fit de fréquentes incursions dans le Péloponnèse avec ses peltastes.

223. Il n'est question de cette guerre nulle part ailleurs. Aussi a-t-on proposé diverses corrections : Ἀργείων, Ῥοδίων Κορινθίων et même Περσῶν. Le contexte semble indiquer qu'il ne s'agit pas d'un peuple particulier et qu'il faut adopter l'une des deux corrections ἑταίρων ou πάντων : pour défendre *ses alliés* ou *tous les Grecs*.

224. Les faits ne sont pas ici exactement présentés. Après la bataille de Cnide, des négociations s'engagèrent entre Sparte et le roi de Perse, par l'intermédiaire d'Antalkidas et du satrape Tiribaze. C'est à Sparte, non à Athènes, que le roi demandait la reconnaissance de ses droits sur les Grecs d'Asie, et c'est Sparte qui demanda ensuite aux autres Grecs de ratifier ces conditions. Les Béotiens, les Corinthiens et les Argiens n'y consentirent que sous les menaces d'Agésilas (Xénophon, *Hellén.*, V, I, 30-36).

225. Pélops, fondateur de la race royale à Argos, était fils de Tantale, roi de Phrygie.
Cadmos, fondateur de Thèbes, était fils du Phénicien Agénor.
On connaît la légende de Danaos, roi d'Egypte, qui, brouillé avec son frère Egyptos, s'enfuit à Argos avec ses cinquante filles, les Danaïdes.
Mais Cécrops, fondateur de la citadelle d'Athènes, était Egyptien : les Athéniens étaient donc aussi mélangés de barbares.

226. Le traité ne laissait au contraire aux Athéniens que les trois îles de Lemnos, Imbros et Skyros (Xénophon, *Hellén.*, V, I, 31).

227. Xénophon (*Hellén.*, VI, V, 51) parle d'un combat de cavalerie où Iphicrate perdit vingt hommes dans des passages difficiles. Il ne

mentionne pas d'autre défaite des Athéniens due à la difficulté des lieux.

228. Les Lacédémoniens s'étant emparés de Léchaeon, port de Corinthe à l'ouest, les alliés essayèrent de le reprendre, mais furent repoussés. Aucun historien ne parle de trahison à ce propos.

229. Pourquoi les avoir omises, si ce sont les plus belles ? Cela prouve bien que cette oraison funèbre n'est qu'une dérision.

230. Cicéron a traduit cette phrase dans le *De Officiis*, I, 19 : « *Scientia, quae est remota a justitia, calliditas potius quam sapientia est appellanda.* »

231. Cicéron a traduit ce passage dans ses *Tusculanes*, V, xii : « *Nam cui viro ex se apta sunt omnia quae ad bene vivendum ferunt* (ἢ ἐγγὺς τούτου n'est pas traduit), *nec suspensa aliorum aut bono casu aut contrario pendere ex alterius eventis et errare coguntur, huic optime vivendi ratio comparata est : hic est ille moderatus, hic fortis, hic sapiens; hic, et nascentibus et cadentibus cum reliquis commodis tum maxime liberis parebit et obediet praecepto illi veteri : neque enim laetabitur unquam nec moerebit nimis, quod semper in se ipse omnem spem reponet sui.* »

232. Non pas pourtant l'archonte éponyme, mais le polémarque.

233. Cf. Eschine, *Contre Ctésiphon*, 154 : « Souvenez-vous de cette belle journée, qui se passait au théâtre, avant la représentation des tragédies nouvelles; un héraut s'avançait, présentait les orphelins dont les pères étaient morts à la guerre, jeunes gens parés d'une armure complète, et faisait cette proclamation, la plus belle de toutes et la plus propre à exciter les courages : « Ces jeunes gens dont les pères sont morts à la guerre, après s'être conduits vaillamment, le peuple les a élevés jusqu'à leur adolescence, et maintenant, après les avoir armés de cette armure complète, il les renvoie s'occuper de leurs affaires et les invite à prendre les premières places au théâtre. »

NOTES SUR LE MÉNON

234. Cet Aristippe n'est point le disciple de Socrate qui fonda l'école cyrénaïque; c'est un membre de l'illustre famille thessalienne des Aleuades. Xénophon (*Anabase*, I, 1, 10) rapporte que, persécuté dans sa patrie par la faction contraire, il demanda à Cyrus deux mille soldats avec trois mois de paye pour mettre ses adversaires à la raison, et que Cyrus lui en donna quatre mille avec six mois de paye. Ce fut Ménon qu'Aristippe mit à la tête de ces troupes (*Anabase*, II, iv, 28).

235. Sur Prodicos, voir la notice du *Protagoras*.

236. Ces mots de Pindare (*frg.* 82 Bergk) se retrouvent au vers 145 des *Oiseaux* d'Aristophane, où ils sont mis dans la bouche du poète qui, ayant obtenu une pelisse, donne à entendre qu'il aimerait mieux une tunique.

237. Le mot est probablement de Simonide de Céos.

238. Pindare (*frg.* 21, IV, p. 309 de l'édition Puech). « Il semble, dit Puech à propos de ce passage, que les âmes devraient, selon la doctrine de la deuxième Olympique, aller au pays bienheureux de Cronos et de Rhadamanthe ; mais ici elles ont à faire un dernier séjour sur notre terre, séjour dont bénéficient les autres hommes, auxquels ces héros rendent des services exceptionnels. Il y a là une sorte de conciliation entre une doctrine orphique ou pythagoricienne et le culte traditionnel des héros. »

Parmi les autres poètes dont parle Platon, le principal est sans doute Empédocle, qui était membre d'une confrérie pythagoricienne.

239. *Celles-ci* sont les lignes EG, FH qui sont destinées à faire voir que le carré construit sur un côté de 2 pieds a 4 pieds de superficie.

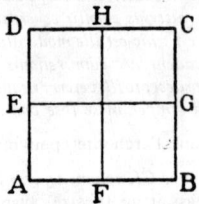

240. *Celle-ci*, c'est la ligne initiale de 2 pieds sur laquelle a été construit le carré de 4 pieds. Socrate la prolonge d'autant en partant du point B.

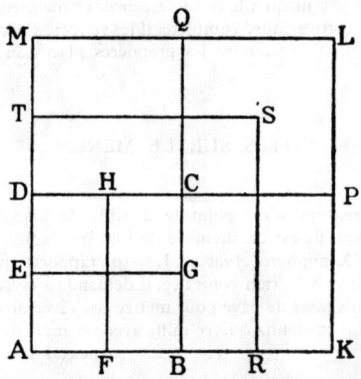

241. *Celle-ci* c'est la ligne AB, qui prolongée de moitié devient AR. — *De ce côté-ci deux, plus un*, c'est la ligne AT.

242. Socrate a effacé les figures qu'il avait construites, et il trace

de nouveau un carré de 4 pieds ABCD, auquel il ajoute un second BKPC, puis un troisième DCQM et enfin dans le coin CPLQ.

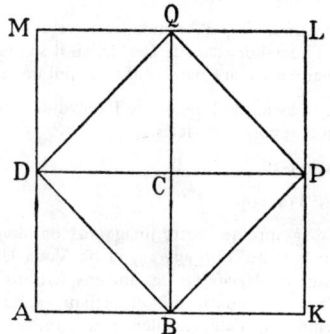

243. Cette ligne tirée d'un angle à l'autre est tirée dans chaque carré, et ces quatre diagonales sont BD, DQ, QP, PB.

244. Ce carré, c'est AKLM.

245. Celui-ci, c'est BPDQ.

246. Sur les lignes BQ, DP.

247. Il s'agit d'inscrire dans un cercle le triangle BDG, égal en surface à un rectangle donné ABCD.

248. Le diamètre du cercle BF.

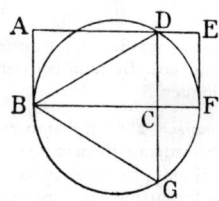

249. Le rectangle ABFE construit sur le diamètre. Voir sur cette question Euclide, *Data* (Heiberg-Menge, II, p. 104) et Proclos, *In Euclid. Comment.* (Friedlein, pp. 419-421).

250. Cet Isménias est sans doute le même dont il est question dans *la République* (336 a). Xénophon dans ses *Helléniques* le cite parmi les notables thébains qui reçurent de l'argent de Timocrate, que le Grand Roi avait envoyé en Grèce pour y susciter des ennemis à Lacédémone. Aussi a-t-on proposé de lire *Timocrate* au lieu de *Polycrate;* mais l'expression τὰ χρήματα, avec l'article, ne s'expliquerait que si Ismè-

nias avait touché tout l'argent de Timocrate, lequel fut au contraire partagé entre un grand nombre de personnes de différentes villes.

251. Cette horreur des sophistes explique la haine d'Anytos pour Socrate, qu'il confond avec eux.

252. Ce Lysimaque, fils d'Aristide, est celui qui figure avec Mélésias, fils de Thucydide, dans le *Lachès*, où il se plaint d'avoir été négligé par son père, accaparé par les affaires publiques.

253. Il ne s'agit pas ici de l'historien Thucydide, mais du chef du parti aristocratique opposé à Périclès.

254. Théognis, 33-36.

255. Théognis, 434-438.

256. Platon a déjà appliqué cette image aux opinions changeantes d'Euthyphron sur la piété (*Euthyphron*, 11 d). Voici la note du scoliaste sur ce passage de *Ménon* : « Les anciens artisans représentaient les êtres vivants avec les yeux fermés et les jambes, non pas écartées, mais jointes ensemble. Dédale, excellent statuaire, fut le premier qui leur ouvrit les paupières, pour qu'ils parussent voir clair et qui leur écarta les pieds pour faire croire qu'ils marchaient. C'est pour cela que Platon dit qu'on les enchaînait, pour les empêcher de fuir, comme si elles étaient vivantes. Il veut donc dire que les opinions vraies ressemblent aux statues enchaînées et les fausses à celles qui ne le sont pas. »

257. Homère, *Odyssée*, X, 495.

NOTES SUR LE CRATYLE

258. Le mot Hermogène signifie : « *qui es de la race d'Hermès* », dieu du gain et de l'éloquence. Le nom convient mal à Hermogène qui est pauvre et peu éloquent.

259. Dans l'*Hippias majeur* (282 c), Platon rapporte que Prodicos de Céos, envoyé en ambassade à Athènes, y gagna des sommes fabuleuses en donnant des auditions privées. Aristote (*Rhét.*, III, 14, 1415 b) parle aussi des leçons à cinquante drachmes que donnait Prodicos. Sur les rapports de Socrate et de Prodicos, cf. *Protagoras*, 341 a, et *Charmide*, 163 b.

260. Par quel hasard Hermogène, fils du riche Hipponicos, fut-il réduit à la pauvreté, nous l'ignorons. Son frère Callias était au contraire extrêmement riche.

261. Le raisonnement de Socrate est un sophisme : un nom peut être vrai ou faux dans un discours, s'il est employé mal à propos, sans être faux dans la manière dont il a été formé.

262. Sur cette thèse d'Euthydème, cf. *Euthydème*, 294 a sq.; 296 c.

263. Sur la notion de πρᾶξις *(action)*, cf. *Théétète*, 155 e, et *Sophiste*, 262 b, sq.

264. Ainsi le langage, au lieu d'être une création spontanée du peuple, lui aurait été imposé par un législateur supérieurement doué pour saisir les rapports des noms aux choses. On a beaucoup discuté sur ce fabuleux législateur que Platon a doublé encore d'un dialecticien.

265. L'analogie établie par Platon entre le forgeron qui fait une navette et le législateur qui fait un mot n'est pas exacte. Les forgerons n'emploient pas une matière différente, mais des morceaux du même fer ; les inventeurs des mots emploient au contraire, suivant chaque langue, des lettres différentes.

266. Voir sur le riche Callias, chez qui a lieu l'entretien qui fait le sujet du *Protagoras*, la notice sur ce dialogue.

267. Protagoras avait exposé son idée maîtresse que l'homme est la mesure de toutes choses dans un traité intitulé Ἀλήθεια *(Vérité)*.

268. *Iliade*, XX, 74.

269. *Iliade*, XXIV, 291. Cet oiseau de plumage cuivré, d'où le nom de khalkis, est une sorte de chouette.

270. Colline escarpée dans la plaine de Troie. « *Les hommes l'appellent Batiée, les immortels le tombeau de la bondissante Myriné* », *Iliade*, II, 813-814. *Batiée* signifie la *colline aux ronces*, et *Myriné*, héroïne éponyme de la ville éolienne de Myrina, passait pour une des Amazones qui étaient venues piller la Phrygie sous le règne de Priam. Cf. *Iliade*, III, 189.

271. Homère dit expressément (*Iliade*, VI, 402) que c'est Hector qui donna à son fils le nom de Scamandrios. Platon n'a pas tenu compte de ce passage. Il se fonde sur le passage de l'*Iliade*, XXII, 506-507 : « Astyanax, que les Troyens surnomment ainsi, car seul tu sauvais leurs portes et leurs remparts élevés. » Evidemment ici le mot *Troyens* s'applique aux femmes de Troie comme aux hommes. Mais Platon s'amuse ici, comme il l'a fait souvent, à faire dire au poète ce qu'il n'a pas dit.

272. Platon a mis le verbe à la 3ᵉ personne, ἔρυτο. Dans Homère, il est à la seconde : c'est Andromaque qui s'adresse à Hector.

273. Les noms d'*epsilon*, *upsilon*, *omicron* et *oméga* datent de l'époque byzantine. Auparavant on désignait ces lettres par leur son.

274. Chrysippe était fils de Pélops et d'Astyopé. Sa marâtre Hippodamie, jalouse de la grande affection que lui portait son père, le fit tuer par ses fils, Atrée et Thyeste.

275. Atrée, roi de Mycènes, possédait un agneau d'or que le dieu Hermès lui avait donné. Thyeste, son frère, s'en empara avec l'aide d'Aéropé, femme d'Atrée, qu'il avait séduite. Pour se venger, Atrée jeta sa femme à la mer et invita Thyeste à un festin où il lui fit servir les membres de ses deux fils.

276. Myrtilos, cocher d'Œnomaos, avait ôté la clavette à une des roues du char de son maître et assuré par là la victoire et la main d'Hippodamie à Pélops. Plus tard Hippodamie essaya de séduire Myrtilos qui lui résista. Elle l'accusa d'avoir voulu lui faire violence et Pélops le précipita dans la mer, qui fut depuis appelée la mer de Myrto.

277. Tantale, roi de Lydie, reçu à la table des dieux, leur déroba du nectar et de l'ambroisie, puis il les invita à son tour, et, pour se moquer d'eux, leur servit le corps de son propre fils Pélops. Zeus le précipita dans l'Hadès, où il fut condamné, d'après Homère, *Odyssée*, XI, 582 sq., à subir une faim et une soif perpétuelles, en ayant toujours à sa portée des fruits et de l'eau qui lui échappaient sans cesse. Pindare (*Ol.*, I, 57) suit la même tradition que Platon, et le représente avec un énorme rocher suspendu sur sa tête.

278. Le mot *koros* a deux sens : il peut signifier *jeune garçon* ou *balayure, immondice*. Platon lui en donne un troisième qu'il tire du verbe κορέω, *nettoyer en balayant*, celui de *netteté, propreté (obtenue en balayant)*.

279. Sur le devin Euthyphron de Prospalte (dème de la tribu acamantide) voyez la notice sur l'*Euthyphron*.

280. Hésiode, *Travaux et Jours*, 121-123. Le texte d'Hésiode porte γαῖα κάλυψε au lieu de μοῖρ' ἐκάλυψεν, et au vers suivant : τοὶ μὲν δαίμονές εἰσι Διὸς μεγάλου διὰ βουλάς : *ils sont, par le vouloir du grand Zeus, des démons.*

281. L'ancien alphabet attique fut officiellement abandonné en faveur de l'alphabet ionien en 404 ou 403 av. J.-C. La forme attique de *héros* était ΗΕΡΟΣ, celle de *érôs* ΕΡΟΣ; les formes ioniennes des mêmes mots étaient ΗΡΩΣ et ΕΡΩΣ. En réalité le mot ἥρως signifie *protecteur*.

282. Διὶ φίλος devient Δίφιλος, par la suppression d'un iota et par le déplacement de l'accent.

283. D'autres faisaient venir ἄνθρωπος de ἄνω ἀθρεῖν *(regarder en haut)* ou de ἔναρθρον ἔχειν ἔπος *(avoir une parole articulée)*.

284. Cf. *Gorgias*, 493 a, où Socrate dit avoir entendu dire à un savant homme (probablement Philolaos) que notre vie présente est une mort et notre corps un tombeau. Quant à l'étymologie de σῶμα attribuée aux Orphiques, cf. *Phédon*, 62 b.

285. C'est par Hestia qu'on commençait les sacrifices.

286. Les formes ὡσία et ἐσσία sont des formes doriennes.

287. Socrate a expliqué plus haut Κρόνος par κόρος, netteté : Ici il dérive évidemment de κροῦνος, *source*.

288. *Iliade*, XIV, 201.

289. En réalité, Hésiode, *Théogonie*, 44 sq., fait de Gaïa *(la Terre)* et d'Ouranos *(le Ciel)* les père et mère de tous les dieux. Pour l'Océan et Téthys, ils n'ont donné naissance qu'aux fleuves et aux Océanides.

290. *Orphica*, p. 384, éd. Herm.

291. C'est l'étymologie qu'en donne le *Phédon*, 80 d.

292. Proclus, commentant ce passage, dit que Platon reconnaît trois sortes de sirènes : les sirènes célestes, qui sont sous le pouvoir de Zeus, celles qui aident à la génération, qui sont sous le pouvoir de Poséidon, et celles qui purifient, qui sont sous le pouvoir d'Hadès. On plaçait quelquefois l'image des sirènes sur les tombeaux.

293. Kronos, détrôné par Zeus, avait été précipité et enchaîné dans le Tartare, d'après l'*Iliade*, XIV, 203-204.

294. Pherréphatta est la forme que donnent les inscriptions attiques pour Pherséphone ou Perséphone, qui sont des formes poétiques. Dans les décrets, la déesse est appelée Korè.

295. Il leur paraît terrible, parce qu'ils le font venir de φέρειν, *porter*, et φόνος, *mort violente*.

296. Ceux qui ont peur de ce nom d'Apollon y voient le dieu qui fait périr (ἀπολλύναι).

297. Parodie des paroles d'Énée à Pandaros, *Iliade*, V, 221-222 : « *Allons, monte sur mon char, pour que tu voies ce que valent les chevaux de Tros.* »

298. Platon joue sur le double sens de τραγικός : *de bouc* et *tragique*, et il fait allusion aux légendes de la tragédie.

299. Pan était fils d'Hermès et de la fille de Dryops, ou selon Lucien (*Dialogues des dieux*, XXII) de Pénélope de Sparte, fille d'Icarios. Suivant l'hymne homérique à Pan, les dieux l'avaient appelé *Pan (tout)*, parce qu'apporté dans l'Olympe par son père, il avait réjoui *tous* les dieux.

300. Suivant Plutarque *(De Placitis philosophorum*, II, 27), c'est Thalès qui aurait eu cette idée le premier.

301. Il ressemble, en effet, aux mots composés employés par les poètes lyriques.

302. L'ancien alphabet attique ne connaissait pas l'ω. L'ο notait à la fois ο, ω et ου.

303. Allusion à la fable de *l'Ane revêtu de la peau du lion* (Esope, 268, édition Budé), ou à la peau de lion d'Héraclès.

304. Le texte dit deux εῖ : dans l'alphabet ionien adopté en ∼404, l'ε est appelé εῖ et l'ο appelé οῦ.

305. Allusion à l'enseignement que les sophistes réservaient à leurs élèves. Cf. *Théétète*, 152 c : « Etait-ce donc un sage accompli que Protagoras, et a-t-il parlé énigmatiquement pour la populace, tandis qu'il disait en secret la vérité à ses disciples ? »

306. *Anréia* est formé de ἄν (= ἵνα) *en sens contraire* et de ῥεῖν, *couler*.

307. Ce qui donne ἐχονόη.

308. Ce ρ vient du suffixe instrumental τρο, que Platon n'a pas reconnu. Le mot vient de κατόπτομαι, *voir*.

309. Hésiode (*Théogonie*, 326-327) parle de Phix la pernicieuse, fléau des Cadméens. Elle était fille d'Orthos et d'Ekhidna. On la confondit plus tard avec le Sphinx.

310. Ce sont les paroles d'Hector à sa mère : « Ne m'offre pas de vin à la douceur de miel, vénérable mère, pour ne point m'ôter ma force. » *Iliade*, VI, 264-265.

311. Les marchands donnent à λυσιτελοῦν le sens de *payer la dépense faite, couvrir les frais*, λύειν τέλη, d'où le sens de λυσιτελεῖν, *être avantageux*.

312. Le nome était à l'origine un chant liturgique en l'honneur d'un dieu, exécuté par un chanteur unique qui s'accompagnait de la cithare. Au ∼vᵉ siècle, on adjoignit au soliste un chœur, et à la cithare, la flûte. Le chant comprenait sept parties, précédées d'un prélude. L'auteur, plus préoccupé de musique que de poésie, sacrifiait la pensée à la beauté des sons et des images et se donnait toute liberté à former des mots composés, dont la complication frappait les auditeurs, comme on le voit par la remarque malicieuse d'Hermogène. Pollux (IV, 77) mentionne le nome d'Athéna.

313. Cicéron s'est souvenu de ce passage dans *De Oratore*, III, 12 : « Les femmes conservent plus aisément l'ancien langage sans le déformer, parce que, n'ayant pas l'occasion de parler à beaucoup de monde, elles retiennent toujours ce qu'elles ont appris d'abord. »

314. Etranger à l'attique. Ἀλγηδών paraît être, en effet, un mot ionien et poétique. Cependant Platon lui-même l'a plusieurs fois employé.

315. Ἀνάγκη, selon Platon, est composé de ἀνά, *le long de*, et, ἄγκη, *ravins :* c'est ce qui contrarie le mouvement.

316. Dans l'ancien alphabet attique, H servait à marquer l'aspiration et l'E servait à désigner l'ε, l'η et la diphtongue ει.

317. Κίειν, inusité en attique, est exclusivement épique.

318. Au lieu de ἀ-ίεσις.

319. Hésiode, *Travaux et Jours*, 361-362 : « Si tu amasses peu sur peu et fais cela souvent, ce peu-là pourra devenir beaucoup. » (Trad. Mazon.)

320. *Iliade*, IX, 644-645. La division en vingt-quatre chants date de l'époque alexandrine. Auparavant, on désignait les diverses parties des poèmes homériques par le nom des grands événements racontés, *la Colère* ou *la Querelle*, *les Serments*, *les Prières*, etc.

321. *Iliade*, I, 343. Achille dit d'Agamemnon : « *Il ne sait pas voir à la fois en avant et en arrière.* »

322. Cette opinion, qui remonte à Parménide, fut celle de Protagoras, et, au temps où écrivait Platon, celle d'Antisthène. Elle est déjà discutée dans l'*Euthydème*, 286 c, 287 b.

323. On n'a pas d'autre renseignement sur ce règlement de police à Egine.

324. En rattachant ἁμαρτία à ὁμαρτεῖν, *accompagner,* au lieu de le rattacher à ἁμαρτεῖν, *se tromper,* on obtient un mot qui marque le mouvement.

325. Le passage mis entre crochets ne se trouve pas dans les deux manuscrits essentiels B et T; il se trouve dans le manuscrit W.

TABLE DES MATIÈRES

PUBLICATIONS NOUVELLES

Vous trouverez chez votre libraire le catalogue complet des livres de poche GF-Flammarion et Champs-Flammarion.